ALBERO Genealogica

PARLIAMO ITALIANO!

FOURTH EDITION

Suzanne Branciforte
Study in Italy, Genoa, Italy

Elvira G. Di Fabio
Harvard University

John Wiley & Sons, Inc.

Vice President and Executive Publisher	Jay O'Callaghan
Director, World Languages	Magali Iglesias
Project Editor	Barbara Lyons
Assistant Editor	Lisha Perez
Associate Director of Marketing	Jeffrey Rucker
Marketing Manager	Tiziana Aime
Market Specialist	Elena Casillas
Senior Production Editor	William A. Murray
Photo Manager	Hilary Newman
Senior Media Editor	Lynn Pearlman
Media Project Manager	Margarita Valdez
Interior Design	Nancy Field/Norm Christiansen
Cover Design	Harold Burch

This book was set in 11/13 Bembo by PreMedia Global and printed and bound by Quad/Graphics.

This book is printed on acid free paper. ∞

Founded in 1807, John Wiley & Sons, Inc. has been a valued source of knowledge and understanding for more than 200 years, helping people around the world meet their needs and fulfill their aspirations. Our company is built on a foundation of principles that include responsibility to the communities we serve and where we live and work. In 2008, we launched a Corporate Citizenship Initiative, a global effort to address the environmental, social, economic, and ethical challenges we face in our business. Among the issues we are addressing are carbon impact, paper specifications and procurement, ethical conduct within our business and among our vendors, and community and charitable support. For more information, please visit our website: www.wiley.com/go/citizenship.

Copyright © 2011 John Wiley & Sons, Inc. All rights reserved. No part of this publication may be reproduced, stored in a retrieval system, or transmitted in any form or by any means, electronic, mechanical, photocopying, recording, scanning or otherwise, except as permitted under Sections 107 or 108 of the 1976 United States Copyright Act, without either the prior written permission of the Publisher, or authorization through payment of the appropriate per-copy fee to the Copyright Clearance Center, Inc., 222 Rosewood Drive, Danvers, MA 01923 (website: www.copyright.com). Requests to the Publisher for permission should be addressed to the Permissions Department, John Wiley & Sons, Inc., 111 River Street, Hoboken, NJ 07030-5774, (201) 748-6011, fax (201) 748-6008, or online at: www.wiley.com/go/permissions.

Evaluation copies are provided to qualified academics and professionals for review purposes only, for use in their courses during the next academic year. These copies are licensed and may not be sold or transferred to a third party. Upon completion of the review period, please return the evaluation copy to Wiley. Return instructions and a free of charge return shipping label are available at: www.wiley.com/go/returnlabel. Outside of the United States, please contact your local representative.

Library of Congress Cataloging-in-Publication Data

Branciforte, Suzanne.
Parliamo italiano! / Suzanne Branciforte, Elvira G. Di Fabio. — 4th ed.
    p. cm.
  Italian and English.
  Includes bibliographical references and index.
  ISBN 978-0-470-52677-4 (hardback) — ISBN 978-0-470-58498-9
    1. Italian language—Textbooks for foreign speakers—English.   I. Di Fabio, Elvira G.
II. Title.
  PC1129.E5B73 2010
  458.2'421—dc21

2010033298

Printed in the United States of America
10 9 8 7 6 5 4 3 2 1

About the Authors

Suzanne Branciforte was born and raised on Long Island, New York. She completed her B.A. in History & Literature at Harvard University. Recipient of a Rotary Foundation Scholarship, she attended the University of Genoa (Genoa, Italy). She subsequently completed her M.A. and Ph.D. in Italian Literature at UCLA. She was a Fulbright Scholar in Florence, Italy.

Her teaching experience includes positions at Holy Cross College (Worcester, MA), the University of Michigan and Stanford University programs in Florence, Italy, and at the University for Foreigners in Siena. For the past ten years, she has been teaching Methods of Teaching Italian to Foreigners in a Masters program at the University of Genoa. In 2000, she founded Consortium Educational Consulting in Genoa, Italy, which became Study in Italy in 2009 (www.studyinitaly.it). Located in the heart of Genoa's beautiful historical center, Study in Italy offers a full range of language courses and study abroad experiences.

Her research and scholarly writing focus on Italian American cultural identity, the experience of Italian emigration, the Italian Renaissance, the narrative of World War II in Italy, and women's literature. She has published numerous articles on these subjects.

An experienced translator of prose and poetry, her translation of Renata Viganò's collection of short stories, *Partisan Wedding* (1999) was favorably reviewed in the *NY Times*. Her translation into Italian of an American short story in the volume *Zoetrope: All-Story* (Mondadori, 2001, introduction by Francis Ford Coppola) was cited in *La Repubblica* newspaper's review of the volume.

Branciforte has also published a textbook for learning Italian in Italy for middle school students (*Sì, lo so!*, Juvenilia Editore, 2004).

A cultural and linguistic mediator, Branciforte was the interpreter for the Mayor of Genoa at the G8 Meeting held in that city in 2001. Among her numerous engagements as an interpreter and translator, she has translated and interpreted for Nobel Prize winners Wole Soyinka, Amartya Sen, and Joseph Stieglitz.

Over the past 20 years, she has lived between the U.S. and Italy. She currently makes her home with her son Max on the Italian Riviera, in Camogli.

 **Elvira G. Di Fabio** has over 25 years of experience in the field of language pedagogy. She holds a B.A. in Russian from Boston University, an M.A. in Slavic Languages and Literatures from Boston College, and an M.A. and Ph.D. in Italian from Harvard University. She has been the director of Italian language instruction at Harvard University since 1990 and is responsible for training and mentoring teaching fellows and teaching assistants.

DiFabio teaches Italian at every level and most enjoys the energy and engagement found in the beginning Italian courses. Her advanced instruction covers Italian comic cinema, historical linguistics, and the literature of migration. She has recently developed a community-service course that places undergraduates in local elementary schools to teach Italian to pre-K and Kindergarten children through arts-based instruction.

Since 2002, she has been director of the 8-week Harvard Summer Abroad Program in Abruzzo, a great way to stay current with the language and culture! In addition to classroom instruction, the program features structured interaction with local youth, public lectures by teaching staff, and public performances by the students as a way of giving back to the host community.

Di Fabio's research areas comprise second language acquisition, translation studies, and the history and literature of Italian migration. Her publications include *Republican Ideals in the Selected works of Italian-American Joseph Rocchietti, 1835/1845* (Edwin Mellen Press) and translations from Italian to English including *Pope John XXIII: The Official Biography* (Pauline Publishers) and *Secrets of the Soul: Padre Pio's Letters to His Spiritual Directors* (Pauline Books and Media).

She has been a member of the Board of Directors of the Massachusetts Foreign Language Association, working with the College Board's Advanced Placement review committees, and has organized a number of professional development workshops for K-12+ teachers of Italian in the greater New England area.

In 2009, she was part of a team of experienced teachers and experts in language pedagogy who collaborated in the compilation of *A sequential K-12 Curriculum for an Advanced and Updated Approach to the Teaching of Italian Language and Culture*, a database of guidelines on methodology, teaching materials, and technology (available from the Massachusetts Italian Teachers Association).

CONTENTS

To the Student xi
An Overview of Your Textbook's Main Features xii
For the Student xvii
Acknowledgments xix

UNITÀ PRELIMINARE
PER COMINCIARE 1

COMMUNICATIVE GOALS 1
- Greeting people and saying good-bye
- Introducing yourself
- Asking people their names and where they are from
- Asking people how they are
- Giving and asking for phone numbers

A Le presentazioni 2
B I saluti 6
C L'alfabeto 9
D I numeri da 0 a 100 11

UNITÀ 1
VISITARE: Siamo a Roma! 17
Lazio: Roma

COMMUNICATIVE GOALS 17
- Addressing different people
- Asking what and where things are
- Telling someone your age
- Describing states of being
- Negating
- Telling time

A La geografia 18
Incontro: Roma, Città Eterna! 20
Punti grammaticali:
   Il sostantivo singolare 23
   L'articolo indeterminativo 23

B La città 25
Incontro: Benvenuta a Roma! 27
Punti grammaticali:
   I pronomi soggetto 29
   Il verbo **essere** 30
   C'è, ci sono 30
   Il negativo semplice 31
   L'articolo determinativo singolare 32

C I mesi dell'anno 33
Incontro: Un po' di riposo 35
Punti grammaticali:
   Il verbo **avere** e le espressioni idiomatiche con **avere** 37
   Le preposizioni semplici 39

D La data 41
Incontro: Caro diario 43
Punti grammaticali:
   Il presente indicativo dei verbi della prima coniugazione 45
   L'ora 48

IMMAGINI E PAROLE 51
Leggiamo italiano!: *Scanning for cognates* 51
La geografia del Bel Paese 52
Una gita a Roma 53
Scriviamo italiano!: *Keeping a journal* 55
Come disse... Petrarca 56
Musica, maestro! 56
Ciak! Italia 56

UNITÀ 2
STUDIARE: Impariamo l'italiano! 61
Emilia-Romagna: Bologna

COMMUNICATIVE GOALS 61
- Talking about school
- Using the plural
- Expressing possession
- Expressing likes and dislikes

v

A La lezione **62**
Incontro: In aula   63
Punti grammaticali:
I verbi della seconda coniugazione   65
I verbi della terza coniugazione   66

B La casa dello Studente **69**
Incontro: Collegio Erasmus   71
Punti grammaticali:
Il sostantivo plurale   73
L'articolo determinativo plurale   76

C L'università **78**
Incontro: Il corso di laurea   80
Punti grammaticali:
L'aggettivo   82
Gli aggettivi possessivi   85

D La vita scolastica **87**
Incontro: Insegnanti futuri   88
Punti grammaticali:
I verbi irregolari **andare, venire, uscire, dare, stare, sapere**   90
Il verbo **piacere**   92

IMMAGINI E PAROLE **94**
Leggiamo italiano!: *Skimming*   94
Il sistema scolastico in Italia   95
Scriviamo italiano!: *Using a bilingual dictionary*   96
Come disse... Edmondo De Amicis   98
Musica, maestro!   98
Ciak! Italia   98

UNITÀ 3
ABITARE: Andiamo a casa mia!   103
Sicilia: Palermo

COMMUNICATIVE GOALS   103
▶ Talking about the family
▶ Asking questions
▶ Describing people and things
▶ Describing a home
▶ Indicating people and things
▶ Talking about the weather
▶ Talking about what you have to do, want to do, and can do
▶ Running errands

A La famiglia **104**
Incontro: Preparativi per le nozze   106
Punti grammaticali:
Le parole interrogative   109

B La casa **112**
Incontro: A casa di Luca   115
Punti grammaticali:
Bello e **buono**   117
Questo e **quello**   118

C Il tempo **121**
Incontro: Il ponte   123
Punti grammaticali:
Volere, dovere, potere   126
I verbi irregolari **fare, dire, bere**   127

D In centro **129**
Incontro: Le commissioni in centro   131
Punti grammaticali:
Le preposizioni articolate   133

IMMAGINI E PAROLE **136**
Come si vive in Italia   137
Leggiamo italiano!: *Using clues to guess content*   138
Casa dolce casa   139
Scriviamo italiano!: *Using lists to write compositions*   140
Come disse... Carlo Collodi   141
Musica, maestro!   141
Ciak! Italia   141

UNITÀ 4
COMPRARE: Facciamo delle commissioni!   145
Umbria: Perugia

COMMUNICATIVE GOALS   145
▶ Talking about past actions and events
▶ Specifying quantities
▶ Talking about food
▶ Shopping for food
▶ Shopping in specialty stores
▶ Handling and changing money
▶ Avoiding redundancy
▶ Expressing *there*

A Al mercato all'aperto 146
Incontro: Una mattinata al mercato 147
Punti grammaticali:
   Il passato prossimo 149
   I numeri da 100 a 1.000.000.000 154

B I soldi 156
Incontro: I ragazzi preparano una cena 158
Punti grammaticali:
   Il partitivo 162
   Ne 164

C Le commissioni 166
Incontro: Il regalo per Mirella 167
Punti grammaticali:
   I pronomi complemento oggetto diretto 169
   Ci 172

D I negozi 174
Incontro: Che sorpresa! 176
Punti grammaticali:
   L'accordo con i pronomi complemento diretto nel passato prossimo 178

IMMAGINI E PAROLE 180
Leggiamo italiano!: *Identifying key words* 180
La spesa quotidiana 181
Scriviamo italiano!: *Improving writing skills* 182
Come disse... Italo Calvino 183
Musica, maestro! 184
Ciak! Italia 184

UNITÀ 5
MANGIARE: Tutti a tavola! 187

Liguria: Genova

COMMUNICATIVE GOALS 187
▶ Ordering food and drink
▶ Avoiding redundancy
▶ Describing actions
▶ Cooking and sharing recipes

A Al bar 188
Incontro: Colazione al bar 191
Punti grammaticali:
   I pronomi complemento oggetto indiretto 193

B In trattoria 197
Incontro: Una cena fra amici 200
Punti grammaticali:
   I pronomi doppi 203

C Al ristorante 206
Incontro: Una cena squisita 208
Punti grammaticali:
   Gli avverbi 210
   Molto e **troppo** 212

D In cucina 214
Incontro: Il suo piatto preferito 216
Punti grammaticali:
   Si impersonale e passivante 219

IMMAGINI E PAROLE 222
La cucina italiana: i sapori d'Italia 223
Leggiamo italiano!: *Interacting with the text* 224
Una ricetta 224
Scriviamo italiano!: *Using models* 226
Come disse... Giuseppe Ungaretti 227
Musica, maestro! 227
Ciak! Italia 227

UNITÀ 6
RILASSARSI: Cosa facciamo di bello? 231

Veneto: Venezia

COMMUNICATIVE GOALS 231
▶ Talking about things you used to do
▶ Describing actions, situations, people, and things in the past
▶ Talking about hobbies
▶ Talking about sports
▶ Talking about the future
▶ Discussing vacations

A Il tempo libero 232
Incontro: Erano altri tempi! 234
Punti grammaticali:
   L'imperfetto 236

B Lo sport 239
Incontro: Una partita di calcio 242
Punti grammaticali:
   Stare + gerundio 244
   L'imperfetto e il passato prossimo 246

C La passeggiata 249
Incontro: Una passeggiata 251
Punti grammaticali:
  Il futuro 253

D Al mare e in montagna 256
Incontro: Una telefonata 258
Punti grammaticali:
  I pronomi tonici 259

IMMAGINI E PAROLE 262
Leggiamo italiano!: *Using what you know* 262
Venezia "*La Serenissima*" 263
Scriviamo italiano!: *Sequencing and chronological order* 265
Come disse... Carlo Goldoni 266
Musica, maestro! 267
Ciak! Italia 267

UNITÀ 7
VESTIRSI: Vestiamoci alla moda! 271
Lombardia: Milano

COMMUNICATIVE GOALS 271
▶ Talking about routine daily activities
▶ Discussing illness and visits to the doctor
▶ Comparing people, places, and things
▶ Buying clothing and talking about fashion
▶ Expressing wishes and requests politely
▶ Talking about what you and others would do in different circumstances
▶ Giving commands

A Il corpo, la salute 272
Incontro: Mamma mia, che stress! 274
Punti grammaticali:
  I verbi riflessivi 277
  I verbi reciproci 280

B L'abbigliamento 281
Incontro: Non so cosa mettermi! 284
Punti grammaticali:
  Il comparativo 286
  Il superlativo relativo 289
  Il superlativo assoluto 290
  Comparativi e superlativi irregolari 290

C Fare acquisti 292
Incontro: Nel negozio di abbigliamento 294
Punti grammaticali:
  Il condizionale 297

D La moda 300
Incontro: A ciascuno il suo! 301
Punti grammaticali:
  L'imperativo 303

IMMAGINI E PAROLE 307
Il Made in Italy 308
Leggiamo italiano!: *Topic sentences* 310
Le eretiche della couture 310
Scriviamo italiano!: *Organizing your thoughts* 312
Musica, maestro! 312
Come disse... Alessandro Manzoni 313
Ciak! Italia 314

UNITÀ 8
LAVORARE: Lavoriamo insieme! 319
Piemonte: Torino

COMMUNICATIVE GOALS 319
▶ Expressing desires, opinions, emotions, and doubts
▶ Talking about professions and the workplace
▶ Discussing means of transportation

A Le professioni 320
Incontro: Dopo l'esame di Stato 322
Punti grammaticali:
  Espressioni impersonali 325
  Il congiuntivo presente dei verbi regolari 327

B I mezzi di trasporto 331
Incontro: In cerca di un passaggio 334
Punti grammaticali:
  Il congiuntivo presente dei verbi irregolari 336

C L'industria 339
Incontro: Scioperi, settimana di fuoco 341
Punti grammaticali:
  L'uso del congiuntivo e le congiunzioni 343

D Il colloquio di lavoro 346
Incontro: Il colloquio di lavoro 348
Punti grammaticali:
  I pronomi relativi 351

IMMAGINI E PAROLE 354
Leggiamo italiano!: *Fact or opinion?* 354
L'Italia: potenza industriale 355

Come disse... Natalia Ginzburg   357
Musica, maestro!   357
Scriviamo italiano!: *Curriculum vitae, Business letters*   358
Ciak! Italia   361

UNITÀ 9
VIAGGIARE: Andiamo in vacanza!   365
Sardegna: Cagliari

COMMUNICATIVE GOALS   365
- Describing past actions
- Making travel plans
- Taking a train or plane
- Expressing doubts, opinions, and emotions about past events
- Making negative statements

A Le ferie   366
Incontro: Un viaggio in Sardegna   368
Punti grammaticali:
   Il trapassato prossimo   371

B Alla stazione ferroviaria   374
Incontro: In partenza   376
Punti grammaticali:
   Il congiuntivo imperfetto   379

C All'agenzia di viaggio   382
Incontro: Destinazione: Sardegna!   384
Punti grammaticali:
   Il congiuntivo passato   387
   Il congiuntivo trapassato   389

D All'aeroporto   391
Incontro: Benvenuti a bordo!   393
Punti grammaticali:
   I negativi   395

IMMAGINI E PAROLE   398
Leggiamo italiano!: *Anticipating and hypothesizing*   398
Dove andiamo in vacanza?   399
La Sardegna: Lontano da ogni luogo comune   401

Scriviamo italiano!: *Writing an e-mail*   404
Come disse... Grazia Deledda   404
Musica, maestro!   405
Ciak! Italia   405

UNITÀ 10
DIVERTIRSI: Usciamo stasera!   409
Campania: Napoli

COMMUNICATIVE GOALS: 409
- Talking about hypothetical situations
- Talking about what we wish would happen
- Modifying words
- Talking about theater, cinema, and music
- Specifying how long something has been going on

A Gli spettacoli, il teatro e il cinema   410
Incontro: Che facciamo di bello stasera?   412
Punti grammaticali:
   Il periodo ipotetico   416

B La musica classica e l'opera lirica   419
Incontro: Andiamo al concerto!   421
Punti grammaticali:
   Il condizionale con il congiuntivo   424

C La musica leggera   426
Incontro: Radio Deejay   428
Punti grammaticali:
   I suffissi   430

D Il sabato sera   433
Incontro: Andiamo a ballare!   434
Punti grammaticali:
   La preposizione **da**   437

IMMAGINI E PAROLE   439
Leggiamo italiano!: *Looking forward and thinking back*   439
Un popolo di artisti   440
Scriviamo italiano!: *Expressing opinions*   443
Come disse... Carlo Levi   444
Musica, maestro!   444
Ciak! Italia   444

UNITÀ 11
LEGGERE: Recitiamo una poesia! 449
Toscana: Firenze

COMMUNICATIVE GOALS 449
- Talking about the distant past
- Expressing opinions about literature and writing
- Indicating sequence of events
- Reporting what others have said
- Talking about mass media

A La letteratura 450
Incontro: Una relazione di letteratura 451
Punti grammaticali:
   Il passato remoto 453

B La libreria 457
Incontro: Intervista 459
Punti grammaticali:
   I numeri ordinali 462

C La stampa: giornali e riviste 464
Incontro: All'edicola 466
Punti grammaticali:
   Che e **quale** 468

D La televisione 470
Incontro: Una lite davanti alla TV 471
Punti grammaticali:
   Il discorso indiretto 475

IMMAGINI E PAROLE 478
Leggiamo italiano!: *Figuring out unfamiliar words* 478
La letturatura italiana 480
"L'Acca in fuga" di Gianni Rodari 484
Scriviamo italiano!: *Creative writing* 486
Come disse... Dante Alighieri 486
Musica, maestro! 487
Ciak! Italia 487

UNITÀ 12
SOGNARE: Immaginiamo il futuro! 491
L'Italia: Stato d'Europa

COMMUNICATIVE GOALS 491
- Discussing politics
- Comparing cultures
- Talking impersonally
- Talking about Italy's future

A La politica 492
Incontro: Un discorso politico 494
Punti grammaticali:
   La concordanza dei tempi 497

B L'Italiano medio 499
Incontro: Due mondi a confronto 500
Punti grammaticali:
   La forma passiva 503

C L'Italo-americano 505
Incontro: Quanti stereotipi 506
Attività di ripasso 509

D L'Italia in Europa 510
Incontro: Un brindisi al futuro! 512
Attività di ripasso 514

IMMAGINI E PAROLE 515
Leggiamo italiano!: *What's in a title?* 515
L'Italia, Stato d'Europa 516
Scriviamo italiano!: *Organizing an essay* 518
Come disse...
   Ministero degli Affari Esteri 519
   Altiero Spinelli and Ernesto Rossi 520
Musica, maestro! 520
Ciak! Italia 521
Come disse... Lorenzo de' Medici 522

Appendices A-1
A *Essere* e *avere* A-1
B Verbi regolari A-2
C Verbi coniugati con *essere* A-4
D Verbi con participio passato irregolare A-5
E Verbi irregolari A-6

Vocabolario italiano-inglese A-13
Vocabolario inglese-italiano A-31
Index A-47
Index to *Lo sapevi che... ?* cultural notes A-53
Credits A-55

Contents

To the Student

Parliamo italiano!, Fourth Edition, emphasizes a culture-based, communicative approach to learning Italian. The program is based on the principle that language is culture and culture is language; we cannot learn one without the other. Language is a medium—it is the way in which we express ourselves—and our mode of expression reflects how we view the world. Different cultures perceive the human experience in different ways, and as a result, languages reflect diversity while teaching us about universality.

The organization of *Parliamo italiano!* reflects the goal of introducing Italian life and culture together with the basic components of linguistic expression and language. Each of the twelve units focuses on a situation or theme relevant to daily life, such as working, shopping, or dining, as well as on a specific region of Italy. The units' titles, like the text's title, contain a first-person plural verb (*let's . . . !*), reflecting the participatory nature of the text's approach and activities. *Parliamo italiano!* is an invitation to partake in the fun and rewarding experience of learning Italian. Its emphasis is on you, the student, working with your classmates and your instructor in a cooperative and enjoyable learning environment. Our philosophy is: **Ridendo, s'impara**, or *Learn while you're laughing!*

An Overview of Your Textbook's Main Features

Parliamo italiano! Fourth Edition consists of a preliminary chapter and twelve units. Each unit is organized by region and cultural theme and is divided into four sections.

Unit Opener Each unit opens with a map of Italy that highlights the unit's regional focus. The opening photograph sets the scene and introduces cultural and thematic information relevant to the unit content.

Communicative goals establish clear learning objectives.

The **QUIA icon** next to each section opener is a reminder to complete the online workbook, lab manual, and video manual activities. These activities help to reinforce section grammar points and vocabulary as well as provide periodic review and recycling from previous units. To access the QUIA activities, go to http://books.quia.com and enter the keycode that came with your textbook and the ID number that your instructor will provide.

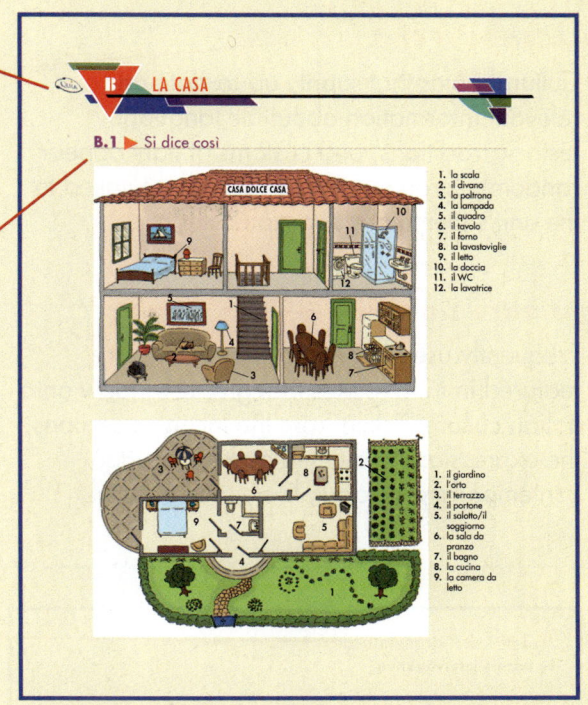

Si dice così

Each section begins with a thematic presentation of vocabulary (often illustrated) followed by directed, communicative activities (**Attività**) for individual, pair, and group work.

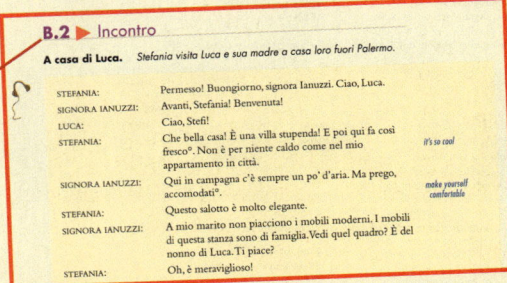

Incontro

The **Incontro** provides a lively, realistic context in which the unit's vocabulary, language structures, and culture are introduced. For interest and diversity, the **Incontro** may take the form of an interview, diary entry, e-mail exchange, or conversation. The first **Incontro** shown here is a lively conversation. The next **Incontro** is an e-mail exchange between two friends. All **Incontro** conversations are recorded on the In-text Audio and are highlighted with **audio icons**.

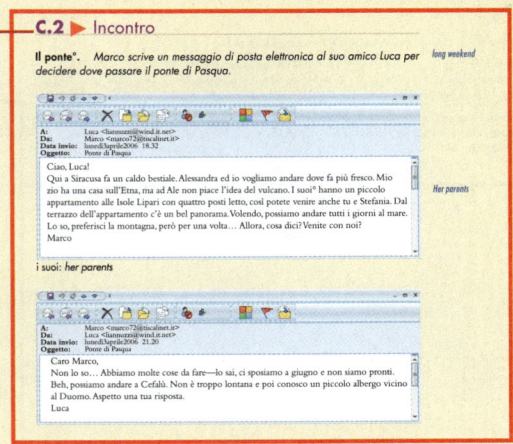

xiii

Lo sapevi che... ?

Cultural notes that supply up-to-date and relevant information about the language, history, traditions, and customs of Italy appear randomly throughout the unit and are linked to the unit's theme or geographical focus.

In altre parole

Frequently used idiomatic expressions are featured in these boxes that give a window onto Italian culture. Taken from the **Incontro** sections, the expressions presented make language contemporary, colorful, lively, and natural.

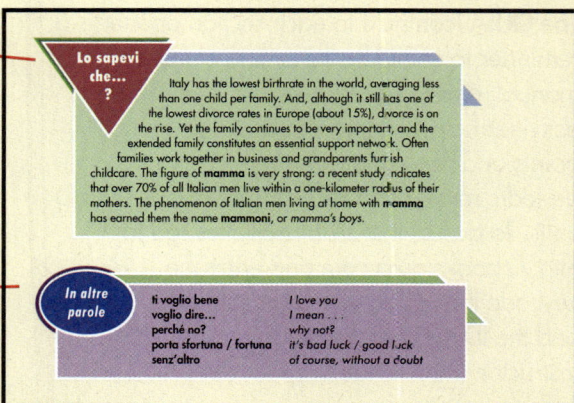

Punti grammaticali

Explained clearly and concisely in English, grammar points have been streamlined to enable you to focus on essential structures and avoid feeling overwhelmed by unnecessary information. All explanations are accompanied by examples of practical use in natural Italian, and by a variety of activities that progress from simple to more open-ended communicative practice, including some realia- and illustration-based activities as well as pair and group activities (indicated by icons).

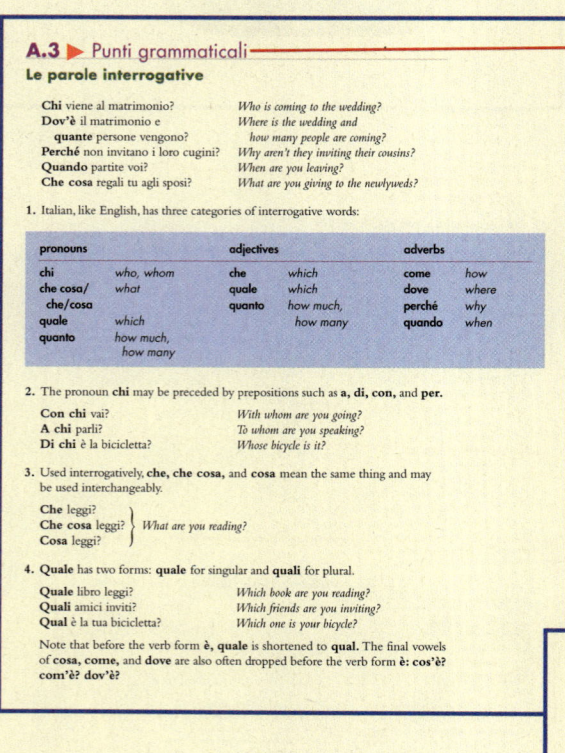

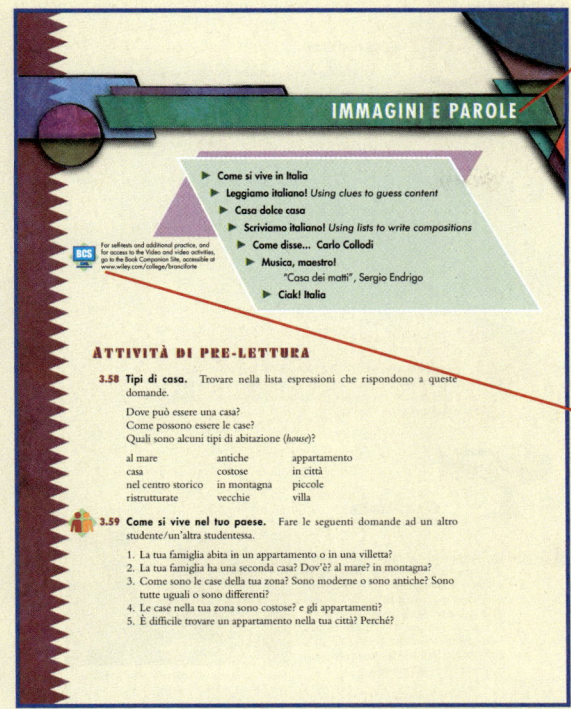

Immagini e parole

This end-of-unit section in a magazine format focuses on reading and writing skills as well as on expanding your cultural knowledge. It includes a capstone reading passage related to the theme of the unit, an authentic piece of realia or a magazine article (in odd-numbered units), reading and writing strategies, an excerpt of Italian literature, one or more songs linked to the unit theme, and video activities.

Book Companion Site (BCS)
www.wiley.com/college/branciforte

The BCS icon is a reminder that the *Parliamo italiano!* Fourth Edition Book Companion Site contains self-tests, a test-bank, the Student Text audio, the Student Activities Manual audio, audio activities for additional practice of the vocabulary and grammar introduced in the unit, the video, and video activities, as well as more information about the unit's topic and regional focus.

Leggiamo italiano!

New to the Fourth Edition, this section helps you to tackle readings in a new language by suggesting strategies to help orient you to a text and its content. Related activities support your efforts to develop your reading skills.

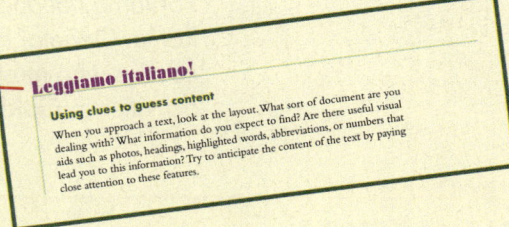

Scriviamo italiano!

This section provides writing strategies that guide you as you learn to express yourself in written Italian in diverse contexts. Accompanying activities offer a wide range of writing practice supported by thematic vocabulary and idiomatic expressions.

Come disse...

This section is new to the Fourth Edition of *Parliamo italiano!* It introduces you to great Italian writers across the centuries, from Dante to Calvino. You might want to gather these passages into your own literary diary that you can refer to now and then for inspiration and further reflection. Consider these twelve "gems" as a starter, to which you can add more authors and more selections as your journey through authentic literary texts unfolds.

Musica, maestro!

This section, also new to the Fourth Edition, introduces samplings of songs by notable Italian singer-songwriters and composers. Listen to these songs in a relaxed atmosphere and be inspired to seek out other songs and music videos by the same artists, both to enjoy the sound of the language and to increase your awareness of Italian musical tastes and traditions.

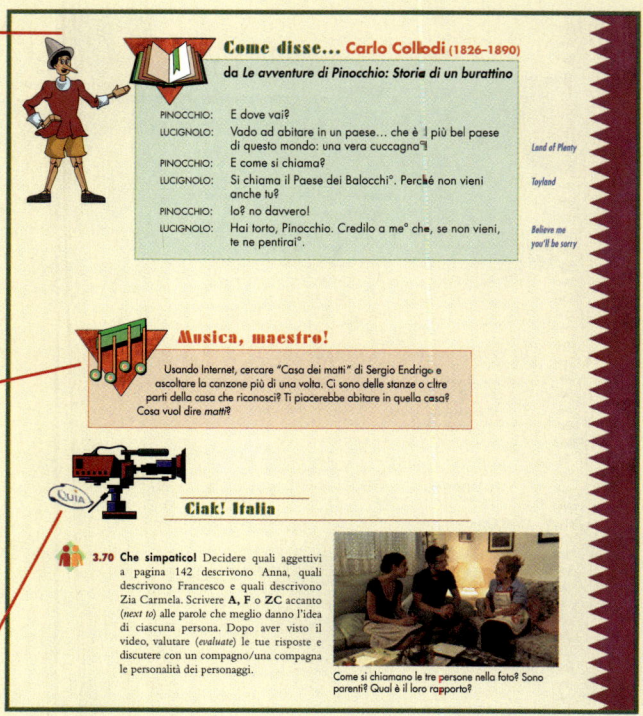

Ciak! Italia

Parliamo italiano! Fourth Edition has a brand new video, shot on location in Rome, Orvieto, Florence, and Portovenere, which traces the story of two cousins who must solve a family mystery. The pre-, while-, and post-viewing activities in **Ciak! Italia** are intended to help you build viewing confidence.

Vocabolario

This end-of-unit feature lists the active vocabulary presented in the **Si dice così**, **In altre parole**, and grammar sections of the unit to serve as a study reference.

For the Student

Print

Student Textbook
Packaged online Audio in Book Companion Site

978-0-470-52677-4

The Student Textbook contains the **Incontri** conversation sections. These sections are recorded and offered on the accompanying online audio in the Book Companion Site. Audio icons throughout the Student Textbook indicate what material is recorded.

Student Activities Manual (SAM)
978-0-470-52680-4

This component is divided into three sections: the workbook, the lab manual, and the video manual.

- **Workbook** Activities in the workbook include **Vocabolario e grammatica**, which focus on individual vocabulary and grammar topics, and **Pratica comunicativa**, which provides opportunities to put that vocabulary and grammar to use creatively in open-ended situations.
- **Lab Manual** The **Per la pronuncia** section focuses on practice of the sounds of Italian, while the **Attività per la comprensione** features a wide variety of situations and activities to develop listening-comprehension skills. The audio is housed in the Book Companion Site.
- **Video Manual** Activities in the video manual begin with pre-viewing tasks and questions to prepare students, and continue with comprehension exercises and activities to expand on the content of each video segment. The Video can be found in the Book Companion Site.

Multimedia

 Book Companion Site (BCS) for Students

www.wiley.com/college/branciforte

This site includes a wealth of resources and practice exercises including Web search activities related to the content of each unit of the text. The flexibility of the BCS format allows for customization of many of these useful resources.

- New *Parliamo italiano!* Video
- Video activities for pre-viewing and post-viewing each video segment
- Student Edition Audio of recordings of the **Incontri** sections in each unit. Icons in the margin indicate that these dialogues are found on the Student Edition online audio
- Laboratory Audio to accompany the lab manual
- Self-tests on grammar, vocabulary, and comprehension, with Answer Key
- Vocabulary flashcards
- Internet activities

 **Quia® Electronic Student Activities Manual with Gradebook**

Quia offers an electronic version of the Student Activities Manual with its workbook, lab manual, and video manual. In this convenient and engaging online format, students receive immediate feedback on most exercises and have all the audio and video material they need at just a click away.

Quia activities can be accessed from any computer with an Internet connection.

Icons in Your Textbook

Activities   **Resources**

 Pairs    Quia

 Group   Book Companion Site

 Listening

Acknowledgments

The authors and publisher would like to thank the following colleagues for their valuable suggestions and comments, which were useful in the creation of the Fourth Edition of *Parliamo italiano!*

Susan Amatangelo, *College of the Holy Cross*
Stefania Amodeo, *University of Maryland*
Brian Barone, *University of Central Florida*
K.E. Bättig von Wittelsbach, *Cornell University*
Barbara Bird, *University of Wisconsin-Madison*
Kimberlee Campbell, *Harvard University*
Barbara Carle, *California State University, Sacramento*
Sandra Carletti, *Middlebury College*
Maryann Carolan, *Fairfield University*
Linda Carroll, *Tulane University*
Carlo Celli, *Bowling Green State University*
Mark Cerosaletti, *State University of New York at Cortland*
Bettye Chambers, *Georgetown University*
Carlo Chiarenza, *California State University, Long Beach*
Rosa Commisso, *Kent State University*
Maria de Fazio, *University of Kansas*
Patricia Di Silvo, *Tufts University*
Miguel Dominguez, *California State University, Dominguez Hills*
Elsa Filosa, *Vanderbilt University*
Chiara Frequellucci, *Harvard University*
Manny Garcia-Rossi, *University of Miami*
Piero Garofalo, *University of New Hampshire*
Cosetta Gaudenzi, *University of Memphis*
Paul Giordano, *University of Central Florida*
Giulia Guarnieri, *CUNY Bronx Community College*
Torunn Haaland, *Gonzaga University*
Lucia Hannau, *Purdue University, West Lafayette*
Jason Laine, *Pennsylvania State University, University Park*
Flavia Laviosa, *Wellesley College*
Michael Maher, *University of North Carolina at Chapel Hill*
Luigia Maiellaro, *Northeastern University*
Nicoletta Mehrmand, *University of California, Riverside*
Maria Milano, *Ohio University*

Frida Morelli, *Connecticut College*
Emanuele Occhipinto, *Drew University*
Clara Orban, *DePaul University*
Cristina Pausini, *Wellesley College*
Magda Pearson, *Florida International University*
Concettina Pizzuti, *University of Georgia*
Matthew Rusnak, *Bucks County Community College*
Risa Sodi, *Yale University*
Giorgio Spano, *City College of San Francisco*
Maria Stampino, *University of Miami*
June Stubbs, *Virginia Polytechnic Institute and State University*
Giovanna Summerfield, *Auburn University*
Anita Tedesco, *Union County College*
Nicoletta Tinozzi, *University of California, Riverside*
Elisa Tragni, *Carnegie Mellon University*
Silvia Valisa, *Florida State University*
Glenn Wrigley, *Boston University*.

In preparing the Fourth Edition, I have reflected on all the language instructors who touched my life, not only in the language and culture they taught me, but for the example they set. Throughout my life, they have been reference points for me as a teacher and as a person, and they continue to inspire my teaching today. Not on few occasions have I resorted to their bag of tricks!

For Madame Cordani and Madame Gallien
For Lenny Bruno and Susan Kolker
For Dante della Terza

Thank you, merci, grazie

And for my son Max, to whom this book is dedicated, who has been my linguistic experiment these past seventeen years, and whose mastery of English, Italian, and French, not to mention the Latin and Greek I never learned, leaves me breathless.

Suzanne Branciforte

I wish to thank all my graduate fellows, teaching assistants, and students "in the trenches" who reviewed updates, tested out ideas, and made invaluable observations for the preparation of the fourth edition. Special thanks to Patrizia Rodomonti and Victoria Tillson whose keen editorial eye proved invaluable in helping to bring several segments under control; to Suzanne, who brought me on board to my great honor and gratitude; to my parents, whose love of language and tradition remains alive in me; to my husband, who taught me to love all things Italian; to my children who are fostering that love in my grandchildren—*grazie di vero cuore a voi tutti!*

Elvira Di Fabio

Studying a map, Canal Grande, Venice

A ▸ LE PRESENTAZIONI

Informale
— Ciao, mi chiamo Roberto. E tu, come ti chiami?
— Mi chiamo Francesca.
— Piacere!
— Piacere!

Formale
— Buongiorno, mi chiamo Antonio Martelli. Scusi, come si chiama?
— Buongiorno. Mi chiamo Lidia Segre.
— Piacere!
— Molto lieta.

A.1 ▸ Si dice così

Ciao	*Hi, bye*	**Come ti chiami?**	*What is your name? (informal)*
Salve	*Hello*		
Buongiorno	*Good morning, good day*	**Come si chiama?**	*What is your name? (formal)*
Buonasera	*Good evening*		
Buonanotte	*Good night (for leave-taking)*	**Mi chiamo…**	*My name is . . .*
(Tanto) Piacere	*(So) Nice to meet you*	**E tu?**	*And you? (informal)*
Molto lieto/lieta	*Very pleased to meet you*	**E Lei?**	*And you? (formal)*
Scusa	*Excuse me (informal)*		
Scusi	*Excuse me (formal)*		

Lo sapevi che...?

Italians commonly greet one another by shaking hands. When friends meet, they often kiss each other on both cheeks. The word **ciao** means both *hello* and *good-bye*. It comes from the Venetian dialect for **schiavo,** which literally means *slave* or *I am your servant.*

UNITÀ PRELIMINARE Per cominciare

ATTIVITÀ

P.1 Ciao! Come ti chiami? Introduce yourself in Italian to several classmates, shaking hands as you do so. Follow the model.

Esempio:
— Ciao! Mi chiamo (Antonella). E tu, come ti chiami?
— Mi chiamo (Paolo).
— Piacere!
— Piacere!

P.2 Buongiorno, professore/professoressa! With a partner, imagine you are meeting your professor at the beginning of the academic year. Using the pairs of names listed below, greet each other as in the example. Be sure to use **Lei** (polite form) to address a professor and **tu** to address a student.

Esempio:
— Salve, professoressa!
— Buongiorno! Come ti chiami?
— Sono Renato Dini.
— Piacere.
— Molto lieto!

1. Professor Zeri / Paola Ristori
2. Professoressa Barca / Antonio Reti
3. Professoressa Lustro / Nico Calvi
4. Professor Necco / Marta Abate

> **Lo sapevi che...?**
> Italians generally use the formal form **Lei** with everyone except family, close friends, classmates, and children. The **tu** form denotes familiarity and can also be used to express group solidarity, among colleagues, for example, or people belonging to a group, such as a club.

P.3 Persone famose. You are a famous political leader, actor, singer, etc. Introduce yourself to classmates and meet as many other "famous" people as you can! Be sure to use the formal **Lei**.

Esempio:
— Buongiorno! Scusi, come si chiama Lei?
— Buongiorno, mi chiamo Oprah Winfrey. E Lei?
— Mi chiamo Laura Pausini. Molto piacere, signora Winfrey.

P.4 Il postino. You are the new mail carrier and are introducing yourself to the tenants of a condominium complex.

Esempio:
— Buongiorno, sono il nuovo postino. Mi chiamo... E Lei, signora?
— Salve. Mi chiamo Anna Selce. Molto lieta.
— Tanto piacere, signora!

1. Stefano Ardore
2. Rita Pico
3. Sonia Tessi
4. Marco Lotti
5. Giuseppe Trota
6. Angela Gatto

UNITÀ PRELIMINARE Per cominciare

A conversation *per strada*, Milan

Nomi italiani. Can you give the English equivalents of these Italian names?

maschili			femminili		
Alberto	Enrico	Luca	Alessandra	Elisabetta	Luisa
Antonio	Giorgio	Marco	Anna	Giovanna	Maria
Andrea	Giacomo	Matteo	Caterina	Giulia	Patrizia
Carlo	Giovanni	Riccardo	Cecilia	Ilaria	Susanna
Claudio	Giuseppe	Stefano	Chiara	Lucia	Teresa

A.2 ▶ Di dove sei tu? Di dov'è Lei?

Informale
— Ciao, mi chiamo Kristi.
— Io sono Chiara. Di dove sei?
— Sono di Los Angeles. E tu, di dove sei?
— Sono di Napoli.

Formale
— Buongiorno, mi chiamo Paolo Genovesi. Come si chiama?
— Piacere. Sono Chiara Fini. Di dov'è?
— Sono di Bologna. E Lei?
— Sono di Palermo.

A.3 ▶ Si dice così

Di dove sei (tu)?	*Where are you from? (informal)*
Di dov'è (Lei)?	*Where are you from? (formal)*
Sono di...	*I am from . . .*
Dov'è...?	*Where is . . . ?*
Ecco...	*Here is . . .*

ATTIVITÀ

P.5 Di dove sei? Ask your classmates where they are from and tell them where you are from.

Esempio: — Di dove sei, Kevin?
— Sono di San Francisco. E tu?
— Io sono di Dublino.

P.6 Di dov'è Lei? At a conference, a number of people are becoming acquainted. With a partner, use polite forms and the cities listed below to create four short exchanges.

Esempio: Catania / Bari
— Buongiorno! Di dov'è Lei?
— Sono di Catania. E Lei?
— Sono di Bari.

1. Roma / Parma
2. Milano / Palermo
3. Pisa / Verona
4. Napoli / Firenze

P.7 La presentazione. On a train in Italy, you strike up a conversation with three other young people. Find out their names and where they are from. Use the model dialogue and choose cities from the map on page 6.

Esempio: — Ciao, mi chiamo... E tu, come ti chiami?
— Mi chiamo... Piacere!
— Di dove sei?
— Sono di... E tu?
— Io sono di...

Lo sapevi che...? Italian is spoken on five continents. It is an official language in Italy, Switzerland, the Republic of San Marino, and the State of the Vatican, and there are large Italian communities in Canada, the United States, Germany, Australia, Argentina, Brazil, and Venezuela.

P.8 La sfida (*The challenge*). With a partner, take turns finding the cities listed below on the map.

Esempio: — **Dov'è Genova?**
— **Ecco Genova!**

Napoli, Torino, Milano, Palermo, Ancona, Bari, Bologna, Reggio Calabria, Venezia

B I SALUTI

Informale
— Ciao, Stefano. Come stai?
— Benone! E tu?
— Non c'è male, grazie.

Formale
— Buongiorno, signora Paoli. Come sta?
— Bene, grazie. E Lei, professoressa?
— Sto così così.

UNITÀ PRELIMINARE Per cominciare

B.1 ▶ Si dice così

Come stai?	How are you? (informal)
Come sta?	How are you? (formal)
Come va?	How's it going?
Sto…	I'm …
bene	fine
benone	terrific
benissimo	very well
molto bene	very well
abbastanza bene	quite well
così così	so-so
male	badly
Non sto bene.	I'm not well.
Non c'è male.	Not too bad.
Bene, grazie, e tu?	Fine, thank you, and you? (informal)
Bene, grazie, e Lei?	Fine, thank you, and you? (formal)

ATTIVITÀ

P.9 E tu, come stai? Ask a few classmates how they are, following the model.

Esempio:
— Ciao, come stai?
— Sto bene. / Sto benissimo. / Sto così così. / Non sto bene… E tu?
— Sto…, grazie!

Lo sapevi che…?

Italians tend to be quite formal and often use titles in addressing each other. Here are some of the most common courtesy and professional titles and their abbreviations.

signore (Sig.)	Mr.
signora (Sig.ra)	Mrs.
signorina (Sig.na)	Miss
avvocato (Avv.)	lawyer
ingegnere (Ing.)	engineer
professore/professoressa (Prof./Prof.ssa)	professor
dottore/dottoressa (Dott./Dott.ssa)	doctor

Note that masculine titles ending in **-ore** drop the final **e** before a proper name: **signore: signor Bianchi; professore: professor Ricci.** Feminine titles remain unchanged.

UNITÀ PRELIMINARE Per cominciare

P.10 Come sta? Using the following names, greet your partner and ask how he/she is feeling. Be sure to use formal forms.

Esempio: Sig. Moretti / Prof.ssa Simonelli
— **Buonasera, professoressa Simonelli. Come sta?**
— **Buonasera, signor Moretti. Sto molto bene. E Lei?**
— **Bene, grazie.**

1. Dott. Rossi / Sig.ra Testi
2. Sig. Biagi / Dott. Bellini
3. Ing. Testori / Sig. Landolfi
4. Prof. Croce / Sig.na Carlini

P.11 Nel campus. Greet four different friends on the way to class and ask how each of them is. Vary what you say, using the following expressions.

To greet: Ciao / Salve / Buongiorno
To ask how a person is: Come stai? / Come va?
To answer: Bene / Non c'è male / Così così / Benissimo, grazie, e tu?

B.2 ▶ Arrivederci

Informale
— Ciao, Anna!
— A presto, Marco!
— Ci vediamo!

Formale
— ArrivederLa, signore!
— Arrivederci!

B.3 ▶ Si dice così

Ciao	*Bye (informal)*	**Alla prossima**	*Until next time*
Arrivederci	*Good-bye*	**Ci vediamo**	*See you*
ArrivederLa	*Good-bye (formal)*	**Addio**	*Farewell*
A presto	*See you soon*		

ATTIVITÀ

P.12 La festa è finita. Your party is over and it's time to say good-bye to your guests. With a partner, play the parts of host and guest, using the phrases provided.

Esempi: Marco / a presto
— **Buonanotte, Marco, e grazie!**
— **Prego! A presto!**

Sig.ra Rosi / arrivederLa
— **Buonanotte, signora, e grazie!**
— **Grazie a Lei! ArrivederLa!**

1. Dott.ssa Rossi / ArrivederLa
2. Laura / Ciao
3. Sonia / Ci vediamo
4. Lia / Arrivederci
5. Sig. Manin / A presto
6. Ing. Leoni / ArrivederLa

P.13 All'università. It's the first day of classes and you and your partner meet for the first time outside a classroom. Create a conversation in which you:

- greet each other and introduce yourselves
- express pleasure at meeting each other
- ask how the other person is feeling
- say where you are from
- say good-bye

L'ALFABETO

a	a	**h**	acca	**q**	cu	**j**	i lunga
b	bi	**i**	i	**r**	erre	**k**	cappa
c	ci	**l**	elle	**s**	esse	**w**	doppia vu
d	di	**m**	emme	**t**	ti	**x**	ics
e	e	**n**	enne	**u**	u	**y**	i greca, ipsilon
f	effe	**o**	o	**v**	vu		
g	gi	**p**	pi	**z**	zeta		

The letters *j, k, w, x,* and *y* are not regularly used in Italian, although they have become part of the alphabet with the influx of foreign words: *jeep, jet, jogging; koala, killer; western, windsurf; taxi, extra; yogurt, yacht.*

A sunny day in the piazza, Piazza Duomo, Siracusa (Sicily)

ATTIVITÀ

P.14 Le sigle. State the following acronyms in Italian.

1. USB   3. CD   5. MP3   7. DVD   9. SOS
2. SMS   4. WWW   6. TV   8. BMW   10. OGM

P.15 Parole italiane. Turn to the Italian-English vocabulary at the end of your text. Choose five new words and spell them out in Italian to your partner, who will write them down and then pronounce them. Then switch roles.

Esempio: — Elle, a, ti, ti, e
— Latte! (**Latte** means *milk*.)

P.16 Come si scrive (*How do you spell that*)? Take turns asking your partner's name and hometown and how each is spelled.

Esempio: — Come ti chiami?
— Mi chiamo Gina Smith.
— Come si scrive?
— Gi-i-enne-a Esse-emme-i-ti-acca.
— Di dove sei?
— Sono di Detroit.
— Come si scrive?
— Di-e...

UNITÀ PRELIMINARE Per cominciare

P.17 Quale città? Choose a city from the map on page 6. Slowly spell its name for your partner, who will try to guess the city after hearing as few letters as possible.

Lo sapevi che...? The Italian language borrows words from several other languages. From Latin, it uses *ultimatum, agenda, curriculum;* from French, *chef, chalet, élite, buffet;* from English, *stress, leader, show, business, part-time, fitness,* etc.

D I NUMERI DA 0 A 100

0	zero	14	quattordici	26	ventisei
1	uno	15	quindici	27	ventisette
2	due	16	sedici	28	ventotto
3	tre	17	diciassette	29	ventinove
4	quattro	18	diciotto	30	trenta
5	cinque	19	diciannove	40	quaranta
6	sei	20	venti	50	cinquanta
7	sette	21	ventuno	60	sessanta
8	otto	22	ventidue	70	settanta
9	nove	23	ventitré	80	ottanta
10	dieci	24	ventiquattro	90	novanta
11	undici	25	venticinque	100	cento
12	dodici				
13	tredici				

1. Numbers in Italian are written as a single word.

2. The numbers **venti, trenta, quaranta,** and so on drop the final vowel before **uno** and **otto,** both of which begin with a vowel: **vent**u**no, vent**o**tto,** etc.

3. In the numbers 23, 33, 43, and so on, **tre** is spelled with an accent: **ventitré.**

UNITÀ PRELIMINARE Per cominciare

ATTIVITÀ

P.18 La sfida. Challenge a neighbor to:

1. Count in multiples of 2 from 20 to 40
2. Count in multiples of 3 from 30 to 60
3. Count in multiples of 5 from 40 to 80
4. Count backward from 100 to 85
5. Count backward from 50 to 35

P.19 Qual è il prefisso per... ? In Italy, you must always dial the **prefisso** (*area code*) before the number, even for local calls. With a partner, take turns asking the **prefisso** for some Italian cities. Write the numbers your partner tells you, then check the list. Note that the **prefisso** always starts with zero.

Esempio: — **Qual è il prefisso per Torino?**
— **Il prefisso è 011 (zero, undici).**

Città	Sigla	Prefisso telefonico
1 Avellino	AV	0825
2 Bari	BA	080
3 Bologna	BO	051
4 Como	CO	031
5 Firenze	FI	055
6 Genova	GE	010
7 Lucca	LU	0583
8 Milano	MI	02
9 Napoli	NA	081
10 Parma	PR	052
11 Perugia	PG	075
12 Pisa	PI	050
13 Roma	Roma	06
14 Siena	SI	0577
15 Siracusa	SR	0931
16 Torino	TO	011
17 Venezia	VE	041

UNITÀ PRELIMINARE Per cominciare

P.20 Qual è il tuo numero di telefono? Ask five classmates for their phone numbers and write down the numbers.

Esempio: — Qual è il tuo numero di telefono?
— È 010–215614 (zero, dieci, ventuno, cinquantasei, quattordici).

P.21 Pronto, centralinista (*Hello, operator*)**?** You are calling directory assistance for the following people's telephone numbers. Your partner will consult the page from the Florence phonebook and tell you the numbers.

Esempio: — Per favore, qual è il numero di Aldo Lipari?
— Il numero è...

1. Salvatore Liotta
2. Umberto Limberti Bonemersi
3. Patrizia Lionetto
4. Renata Limbo
5. Linea Stampa 2000

UNITÀ PRELIMINARE Per cominciare

Lo sapevi che...?

Cellular phones (**telefono cellulare** or **telefonino**) are extremely popular in Italy. In a country of approximately 60 million people, there are over 70 million cell phones! Some of the largest cell phone companies are TIM (Telecom Italia Mobile), Vodafone, and Wind.

P.22 Numeri utili. Pagine Bianche lists useful numbers at the beginning of the phone book. State the following numbers in Italian. What number would you call if you wanted:

- to call an ambulance?
- to report a fire?
- to report a forest fire?
- to know about traffic problems?
- to report violence against a woman?
- to help a child in need?
- to report an accident?

UNITÀ PRELIMINARE Per cominciare

P.23 **Biglietti da visita** (*Business cards*). Using the following business cards, adopt an identity and introduce yourself to a partner, giving your name, title, city, address, and telephone number.

Esempio: Mi chiamo...
 Sono... (architetto, professoressa, ecc.)
 Sono di...
 Abito a (*I live at*)...
 Il numero di telefono è...

DOTT. LUISA MARTINI
MEDICO
VIA CAVOUR 25, 50125 FIRENZE
TEL. 055 215789
CELL. 347 8805241

Dott. Mario Bianchi
Avvocato
Via Verdi 23, 00187 Roma
Cell. 339 7858439   06 7955320

Professoressa Marcella Costa
Corso Garibaldi 1, 80138 Napoli
081 543621

DOTT. ING. GIOVANNI FERRI
Viale Lazio 4, 20145 Milano   tel. 02 3340195

P.24 **Due conversazioni.** What do you think the people shown are saying to each other? With a partner, create a conversation for each scene using words and expressions you have learned in this chapter. Then act out both exchanges.

UNITÀ PRELIMINARE Per cominciare

Vocabolario

I saluti

a presto	see you soon
addio	farewell
alla prossima	until next time
arrivederci	good-bye (informal)
arrivederLa	good-bye (formal)
buonanotte	goodnight (for leave-taking)
buonasera	good evening
buongiorno	good morning, good day
ci vediamo	see you
ciao	hi, bye
salve	hello

Le presentazioni

bene, grazie, e Lei?	fine, thank you, and you? (formal)
bene, grazie, e tu?	fine, thank you, and you? (informal)
come si chiama?	what's your name? (formal)
come sta?	how are you? (formal)
come stai?	how are you? (informal)
come ti chiami?	what's your name? (informal)
come va?	how's it going?
e Lei?	and you? (formal)
e tu?	and you? (informal)
mi chiamo...	my name is . . .
molto lieto/a	very pleased to meet you
non c'è male	not too bad
non sto bene	I'm not well
(tanto) piacere	(so) nice to meet you
scusa	excuse me (informal)
scusi	excuse me (formal)
sto...	I'm . . .
abbastanza bene	quite well
bene	fine
benissimo	very well
benone	terrific
così così	so-so
male	badly
molto bene	very well

L'origine

ecco...	here is / here are . . .
di dov'è (Lei)?	where are you from? (formal)
di dove sei?	where are you from? (informal)
dov'è... ?	where is . . . ?
sono di...	I am from . . .

Persone

l'avvocato (Avv.)	lawyer
il dottore (Dott.)	doctor
la dottoressa (Dott.ssa)	doctor
l'ingegnere (Ing.)	engineer
il professore (Prof.)	male professor
la professoressa (Prof.ssa)	female professor
la signora (Sig.ra)	Mrs.
il signore (Sig.)	Mr.
la signorina (Sig.na)	Miss

I numeri

0	zero	19	diciannove
1	uno	20	venti
2	due	21	ventuno
3	tre	22	ventidue
4	quattro	23	ventitré
5	cinque	24	ventiquattro
6	sei	25	venticinque
7	sette	26	ventisei
8	otto	27	ventisette
9	nove	28	ventotto
10	dieci	29	ventinove
11	undici	30	trenta
12	dodici	40	quaranta
13	tredici	50	cinquanta
14	quattordici	60	sessanta
15	quindici	70	settanta
16	sedici	80	ottanta
17	diciassette	90	novanta
18	diciotto	100	cento

UNITÀ 1

VISITARE
Siamo a Roma!

The Roman Colosseum

COMMUNICATIVE GOALS

- Addressing different people
- Asking what and where things are
- Telling someone your age
- Describing states of being
- Negating
- Telling time

A LA GEOGRAFIA

A.1 ▶ Si dice così

un paese	*country, small town*	**una pianura**	*plain*
un mare	*sea*	**uno stivale**	*boot*
un colle,	*hill*	**dov'è?**	*where is?*
una collina		**c'è / ci sono**	*there is / there are*
una penisola	*peninsula*		

Lo sapevi che...?

Words that are spelled almost identically and have the same meaning in different languages are called *cognates*. Can you supply the English equivalents of the following geographic terms in Italian? **una regione, una nazione, una capitale, uno stato, una repubblica, un vulcano, una città**

UNITÀ 1 Visitare: Siamo a Roma!

ATTIVITÀ

1.1 Che cos'è? Match the location in the first column with the geographic term in the second column. Consult the map of Italy on the inside cover. Then look up these locations on Google Earth!

1. Italia   a. lago
2. Como   b. vulcano
3. Ionio   c. penisola
4. Etna   d. isola
5. Lazio   e. città
6. Arno   f. regione
7. Siena   g. mare
8. Elba   h. fiume

1.2 Vero (Right)? With a partner, take turns reading the following statements and saying whether or not they are true. Correct each other's statements if necessary, following the models. Consult the map.

Esempi: — Venezia è nell'Italia del nord, vero?
— Sì, è vero.

— Milano è in Sicilia, vero?
— No, non è vero; Milano è in Lombardia.

1. Torino è nell'Italia del sud, vero?
2. Palermo è la capitale d'Italia, vero?
3. Torino è in Umbria, vero?
4. La Toscana è una città, vero?
5. La Calabria è nell'Italia del nord, vero?
6. La Sicilia è un'isola, vero?

1.3 Salve, sono di... Choose a city from the map of Italy, then introduce yourself to a neighbor and say that you are from that city. When he/she asks where it is, point it out on the map and explain where it is. Then ask his/her name and city of origin.

Esempio: — Ciao, mi chiamo... e sono di Cagliari.
— Dov'è Cagliari?
— Ecco Cagliari, è in Sardegna! E tu, come ti chiami? Di dove sei?

UNITÀ 1 Visitare: Siamo a Roma!   19

A.2 ▶ Incontro

Roma, Città Eterna!   Antonella è italiana e abita a Roma. Kristi è una studentessa americana. Visita Roma per la prima volta.

KRISTI:	È vero che ci sono sette colli a Roma?	
ANTONELLA:	Sì, esatto. I sette colli di Roma.	
KRISTI:	Come si chiamano?	
ANTONELLA:	Boh, non ricordo tutti° i nomi… il Gianicolo, il Palatino, il Campidoglio…	*I don't remember all*
KRISTI:	E c'è anche un'isola a Roma, no?	
ANTONELLA:	Sì! È l'isola Tiberina.	
KRISTI:	Dov'è?	
ANTONELLA:	In mezzo al fiume° che passa per Roma.	*In the middle of the river*
KRISTI:	Come si chiama il fiume?	
ANTONELLA:	Il Tevere. Ma, Kristi, quante domande!°	*so many questions!*
KRISTI:	È la prima volta che visito Roma e sono curiosa!	
ANTONELLA:	Brava! Allora, andiamo al Pincio… da lì c'è un bel panorama di Roma! È una bella introduzione alla "Città Eterna"!	

Lo sapevi che… ?

There are two independent countries located within Italy: the **Republic of San Marino** and the **Vatican**. The Vatican, located in the heart of Rome, has its own postal system and issues its own stamps.

UNITÀ 1 Visitare: Siamo a Roma!

ATTIVITÀ

1.4 Ascoltiamo! While listening to the **Incontro,** mark the following statements as true or false **(vero o falso).** After listening, correct the false statements.

	Vero	Falso
1. Kristi è italiana.	_____	_____
2. Kristi è una studentessa.	_____	_____
3. Kristi visita Roma per la prima volta.	_____	_____
4. Ci sono cinque colli a Roma.	_____	_____
5. Tiberina è un'isola.	_____	_____
6. Il fiume di Roma si chiama il Tevere.	_____	_____
7. Dal Pincio c'è un bel panorama della città.	_____	_____

1.5 Visitare Roma. Fill in the blanks with terms from the **Incontro**.

Ci sono _____ colli a Roma. Il _____ e il _____ sono due colli della città. A Roma c'è un _____ che passa per la città: si chiama _____. In mezzo al fiume c'è un'_____ che si chiama Isola Tiberina. Sull'isola c'è un ospedale, una chiesa (*church*) e un bar!

1.6 Lezione di geografia. Test your partner's knowledge of geography. Take turns asking and answering questions about the geographic features listed, following the model.

Esempio: un fiume a Roma
— **Come si chiama un fiume a Roma?**
— **Un fiume a Roma si chiama il Tevere.**

1. un'isola nel tuo paese
2. un fiume nel tuo paese
3. un vulcano in Italia
4. un lago in Italia
5. un lago nel tuo paese
6. un fiume in Italia
7. una città nel sud del tuo paese
8. una regione in Italia

The Spanish Steps in *Piazza di Spagna* is a popular meeting place in the center of Rome.

In altre parole	boh!	I don't know!
	per la prima volta	for the first time
	(non) è vero	it's (not) true
	esatto	exactly
	bravo/a!	good for you!, well done!

1.7 La risposta giusta. Find a sentence in the right-hand column that is a logical response to each statement on the left.

1. Quante domande, Giovanni!
2. Il Vaticano non è una parte dell'Italia, vero?
3. Il Tevere!
4. Ricordo tutti i colli di Roma: il Campidoglio, l'Aventino...
5. Alice è di Firenze.
6. Come si chiamano le venti regioni italiane?

a. Bravo! Hai una memoria fantastica!
b. Non è vero! È americana!
c. Boh! Mi ricordo solo la Liguria, la Toscana, la Calabria...
d. Sono curioso perché sono a New York per la prima volta.
e. Esatto! È il fiume che passa per Roma.
f. Brava! È uno stato indipendente.

1.8 Bravo/a! With another student, take turns reading the sentences and responding, as appropriate, **Bravo/a!, Esatto!,** or **Non è vero!**

1. Le Alpi sono una pianura.
2. L'Italia è un'isola.
3. Venezia è una città sull'Oceano Atlantico.
4. Il Veneto, le Marche e la Lombardia sono regioni d'Italia.
5. Il fiume di Firenze si chiama l'Arno.
6. Ci sono sette colli a Roma.
7. Il Vesuvio è un lago.
8. L'Italia ha la forma di uno stivale.

1.9 A Roma per la prima volta. In a taxi from Rome's Leonardo da Vinci airport into the city, you chat with the taxi driver. Create a conversation with another student in which you:

- introduce yourself and say where you are from
- say that you are in Rome for the first time
- ask three questions about Rome
- thank the driver and say good-bye

A.3 ▶ Punti grammaticali

Il sostantivo singolare

maschile	femminile
un vulcano	una collina
un amico	un'isola
uno stato	una spiaggia
un fiume	una nazione

1. In Italian, nouns (**sostantivi**) are classified according to gender. Nouns that end in **o** are usually masculine; nouns that end in **a** are usually feminine. Nouns that end in **e** may be masculine or feminine: **un mare** (*m.*), **uno studente** (*m.*), **una chiave** (*key*) (*f.*), **una lezione** (*lesson*) (*f.*).

2. Normally, nouns ending in **-ione** are feminine. Some examples are **regione, stazione, confusione,** and **stagione.** Many of these words are cognates.

3. Nouns that end in a consonant are usually of foreign origin and are masculine: **uno sport, un bar, un computer, un film, un autobus.**

4. Nouns that have a shortened form maintain the gender of the original word.

   foto (fotografia) (*f.*)   *photograph* (*photo*)
   cinema (cinematografo) (*m.*)   *cinema*
   bici (bicicletta) (*f.*)   *bicycle* (*bike*)
   auto (automobile) (*f.*)   *automobile* (*auto*)

5. Some words of Greek origin ending in **-ma** are masculine: **tema, problema, panorama, programma, sistema.**

L'articolo indeterminativo

1. The indefinite article (**articolo indeterminativo**) corresponds in English to *a* or *an*.

2. For masculine nouns, the indefinite article is **un. Uno** is used for nouns beginning with **s** + a consonant (**s impura**) or **z**.

un libro	*a book*	un uomo	*a man*
un paese	*a country*	un ospedale	*a hospital*
uno stereo	*a stereo*	un sole	*a sun*
uno sbaglio	*a mistake*	un signore	*a gentleman*
uno zoo	*a zoo*	uno zero	*a zero*

3. For feminine nouns, the indefinite article is **una. Una** contracts to **un'** before feminine nouns beginning with a vowel.

una donna	*a woman*	**un'aula**	*a classroom*
una lezione	*a lesson*	**un'estate**	*a summer*
una spiaggia	*a beach*	**un'isola**	*an island*
una zia	*an aunt*	**un'oasi**	*an oasis*

ATTIVITÀ

1.10 Maschile o femminile? Give the gender of the nouns in the list below. Then supply each noun with its corresponding indefinite article.

Esempio: mare: **maschile** ⟶ **un mare**
fotografia: **femminile** ⟶ **una fotografia**

1. stivale
2. vulcano
3. regione
4. fiume
5. pianura
6. oceano
7. stato
8. montagna
9. spiaggia
10. professore
11. isola
12. lago
13. città
14. foto
15. nazione

1.11 Si dice così. With a partner, take turns asking and supplying the gender of the following words. Include the indefinite article in your answer.

Esempio: bar — *Bar è maschile o femminile?*
— *Bar è maschile: si dice (you say) un bar.*

1. programma
2. conversazione
3. città
4. hotel
5. sistema
6. opinione
7. sport
8. università
9. panorama

1.12 Che cos'è? With a partner, take turns asking and answering questions about the following places, as in the model.

Esempio: Torino — *Che cos'è Torino?*
— *È una città.*

1. la Sardegna
2. l'Etna
3. il Mediterraneo
4. Palermo
5. San Marino
6. il Tevere
7. la Germania
8. l'Umbria
9. il Monte Bianco
10. il Vesuvio

B LA CITTÀ

B.1 ▶ Si dice così

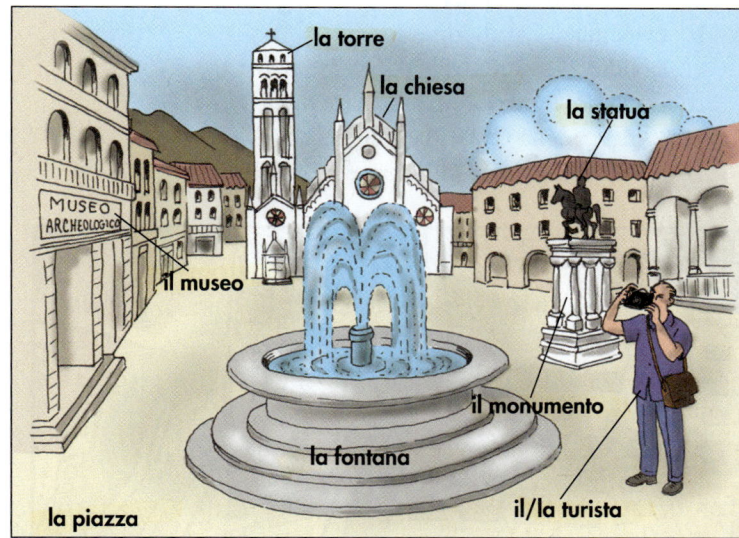

le rovine	*ruins*
la strada	*street*
la via	*road*
il ponte	*bridge*
la guida turistica	*guidebook, tour guide*
sempre	*always*
ora	*now*

ATTIVITÀ

1.13 Una guida turistica. Below is a page from a travel guide to Rome. Some of the words are missing. Complete the page with words from **Si dice così**.

> Una visita a Roma:
> - il _____ di Villa Borghese con sculture di Bernini e una Madonna di Caravaggio.
> - l'Arco di Costantino, un grandioso _____ romano del periodo imperiale.
> - le _____ del famosissimo Foro romano.
> - la _____ del Gesù (*Jesus*), con arte religiosa e un altare in stile barocco.
> - la _____ di Trevi con sculture di divinità marine (*sea gods*).
> - il _____ Sant'Angelo che attraversa (*crosses*) il fiume Tevere.
> - la _____ del Corso: strada che porta da Piazza Venezia a Piazza del Popolo.

1.14 Ecco una fontana! With a partner, look at the photos in this chapter and take turns pointing out the interesting features.

> *Esempi:* — Ecco una statua!
> — Ecco un monumento!

UNITÀ 1 Visitare: Siamo a Roma!

1.15 Dov'è il Pantheon? With a partner, look at the map of Rome and take turns asking each other the locations of the places listed in the left-hand column. Find appropriate answers in the right-hand column.

Esempio: il Pantheon
— Dov'è il Pantheon?
— Ecco il Pantheon. È vicino (*near*) a Piazza Navona.

1. la Fontana di Trevi
2. la Basilica di San Pietro
3. Piazza Navona
4. il Palazzo Farnese
5. Castel Sant'Angelo
6. Piazza del Popolo

a. È in fondo a via del Corso.
b. È vicina al Pantheon.
c. È vicino al fiume.
d. È vicino a Corso Vittorio Emanuele.
e. È in via della Conciliazione.
f. È vicina a Palazzo di Montecitorio.

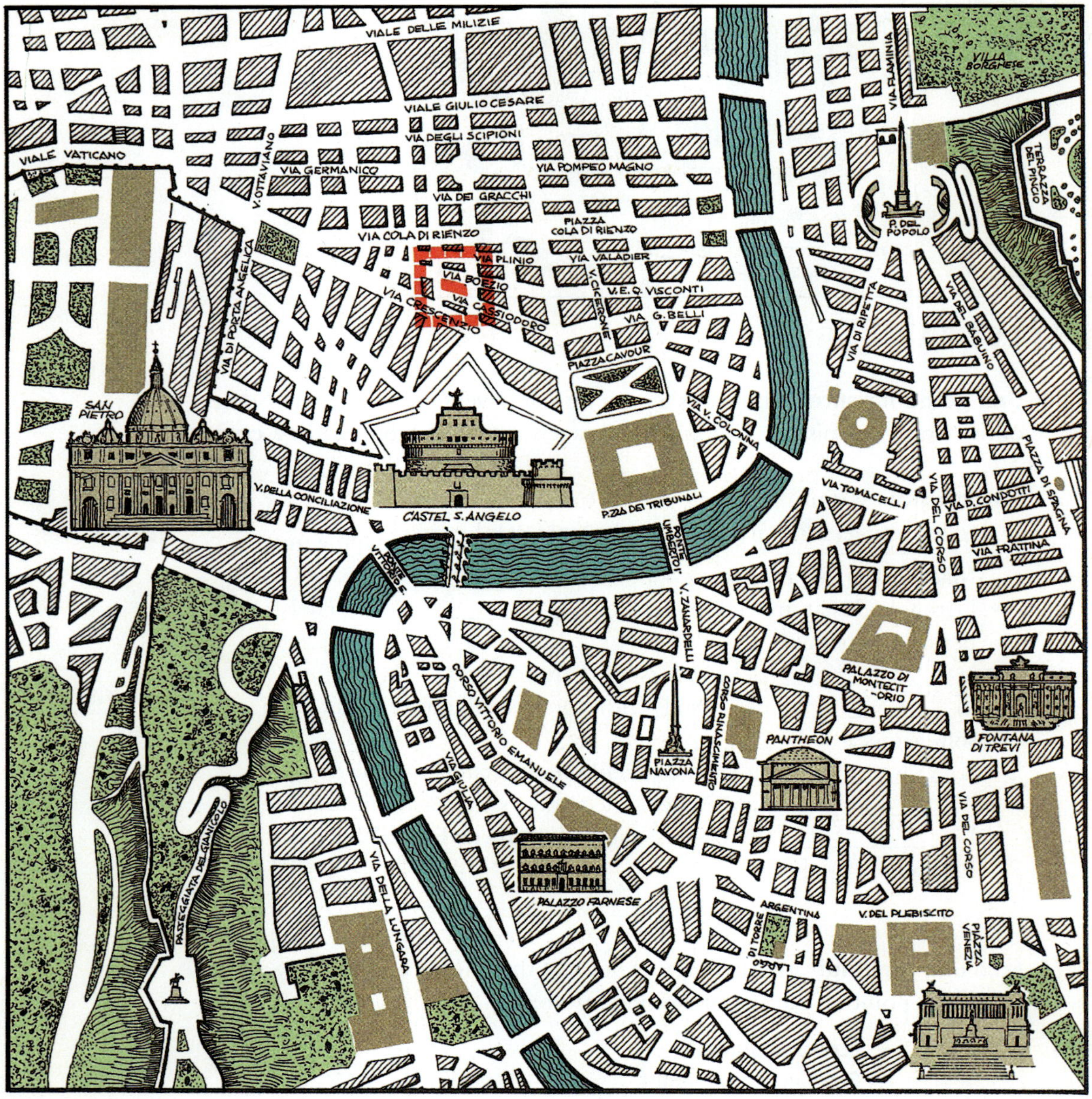

B.2 ▶ Incontro

Benvenuta a Roma! *(Welcome to Rome!)*   Antonella e Kristi sono in un bar. Aspettano°   *They are waiting for*
Lorenzo.

KRISTI:	Oggi° visitiamo Roma. Ci sono tanti monumenti! Da dove cominciamo?	*Today*
ANTONELLA:	Ho un'idea… andiamo prima al Colosseo.	
KRISTI:	Va bene! Per me, Roma è il Colosseo!	
ANTONELLA:	Vicino al Colosseo c'è l'Arco di Costantino e ci sono le rovine del Foro romano.	
KRISTI:	Non vedo l'ora di essere davanti al Colosseo! Andiamo!°	*Let's go!*
ANTONELLA:	Va bene. Oggi pomeriggio° visitiamo Piazza di Spagna e la famosa Scalinata di Trinità dei Monti.	*This afternoon*
KRISTI:	D'accordo! Grazie, Antonella, sei una vera amica.	
ANTONELLA:	Prego! Figurati! Ah, ecco Lorenzo! Ciao, Lorenzo. Ti presento Kristi, un'amica americana.	
LORENZO:	Salve! Benvenuta a Roma!	
ANTONELLA:	Lorenzo è una guida eccellente. E ora andiamo al Colosseo.	
KRISTI:	Roma è davvero° la Città Eterna! E visitare Roma con voi è il massimo!	*really*

ATTIVITÀ

1.16 Ascoltiamo!   While listening to the **Incontro,** choose the answer that correctly completes the statements below and on the next page.

1. Antonella e Kristi sono in un bar. Aspettano…
   a. Lorenzo.   b. Costantino.

2. A Roma ci sono tanti…
   a. monumenti.   b. fiumi.

3. Vicino al Colosseo ci sono le rovine del…
   a. museo.   b. Foro romano.

4. Oggi pomeriggio le due amiche visitano…
   a. Piazza di Spagna.   b. il Pantheon.

5. Lorenzo è una…
   a. guida eccellente.   b. persona eccellente.

6. Per Kristi, Roma è…
   a. l'Arco di Costantino.   b. il Colosseo.

UNITÀ 1   Visitare: Siamo a Roma!

Lo sapevi che...?

Rome is called **la Città Eterna** (*the Eternal City*) because it was the capital of the Western world in ancient times and the center of Christianity in the West for nearly two thousand years. In Latin it is also referred to as *Caput Mundi*, for "capital of the world."

1.17 Una visita a Roma. Recreate a conversation between an American student, Joey, and his Roman friend Beppe by indicating the correct order for the following sentences. Then act out the exchange with another student.

_____ — OK, il Colosseo è un monumento famosissimo (*very famous*).
_____ — Prego! Figurati!
_____ —Va bene, Joey. Andiamo prima al Colosseo?
_____ — D'accordo. Il Foro romano è incredibile! Grazie, Beppe, sei un vero amico!
_____ — E poi, visitiamo le rovine del Foro!
_____ — Allora, Beppe, oggi visitiamo Roma?

1.18 Ti presento... You are at a café with a friend discussing where to go today. Another friend passes by. Following the model, introduce your two friends, who then ask each other some questions.

Esempio: **S1: Dove andiamo oggi?**
S2: Andiamo a...
S1: Ecco... !
S3: Ciao... Come stai?...
S1: Ti presento il mio amico/la mia amica...
S2: Piacere! Di dove sei?
S3: Sono di...

In altre parole

va bene	OK, that's fine
non vedo l'ora di...	I can't wait to . . .
d'accordo	agreed
è il massimo	it's the greatest
prego	you're welcome
figurati	don't mention it
ti presento...	let me introduce you to . . .

1.19 Cosa dire? What would you say in the following situations?

1. You hold a door open for someone and he/she thanks you.
2. You introduce your friend Marco to another friend.
3. You agree to meet a friend at a specified time.

28 UNITÀ 1 **Visitare: Siamo a Roma!**

4. A friend thanks you profusely for a small favor.
5. You receive a gift you've always wanted.
6. You want to leave but your friends are reluctant to go.

1.20 Non vedo l'ora! You are looking forward to your upcoming trip to Rome. List five things you can't wait to see or do, using the model.

Esempio: **Non vedo l'ora di vedere** (*to see*) **San Pietro!**

Altri suggerimenti: mangiare (*to eat*) **in un ristorante romano, visitare il Pantheon, parlare** (*to speak*) **italiano, ecc.**

1.21 Da dove cominciamo? It's your first day in Rome and you and a friend are deciding what to do. Look at the map on page 26. Create a conversation in which you both agree on two places to go in the morning and two in the afternoon. Also discuss where these places are.

Esempio: — A Roma ci sono tanti monumenti. Da dove cominciamo?
— Andiamo prima a... Va bene?
— D'accordo! E poi...
— Oggi pomeriggio andiamo...

B.3 ▶ Punti grammaticali
I pronomi soggetto

	singular		plural	
first person	io	I	noi	we
second person	tu	you (informal)	voi	you (informal and formal)
third person	Lei	you (formal)	loro	they
	lui	he		
	lei	she		

1. There are seven subject pronouns in Italian. Note that there are formal and informal forms for *you*. **Tu** is used to address friends, family, small children, and pets. It is commonly used among young people even when they don't know each other. **Lei** is a formal, polite form used to address people one does not know, older people, and those deserving of respect. **Voi** is commonly used to address groups of people in both formal and informal situations.

2. The subject pronoun **io,** unlike the English *I,* is not capitalized unless it begins a sentence.

3. **Lei** is the formal form used to address either a man or a woman and is written with a capital **L** to distinguish it from **lei** (*she*).

4. Ordinarily it is not necessary to use a subject pronoun in Italian, since in most cases the verb form indicates the subject. Subject pronouns are used for emphasis.

ATTIVITÀ

1.22 Parlare a... Which subject pronoun would you use to speak directly to the following people?

1. your teacher
2. the leader of your country
3. two friends of your mother
4. your father
5. your brother
6. two of your friends
7. a salesclerk in a store
8. your aunt and uncle

1.23 Parlare di... Now supply the subject pronoun you would use to talk *about* the people listed above.

1.24 Io, tu, lui e lei. Which subject pronoun would you use to refer to the following groups of people?

Esempio: io e Valerio ⟶ **noi**

1. tu e io
2. lei e tu
3. io e Lei
4. io e voi
5. tu, Patrizia e Stefano
6. la signorina e il signore

Il verbo *essere*

Io sono uno studente.	*I am a student.*
Anche **tu sei** uno studente?	*Are you also a student?*
Di dove **siete voi**?	*Where are you from?*
Noi siamo di Roma.	*We are from Rome.*

Essere (*to be*) is an irregular verb. That is, it does not follow a predictable pattern. Note that **io** and **loro** have the same form: **sono**. The present indicative forms are as follows.

essere (*to be*)					
io	**sono**	*I am*	noi	**siamo**	*we are*
tu	**sei**	*you (informal) are*	voi	**siete**	*you are*
lui/lei	**è**	*he/she is*	loro	**sono**	*they are*
Lei	**è**	*you (formal) are*			

C'è, ci sono

A Napoli **c'è** un vulcano.	*In Naples there is a volcano.*
C'è una fontana nella piazza.	*There is a fountain in the square.*
A Roma **ci sono** sette colli.	*In Rome there are seven hills.*
Ci sono molti monumenti a Roma.	*There are many monuments in Rome.*

C'è and **ci sono** correspond to *there is* and *there are*. **C'è** is used when the noun is singular, **ci sono** when the noun is plural.

Il negativo semplice

Luca **non** è di Roma, è di Orvieto. *Luca is not from Rome, he's from Orvieto.*
La Calabria **non** è una città, è una regione. *Calabria is not a city, it is a region.*

— C'è Luisa? — *Is Luisa there?*
— No, **non** c'è. — *No, she's not.*

In a negative statement, **non** immediately precedes the conjugated verb.

— Come stai? — *How are you?*
— **Non** sto bene. — *I'm not well.*

ATTIVITÀ

1.25 Chi sono? Create sentences using the correct form of **essere**.

Esempio: Antonella / italiana
Antonella è italiana.

1. Kristi / una turista
2. Antonella e Lorenzo / due amici romani
3. Tu / americano?
4. Noi / studenti universitari
5. Lorenzo / una guida eccellente
6. Voi / nella classe d'italiano
7. Io / a Roma per la prima volta
8. Kristi e Antonella / in un bar

1.26 Dove siamo? Complete with the correct form of **essere**.

1. Io e Marco _____ in classe; Luca _____ a casa.
2. Tu e lei _____ in montagna, e io _____ in città.
3. Rita e Sonia _____ americane; non _____ italiane.
4. Tu e il professore _____ in biblioteca.
5. Laura, Stefano e io _____ italiani.

1.27 Sì e no. Using the elements provided, state what is true and what is not true, as in the model.

Esempio: Kristi: romana / americana
Kristi è americana; non è romana.

1. Il Colosseo: a Roma / a New York
2. Antonella e Lorenzo: americani / romani
3. Antonella: un'amica di Kristi / una professoressa di Kristi
4. L'Arco di Costantino e il Pantheon: monumenti / isole
5. Io: studente (studentessa) / professore (professoressa)
6. Noi: studenti di filosofia / studenti d'italiano

1.28 La cartolina (*The postcard*). Write a postcard to a pen pal in Italy telling him/her about your hometown. Describe what there is to see, using phrases such as the following.

Caro Roberto e cara Donatella,
Sono a New York (Washington / Toronto...)
C'è un museo (una chiesa / una piazza); si chiama...
Saluti!

1.29 La tua città (*Your town*). Ask your partner what city or town he/she is from. Then ask if it has the following features: **una fontana, un fiume, un museo, un'università, tanti monumenti, una piazza, sette colli, un lago, un ponte.**

Esempio: — Di dove sei?
— Sono di...
— E a... c'è una fontana?
— Sì, c'è una fontana. (No, non c'è una fontana.)

L'articolo determinativo singolare

maschile	femminile	
il vulcano	**la** collina	*nouns beginning with a consonant*
l' amico	**l'** isola	*nouns beginning with a vowel*
lo stato	**la** spiaggia	*nouns beginning with* **s impura** *or* **z**
il fiume	**la** nazione	*nouns ending in* **e**

The definite article (**articolo determinativo**) corresponds to *the* in English, and is used to refer to a specific person, place, or thing. For singular masculine nouns, the definite articles are **il, lo,** and **l'**; for singular feminine nouns, the definite articles are **la** or **l'**. **Lo** is used for masculine nouns beginning with **z** or **s impura** (**s** + a consonant). **L'** is used for both masculine and feminine nouns beginning with a vowel.

ATTIVITÀ

1.30 L'articolo corretto. Supply the singular definite article for the following nouns.

1. telefono
2. attenzione
3. opera
4. stereo
5. natura
6. università
7. cinema
8. regione
9. zero
10. biologia
11. televisione
12. aeroplano
13. stazione
14. programma
15. museo
16. zoo

1.31 La Città Eterna. Complete the paragraph using definite articles.

_____ stato indipendente a Roma si chiama _____ Vaticano. _____ piazza principale è Piazza San Pietro. Anche _____ chiesa si chiama San Pietro. _____ fiume Tevere passa lì vicino. _____ Colosseo è forse _____ monumento più famoso di Roma. Lì vicino ci sono anche _____ Arco di Costantino e _____ Foro romano. Roma è veramente _____ Città Eterna!

Tourists in the Roman Forum

C I MESI DELL'ANNO

UNITÀ 1 Visitare: Siamo a Roma!

C.1 ▶ Si dice così

| l'anno | year | la stagione | season | d'estate, | in the summer |
| il mese | month | il compleanno | birthday | in estate | |

> **Lo sapevi che...?**
>
> Trenta giorni ha **novembre**
> con **aprile, giugno** e **settembre**;
> di ventotto ce n'è uno,
> tutti gli altri ne han trentuno!

ATTIVITÀ

1.32 Abbinamenti. Match the expressions in the left-hand column with a word from the column on the right.

1. Il mese con ventotto giorni (*days*)
2. Il mese che segue (*follows*) giugno
3. Il numero di mesi nell'anno
4. La stagione di gennaio e febbraio
5. Il numero di giorni di settembre
6. Il mese con la Festa di Cristoforo Colombo
7. La stagione che segue la primavera

a. l'estate
b. trenta
c. luglio
d. febbraio
e. l'inverno
f. ottobre
g. dodici

1.33 Le quattro stagioni. Name the months that comprise each season.

I mesi della primavera sono...
I mesi dell'inverno sono...
e i mesi dell'estate?
e dell'autunno?

1.34 Buon compleanno (*Happy birthday*)! Using the expressions below, tell your partner the month of your birthday. Then give the months of your father's, mother's, and best friend's birthdays.

- Il mio (*my*) compleanno è a...
- Il compleanno di mio padre (*father*) è a...
- Il compleanno di mia madre (*mother*) è a...
- Il compleanno del mio migliore amico/della mia migliore amica (*my best friend*) è a...

C.2 ▶ Incontro

Un po' di riposo. *Antonella e Kristi hanno voglia di mangiare una pizza. Sono a Roma.*

KRISTI:	Che fame che ho!° Mangiamo qualcosa?	*How hungry I am!*
ANTONELLA:	Va bene! C'è una buona pizzeria vicino a Piazza Navona. Andiamo!	
KRISTI:	Ma che caldo oggi!° Ordiniamo una Coca-cola, va bene?	*How hot it is today!*
ANTONELLA:	Sì, certo, ma io ordino anche l'acqua minerale. Dopo tutti i monumenti di stamattina ho sete°. Sei stanca, Kristi?	*I'm thirsty*
KRISTI:	Un po'. E tu?	
ANTONELLA:	Sì, anch'io. Non sono in forma!°	*I'm not in shape!*
KRISTI:	Ma scherzi!	
ANTONELLA:	E ho solo ventidue anni!° Ma, Kristi, tu parli molto bene l'italiano!	*I'm only twenty-two!*
KRISTI:	Me la cavo!	
ANTONELLA:	Te la cavi bene!	
Mangiano e pagano il conto°. Camminano verso° Piazza Navona.		*the check / toward*

ATTIVITÀ

1.35 Ascoltiamo! While listening to the **Incontro,** choose the answer that correctly completes the statements below and on the next page.

1. Kristi e Antonella hanno voglia di...
   a. mangiare spaghetti.   b. mangiare una pizza.
2. C'è una buona pizzeria vicino a...
   a. Piazza Navona.   b. Piazza San Pietro.

3. Le due amiche ordinano una Coca-cola e...
   a. anche del vino.
   b. anche l'acqua minerale.
4. Antonella ha solo...
   a. ventidue anni.
   b. trentadue anni.
5. Kristi parla molto bene...
   a. l'italiano.
   b. l'inglese.
6. Le amiche mangiano e...
   a. visitano il Foro romano.
   b. pagano il conto.
7. Poi camminano verso...
   a. Piazza Navona.
   b. Via del Corso.

1.36 Che caldo oggi! You and a friend are in Rome and have been sightseeing all morning. Create a short conversation in which:

- you say that it is hot today
- you say you are tired and propose stopping for lunch
- you both say you are thirsty and order something to drink
- you decide what to do in the afternoon

In altre parole

un po' (di)	a little bit (of)
anch'io	me too
sono stanco/a	I'm tired
ma scherzi!	you're joking!
cavarsela: me la cavo	I get by
te la cavi bene	you get by just fine

1.37 Abbinamenti. Find the sentence in the right-hand column that is an appropriate response to each sentence on the left.

1. Parli bene l'inglese?
2. Andiamo al cinema?
3. Io ho molta fame!
4. Ordiniamo una bottiglia di acqua minerale?
5. Per me l'italiano è molto difficile.

a. Va bene, ho voglia di vedere (*I want to see*) un film.
b. Non è vero! Te la cavi molto bene!
c. Va bene. Ho sete!
d. Anch'io. Andiamo a mangiare una pizza!
e. Me la cavo abbastanza bene.

1.38 Anch'io! Do the following statements apply to you too? Answer using **Anch'io!** or **Io no.**

1. Robert è di Los Angeles.
2. Io ho sete.
3. Antonella ha ventidue anni.
4. Fabrizio è uno studente dell'Università di Roma.
5. Loro sono americani.
6. Io ho voglia di (*I want*) mangiare una pizza.
7. Giorgio parla bene l'italiano.

C.3 ▶ Punti grammaticali

Il verbo *avere* e le espressioni idiomatiche con *avere*

Io **ho** un amico a Roma.	I have a friend in Rome.
Hai un computer?	Do you have a computer?
Avete una lezione oggi?	Do you have a class today?
Gina e Michele **hanno** un cane.	Gina and Michele have a dog.

1. **Avere** (*to have*) is one of the most useful verbs in Italian. It is used to express possession, age, hunger, thirst, and fear, as well as other physical and emotional states. **Avere** is an important auxiliary verb and is used frequently to form other tenses.

2. The present indicative tense of **avere** is as follows.

avere (*to have*)			
io	**ho**	noi	**abbiamo**
tu	**hai**	voi	**avete**
lui/lei/Lei	**ha**	loro	**hanno**

3. Some idiomatic expressions that use **avere** are:

avere… anni	to be … years old	**avere fretta**	to be in a hurry
avere sonno	to be sleepy	**avere paura di**	to be afraid (of)
avere ragione / torto	to be right / wrong	**avere bisogno di**	to need
avere fame / sete	to be hungry / thirsty	**avere voglia di**	to want
avere freddo / caldo	to be cold / hot		

Ho diciotto **anni**. E tu, quanti anni **hai**?	I'm eighteen. And you, how old are you?
È mezzanotte. **Ho sonno!**	It's midnight. I'm tired!
— Due più due fa quattro.	— Two plus two is four.
— Sì, **hai ragione.**	— Yes, you're right.
— Due più due fa cinque.	— Two plus two is five.
— No! **Hai torto.**	— No! You're wrong.
Sono in ritardo. **Ho fretta.**	I'm late. I'm in a hurry.
Ho bisogno di una guida turistica.	I need a guidebook.
— **Hai sete?**	— Are you thirsty?
— Sì, **ho voglia di** una Coca-cola!	— Yes, I want a Coke.
Piero **ha paura di** Frankenstein.	Piero is afraid of Frankenstein.
Abbiamo freddo in inverno e **abbiamo caldo** in estate.	We're cold in winter and hot in summer.

UNITÀ 1 Visitare: Siamo a Roma!

ATTIVITÀ

1.39 A ciascuno il suo. Replace the subjects of the following sentences with the new subjects in parentheses.

1. Nicola ha un computer portatile. (tu e l'amico / io / tu)
2. Ho una lezione oggi. (noi / la professoressa)
3. Ho un telefono cellulare. (tu / Mamma e Papà / Rosaria)
4. Tina e Maria hanno un appartamento al mare. (noi / Sebastiano)
5. Abbiamo bisogno di un dizionario inglese. (io / Lorenzo e Antonella)

1.40 Che cosa hai nella tua stanza? Take turns asking whether your partner has the following things in his/her room.

Esempio: un fax — Hai un fax?
— Sì, ho un fax. (No, non ho un fax.)

1. un telefono
2. un televisore
3. un dizionario
4. un poster
5. uno stereo
6. un'agenda
7. un MP3
8. un computer
9. un calendario

1.41 Le vignette. Describe the drawings, inventing a name for each person and telling what he or she is feeling.

Esempio: Giovanna ha...

avere fame / sete

avere paura / sonno

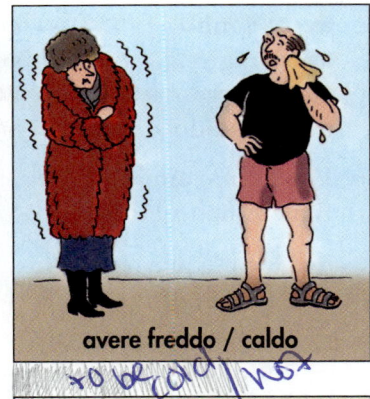

avere freddo / caldo

avere ragione / torto

avere fretta

avere 4 anni

UNITÀ 1 Visitare: Siamo a Roma!

1.42 Che cosa hanno? Combine each subject in column A with a verb from B and a situation from C to form a complete sentence.

A	B	C
I professori	avere freddo	d'estate
Io e lei	avere caldo	in classe
Tu e Gianni	avere paura	d'inverno
Le studentesse	avere ragione	al ristorante
Tu	avere torto	del buio (*dark*)
Il bambino	avere fame	

1.43 Quanti anni ha... secondo te (*in your opinion*)? With a partner, take turns asking and answering questions about the approximate ages of the following people.

Esempio: — Secondo te, quanti anni ha George Clooney?
— Secondo me, ha cinquant'anni.

1. David Beckham
2. Leonardo Di Caprio
3. Katie Holmes
4. Monica Bellucci
5. Andrea Bocelli
6. Julia Roberts
7. Madonna
8. Laura Pausini
9. Giorgio Armani

1.44 Un gioco: ragione o torto? Make a list of at least six statements about Italian geography, some true and some false. Read each one to your partner, who will answer that you are right or wrong.

Esempi: — La Sicilia è una penisola.
— Ma no! Non è una penisola. Hai torto!
— L'Italia ha venti regioni.
— Esatto! (Bravo/a!) Hai ragione.

Le preposizioni semplici

La pizzeria è **in** Via Mazzini.	*The pizzeria is in Via Mazzini.*
Abito a Roma.	*I live in Rome.*
Di dove sei?	*Where are you from?*
Parlo **con** Giovanni.	*I am speaking with Giovanni.*
Ci sono molti monumenti **in** Italia.	*There are many monuments in Italy.*
Per me, Roma è il Colosseo.	*For me, Rome is the Colosseum.*

1. In Italian, simple prepositions (**le preposizioni semplici**) are invariable.

   Dopo la visita **a** Roma, Laura va **a** Napoli.
   After the visit to Rome, Laura is going to Naples.
   In estate andiamo **in** Italia.
   In the summer we go to Italy.

2. The most frequently used prepositions are **a, in,** and **di**; other prepositions are **da, per, con, su, tra (fra).**

3. The preposition **a** is used with cities and towns. The preposition **in** is used with larger geographical areas, such as nations, states, large islands, and regions.

— Abiti **a** Berlino? — *Do you live in Berlin?*
— No, abito **a** Roma, **in** Italia. — *I live in Rome, in Italy.*

Vado **in** Francia. *I am going to France.*
Andiamo **in** Sicilia. *We are going to Sicily.*

4. **Lontano, davanti, vicino,** and **dietro** are adverbs that function as prepositions when coupled with **a** and **da.**

lontano da	*far from*	**davanti a**	*in front of*
vicino a	*near*	**dietro a**	*behind*

Marco abita lontano **da** scuola. *Marco lives far from school.*
Il Pantheon è **vicino a** Piazza Navona. *The Pantheon is near Piazza Navona.*

5. With certain words, a simple preposition is used: **in campagna, in macchina** (*car*)**, in montagna, in città, in centro, in chiesa, in biblioteca, in ufficio** (*office*)**, in albergo, a casa, a scuola.**

ATTIVITÀ

1.45 Dove abita?   State where the following people live.

Esempio: Principe William / Inghilterra
            Abita in Inghilterra.

1. Claudia Schiffer / Germania
2. Banana Yoshimoto / Giappone
3. Donatella Versace / Milano
4. Pedro Almodóvar / Spagna
5. Gabriel García Márquez / Colombia
6. Nicolas Sarkozy / Francia
7. Ben Affleck / Los Angeles
8. Bono / Irlanda

1.46 Le preposizioni mancanti.   Complete the following sentences with the missing simple prepositions.

1. Pesaro è ____ Italia. Marco abita ____ Pesaro. Pesaro è ____ ____ Ancona.
2. ____ Antonio, Roma è una città fantastica. Antonio abita ____ Milano.
3. ____ il numero quindici e il numero diciassette c'è il numero sedici.
4. Salerno è ____ ____ Napoli e Venezia è ____ ____ Palermo.
5. Filippo è davanti a Marco, cioè Marco è ____ ____ Filippo.
6. È il massimo visitare Roma ____ un'amica romana!
7. Visito l'Italia ____ la prima volta.
8. Mi chiamo Brian. Sono ____ Los Angeles.

UNITÀ 1 Visitare: Siamo a Roma!

D LA DATA

D.1 ▶ Si dice così

il giorno	day
la settimana	week
oggi	today
domani	tomorrow
ieri	yesterday
l'altro ieri	day before yesterday
dopodomani	day after tomorrow
il fine settimana	weekend
il mattino/la mattina	morning
il pomeriggio	afternoon
la sera	evening
la notte	night
il tempo	time, weather
il programma	plan, program
ultimo/a	last

La data

Che giorno è oggi?	What day is it today?
Qual è la data?	What is the date?
Oggi è il 24 settembre.	Today is September 24.
Il mio compleanno è il 17 luglio.	My birthday is July 17.
Ho lezione d'italiano il lunedì, il mercoledì e il venerdì.	I have Italian class Mondays, Wednesdays, and Fridays.
Vado in chiesa la domenica.	I go to church every Sunday.

1. In Italian, the date is expressed with the definite article **il: il 14 giugno, il 9 marzo, l'8 maggio.** Cardinal numbers are used to express dates, except for the first day of the month: **il primo ottobre.**

2. The definite article or the preposition **di** is used with the day of the week or the time of day to indicate that an action is habitual. The days of the week are not capitalized in Italian.

il sabato	every Saturday, on Saturdays		**di giovedì**	every Thursday, on Thursdays
la domenica	every Sunday, on Sundays		**di lunedì**	every Monday, on Mondays
la sera	every evening		**di mattino**	every morning

UNITÀ 1 Visitare: Siamo a Roma!

ATTIVITÀ

1.47 La settimana. Complete the following sentences using words from the list on page 41.

1. I sette giorni della settimana sono...
2. I giorni del fine settimana sono...
3. Abbiamo la lezione d'italiano il...
4. Oggi è... Domani è... Dopodomani è...
5. La data di oggi è... La data di domani è...
6. La data del mio compleanno (*my birthday*) è...

1.48 Qual è la data? Ask another student the dates of the following events.

Esempio: — Qual è la data di Natale?
— Natale è il 25 dicembre.

1. della festa dell'Indipendenza degli Stati Uniti
2. della festa della mamma
3. di San Valentino
4. di Halloween
5. del primo (*first*) giorno di scuola
6. dell'ultimo (*last*) giorno di scuola

1.49 Le attività di Kristi. Look at Kristi's datebook. Then take turns reading the incorrect statements below and making the appropriate corrections.

1. Mercoledì Kristi visita il Colosseo.
2. Domenica Kristi parte per la Spagna.
3. Lunedì Kristi va a San Pietro.
4. Martedì Kristi incontra Lorenzo.
5. Giovedì Kristi è libera.
6. Mercoledì Kristi mangia a casa di Lorenzo.
7. Sabato Kristi vede il Pantheon.

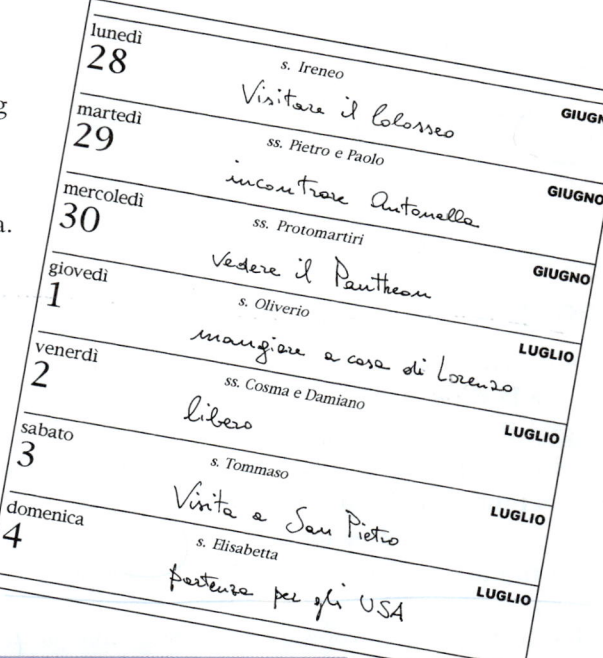

Lo sapevi che...?

In Italy, people say **buongiorno** to greet one another until the afternoon. After lunch, usually a few hours before the sun goes down, people use **buonasera**; the hour to start using **buonasera** varies according to the season. **Buonanotte** is the final salutation of the evening, used just when saying good-bye at night, or before going to bed.

D.2 ▶ Incontro

Caro diario. *Il diario di Kristi parla del suo viaggio a Roma.*

Roma, 28 giugno

Caro diario,
sono solo le nove e mezzo di mattina ma ho già caldo! Oggi è lunedì e tra sei giorni torno a Chicago. Uffa!° In Italia di lunedì i musei sono chiusi e io ho ancora° tante cose da vedere!
Ecco il programma per la settimana:
Oggi alle 10.30 Antonella e io facciamo un giro in centro.
Dopodomani andiamo in Via Condotti a fare shopping. ☺
Venerdì è il compleanno di Lorenzo. Alle 20.30 appuntamento in pizzeria.
Sabato è l'ultimo° giorno a Roma. ☺
Una settimana non basta davvero! Così, sabato vado alla Fontana di Trevi e butto tre monete° nella fontana—sicuramente torno a Roma un'altra volta!°
Ciao!

---

expression of annoyance
still

In Italian, a decimal point instead of a colon is used when writing times. See p. 49.

last

throw three coins

again

ATTIVITÀ

1.50 Comprensione: uno, due o tre? Complete the following sentences by choosing the correct answer.

1. Kristi torna a casa fra (quattro / cinque / sei) giorni.
2. In Italia i musei sono (chiusi / aperti / gratis) di lunedì.
3. Oggi alle 10.30 le due amiche fanno (una pizza / un giro / caldo) in centro.
4. Via Condotti è una bella strada per (mangiare / vedere musei / fare shopping).
5. Secondo Kristi, una settimana a Roma non (ha / basta / è).
6. Se butti tre (giorni / turisti / monete) nella Fontana di Trevi, torni a Roma.

Trevi Fountain, Rome

Lo sapevi che... ?

La dolce vita (1960), a famous film by Italian director Federico Fellini (1920–1993), depicts the high life of the jet set in Rome in the 1960s. In one of the film's most memorable scenes, Anita Ekberg takes a late-night swim in the Trevi Fountain. Fellini coined the word **paparazzo** for the photographer in the film whose invasive picture-taking of celebrities was a sign of things to come.

1.51 Comprensione. Answer the following questions.

1. Che giorno è?
2. Cosa prepara Kristi per la settimana?
3. Perché Antonella e Kristi incontrano Lorenzo venerdì? Dove lo incontrano?
4. Qual è la data del compleanno di Lorenzo?
5. Quale monumento visita Kristi sabato? Perché?

1.52 Il programma di Kristi e Antonella. Arrange the following sentences in the correct order and indicate which day Antonella and Kristi plan to do each thing.

Esempio: **Lunedì Kristi e Antonella...**

a. Visitano la Fontana di Trevi.
b. Incontrano Lorenzo.
c. Kristi ritorna a Chicago.
d. Fanno un giro in centro.
e. Camminano in Via Condotti.
f. Kristi butta tre monete nella Fontana di Trevi.

In altre parole

è aperto, è chiuso	it's open, it's closed
fare un giro	to go for a stroll
davvero	really

1.53 L'espressione giusta. Complete the sentences with the appropriate expression from **In altre parole**.

Oggi è _____ una bella giornata. Andiamo a _____ in centro! Andiamo a vedere San Pietro e i musei Vaticani. Oh! È lunedì, il museo _____. Quanti monumenti! Roma è _____ la Città Eterna.

1.54 Una settimana a Roma. You and a friend are in Rome for a week. Make plans for the entire week, scheduling at least one activity each morning and afternoon. Note that many museums are closed on Mondays, and many outdoor sites, such as the Roman Forum, are closed on Tuesdays. Use expressions such as:

- Oggi è...
- Oggi pomeriggio andiamo a...
- Domani mattina visitiamo...
- Mercoledì mattina giriamo...
- Venerdì sera incontriamo...

D.3 ▶ Punti grammaticali

Il presente indicativo dei verbi della prima coniugazione

Lavoro a Roma.	*I work in Rome.*
Il professore **parla** italiano.	*The professor speaks Italian.*
Impariamo italiano.	*We are learning Italian.*
Gianni e Dario **studiano** inglese.	*Gianni and Dario study English.*

1. There are three verb conjugations in Italian, commonly referred to as **-are**, **-ere**, and **-ire** verbs, for the endings of their infinitives. Verbs of the first conjugation end in **-are**. The present tense of **-are** verbs is formed by dropping the infinitive ending and adding the following endings to the stem.

abitare (*to live*)			
(io)	abit**o**	(noi)	abit**iamo**
(tu)	abit**i**	(voi)	abit**ate**
(lui/lei/Lei)	abit**a**	(loro)	abit**ano**

2. The present tense in Italian corresponds to English *I live, I am living, I do live*. Remember: subject pronouns need not be used except for emphasis.

3. Verbs ending in **-care** and **-gare** require that an **h** be inserted in the **tu** and **noi** forms to represent the hard **c** or **g** sound.

pagare (*to pay for*)					**cercare** (*to look for*)			
(io)	pago	(noi)	pag**h**iamo		(io)	cerco	(noi)	cerc**h**iamo
(tu)	pag**h**i	(voi)	pagate		(tu)	cerc**h**i	(voi)	cercate
(lui/lei/Lei)	paga	(loro)	pagano		(lui/lei/Lei)	cerca	(loro)	cercano

4. Verbs ending in **–ciare** and **–giare** maintain the soft **c** or **g** sound throughout the conjugation. These verbs do not require an additional **i** in the **tu** and **noi** forms.

mangiare (to eat)				lasciare (to leave)			
(io)	mangio	(noi)	mangiamo	(io)	lascio	(noi)	lasciamo
(tu)	mangi	(voi)	mangiate	(tu)	lasci	(voi)	lasciate
(lui/lei/Lei)	mangia	(loro)	mangiano	(lui/lei/Lei)	lascia	(loro)	lasciano

5. Verbs like **studiare** and **sciare** have an **i** in the stem that is pronounced. **Sciare** is a special case because the **i** is stressed in the singular and the **loro** forms. The **tu** form therefore retains the stressed **i** of the stem and the **i** of the verb ending. Compare:

studiare (to study)				sciare (to ski)			
(io)	studio	(noi)	studiamo	(io)	scio	(noi)	sciamo
(tu)	studi	(voi)	studiate	(tu)	scii	(voi)	sciate
(lui/lei/Lei)	studia	(loro)	studiano	(lui/lei/Lei)	scia	(loro)	scianc

6. The following is a list of common **–are** verbs, many of which you have already encountered.

abitare	to live	**incontrare**	to meet
arrivare	to arrive	**insegnare**	to teach
ascoltare	to listen (to)	**lasciare**	to leave
aspettare	to wait (for)	**lavorare**	to work
ballare	to dance	**mangiare**	to eat
camminare	to walk	**pagare**	to pay (for)
cantare	to sing	**parlare**	to speak
cercare	to look (for)	**passare**	to pass, to spend
comprare	to buy	**pensare**	to think
desiderare	to desire, to want	**sciare**	to ski
domandare	to ask	**studiare**	to study
giocare	to play	**trovare**	to find
guardare	to look (at)	**viaggiare**	to travel
imparare	to learn	**visitare**	to visit

ATTIVITÀ

1.55 Una giornata a Roma. Complete the following sentences with the appropriate form of the verb in parentheses.

1. Kristi (aspettare) Antonella davanti al Colosseo.
2. Loro (guardare) il monumento.
3. Kristi (comprare) una guida turistica.
4. Noi (cercare) una buona pizzeria qui vicino.

UNITÀ 1 Visitare: Siamo a Roma!

5. Antonella e Kristi (mangiare) una pizza.
6. "Kristi, (pagare) tu la Coca-cola?"
7. Lorenzo (lavorare) al Vaticano ed è una guida eccellente.
8. Lorenzo, Kristi e Antonella (visitare) i musei Vaticani.

1.56 Frasi inventate. Invent as many sentences as you can, using a subject from column A, the correct form of a verb from column B, and an expression from column C.

Esempio: **Tu e Pietro insegnate in città.**

A	B	C
Io e Giorgio	viaggiare	la televisione
Tu e Serena	sciare	italiano
Il prof. Tozzi	incontrare Kristi	bene
Antonella e Lorenzo	arrivare	domani
Io	lavorare	sempre
Tu	giocare	in città
Livia	insegnare	a settembre
I due amici	studiare	sulle Alpi
	ballare	in un ristorante
	guardare	a tennis

1.57 Amici americani a Roma. Complete the following stories by choosing an appropriate verb from the list and supplying its correct form.

aspettare   parlare   arrivare   studiare   abitare   avere

1. Greg _____ un amico, Antonio, che _____ a Roma. Quando Greg _____ all'aeroporto, Antonio _____ con un cartello (sign): "Benvenuto, Greg!" Greg _____ l'italiano all'università, così lui _____ con Antonio in italiano. Che bello avere un amico a Roma!

cercare   esclamare   trovare   camminare   domandare   guardare

2. Kerry e Giulia _____ nel centro di Roma. Kerry _____ il Colosseo sulla piantina (map), ma non lo _____. "Dov'è il Colosseo?" Kerry _____ a Giulia. Loro _____ insieme la piantina. Kerry _____: "Ecco (Here is) il Colosseo!"

1.58 Sì o no? Ask whether your partner does the following things.

Esempio: studiare italiano
— **Studi l'italiano?**
— **Sì, studio l'italiano. (No, non studio l'italiano.)**

1. lavorare dopo le lezioni
2. ballare bene
3. parlare francese
4. abitare in un appartamento
5. giocare a tennis
6. guardare la TV
7. mangiare i broccoli
8. cantare come Pavarotti

UNITÀ 1 Visitare: Siamo a Roma!   47

1.59 L'intervista. Interview another student. First, prepare a series of questions asking his/her name, age, and hometown, what he/she studies, does on weekends, does during the summer, etc. Jot down the answers and be ready to present them to the class.

L'ora

È mezzogiorno. È mezzanotte. Sono le tre e mezzo. Sono le otto e un quarto. Sono le undici meno un quarto.

1. In Italian, there are two ways to ask the time: **Che ora è?** and **Che ore sono?**

2. To state the time, use **sono le** + *hour*.

   — Che ore sono?
   — Sono le due / le sette.   *It is two o'clock / seven o'clock.*

   The article is feminine plural because **le ore** (*hours*) is feminine plural.

   Only for noon, midnight, and one o'clock is the verb singular. No article is used for noon or midnight; the singular article is used for one o'clock.

   È mezzogiorno.   È mezzanotte.   È l'una.

3. To express minutes past the hour, use *the hour* + **e** + *number of minutes*.

   Sono le tre **e dieci.**   *It is ten past three.*
   Sono le dieci **e venti.**   *It is twenty past ten.*
   Sono le nove **e trentacinque.**   *It is nine thirty-five.*

4. To express quarter- and half-hours, use the following expressions.

   Sono le quattro **e mezzo.**   *It is four-thirty.*
   Sono le cinque **e un quarto.**   *It is a quarter past five.*

   The half-hour may be expressed **e mezzo** or **e mezza**. A quarter-hour requires the indefinite article **un**.

5. Minutes before the hour are expressed using **meno**.

   Sono le cinque **meno** dieci.   *It is ten to five.*
   Sono le undici **meno** venti.   *It is twenty to eleven.*
   È l'una **meno** un quarto.   *It is a quarter to one.*

6. To ask what time something happens, use **a che ora** + *a verb*. To state the time when something happens, use the preposition **a**.

— **A che ora** mangi?	— *When (At what time) are you eating?*
— **All'**una.	— *At one.*
Alle otto di sera, guardo la TV.	*At eight in the evening, I watch TV.*
Arrivo alla lezione **alle** nove.	*I come to class at nine o'clock.*
A mezzanotte, sono stanco.	*At midnight, I'm tired.*

7. The 24-hour clock is used in Italy for train schedules, television and movie schedules, and other official business; a decimal point instead of a colon is used when writing times. For instance, 1:30 P.M. is expressed as 13.30 and 8:45 P.M. as 20.45.

Il treno arriva alle quindici e quindici.	*The train arrives at 3:15 P.M.*
Sono le venti e cinquantacinque.	*It's 8:55 P.M.*

[handwritten: morning afternoon evening night]

8. The expressions **di mattina, di pomeriggio, di sera,** and **di notte** are used to distinguish A.M. and P.M.

Ho lezione alle otto di mattina e alle tre di pomeriggio.	*I have class at eight in the morning and at three in the afternoon.*
Guardo la TV alle otto di sera.	*I watch TV at eight in the evening.*

ATTIVITÀ

1.60 Che ore sono? Take turns asking and telling the time, using the times listed.

Esempio: — Che ore sono? (2.45)
— Sono le due e quarantacinque. / Sono le tre meno un quarto.

1. 8.10
2. 3.30
3. 1.15
4. 4.40
5. 11.25
6. 5.45
7. 12.00 P.M.
8. 6.30
9. 2.15
10. 11.55

1.61 La routine del professor Marchetti. Say what Professor Marchetti does at the times indicated.

Esempio: mangia qualcosa (7.15)
Il professor Marchetti mangia qualcosa alle sette e un quarto / alle sette e quindici.

1. guarda il telegiornale (7.00)
2. arriva a scuola (8.35)
3. inizia (*begins*) la lezione (9.05)
4. incontra gli studenti (10.30)
5. mangia alla mensa (*cafeteria*) (12.00)
6. telefona a sua moglie (*wife*) (2.15)

1.62 Che cosa guardiamo? On the TV schedule, find four programs you want to watch. Tell your partner the title of each program, what type of program it is, which channel it is on, and at what time. Use the preposition **su** to express "on (a particular channel)."

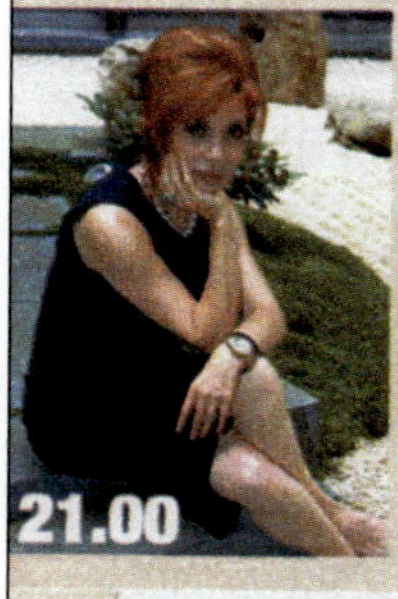

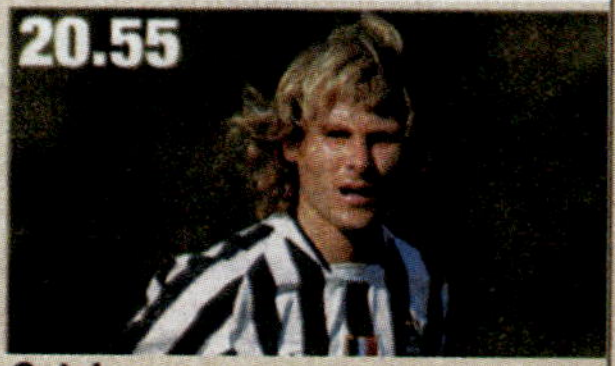

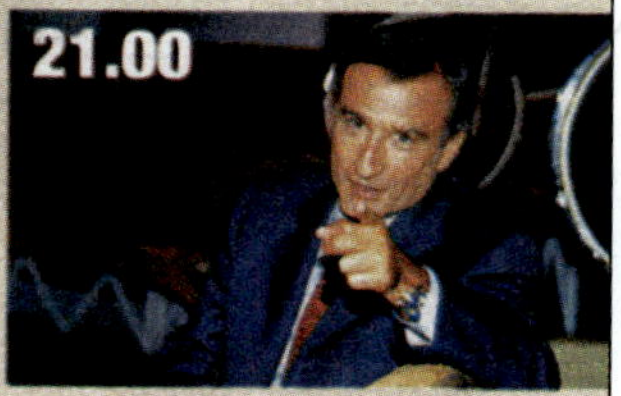

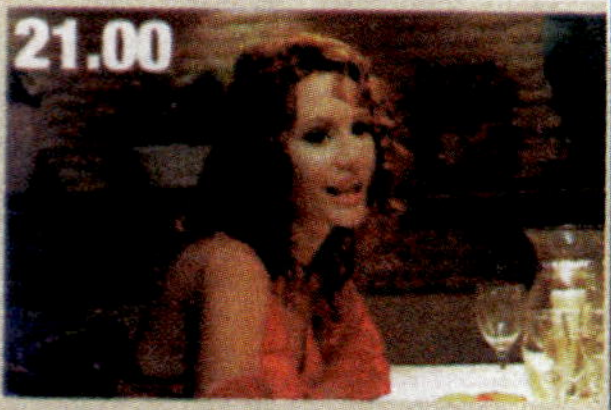

Esempio: Su Raidue alle 20.55 c'è il calcio: Coppa Italia.

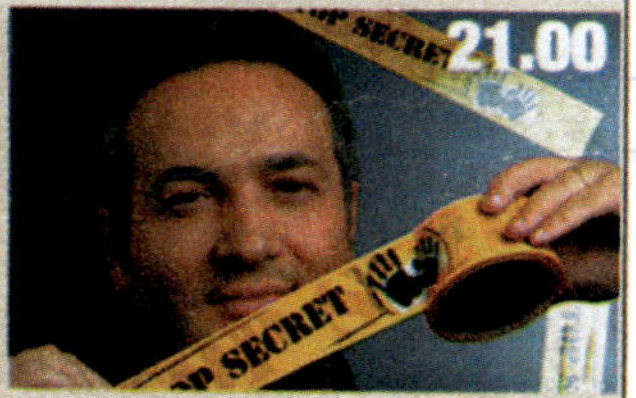

IMMAGINI E PAROLE

▶ **Leggiamo italiano!** *Scanning for cognates*
▶ **La geografia del Bel Paese**
▶ **Una gita a Roma**
▶ **Scriviamo italiano!** *Keeping a journal*
▶ **Come disse... Petrarca**
▶ **Musica, maestro!**
    "Un sabato italiano", Sergio Caputo
▶ **Ciak! Italia**

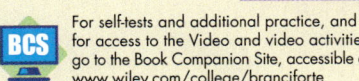

For self-tests and additional practice, and for access to the Video and video activities, go to the Book Companion Site, accessible at www.wiley.com/college/branciforte

Saint Peter's reflected in the Tiber River

The snow and green forests of the Dolomites

Leggiamo italiano!

Scanning for cognates

A useful strategy for reading in Italian is to look for cognates, that is, words that have the same root and therefore look alike and mean the same thing in both languages. Some examples of cognates from the following reading passage are:

monumentale   *monumental*
illuminata   *illuminated*
antica   *antique, ancient*
termine   *termination*

UNITÀ 1 Visitare: Siamo a Roma!   51

Attività di pre-lettura

1.63 Identificazioni. The following reading describes the varied geography of the Italian peninsula. Before reading it, look at the map on page 6 and the maps at the beginning and end of the book and complete the sentences accurately.

1. Tre mari che circondano l'Italia sono...
2. Due grandi catene (*chains*) di montagne in Italia sono...
3. Tre importanti fiumi italiani sono...
4. Due vulcani famosi sono...
5. Tre isole italiane sono...
6. La capitale dell'Italia è..., che si chiama anche la...

1.64 Parole analoghe. Without pausing to read, scan the text for cognates. Then give the English equivalents.

Esempio: **Penisola in inglese è *peninsula*.**

1.65 Di che cosa parla? Skim the reading. Next to each subject, write the number of the corresponding paragraph.

a. _____ le montagne in Italia d. _____ la capitale d'Italia
b. _____ i mari italiani e. _____ le pianure e i fiumi
c. _____ vulcani e isole

▶ La geografia del Bel Paese

L'Italia offre un panorama ricco e vario. La penisola italiana è a forma di stivale. Il Mar Mediterraneo si chiama anche Mar Ligure, Mar Tirreno, Mar Ionio e Mar Adriatico.

A nord ci sono le Alpi, una gigantesca barriera con la più alta montagna d'Europa, il Monte Bianco. La catena° degli Appennini è come la spina dorsale° della penisola.   *chain / spine*

Il fiume più lungo d'Italia si chiama Po e attraversa il Nord del paese. La Val Padana è una grande pianura lungo il Po. Altri fiumi importanti sono il Ticino (al nord), l'Arno, il Tevere (al centro) e il Liri (al sud).

In Italia ci sono alcuni vulcani attivi (il Vesuvio, l'Etna, lo Stromboli) e tante isole. Due grandi isole, la Sicilia e la Sardegna, sono anche regioni. Poi ci sono isole più piccole, come l'Isola d'Elba, Ischia e Capri, con bellissime spiagge e un mare azzurro. Il clima varia molto dal nord al sud.

Roma è la capitale ed è considerata la culla° della civiltà occidentale° e anche il cuore° del Cattolicesimo. Perciò° è chiamata "La Città Eterna". Conoscete° il detto: "Tutte le strade portano a Roma"? Allora, quando vi porterà° la vostra strada nel Bel Paese?   *cradle / Western civilization*
heart / Thus / Do you know
will bring you

ATTIVITÀ

1.66 Comprensione: abbinamenti. Find the phrase in the right-hand column that matches each item on the left.

1. Ischia e Capri
2. Val Padana
3. le Alpi
4. Città Eterna
5. uno stivale

a. un altro nome per Roma
b. due piccole isole con bellissime spiagge
c. la forma della penisola italiana
d. la zona del fiume Po
e. una gigantesca barriera fra l'Italia e il resto d'Europa

1.67 Com'è l'Italia? Answer the questions with a complete sentence.

1. L'Italia è una nazione a forma di che cosa? La tua nazione ha una forma particolare?
2. Che cosa è l'Umbria?
3. Quante regioni ci sono in Italia? Quante regioni ci sono nel tuo paese?
4. Che cos'è Perugia? Come si chiama la tua città?
5. Che cos'è il Tevere? Ci sono fiumi vicino alla tua città?
6. Che cos'è il Palatino?
7. Che cos'è la Sicilia? Ci sono isole dove abiti?
8. L'Etna sembra una montagna, ma è molto di più. Che cos'è?

1.68 Spunti di conversazione. With a partner, look at the table of contents, where you will note that each unit of *Parliamo italiano!* focuses on a particular region of Italy. Find each region on the map on page 6 (also refer to the maps at the beginning and end of the book). Then compose a few statements about the geography of each region.

Esempi: — Nel Lazio c'è il fiume Tevere.
— Due città che sono nel Lazio sono Viterbo e Frosinone.
— Il Lazio è sul Mar Tirreno.

▶ UNA GITA A ROMA

ATTIVITÀ DI PRE-LETTURA

1.69 Dove andare (*Where should we go*)? Scan the brochure to identify which excursion(s) to take. Remember to use cognates to help you understand.

1. You want to see the Trevi fountain.
2. You want to see the Catacombs.
3. You want to have dinner in a restaurant that offers a local wine and musical accompaniment.
4. You want to have an audience with the Pope.
5. You have only Tuesday morning free.

Le escursioni da Roma

Roma Monumentale*
€27

EFFETTUAZIONE
mattina
(termine ore 12.00 circa)

Fontana di Trevi (sosta) • Pantheon (visita) • Piazza Navona (sosta) • Basilica di San Pietro (visita).

Roma Antica*
€27

EFFETTUAZIONE
pomeriggio
(termine ore 17.30/18.00 circa)

Piazza del Campidoglio (visita) • Fori Romani e Fori Imperiali (panoramica) • Colosseo (panoramica) • Basilica di San Paolo Fuori le Mura (visita).

Musei Vaticani
€38

EFFETTUAZIONE
mattina
(termine ore 12.00 circa)

Musei Vaticani (visita, non effettuata la domenica e durante le festività religiose. L'orario potrebbe essere anticipato durante i periodi di grande affluenza).

Roma Cristiana
€32,50

EFFETTUAZIONE
pomeriggio
(termine ore 17.30/18.00 circa)

Basilica di S. Maria Maggiore (visita) • Scala Santa (visita) • Basilica di S. Giovanni in Laterano (visita) • Via Appia Antica (panoramica) • Catacombe (visita).

Tivoli
€40

EFFETTUAZIONE
tutti i pomeriggi escluso lunedì

Villa Adriana (visita) • Tivoli-Villa d'Este (visita).

Roma Illuminata
€28,50

EFFETTUAZIONE
sera - con assistente
(durata circa 2 ore - impianto audio con cuffie in pullman)

Via Veneto (panoramica) • Fontana di Trevi (fermata) • Piazza Venezia (panoramica) • Colosseo (panoramica) • Piazza Navona (fermata).

Roma di Notte
€62

EFFETTUAZIONE
sera - con assistente

Dopo l'escursione Roma Illuminata, cena a quattro portate incluso vino locale in un ristorante selezionato con accompagnamento musicale.

Udienza Papale
€27

EFFETTUAZIONE
mercoledì mattina

Fontana delle Naiadi • Villa Borghese • Villa Giulia • Castel S. Angelo • Piazza San Pietro per l'Udienza Papale.

(*) PER PERMETTERE DI APPREZZARE MEGLIO ALCUNI MONUMENTI NON RAGGIUNGIBILI IN PULLMAN, PARTE DI QUESTE ESCURSIONI VENGONO EFFETTUATE A PIEDI.

Benedizione Papale nella Città del Vaticano
€27

EFFETTUAZIONE
domenica mattina

Alla fine dell'escursione Roma Monumentale, sosta in Piazza San Pietro per la Benedizione del Papa (non viene effettuata nel periodo estivo).

Benedizione Papale a Castelgandolfo
€30

EFFETTUAZIONE
domenica mattina

Piazza della Repubblica • Fontana della Naiadi • Mercato di Traiano • Torre delle Milizie • Piazza Venezia • Colosseo • Caracalla • Via Appia Antica • Lago di Albano (fermata) • Castelgandolfo (fermata per assistere alla Benedizione del Papa).

ORARI DI PARTENZA DAGLI HOTEL

HOTEL	MATTINA	POMERIGGIO	SERA
Midas	07:30	14:00	19:00
Villa Pamphili	08:00	14:00	19:00
Genio	08:10	14:10	19:00
Bled - Canada - Corot Portamaggiore - Galeno Rimini - Sofitel Il Piccolo - Athena	08:15	14:15	19:15
Cicerone - Claridge - Colonna - Dei Mellini - Ara Pacis	08:20	14:20	19:20
Marconi - Astoria Garden	08:30	14:30	19:30
De Petris - Imperiale Jolly V. Veneto - Palatino	08:40	14:40	19:30
Seiler	08:45	14:45	19:45
Santa Prassede (c/o bus terminal P.zza dell'Esquilino 6)	09:15	15:15	20:15

ORARI DEI PICK UP E MODALITÀ DI EFFETTUAZIONE DELLE ESCURSIONI, POTREBBERO VENIR MODIFICATI IN OCCASIONE DELL'INTRODUZIONE DELLA NUOVA NORMATIVA PER IL TRAFFICO • LE ESCURSIONI VENGONO EFFETTUATE IN PULLMAN GRAN TURISMO • PARTENZA DALL'HOTEL E RIENTRO IN HOTEL O NELLE IMMEDIATE VICINANZE • PER ACCEDERE ALLE BASILICHE, CHIESE E MUSEI VATICANI I PARTECIPANTI SONO INVITATI A INDOSSARE ABITI ADATTI A LUOGHI SACRI • POSSIBILITÀ DI EFFETTUARE ESCURSIONI IN PARTENZA DA ROMA PER ASSISI, ORVIETO, FIRENZE, CAPRI, POMPEI E SORRENTO.

UNITÀ 1 Visitare: Siamo a Roma!

ATTIVITÀ

1.70 Roman Holiday. Consult the brochure more closely in order to identify the following information, in Italian.

1. The hotel with the earliest departures
2. Two monuments you can visit on the **Roma Antica** tour
3. Which is the most expensive tour
4. What day you can have a papal audience
5. Which tour is available every afternoon except Monday

1.71 A Roma con la guida turistica. With a partner, plan an itinerary for three days in Rome. You have little time, but want to see as much as possible. Plan visits for each morning, afternoon, and evening.

	mattino	pomeriggio	sera
venerdì			
sabato			
domenica			

Scriviamo italiano!

Keeping a journal

A good way to practice Italian is to keep a journal. In it, you can write down, for example, the things you want to or have to do (use the infinitive of the verb!), titles of books you want to read, movies you want to see, etc. Remember that many words that are capitalized in English are not capitalized in Italian: days of the week, months of the year, and the pronoun **io.** With titles of books, articles, and films, only the very first word is capitalized, for example, *La dolce vita* (a film by Federico Fellini).

1.72 La settimana. On the first page of a new notebook, write the days of the week and the corresponding dates. For example:

lunedì   il 6 settembre
martedì   il 7 settembre, etc.

Using Kristi's datebook on page 42 as a guide, make a brief entry in Italian about your planned activities for each day of the week.

1.73 Caro diario. Now, using your datebook entry as a guide, write your first journal entry in your notebook about next week's activities. You may want to refer to Kristi's journal entry on page 43 and the list of verbs you've learned on page 46 to inspire you.

UNITÀ 1 Visitare: Siamo a Roma!

Come disse... Petrarca (1304–1374)

da Canzone CXXVIII

Italia mia, ben che 'l parlar sia indarno
a le piaghe mortali
che nel bel corpo tuo sì spesse veggio,
piacemi almen che' miei sospir sian quali
spera 'l Tevero et l'Arno,
e 'l Po, dove doglioso et grave or seggio.

My Italy, although speech does not aid those mortal wounds of which in your lovely body I see so many, I wish at least my sighs to be such as Tiber and Arno hope for, and Po, where I now sit sorrowful and sad.
(translated by Robert Durling)

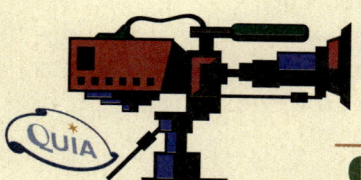

Musica, maestro!

Using one of the major Internet search engines, find and listen to "Un sabato italiano" by Sergio Caputo. How many times do you hear the phrase **sabato italiano**? Count them in Italian!

Ciak! Italia

1.74 Destinazione: Italia! Before watching the video, plan a trip around Italy. Look at the map of Italy on page 6 and decide which cities or regions you want to visit and in what order. Then, while watching the video, list the cities and regions that Anna indicates she and Francesco will visit.

My itinerary: _____
_____
_____
_____

Anna, Francesco, Anna's father, and Zia Carmela toast Francesco's arrival in Rome

Anna's itinerary: _____

_____

_____

_____

1.75 Quanti monumenti! Mark with an X the monuments and sites you see during Francesco's arrival in Rome.

_____ Piazza Navona	_____ una fontana	_____ San Pietro
_____ Stazione Termini	_____ il Foro romano	_____ una piazza
_____ un vulcano	_____ una statua	_____ un museo
_____ Castel Sant'Angelo	_____ una chiesa	_____ il Pantheon

1.76 Non vedo l'ora di visitare... la Città Eterna! Looking at the map of Rome on page 26, make a list of the monuments you cannot wait to see in Rome. Where will you go first? How many days will it take to visit the Eternal City? Plan your visit carefully by writing the names of the days and times you will visit next to the sites you will see.

Monumento	Giorno	Mattino o pomeriggio?

UNITÀ 1 Visitare: Siamo a Roma!

Vocabolario

I luoghi e la città

la chiesa	church
la città	city
il colle, la collina	hill
il fiume	river
la fontana	fountain
l'isola	island
il lago	lake
il mare	sea
la montagna	mountain
il monumento	monument
il museo	museum
il paese	country, small town
la penisola	peninsula
la pianura	plain
la piazza	square, plaza
il ponte	bridge
le rovine (f. pl.)	ruins
la spiaggia	beach
la statua	statue
lo stivale	boot
la strada	street
la torre	tower
il/la turista	tourist
la via	road
il vulcano	volcano

est	east
nord	north
ovest	west
sud	south

Il calendario

l'anno	year
il compleanno	birthday
il fine settimana	weekend
il giorno	day
il mattino/la mattina	morning
il mese	month
gennaio	January
febbraio	February
marzo	March
aprile	April
maggio	May
giugno	June
luglio	July
agosto	August
settembre	September
ottobre	October
novembre	November
dicembre	December
la notte	night
il pomeriggio	afternoon
il programma	plan, program
la sera	evening
la settimana	week
lunedì	Monday
martedì	Tuesday
mercoledì	Wednesday
giovedì	Thursday
venerdì	Friday
sabato	Saturday
domenica	Sunday
la stagione	season
l'autunno	autumn, fall
l'estate (f.)	summer
l'inverno	winter
la primavera	spring
d'estate, in estate	in the summer
il tempo	time, weather

l'altro ieri	day before yesterday
ieri	yesterday
oggi	today
domani	tomorrow
dopodomani	day after tomorrow
ora	now
sempre	always
ultimo	last
Che giorno è oggi?	What day is it today?
Qual è la data?	What is the date?

Verbi

avere	to have
c'è / ci sono	there is / there are
essere	to be

UNITÀ 1 Visitare: Siamo a Roma!

Espressioni idiomatiche con avere

avere… anni	to be … years old
avere bisogno di	to need
avere caldo	to be hot
avere fame	to be hungry
avere freddo	to be cold
avere fretta	to be in a hurry
avere paura (di)	to be afraid (of)
avere ragione	to be right
avere sete	to be thirsty
avere sonno	to be sleepy
avere torto	to be wrong
avere voglia di	to want

Verbi in -are

abitare	to live
arrivare	to arrive
ascoltare	to listen (to)
aspettare	to wait (for)
ballare	to dance
camminare	to walk
cantare	to sing
cercare	to look (for)
comprare	to buy
desiderare	to desire, to want
domandare	to ask
giocare	to play
guardare	to look (at)
imparare	to learn
incontrare	to meet
insegnare	to teach
lasciare	to leave
lavorare	to work
mangiare	to eat
pagare	to pay (for)
parlare	to speak
passare	to pass, to spend
pensare	to think
sciare	to ski
studiare	to study
trovare	to find
viaggiare	to travel
visitare	to visit

L'ora

a che ora…?	at what time…?
che ora è / sono?	what time is it?
è mezzanotte	it's midnight
è mezzogiorno	it's noon
sono le tre e mezzo	it's half past three
sono le otto e un quarto	it's a quarter past eight
sono le undici meno un quarto	it's a quarter to eleven

Altre parole ed espressioni

anch'io	me too
boh!	I don't know!
bravo/a!	good for you!, well done!
cavarsela: me la cavo, te la cavi bene	to get by: I get by, you get by just fine
d'accordo	agreed
davvero	really
dov'è?	where is?
è aperto	it's open
è chiuso	it's closed
è il massimo	it's the greatest
(non) è vero	it's (not) true
esatto	exactly
fare un giro	to go for a stroll
figurati!	don't mention it!
ma scherzi!	you're joking!
non vedo l'ora di…	I can't wait to…
per la prima volta	for the first time
prego	you're welcome
essere stanco	to be tired
ti presento…	let me introduce you to…
va bene	OK, that's fine
davanti a	in front of
dietro a	behind
lontano da	far from
vicino a	near

UNITÀ 2

STUDIARE
Impariamo l'italiano!

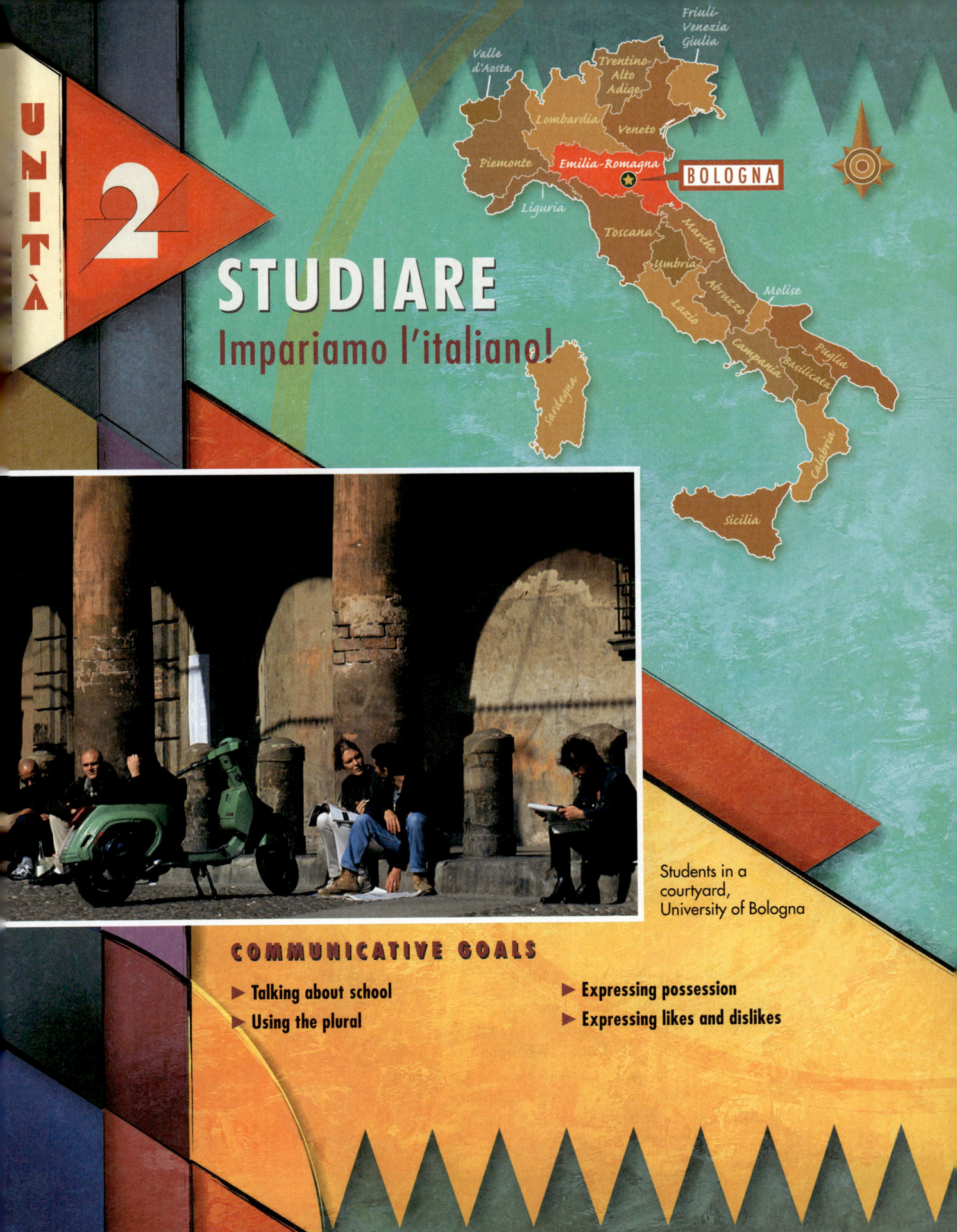

Students in a courtyard, University of Bologna

COMMUNICATIVE GOALS

- Talking about school
- Using the plural
- Expressing possession
- Expressing likes and dislikes

A LA LEZIONE

A.1 ▶ Si dice così

la classe	class (students), classroom	seguire un corso, una lezione	to take a course
la lezione	class (meeting), lesson	insegnare	to teach
il corso	course	imparare	to learn
il compito	homework	prendere appunti	to take notes
la scrivania	desk	sbagliare	to make a mistake
frequentare	to attend a school	corretto, sbagliato	correct, incorrect

1. il banco
2. il quaderno
3. il foglio di carta
4. il libro
5. la sedia
6. la matita
7. la penna
8. lo zaino
9. lo studente/la studentessa
10. la professoressa
11. la lavagna
12. la bandiera
13. il gesso
14. l'orologio
15. la porta
16. la finestra

ATTIVITÀ

2.1 Qualcosa non va (*Something is not right*).   Find the word that does not belong.

1. ballare / frequentare / insegnare / imparare
2. la scrivania / il banco / il fiume / la sedia
3. il gesso / la penna / la matita / la bandiera
4. lo studente / l'orologio / la studentessa / il professore
5. la porta / lo studente / la lavagna / la finestra
6. il quaderno / la classe / la lezione / il corso

2.2 In aula. With a partner, take turns asking and answering whether the following things are present in your classroom.

Esempio: un orologio
— C'è un orologio?
— Sì, c'è un orologio. / No, non c'è un orologio.

1. una bandiera
2. un computer
3. uno stereo
4. una lavagna
5. molti libri
6. un banco
7. due finestre
8. un professore

2.3 Studenti e professori. Prepare a list of activities typical of students while your partner lists activities typical of professors. Then compare your lists.

Esempio: **lo studente:** frequentare la scuola, studiare...
il professore: insegnare la lezione...

Lo sapevi che... ?

In Italy, there are several kinds of high school: the **liceo classico,** where Greek and Latin are studied; the **liceo scientifico,** for natural sciences; the **liceo linguistico,** where students study several modern languages; and the **liceo artistico,** for the arts. Students decide which they want to attend on the basis of interests and aptitude. Students may also opt for a **scuola professionale,** which trains mechanics and electricians, etc., or an **istituto tecnico,** which trains accountants and the like.

A.2 ▶ Incontro

In aula. *Alberto e Silvia sono studenti di un liceo classico a Parma. Sono in aula prima della° lezione di greco.*   *before*

ALBERTO:	Ciao, Silvia! Che cosa leggi?
SILVIA:	Ciao, Alberto! Leggo il libro di greco.
ALBERTO:	Io odio° il greco! Accidenti, oggi c'è un test! Tu sei brava, ma io non sono preparato per la lezione.
SILVIA:	No, non sono così brava come pensi, ma se il professore mi chiede la traduzione... per lo meno° sono preparata.
ALBERTO:	*(cerca nello zaino)* Mamma mia! Ma dov'è il libro di greco? Qui non c'è! Accidenti! Non ho il testo, non ho un quaderno, non ho una penna...
SILVIA:	Non hai un quaderno? Ma, Alberto! Ecco! Prendi una penna e un foglio di carta, così prendi appunti.
ALBERTO:	Grazie, Silvia! Sei una vera amica! Aiuto, ecco il professore di greco!

hate

at least

UNITÀ 2 Studiare: Impariamo l'italiano!

ATTIVITÀ

2.4 Ascoltiamo! While listening to the **Incontro,** mark whether the following statements are true or false **(vero o falso).** After listening, correct the false statements.

	Vero	Falso
1. Alberto e Silvia sono studenti di un liceo linguistico.	_____	_____
2. Gli studenti del liceo classico imparano il greco.	_____	_____
3. Silvia legge il libro di latino.	_____	_____
4. Alberto non è preparato per la lezione.	_____	_____
5. Silvia ha una penna e un foglio di carta per Alberto.	_____	_____
6. Alberto dice "Aiuto" perché arriva la mamma.	_____	_____

2.5 L'orario di Silvia. Read the following questions to your partner, who will answer using Silvia's class schedule. Then check whether the answers are correct.

LICEO CLASSICO "TORQUATO TASSO" Orario settimanale SEZIONE III B						
	Lunedì	**Martedì**	**Mercoledì**	**Giovedì**	**Venerdì**	**Sabato**
8.30–9.30	Italiano	Latino	Scienze	Greco	Italiano	Matematica
9.30–10.30	Italiano	Greco	Inglese	Italiano	Storia	Geografia
10.30–11.30	Latino	Storia	Greco	Storia	Inglese	Ed. fisica
11.30–12.30	Scienze	Filosofia	Filosofia	Ed. fisica	Matematica	Scienze
12.30–13.30	Religione	Fisica	Latino	Matematica	Greco	Filosofia

1. Dove studia Silvia?
2. Quante (*How many*) lezioni d'italiano ha alla settimana?
3. Quando ha la lezione di latino?
4. Quali lezioni ci sono il venerdì?
5. Quali giorni ha la lezione di scienze?
6. Silvia ha lezione il sabato? E la domenica?

2.6 Cosa c'è nello zaino? Make a list of several items that might be in your partner's backpack. Then ask him/her about each item.

Esempio: — Hai una matita nello zaino?
— Sì, ho una matita. / No, non ho una matita.
— Hai un libro... ?

In altre parole

mamma mia!	*wow!, gosh! (literally, "my mother!")*
come sei bravo/a!	*you're so good (at something)!*
accidenti!	*darn it!*
essere preparato/a	*to be prepared*
aiuto!	*help!*

UNITÀ 2 Studiare: Impariamo l'italiano!

2.7 Esclamazioni! What might you say in the following situations? There may be more than one correct answer.

1. A friend tells you she just won a scholarship.
2. Your teacher announces an exam for tomorrow.
3. A friend tells you he got A's on all his exams.
4. You discover you haven't prepared the homework for today's class.
5. You realize that you have two final exams on the same day.

2.8 Come sei bravo! Create a conversation based on the following suggestions.

Student 1. On the first day of your Italian class, you forget to bring several necessary items. Introduce yourself to the person next to you and tell him/her your predicament.

Student 2. You are always 100% prepared for class. On the first day of class, another student tells you that he/she doesn't have several necessary items. Lend them to him/her.

A.3 ▶ Punti grammaticali

I verbi della seconda coniugazione

— Dove **vivete?** — *Where do you live?*
— Io **vivo** a Napoli; Lina **vive** a Pisa. — *I live in Naples; Lina lives in Pisa.*

— **Prendete** appunti? — *Are you taking notes?*
— No, **leggiamo** un libro. — *No, we are reading a book.*

— Chi **risponde** alla domanda? — *Who is answering the question?*
— Gli studenti **rispondono.** — *The students are answering.*

1. Verbs of the second conjugation (**la seconda coniugazione**) end in **-ere.** The present indicative of **-ere** verbs is formed by dropping the infinitive stem and adding the following endings.

chiudere (*to close*)	
chiud**o**	chiud**iamo**
chiud**i**	chiud**ete**
chiud**e**	chiud**ono**

2. Verbs like **conoscere** and **leggere** are pronounced with a hard consonant only in the **io** and **loro** forms.

leggere (*to read*)		**conoscere** (*to know a person or place*)	
leg**go**	leggiamo	conos**co**	conosciamo
leggi	leggete	conosci	conoscete
legge	leg**go**no	conosce	conos**co**no

UNITÀ 2 Studiare: Impariamo l'italiano!

3. Verbs like **rimanere** and **tenere** have a slightly irregular form: the **io** and **loro** forms have a **g** before the endings. Note that **tenere** also changes in the **tu** and **lui/lei** forms.

rimanere (to remain)		tenere (to keep)	
rima**ng**o	rimaniamo	te**ng**o	teniamo
rimani	rimanete	tieni	tenete
rimane	rima**ng**ono	tiene	te**ng**ono

4. Other common **-ere** verbs are:

chiedere	to ask, to request	**mettere**	to put	**scendere**	to descend
correre	to run	**prendere**	to take	**scrivere**	to write
crescere	to grow	**ridere**	to laugh	**spendere**	to spend
decidere	to decide	**rispondere**	to respond	**vedere**	to see
discutere	to discuss	**rompere**	to break	**vivere**	to live
dividere	to divide				

I verbi della terza coniugazione

— **Capisci** l'italiano?   — *Do you understand Italian?*
— Sì, **capisco** bene l'italiano.   — *Yes, I understand Italian well.*

— **Senti** la musica?   — *Do you hear the music?*
— Sì, **sento** la musica.   — *Yes, I hear the music.*

Partono per Roma.   *They are leaving for Rome.*
Loro **spediscono** una lettera.   *They are sending a letter.*

1. Verbs of the third conjugation **(la terza coniugazione)** end in **-ire** and follow one of the following patterns.

sentire (to hear, feel)		capire (to understand)	
sento	sentiamo	cap**isc**o	capiamo
senti	sentite	cap**isc**i	capite
sente	sentono	cap**isc**e	cap**isc**ono

NOTE: Verbs like **capire** have **-isc-** between the stem and the ending, except in the **noi** and **voi** forms.

2. Some common **-ire** verbs are:

                                              with *-isc-*

aprire	to open	**finire**	to finish
dormire	to sleep	**preferire**	to prefer
offrire	to offer	**pulire**	to clean
partire	to leave	**spedire**	to send
scoprire	to discover		
seguire	to follow		
servire	to serve		

UNITÀ 2 Studiare: Impariamo l'italiano!

ATTIVITÀ

2.9 Leggi, apri e pulisci. Form five sentences by combining a subject from the left-hand column with an object from the right-hand column and using the appropriate form of the verb **leggere**.

Esempio: tu / compiti
Tu leggi i compiti.

il professore	l'esame
gli studenti	gli appunti
io e Marco	gli esercizi
voi	il libro
io	il tema

Form five sentences in the same way using the appropriate form of the verb **aprire**.

io	la finestra
tu e Luisa	la porta
tu	il quaderno
io e Gino	il libro
Beppe e Anna	lo zaino

Form five sentences in the same way using the appropriate form of the verb **pulire**.

Enzo	la scrivania
voi	l'aula
io	l'appartamento
Angelo e Nicola	la stanza
noi	la lavagna

2.10 Alla lezione d'italiano. Complete the paragraph with the correct form of the verbs in parentheses.

Quando la professoressa entra nell'aula, tutti (aprire) il libro. Normalmente in classe (noi / parlare) e (discutere) di cose interessanti. Poi (leggere) l'Incontro o (sentire) un CD mentre la professoressa (scrivere) alla lavagna. Quando uno studente non (capire) una cosa, (chiedere) aiuto alla professoressa, che (rispondere) sempre gentilmente. A volte noi (vedere) un video comico e tutti (ridere). La lezione (finire) alle undici.

2.11 Le colonne. Form logical sentences using a subject from the first column, a verb from the middle column, and an expression from the third column. Be sure to give the correct form of the verb.

la signora	spedire	la banana nello zaino
io	prendere	per l'Europa dopo l'esame finale
i bambini	vivere	il cinese e il giapponese
la studentessa	partire	venti dollari per un libro
la classe	capire	l'autobus per andare a scuola
voi	spendere	una lettera
tu	mettere	in un appartamento

2.12 Una sorpresa. Giulia is describing her day. How would the paragraph change if the subject were **Giulia e Paolo?** If it were **io e Giulia?** Make all the necessary changes.

Oggi rimango a casa e studio. Se lavoro almeno sei ore senza interruzione, forse (*perhaps*) finisco il compito prima di cena. Prima però (*but*) pulisco un po' la scrivania, metto in ordine tutti i libri e prendo tutti i testi necessari dallo scaffale (*bookcase*). Ma… sento un rumore (*noise*) alla porta. Apro la porta e vedo Gianni. Ciao, Gianni! Benvenuto!

Oggi Giulia e Paolo…

Oggi io e Giulia…

2.13 Al cinema. Describe what is going on at the movie theater in the drawing. You might want to use some of the following expressions.

aprire / chiudere la porta
cominciare / finire il film
vendere il gelato / spendere / decidere di
ridere / dormire / correre / leggere

2.14 Il tempo libero. Find out what your partner does in his/her free time. Ask:
- se legge molto: che cosa?
- se vede molti film: al cinema, in videocassetta o in DVD?
- se vive da solo/a (*alone*), con la famiglia, con amici
- se dorme molto: quante ore al giorno?
- se discute di politica o di sport con gli amici
- se preferisce stare a casa o andare ad una festa
- se spende molti soldi (*money*) durante la settimana: per che cosa?
- se pratica uno sport; se corre regolarmente

B LA CASA DELLO STUDENTE

B.1 ▶ Si dice così

1. lo scaffale
2. la televisione, il televisore
3. il lettore DVD
4. lo stereo
5. il letto
6. l'armadio
7. la bicicletta
8. il computer
9. le cuffiette
10. l'MP3

la casa dello studente, il dormitorio	*dormitory*	la penna USB, la chiavetta USB	*flash drive*
la biblioteca	*library*	il collegamento Internet	*Internet connection, hook-up*
la libreria	*bookstore*		
la mensa	*cafeteria*	masterizzare	*to burn a disk*
la palestra	*gymnasium*	scannerizzare	*to scan*
la stampante	*printer*	scaricare un file	*to download a file*
la posta elettronica	*e-mail*	inviare, ricevere messaggi	*to send, to receive messages*
il portatile	*laptop computer*	essere in ritardo	*to be late*

UNITÀ 2 Studiare: Impariamo l'italiano!

ATTIVITÀ

2.15 A che cosa serve? Match the objects in the left-hand column with the functions on the right.

1. il letto
2. la televisione
3. lo scaffale
4. la posta elettronica
5. il lettore DVD
6. la stampante
7. l'armadio
8. la penna USB

a. vedere un film sul computer
b. creare una copia dal computer su un foglio di carta
c. dormire
d. trasportare file
e. riordinare i vestiti (*clothes*)
f. mettere tutti i libri
g. guardare un programma
h. spedire messaggi con il computer

2.16 Dove lo fai? With a partner, take turns asking where you do the following things. Use these expressions in your answers: **nello zaino, alla mensa, in aula, a casa, nella camera, in biblioteca, in libreria.**

Esempio: prendere appunti
— Dove prendi appunti?
— Prendo appunti in aula.

1. avere la lezione
2. studiare
3. comprare i libri
4. mangiare
5. dormire
6. mettere i quaderni e i libri
7. ascoltare il professore/la professoressa
8. scrivere la posta elettronica

2.17 Cosa c'è nella tua camera? Ask your partner about the contents of his/her room. Make a list and report to the class.

Esempio: — Cosa c'è nella tua camera? Hai una televisione?
— No, non ho una televisione, ma ho un computer...
— Hai... ?

2.18 Lo studente italiano. Franco is an Italian exchange student who just arrived from Bologna. Naturally, he has lots of questions. Play the part of Franco while your partner attempts to answer your questions.

1. Vivi in un appartamento o in una casa dello studente?
2. Hai un compagno/una compagna di stanza (*roommate*)? Come si chiama?
3. Mangi alla mensa? Se no, dove?
4. Dove studi? in biblioteca? in camera?
5. Lavori? Dove?
6. Hai una televisione a casa? un portatile?

UNITÀ 2 Studiare: Impariamo l'italiano!

> **Lo sapevi che... ?**
>
> The concept of universities comes from Italy, and many of the world's oldest institutions were founded here. **L'Università di Bologna,** started in 1088, is considered the oldest university in the world, and today has about 100,000 students. When in 1222 some professors and students left Bologna to find greater academic freedom, they founded the **Università di Padova,** whose motto is **Libertas.** The medical school at Salerno was founded in 1173. The **Università di Napoli Federico II** was founded by the Holy Roman Emperor in 1224 and was the world's first public university.

B.2 ▶ Incontro

Università di Bologna

DOVE SIAMO

COLLEGIO ERASMUS
Residenza S. Giovanni in Monte
■ Collegio Erasmus (via De'Chiari, 8)
■ Dependance S. Vitale (via S. Vitale 59/2)
■ Appartamento per lunghi soggiorni (via S. Petronio Vecchio, 2)
Dalla STAZIONE
Autobus:
  50 (giorni feriali) - fermata **"Cartoleria"**
  11 (giorni festivi) - fermata **"Garganelli"**

Dall'AEREOPORTO
Autobus:
  Aereobus fino alla stazione ferroviaria

HOME

- La Residenza è situata nel centro storico di Bologna. Rimane aperta tutto l'anno ad eccezione del mese di agosto.
- È dotata di 31 camere (17 singole e 14 doppie), tutte dotate di bagno, telefono e collegamento Internet.
- Dispone inoltre di sala riunioni, sala televisione, di una dépendance in via S. Vitale con 14 posti e di un appartamento per lunghe permanenze in via S. Petronio Vecchio.

UNITÀ 2 Studiare: Impariamo l'italiano!

Collegio Erasmus. *Milena è studentessa alla Facoltà di Giurisprudenza a Bologna. Cerca una camera nel Collegio Erasmus.*

MILENA:	Vorrei una camera nel Collegio Erasmus.	
IMPIEGATO°:	Per fortuna ci sono ancora camere disponibili°; una è una camera privata.	*employee / available*
MILENA:	Che bello! Va bene, prendo quella.	
IMPIEGATO:	Lei ha una borsa di studio°?	*scholarship*
MILENA:	Magari! No, pago io. Ecco la carta di credito...	

Lo sapevi che...?

Most Italian universities do not have campuses. Students attend a particular **facoltà**, a division of the university that is usually housed in its own building. They choose a **facoltà** before enrolling; thus they know what subjects they will study when they begin their first year. **Facoltà** are often scattered throughout the city. Extracurricular activities are minimal, and sports facilities are extremely limited. For studio art and music, one must attend an art school **(l'Accademia di Belle Arti)** or music school **(il Conservatorio di Musica)** rather than a university.

ATTIVITÀ

2.19 Comprensione. Vorrei una camera... Answer the following questions referring to the information about the Collegio Erasmus. Use complete sentences.

1. Dov'è situato il Collegio Erasmus? In quale via?
2. Quante camere singole ci sono? Quante camere doppie?
3. C'è collegamento Internet?
4. Se prendi l'autobus 50, qual è la fermata per il Collegio Erasmus? Se prendi l'autobus 11, qual è la fermata?
5. Il Collegio è aperto durante il mese d'agosto?

2.20 Posta elettronica. Write an e-mail message requesting a room at the Collegio Erasmus. Request a single room, and ask if there is a private bath in the room and an Internet hook-up. Ask for the exact address of the residence and which bus you should take to get there.

In altre parole

per fortuna	*luckily*
che bello!	*how nice!*
vorrei	*I would like*
magari!	*it would be nice, perhaps, if only!*

2.21 Esclamazioni! What would you say in these situations?

1. You don't have to rewrite a composition after all.
2. You are offered a free trip to Rome.
3. A friend gives you a gift.
4. Someone asks if you've finished homework that you just began.

2.22 Magari! With a partner, take turns asking the following questions and answering appropriately, using **magari!** and **invece** (*instead*) as in the model.

Esempio: — Vai in Italia domani?
— **Magari! Invece vado alla lezione di biologia.**

1. Hai una A in tutti i corsi?
2. Hai una Ferrari?
3. Sei preparato/a per l'esame?
4. Canti come Andrea Bocelli?
5. Gli studenti mangiano bene alla mensa?

2.23 La visita al campus. With a partner, pretend that you are showing an Italian friend around your school. Point out various buildings or points of interest, providing some information about each one, and answer any questions your friend may have.

Esempio: — **Ecco una casa dello studente.**
— **Quante camere ci sono?**
— **Ci sono sessanta camere.**

> **Lo sapevi che...?**
>
> Most large Italian cities have a public university. The **tasse universitarie** (*tuition*) are very reasonable, about two thousand dollars a year. There are few private universities in Italy: the **Università Cattolica** and **La Bocconi** are located in Milan; **Luiss (Libera Università per gli Studi Sociali)** is in Rome. University graduates receive the title **dottore** or **dottoressa** and are addressed by this title, even if they do not have a **dottorato** (*Ph.D.*).

B.3 ▶ Punti grammaticali

Il sostantivo plurale

1. Most nouns in Italian change their final vowel endings to form the plural. Regular nouns ending in **-o** or **-e** change to **-i**. Those ending in **-a** change to **-e**.

nomi femminili		nomi maschili	
mati**ta**	mati**te**	libr**o**	libr**i**
aul**a**	aul**e**	zain**o**	zain**i**
lezion**e**	lezion**i**	professor**e**	professor**i**

2. Nouns ending in **-ca** change to **-che** and those ending in **-ga** change to **-ghe** in the plural. The **h** is added to represent the hard **c** or **g** sound.

bar**ca** (*boat*)   bar**che**   ri**ga** (*line*)   ri**ghe**
ami**ca** (*friend*)   ami**che**   botte**ga** (*shop*)   botte**ghe**

UNITÀ 2 Studiare: Impariamo l'italiano!

3. Nouns ending in **-cia** change to **-ce** and those ending in **-gia** change to **-ge** if the **i** is not stressed.

aran**cia** (*orange*)	aran**ce**	spiag**gia**	spiag**ge**
provin**cia** (*province*)	provin**ce**	piog**gia** (*rain*)	piog**ge**

   If the **i** is stressed, the **i** is retained, thus nouns ending in **-cia** change to **-cie** and those ending in **-gia** change to **-gie**.

farma**cia** (*pharmacy*)	farma**cie**	aller**gia** (*allergy*)	aller**gie**

4. Nouns ending in **-co** change to **-chi** and those ending in **-go** change to **-ghi** if the word is stressed on the penultimate (next-to-last) syllable.

ar**co** (*arch*)	ar**chi**	fun**go** (*mushroom*)	fun**ghi**
tedes**co** (*German*)	tedes**chi**	la**go**	la**ghi**
BUT: ami**co**	ami**ci**	gre**co**	gre**ci**

   Nouns ending in **-co** or **-go** whose stress falls on the antepenultimate (third-to-last) syllable change to **-ci** and **-gi**.

medi**co**	medi**ci**	psicolo**go** (*psychologist*) psicolo**gi**

5. Nouns ending in **-io** change to **-i** in the plural if the **i** is not stressed.

   orolo**gio**   orolo**gi**

   When the **i** is stressed, it is retained to form the plural.

   zio   **zii**

6. Nouns of Greek origin ending in **-ma** change to **-mi** and those ending in **-ta** change to **-ti** in the plural.

te**ma**	te**mi**	proble**ma**	proble**mi**
program**ma**	program**mi**	poe**ta**	poe**ti**

7. Some nouns are invariable, that is, they do not change in the plural. Nouns ending in a consonant (usually masculine and of foreign origin), an accented vowel, or **i** do not change in the plural.

il fil**m**	i fil**m**	il ba**r**	i ba**r**
l'autobu**s**	gli autobu**s**	lo spor**t**	gli spor**t**
la citt**à**	le citt**à**	il caff**è**	i caff**è**
la tes**i** (*thesis*)	le tes**i**	l'oas**i** (*oasis*)	le oas**i**

8. Some nouns are more commonly used in their abbreviated forms. These shortened forms remain invariable in the plural.

la foto (fotografi**a**)	le foto
la moto (motociclett**a**)	le moto
il cinema (cinematograf**o**)	i cinema
la bici (biciclett**a**)	le bici

ATTIVITÀ

2.24 Preparatissima! Complete each sentence by stating how many of the objects indicated each person has, changing the noun to its plural form.

Esempio: Francesca è preparata—ha (3, penna).
Francesca è preparata—ha tre penne.

1. Piero è preparato—ha (5, quaderno) nello zaino.
2. Andrea è puntuale (*punctual*)—ha (15, orologio) Swatch.
3. Sandro è studioso—segue (6, lezione).
4. Marta è simpatica—ha (20, amico).
5. Gianni è sportivo—ha (4, bicicletta).
6. Lisa ha fame—mangia (12, biscotto).

> **Lo sapevi che... ?**
>
> The **ERASMUS** program (European Region Action Scheme for the Mobility of University Students) is a popular exchange program for students of European universities. It is named after the Dutch philosopher and humanist Desiderius Erasmus, who traveled throughout Europe to learn more of its different cultures. Students participate in ERASMUS programs for one or two semesters and may have grants from the European Union. For many Italian university students, ERASMUS offers a unique opportunity to study abroad.

2.25 Uno due tre. Complete the sentences using the plural forms of the following nouns: **sport, fiume, facoltà, lago, liceo, giorno, mese, regione, città.**

1. Garda, Maggiore e Como sono tre...
2. Il Po, il Tevere e l'Arno sono tre...
3. Parma, Bologna e Reggio Emilia sono tre...
4. Lunedì, mercoledì e sabato sono tre...
5. Aprile, gennaio e settembre sono tre...
6. Il calcio, il tennis e lo sci sono tre...
7. Ingegneria, Medicina e Lettere sono tre...
8. Classico, scientifico e linguistico sono tre...
9. La Puglia, la Basilicata e le Marche sono tre...

2.26 Più di uno. Working with a partner, take turns stating how many of the following things you can count in your classroom: **zaino, libro, penna, matita, amico,...**

Esempi: — Vedo venti studenti, due finestre...
— Io vedo cinque orologi (*watches*)...

UNITÀ 2 Studiare: Impariamo l'italiano!

L'articolo determinativo plurale

Guardo **i libri**. — *I am looking at the books.*
Il professore incontra **gli studenti**. — *The professor meets the students.*
Dove sono **gli zaini**? — *Where are the backpacks?*
Cerco **le matite**. — *I am looking for the pencils.*
Visitano **le università**. — *They are visiting the universities.*
Studiate **le scienze** naturali? — *Are you studying the natural sciences?*

1. The plural forms of the definite article are as follows.

	Singular	Plural
masculine nouns beginning with a consonant	**il** compito	**i** compiti
masculine nouns beginning with a vowel	**l'** orologio	**gli** orologi
masculine nouns beginning with **z** or **s impura**	**lo** zaino	**gli** zaini
feminine nouns beginning with a consonant	**la** sedia	**le** sedie
feminine nouns beginning with a vowel	**l'** amica	**le** amiche

m.
il → i
lo ⟩ gli
l' ⟩

f.
la ⟩ le
l' ⟩

2. Some common words are irregular in the plural.

il dito (*finger*)   **le** dita   **l'**uovo (*egg*)   **le** uova

3. In Italian, the definite article is repeated before each noun in a series.

gli studenti e i professori — *the students and professors*
le penne e le matite — *the pens and pencils*

4. Definite articles are used with courtesy titles such as **signora, signore,** and **signorina,** and with professional titles such as **dottore** and **professore,** when speaking about people but not directly to them.

Il dottor Brancusi è di Roma. — *Doctor Brancusi is from Rome.*
Scusi, dottor Brancusi, è di Roma? — *Doctor Brancusi, are you from Rome?*
La signora Bernardi conosce la professoressa Mancini. — *Signora Bernardi knows Professor Mancini.*
Signora Bernardi, parla inglese? — *Signora Bernardi, do you speak English?*

ATTIVITÀ

2.27 Dal singolare al plurale. Change the following nouns to the plural.

1. il liceo
2. lo zaino
3. lo stato
4. il compito
5. l'aula
6. la classe
7. la biblioteca
8. la lezione
9. la sedia
10. il foglio di carta
11. il film
12. il signore

2.28 Non vedo l'ora! Eric will be visiting Italy this spring and is talking about all the things he wants to do. Change the phrases in italics to the plural, as in the example.

Esempio: Visito *il monumento*.
Visito i monumenti.

1. Non vedo l'ora di visitare *il museo* per vedere *l'opera* di Michelangelo.
2. Prima desidero visitare *la città* del Sud.
3. Poi ho voglia di vedere *il lago* e *la montagna* del Nord.
4. Forse andiamo a vedere *l'isola*.
5. Non vedo l'ora di conoscere *l'Italiano*.
6. Porto *il libro* con me perché quando torno all'università ho *l'esame*.

 2.29 Di chi sono? Look at the drawings, and then take turns with your partner asking whether certain objects belong to Francesco or Antonella.

Esempio: — **Di chi è il computer?**
— **È di Francesco.**

La camera di Francesco

La camera di Antonella

 2.30 Cento tipi di pasta. Did you know that in Italian most types of pasta are referred to in the plural with the definite article? **Gli spaghetti, le lasagne,** etc., are all plural forms. With a partner, list as many types of pasta as you can. Be sure to include the definite articles.

C L'UNIVERSITÀ

C.1 ▶ Si dice così

la materia	subject	laurearsi	to graduate
il tema	essay	iscriversi all'università	to enroll
la tesi	thesis	cambiare facoltà	to change majors
l'esame (m.)	exam	dare un esame	to take an exam
il voto	grade	facile	easy
lo sbaglio	mistake	difficile	difficult
essere laureato	to have a degree		

Le facoltà

 Lettere

 Economia e Commercio

 Architettura

 Ingegneria

 Medicina

 Giurisprudenza, Legge

 ¡Hola!

 Ciao!

 Bonjour!

 Hello!

Guten Tag!

Lingue

 Scienze Politiche

 Scienze della Formazione

il libretto

la tessera, il tesserino

Curriculum moderno	
Attività formative	CFU
Di base	**75**
Letteratura italiana	30
Filologia, linguistica generale e applicata	24
Storia, filosofia, psicologia, pedagogia, antropologia e geografia	12
Lingue e letterature classiche	9
Caratterizzanti	**63**
Letterature moderne	9
Filologia, linguistica e letteratura	27
Storia, archeologia e storia dell'arte	27
Affini	**18**
Esame a scelta	12
Altre attività formative	3
Conoscenza lingua straniera + prova finale	2 + 7
Totale	**180**

UNITÀ 2 Studiare: Impariamo l'italiano!

Lo sapevi che... ?

Each **facoltà** contains **dipartimenti** and **istituti**. For instance, the **Facoltà di Lettere** contains the **Dipartimento d'Italianistica** (*Department of Italian Studies*) as well as the **Istituto di Storia Medievale** (*Institute of Medieval History*).

Palazzo dell'Archiginnasio, Bologna

ATTIVITÀ

2.31 All'università italiana. Choose the word or expression that completes each sentence logically.

1. Per finire il corso di laurea, uno studente italiano scrive una (tema / tesi).
2. Ogni studente universitario ha una carta d'identità che si chiama (libretto / tesserino).
3. Ogni studente deve (iscriversi / prendere appunti) ad una facoltà.
4. Se uno studente ha voglia di studiare un'altra materia, cambia (laurea / facoltà).
5. L'elenco dei voti si chiama (tesserino / libretto).
6. Dare un esame di medicina è (facile / difficile).

2.32 Qual è la Facoltà giusta? Choose the appropriate **Facoltà** for the following students. Refer to page 78.

1. Laura studia anatomia, farmacologia e ortopedia. Frequenta la Facoltà di _____.
2. Ivano studia matematica, storia dell'arte e disegno tecnico. È alla Facoltà di _____.
3. Stefania studia greco, filologia e archeologia. Segue il corso di laurea in _____.
4. Marco studia economia internazionale, statistica e macroeconomia. Frequenta la Facoltà di _____.
5. Renzo studia letteratura angloamericana, inglese e poesia russa. È alla Facoltà di _____.
6. Carola studia ingegneria civile, termodinamica e matematica. Segue il corso di laurea in _____.

2.33 Corsi obbligatori. Name at least three courses one takes when studying each of the following fields. See page 101.

Esempio: Uno studente alla Facoltà di Lettere segue corsi di...

1. Lettere   2. Scienze naturali   3. Medicina   4. Ingegneria

2.34 Quali corsi segui? Ask another student what courses he/she is taking this semester **(questo semestre).** Then ask about each course, using adjectives like **facile, difficile, interessante, noioso** (*boring*), or **divertente** (*fun*).

Esempio: — Quali corsi segui questo semestre?
— Seguo un corso di...
— È interessante? ... Segui altri corsi?

> **Lo sapevi che... ?**
>
> Italian students consider it bad luck to wish someone good luck **(buona fortuna!)** on an exam or a paper. Instead, they use the expression **In bocca al lupo!** (literally, *In the mouth of the wolf!*). The appropriate response is not **grazie** but **Crepi!** (*May the wolf drop dead!*).

C.2 ▶ Incontro

Il corso di laurea. *Giulia e Beppe sono studenti al primo anno all'Università di Bologna. Sono davanti alla Facoltà di Lettere.*

GIULIA:	Ciao, Beppe! Come va?
BEPPE:	Salve, Giulia! Benone, e tu?
GIULIA:	Non c'è male.
BEPPE:	Scusa, ma la mia lezione d'inglese è alle dieci, tra cinque minuti. Ho fretta!
GIULIA:	Ah, anch'io studio inglese, ma alla Facoltà di Economia e Commercio. Lo sai, ho cambiato° facoltà. Ora studio economia internazionale, ma non mi piace molto.
BEPPE:	Mi dispiace! Io sono a Lingue—studio la letteratura angloamericana.
GIULIA:	Che bello!
BEPPE:	Se non hai lezione ora, vieni con me!
GIULIA:	Magari! Purtroppo, ho diritto internazionale alle undici e scienze politiche alle due e mezzo. Che giornata!
BEPPE:	Mamma mia! Sono in ritardo per la mia lezione! Giulia, quando ci vediamo?
GIULIA:	Perché non mangiamo un panino° insieme domani a mezzogiorno?
BEPPE:	D'accordo! Dove?
GIULIA:	Ci troviamo al bar all'angolo°.
BEPPE:	Benissimo! A domani!

I changed

sandwich

on the corner

ATTIVITÀ

2.35 Ascoltiamo! While listening to the **Incontro,** indicate whether the sentence refers to Giulia or Beppe.

	Giulia	Beppe
1. Ha lezione tra cinque minuti.	_____	_____
2. Studia inglese alla Facoltà di Economia e Commercio.	_____	_____
3. Ha cambiato facoltà.	_____	_____
4. Studia letteratura angloamericana a Lingue.	_____	_____
5. Ha una lezione di diritto internazionale.	_____	_____
6. È in ritardo per la sua lezione.	_____	_____

2.36 Il programma della settimana. Find out your partner's weekly routine by asking him/her:

- Quanti corsi segui?
- Quando hai lezione? A che ora?
- Lavori anche? Quando?
- Quando e dove studi?
- Mangi alla mensa? A che ora?

In altre parole

tra cinque minuti	in five minutes
purtroppo	unfortunately
che (bella) giornata!	what a (great) day!
mi dispiace	I'm sorry
quando ci vediamo?	when can we get together / see each other?
ci troviamo...	let's meet . . .

2.37 Le risposte giuste. Find an appropriate response in the right-hand column to each question in the left-hand column.

1. Allora, quando ci vediamo?
2. Hai voglia di mangiare un panino alle due?
3. Ho tre lezioni e un appuntamento oggi.
4. Perché non andiamo a ballare stasera?
5. Perché tanta fretta? Hai lezione?

a. Buona idea! Ci troviamo alla discoteca Godzilla.
b. Io sono libero domani mattina. E tu?
c. No, mi dispiace. Ho un appuntamento alle due e mezzo.
d. Povero te! Che giornata!
e. Sì, tra cinque minuti!

2.38 Che giornata! Comment on Pietro's activities using either **Che bello!** or **Che giornata!**

1. Lunedì Pietro ha quattro lezioni.
2. Martedì Pietro ha un appuntamento al cinema con un'amica.
3. Mercoledì Pietro ha due esami: psicologia e matematica.
4. Giovedì c'è una festa in casa di amici.
5. Venerdì Pietro lavora per sei ore dopo le lezioni.
6. Sabato è il compleanno di Pietro.
7. Pietro passa la domenica con la famiglia.

2.39 Ci troviamo… On your way to class, you run into a friend you haven't seen for a long time. Greet him/her, then ask what he/she is studying and how it is going. Arrange to meet at the cafeteria at noon so you can talk some more.

C.3 ▶ Punti grammaticali

L'aggettivo

Andrea Bocelli è brav**o**.	*Andrea Bocelli is great.*
È un tenore famos**o**.	*He is a famous tenor.*
Luisa è simpatic**a**.	*Luisa is nice.*
Scrive con le penne ross**e**.	*He/She writes with red pens.*
Gli studenti sono giovan**i**.	*The students are young.*

1. Adjectives **(gli aggettivi)** are used to describe people, places, things, and events. In Italian, descriptive adjectives agree in number and gender with the noun they modify. Ordinarily, the adjective follows the noun.

Luisa è una ragazza **simpatica**.	*Luisa is a nice girl.*
Claudio ha una macchina **veloce**.	*Claudio has a fast car.*
Annabella ha gli occhi **azzurri**.	*Annabella has blue eyes.*
Giovanni è **biondo**.	*Giovanni is blond.*

2. Most adjectives have four forms, ending in **–o** (*masculine singular*), **–a** (*feminine singular*), **–i** (*masculine plural*), and **–e** (*feminine plural*).

il professore famos**o**	i professori famos**i**
la professoressa famos**a**	le professoresse famos**e**

Some adjectives end in **–e** in both the masculine and feminine singular forms and change to **–i** in the plural.

il ragazzo intelligent**e**	i ragazzi intelligent**i**
la lezione difficil**e**	le lezioni difficil**i**

Some adjectives end in **–ista** for both the masculine and feminine singular; the masculine plural form is **–isti,** and the feminine plural form is **–iste.**

il ragazzo ottim**ista**	i ragazzi ottim**isti**
la ragazza ottim**ista**	le ragazze ottim**iste**

3. Adjectives ending in **-co** and **-go** sometimes require an **h** in the plural to represent the hard **c** and **g** sounds.

Abbiamo amiche simpati**che**.	*We have nice (female) friends.*
Luciano e Pino sono stan**chi**.	*Luciano and Pino are tired.*
Olga e Rita sono tedes**che**.	*Olga and Rita are German.*
Olga ha i capelli lun**ghi**.	*Olga has long hair.*
BUT: Luca e Gherardo sono studenti atleti**ci**.	*Luca and Gherardo are athletic students.*

4. Certain common adjectives ordinarily *precede* the nouns they modify.

Beauty:	bello, brutto
Age:	nuovo, vecchio, giovane, antico
Goodness:	bravo, buono, cattivo
Size:	grande, piccolo

una brutta storia	*a bad story*	un bravo ragazzo	*a good boy*
una nuova macchina	*a new car*	un vecchio signore	*an old man*
un piccolo problema	*a small problem*	una grande casa	*a big house*

Bello, buono, and **grande** vary in form depending on the noun they modify.

5. An adjective's position may be changed for purposes of emphasis. Compare:

È un problema enorme.	*It is an enormous problem.*
È un enorme problema per me.	*It is a (really) enormous problem for me.*
Pino è un bravo ragazzo.	*Pino is a good boy.*
Pino è un ragazzo bravo.	*Pino is a (really) good boy.*

Sometimes a shift in position changes an adjective's meaning.

un caro amico	*a dear friend*
un orologio caro	*an expensive watch*
un vecchio amico	*an old friend*
un amico vecchio	*an elderly friend*

Lo sapevi che...?

In recent years there have been two big reforms to the educational system in Italy: the **riforma Moratti** and the **riforma Gelmini**, thus called for the names of the Ministers of Education under which they were enacted. The reforms provoked great protest and strikes on the part of students and teachers alike. The Moratti reform changed the university degree **(laurea)** into a **laurea breve** that takes three years and a **laurea specialistica** that takes an additional two years. The Gelmini reform brought back a grade in behavior: if students do not get a passing grade, they must repeat the year.

UNITÀ 2 Studiare: Impariamo l'italiano!

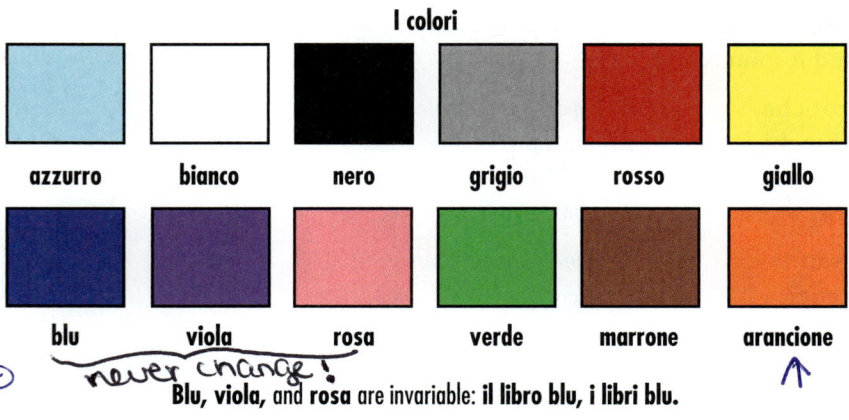

Blu, viola, and rosa are invariable: il libro blu, i libri blu.

ATTIVITÀ

2.40 Come sei? The following descriptive adjectives are cognates. Read the list to be sure you understand their meanings. Find the four adjectives that describe you best and the four least applicable to you. Then describe yourself using the adjectives.

Esempio: — Sono socievole...
— Non sono nervoso/a...

creativo	sportivo	serio	egoista
dinamico	attivo	timido	socievole
intelligente	idealista	ottimista	tradizionale
paziente	nervoso	generoso	ambizioso
responsabile	pessimista	gentile	pigro

2.41 Come sono? Use at least three adjectives from Activity 2.40 or from the list below to describe the following people.

Esempio: Jennifer Lopez
— È ricca, famosa e bella.

alto (tall)
basso (short)
allegro (happy)
triste (sad)
ricco (rich)
povero (poor)
divertente (fun)
noioso (boring)
grasso (fat)
magro (thin)
simpatico (nice)
antipatico (mean, unlikeable)
giovane (young)
vecchio (old)

Harry Potter
Brittney Spears
Frankenstein
Snoopy
David Beckham
Brad Pitt
Oprah Winfrey
Pinocchio
Bill Gates
Principe William
il presidente degli USA
Biancaneve e i sette nani

2.42 Diverse nazionalità. Identify the nationalities of the following people. Be sure to use the correct form of the adjective.

australiano   americano   spagnolo   francese
tedesco   russo   inglese   italiano

Esempio: **George Clooney è americano.**

1. Maria Grazia Cucinotta e Monica Bellucci *italian*
2. Wim Wenders e Steffi Graf *german*
3. Emmanuelle Béart *french*
4. Penelope Cruz e Pedro Almodóvar *spanish*
5. Nicole Kidman *australian*
6. Tony Blair e Elton John *english*
7. Tom Cruise e Clint Eastwood *american*
8. Maria Sharapova *russian*

2.43 Indovina chi è. Think of a famous person from the realm of sports, politics, or entertainment. Then, in groups of three to five, take turns describing the person you are thinking of to the others, using as many adjectives as possible. Don't say the name! If no one guesses the person's identity, let the group take turns asking yes/no questions.

2.44 La persona ideale. With a partner, take turns describing your ideal friend, spouse, and professor, using as many adjectives as possible.

L'amico/amica ideale è…
La moglie/Il marito ideale è…
Il professore/La professoressa ideale è…

Gli aggettivi possessivi

Ho **il mio** motorino.	*I have my moped.*
Conosco **la tua** amica.	*I know your friend.*
Professore, qual è **la Sua** opinione?	*Professor, what is your opinion?*
Paola parla con **i suoi** amici.	*Paola talks with her friends.*
Il professore corregge spesso **i nostri** sbagli.	*The professor often corrects our mistakes.*

1. The possessive adjective (**l'aggettivo possessivo**) precedes the noun it modifies and agrees in number and gender with the object possessed, not with the possessor. The definite article is almost always used with the possessive adjective and thus agrees with it in gender and number.

UNITÀ 2 Studiare: Impariamo l'italiano!

2. Possessive adjectives have the following forms.

	Singular		Plural	
	masculine	*feminine*	*masculine*	*feminine*
my	il mio	la mia	i miei	le mie
your	il tuo	la tua	i tuoi	le tue
his/her/its	il suo	la sua	i suoi	le sue
your (formal)	il Suo	la Sua	i Suoi	le Sue
our	il nostro	la nostra	i nostri	le nostre
your	il vostro	la vostra	i vostri	le vostre
their	il loro	la loro	i loro	le loro

3. Note that the third-person singular form may mean *her, his, its,* or *your* (formal).

 la camera di Giorgio la sua camera *his room*
 la camera di Gina la sua camera *her room*
 la reputazione della scuola la sua reputazione *its reputation*

4. Note that the third-person plural form **loro** is invariable.

5. Possession is also expressed using the preposition **di.**

 la penna di Giovanni *Giovanni's pen* il libro di Silvia *Silvia's book*

ATTIVITÀ

2.45 Le nostre cose. Use a possessive adjective to state that the people indicated in parentheses own the objects listed. Follow the model.

 Esempio: il libro (Angelo)
 il suo libro

1. l'orologio (Giulia)
2. lo zaino (Marco Galli)
3. i libri (Alberto Puliti)
4. la sedia (Giuseppe)
5. le penne (voi)
6. le matite (Antonella)
7. la lezione (noi)
8. lo stereo (Betta e Fausto)

2.46 Dov'è la penna di Giorgio? With a partner, take turns asking and answering where the following things are. Follow the model.

 Esempio: penna / Giorgio
 — **Dov'è la penna di Giorgio?**
 — **Ecco la sua penna!**

1. orologio / Roberto
2. scrivania / Ferdinando
3. compiti / Michela e Lori
4. casa / Lina e Silvia
5. appunti / Rocco
6. zaino / Sara
7. biciclette / Salvatore e Bianca

2.47 La nostra lezione... Rewrite each sentence using a possessive adjective as in the model.

Esempio: <u>Noi abbiamo una lezione che</u> è difficile.
La nostra lezione è difficile.

1. <u>Voi avete compiti che</u> sono corretti.
2. <u>Ho una televisione che</u> non funziona.
3. <u>Noi abbiamo un'aula che</u> è grande.
4. <u>Tu hai una lezione che</u> comincia alle otto di mattina.
5. <u>Io ho idee che</u> sono originali.
6. <u>Gino e Beppe hanno una lezione che</u> è difficile.
7. <u>Valentina ha amiche che</u> vivono in Italia.

2.48 Che tipo è il tuo migliore amico/la tua migliore amica? Describe your best friend to your partner. Tell him/her:

- il suo nome
- com'è fisicamente (*physically*)
- quanti anni ha
- le sue attività preferite
- i suoi libri preferiti
- il suo film preferito

D LA VITA SCOLASTICA

D.1 ▶ Si dice così

l'asilo, la scuola materna	nursery school
la scuola elementare, primaria	elementary school
la scuola media	middle school
il liceo	high school
l'insegnante	teacher
il maestro/la maestra	elementary school teacher
l'allievo/a, l'alunno/a	elementary-level student
la pagella	report card
l'anno scolastico	school year
saltare una lezione	to cut a class
andare bene / male	to do well / poorly
pigro/a	lazy
attento/a	attentive
studioso/a	studious
annoiato/a	bored
interessato/a	interested

UNITÀ 2 Studiare: Impariamo l'italiano! 87

ATTIVITÀ

2.49 Definizioni. Find the word that completes each sentence.

1. Una scuola per i bambini piccoli è…
2. Dopo la scuola elementare, i ragazzi frequentano…
3. L'insegnante in una scuola elementare si chiama…
4. Un alunno che non studia è…
5. Un alunno che non è interessato a una cosa è…

2.50 Il buono e il cattivo. Indicate whether a good student or a bad student does the following things.

Esempio: saltare la lezione
Un cattivo allievo salta la lezione.

1. fare bene i compiti
2. non rispondere ad una domanda
3. arrivare alla lezione in ritardo
4. aspettare l'intervallo (*recess*)
5. rispettare (*to respect*) l'insegnante
6. essere attento e studioso

2.51 Che tipo di studente sei? Ask your partner what kind of student he/she is and if he/she skips class, is attentive or bored in class, takes notes, etc.

D.2 ▶ Incontro

Insegnanti futuri. Elisa e Gianni sono alla Facoltà di Scienze della Formazione all'Università di Bologna. Studiano per diventare° insegnanti.

                  to become

GIANNI:	Ciao, Elisa! Vieni oggi alla presentazione degli insegnanti del Liceo "Marconi"? Discutiamo sulla situazione nelle scuole.	
ELISA:	No, purtroppo, non vengo.	
GIANNI:	Come mai? Due miei amici vengono perché è un argomento° interessante.	*topic*
ELISA:	Vedi, ora esco e vado all'asilo "Il Cucciolo°" dove lavoro ogni° pomeriggio.	*"The Puppy" / every*
GIANNI:	Che peccato! Ti piace lavorare lì?	
ELISA:	Oh sì, mi piace molto! Mi piacciono i bambini piccoli. È per questo° che studio alla Facoltà di Scienze della Formazione. Magari l'anno prossimo insegno in una scuola elementare.	*That's why*
GIANNI:	Io invece preferisco i ragazzi che hanno tra dodici e quindici anni… gli anni della scuola media.	
ELISA:	Beh, non vedo l'ora di essere di fronte a° una classe!	*in front of*
GIANNI:	Figurati, i compiti da correggere, gli studenti che saltano le lezioni…	
ELISA:	Ma ci sono anche le gite scolastiche°!	*field trips*
GIANNI:	Meno male!	

Students at a middle school

ATTIVITÀ

2.52 Ascoltiamo! While listening to the **Incontro,** indicate whether each statement is **vero** or **falso.** Then correct the false statements.

	Vero	Falso
1. Elisa e Gianni studiano per diventare insegnanti.	_____	_____
2. Oggi c'è una presentazione sulla situazione nelle scuole.	_____	_____
3. Elisa va alla presentazione.	_____	_____
4. Elisa lavora ogni mattina all'asilo.	_____	_____
5. A Gianni piacciono i bambini piccoli.	_____	_____
6. Elisa preferisce insegnare in una scuola elementare.	_____	_____
7. I ragazzi della scuola media hanno tra dodici e quindici anni.	_____	_____

2.53 Che bello! C'è la gita scolastica! With a partner, plan a field trip for your Italian class. Discuss these points; then present the plan to the class.

- where to go
- what day of the week to go
- who should go: all the students? the teacher?
- what time to leave / arrive
- what to do
- when to return

In altre parole		
	come mai?	how come?
	due miei amici	two of my friends
	che peccato!	too bad!
	figurati!	just imagine!
	meno male!	thank goodness!

UNITÀ 2 Studiare: Impariamo l'italiano!

2.54 Esclamazioni! Use an expression from **In altre parole** to comment on the following statements.

1. Non vengo a scuola oggi.
2. Non gioco a tennis oggi. Sto male.
3. Due miei studenti vanno male in matematica, ma non studiano!
4. Che bello! Non c'è l'esame oggi!
5. Scusa, Giulia, ho lezione fra cinque minuti.

2.55 Due insegnanti. You and your partner teach in an elementary school. One of you has very good students; the other has a more problematic group. Talk about your students: what they are like, how old they are, and what they do in class.

Esempio: — I miei studenti sono bravi e studiosi. Sono sempre...
— Invece i miei studenti sono... Infatti (*In fact*) un mio studente...

D.3 ▶ Punti grammaticali

I verbi irregolari: *andare, venire, uscire, dare, stare, sapere*

Vado a scuola; **vieni** anche tu?	*I am going to school; are you coming too?*
Usciamo venerdì sera.	*We are going out Friday night.*
Date un esame oggi?	*Are you taking an exam today?*
Stanno tutti bene.	*Everybody's fine.*

1. Many Italian verbs do not follow the regular patterns of the first, second, and third conjugations. Here are five of the most common irregular verbs, conjugated in the present indicative.

andare (*to go*)		**venire** (*to come*)		**uscire** (*to go out*)	
vado	andiamo	vengo	veniamo	esco	usciamo
vai	andate	vieni	venite	esci	uscite
va	vanno	viene	vengono	esce	escono

dare (*to give*)		**stare** (*to be, to stay*)		**sapere** (*to know, to know how to*)	
do	diamo	sto	stiamo	so	sappiamo
dai	date	stai	state	sai	sapete
dà	danno	sta	stanno	sa	sanno

2. The **voi** form is always similar to the infinitive, with a **t** in place of the **r**. Both the **noi** and **voi** forms are regular.

3. The **lei** form of **dare (dà)** is written with an accent to distinguish it from the preposition **da**.

ATTIVITÀ

2.56 Vieni o stai qui? Ask if the following people are coming with you or staying here.

Esempio: Marta
Marta viene con me o sta qui?

tu e Gerardo   gli allievi   Renato   voi   tu   Caterina e Cristina

2.57 Escono sempre! State how often the following people go out and where they go, as in the model.

Esempio: Raffaella / ogni settimana / da una sua amica
Raffaella esce ogni settimana. Va a casa di una sua amica.

1. voi / ogni sabato / al cinema
2. Paola e Fabrizio / il venerdì sera / a ballare
3. io / ogni pomeriggio / in palestra
4. Salvatore / lunedì, mercoledì e venerdì / alla lezione di karatè
5. noi / la sera / a studiare in biblioteca
6. tu / il mercoledì / al campo sportivo
7. gli studenti / ogni sera / alle feste

2.58 Le colonne. Create plausible sentences using a subject from the first column, a verb from the second column, and an expression from the third column. Be sure to use the correct form of the verb.

io	andare	1. cantare bene
Cinzia e Antonella	dare	2. a scuola ogni giorno
la professoressa	sapere	3. con un suo studente
i bambini	stare	4. al cinema per vedere un bel film
tu	uscire	5. una matita alla sua amica
voi	venire	6. abbastanza bene
io e il mio compagno		7. in ritardo alla lezione
		8. ogni sabato sera
		9. un esame difficile domani

Lo sapevi che... ?

In the Italian education system, students are interrogated by their teachers (**interrogazione**) and most exams, even at the university, are oral. The professor writes the student's grade on a class register (**il registro**) and on the student's **libretto dei voti**, indicating whether it was oral (**orale**) or written (**scritto**).

2.59 A voi la parola. Ask your partner the following questions. Take note of the answers so you can report to the class.

1. Come stai oggi?
2. Dove vai quando la lezione finisce?
3. Esci stasera? Dove vai?
4. Dove vai durante l'estate?
5. Vai a scuola ogni giorno della settimana? Quando non vai?
6. Stai a casa sabato sera o esci?
7. Dai un esame questa settimana? Quale?
8. Quante lingue sai parlare?

Il verbo *piacere*

Mi piace il cinema e **gli piace** lo sport.	*I like movies and he likes sports.*
— **Ti piace** guardare la TV?	— *Do you like to watch TV?*
— Sì, e **mi piace** ascoltare la musica!	— *Yes, and I like listening to music!*

1. The verb **piacere** is used to express the idea of *to like*. The noun or action that is pleasing to a person is the subject; the person to whom it is pleasing is the indirect object.

— **Ti piace** la posta elettronica?	— *Do you like e-mail?* (Literally, *Is e-mail pleasing to you?*)
— Sì, **mi piace** molto!	— *Yes, I like it very much!* (Literally, *Yes, it is very pleasing to me!*)

2. **Piacere** is almost always used in the third-person singular or plural. **Piace** is used if the subject is singular, **piacciono** if the subject is plural.

Mi **piace** molto la pasta.	*I really like pasta.*
Ti **piacciono** i ravioli?	*Do you like ravioli?*

3. If the subject is an infinitive, **piace** is used.

—Ti **piace** cantare?	— *Do you like to sing?*
— No, ma mi **piace** ballare.	— *No, but I like to dance.*

4. The person to whom the subject is pleasing is represented by an indirect-object pronoun. The indirect-object pronouns are as follows.

mi, ti, gli, le, Le, ci, vi, gli } piace il cinema.

mi, ti, gli, le, Le, ci, vi, gli } piacciono i film di Denzel Washington.

5. Dislike is expressed using **non**.

Non mi piace camminare.	*I don't like to walk.*
Non ti piacciono i tortellini?	*You don't like tortellini?*

ATTIVITÀ

2.60 Preferenze personali. Find out if your partner likes or dislikes the following things.

Esempio: gli spaghetti
— Ti piacciono gli spaghetti?
— Sì, mi piacciono. / No, non mi piacciono.

1. l'università
2. gli esami
3. le motociclette
4. le lingue moderne
5. lo sport
6. i compiti
7. la pizza
8. il corso di...
9. i libri di...
10. la musica di...

2.61 Ti piace... ? Ask whether your partner likes to do the following things; then answer the same questions yourself. When possible, explain why.

Esempio: comprare libri
— Ti piace comprare libri?
— Sì, mi piace comprare libri perché mi piace leggere.

1. viaggiare
2. andare nei ristoranti eleganti
3. parlare con gli amici
4. andare al cinema
5. studiare italiano
6. lavorare
7. uscire con gli amici

2.62 Gli piace la scuola. Figure out which school subjects listed below the following people like, using the information given. Follow the example.

Storia dell'arte   Scienze naturali   Architettura
Lingue moderne   Lettere classiche   Scienze politiche

Esempio: Enrico legge sempre Ovidio, Virgilio e Platone.
Gli piacciono le lettere classiche.

1. Marco ama la natura, studia biologia e chimica.
2. Alessandra studia i grandi monumenti di Roma e i palazzi disegnati da Renzo Piano.
3. Luigi legge la poesia francese e studia lo spagnolo.
4. Mauro va spesso ai musei e ama le opere di pittori come Raffaello e Leonardo da Vinci.
5. Elisa studia economia internazionale e la storia dell'Unione Europea.

UNITÀ 2 Studiare: Impariamo l'italiano!

IMMAGINI E PAROLE

- **Leggiamo italiano!** *Skimming*
- **Il sistema scolastico in Italia**
- **Scriviamo italiano!** *Using a bilingual dictionary*
- **Come disse... Edmondo De Amicis**
- **Musica, maestro!**
  "Gioca Jouer", Claudio Cecchetto
- **Ciak! Italia**

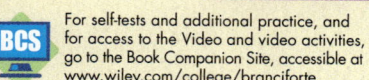
For self-tests and additional practice, and for access to the Video and video activities, go to the Book Companion Site, accessible at www.wiley.com/college/branciforte

Leggiamo italiano!

Skimming

A useful reading strategy is to skim a paragraph looking for the most important sentence or topic sentence; it can clue you in to the main idea presented.

ATTIVITÀ DI PRE-LETTURA

2.63 Di che cosa parla? Before you begin to read, skim the reading to find the paragraph that discusses each of the following topics.

1. _____ il numero di esami per la laurea
2. _____ l'asilo e i bambini piccoli
3. _____ la tesi
4. _____ le facoltà dell'università
5. _____ la scuola superiore

2.64 Parole analoghe. Find the cognates in each of the following phrases from the reading and supply their English equivalents.

1. ...il liceo o un istituto professionale...
2. ...il grande esame nazionale...
3. ...un bambino inizia la sua carriera scolastica...
4. ...il massimo voto è trenta, il minimo...
5. ...normalmente ha diciannove anni...

UNITÀ 2 Studiare: Impariamo l'italiano!

Il sistema scolastico in Italia

In Italia, i bambini piccoli vanno all'asilo. Tra i tre ed i cinque anni, i bambini frequentano la scuola materna. A sei anni un bambino inizia la scuola elementare. Ci sono cinque anni di scuola elementare, tre anni di scuola media e cinque anni di liceo o di istituto tecnico o professionale. Quando uno studente finisce la sua carriera scolastica, normalmente ha diciannove anni. Alla fine del liceo, gli studenti danno un grande esame nazionale chiamato la Maturità.

All'università uno studente si iscrive ad una facoltà come la Facoltà di Lettere, di Giurisprudenza, di Medicina, ecc. Il corso di laurea breve dura tre anni; se lo studente vuole un titolo equivalente alla vecchia laurea, deve studiare ancora per due anni. L'anno accademico è diviso° in semestri. Quasi tutti gli esami universitari hanno una parte scritta e una parte orale, cioè lo studente risponde alle domande del professore e riceve il voto finale sul suo libretto. Il voto massimo è trenta, il minimo è diciotto.

Per laurearsi, lo studente scrive una tesi e discute la tesi con i professori durante una seduta di laurea°. Il massimo voto è centodieci e lode°, e a volte° lo studente riceve il tradizionale "bacio sulla fronte°."

° divided
° defense of the thesis
° honors / sometimes
° kiss on the forehead

Elementary school children with teachers

UNITÀ 2 Studiare: Impariamo l'italiano!

ATTIVITÀ

2.65 Comprensione: abbinamenti. Find the expression in the right-hand column that completes each partial sentence in the left-hand column.

1. I bambini piccoli frequentano...
2. La carriera scolastica inizia con...
3. Dopo la scuola media gli studenti vanno...
4. Alla fine del liceo lo studente...
5. Per la vecchia laurea è necessario...
6. Per laurearsi, lo studente...

a. al liceo.
b. fa la Maturità.
c. l'asilo.
d. la prima elementare.
e. scrive una tesi.
f. studiare ancora per due anni.

2.66 Due mondi a confronto. Answer the questions using information from the reading and your own knowledge.

1. Quanti anni di scuola sono obbligatori in Italia? E nel tuo paese?
2. Come si chiama il grande esame nazionale alla fine del liceo? Nel tuo paese gli studenti danno l'esame di Stato o un equivalente?
3. Quanti tipi di liceo ci sono in Italia? E nel tuo paese?
4. Quali sono le facoltà all'università italiana?
5. Tipicamente, quanti esami dà uno studente italiano ogni anno? E uno studente nel tuo paese? Gli esami sono scritti o orali?
6. Generalmente, quanti anni ha uno studente italiano quando finisce l'università? E uno studente del tuo paese?

2.67 John e Giovanni. With a partner, take turns describing the educational careers of two hypothetical students, one Italian and one American, from the first years through university.

Esempio: **Quando Giovanni ha tre anni frequenta...**
Giovanni decide di frequentare il liceo scientifico perché gli piace la matematica...

John inizia la sua carriera scolastica quando ha... anni...
Quando ha quindici anni, frequenta... e studia...

Scriviamo italiano!

Using a bilingual dictionary

When reading and writing a foreign language, it is important to know how to use a bilingual dictionary. Words often have several meanings; look for the translation that is correct for your context. A word may change meaning if used in a legal or military sense, or in a literary or figurative way. Additional information may be given in parentheses that will help you decide which translation is appropriate for your needs.

To use the dictionary properly, you need to know parts of speech and how they are indicated. Some of the most common abbreviations are:

s.m.	sostantivo maschile	*masculine noun*
s.f.	sostantivo femminile	*feminine noun*
avv.	avverbio	*adverb*
agg.	aggettivo	*adjective*
v.t.	verbo transitivo	*transitive verb*
v.i.	verbo intransitivo	*intransitive verb*

Finally, if you look up a word on the English-Italian side of the dictionary, cross-check it on the Italian-English side before using it. Don't make the mistake of saying **Venerdì sera ho un dattero** (*a date,* the fruit) when it should be **Venerdì sera ho un appuntamento,** which is the *date* you wanted!

ATTIVITÀ

2.68 Parole, parole, parole. Using a bilingual dictionary, find the appropriate Italian translation of the words shown in italics.

1. What is today's *date*? *la data*
2. *Spring* is a beautiful season. *la primavera*
3. What *time* is it? *l'ora*
4. Art history is an interesting *subject*.
5. Saturday night I have a *date* with Pietro.
6. Do you have *time* for a coffee? *il tempo*
7. The bed has *springs*.
8. "Noi" is a *subject* pronoun.

2.69 La parola giusta. Using a bilingual dictionary, find the appropriate English translation of the Italian words shown in italics.

1. Vado all'ufficio postale per spedire tre *lettere*.
2. Elisa studia *diritto* internazionale.
3. Marco studia *lettere*.
4. I bambini vanno all'*asilo*.
5. I profughi (*refugees*) chiedono l'*asilo* politico.
6. Le donne hanno il *diritto* di votare.

2.70 Caro amico, cara amica. Choose one of the following ideas and write a short e-mail or letter to a friend. Include at least two of the words that you looked up in Activity 2.68. Use what you already know as much as possible, but if you must look up a word, be careful to choose the appropriate translation.

1. Sei all'Università di Bologna con una borsa di studio. Come sono i corsi? La vita degli studenti? Dove vivi? Quali corsi frequenti?
2. Descrivi la tua vita all'università. Com'è la tua camera? Chi sono i tuoi amici? Quali sono le tue attività? Quale materia preferisci?

UNITÀ 2 **Studiare: Impariamo l'italiano!**

Come disse... Edmondo De Amicis
(1846–1908)

da *Cuore*

Ottobre. Il primo giorno di scuola.

Il nostro maestro è alto, senza barba coi capelli grigi e lunghi, e ha una ruga diritta sulla fronte; ha la voce grossa, e ci guarda tutti fisso, l'un dopo l'altro, come per leggerci dentro; e non ride mai. Io dicevo tra me: — Ecco il primo giorno. Ancora nove mesi.

October. First day of school.

Our teacher is tall, without a beard with long, grey hair, and he has a straight furrow on his forehead. He has a thick voice, and he stares at each one of us, as if to read right through us. And he never laughs. I was saying to myself: So this is the first day of school. Another nine months to go.

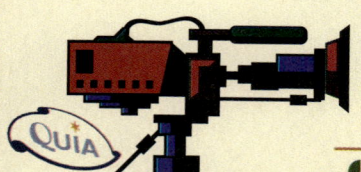

Musica, maestro!

Using one of the major Internet search engines, find and listen to "Gioca Jouer" by Claudio Cecchetto. How many verbs can you hear? Mime them as you dance, alone or with your friends!

Ciak! Italia

2.71 Che cosa vedi? Look at the photo of Rome taken from Episode 2. How many items and geographical features can you identify?

Come si chiama la piazza?

2.72 Di dove sei? Che fai? While viewing this episode, answer the following questions about Anna and Francesco's day in Rome.

1. Dove sono?   a. in un bar all'aperto   b. in un museo
2. Con chi parlano?   a. con un'amica di Anna   b. con una professoressa
3. Francesco frequenta   a. il liceo   b. l'università
4. Francesco studia   a. giurisprudenza   b. architettura
5. Di dov'è Francesco?   a. è di Torino   b. è di Trani

2.73 Un messaggio di posta elettronica. Francesco is writing an e-mail to his family after his first few days in Rome. Complete the message as you think Francesco would. Then write an e-mail from Sara to Anna after their meeting at the bar near the Colosseum.

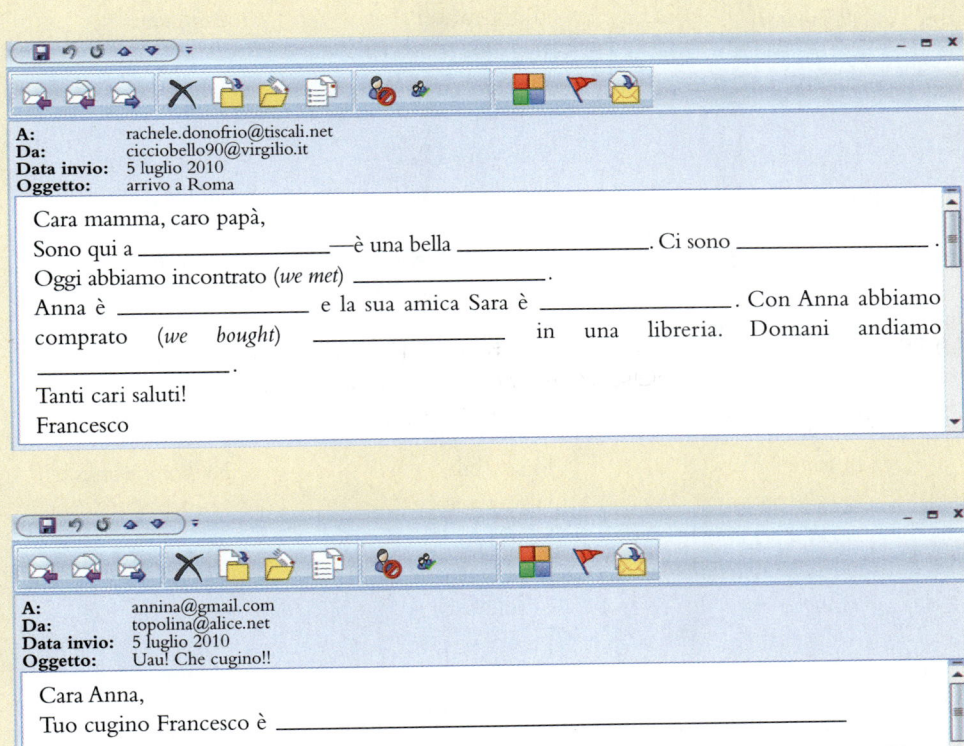

UNITÀ 2 Studiare: Impariamo l'italiano!

Vocabolario

La vita scolastica

l'allievo/a, l'alunno/a	elementary-level student
l'anno scolastico	school year
l'asilo, la scuola materna	nursery school
la classe	class
il compito	homework
il corso	course
la lezione	lesson
la scuola elementare, primaria	elementary school
la scuola media	middle school
il liceo	high school
il maestro/ la maestra	elementary school teacher
l'insegnante (*m./f.*)	teacher
la pagella	report card
andare bene / male	to do well / poorly
corretto	correct
frequentare	to attend
imparare	to learn
insegnare	to teach
prendere appunti	to take notes
saltare una lezione	to cut a class
sbagliare	to make a mistake
sbagliato	wrong

L'aula

il banco	student's desk
la bandiera	flag
la finestra	window
il foglio di carta	piece of paper
il gesso	chalk
la lavagna	blackboard
il libro	book
la matita	pencil
l'orologio (*m.*)	clock, watch
la penna	pen
la porta	door
il quaderno	notebook
la scrivania	desk
la sedia	chair
lo zaino	backpack

La casa dello studente

l'armadio	closet
la bicicletta, la bici	bicycle
la camera	room
il collegamento Internet	Internet connection, hook-up
il computer	computer
le cuffiette (*f. pl.*)	headphones
la fotografia, la foto	photograph
il letto	bed
il lettore DVD	DVD player
la motocicletta, la moto	motorcycle
l'MP3	iPod or MP3 player
la penna USB, la chiavetta	flash drive
il portatile	laptop computer
la posta elettronica	e-mail
inviare, ricevere messaggi	to send, to receive messages
lo scaffale	bookcase, bookshelf
la stampante	printer
lo stereo	stereo
la televisione, il televisore	television set
masterizzare	to burn a disk
scannerizzare	to scan
scaricare un file	to download a file

L'università

la biblioteca	library
la casa dello studente, il dormitorio	dormitory
l'esame (*m.*)	exam
la libreria	bookstore
la materia	subject
la mensa	cafeteria
la palestra	gymnasium
lo sbaglio	mistake

il tema	*essay*	atletico	*athletic*
la tesi	*thesis*	attento	*attentive*
il voto	*grade*	basso	*short*
il libretto	*grade book*	bello	*beautiful, handsome, nice*
la tessera, il tesserino	*ID card*	bravo	*good, capable*
cambiare facoltà	*to change majors*	brutto	*ugly, bad*
dare un esame	*to take an exam*	buono	*good*
essere laureato	*to have a degree*	cattivo	*bad, naughty, sorry*
iscriversi all'università	*to enroll*	difficile	*difficult*
laurearsi	*to graduate*	divertente	*fun*
laurearsi in…	*to major in . . .*	egoista	*selfish*
		facile	*easy*
		famoso	*famous*

Le materie

l'architettura	*architecture*	generoso	*generous*
la biologia	*biology*	gentile	*kind, polite*
la chimica	*chemistry*	giovane	*young*
il commercio	*business*	grande	*big*
l'economia	*economics*	grasso	*fat*
la filosofia	*philosophy*	intelligente	*intelligent*
la fisica	*physics*	interessato	*interested*
la giurisprudenza, la legge, il diritto	*law*	magro	*thin*
		noioso	*boring*
l'ingegneria	*engineering*	nuovo	*new*
la letteratura	*literature*	ogni	*each*
le lettere	*humanities*	ottimista	*optimistic*
le lettere classiche	*classics*	piccolo	*small, little*
le lingue	*languages*	pigro	*lazy*
la matematica	*mathematics*	povero	*poor*
la medicina	*medicine*	ricco	*rich*
la psicologia	*psychology*	simpatico	*nice*
le scienze della formazione	*education, teaching*	stanco	*tired*
		studioso	*studious*
le scienze naturali	*natural sciences*	triste	*sad*
le scienze politiche	*political science*	vecchio	*old*
la storia	*history*	veloce	*fast*
la storia dell'arte	*history of art*		
		americano	*American*
		australiano	*Australian*

Aggettivi

		cinese	*Chinese*
allegro	*happy*	francese	*French*
alto	*tall*	inglese	*English*
ambizioso	*ambitious*	italiano	*Italian*
annoiato	*bored*	russo	*Russian*
antico	*ancient*	spagnolo	*Spanish*
antipatico	*mean, unlikable*	tedesco	*German*

UNITÀ 2 Studiare: Impariamo l'italiano!

I colori

arancione	orange
azzurro	light blue
bianco	white
blu	blue
giallo	yellow
grigio	gray
marrone	brown
nero	black
rosa	pink
rosso	red
verde	green
viola	purple

Aggettivi possessivi

il mio	my
il tuo	your (inf.)
il suo	his, her, its
il Suo	your (form.)
il nostro	our
il vostro	your (pl.)
il loro	their

Verbi irregolari

andare	to go
dare	to give
sapere	to know, to know how
stare	to be, to stay
uscire	to go out
venire	to come

Verbi in -ere

chiedere	to ask, to request
correre	to run
crescere	to grow
decidere	to decide
discutere	to discuss
dividere	to divide
mettere	to put
piacere	to be pleasing, to like
prendere	to take
ridere	to laugh
rispondere	to respond
rompere	to break
scendere	to descend
scrivere	to write
spendere	to spend
vedere	to see
vivere	to live

Verbi in -ire

aprire	to open
capire (-isc-)	to understand
dormire	to sleep
finire (-isc-)	to finish
offrire	to offer
partire	to leave
preferire (-isc-)	to prefer
pulire (-isc-)	to clean
scoprire	to discover
seguire	to follow
servire	to serve
spedire (-isc-)	to send

Altre parole ed espressioni

accidenti!	darn it!
aiuto!	help!
che bello!	how nice!
che (bella) giornata!	what a (great) day!
che peccato!	too bad!
ci troviamo...	let's meet ...
come mai?	how come?
come sei bravo/a!	you're good (at something)!
di solito	usually
due miei amici	two of my friends
essere in ritardo	to be late
essere preparato/a	to be prepared
figurati!	just imagine!
magari!	it would be nice, perhaps, if only!
mamma mia!	wow!, gosh! (literally, "my mother!")
meno male!	thank goodness!
mi dispiace	I'm sorry
per fortuna	luckily
purtroppo	unfortunately
quando ci vediamo?	when can we get together / see each other?
tra cinque minuti	in five minutes
vorrei	I would like

UNITÀ 3

ABITARE
Andiamo a casa mia!

Un pranzo all'aperto

COMMUNICATIVE GOALS

- Talking about the family
- Asking questions
- Describing people and things
- Describing a home
- Indicating people and things
- Talking about the weather
- Talking about what you have to do, want to do, and can do
- Running errands

A LA FAMIGLIA

A.1 ▶ Si dice così

l'uomo (*pl.* gli uomini)	man
la donna	woman
il padre/la madre	father/mother
il papà, il babbo	daddy, dad
la mamma	mommy, mom
il marito/la moglie	husband/wife
il figlio/la figlia	son/daughter
i fratelli	siblings
i parenti, il/la parente	relatives, relative
il/la nipote	nephew/niece, grandson/granddaughter
il suocero/la suocera	father-in-law/mother-in-law
il genero	son-in-law
la nuora	daughter-in-law
il cognato/la cognata	brother-in-law/sister-in-law
il fidanzato/la fidanzata	fiancé(e) (boyfriend/girlfriend)
il compagno/la compagna	partner
la coppia	couple
le nozze, il matrimonio	wedding
lo sposo/la sposa	groom/bride
il ricevimento	reception
maggiore	older
minore	younger
sposato/a	married
divorziato/a	divorced
convivere	to live together

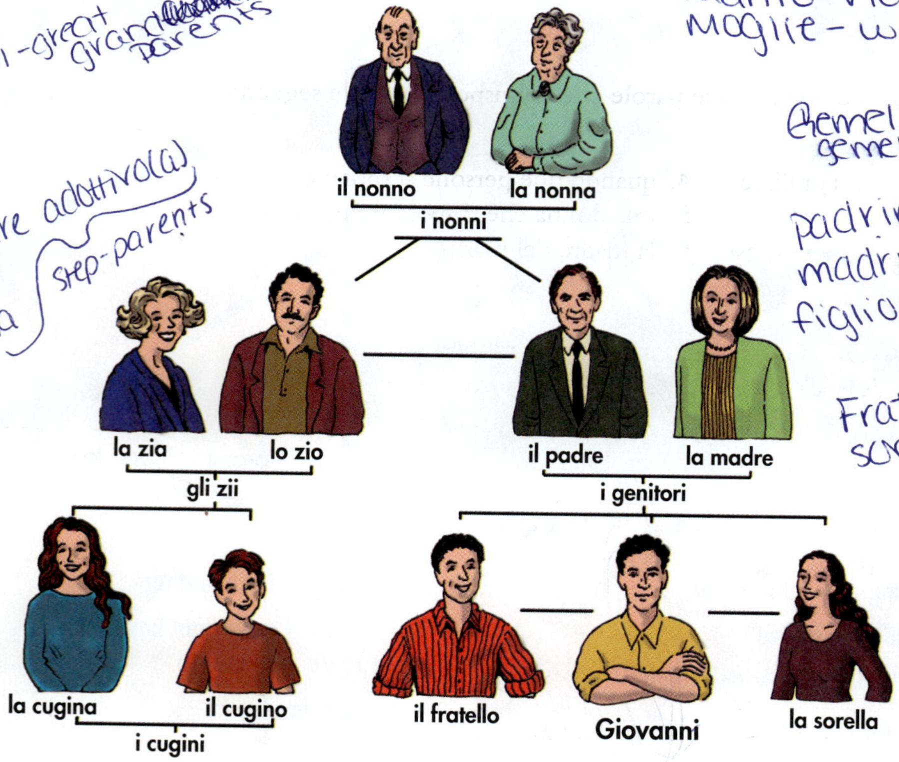

Handwritten notes:
- Bisnonni - great grandparents
- Padre/madre adottivo(a)
- Patrigno / matrigna - step-parents
- Marito - husband
- Moglie - wife
- Gemelli - twins / gemello(a)
- Padrino - godfather
- Madrina - godmother
- Figlioccio - godchildren
- Fratellastro / sorellastra - half (step-) siblings

il nonno — la nonna — i nonni
la zia — lo zio — gli zii
il padre — la madre — i genitori
la cugina — il cugino — i cugini
il fratello — Giovanni — la sorella

UNITÀ 3 Abitare: Andiamo a casa mia!

La regola della famiglia

1. When using a possessive adjective with a *singular unmodified* noun referring to a family member, the definite article is omitted: **mia madre e mio padre sono i miei genitori.** Compare:

   tuo fratello   i tuoi fratelli
   mia sorella   la mia sorella minore
   tuo cugino   il tuo caro cugino

2. The article is always used with **loro: la loro cugina, il loro padre.**

3. Diminutive terms like **mamma, babbo,** and **papà** are considered to be modified and always take the article: **la mia mamma e il mio babbo sono professori.** Use of the article with **nonna** and **nonno** is optional.

> **Lo sapevi che...?**
>
> When Italians say **i miei**, it is understood that they mean their parents (**i miei genitori**). **I parenti** are the relatives!

ATTIVITÀ

3.1 Definizioni. Trovare nella lista le parole che corrispondono alle seguenti definizioni.

1. un altro modo, più familiare, per dire "padre"
2. una festa in onore degli sposi
3. la figlia della sorella
4. quando due persone si sposano
5. una donna che si sposa fra poco
6. la madre del marito

3.2 Un gioco famigliare. Guardare il disegno che rappresenta la famiglia di Giovanni e rispondere alle domande sulla parentela fra i vari membri.

Esempio: —Chi è il padre della madre di Giovanni?
—È suo nonno.

1. Chi sono i figli degli zii di Giovanni?
2. Chi è il fratello di suo padre?
3. Chi è la figlia del padre di Giovanni?
4. Chi sono i genitori di suo padre?
5. Chi è la madre della cugina di Giovanni?
6. Chi sono i suoceri della zia di Giovanni?
7. Chi è il figlio del fratello del padre della nipote del nonno di Giovanni?

3.3 La tua famiglia. Fare un diagramma della tua famiglia simile al disegno. Poi spiegare il diagramma ad un altro studente/un'altra studentessa.

Esempio: **Come vedi, i miei genitori si chiamano… e…**
Ho due zie che si chiamano…, ecc.

3.4 Ficcanaso (*Busybody*). Dopo Attività 3.3, creare una serie di domande su alcuni membri della famiglia del tuo compagno/della tua compagna. Chiedere…

- quanti anni hanno suo fratello, i suoi cugini, i suoi genitori, ecc.
- dove abita suo zio, ecc.
- dove lavora suo padre, ecc.
- se frequenta l'università sua sorella, ecc.

A.2 ▶ Incontro

Preparativi per le nozze. *Luca e Stefania sono una giovane coppia. Vivono a Palermo. Tra pochi mesi si sposano.*

LUCA:	Allora, amore°, chi dobbiamo invitare al nostro matrimonio?	*darling*
STEFANIA:	Per prima cosa decidiamo *quando* e *dove* ci sposiamo. Perché non a giugno? Giugno è un bel mese per sposarsi. Non piove, fa bel tempo e non è troppo caldo. Vediamo un po'… Il 17 giugno è un sabato.	
LUCA:	No! Per carità! Voglio dire, il 17 porta sfortuna. Facciamo il 24.	
STEFANIA:	Va bene. Ma dove ci sposiamo? In chiesa? In municipio°?	*city hall*
LUCA:	Senz'altro in chiesa, come tradizione. E chi invitiamo al ricevimento? La tua famiglia è così grande!	
STEFANIA:	I nostri genitori e i nostri fratelli, ovviamente°. Poi tutti i cugini e i loro bambini.	*obviously*
LUCA:	"Bambini"? Vuoi veramente tutti i tuoi parenti alle nostre nozze?	
STEFANIA:	Perché no? Possiamo dare il ricevimento fuori, all'aperto°.	*outside*
LUCA:	E se piove?	
STEFANIA:	Be', sai come si dice°, "Sposa bagnata, sposa fortunata!"	*as they say*
LUCA:	Ah, Stefi! Ti voglio bene, sai?	

Lo sapevi che…?

Most young Italians live with their parents into their thirties and often move out of the family home only when they get married. It is not unusual for grown children to live with **mamma** and **papà,** eat their meals at home, and yet go to work and enjoy a great deal of freedom.

ATTIVITÀ

3.5 Ascoltiamo! Ascoltare l'**Incontro** e scegliere la risposta che completa correttamente la frase.

1. Luca e Stefania sono…
   a. una giovane coppia.
   b. amici.

2. Giugno è un bel mese perché…
   a. fa brutto tempo e piove.
   b. non piove e non è troppo caldo.

3. In Italia, il numero…
   a. 24 porta sfortuna.
   b. 17 porta sfortuna.

4. Stefania vuole invitare…
   a. i genitori, i fratelli, i bambini e i cugini.
   b. gli amici.

5. Stefania dice che vuole fare il ricevimento…
   a. fuori, al ristorante.
   b. fuori, all'aperto.

6. Un proverbio italiano dice "Sposa bagnata,…
   a. addio alla sposa!"
   b. sposa fortunata!"

3.6 Che belle nozze! Guardare l'invito al matrimonio e poi rispondere alle seguenti domande.

1. Come si chiama lo sposo? e la sposa?
2. Come si chiama la chiesa?
3. A che ora si sposano? Qual è la data del matrimonio?
4. Dove abita la sposa? Dove abita lo sposo?

3.7 Preparativi per le nozze. Con un compagno/una compagna, organizzate le vostre nozze. Bisogna decidere…

- la data del matrimonio.
- dove e quando (a che ora) fare il matrimonio.
- chi invitare al ricevimento.
- dove andare per la luna di miele (*honeymoon*).

Lo sapevi che...?

Italy has the lowest birthrate in the world, averaging less than one child per family. And, although it still has one of the lowest divorce rates in Europe (about 15%), divorce is on the rise. Yet the family continues to be very important, and the extended family constitutes an essential support network. Often families work together in business and grandparents furnish childcare. The figure of **mamma** is very strong: a recent study indicates that over 70% of all Italian men live within a one-kilometer radius of their mothers. The phenomenon of Italian men living at home with **mamma** has earned them the name **mammoni**, or *mamma's boys*.

In altre parole

ti voglio bene	I love you
voglio dire...	I mean . . .
perché no?	why not?
porta sfortuna / fortuna	it's bad luck / good luck
senz'altro	of course, without a doubt

3.8 Abbinamenti. Trovare nella colonna a destra la risposta per ogni affermazione a sinistra.

1. Amore mio, non posso vivere senza di te!
2. Invitiamo anche i bambini al matrimonio?
3. Oggi è venerdì diciassette.
4. Ti piace l'idea di un matrimonio all'aperto?
5. Tua sorella è sposata?

a. Sì—voglio dire, quasi sposata. Si sposa fra un mese.
b. Anch'io ti voglio bene!
c. Oh no! Il diciassette porta sfortuna.
d. Perché no? A giugno fa bel tempo.
e. Senz'altro! I bambini portano allegria.

3.9 Chi invitare? È il giorno della laurea e c'è un ricevimento al campus in onore dei nuovi laureati. Ogni (*Each*) laureato riceve dieci (solo dieci!) biglietti di invito al ricevimento. Decidere chi invitare e poi spiegare ad un altro studente/un'altra studentessa chi inviti e perché.

Esempio: **Senz'altro invito mio padre e mia madre perché...**
Forse (*Perhaps*) invito anche la mia amica...
Se lei non viene, invito mio zio...

A.3 ▶ Punti grammaticali
Le parole interrogative

Chi viene al matrimonio? — *Who is coming to the wedding?*
Dov'è il matrimonio e
  quante persone vengono? — *Where is the wedding and how many people are coming?*
Perché non invitano i loro cugini? — *Why aren't they inviting their cousins?*
Quando partite voi? — *When are you leaving?*
Che cosa regali tu agli sposi? — *What are you giving to the newlyweds?*

1. Italian, like English, has three categories of interrogative words:

pronouns		adjectives		adverbs	
chi	who, whom	che	which	come	how
che cosa / che / cosa	what	quale	which	dove	where
		quanto	how much, how many	perché	why
quale	which			quando	when
quanto	how much, how many				

2. The pronoun **chi** may be preceded by prepositions such as **a, di, con,** and **per.**

   Con chi vai? — *With whom are you going?*
   A chi parli? — *To whom are you speaking?*
   Di chi è la bicicletta? — *Whose bicycle is it?*

3. Used interrogatively, **che, che cosa,** and **cosa** mean the same thing and may be used interchangeably.

   Che leggi?
   Che cosa leggi? } *What are you reading?*
   Cosa leggi?

4. **Quale** has two forms: **quale** for singular and **quali** for plural.

   Quale libro leggi? — *Which book are you reading?*
   Quali amici inviti? — *Which friends are you inviting?*
   Qual è la tua bicicletta? — *Which one is your bicycle?*

   Note that before the verb form **è, quale** is shortened to **qual.** The final vowels of **cosa, come,** and **dove** are also often dropped before the verb form **è: cos'è? com'è? dov'è?**

UNITÀ 3 Abitare: Andiamo a casa mia!

5. As an interrogative adjective, **quanto** agrees in number and gender with the noun it modifies.

   Per **quanto** tempo rimani in Italia? *How long are you staying in Italy?*
   Quanta Coca-cola bevi? *How much Coca-cola do you drink?*
   Quanti studenti ci sono nella classe? *How many students are there in the class?*
   Quante sorelle hai? *How many sisters do you have?*

   Quanto can also function as a pronoun.

   Quanto costa? *How much does it cost?*

6. **Perché** also means *because*. *Why* or *how come* may also be expressed as **come mai.**

   — **Come mai** non mangi stasera? — *Why aren't you eating tonight?*
   — **Perché** non ho fame. — *Because I'm not hungry.*

7. There are other ways to form questions without using an interrogative. One way is to use rising intonation at the end of a sentence. Another way is to place the subject (noun or pronoun) at the end of the sentence.

   Mangi con noi? *Are you eating with us?*
   Rimangono a casa loro? *Are they staying home?*
   Vieni anche tu? *Are you coming too?*

   You can also add **vero?** (*true? right?*) or **non è vero?** (*isn't it?*) at the end of a sentence.

   Como è un lago nell'Italia del nord, **vero?** *Como is a lake in northern Italy, right?*

ATTIVITÀ

3.10 Mille domande. Sara è una ficcanaso e fa mille domande alla nuova compagna di stanza. Completare le sue domande.

1. (Dove / Che) abita la tua famiglia?
2. (Chi / Cosa) hai nello zaino?
3. (Quando / Quale) giornale leggi?
4. (Chi / Quanto) costa il tuo libro?
5. (Quale / Dove) lavora tuo padre?
6. (Dove / Chi) studia tuo fratello?
7. Con (chi / che) esci stasera?
8. (Come mai / Quando) non hai un portatile?

3.11 Giornalista disorganizzato/a. Lavori per il giornale della tua università. Hai intervistato una studentessa straniera (*foreign*) per il giornale. Purtroppo non trovi più le domande, ma hai solo la lista delle risposte. Ricreare le domande fatte.

Esempio: Sono di Agrigento.
Di dove sei?

1. Mi chiamo Gina Catalano.
2. Ho vent'anni.
3. Ho due sorelle ma non ho fratelli.
4. Studio all'Università di Palermo.
5. Studio alla Facoltà di Economia e Commercio.
6. Sono in America perché voglio imparare bene l'inglese.
7. In America mi piacciono soprattutto la televisione e la gente.
8. Torno in Italia a maggio.

3.12 Quanto in una settimana? Fare domande sulla settimana del compagno/della compagna secondo il modello.

Esempio: pizze / mangiare
— **Quante pizze mangi in una settimana?**
— **Normalmente mangio due pizze (molta pizza / non mangio la pizza) in una settimana.**

tempo / passare in biblioteca   soldi / spendere
televisione / guardare   ore / passare al telefono
libri / leggere   pasta / mangiare
lezioni / avere   e-mail / scrivere

3.13 Un'intervista con… Con un compagno/una compagna, intervistare un personaggio di un programma televisivo. Chiedere…

- il suo nome.
- dove abita e con chi.
- la sua nazionalità.
- che cosa fa in una giornata tipica.
- la sua età (*age*).
- dove va la sera.
- che tipo di persona è.

Poi riportare le informazioni alla classe.

Esempio: — **Come si chiama Lei?**
— **Mi chiamo Jennifer Aniston.**
— **È americana?** …

3.14 Ficcanasi. Preparare dieci domande per il tuo compagno/la tua compagna. Usare le seguenti espressioni interrogative: **quando, dove, quanti/e, quale/i, che cosa, con chi, a che ora, come** e **perché.** Prendere appunti quando il compagno/la compagna risponde.

B LA CASA

B.1 ▶ Si dice così

1. la scala
2. il divano
3. la poltrona
4. la lampada
5. il quadro
6. il tavolo
7. il forno
8. la lavastoviglie
9. il letto
10. la doccia
11. il WC
12. la lavatrice

1. il giardino
2. l'orto
3. il terrazzo
4. il portone
5. il salotto, il soggiorno
6. la sala da pranzo
7. il bagno
8. la cucina
9. la camera da letto

UNITÀ 3 Abitare: Andiamo a casa mia!

l'edificio	*building*	**i mobili**	*furniture*	**utile**	*useful*
il palazzo	*apartment building*	**rustico**	*rustic*	**affittare**	*to rent*
il piano	*floor*	**elegante**	*elegant*	**traslocare**	*to move*
la stanza	*room*	**comodo**	*comfortable*		

Un salotto di design italiano

Lo sapevi che... ?

Casa means *home* as well as *house*. A **villa** is a freestanding house; **villette** (smaller freestanding houses) are often two-family residences. Most Italians live in apartments **(appartamenti)**, but all Italians refer to home as **casa mia.**

ATTIVITÀ

3.15 Abbinamenti. Trovare nella lista a destra la parola che corrisponde ad ogni espressione a sinistra.

1. un edificio con molti appartamenti
2. è molto comodo per guardare la televisione
3. un'immagine artistica
4. serve per scendere e salire
5. qui crescono zucchine e broccoli
6. la tavola, il letto e il divano, per esempio
7. la porta principale di un palazzo

a. il divano
b. la scala
c. il palazzo
d. i mobili
e. il quadro
f. il portone
g. l'orto

UNITÀ 3 Abitare: Andiamo a casa mia!

3.16 Traslocare. Oggi tu cambi casa e un tuo amico/una tua amica ti aiuta a decidere dove mettere le tue cose. Ognuno (*Each*) di voi ha il disegno dell'appartamento in mano, ma non siete d'accordo. In quale stanza metti le tue cose?

Esempio: pianoforte
— **Dove mettiamo il pianoforte?**
— **Mettiamo il pianoforte in soggiorno.**

televisore   letto   poltrona   lampada
tavolo con le sedie   quadro   lavastoviglie   forno

[floor plan with rooms labeled: sala da pranzo, cucina, bagno, camera da letto, salotto, soggiorno]

Lo sapevi che... ?

In Italy, the ground floor of a building is known as the **pianterreno**. What Americans call the second floor is called the **primo piano** (*first floor*).

3.17 Come preferisci la casa? Chiedere ad un altro studente/un'altra studentessa che tipo di casa preferisce, usando i seguenti suggerimenti.

Dove? in centro? in campagna?
Appartamento o villetta?
Grande o piccola?
Che stile? rustica? elegante? tradizionale? moderna?
Che stile di mobili?
La stanza più importante?

UNITÀ 3 Abitare: Andiamo a casa mia!

B.2 ▶ Incontro

A casa di Luca.   *Stefania visita Luca e sua madre a casa loro fuori Palermo.*

STEFANIA:	Permesso! Buongiorno, signora Ianuzzi. Ciao, Luca.
SIGNORA IANUZZI:	Avanti, Stefania! Benvenuta!
LUCA:	Ciao, Stefi!
STEFANIA:	Che bella casa! È una villa stupenda! E poi qui fa così fresco°. Non è per niente caldo come nel mio appartamento in città.
SIGNORA IANUZZI:	Qui in campagna c'è sempre un po' d'aria. Ma prego, accomodati°.
STEFANIA:	Questo salotto è molto elegante.
SIGNORA IANUZZI:	A mio marito non piacciono i mobili moderni. I mobili di questa stanza sono di famiglia. Vedi quel quadro? È del nonno di Luca. Ti piace?
STEFANIA:	Oh, è meraviglioso!
LUCA:	Mamma, Stefania ed io abbiamo una bella notizia° per te.
STEFANIA:	Ma come! Tua madre non sa ancora niente°?
SIGNORA IANUZZI:	Quale notizia, ragazzi? È una buona notizia, vero?

it's so cool

make yourself comfortable

news

doesn't know anything yet

ATTIVITÀ

3.18 Ascoltiamo!   Ascoltare l'**Incontro** e scegliere la risposta che completa correttamente la frase.

1. La famiglia di Luca vive…
   a. fuori Palermo.
   b. in centro.

2. La casa di Luca è…
   a. un appartamento in città.
   b. una villa stupenda.

3. Stefania vive…
   a. in un appartamento a Palermo.
   b. in una casa fuori Palermo.

4. I mobili moderni…
   a. piacciono a Stefania.
   b. non piacciono al padre di Luca.

5. Il quadro è…
   a. dello zio di Luca.
   b. del nonno di Luca.

6. La madre di Luca…
   a. non sa niente del matrimonio.
   b. ha una buona notizia.

UNITÀ 3   Abitare: Andiamo a casa mia!

3.19 Comprensione: le domande. Rispondere alle seguenti domande.

1. Dov'è la casa della famiglia di Luca?
2. Cosa dice Stefania quando entra? Come risponde la madre?
3. Com'è il salotto della casa?
4. Che cosa non piace al padre di Luca?
5. Qual è la notizia che Stefania e Luca hanno per la signora Ianuzzi?

 3.20 Lista nozze (*Bridal registry*). Luca e Stefania vanno da Antonino Boncordo per scegliere (*choose*) i regali (*gifts*) per la lista nozze. Uno studente è un impiegato (*employee*) del negozio; gli altri due sono Luca e Stefania. Seguire il modello.

Esempio: — Di che cosa avete bisogno?
— Una lampada per la camera da letto…
— E un divano per il salotto…
— E in cucina, di che cosa avete bisogno?

Lista Nozze
… una preferenza che è rimasta invariata per quasi cento anni

Antonino BONCORDO

Via Reno 23 Siracusa

In altre parole

permesso	with your permission, excuse me
avanti!	come in!
benvenuto/a	welcome
prego	please
non è per niente…	it's not at all . . .

Lo sapevi che…?

Italians always say **permesso** before entering a house, even when expressly invited in. **Permesso** is also used to pass through a crowd or when entering a room. **Avanti** encourages people to go ahead and is used for pedestrians at traffic lights.

UNITÀ 3 Abitare: Andiamo a casa mia!

3.21 Che cosa dici? Rispondere alle seguenti situazioni usando espressioni da **In altre parole.**

1. Entri nell'ufficio di un tuo professore.
2. I tuoi zii, che non vedi da molto tempo, arrivano a casa tua.
3. Tua madre chiede se l'italiano è difficile.
4. Un amico viene da un'altra città a trovare la tua famiglia.
5. Una tua amica bussa (*knocks*) alla tua porta e dice "Permesso!"

3.22 Non è per niente male! Un tuo amico/Una tua amica tende a criticare ma tu preferisci incoraggiare. Creare mini-conversazioni usando i suggerimenti elencati, secondo il modello.

Esempio: città / brutto
— La mia città è brutta!
— Ma non è per niente brutta. Anzi, è bella.

1. famiglia / strano (*strange*)
2. stanza / piccolo
3. cugini / antipatico
4. compito / difficile
5. casa / vecchia

3.23 Benvenuti a casa mia! Creare una conversazione secondo i seguenti suggerimenti.

S1: Un amico/Un'amica viene a casa tua per studiare, ma prima desidera vedere la casa. Fare vedere (*Show*) tutta la casa, tutte le stanze e anche i mobili che ci sono.

S2: Vai a casa di S1 per studiare, ma prima desideri vedere la casa e tutte le stanze. Commentare ogni cosa che vedi e fare anche domande quando possibile.

Esempio:
— Ecco il nostro salotto.
— È molto bello! Non è per niente piccolo!
— Come vedi, c'è anche un bel quadro dei nonni.
— E chi sono nella foto? …

B.3 ▶ Punti grammaticali

Bello e buono

Mario ha una **bella** casa.	*Mario has a nice home.*
Che **bel** giardino e che **bei** fiori!	*What a beautiful garden and what beautiful flowers!*
È un **bell'**orologio.	*It's a beautiful watch.*
Tina ha una **buona** memoria.	*Tina has a good memory.*
Leggo un **buon** libro.	*I'm reading a good book.*

1. As you learned in **Unità 2,** the adjectives **bello** and **buono** can either precede or follow the noun they modify. When they precede the noun, their forms vary.

2. When **bello** precedes the noun it describes, its forms resemble those of the definite article.

	masculine		feminine	
	singular	plural	singular	plural
	il bel divano	**i bei** divani	**la bella** casa	**le belle** case
	il bell'appartamento	**i begli** appartamenti	**la bell'**amica	**le belle** amiche
	il bello scaffale	**i begli** scaffali		

3. When **buono** precedes the noun it describes, its singular forms are similar to those of the indefinite article. **Buono** has only two plural forms: **buoni** (*m.*) and **buone** (*f.*).

masculine	feminine
un buon divano	**una buona** casa
un buon appartamento	**una buon'**amica
un buono scaffale	

4. When **bello** and **buono** follow the verb **essere** or the noun they are modifying, they behave like regular adjectives with four forms: **bello, belli, bella, belle** and **buono, buoni, buona, buone**.

I mobili sono **belli**.	*The furniture is beautiful.*	Il caffè è **buono**.	*The coffee is good.*
Le ville sono **belle**.	*The villas are beautiful.*	Gli spaghetti sono **buoni**.	*The spaghetti is good.*

Questo e quello

— Preferisci **questa** casa o **quella** casa?	— *Do you prefer this house or that house?*
— Preferisco **quella**.	— *I prefer that one.*
— Affitti **quest'**appartamento o **quell'**appartamento?	— *Are you renting this apartment or that apartment?*
— Affitto **questo**.	— *I'm renting this one.*
— Ti piacciono **questi** mobili o **quei** mobili?	— *Do you like this furniture or that furniture?*
— Mi piacciono **quelli**.	— *I prefer those.*

1. **Questo** (*This / These*) and **quello** (*that / those*) can function as demonstrative adjectives and as demonstrative pronouns. Remember, an adjective describes a noun; a pronoun takes the place of a noun.

2. As an adjective, **questo** has four forms: **questo, questi, questa, queste**. It contracts to **quest'** before a singular noun beginning with a vowel.

3. As an adjective, **quello** follows the same pattern as the adjective **bello.**

Quei mobili sono belli.	*That furniture is beautiful.*
Quegli orologi sono cari.	*Those watches are expensive.*
Quell'appartamento è molto grande.	*That apartment is very large.*

4. As pronouns used in place of a noun, **questo** and **quello** each have four forms: **questo, questi, questa, queste** and **quello, quelli, quella, quelle.** In the following examples, **quello** replaces **film** and **questi** replaces **libri.**

— Quale film preferisci vedere? — *Which film do you want to see?*
— Preferisco vedere **quello.** — *I prefer that one.*

— Quali libri compri? — *Which books are you buying?*
— Compro **questi.** — *I'm buying these.*

ATTIVITÀ

3.24 Dal singolare al plurale. Cambiare le seguenti espressioni al plurale, come nell'esempio.

Esempio: il buon amico: **i buoni amici**

1. quell'università famosa
2. il bel ragazzo
3. questo piccolo paese
4. il buon caffè espresso
5. il bel quadro
6. quel film italiano
7. quest'isola
8. la bella sposa
9. quello studente straniero
10. la buon'amica

3.25 Quello è bello! Uno/Una di voi chiede all'altro/a se sono belle le seguenti cose. L'altro/a risponde di sì, come nell'esempio.

Esempio: casa
— **Quella casa è bella?**
— **Sì, è una bella casa.**

1. città
2. film (singolare)
3. libri
4. corso
5. bambine
6. giardino
7. fontane
8. appartamento
9. famiglia
10. ragazzi

3.26 Quale preferisci? Due amiche sono in un negozio di mobili. Completare la loro conversazione con una forma di **questo** o **quello.**

DONATELLA: Ti piace _____ negozio?

VALERIA: No. _____ mobili sono troppo rustici per me.

DONATELLA: Mi piace _____ tavolo là, però.

VALERIA: _____ con il vaso di fiori?

DONATELLA: Sì. Mi piacciono anche _____ sedie là.

VALERIA: No, no! _____ sedie sono orrende! Invece, mi piacciono _____ scaffali—sono molto moderni.

DONATELLA: _____ bianchi o _____ neri?

VALERIA: _____ bianchi. A te piacciono?

DONATELLA: Mah!

3.27 Al negozio di antiquariato (*At the antique store*). Siete il proprietario (*owner*) e un/a cliente del negozio nel disegno. Creare una conversazione tra proprietario e cliente.

Esempio: — **Le piace questo tavolo?**
— **Preferisco quello. Quanto costa quella lampada?**
— **Quella costa…**

Lo sapevi che…?

The history of Sicily, the largest island in the Mediterranean, is an endless series of invasions. Once part of Magna Graecia (Greater Greece), Sicily was later ruled by the Phoenicians, Romans, Saracens (Arabs), Normans (French), the Anjou king of Naples, the House of Aragon (Spanish), and the Bourbon kings of Naples. Today it enjoys great autonomy, with its own regional Parliament in Palermo.

Rovine del tempio di Selinunte

C ▸ IL TEMPO

Fa bello. / C'è il sole. / Fa caldo.   **Fa brutto. / È coperto. / È nuvoloso.**   **Piove.**

Nevica. / Fa freddo.   **C'è vento.**

C.1 ▸ Si dice così

Che tempo fa?	*How's the weather?*	**la pioggia**	*rain*
Fa un caldo bestiale.	*It's sweltering.*	**la neve**	*snow*
Fa fresco.	*It's cool.*	**la nuvola**	*cloud*
Fa un freddo cane.	*It's freezing.*	**la nebbia**	*fog*
È umido.	*It's humid.*	**il temporale**	*storm*
È afoso.	*It's muggy.*	**nevicare**	*to snow*
C'è la nebbia.	*It's foggy.*	**piovere**	*to rain*
		piovere a dirotto	*to rain buckets*

Lo sapevi che... ?

There are three words for *time* in Italian: **tempo, volta,** and **ora. Tempo** (which also means *weather*) is what we never have enough of (**Non vengo al cinema, non ho tempo**). An instance, as in *to do something for the first time*, is **per la prima volta**, or *to do something sometimes* is **qualche volta**. To ask what time it is, you say: **Che ora è?**

UNITÀ 3 Abitare: Andiamo a casa mia!

ATTIVITÀ

3.28 Che tempo fa? Trovare nella lista a destra l'espressione che completa in maniera logica ogni frase a sinistra.

1. In Alaska d'inverno…
2. Nelle Hawaii d'estate…
3. A New Orleans a luglio…
4. Sulle Alpi a dicembre…
5. Londra è famosa per…
6. Chicago è famosa per…
7. Seattle è famosa per…

a. la pioggia. —rain
b. è afoso. —it's muggy
c. fa freddo. —it's freezing
d. il vento. —it's windy
e. fa caldo. —it's hot
f. la nebbia. —fog
g. c'è molta neve. —it's snowy

3.29 Le previsioni del tempo. Guardare la cartina dell'Italia e rispondere alle domande.

TEMPERATURE IN ITALIA		
Aosta	np	np
Bolzano	-6	8
Verona	-3	0
Trieste	4	7
Venezia	-3	2
Milano	-1	3
Torino	-8	6
Genova	5	12
Imperia	5	12
Bologna	-4	0
Firenze	-1	10
Pisa	0	9
Ancona	-1	10
Perugia	1	8
Pescara	-1	12
L'Aquila	-5	6
Roma Urbe	0	10
Roma Fiumicino	1	12
Campobasso	1	8
Bari	0	12
Napoli	1	11
Potenza	-4	6
S.M. di Leuca	5	13
Reggio Calabria	5	13
Messina	6	12
Palermo	6	13
Catania	0	13
Alghero	1	15
Cagliari	9	14

1. Che tempo fa in Sicilia? a Trieste? a Roma?
2. Che tempo fa in Piemonte?
3. Com'è il tempo al sud? ←south
4. Che tempo fa al centro?
5. In quale parte dell'Italia c'è la nebbia? Nord
6. A che ora sorge (*rises*) il sole? A che ora tramonta (*sets*)?

UNITÀ 3 Abitare: Andiamo a casa mia!

3.30 Ma che tempo che fa! Guardare la tabella con la formula per convertire la temperatura Fahrenheit in Centigradi (*Celsius*) e inserire le temperature corrette.

1. La temperatura ideale del corpo umano   98.6°F = _____ °C
2. La torta deve cuocere a 350°F.   350°F = _____ °C
3. Il frigorifero funziona bene?   _____ °F = 4°C
4. Uffa! Fa caldo in Sicilia in estate!   _____ °F = 44°C
5. È una splendida giornata di primavera.   75°F = _____ °C

Tabella di conversione

°F ➝ °C: °F − 32 × 5/9
Esempio: 90°F   90−32 = 58 × 5 ÷ 9 = 32°C

°C ➝ °F: (°C × 9 ÷ 5) + 32
Esempio: 40°C   40 × 9 ÷ 5 = 72 + 32 = 104°F   **Che caldo!**

C.2 ▶ Incontro

Il ponte°. *Marco scrive un messaggio di posta elettronica al suo amico Luca per decidere dove passare il ponte di Pasqua.*   **long weekend**

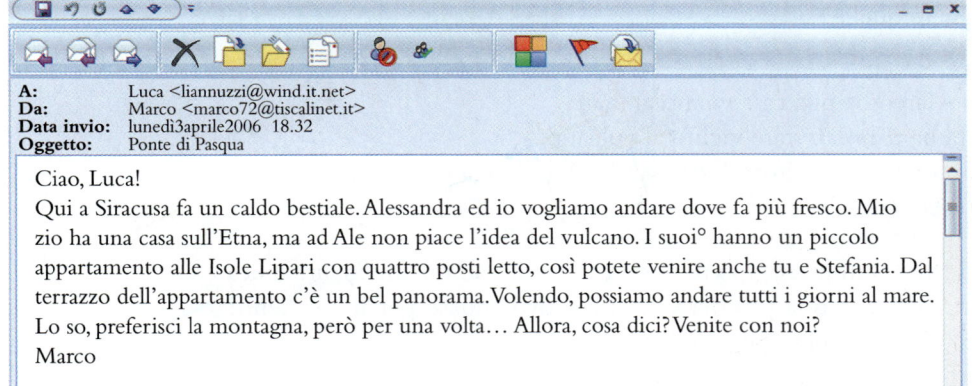

A: Luca <liannuzzi@wind.it.net>
Da: Marco <marco72@tiscalinet.it>
Data invio: lunedì 3 aprile 2006 18.32
Oggetto: Ponte di Pasqua

Ciao, Luca!
Qui a Siracusa fa un caldo bestiale. Alessandra ed io vogliamo andare dove fa più fresco. Mio zio ha una casa sull'Etna, ma ad Ale non piace l'idea del vulcano. I suoi° hanno un piccolo appartamento alle Isole Lipari con quattro posti letto, così potete venire anche tu e Stefania. Dal terrazzo dell'appartamento c'è un bel panorama. Volendo, possiamo andare tutti i giorni al mare. Lo so, preferisci la montagna, però per una volta… Allora, cosa dici? Venite con noi?
Marco

Her parents

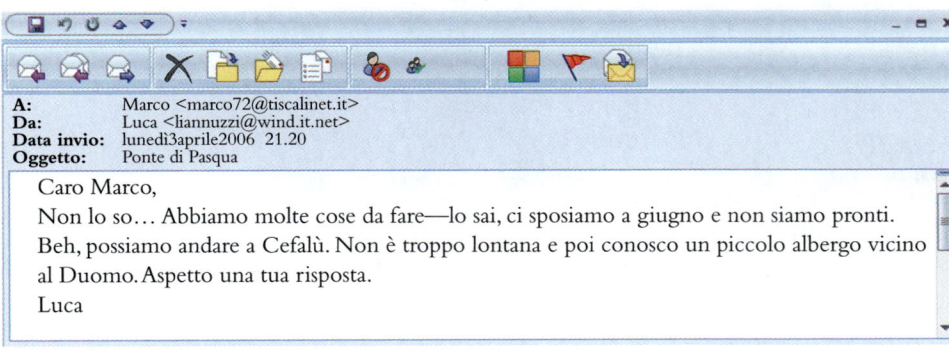

A: Marco <marco72@tiscalinet.it>
Da: Luca <liannuzzi@wind.it.net>
Data invio: lunedì 3 aprile 2006 21.20
Oggetto: Ponte di Pasqua

Caro Marco,
Non lo so… Abbiamo molte cose da fare—lo sai, ci sposiamo a giugno e non siamo pronti. Beh, possiamo andare a Cefalù. Non è troppo lontana e poi conosco un piccolo albergo vicino al Duomo. Aspetto una tua risposta.
Luca

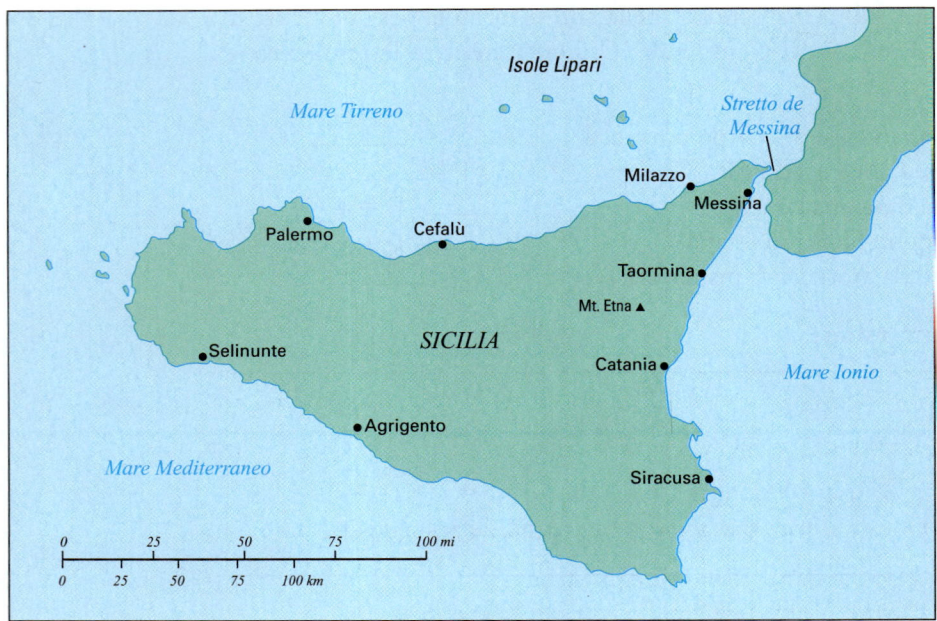

Puoi trovare i luoghi (*places*) nominati nell'**Incontro**: Siracusa, Cefalù, Etna, le Isole Lipari? Quali sono le più grandi città della Sicilia? Cos'è l'Etna? Come si chiamano i mari che circondano la Sicilia?

ATTIVITÀ

3.31 Comprensione: vero o falso? Indicare se ogni affermazione è vera o falsa e poi correggere quelle false.

1. Fa fresco a Siracusa.
2. Lo zio di Marco ha una casa vicino al mare.
3. Alessandra ha paura di stare vicino al vulcano.
4. L'appartamento dei genitori di Alessandra è grande e comodo.
5. A Luca piace fare il bagno in mare.

3.32 Il ponte. Scrivere un messaggio di posta elettronica ad un amico/un'amica per proporre (*propose*) una piccola vacanza. Dove andate per il weekend? Cosa fate lì? Che tempo fa? Chi viene con voi?

In altre parole

avere (molte cose) da fare	to have (a lot) to do
(non) lo so	I (don't) know
volendo...	if we / you like . . .
tutti i giorni	every day
essere pronto/a	to be ready

UNITÀ 3 Abitare: Andiamo a casa mia!

3.33 Abbinamenti. Rispondere alle seguenti domande con una frase dalla colonna a destra.

1. Ti piace andare al mare?
2. Quali progetti abbiamo per oggi?
3. Andiamo in centro oggi a fare shopping?
4. Quando è il matrimonio di Stefania?
5. Ma ora in montagna fa brutto tempo, fa molto freddo!
6. Dai, Stefania! Siamo in ritardo, sono già le 8!

a. Non lo so, forse a giugno, ma non sono sicura.
b. Lo so, preferisci andare al mare.
c. Arrivo, Luca, ma non sono ancora pronta.
d. Sì, durante l'estate vado al mare tutti i giorni.
e. Beh, volendo, possiamo andare in centro.
f. Mi dispiace! Ho molte cose da fare e non ho tempo!

3.34 Non lo so. Forse... Creare domande possibili per le seguenti risposte.

Esempio: Non lo so. Forse comincia alle otto.
A che ora comincia il film (la lezione, il programma)?

1. Non lo so. Forse domani piove.
2. Quella? Non lo so, forse si chiama Stefania o forse Giuseppina.
3. Non lo so. Vanno in montagna, penso.
4. Non lo so. Probabilmente è il professore di greco.
5. Non lo so. Io non capisco la matematica.
6. Mi dispiace, non lo so. Non sono di questo paese.

Lo sapevi che...?

There are two adjectives to designate something or someone as Sicilian: **siciliano** and **siculo**. **Siculo** is less commonly used and is a reference to the Sikels, one of the ancient indigenous peoples who inhabited Sicily. Other adjectives that allude to ancient origins are **partenopeo** for things and people from Naples, **lucano** for those from Basilicata, and **dauno** for a section of Puglia.

3.35 Una cartolina (*a postcard*) da Luca e Stefania. Ricevi una cartolina dai tuoi amici Luca e Stefania che passano il ponte nelle Isole Lipari. Stefania è molto contenta, Luca no. Cosa scrivono nella cartolina? Inventare il testo.

Caro/Cara...
Saluti dalle Isole Lipari... (*Greetings from Lipari*)
Bacioni! (*Kisses!*)

C.3 ▶ Punti grammaticali
Volere, dovere, potere

Voglio andare al mare;   *I want to go to the beach;*
  vuoi venire con me?   *do you want to come with me?*

— **Devi** lavorare stasera?   *— Do you have to work tonight?*
— Sì, stasera **devo** studiare.   *— Yes, I have to study tonight.*

Angelo non **può** venire con noi.   *Angelo can't come with us.*
Non **possiamo** andare al mare.   *We can't go to the beach.*

1. **Volere, dovere,** and **potere** are known as *auxiliary* or *modal verbs* because they usually precede another verb, which is always in the infinitive. Used as an auxiliary verb, **volere** expresses desire or preference, **dovere** expresses necessity or obligation, and **potere** expresses ability or willingness. Their forms are irregular.

volere (*to want*)		**dovere** (*to have to*)		**potere** (*to be able to*)	
voglio	vogliamo	devo	dobbiamo	posso	possiamo
vuoi	volete	devi	dovete	puoi	potete
vuole	vogliono	deve	devono	può	possono

2. Other verbs that may precede an infinitive are **preferire, piacere,** and **desiderare.**

   Lui **preferisce** andare in montagna.   *He prefers going to the mountains.*
   Mi **piace** sciare.   *I like to ski.*
   Desidero visitare l'Italia.   *I want to visit Italy.*

3. **Volere** may be followed by a direct object.

   Voglio un gelato.   *I want an ice cream.*
   Vogliamo un po' di acqua.   *We want some water.*

ATTIVITÀ

3.36 Voglio... ma non posso. Esprimere i desideri delle seguenti persone e perché non lo possono fare. Formulare frasi logiche con gli elementi dati secondo il modello.

Esempio: Federico / visitare il museo / è chiuso
Federico vuole visitare il museo ma non può perché è chiuso.

— Noi	comprare un computer	non c'è la neve
— Olga	andare all'ufficio postale	il televisore non funziona
— Tu	ascoltare i CD	fa molto freddo
— I ragazzi	guardare un programma	non c'è uno stereo
— Io	andare a sciare	costa molto
Tu ed Enzo	mangiare un gelato	è domenica

UNITÀ 3 Abitare: Andiamo a casa mia!

3.37 Mi dispiace, non posso. Invitare un altro studente/un'altra studentessa a fare le seguenti cose con te. Lui/Lei risponde che non può e spiega il perché.

Esempio: andare al cinema
— Vuoi venire al cinema con me stasera?
— Mi dispiace, non posso. Devo… (scrivere un tema, lavorare, ecc.)

mangiare al ristorante italiano andare a ballare
studiare insieme (*together*) vedere le fotografie del tuo viaggio a
prendere un cappuccino Yosemite

3.38 Essere o non essere? Completare i due brani con la forma giusta dei verbi indicati.

Io (volere) tanto bene alla mia ragazza, Giulietta. Non (potere) vivere senza di lei. Ma c'è un problema: i suoi genitori non (potere) capire il nostro amore e loro non mi (volere) vedere nella loro casa. Noi (volere) scappare insieme, ma dove (potere) andare? Che (dovere, noi) fare? (Volere, noi) scappare, o (dovere) aspettare fino al mio sedicesimo (*sixteenth*) compleanno?	Il mio ragazzo è un tipo tanto indeciso: non (potere) mai prendere una decisione. Quando dico "Tu mi (volere) bene?", lui risponde "Non lo so." Se io dico "Amleto, (volere) andare a fare un bel bagno nel fiume?", lui mi dice "No, mi dispiace, Ofelia, non (potere). (Dovere) stare qui nel castello a parlare da solo." Che cosa (potere) fare io? (Dovere) trovare un nuovo ragazzo?

3.39 Consigli. Dare consigli agli autori dei due brani in Attività 3.38. Che cosa devono fare? Che possono fare, volendo?

3.40 Il corso d'italiano. Con il tuo compagno/la tua compagna, pensare a tutte le cose che **dovete** fare per il corso d'italiano durante il semestre. Poi pensare a tutte le cose che **volete** fare nel corso. Fare una lista e presentare le informazioni alla classe.

Esempio: — In questo corso noi dobbiamo imparare il vocabolario, dobbiamo leggere…
— Vogliamo imparare… Vogliamo andare a…

I verbi irregolari *fare, dire, bere*

— Cosa **fai** stasera? — *What are you doing tonight?*
— **Faccio** i compiti. — *I'm doing homework.*

— Cosa **dice** Elena? — *What does Elena say?*
— **Dice** che esce stasera. — *She says she's going out tonight.*

— Cosa **bevi**? — *What are you drinking?*
— **Bevo** un caffè. — *I'm drinking coffee.*

UNITÀ 3 Abitare: Andiamo a casa mia! **127**

The verbs **fare, dire,** and **bere** are irregular. Their present indicative forms are as follows.

fare (to do, to make)		**dire** (to say)		**bere** (to drink)	
faccio	facciamo	dico	diciamo	bevo	beviamo
fai	fate	dici	dite	bevi	bevete
fa	fanno	dice	dicono	beve	bevono

Fare is used with many idiomatic expressions. Some of them are listed here.

fare colazione	to have breakfast
fare la doccia	to take a shower
fare due passi	to take a walk
fare la spesa	to go food shopping
fare due chiacchiere	to chat
fare tardi	to stay up late
fare un affare	to get a good deal
fare bella figura	to make a good impression

ATTIVITÀ

3.41 Tra il dire e il fare... Dire che le seguenti persone dicono molte cose ma fanno poco.

Esempio: **Mio fratello dice molte cose ma fa poco.**

1. Tu e i tuoi amici
2. Noi studenti
3. Giulio e Fabio
4. Il governo
5. Tu
6. Emilia
7. Io
8. Il presidente

3.42 Cosa bevono? Che cosa bevono le seguenti persone? Creare una frase completa con un elemento da ogni colonna.

Esempio: **Mia madre beve il caffè al mattino.**

tuo cugino	il vino	perché ha sete
tu	l'aranciata	perché fa caldo
il tuo professore	il cappuccino	alle 4.00
il tuo amico	la Coca-cola	perché ha sonno
tua sorella	l'acqua minerale	al bar
i tuoi nonni	il tè	a mezzogiorno
tu e la tua amica	il caffè	

3.43 Che cosa bevi / fai / dici? Rispondere alle domande con frasi complete.

1. Che cosa dici quando un amico ti dà un regalo? Come rispondi se una persona ti dice "Grazie!"?
2. Che cosa bevi quando fa molto caldo? Quando fa freddo? Che cosa bevono i tuoi amici alle feste?
3. Che cosa fate il sabato tu e i tuoi amici? E la domenica che fate?
4. Che cosa dice un Italiano quando entra in una stanza? Che cosa dicono gli Italiani quando arriva un amico?
5. Che cosa fate prima della lezione d'italiano?
6. Che cosa fai stasera?

3.44 Cosa fanno di bello… ? Completare la frase usando una delle espressioni idiomatiche con **fare**.

Esempio: **Se compri al mercato, non spendi troppo e magari… fai un affare.**

1. Quando telefona la mia amica, noi…
2. Fabrizio va a ballare a mezzanotte, poi parla con gli amici per ore. Gli piace…
3. Quando vai al bar per un cappuccino e cornetto…
4. Di sabato vado al supermercato perché devo…
5. Emma ha un nuovo fidanzato bello, intelligente e simpatico. Certo che lei…

D IN CENTRO

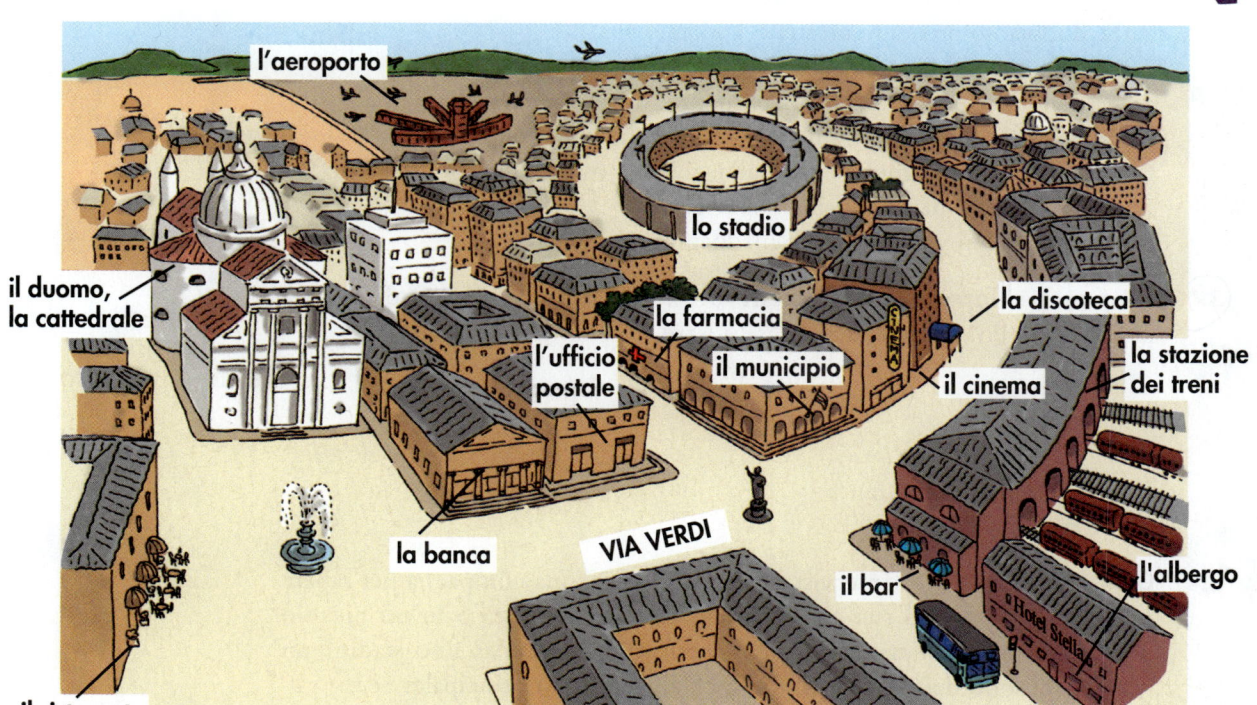

D.1 ▶ Si dice così

il negozio	*shop*
la tabaccheria	*tobacco store*
l'edicola	*newsstand*
la buca delle lettere	*mailbox*
il giornale	*newspaper*
il francobollo	*stamp*
fare delle commissioni	*to run errands*
mandare, inviare	*to send*
spedire	*to mail*

> **Lo sapevi che...?**
>
> In ancient times, Sicily was called **Trinacria** (Greek for *triangle*) due to the island's shape. In the fourth century B.C., **Siracusa** (Syracuse) was the most powerful city in Europe, overshadowing Athens. Archimedes was born in Syracuse in 287 B.C.

ATTIVITÀ

3.45 Dove vai? Dove puoi fare le seguenti cose? Completare le frasi con una parola o un'espressione da **Si dice così**.

1. Quando voglio ballare o sentire la musica, vado in…
2. Se dobbiamo prendere un treno, andiamo alla…
3. Se hai voglia di prendere un cappuccino, puoi andare al…
4. Se avete molte lettere che volete spedire, dovete andare all'…
5. Se ho voglia di vedere il nuovo film di Tornatore, vado al…
6. Quando voglio comprare giornali e riviste, posso andare all'…
7. Se hai bisogno di un'aspirina, vai in…
8. Quando sei in vacanza (*vacation*), dormi in…

3.46 Un paese chiamato… Inventare un nome per la città nel disegno a pagina 129. Poi descrivere il paese. Usare frasi come:

C'è una…
Ci sono due…
Il… è vicino alla (*close to*)…
La… è accanto al (*next to*)…
Il… è tra (*between*) la… e il…

 3.47 Com'è la tua città? Intervistare un compagno/una compagna per sapere (*to find out*) com'è la sua città. Vive in una grande città o in un piccolo paese? Come si chiama? C'è un aeroporto? un cinema? uno stadio? un museo? Ci sono bei negozi? Come si chiama la strada principale? ecc.

D.2 ▶ Incontro

Le commissioni in centro. *Stefania e Alessandra sono in vacanza (on vacation) a Cefalù.*

STEFANIA:	Allora, Ale, dove andiamo stamattina?
ALESSANDRA:	Devo fare delle commissioni: ho bisogno di due francobolli e devo spedire una cartolina all'ufficio postale. Poi voglio comprare il giornale. E tu?
STEFANIA:	Anch'io ho da fare. Per prima cosa, voglio comprare i biglietti del treno per Palermo. E poi, vorrei vedere un certo negozio°. Ma prima, beviamo un caffè. C'è un bel bar qui all'angolo. Offro io!
ALESSANDRA:	Volentieri!

a certain store

Dopo il bar…

ALESSANDRA:	Che buono quel caffè! Grazie!
STEFANIA:	Prego! Guarda, Ale, qui c'è un'edicola. Possiamo prendere il giornale. Compriamo anche *La Gazzetta dello Sport* per i ragazzi?
ALESSANDRA:	Va bene. Lì c'è l'ufficio postale e le nostre commissioni sono quasi finite°. Ma scusa, Stefania, quale negozio vuoi vedere?
STEFANIA:	La Casa della Sposa!

almost done

Tipiche buche delle lettere (*mailboxes*)

ATTIVITÀ

3.48 Ascoltiamo! Ascoltare l'**Incontro** e indicare se la frase si riferisce ad Alessandra (A) o a Stefania (S).

	A	S
1. Deve andare all'ufficio postale perché ha bisogno di due francobolli.	_____	_____
2. Compra i biglietti del treno.	_____	_____
3. Suggerisce di bere un caffè.	_____	_____
4. Suggerisce di comprare *La Gazzetta dello Sport*.	_____	_____
5. Vede l'ufficio postale.	_____	_____
6. Vuole andare al negozio La Casa della Sposa.	_____	_____

3.49 Comprensione: le domande. Rispondere alle domande utilizzando le informazioni contenute nell'**Incontro**.

1. Dove sono Alessandra e Stefania? Cosa fanno oggi?
2. Quali commissioni deve fare Alessandra? e Stefania?
3. Dove prendono il caffè? È buono?
4. Dove vanno dopo il caffè?
5. Stefania vuole far vedere (*to show*) un certo negozio ad Alessandra. Quale negozio? Perché?

3.50 La storia continua. Immaginare la reazione di Alessandra alle parole di Stefania. Con un compagno/una compagna, continuare la conversazione.

Esempio: — La Casa della Sposa!
— Ma, La Casa della Sposa? Perché? Non mi dire che tu... ?
— Sì, io e Luca...

In altre parole

scusa, scusi	excuse me (inf., form.)
avere da fare	to have things to do
offro io	my treat
volentieri	with pleasure

3.51 Che cosa dici? Rispondere alle seguenti situazioni con un'espressione da **In altre parole**.

1. Un amico ti invita per un caffè, ma hai fretta.
2. Vai al cinema con un amico, ma lui è senza soldi.
3. Due amici ti invitano a teatro.
4. Hai un appuntamento al bar alle 7.30, ma arrivi alle 7.45.
5. Vuoi sapere che ore sono. Vedi una signora con un orologio.

3.52 Benvenuto/a nella nostra città! Creare una conversazione secondo i seguenti suggerimenti.

> *S1:* Sei uno studente italiano/una studentessa italiana che visita gli Stati Uniti. Hai bisogno di fare delle commissioni: devi comprare francobolli e spedire lettere, cambiare euro e comprare il dentifricio (*toothpaste*). Per fortuna incontri uno studente/una studentessa che parla italiano. Salutare, presentarsi (*introduce yourself*) e chiedere le informazioni necessarie.

> *S2:* Incontri un giovane italiano/una giovane italiana che è in visita nella città della tua università. Non conosce bene l'America e non parla inglese. Cercare di aiutare questa persona quando chiede informazioni.

Esempio: — Scusa, mi puoi dire dove posso comprare francobolli?
— Certo! Ma allora tu sei italiano/a? ecc.

D.3 ▶ Punti grammaticali
Le preposizioni articolate

Andiamo **alla** stazione.	*We're going to the station.*
Il prezzo **dei** biglietti è 20 euro.	*The price of the tickets is 20 euros.*
Saliamo **sull'**autobus.	*We're getting on the bus.*
I miei libri sono **nello** zaino.	*My books are in the backpack.*
Preferisco spedire le lettere **dall'**ufficio postale.	*I prefer to mail letters from the post office.*

1. When the prepositions **a, da, di, in,** and **su** precede the definite article, they combine with the article to form a single word (**una preposizione articolata**).

È il mio amico Mario.	Telefono **al** mio amico Mario.
Ho due libri e uno zaino.	Ci sono due libri **nello** zaino.

Note that **di** becomes **de-** and **in** becomes **ne-** when combined.

	a	da	di	in	su
il	al	dal	del	nel	sul
l'	all'	dall'	dell'	nell'	sull'
lo	allo	dallo	dello	nello	sullo
i	ai	dai	dei	nei	sui
gli	agli	dagli	degli	negli	sugli
la	alla	dalla	della	nella	sulla
l'	all'	dall'	dell'	nell'	sull'
le	alle	dalle	delle	nelle	sulle

UNITÀ 3 Abitare: Andiamo a casa mia!

2. In a number of common phrases designating locations, the preposition **in** is used without the definite article. These phrases are invariable.

in banca
in biblioteca
in camera
in centro
in chiesa
in giardino
in piazza
in piedi (*standing*)
in ufficio
in discoteca

in compagna
in montagna

In contracts, however, if the noun is modified, as in **nell'ufficio postale.**

Hanno una casa **in** Italia; è **nell'Italia** centrale.
Vivono **negli** Stati Uniti.

3. The preposition **a** is also used in certain fixed phrases without the article.

a casa (*at home*)
a piedi (*by foot*)
a scuola (*at school*)

a teatro (theater)

4. Because prepositions have variable meanings, their uses are idiomatic and must often be memorized.

Leggo l'articolo **sul** giornale.   *I read the article in the newspaper.*
Vedo il programma **alla** televisione.   *I see the program on television.*
La farmacia è **in** Via Cavour.   *The drugstore is on Via Cavour.*

5. Some prepositions, like **per, con, tra,** and **fra,** do not combine with the article.

ATTIVITÀ

3.53 Risposte negative. Rispondere negativamente alle seguenti domande utilizzando le espressioni suggerite.

Esempio: Arrivi dalla stazione? (l'università)
No, arrivo dall'università.

1. Il televisore è nella camera da letto? (il salotto)
2. È una studentessa del liceo scientifico? (l'istituto tecnico)
3. Quella è la casa dei nonni? (gli zii)
4. L'orologio è sul tavolo? (lo scaffale)
5. Metti la penna nella cartella? (lo zaino)
6. Vieni dalla Calabria? (il Lazio)
7. Studi con gli amici? (le amiche)
8. Andiamo alle catacombe oggi? (i musei Vaticani)

3.54 Di chi è... ? Formulare una domanda e una risposta secondo l'esempio.

Esempio: lo zaino / la studentessa
— Di chi è quello zaino?
— Questo? È lo zaino della studentessa.

1. il dizionario / la mia professoressa
2. il giornale / l'insegnante
3. l'appartamento / i miei
4. la casa / il dottore
5. i francobolli / le signore
6. il negozio / i signori
7. la macchina / gli amici

3.55 Mi piace fare così. Dire al compagno/alla compagna che cosa ti piace fare nei seguenti luoghi (*places*).

Esempio: in centro
In centro mi piace guardare i negozi.

1. a casa
2. in biblioteca
3. in chiesa
4. in giardino
5. a scuola
6. in discoteca
7. in camera

3.56 La vita dello studente. Completare il brano con le preposizioni articolate o semplici appropriate.

Sono di un piccolo paese (1) __nelle/delle__ Isole Lipari ma studio (2) __alla/all'__ Università di Palermo. Durante l'anno accademico abito (3) __nell'__ appartamento (4) __dei/con__ miei nonni che è (5) __in__ centro. Studio (6) __alla__ Facoltà di Economia e Commercio. La mattina esco di casa (7) __alle__ otto e mezzo perché ho la prima lezione (8) __alle__ nove. (9) __A__ mezzogiorno mangio (10) __con__ gli amici (11) __nella/in/alla__ mensa o faccio una passeggiata (12) __nei__ giardini pubblici. (13) __Nel__ pomeriggio lavoro con mio zio (14) __al/nel__ suo negozio.

3.57 Devo fare delle commissioni. Descrivere al compagno/alla compagna una tipica giornata dedicata alle commissioni. Dire dove vai e perché.

Esempio: **È sabato mattina e devo fare delle commissioni.**

Per prima cosa vado alla... perché voglio comprare...
Poi vado in... per...
E infine passo dal... perché...

IMMAGINI E PAROLE

▶ Come si vive in Italia
▶ Leggiamo italiano! *Using clues to guess content*
▶ Casa dolce casa
▶ Scriviamo italiano! *Using lists to write compositions*
▶ Come disse... Carlo Collodi
▶ Musica, maestro!
   "Casa dei matti", Sergio Endrigo
▶ Ciak! Italia

For self-tests and additional practice, and for access to the Video and video activities, go to the Book Companion Site, accessible at www.wiley.com/college/branciforte

ATTIVITÀ DI PRE-LETTURA

3.58 Tipi di casa. Trovare nella lista espressioni che rispondono a queste domande.

Dove può essere una casa?
Come possono essere le case?
Quali sono alcuni tipi di abitazione (*house*)?

al mare	antiche	appartamento
casa	costose	in città
nel centro storico	in montagna	piccole
ristrutturate	vecchie	villa

3.59 Come si vive nel tuo paese. Fare le seguenti domande ad un altro studente/un'altra studentessa.

1. La tua famiglia abita in un appartamento o in una villetta?
2. La tua famiglia ha una seconda casa? Dov'è? al mare? in montagna?
3. Come sono le case della tua zona? Sono moderne o sono antiche? Sono tutte uguali o sono differenti?
4. Le case nella tua zona sono costose? e gli appartamenti?
5. È difficile trovare un appartamento nella tua città? Perché?

Come si vive in Italia

Palazzi moderni in una grande città

Case tradizionali con balconi

Per gli Italiani, la casa significa famiglia e tradizione. In Italia, la gente vive per lo più in centri urbani, in appartamenti, spesso di proprietà°. Infatti, circa l'85% delle famiglie italiane ha una casa di proprietà, e più del 60% ha una seconda casa, normalmente al mare o in montagna. Quindi, poche persone affittano la casa e le leggi proteggono bene i diritti° di chi affitta una casa. I giovani tendono a rimanere in casa con i genitori, anche mentre frequentano l'università. Qualche volta, quando due persone si sposano, i genitori comprano la casa dove la coppia va a vivere.

In Italia è difficile costruire nuovi palazzi, ma le case vecchie vengono ristrutturate°, cioè modernizzate° ma lasciate il più possibile nella forma originale. Gli Italiani amano il design e la comodità degli oggetti moderni, ma apprezzano anche il valore del passato. Il centro di una città è normalmente la zona più bella dove abitare, con i palazzi storici ristrutturati che sono vicini a tutti i negozi, bar, ristoranti e uffici. Fuori dalle città ci sono ville o villette, generalmente con il giardino. Offrono più spazio ma sono meno comode perché lontane dal centro.

La periferia, cioè la zona che circonda immediatamente la città, è il quartiere° meno ambito°, dove spesso ci sono grandi palazzi popolari°. Anche qui, comunque, sui terrazzi si vedono i gerani°, un vaso di basilico o di rosmarino, e il bucato° steso° al sole.

° owned

° rights

° restored / modernized

° neighborhood
desirable / low-income housing
geraniums / laundry / hung out

UNITÀ 3 Abitare: Andiamo a casa mia! 137

Attività

3.60 Comprensione. Rispondere alle seguenti domande.

1. Perché gli Italiani amano la casa? Cosa significa per loro?
2. Dove vive la gente per lo più?
3. Come si chiama una vecchia casa modernizzata?
4. Dove sono le ville o villette, e cosa offrono?
5. La periferia è una zona dove la gente vuole vivere? Perché?

3.61 Che cosa significa per te la casa? Trovare nella lista tre parole che tu associ con la parola *casa*. Poi ad un altro studente/un'altra studentessa spiegare il perché delle proprie associazioni.

Esempio: **Per me la casa significa… perché…**

giardino	lontano	tranquillità	quattro mura
radici (*roots*)	problemi	famiglia	memorie
tradizione	sacrifici	periferia	vacanza
amore			

3.62 I nuovi sposi cercano casa. Voi siete Luca e Stefania. Fra poco vi sposate e avete bisogno di mettere su casa! Ognuno di voi esprime all'altro/a che tipo di casa vuole e dove la vuole. Cercare di trovare un accordo (*come to an agreement*).

Esempio: — Luca, io voglio una casa vicino al…
— Ma Stefania, io preferisco…
— Forse possiamo…

Leggiamo italiano!

Using clues to guess content

When you approach a text, look at the layout. What sort of document are you dealing with? What information do you expect to find? Are there useful visual aids such as photos, headings, highlighted words, abbreviations, or numbers that lead you to this information? Try to anticipate the content of the text by paying close attention to these features.

Attività di pre-lettura

3.63 Vediamo… Look at the text below. What kind of document is it? What types of information would you expect it to contain? Where would you look for information about the number of rooms, location, and cost?

3.64 Parole analoghe. Skim the text to get a general idea of the offerings. Using cognates and context, identify the meaning of the following words.

elevazioni   livelli   unifamiliare   vista sul mare   vani

3.65 Camera con vista. Scan to find two offerings with a view of the ocean, two with three rooms, two with five rooms, and two with two floors or levels.

UNITÀ 3 Abitare: Andiamo a casa mia!

▶ CASA DOLCE CASA

● Loc. Bonagia, villa su 3 elevazioni, ben rifinita con annesso giardino.

● Loc. Locogrande villetta unifamiliare composta da: salone, cucina, camera, cameretta, bagno con attiguo giardino coltivato.

● **Erice:**
Zona Centrale, immobile di prestigio su 2 elevazioni, con cortile indipendente.

Zona Stadio, appartamento molto luminoso, composto da: 3 vani + accessori, con ampia terrazza.

C.da Tangi, casa indipendente composta da: 5 vani + servizi, magazzino ed uliveto.

Loc. Pizzolungo, ampio locale ristorante.

● **Pantelleria:**
Località Cimillia, vendesi Dammusi di varie dimensioni con annesso giardino.

Località Barone, panoramico Dammuso con incantevole vista sul mare, da poco ristrutturato e ben rifinito.

Località Barone, prestigioso Dammuso, con annesso, ampio giardino con incantevole vista sul mare.

Località Scauri, villa su 3 livelli a 20 mt dal mare, ben rifinita.

● Loc. Kaddiuggia, zona panoramica, villa ben rifinita, con piscina, ed attiguo giardino piantumato.

● **Castellammare del Golfo:**

Loc. Fraginesi, villetta su 2 elevazioni, ben rifinita e molto panoramica.

Via Agrigento, app. al 2°p. composto da 5 vani + accessori. Il tutto da personalizzare.

● **Marusa:**
Villa su 2 livelli, ben rifatta, con attiguo giardino piantumato.

● C.da Bue Marino, ampia villa in stile mediterraneo, ben rifinita, con vista panoramica, garage, giardino piantumato.

● **Erice C.S.:**
Zona Università, app. ben rifinito, molto luminoso, composto da 4 vani + accessori, posto auto.

● **Favignana:**
Loc. Bosco, villetta con vista mare composta da 3 vani + accessori.

UNITÀ 3 Abitare: Andiamo a casa mia!

ATTIVITÀ

3.66 Cercasi casa. Uno studente/Una studentessa è un cliente che cerca casa; l'altro/l'altra è l'agente immobiliare (*real estate agent*). Guardare le pubblicità immobiliari (*real estate ads*) e rispondere alle domande del cliente.

1. Cerco una casa ad Erice nella zona universitaria. C'è qualcosa per me? Quanti vani ha? C'è un posto auto?
2. Cerco una villa a Marusa. Ha qualcosa? Può descrivere la casa?
3. Vorrei una casa a Pantelleria con vista sul mare. C'è qualcosa?
4. Abbiamo bisogno di una casa ad Erice, qualcosa di piccolo, anche un appartamento, ma in zona centrale. Ha qualcosa?

3.67 Le pubblicità. Lavorate in un'agenzia immobiliare e dovete scrivere le pubblicità per il giornale della prossima settimana. Con un compagno/una compagna, inventare quattro descrizioni di appartamenti e ville per la tua zona in base alle pubblicità riportate qui.

Scriviamo italiano!

Using lists to write compositions

List writing is a good way to organize your thoughts and prepare for developing short compositions. There are different kinds of lists: you may make a chronological list based on what comes first, second, third, etc.; or you may brainstorm to jot down all the ideas that come to you and then sort them, such as a list of actions (verbs), a list of qualities (adjectives), a list of people or things.

ATTIVITÀ

Seguire i suggerimenti per scrivere due brevi temi.

3.68 La mia famiglia

1. Fare un elenco (*list*) delle persone nella tua famiglia.
2. Accanto a ciascun (*Next to each*) nome, scrivere quanti anni ha e due caratteristiche.
3. Poi scrivere un breve tema di introduzione alla tua famiglia.

3.69 La mia casa ideale

1. Fare un elenco delle caratteristiche (aggettivi) della tua casa ideale. Dov'è?
2. Cosa c'è dentro? Elencare tutte le cose (nomi) e in quale stanza sono.
3. Poi scrivere una breve composizione sulla tua casa dei sogni (*dream house*)!

Come disse... Carlo Collodi (1826–1890)

da *Le avventure di Pinocchio: Storia di un burattino*

PINOCCHIO: E dove vai?

LUCIGNOLO: Vado ad abitare in un paese... che è il più bel paese di questo mondo: una vera cuccagna°! — Land of Plenty

PINOCCHIO: E come si chiama?

LUCIGNOLO: Si chiama il Paese dei Balocchi°. Perché non vieni anche tu? — Toyland

PINOCCHIO: Io? no davvero!

LUCIGNOLO: Hai torto, Pinocchio. Credilo a me° che, se non vieni, te ne pentirai°. — Believe me / you'll be sorry

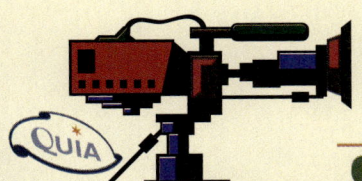

Musica, maestro!

Usando Internet, cercare "Casa dei matti" di Sergio Endrigo e ascoltare la canzone più di una volta. Ci sono delle stanze o altre parti della casa che riconosci? Ti piacerebbe abitare in quella casa? Cosa vuol dire *matti*?

Ciak! Italia

3.70 Che simpatico! Decidere quali aggettivi a pagina 142 descrivono Anna, quali descrivono Francesco e quali descrivono Zia Carmela. Scrivere **A, F** o **ZC** accanto (*next to*) alle parole che meglio danno l'idea di ciascuna persona. Dopo aver visto il video, valutare (*evaluate*) le tue risposte e discutere con un compagno/una compagna le personalità dei personaggi.

Come si chiamano le tre persone nella foto? Sono parenti? Qual è il loro rapporto?

UNITÀ 3 Abitare: Andiamo a casa mia!

_____ solare (*sunny*)		_____ arrabbiato (*angry*)
_____ curioso		_____ geloso
_____ intelligente		_____ serio
_____ amichevole (*friendly*)		_____ organizzato
_____ caloroso (*warm*)		_____ smemorato (*forgetful*)
_____ entusiasta (*enthusiastic*)		_____ colto (*cultured*)
_____ pignolo (*fussy, precise*)		_____ elegante

3.71 Ma cosa dici? Durante la visione del video, ascoltare bene cosa viene menzionato (*what is mentioned*). Poi, indicare con un **X** le cose che NON hai sentito.

1. Quali dei seguenti parenti *non* viene menzionato?

   _____ zia   _____ fratello

   _____ nonna   _____ sorella

   _____ nonno   _____ mamma

   _____ cugino   _____ zio

   _____ genitori

2. Che cosa *non* offre la zia?

   _____ Coca-cola   _____ caffè

   _____ aranciata vino   _____ acqua

   _____ tè freddo

3. Quali monumenti *non* vengono menzionati?

   _____ il Colosseo   _____ San Pietro

   _____ Fontana di Trevi   _____ Villa Borghese

   _____ il Foro romano   _____ il Vaticano

   _____ Piazza Navona   _____ il Pantheon

3.72 Album di famiglia. Durante la visita da Zia Carmela, Anna scopre una foto di persone che non conosce. Con un compagno/una compagna, parlare della foto. Chi possono essere questi uomini? Dove sono? Qual è l'occasione? Sono seri o allegri? Perché sono seduti (*sitting*) così? Fate un elenco di idee. Presentate le vostre ipotesi (*hypotheses*) alla classe.

Vocabolario

La famiglia

l'uomo/la donna	man/woman
il marito/la moglie	husband/wife
il padre/la madre	father/mother
il papà, il babbo	daddy, dad
la mamma	mommy, mom
i genitori	parents
il figlio/la figlia	son/daughter
il fratello/la sorella	brother/sister
maggiore	older
minore	younger
i fratelli	siblings
il/la parente	relative
il cugino/la cugina	cousin
lo zio/la zia	uncle/aunt
il nonno/la nonna	grandfather/grandmother
il/la nipote	nephew/niece, grandson/granddaughter
il suocero/la suocera	father-in-law/mother-in-law
il genero/la nuora	son-in-law/daugther-in-law
il cognato/la cognata	brother-in-law/sister-in-law
la coppia	couple
il fidanzato/la fidanzata	fiancé(e)
lo sposo/la sposa	groom, bride
le nozze, il matrimonio	wedding
il ricevimento	wedding reception
sposato/a	married
divorziato/a	divorced
il compagno/la compagna	partner
convivere	to live together

La casa

il bagno	bathroom
la camera da letto	bedroom
la cucina	kitchen
il divano	couch
la doccia	shower
l'edificio	building
il forno	oven, stove
il giardino	garden
la lampada	light, lamp
la lavastoviglie	dishwasher
la lavatrice	washing machine
i mobili	furniture
l'orto	vegetable garden
il palazzo	apartment building
il piano	floor
la poltrona	armchair
il portone	main door
il quadro	painting
la sala da pranzo	dining room
il salotto, il soggiorno	living room
la scala	stairway
la stanza	room
il tavolo/la tavola	table
il terrazzo	terrace
il WC	toilet
comodo	comfortable
elegante	elegant
rustico	rustic
utile	useful
affittare	to rent
traslocare	to move

Il tempo atmosferico

che tempo fa?	how's the weather?
c'è il sole	it's sunny
c'è la nebbia	it's foggy
c'è vento	it's windy
è afoso	it's muggy
è coperto, è nuvoloso	it's cloudy
è umido	it's humid
fa bello	it's nice
fa brutto	it's bad weather
fa caldo	it's hot
fa freddo	it's cold
fa fresco	it's cool
fa un caldo bestiale	it's sweltering
fa un freddo cane	it's freezing
nevicare	to snow
nevica	it's snowing
piovere	to rain
piove	it's raining
piovere a dirotto	to rain buckets

UNITÀ 3 Abitare: Andiamo a casa mia!

la neve	snow
la nuvola	cloud
la nebbia	fog
la pioggia	rain
il temporale	storm

In centro, in città

l'aeroporto	airport
l'albergo	hotel
la banca	bank
il bar	café, coffee shop
il cinema	cinema, movie theater
la discoteca	discotheque, nightclub
il duomo, la cattedrale	cathedral
l'edicola	newsstand
il giornale	newspaper
la farmacia	pharmacy, drugstore
il municipio	town hall
il negozio	shop
il ristorante	restaurant
lo stadio	stadium
la statua	statue
la stazione (dei treni)	(railway) station
la tabaccheria	tobacco store
l'ufficio postale	post office
la buca delle lettere	mailbox
il francobollo	stamp
mandare, inviare	to send
spedire	to mail
fare delle commissioni	to run errands

Parole interrogative

che	which
che / che cosa / cosa	what
chi	who, whom
come	how
dove	where
perché	why
quale	which
quando	when
quanto	how much, how many

Verbi

bere	to drink
dire	to say
fare	to do, to make
dovere	to have to
potere	to be able to
volere	to want

Espressioni con *fare*

fare colazione	to have breakfast
fare la doccia	to take a shower
fare due passi	to take a walk
fare la spesa	to go food shopping
fare due chiacchiere	to chat
fare tardi	to stay up late
fare un affare	to get a good deal
fare bella figura	to make a good impression

Altre parole ed espressioni

avanti!	come in!
avere (molte cose) da fare	to have (a lot of) things to do
benvenuto/a	welcome
che ora è?	what time is it?
essere pronto/a	to be ready
non è per niente…	it's not at all …
(non) lo so	I (don't) know
offro io	my treat
per la prima volta	for the first time
perché no?	why not?
permesso	with your permission, excuse me
porta fortuna / sfortuna	it's good / bad luck
prego	please
qualche volta	sometimes
scusa	excuse me (informal)
scusi	excuse me (formal)
senz'altro	of course, without a doubt
ti voglio bene	I love you
tutti i giorni	every day
voglio dire…	I mean …
volendo…	if we / you like …
volentieri	with pleasure
quello/a	that
quelli/e	those
questo/a	this
questi/e	these

UNITÀ 4

COMPRARE
Facciamo delle commissioni!

PERUGIA

Al mercato all'aperto

COMMUNICATIVE GOALS

- ▶ Talking about past actions and events
- ▶ Specifying quantities
- ▶ Talking about food
- ▶ Shopping for food
- ▶ Shopping in specialty stores
- ▶ Handling and changing money
- ▶ Avoiding redundancy
- ▶ Expressing *there*

A AL MERCATO ALL'APERTO

A.1 ▶ Si dice così

il mercato all'aperto	*open-air market*	**l'uovo** (*pl.* **le uova**)	*egg*
il pesce	*fish*	**fresco**	*fresh*
la carne	*meat*	**surgelato**	*frozen*
la bistecca	*steak*	**cotto**	*cooked*
il prosciutto	*ham*	**crudo**	*raw*
il pollo	*chicken*	**maturo**	*ripe*
il latte	*milk*	**biologico**	*organic*
il pane	*bread*	**assaggiare**	*to try, to taste*
il formaggio	*cheese*	**fare la spesa**	*to shop for food*

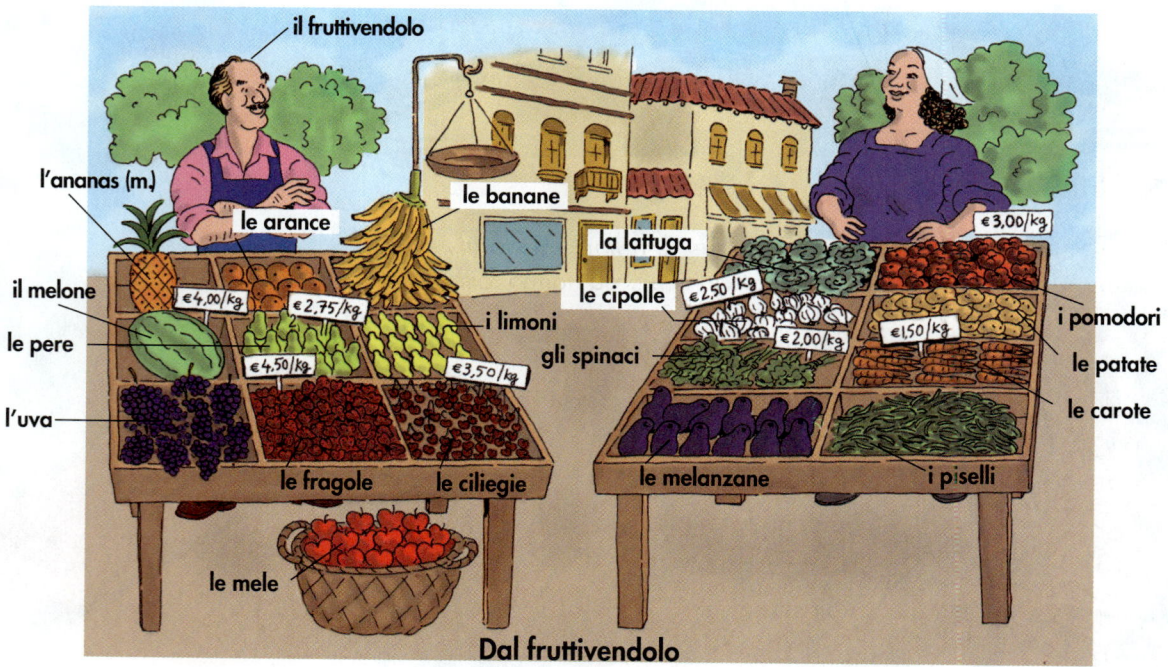

Dal fruttivendolo

ATTIVITÀ

4.1 Frutta rossa, frutta gialla. Trovare i diversi tipi di frutta o verdura.

1. Due tipi di frutta gialla
2. Due tipi di frutta verde
3. Due tipi di frutta rossa
4. Una verdura arancione
5. Due verdure verdi
6. Una verdura bianca

146 UNITÀ 4 Comprare: Facciamo delle commissioni!

4.2 Vuoi assaggiare? Chiedere ad un compagno/una compagna se vuole assaggiare le seguenti cose. Rispondere usando il verbo **piacere**.

Esempio: — Vuoi assaggiare le ciliegie?
— Sì, grazie. Mi piacciono le ciliegie! / No, grazie. Non mi piacciono!

1. la bistecca
2. il prosciutto
3. gli spinaci
4. il melone
5. l'insalata
6. le carote
7. i tortellini
8. il pollo

4.3 Preferenze personali. Fare le seguenti domande ad un compagno/una compagna.

1. Qual è la tua frutta preferita?
2. Quali verdure ti piacciono? Quali non mangi?
3. Preferisci la verdura o la frutta?
4. Preferisci la carne o il pesce? Mangi spesso o raramente il pesce?
5. Ci sono mercati all'aperto nella tua città?
6. Ti piace fare la spesa? Dove vai per comprare frutta e verdura fresche?
7. Compri i prodotti biologici? Quali?
8. Dove preferisci mangiare: a casa, al ristorante o alla mensa?

A.2 ▶ Incontro

Una mattinata al mercato. Mirella e Carolina vivono insieme in un appartamento nel centro di Perugia. Raccontano che cosa hanno fatto questa mattina.

MIRELLA:	Ciao, Carolina, sei già uscita?
CAROLINA:	Eh, sì, dormigliona! Sono uscita molto presto°. Sono andata al mercato. [*very early*]
MIRELLA:	Che cosa hai preso?
CAROLINA:	Delle banane, un melone bello fresco e delle ciliegie.
MIRELLA:	Non hai comprato le fragole?
CAROLINA:	No, perché? Ti piacciono?
MIRELLA:	Eccome! Moltissimo!
CAROLINA:	Se vuoi, esco di nuovo...
MIRELLA:	No, va bene, le cerco più tardi quando esco. Sono tornata tardissimo° ieri notte! Ma mi sono divertita° molto. Sono andata a casa di Michele e poi siamo andati al cinema. [*very late / I had a good time*]
CAROLINA:	Quale film avete visto?
MIRELLA:	Un film di Muccino.
CAROLINA:	Che bello! È venuto anche Pino?
MIRELLA:	Pino? No, perché?
CAROLINA:	Perché ha telefonato qui alle 7.30 e ho detto che eri fuori°. [*you were out*]
MIRELLA:	Oh, no!

ATTIVITÀ

4.4 Ascoltiamo! Chi l'ha detto? Ascoltare l'**Incontro** e indicare se le seguenti affermazioni si riferiscono a Carolina (**C**) o a Mirella (**M**).

	C	M
1. È uscita presto stamattina.	_____	_____
2. È andata al mercato.	_____	_____
3. Ha comprato delle banane e un melone.	_____	_____
4. Ieri notte è tornata molto tardi.	_____	_____
5. È andata al cinema.	_____	_____
6. Le piacciono le fragole.	_____	_____
7. Ha parlato al telefono con Pino ieri sera.	_____	_____

4.5 Comprensione: le domande. Rispondere alle seguenti domande.

1. Dove vivono Carolina e Mirella?
2. Dov'è andata stamattina Carolina e che cosa ha fatto lì?
3. Dov'è andata ieri sera Mirella? Con chi?
4. Quale film ha visto Mirella con il suo amico?
5. Secondo te, perché ha telefonato Pino ieri sera? Perché Mirella dice "Oh, no!"?

In altre parole

dormiglione/a	sleepyhead
bello fresco	very fresh
di nuovo	again
eccome!	and how!, of course!, certainly!
che bello!	how nice!, how wonderful!

4.6 Le risposte logiche. Trovare nella colonna a destra la risposta logica per ogni frase della colonna a sinistra.

1. Ho dimenticato di comprare le ciliegie!
2. Signora, com'è quest'uva?
3. Ha telefonato Pino?
4. Ieri sera ho visto *Pane e tulipani* di Soldini.
5. Come sono stanca! Che ore sono?

a. Che bello! È il mio film preferito!
b. Sono le undici, dormigliona!
c. Eccome! Ha chiamato sei volte.
d. Vuole assaggiare? È bella fresca.
e. Allora devi uscire di nuovo.

4.7 Ti piacciono le offerte? Eccome! Anna ed Edoardo fanno la spesa da Superbasko. Completare la loro conversazione con informazioni dalla pubblicità e poi recitare (*act out*) con un compagno/una compagna.

ANNA: Guarda il riso Gallo Blond! C'è uno sconto (*discount*) del _____ %.

EDOARDO: Bene! E anche la pasta _____ (*brand*) è in offerta.

ANNA: Che buona! Quanto costa l'olio di oliva De Cecco?

EDOARDO: € _____. Però l'olio di oliva Bertolli costa di meno, solo € _____. Poi, se compriamo due confezioni di _____ con la Prima Card, abbiamo lo sconto del 25%! Che offerte!

ANNA: Eccome!

A.3 ▸ Punti grammaticali

Il passato prossimo

Ieri **ho mangiato** la bistecca.   *I ate steak yesterday.*
Abbiamo dormito fino a tardi.   *We slept late.*
Hai letto il giornale ieri?   *Did you read the newspaper yesterday?*
Sono andata al mercato stamattina.   *I went to the market this morning.*
Ieri sera **siamo usciti** con amici.   *Last night we went out with friends.*

1. The **passato prossimo** (present perfect) is used to describe actions or events that took place in the past.

   Ho comprato la frutta. { *I bought the fruit.* / *I have bought the fruit.* / *I did buy the fruit.* }

   It is a compound tense, formed with the present tense of **avere** or **essere** (known as the auxiliary) and the past participle of the verb.

mangiare		andare	
ho mangiato	abbiamo mangiato	sono andato/a	siamo andati/e
hai mangiato	avete mangiato	sei andato/a	siete andati/e
ha mangiato	hanno mangiato	è andato/a	sono andati/e

2. The past participles of regular verbs are formed as follows.

mangiare	**(-ato)**	mang**iato**
vendere	**(-uto)**	vend**uto**
finire	**(-ito)**	fin**ito**

3. **Avere** is the auxiliary for all transitive verbs as well as for many intransitive verbs. A transitive verb has a direct-object complement, that is, a person or thing that receives the action of the verb. For example, in *I ate the cake,* the direct object is *cake.*

Ho comprato i francobolli.	*I bought the stamps.*
La settimana scorsa **abbiamo visto** un bel film.	*Last week we saw a good film.*
Chi **avete incontrato** ieri sera?	*Whom did you meet last night?*
Angelo **ha mangiato** le fragole.	*Angelo ate the strawberries.*

4. **Essere** is the auxiliary for many intransitive verbs. When a verb is conjugated with **essere,** the past participle agrees with the subject of the sentence in gender and number. If the subject is plural and includes a masculine noun (or a male person), the masculine plural form is used.

Io **sono nata** a Perugia.	*I was born in Perugia.*
Noi **siamo tornati** da Assisi.	*We came back from Assisi.*
Elisa **è partita** per Spoleto.	*Elisa left for Spoleto.*
Giulia ed Anna **sono nate** a Todi.	*Giulia and Anna were born in Todi.*

5. Many verbs that use **essere** can be paired by opposite actions, and describe motion and states of being.

andare	*to go*	**venire**	*to come*
arrivare	*to arrive*	**partire**	*to leave*
nascere	*to be born*	**morire**	*to die*
scendere	*to descend*	**salire**	*to ascend*
uscire	*to exit*	**entrare**	*to enter*

   Other verbs that use **essere** are **tornare** (*to come back*), **crescere** (*to grow*), **vivere** (*to live*), **rimanere** (*to remain*), and **piacere** (*to be pleasing*).

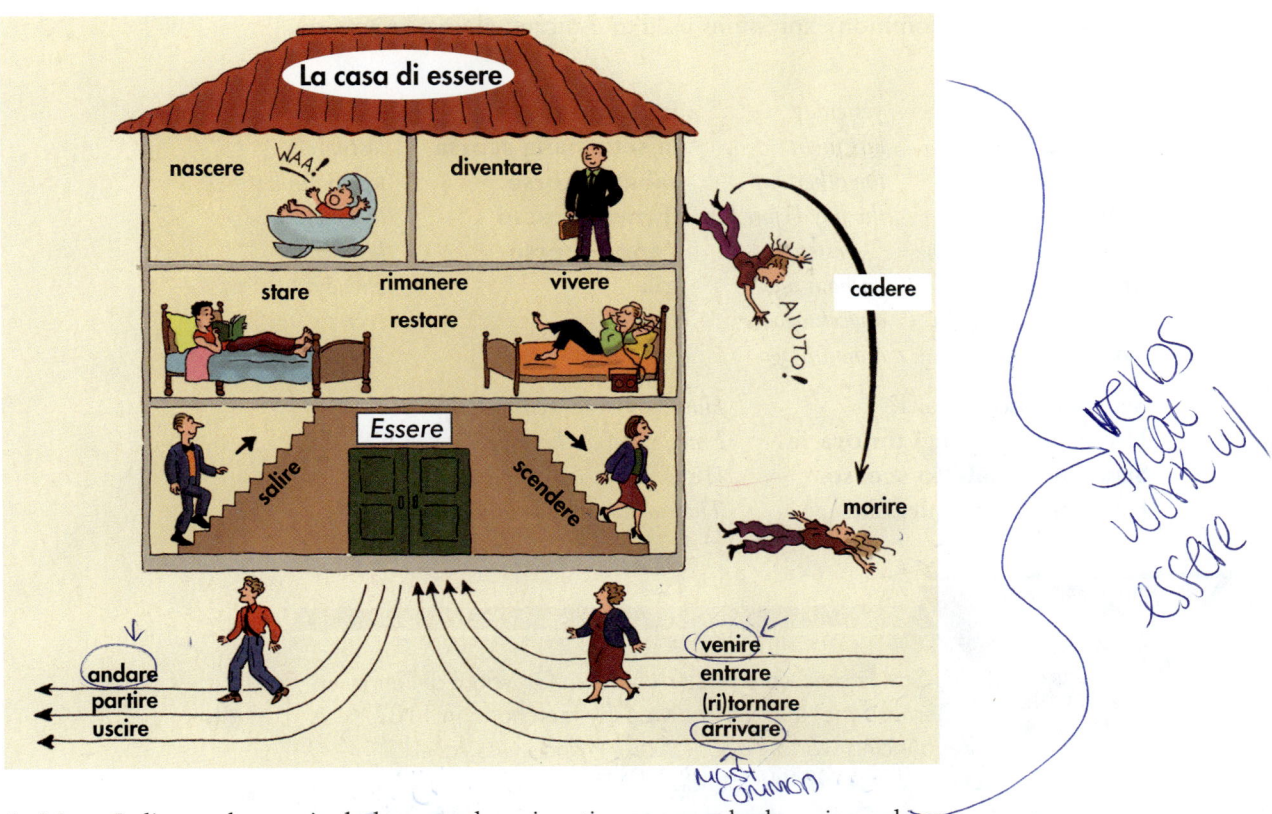

6. Many Italian verbs, particularly second conjugation **-ere** verbs, have irregular past participles. Among the most common are:

infinitive	past participle	infinitive	past participle
leggere	letto	ammettere	ammesso
scrivere	scritto	mettere	messo
fare	fatto	promettere	promesso
dire	detto	chiudere	chiuso
rimanere	rimasto	prendere	preso
rispondere	risposto	scendere	sceso
chiedere	chiesto	decidere	deciso
vedere	visto	uccidere	ucciso
stare	stato	ridere	riso
nascere	nato	morire	morto
dare	dato	aprire	aperto
scegliere	scelto	offrire	offerto
vivere	vissuto	rompere	rotto
bere	bevuto	tradurre	tradotto
venire	venuto	vincere	vinto
		perdere	perso

UNITÀ 4 Comprare: Facciamo delle commissioni!

7. Among the most common expressions used to indicate when past actions occurred are:

ieri	*yesterday*	**un anno fa**	*a year ago*
ieri sera	*last night*	**la settimana scorsa**	*last week*
l'altro giorno	*the other day*	**sabato scorso**	*last Saturday*
l'altro ieri	*the day before yesterday*	**il mese scorso**	*last month*
		l'anno scorso	*last year*
un'ora fa	*an hour ago*	**già**	*already*
una settimana fa	*a week ago*	**mai**	*ever*
un mese fa	*a month ago*		

Sei **mai** stato in Italia? *Have you ever been to Italy?*
Ho incontrato Luigi **un'ora fa.** *I met Luigi an hour ago.*
Siamo usciti **sabato scorso.** *We went out last Saturday.*
Hanno **già** visto quel film. *They've already seen that film.*

> **Lo sapevi che...?**
>
> **San Francesco d'Assisi** was born Giovanni di Pietro Bernardone, the son of a wealthy merchant, in 1182. Renouncing worldly goods, Saint Francis was called **il poverello d'Assisi**. He founded the Franciscan order and was the author of the **Cantico delle creature**, one of the most famous and important works of Italian literature. The feast day for San Francesco, the patron saint of Italy, is October 4; he died on October 3, 1226.

ATTIVITÀ

4.8 Cambiamo soggetto. Riscrivere i seguenti brani con i nuovi soggetti indicati.

Ieri sera io sono andato a casa di due miei amici. Ho mangiato con loro e poi sono andato al cinema: ho visto il nuovo film di Salvatores. Poi sono tornato a casa e ho letto fino alle (*until*) undici.
   Ieri sera Alessandra... (Alessandra ed io; Alessandra e suo marito)
   Stamattina Caterina è andata all'università. Per prima cosa, ha preso lo zaino e ha messo dentro i suoi libri. Poi ha chiuso la porta di casa ed è uscita. All'università Caterina è entrata nell'aula e ha salutato il professore. Durante la lezione ha risposto alle domande del professore.
   Stamattina Fabio e Andrea... (voi; tu)

4.9 La festa di Alberto. Completare il brano mettendo il verbo dato al passato prossimo. Non dimenticare di accordare (*make an agreement*) il participio passato al soggetto, dove necessario.

Alberto (1. nascere) a Perugia ma (2. vivere) a Roma per molti anni. Lui (3. decidere) di tornare a vivere a Perugia perché (4. trovare) la vita a Roma troppo caotica. I genitori di Alberto (5. fare) una festa per celebrare il ritorno del figlio. (6. Invitare) tutti i suoi vecchi amici. Infatti Alberto (7. frequentare) l'Università della città. In quegli anni Alberto (8. conoscere) molti studenti americani perché a Perugia c'è anche una famosa università per stranieri. I genitori di Alberto (9. preparare) una cena magnifica. Quando io (10. entrare) e (11. vedere) Alberto, (12. dire): "Bravo! Tu (13. tornare) al tuo vecchio paese!"

4.10 Le colonne. Formulare delle frasi scegliendo un elemento da ciascuna colonna (*each column*). Mettere i verbi al passato prossimo.

Claudio	assaggiare	un bel melone
Il fruttivendolo	chiudere	la verdura al mercato
Noi	bere	la cena
Io	scegliere	l'acqua minerale gasata
I bambini	vendere	le porte del salotto
Tu	comprare	l'autobus per andare in centro
Elena ed io	prendere	le melanzane
	mangiare	i pomodori biologici

4.11 La febbre del sabato sera (*Saturday-night fever*). I disegni mostrano dei giovani che sono usciti sabato sera. Che cosa hanno fatto?

Massimiliano

Giorgio ed Emilia

Mirella e Carolina

Enzo

4.12 Intervista. Chiedere ad un compagno/una compagna che cosa ha fatto sabato scorso. Ecco delle domande possibili.

Sei uscito/a? Dove sei andato/a?
Dove hai mangiato? Con chi?
Che cosa hai fatto dopo cena?
Hai ascoltato della musica?
Hai fatto una telefonata? A chi?
Hai guardato la televisione? Hai visto un film?

I numeri da 100 a 1.000.000.000

Un secolo dura **cento** anni.	*A century lasts one hundred years.*
Ho **mille** euro in banca.	*I have a thousand euros in the bank.*
Questo televisore costa **trecento** euro.	*This television costs three hundred euros.*
Lei ha vinto **un milione** di dollari.	*She won a million dollars.*
Lorenzo de' Medici è morto nel **millequattrocentonovantadue.**	*Lorenzo de' Medici died in 1492.*

1. In Italian numbers are usually written as one word.

millenovecentonovantanove	1999
trecentosessantacinque	365
cinquecento	500

2. The plural form of **mille** is **–mila: duemila, diecimila.**

3. The indefinite article is not used with **cento** or **mille,** but is used with **milione** and **miliardo. Milione** and **miliardo** require the preposition **di** when followed by a noun.

Il *Decameron* ha cento novelle.	*The* Decameron *has a hundred stories.*
Vorrei vincere un miliardo di dollari.	*I'd like to win a billion dollars.*

ATTIVITÀ

 **Anni importanti.** Leggere a voce alta le seguenti frasi.

1. La data della mitica fondazione di Roma è il 21 aprile del 753 avanti Cristo (B.C.).
2. Dante è nato nel 1265 ed è morto nel 1321.
3. Nel 1492 è morto Lorenzo de' Medici, e Cristoforo Colombo è arrivato nel Nuovo Mondo.
4. L'Inquisizione ha condannato Galileo Galilei nel 1632.
5. Nel 1900 hanno rappresentato la *Tosca* di Puccini per la prima volta.
6. Nel 1943 le forze alleate hanno invaso la Sicilia.
7. L'Italia è diventata una repubblica nel 1946.

4.14 La Repubblica italiana. Leggere i seguenti numeri.

Data dell'unificazione:	1870
Superficie:	301.230 chilometri quadrati
Coste:	8.353 kilometri
Popolazione:	60.054.511
Telefoni cellulari:	55.869.147
Altezza di Monte Bianco:	4.810 metri
Automobili:	35.268.432
Reddito pro capite (*Per capita income*):	€30.493/anno

4.15 La spesa al supermercato. Tu ed un compagno/una compagna avete fatto la spesa. Guardare le ricevute e dire al compagno/alla compagna che cosa hai comprato e quanto hai speso.

```
        SUPERBASKO
         Basko Spa
   Via Aurelia, 160 Bogliasco
       P.IVA 03552200101
    Tel.010-3474014  GENOVA

                           euro
     6x   0,53
   ACQUA S. BERN          3,18
   SACC.BASKO 38          0,04
   SACC.BASKO 38          0,04
   CHARDONNAY CL          4,85
   CHARDONNAY CL          4,85
   BANCO FORMAGG          2,81
   RUCOLA GR 100          1,95
   FUNGHI CHAMPI          1,52
   BANCO FORMAGG          6,43
   ORTOFRUTTA             0,96
   MACELLERIA             5,71
   LATTE TIGULLI          1,34
   BANCO TAGLIO-          3,13
   ORTOFRUTTA             0,71
   TARALLI AL FI          1,29
   FAGOLOSI SESA          1,42
   ORTOFRUTTA             0,88
   ORTOFRUTTA             1,18

   Subtot                42,29
   Sconto cents           0,04-
   TOTALE                42,25

   lire   81.807

   CONTANTI     52,25
   RESTO        10,00
   Pos04 Op006 Art023 P
   Resto Lire    19.363
```

```
        SUPERBASKO
         Basko Spa
   Via Aurelia, 160 Bogliasco
       P.IVA 03552200101
    Tel.010-3474014  GENOVA

                           euro
   LATTE TIGULLI          1,34
   CHARDONNAY CL          4,85
     6x   0,53
   ACQUA S. BERN          3,18
   IGIENICA SCOT          1,75
   ORTOFRUTTA             1,19
   SALSA KETCHUP          1,67
   MAIONESE G.50          2,06
   BASILICO PRA'          1,75
   ORTOFRUTTA             1,74
   ORTOFRUTTA             1,28
   INS.MISTICANZ          2,20
   6 MAGNUM DOUB          3,91

   Subtot                26,92
   Sconto IGIENICA S      0,44-
   ScontiCard    0,44
   Sconto cents           0,03-
   TOTALE                26,45

   lire   51.214

   CONTANTI     27,00
   RESTO         0,55
   Pos01 Op011 Art017 P
   Resto Lire    1.065
```

UNITÀ 4 Comprare: Facciamo delle commissioni!

B ▶ I SOLDI

B.1 ▶ Si dice così

il prezzo	price
il conto	bill, check
il resto	change
lo sconto	discount
il bancomat	ATM
l'euro (*m. inv.*)	euro
caro, costoso	expensive, costly
conveniente	cheap, reasonably priced
economico	economic, cheap
pagare (in contanti)	to pay (cash)
spendere	to spend
costare	to cost
risparmiare	to save
fare un prelievo	to make a withdrawal
prestare	to lend
cambiare	to change, to exchange

Il denaro, I soldi

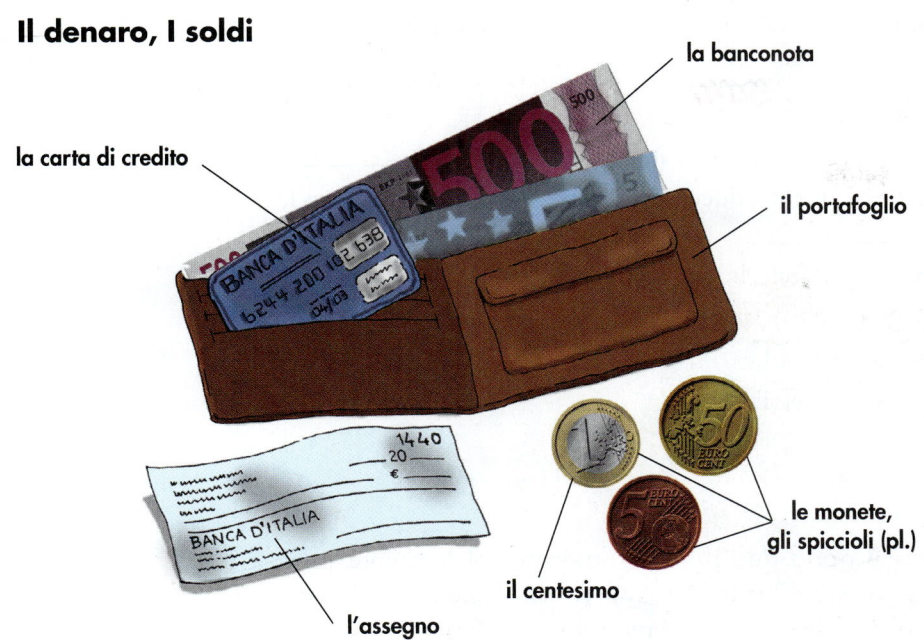

Lo sapevi che... ?

The **euro** became the currency of the European Community in 2002. Before that time, Italy used the **lira.** The euro has made travel and trade within Europe much easier. Euro coins (for 1, 2, 5, 10, 20, and 50 cents, as well as the 1 euro and 2 euro denominations) have different faces to indicate which country minted them. Bills are in the 5, 10, 20, 50, 100, 200, and 500 denominations. Expressions such as **essere senza una lira** (*to be without a penny*) are still a part of common speech.

ATTIVITÀ

4.16 Le definizioni. Trovare nella colonna a destra definizioni per le parole nella colonna a sinistra.

A	B
1. il portafoglio	a. la cassiera dà questo al cliente quando ha pagato
2. il prezzo	b. le monete, non le banconote
3. lo sconto	c. un prezzo ridotto
4. caro	d. dove mettiamo banconote e carte di credito
5. spendere	e. dare soldi in cambio di un oggetto
6. lo scontrino	f. quanto costa un certo oggetto
7. gli spiccioli	g. costoso, non economico

UNITÀ 4 Comprare: Facciamo delle commissioni!

4.17 In banca. Completare la seguente conversazione con le parole appropriate.

CASSIERA: Buongiorno, signorina.
SIGNORINA: _____! Desidero incassare (*cash*) questo _____.
CASSIERA: Certamente. Cento, duecento, trecento, quattrocento. Ecco le sue _____.
SIGNORINA: Grazie. Se possibile, ho bisogno di _____, per pagare il parcheggio (*to pay for parking*). Posso avere degli _____?
CASSIERA: Ma certo! Ecco a Lei.
SIGNORINA: Grazie. Arrivederci!
CASSIERA: _____.

4.18 Un buon affare (*A good deal*)! Uno studente è il/la cliente, l'altro è il commesso/la commessa. Chiedere quanto costano i seguenti oggetti e inventare un prezzo (in euro!), secondo il modello.

Esempio: — **Quanto costa questo CD?**
— **Ventidue euro.**
— **È troppo costoso! / È un prezzo conveniente.**

1. una bicicletta
2. un libro di John Grisham
3. un orologio Breil
4. uno zaino Eastpak
5. un MP3
6. un lettore DVD
7. un portatile
8. una macchina usata

B.2 ▶ Incontro

I ragazzi preparano una cena. È mezzogiorno. Pino e Michele fanno la spesa a Perugia.

PINO:	Sbrighiamoci! Tra poco i negozi chiudono.	
MICHELE:	Ma sei sicuro che Mirella e Carolina vengono a casa tua stasera?	
PINO:	E come no! Certo! Oggi è il compleanno di Mirella, no? Senti, poi devo passare in profumeria—voglio prendere un regalo° per lei.	*gift*
MICHELE:	Che esagerato!° Cosa prepari per cena?	*You're too much!*
PINO:	La Mirella è vegetariana, quindi faccio la mia specialità—gli spaghetti primavera! Qui compro i pomodori—costano solo due euro al chilo.	
MICHELE:	Bene. Quanti ne° compri?	*of them*
PINO:	Tre chili.	

158 UNITÀ 4 Comprare: Facciamo delle commissioni!

MICHELE: Tre chili?! Ma non sono troppi?

PINO: Ma no!... Mamma mia! Sono senza una lira! Ho solo degli spiccioli. Magari accettano la carta di credito!

MICHELE: Figurati! To'—ti presto dieci euro. Ma mi raccomando...

PINO: Grazie, Michele! Sei un vero amico. Eh, guarda che belle fragole! Ne prendo un chilo.

MICHELE: Un chilo!? Ma quanto costano?

PINO: Dai, Michele, non facciamo i tirchi! A Mirella piacciono tanto le fragole!

MICHELE: Fare i tirchi? Capirai! Con i miei soldi poi!

Lo sapevi che...?

In Italy stores usually open at 9:00 A.M., close for lunch at 12:30 P.M., reopen at 3:30 P.M., and close for the night at 7:30 P.M. The **orario continuato**—remaining open all day—is largely confined to department stores. Very few stores are open on Sunday, and many shops are closed Monday mornings as well. Food stores close one afternoon a week, which varies from city to city.

La Rinascente è un grande magazzino.

UNITÀ 4 Comprare: Facciamo delle commissioni!

ATTIVITÀ

4.19 Ascoltiamo! Vero o falso?   Ascoltare l'**Incontro** e indicare se le seguenti affermazioni sono vere o false. Poi, correggere le frasi false.

	Vero	Falso
1. Pino ha paura che i negozi chiudano.	_____	_____
2. Il compleanno di Mirella è oggi.	_____	_____
3. Mirella mangia volentieri la carne.	_____	_____
4. I pomodori costano due euro al chilo.	_____	_____
5. Michele dice che tre chili di pomodori sono troppi.	_____	_____
6. Pino ha i soldi necessari per pagare i pomodori.	_____	_____

4.20 Quanto costa?   Guardando (*Looking at*) il disegno a pagina 146, chiedere ad un compagno/una compagna di classe il prezzo dei seguenti prodotti. Commentare se il prezzo è conveniente oppure no.

Esempi: — Quanto costano le carote?   — Quanto costano le fragole?
— Costano €1,50 al chilo.   — Sono €4,50 al chilo.
— Oh, sono economiche!   — Oh, sono care!

1. i pomodori   3. le pere   5. il melone
2. le ciliegie   4. le cipolle   6. gli spinaci

In altre parole

sbrighiamoci!	let's hurry up!
mi raccomando!	I'm warning you!, don't forget!
non facciamo i tirchi!	let's not be cheap!
capirai!	you must be kidding!
to'!	here! take this!

4.21 Esclamazioni!   Cosa dici alle seguenti persone nelle situazioni descritte?

1. Il film comincia tra poco e la tua amica non è ancora pronta per uscire.
2. Vuoi comprare una bottiglia di profumo Armani per tua madre, ma tuo fratello dice di no perché è troppo costoso.
3. Sei in centro con un'amica che ama spendere i soldi. L'amica scopre (*discovers*) che non ha soldi e chiede di usare la tua carta di credito.
4. Sei vegetariano/a. Un amico ti chiede se ti piace la bistecca alla fiorentina.
5. C'è un esame e il tuo amico non ha una penna. Tu hai tre penne.
6. Il tuo fratello minore vuole usare la tua bici per andare in centro. Dici di stare attento al traffico. Lui ride (*laughs*).

4.22 Cambiare banconote. Creare una conversazione secondo le seguenti indicazioni.

S1: Vuoi cambiare delle banconote perché hai bisogno di spiccioli. Entri in un bar e chiedi al cassiere/alla cassiera di cambiare una banconota da cento euro. Hai molta fretta.

S2: Sei cassiere/cassiera in un bar. Un signore/Una signora entra e chiede di cambiare una banconota. Non ci sono molti soldi nella cassa e dici al/alla cliente di comprare qualcosa. Il/La cliente è impaziente ma ordina qualcosa.

4.23 Due mondi a confronto. Rispondere alle seguenti domande.

1. A che ora chiudono normalmente i negozi in Italia? E nel tuo paese?
2. Ci sono mercati all'aperto nel tuo paese? Dove?
3. Sono aperti i negozi in Italia di domenica? E nel tuo paese?
4. Dove compri la frutta e la verdura normalmente? Preferisci il supermercato o il mercato all'aperto? Perché?

Lo sapevi che…?

UniCredit and Gruppo Banca Intesa are among Italy's largest banks. Many banks were or are regional, as their names sometimes indicate. The oldest bank still operating in Italy is the Monte dei Paschi di Siena, founded in Siena in 1472. The world's first bank, the Banco di San Giorgio, opened in Genoa in the Middle Ages. Florence was Europe's banking capital in the Renaissance, and many financial tools, such as letters of credit, were invented there.

UniCredit Banca a Milano

UNITÀ 4 Comprare: Facciamo delle commissioni!

B.3 ▶ Punti grammaticali

Il partitivo

Ho mangiato **degli** spinaci.	*I ate some spinach.*
Abbiamo comprato **delle** mele.	*We bought some apples.*
Ho **dei** buoni amici.	*I have some good friends.*
Bevono **dell'**acqua minerale.	*They are drinking some mineral water.*
Vorrei **un po' di** caffè.	*I'd like some coffee.*
Qualche pomodoro è maturo.	*Some tomatoes are ripe.*
Compro **alcune** banane.	*I'm buying a few bananas.*

1. There are several ways to express the partitive (*some, a few*) in Italian. The most common way is with the preposition **di** + the definite article, singular or plural: **del, dello, dell', della, dei, degli, delle.**

Abbiamo comprato **dell'**olio, **del** pane, **delle** carote, **della** lattuga e **dei** ravioli.	*We bought some oil, some bread, some carrots, some lettuce, and some ravioli.*
Piero ha preso **dell'**acqua, **dello** zucchero e **degli** zucchini.	*Piero got some water, some sugar, and some zucchini.*

2. To indicate an unspecified amount of a substance that cannot be counted, the singular forms **del, dell', dello,** and **della** are used. **Un po' di** (*a bit of, some*) may also be used.

Bevo **del** caffè.	Bevo **un po' di** caffè.	*I am drinking some coffee.*
Prendi **dello** zucchero?	Prendi **un po' di** zucchero?	*Do you take sugar?*
No, ma prendo **del** latte.	No, ma prendo **un po' di** latte.	*No, but I take milk.*

dell'acqua   un po' d'acqua   delle ciliegie   delle ciliegie, alcune ciliegie, qualche ciliegia

3. There are two other ways to express *some*. The adjective **alcuni** (*m.*)/**alcune** (*f.*) is used with plural nouns. **Qualche** is used with a singular noun, although it expresses a plural amount.

Leggo **alcune** poesie.	Leggo **qualche** poesia.	*I read some poems.*
Ho **alcuni** amici a Todi.	Ho **qualche** amico a Todi.	*I have some friends in Todi.*

4. The partitive is not used in negative sentences.

Loro non bevono caffè.   *They are not drinking (any) coffee.*
Non ho soldi.   *I don't have (any) money.*

di + articolo determinativo
un po' di

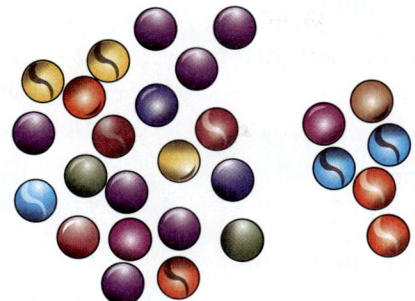

di + articolo determinativo
un po' di
alcuni/e
qualche + nome singolare

ATTIVITÀ

4.24 Il partitivo. Indicare la parola o l'espressione corretta.
1. La mamma ha preparato una torta con (qualche / delle) mele fresche.
2. Lucia ha preso (qualche / del) tè e ci ha messo (alcuni / un po' di) zucchero.
3. Ho comprato (alcuni / qualche) fiori e (delle / alcuni) paste per il compleanno di Claudia.
4. Daniele ha incontrato (qualche / dei) vecchio amico dopo tanti anni.
5. Per fare i panini abbiamo comprato (del / alcune) pane.
6. In quel negozio ci sono (qualche / delle) persone simpatiche, non è vero?
7. Hai (un po' di / delle) buone idee (*ideas*) ogni tanto.
8. Se vai in banca, vengo con te. Ho (alcuni / qualche) assegni che devo incassare.

4.25 Al mercato. Una persona è il venditore, l'altra è il/la cliente. Creare una conversazione seguendo il modello.

Esempio: latte, formaggio, pane
— **Desidera, signore?**
— **Vorrei del latte, del formaggio e del pane, per piacere.**
— **Ecco a Lei.**

1. Verdura: pomodori freschi, spinaci, patate, lattuga
2. Pasta: lasagne, fettuccine, tortellini, spaghetti
3. Frutta: melone, ananas, fragole, limoni
4. Carne: salame, bistecche, prosciutto

4.26 Una mattinata al mercato. Uno studente/Una studentessa stamattina ha fatto la spesa al mercato. Il compagno/La compagna vuole sapere cosa ha comprato. Creare delle risposte usando il partitivo, secondo il modello.

Esempio: — **Che cosa hai comprato dal fruttivendolo?**
— **Ho comprato delle fragole, delle pere...**

le carote, i fagiolini, la lattuga, le pesche, gli zucchini, i pomodori, l'uva

Ne

— Ecco **dei pomodori maturi.** — *Here are some ripe tomatoes.*
— Quanti **ne** vuoi? — *How many of them do you want?*
— **Ne** voglio **un chilo.** — *I want a kilo (of them).*

— Ecco **delle pere fresche.** — *Here are some fresh pears.*
— Quante **ne** vuoi? — *How many of them do you want?*
— **Ne** voglio **tre.** — *I want three (of them).*

— Quanti cugini hai? — *How many cousins do you have?*
— **Ne** ho **quindici.** — *I have fifteen (of them).*

— Hai bisogno **di una mano?** — *Do you need a hand?*
— Sì, **ne** ho bisogno. — *Yes, I do.*

1. **Ne** has many functions in Italian. It replaces nouns introduced by a number or an expression of quantity. When **ne** is used, a quantity is usually specified in the response (either as a number or an amount). The phrases *of it* and *of them* are optional in English, but **ne** is always used in Italian.

   — Quanti amici hai in Italia? — *How many friends do you have in Italy?*
   — **Ne** ho **molti.** — *I have many (of them).*
   — Non **ne** ho. — *I don't have any.*

   — Ecco **un po' di** acqua minerale. — *Here's some mineral water.*
   — **Quanta ne** vuoi? — *How much (of it) do you want?*
   — **Ne** voglio **un po'.** — *I'd like some (of it).*

2. The pronoun **ne** also replaces nouns and noun phrases introduced by the preposition **di.**

   — Parla **della sua famiglia?** — *Does he talk about his family?*
   — Sì, **ne** parla sempre. — *Yes, he always talks about them.*

   — Cosa sai **della situazione?** — *What do you know about the situation?*
   — Non **ne** so niente. — *I don't know anything (about it).*

3. **Ne** usually directly precedes the conjugated verb, and the quantity specified follows the verb. If the statement is negative, **ne** follows **non.** It may also be attached to an infinitive, which loses the final **e.**

   — Ecco le mele! **Ne** compro un chilo. — *Here are the apples. I'll buy a kilo.*
   — Non **ne** vuoi di più? — *Don't you want any more of them?*
   — Voglio comprar**ne** un chilo. — *I want to buy a kilo (of them).*

   Voglio parlar**ne** con te. — *I want to talk to you about it.*

4. **Ne** is often used in expressions pertaining to the date and to people's ages.

   — Quanti **ne** abbiamo oggi? — *What's the date today?*
   — Oggi **ne** abbiamo **ventidue.** — *It's the twenty-second.*

   — Quanti anni ha tuo padre? — *How old is your father?*
   — **Ne** ha **cinquantatré.** — *He's fifty-three.*

ATTIVITÀ

4.27 Ma io ne ho... Completare le frasi in maniera logica come nel modello.

Esempi: **Il mio amico ha un cane** *ma io ne ho due.*
La mia amica ha tre sorelle *e anch'io ne ho tre.*

1. Il mio amico ha diciannove anni...
2. La mia amica segue cinque corsi...
3. Il mio amico parla molte lingue straniere...
4. La mia amica ha due macchine...
5. Il mio amico ha tre carte di credito...
6. La mia amica ha molti soldi in banca...

4.28 Quanto ne vuole? Tu sei al mercato e vuoi comprare le seguenti cose. Il venditore/La venditrice vuole sapere quanto ne vuoi.

Esempio: — Vorrei delle ciliegie, per piacere.
— Quante ne vuole?
— Ne vorrei mezzo chilo.

1. pane / chilo
2. zucchini / alcuni
3. uva / un po'
4. vino / un litro
5. pomodori / cinque
6. piselli / mezzo chilo
7. pesce / mezzo chilo
8. prosciutto / due etti
9. melanzane / due

4.29 Ne compri? Fare ogni domanda al compagno/alla compagna. Poi sostituire le parole sottolineate con le espressioni indicate e continuare a fare domande.

Esempio: Compri del vino? (dell'uva, del pane)
— Compri del vino?
— Sì, ne compro. / No, non ne compro. E tu compri dell'uva?
— Sì...

1. Hai paura del buio? (del professore, dei fantasmi, dal dentista, dei serpenti)
2. Hai bisogno di studiare molto? (di lavorare, di uscire, di fare dello sport)
3. Quanti soldi hai nel portafoglio? (fotografie, carte di credito, assegni, monete)
4. Quanti studenti vedi ora? (finestre, studentesse, zaini)

4.30 Sondaggio. Con i vocaboli della lista, fare delle domande ad altri studenti della classe, secondo il modello.

Esempio: fratelli
— Quanti fratelli hai?
— Ne ho tre. / Non ne ho.

1. anni
2. amici italiani
3. parenti in Italia
4. bambini
5. macchine
6. professori
7. compagni di stanza
8. soldi

C LE COMMISSIONI

C.1 ▶ Si dice così

il/la commesso/a	salesperson, clerk	la vetrina	display window of a shop or store
la profumeria	perfume and soap shop		
la cartoleria	stationery store	di ottima qualità	best-quality
il regalo	gift	fare due passi	to take a walk, to stroll
la marca	brand	desidera… ?	may I help you?
in offerta	on sale		

ATTIVITÀ

4.31 Che cos'è? Trovare la parola adatta per ogni definizione.

1. Dove puoi vedere le cose da comprare mentre cammini per la strada.
2. Un negozio dove vendono profumi e sapone.
3. Usiamo questo per lavare i capelli (*hair*).
4. Usiamo questo per fare un bel bagno rilassante.
5. Usiamo questa cosa per lavare i denti.
6. Un negozio che vende quaderni, agende e matite.
7. La persona che lavora in un negozio e vende ai clienti.

UNITÀ 4 Comprare: Facciamo delle commissioni!

4.32 Che buon profumo! Scegliere la parola giusta per completare il brano.

Quando vado in (cartoleria / profumeria) non so mai che cosa comprare! (I profumi / I regali) mi attirano (*attract me*). Se devo fare (una marca / un regalo), magari prendo (un bagnoschiuma / un dentifricio). Oh, questo di Armani è (in vetrina / in offerta). (Il cliente / Il commesso) mi chiede "Desidera…?" e rispondo che prendo questo profumo, è (di ottima qualità / di nuovo).

C.2 ▶ Incontro

Il regalo per Mirella. *Pino è in una profumeria in centro a Perugia.*

COMMESSA:	Desidera?
PINO:	Cerco un profumo per un'amica.
COMMESSA:	Che ne dice di questo? È di ottima qualità.
PINO:	Quanto costa? È caro?
COMMESSA:	No, anzi. È in offerta—fa davvero un affare.
PINO:	Bene. Lo prendo. Può fare un pacchetto regalo°.
COMMESSA:	Certamente. Mi segua° alla cassa, per piacere.

giftwrap

Follow me

Pino usa il suo telefonino per telefonare a Mirella, ma non la trova. Lascia un messaggio sulla segreteria telefonica°.

answering machine

— Ciao, Mirella. Sono Pino. Ti chiamo per la cena di stasera. Vieni con Carolina, naturalmente. Ho parlato con Michele. Lui può passare a prendervi, abita a due passi da voi. Allora, vi aspetto. Ci vediamo più tardi!

ATTIVITÀ

4.33 Ascoltiamo! Il compleanno di Mirella. Ascoltare l'**Incontro** e scegliere la risposta che completa la frase in modo giusto. Poi, sottolineare la sillaba dove si mette l'enfasi.

Esempio: Pino ha comprato (un regalo / una marca) per Mirella.
Pino ha comprato un reg<u>a</u>lo per Mirella.

1. Pino è andato in una (profumeria / cartoleria).
2. Ha comprato un (sapone / profumo).
3. Il regalo che ha preso per Mirella è (molto costoso / economico).
4. Poi Pino ha pagato (alla cassa / a casa).
5. Pino ha chiamato Mirella con il (telefono cellulare / telefono pubblico).

4.34 In profumeria. Una persona è un/una cliente, l'altra è il commesso/la commessa. Il/La cliente entra in una profumeria. Cosa vuole comprare? Creare una conversazione in base alle seguenti idee:

Il commesso/La commessa: Desidera…? / Quale marca preferisce? / C'è questo di Valentino, è di ottima qualità.

Il/La cliente: Vorrei… un profumo, un bagnoschiuma, un sapone… / C'è qualcosa in offerta? / Quanto costa il profumo di Bulgari?

4.35 Quale marca preferisci? Chiedere al compagno/alla compagna quale marca dei seguenti prodotti usa normalmente.

Esempio: shampoo
— Quale marca di shampoo usi? / Qual è il tuo shampoo preferito?
— La mia marca preferita è… / Di solito uso…

dentifricio   profumo   sapone   prodotti (*products*) per i capelli

In altre parole

che ne dici di (+ *infinitive*)?	what do you say to (doing something)?
per piacere, per cortesia	please
anzi	on the contrary, actually (*used to contradict or intensify a previous statement*)
essere a due passi	to be nearby
fare un affare	to get a great deal

4.36 Sostituzioni. Sostituire alle parole in corsivo espressioni da **In altre parole**.

1. Giorgio, puoi fare una cosa per me, *per favore*? Ho bisogno di un'aspirina: puoi andare in farmacia?
2. Veramente non mi interessa l'idea di fare la spesa al supermercato. Prima di tutto, è lontano da qui, e io ho il mercato all'aperto qui, *molto vicino*.
3. Non odio i gatti: *al contrario,* mi piacciono. Il problema è che sono allergico.
4. Senti, Paolo, non usciamo mai. Ho voglia di uscire stasera. *Vuoi* andare a vedere un film?
5. Che bel vestito! E hai pagato così poco. Certo che *hai comprato molto bene*.

4.37 La festa della mamma. È la festa della mamma e tu e tuo fratello/tua sorella andate in una profumeria del centro per trovare un bel regalo per vostra madre. Decidete che cosa comprare con l'aiuto di un commesso/una commessa, che fa anche il pacchetto regalo.

Esempio: — Buongiorno. Desiderate?
— Buongiorno, signora. Vogliamo comprare…
— È un regalo? … per chi? …

> **Lo sapevi che...?**
>
> There are two major musical festivals in Umbria during the summer. The **Festival dei due mondi** was founded in 1958 by composer Gian Carlo Menotti. His intention was to bring together two cultural worlds—the Old World of Europe and the New World in America. The Festival takes place in Spoleto, a beautiful medieval town, and showcases all forms of artistic expression. Perugia is host to **Umbria Jazz,** which fills the Umbrian capital with over 350 artists and 300 concerts performed in three open-air theaters in addition to the traditional theater buildings.

C.3 ▶ Punti grammaticali

I pronomi complemento oggetto diretto

— Mangi la carne?	— *Do you eat meat?*
— Sì, **la** mangio.	— *Yes, I do (eat it).*
— Bevi il vino?	— *Do you drink wine?*
— No, non **lo** bevo.	— *No, I don't (drink it).*
Ho comprato due libri di Calvino e ora **li** leggo.	*I bought two books by Calvino and now I'm reading them.*
— **Mi** aspettate?	— *Will you wait for me?*
— Sì, **ti** aspettiamo.	— *Yes, we'll wait for you.*

1. A direct object is a word or phrase that receives the action of a verb and answers the question *what?* or *whom?*

Invito <u>le ragazze</u> a cena.	*I invite the girls to dinner.*
Leggo <u>i giornali</u>.	*I read the papers.*

   A direct object can be replaced by a direct-object pronoun. The form of the pronoun depends on the gender and number of the noun it replaces.

singolare		**plurale**	
mi	*me*	ci	*us*
ti	*you*	vi	*you*
La	*you (formal, m. and f.)*		
lo	*him, it (m.)*	li	*them (m.)*
la	*her, it (f.)*	le	*them (f.)*

UNITÀ 4 Comprare: Facciamo delle commissioni!

2. A direct-object pronoun precedes the conjugated verb. In a negative sentence, **non** precedes the object pronoun.

Io cucino <u>il pollo</u> e **lo** mangio.	*I cook the chicken and eat it.*
<u>Professore</u>, non **La** sento.	*Professor, I can't hear you.*
Non ti piace <u>la carne</u> e non **la** mangi.	*You don't like meat and don't eat it.*

3. When used with an infinitive, the direct-object pronoun attaches to the end of the infinitive. The final **e** of the infinitive is dropped.

— È importante mangiare le verdure?	— *Is it important to eat vegetables?*
— Sì, è importante mangiar**le.**	— *Yes, it's important to eat them.*
— Bisogna comprare il latte?	— *Do we have to buy milk?*
— Sì, bisogna comprar**lo.**	— *Yes, we have to buy it.*

If the infinitive is preceded by a modal verb **(volere, dovere,** or **potere),** the object pronoun may either attach to the infinitive or precede the conjugated verb.

—Vuoi vedere il film?	— *Do you want to see the film?*
— Sì, voglio veder**lo.** / Sì, **lo** voglio vedere.	— *Yes, I want to see it.*
— Devo finire gli spinaci?	— *Must I finish the spinach?*
— Sì, devi finir**li.** / Sì, **li** devi finire.	— *Yes, you must finish it.*
— Posso aprire la finestra?	— *Can I open the window?*
— Sì, puoi aprir**la.** / Sì, **la** puoi aprire.	— *Yes, you can open it.*

4. Some direct-object pronouns elide with verbs that begin with a vowel and with forms of **avere** beginning with **h. Lo** and **la** normally elide; **li** and **le** never do.

— Assaggi **il melone?**	— Sì, **l'**assaggio.	(Lo assaggio.)
— Aiuti **Flavia** con i compiti?	— Sì, **l'**aiuto sempre.	(La aiuto.)
— Lei **mi** invita?	— Sì, **t'**invita!	(Sì, ti invita.)
— Adori **le lasagne?**	— Sì, **le** adoro!	
— Marco ordina **i ravioli.**	— **Li** ordina.	

5. Unlike their English counterparts, the verbs **cercare** (*to look for*), **ascoltare** (*to listen to*), **guardare** (*to look at*), and **aspettare** (*to wait for*) are used without prepositions and thus take direct objects.

Il turista cerca la guida turistica, però non **la** trova!	*The tourist is looking for the guidebook but can't find it!*
Quando parla il professore, **lo** ascolto sempre.	*When the professor speaks, I always listen to him.*
Quando ci sono programmi interessanti alla televisione, **li** guardo.	*When there are interesting programs on TV, I watch them.*
Dov'è Anna? **L'**aspetto da venti minuti!	*Where's Anna? I've been waiting twenty minutes for her.*

ATTIVITÀ

4.38 Le commissioni. Cristiana è in centro per fare le commissioni. Completare le frasi con pronomi diretti.

1. Ordina un cappuccino al bar e _____ beve in fretta.
2. Ha bisogno di francobolli e _____ compra all'ufficio postale.
3. Dove sono le ciliegie? Non _____ trova perché non sono di stagione.
4. Compra dei fiori perché vuole metter _____ in salotto.
5. Deve cambiare un assegno: _____ cambia in banca.
6. Prende le banconote e _____ mette nel portafoglio.
7. Compra un CD perché desidera mandar _____ a suo fratello.
8. Cerca il suo bagnoschiuma preferito e finalmente riesce a trovar _____.

4.39 Vita da studenti. Sostituire con un pronome complemento diretto le parole in corsivo.

Quando faccio i compiti, faccio *i compiti* molto bene. Mentre scrivo le parole ripeto *le parole* ad alta voce. Se c'è una frase importante, ripeto *la frase* due volte. Quando consegno i compiti alla professoressa, lascio *i compiti* sulla sua scrivania.

Vado alla mensa e vedo i miei amici. Saluto *i miei amici*. Cerco una mia amica e quando trovo *la mia amica* mangiamo insieme. Lei vuole una Coca-cola, ma io non voglio *la Coca-cola*, preferisco l'acqua. Decidiamo di mangiare dei panini, quindi prepariamo *i panini* e portiamo *i panini* a un tavolo libero. Dopo pranzo vogliamo un caffè e beviamo *il caffè* al bar.

4.40 Andiamo al cinema? Il tuo amico Marco vuole andare al cinema. Rispondere alle sue domande usando un pronome oggetto diretto.

1. Vuoi vedere il nuovo film di Tornatore?
2. Possiamo invitare le nostre amiche?
3. Mi puoi aspettare davanti al cinema?
4. Dobbiamo comprare i biglietti?
5. Mangiamo il gelato (*ice cream*) dopo il cinema?
6. Prendiamo un caffè dopo il film?

4.41 Fare la spesa al Super-OGM. Per fare la spesa, vai con un tuo amico/una tua amica in un nuovo supermercato che si chiama Super-OGM. È molto bello ma ha tanti prodotti strani. Commentare gli oggetti, usando un po' di fantasia (*imagination*) e i pronomi oggetto diretto, seguendo il modello.

Esempio: — Vedi le mele?
— Sì, **le** vedo! Sono rosse, ma sono lunghe come le banane!
— Io voglio assaggiare quei pomodori.
— Non **li** vedo.
— Ecco**li**! Sono gialli e verdi come gli spinaci.

UNITÀ 4 Comprare: Facciamo delle commissioni!

4.42 Indovina! Indovinare a che cosa si riferisce (*refers*) il pronome nella frase.

Esempio: Gli studenti in questa classe **lo** studiano. Gli Italiani **lo** parlano.
— L'italiano!

1. Gli studenti **la** mangiano spesso. Alcuni **la** preferiscono con i funghi o con la salsiccia (*sausage*), ma altri **la** mangiano solo con il formaggio mozzarella.
2. **Le** aspettiamo con impazienza ogni anno, ma passano in fretta! Molti **le** passano al mare o in montagna.
3. **Lo** dicono gli amici per salutare. Non devi dir**lo** quando dai del Lei.
4. Molti **lo** prendono con un po' di zucchero e limone. **Lo** bevono gli Inglesi.
5. **Lo** puoi comprare in profumeria. **Lo** usiamo per lavare le mani.
6. **Li** puoi trovare al mercato. **Li** compriamo freschi o conservati in lattina. **Li** usano in Italia per creare sughi per la pasta, per la pizza—per tutto!

Ci

— Quando vai <u>in Italia</u>?	— *When are you going to Italy?*
— **Ci** vado quest'estate.	— *I'm going there this summer.*
— I tuoi amici abitano <u>a Perugia</u>?	— *Do your friends live in Perugia?*
— Sì, **ci** abitano.	— *Yes, they do (live there).*
— Mangiate spesso <u>al ristorante</u>?	— *Do you eat often in restaurants?*
— No, **ci** mangiamo raramente.	— *No, we rarely do (eat there).*

1. The adverb **ci** (*there*) replaces nouns or phrases referring to a place. Often such phrases are introduced by a preposition such as **a, in, da,** or **su.**

— Sei andata <u>al mercato</u>?	— *Did you go to the market?*
— Sì, **ci** sono andata stamattina.	— *Yes, I went (there) this morning.*
— Vuoi andare <u>in centro</u> oggi?	— *Do you want to go downtown today?*
— No, non voglio andar**ci.**	— *No, I don't want to go (there).*
— Vai <u>alla mensa</u> mezzogiorno?	— *Are you going to the cafeteria at noon?*
— No, ma posso andar**ci** all'una.	— *No, but I can go (there) at one.*

2. The position of **ci** in a sentence is the same as that of an object pronoun: it may precede a conjugated verb; it may attach to the end of an infinitive, which then drops the final **e;** or, if the infinitive follows **volere, dovere,** or **potere,** it may either precede the conjugated verb or attach to the infinitive.

Andiamo spesso al cinema.   **Ci** andiamo spesso.
Pensano di andare a Spoleto.   Pensano di andar**ci.**

Vorrei andare in Europa quest'estate.   { Vorrei andar**ci** quest'estate.
                                        { **Ci** vorrei andare quest'estate.

3. **Ci** is also used with certain verbs followed by **a** or **in,** such as **pensare a** (*to think about*) and **credere a / in** (*to believe in*).

— Credi a <u>Babbo Natale</u>? — *Do you believe in Santa Claus?*
— No, non **ci** credo. — *No, I don't (believe in him).*

Ci can also replace an infinitive phrase beginning with **a.**

— Andate <u>a sentire il concerto</u> a Spoleto? — *Are you going to the concert in Spoleto?*
— **Ci** andiamo. — *We're going (there).*

— Vai <u>a parlare</u> con il professore? — *Are you going to talk to the professor?*
— **Ci** vado oggi. — *I'm going today.*

ATTIVITÀ

4.43 Incontro in Umbria. Durante un viaggio in Umbria incontri una persona curiosa che vuole sapere tutto del tuo viaggio. Rispondere alle domande usando **ci** nella risposta.

Esempio: — Sei mai stato/a in Umbria?
— **No, non ci sono mai stato/a.**

1. Vai ad Assisi?
2. Vai a vedere la chiesa di S. Francesco?
3. Sei stato/a al Festival di Spoleto?
4. Vai anche a Tortona?
5. Pensi di andare al Festival del cioccolato a Perugia?
6. Vieni spesso in Italia?

4.44 Abitudini. Fare le seguenti domande ad un compagno/una compagna e poi presentare le informazioni alla classe.

1. Vai spesso al cinema? Quante volte al mese ci vai?
2. Tu e i tuoi amici andate al ristorante?
3. Vai spesso al supermercato? Dove? Cosa compri?
4. A che ora vai a lezione? Ci vai ogni giorno?
5. Vai spesso in biblioteca? Che cosa fai in biblioteca?
6. Vuoi andare in Italia un giorno? Quando vuoi andarci? Con chi?
7. Sei mai andato/a a Disney World? Hai intenzione di tornarci?

4.45 In che cosa credi? Chiedere al compagno/alla compagna se crede nelle seguenti cose: la fortuna, la sfortuna, il malocchio (*the evil eye*), la reincarnazione, Babbo Natale, gli extraterrestri, gli spiriti, l'esistenza di un essere supremo, ecc.

Esempio: — Credi nella fortuna?
— Sì, ci credo tanto! / No, non ci credo per niente! / A volte (*Sometimes*) ci credo e a volte no.

Lo sapevi che...?

A **tabaccheria**, or tobacco store, is also called a **Sali e Tabacchi** because the Italian state holds monopolies on salt and tobacco. Those two items and stamps can always be found at a **tabaccheria**. The national brand of cigarettes is **MS** for **Monopolio dello Stato.**

L'insegna di una tabaccheria

D I NEGOZI

D.1 ▶ Si dice così

la bottega	shop	la clientela	clientele
il grande magazzino	department store	il chilo	kilo, kilogram
il supermercato	supermarket	il litro	liter
il centro commerciale	mall	l'etto	one hundred grams

ATTIVITÀ

4.46 In quale negozio... ? Chiedere ad un altro studente/un'altra studentessa dove può comprare le seguenti cose.

Esempio: carne
— Dove puoi comprare la carne?
— La posso comprare in macelleria. / Posso comprarla in macelleria.

delle aspirine	i biscotti
un gelato	un po' di pane
lo shampoo	tre etti di caffè
una bella bistecca	del prosciutto di Parma

4.47 Negozianti (*Shopkeepers*). Finire le frasi in maniera logica.

1. Il signor Ruffini è commesso e vende vestiti da uomo. Lavora in...
2. Il signor Carta è fornaio. Vende il pane in...
3. La signora Botti prepara medicine per i clienti. Lavora in...
4. La signorina Baccari vende il caffè in...
5. Il signor De Mattei ha un problema: mangia sempre il gelato che vende ai clienti. Lavora in...

4.48 La bottega dell'immaginazione. Immaginare di essere un negoziante. Descrivere ad un compagno/una compagna dove lavori, se ti piace lavorarci, che cosa fai e l'orario del tuo negozio. Descrivere anche il negozio: è grande? È in centro? Ci sono altri commessi?

> **Lo sapevi che...?**
>
> A **chilo**, or kilogram, contains a thousand grams (**milligrammi**) and is equivalent to 2.2 pounds. An **etto** is a common measurement, equal to 100 grams or one-tenth of a kilo, and is about one-quarter pound. A **litro** is approximately a quart. Although the pound has not been used as a unit of measure in Italy since ancient times, our abbreviation, *lb.*, derives from the Latin word for pound, **libbra**.

UNITÀ 4 Comprare: Facciamo delle commissioni!

D.2 ▶ Incontro

Che sorpresa!° È il compleanno di Mirella. Mirella e Carolina incontrano Pino e Michele per strada.   *What a surprise!*

MIRELLA:	Mi è piaciuto molto quel film ieri sera. E Michele —che simpatico!
CAROLINA:	Oh, guarda! Ci sono Pino e Michele che entrano nella cartoleria!
MIRELLA:	Non mi dire! Dove? Oh, eccoli… Dai, andiamo!
CAROLINA:	Perché non li salutiamo? Non li vuoi vedere?
MIRELLA:	Per carità! Sbrigati!
PINO:	Ma guarda chi si vede! Sono proprio loro—Mirella e Carolina! Ciao, Mirella!
MIRELLA:	Oh, Pino, salve—che sorpresa! Ciao, Michele, come va?
MICHELE:	Ciao, Mirella. Bene. Buon compleanno!
MIRELLA:	Grazie.
PINO:	Allora, stasera venite a cena da noi?
MIRELLA:	Mi dispiace, Pino, non possiamo.
PINO:	Ma come? Vi ho invitate la settimana scorsa!
MIRELLA:	Davvero? Non mi ricordo.°
PINO:	Ti ho telefonato ieri e oggi—ma non ti ho trovata.
MIRELLA:	Strano, non esco mai.
PINO:	Senti, Mirella, non sono mica scemo… Noi dobbiamo parlarci chiaro°…

I don't remember

to speak frankly with each other

ATTIVITÀ

4.49 Ascoltiamo! Ascoltare l'**Incontro** ed indicare a chi riferisce ogni frase: a Mirella (**M**) o a Pino (**P**).

	M	P
1. Il suo compleanno è oggi.	X	
2. Le è piaciuto il film.	X	
3. Trova molto simpatico Michele.	X	
4. Non vuole vedere gli amici.	X	
5. Ha telefonato ieri.		X
6. Dice che non esce mai.	X	

4.50 Le commissioni. Con un compagno/una compagna, scrivere una lista della spesa come quella accanto. Cosa dovete comprare? Creare una conversazione in cui (*in which*) parlate dei negozi dove dovete fare le commissioni. Seguite il modello.

Esempio: — Cosa devi comprare oggi?
— Ho bisogno di dentifricio. E tu?
— Devo comprare dei francobolli, e devo prendere del latte...
— Allora, andiamo prima in... e poi...

Lista della spesa: Sale, Dentifricio, Latte, Aspirine, Francobolli, Pane, Prosciutto, Acqua Minerale

In altre parole

non mi dire!	you don't say!, I can't believe it!
per carità!	please!, for heaven's sake!
sbrigati!	move it!
dai!	come on!
chi si vede!	look who's here!
essere scemo	to be a fool

4.51 Risposte logiche. Quale delle frasi nella colonna a destra è una risposta logica alle frasi della colonna a sinistra?

1. Enrico, non sono ancora pronta!
2. Ho trovato il profumo Cavalli a un prezzo incredibile—solo 26 euro!
3. Guarda, c'è Mauro. Ehi, Mauro, come va?
4. E ora possiamo andare a prendere un gelato!
5. George Clooney ti vuole incontrare. Vieni alla mia festa e te lo presento.

a. Oh! Chi si vede!
b. Dai! È già tardi! Sbrigati!
c. Dai! Non sono mica scema!
d. Non mi dire! È un profumo molto costoso. Hai fatto davvero un affare!
e. Per carità! Abbiamo già mangiato troppo!

4.52 Regali assurdi. È sempre difficile trovare il regalo perfetto. Un amico/Un'amica suggerisce regali assurdi e tu rispondi con espressioni come **Non essere scemo/a!, Per carità!, Dai!**

Possibili regali: una Ferrari, una penna Mont Blanc, una borsa Gucci, una motocicletta, un quadro di Botticelli, ecc.

Esempio: — Perché non compri un orologio Breitling?
— Dai! Non essere scemo!

> **Lo sapevi che...?**
>
> Italian bread comes in many shapes and sizes. In recent years **pane integrale,** or whole wheat bread, has become more popular. **Focaccia,** a flattened bread topped with oil and sometimes other spices or vegetables, is a common snack food. **Grissini,** or breadsticks, originated in Turin, in the north, but are now found in every part of Italy. Bread is eaten at every meal and is bought fresh daily.

TRA I TANTI QUOTIDIANI SCEGLI QUELLO GIUSTO!

D.3 ▶ Punti grammaticali

L'accordo con i pronomi complemento diretto nel passato prossimo

Ho comprato una bistecca e **l'**ho mangiat**a.**	*I bought a steak and I ate it.*
—Avete letto tutti i libri?	—*Did you read all the books?*
—Sì, **li** abbiamo lett**i.**	—*Yes, we read them.*
—Dove ha incontrato le sue amiche?	—*Where did she meet her friends?*
—**Le** ha incontrat**e** in centro.	—*She met them downtown.*
—Ci hai visto (vist**i**) al cinema?	—*Did you see us at the movies?*
—**Vi** ho visto (vist**i**).	—*I saw you.*
—Dove **mi** hai aspettato (aspettat**a**)?	—*Where did you wait for me?*
—**Ti** ho aspettato (aspettat**a**) vicino alla biblioteca.	—*I waited for you near the library.*
—Quanti meloni hai comprato?	—*How many melons did you buy?*
—**Ne** ho comprat**i** tre.	—*I bought three of them.*

1. When a third-person direct-object pronoun (**lo, la, li,** or **le**) precedes the verb in the **passato prossimo,** the past participle agrees in number and gender with the pronoun.

   Ho mangiato <u>la mela</u>.   **L'**ho mangiat**a.** (**La** ho mangiat**a.**)
   Abbiamo visto <u>i ragazzi</u>.   **Li** abbiamo vist**i.**
   Ha scritto <u>le lettere</u>.   **Le** ha scritt**e.**

2. Agreement with the direct-object pronouns **mi, ti, ci,** and **vi** is optional.

   —**Mi** hai salutat**o**/salutat**a**?   **Vi** ho vist**o** / vist**i** al concerto.
   —Sì, Angela, **ti** ho salutat**o**/salutat**a.**

UNITÀ 4 Comprare: Facciamo delle commissioni!

3. When **ne** functions like a direct-object pronoun referring to a quantity, the past participle must agree in gender and number with the noun **ne** is replacing.

— Quanti libri hai comprato? — Hai bevuto dell'acqua?
— **Ne** ho comprat**i** tre. — **Ne** ho bevut**a** poca.

ATTIVITÀ

4.53 L'hai visto? A turno (*Taking turns*), domandare e rispondere se avete visto le persone indicate.

Esempio: Mirella
— Hai visto Mirella?
— Sì, **l'**ho vist**a**.

1. Giacomo e Beppe
2. Angela e sua madre
3. vostro padre
4. Piero e Chicco
5. Letizia
6. Riccardo e Federica
7. Gabriella e me
8. mia madre

4.54 Preparativi per una festa. Un tuo amico vuole sapere se hai fatto tutto il necessario per una festa. Rispondere usando un pronome.

1. Hai comprato la Coca-cola?
2. Hai scelto il vino?
3. Hai pulito il salotto?
4. Hai ordinato la torta?
5. Hai comprato le fragole?
6. Hai invitato i tuoi compagni di classe?
7. Dove hai messo le sedie?
8. Chi ha preparato questa insalata?
9. Chi ha aperto i regali?

4.55 Commissioni in città. Isabella è andata in centro a fare delle commissioni. Completare le frasi usando un pronome e un verbo al passato prossimo. Accordare il participio passato al soggetto, dove necessario.

1. Ha visto le mele al mercato ma non...
2. Deve comprare un profumo e un sapone, quindi (*so*)...
3. Ha visto dei fiori al mercato. Come costano cari! Allora non...
4. Ha bisogno di un'aspirina. Quindi è andata in farmacia e...
5. Ha dimenticato di comprare l'acqua minerale ieri. Allora oggi...
6. Vuole del buon pane. Così è andata al forno e...
7. Ha voglia di fragole. Così, ...

4.56 L'hai mai letto? Fare una lista di tre libri che ti piacciono, tre film preferiti, tre canzoni che ti piacciono e tre città che hai visitato. Poi chiedere agli altri membri del gruppo se hanno letto i libri, visto i film, sentito le canzoni e visitato le città.

Esempio: — Hai mai visto *Casablanca*?
— Sì, l'ho visto, piace anche a me. / No, non l'ho mai visto.

UNITÀ 4 Comprare: Facciamo delle commissioni! 179

IMMAGINI E PAROLE

- **Leggiamo italiano!** *Identifying key words*
- **La spesa quotidiana**
- **Scriviamo italiano!** *Improving writing skills*
- **Come disse...** Italo Calvino
- **Musica, maestro!** *"Fratello sole sorella luna",* Claudio Baglioni
- **Ciak! Italia**

 For self-tests and additional practice, and for access to the Video and video activities, go to the Book Companion Site, accessible at www.wiley.com/college/branciforte

Leggiamo italiano!

Identifying key words

Scanning a text to identify key words or phrases helps orient you to the content. Look through the first paragraph of the reading and make a list of words that relate to the topic **la spesa quotidiana.** Compare your list with a classmate's. How closely do your lists match? Now do the same for the second and following paragraphs. As your lists grow, you will see words that have a semantic connection, that is, meanings that relate to one another. This will help you anticipate the content of the text.

ATTIVITÀ DI PRE-LETTURA

4.57 Vocabolario familiare. Trovare una parola italiana che conoscete che è simile ad ogni parola in corsivo.

Esempio: la *clientela* del negozio...
cliente

1. la *genuinità* dei prodotti è importantissima...
2. la *freschezza* della frutta e delle verdure
3. è la *chiusura* dei negozi
4. tanti piccoli negozi *specializzati*

4.58 I negozi qua e là. Rispondere alle seguenti domande.

1. Quali sono le cose che compri più frequentemente? Dove le compri?
2. Preferisci pagare in contanti o con la carta di credito? Perché?
3. Nel tuo paese, è normale chiedere lo sconto? Quando e dove?
4. Qual è l'orario del supermercato che frequenti di più? A che ora chiude? È aperto di domenica?
5. Nella tua città, i negozi sono chiusi la domenica? Quali?

6. Che tipo di negozio preferisci? Perché? Quali aspetti di questo negozio ti piacciono di più?
7. Hai mai (*Have you ever*) fatto la spesa in un mercato all'aperto?

La spesa quotidiana° — *daily*

Fare la spesa è un rito° in Italia. La genuinità e la freschezza dei prodotti sono importantissime e molti Italiani fanno la spesa ogni giorno, o almeno comprano alcuni prodotti come il pane, la frutta, la verdura e la carne tutti i giorni. Spesso, la gente fa la spesa nei negozi vicino a casa, per cui ci sono molti piccoli alimentari° e fruttivendoli nelle città italiane. — *ritual* / *food shops*

Un'antica profumeria

I supermercati sono molto comodi, e i prodotti spesso costano di meno, soprattutto se si va in un ipermercato o "hard discount". Inoltre, ci sono le offerte ogni settimana. Grandi catene di supermercati, quali la Coop, il Dì per dì, il Superbasko, L'Esselunga, la Standa o la Conad offrono anche punti per la fedeltà° del cliente. — *loyalty*

Una tradizione che resiste ancora in Italia è la chiusura dei negozi: durante la settimana, molti negozi chiudono dalle 12.30 fino alle 15.30. Di domenica quasi tutti i negozi sono chiusi; solo qualche farmacia, bar o pasticceria è aperta di domenica, e alcuni supermercati restano aperti fino a mezzogiorno e mezzo. Le edicole sono aperte la domenica mattina, così la gente può leggere un giornale.

La nuova tendenza: il centro commerciale in periferia

Ci sono pochi centri commerciali in Italia, e si trovano soprattutto fuori i grandi centri urbani. Invece, i grandi magazzini come La Rinascente o Coin offrono la possibilità di trovare tutto ciò che serve in un unico negozio che spesso fa orario continuato—un modo comodo per fare shopping. È notevole che in Italia ci siano° — *there are*

Quale verdura mangiamo stasera?

UNITÀ 4 Comprare: Facciamo delle commissioni!

ancora tanti piccoli negozi specializzati, dove il cliente conosce il proprietario o il commesso, e dove il rapporto personale è un valore aggiunto°.

added value

Così, in una giornata tipica, è possibile fare due passi, o tornando dal lavoro, mentre si fanno le commissioni, fare due chiacchiere con il proprietario del negozio e comprare il necessario... fino al giorno dopo!

ATTIVITÀ

4.59 Comprensione: vero o falso? Decidere se le seguenti frasi sono vere o false, e poi correggere le frasi false.

	Vero	Falso
1. La freschezza dei prodotti non ha importanza per gli Italiani.	_____	_____
2. La gente tende a tornare negli stessi negozi.	_____	_____
3. Non ci sono centri commerciali in Italia.	_____	_____
4. Esselunga, Coop e Conad sono tutti nomi di gelaterie.	_____	_____
5. Le edicole sono chiuse di domenica.	_____	_____
6. Di domenica, tutti i bar e le farmacie sono chiusi.	_____	_____
7. Ci sono grandi magazzini in Italia.	_____	_____

4.60 Spunti di conversazione.

1. Immaginate di dovere fare un regalo insieme per la laurea di Enrico e Stefania. Decidete in quali negozi andare, cosa comprare e quanto spendere. Ecco alcune idee per un regalo.

   una penna   un orologio   un libro di fotografie
   dei CD   un portafoglio   dei fiori

2. Discutere i vantaggi e gli svantaggi (*advantages and disadvantages*) del sistema dove la gente tende a fare la spesa nei supermercati e nei grandi magazzini, e il sistema italiano, dove la gente ancora preferisce il mercato all'aperto e i piccoli negozi.

Scriviamo italiano!

Improving writing skills

As you discovered in **Unità 1,** it's good practice to write daily in Italian to reinforce what you are learning and improve your ability to express yourself. The journal you began in **Unità 1** is a good place to log your daily activities and record some impressions. And now that you've learned the **passato prossimo,** you'll also be able to talk about things you did in the past. Keep in mind the following points:

1. It's not always necessary to make complete sentences.
2. Try to say what you know how to say, without getting into complicated structures or topics for which you don't have the necessary vocabulary.
3. Avoid stopping to look up words you don't know in the dictionary while you're writing. Keep writing, even if you have to jot down a word or two in English. The important thing is to keep on writing.
4. Connecting words help the flow. Use words such as **prima** (*first*), **poi** (*then, next*), **dopo** (*after*), and **alla fine** (*finally, at the end*) to indicate the chronology of your day's events. Words like **e** (*and*) and **ma** (*but*) also connect ideas.

ATTIVITÀ

4.61 Caro diario...

1. Elencare (*List*) le attività della settimana scorsa.

   Esempio: andare a lezione; vedere un amico, Marco; studiare; mangiare un gelato; la sera andare al cinema, ecc.

2. Ora trasformare l'elenco in frasi usando il passato prossimo per descrivere le tue attività.

   Esempio: **Prima sono andato/a a lezione e dopo ho visto un amico, Marco. Abbiamo studiato e poi abbiamo mangiato un gelato. La sera sono andato/a al cinema con Mariangela, ecc.**

4.62 Una giornata incredibile di shopping. Dopo una giornata faticosa (*exhausting*) di shopping, scrivi un messaggio di posta elettronica ad un amico/un'amica in Italia. Descrivi una cosa incredibile che è successa durante la giornata. Hai incontrato un commesso/una commessa antipatico/a? Hai perso il portafoglio? Hai comprato tutto o hai dimenticato qualcosa?

Come disse... Italo Calvino (1923–1985)

da *Marcovaldo*, "Funghi in città"

I funghi c'erano [...]. —Evviva!—e si buttarono a raccoglierli°. *gather them*

— Babbo! guarda quel signore lì quanti ne ha presi!—disse Michelino, e il padre alzando il capo vide, in piedi accanto a loro, Amadigi anche lui con un cesto pieno di funghi [...].

— Ah, li raccogliete anche voi? [...] Allora sono buoni da mangiare? Io ne ho presi un po' ma non sapevo se fidarmi°... *to trust them*
[...] Bene, adesso che lo so, avverto° i miei parenti che sono *I will tell* là a discutere se conviene raccoglierli o lasciarli...

UNITÀ 4 Comprare: Facciamo delle commissioni!

Musica, maestro!

Usando Internet, cercare la canzone di Claudio Baglioni "Fratello sole sorella luna", ispirata dalla poesia *Cantico delle creature* di San Francesco d'Assisi. Ascoltare la canzone più di una volta. Senti le parole *sole, luna, terra, vento, acqua, amore*?

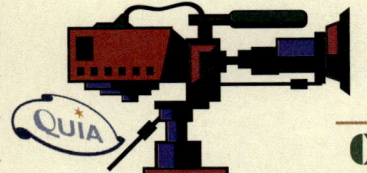

Ciak! Italia

4.63 Destinazione: Umbria. Il videoclip inizia con delle immagini dell'Umbria e di Oriveto. Che cosa vedi? Fare un elenco di almeno cinque cose che noti:

_____
_____
_____
_____
_____

Una piazza ad Orvieto

4.64 Chi lo fa? Mentre guardi il videoclip, indicare se è Francesco (**F**) o Anna (**A**) che fa le seguenti cose.

1. Compra il giornale. _____
2. Chiede di passare dal bancomat. _____
3. Vuole mangiare la pizza. _____
4. Trova un libro. _____
5. Compra tre cartoline. _____

4.65 Una mattina di commissioni in Umbria. Immagina di essere ad Orvieto con un amico/un'amica. Dovete fare le commissioni. Cosa dovete comprare? E dove andate per comprare queste cose? Scrivere un elenco delle cose che dovete comprare a sinistra, e sulla destra, il negozio o il luogo dove andate a prenderle.

Cosa devo comprare	Dove
_____	_____
_____	_____
_____	_____
_____	_____
_____	_____

UNITÀ 4 Comprare: Facciamo delle commissioni!

Vocabolario

Al mercato

la bistecca	*steak*
la carne	*meat*
il formaggio	*cheese*
il latte	*milk*
il mercato all'aperto	*open-air market*
il pane	*bread*
il pesce	*fish*
il pollo	*chicken*
il prosciutto	*ham*
l'uovo (pl. le uova)	*egg*
biologico	*organic*
cotto	*cooked*
crudo	*raw*
fresco	*fresh*
maturo	*ripe*
surgelato	*frozen*
assaggiare	*to try, to taste, to sample*
fare la spesa	*to go food shopping*

La frutta

l'ananas (*m.*)	*pineapple*
l'arancia (*f.*)	*orange*
la banana	*banana*
la ciliegia	*cherry*
la fragola	*strawberry*
il limone	*lemon*
la mela	*apple*
il melone	*melon*
la pera	*pear*
l'uva (*f.*)	*grape(s)*

La verdura

la carota	*carrot*
la cipolla	*onion*
la lattuga	*lettuce*
la melanzana	*eggplant*
la patata	*potato*
i piselli (*pl.*)	*peas*
il pomodoro	*tomato*
gli spinaci (*pl.*)	*spinach*

Fare acquisti

l'assegno	*check*
la banconota	*bill, banknote*
il bancomat	*ATM*
la carta di credito	*credit card*
la cassa	*cash register*
il cassiere/la cassiera	*cashier*
il centesimo	*cent*
le commissioni (*pl.*)	*errands*
il conto	*bill, check*
il denaro, i soldi (*pl.*)	*money*
l'euro (*m. inv.*)	*euro*
la moneta	*coin*
il portafoglio	*wallet*
il prezzo	*price*
il regalo	*gift*
il resto	*change*
lo sconto	*discount*
lo scontrino, la ricevuta	*receipt*
gli spiccioli (*pl.*)	*small change*
caro	*expensive*
costoso	*costly*
conveniente	*cheap, reasonably priced*
economico	*economical, cheap*
cambiare	*to change, to exchange*
costare	*to cost*
fare un prelievo	*to make a withdrawal*
pagare (in contanti)	*to pay (cash)*
prestare	*to lend*
risparmiare	*to save*
spendere	*to spend*

I negozi

il/la cliente	*client*
la clientela	*clientele*
il/la commesso/a	*salesperson, clerk*
il fruttivendolo	*fruit vendor*
la marca	*brand*
la bottega	*shop*
la cartoleria	*stationery store*
il centro commerciale	*mall*

UNITÀ 4 Comprare: Facciamo delle commissioni!

la farmacia	pharmacy	**Verbi**	
la gelateria	ice cream store	ammettere	to admit
il grande magazzino	department store	credere a / in	to believe in
la macelleria	butcher shop	crescere	to grow
la panetteria, il panificio	bread store	diventare	to become
la pasticceria	bakery	entrare	to enter
la pescheria	fish market	morire	to die
la profumeria	perfume and soap shop	nascere	to be born
la salumeria	delicatessen	promettere	to promise
il supermercato	supermarket	restare	to stay
la tabaccheria	tobacco store	salire	to ascend
la torrefazione	coffee store	scegliere	to choose
la vetrina	display window of a shop or store	tornare	to come back
		tradurre	to translate
		uccidere	to kill
il chilo	kilo, kilogram	uscire	to exit
l'etto	one hundred grams	vincere	to win
il litro	liter		

Altre parole ed espressioni

il bagnoschiuma	bubble bath	alcuni/e	some
il dentifricio	toothpaste	anzi	on the contrary
il profumo	perfume	bello fresco	very fresh
il sapone	soap	un buon affare	a good deal
lo shampoo	shampoo	capirai!	you must be kidding!
		che ne dici di (+ *infinitive*)?	what do you say to (doing something)?

Espressioni di tempo

ieri	yesterday	che bello!	how nice!, how beautiful!
ieri sera	last night	chi si vede!	look who's here!
l'altro giorno	the other day	dai!	come on!
l'altro ieri	the day before yesterday	di nuovo	again
un'ora fa	an hour ago	dormiglione/a	sleepyhead
una settimana fa	a week ago	eccome!	and how!, of course!, certainly!
un mese fa	a month ago		
un anno fa	a year ago	essere a due passi	to be nearby
la settimana scorsa	last week	essere scemo	to be a fool
sabato scorso	last Saturday	essere senza una lira	to be broke
il mese scorso	last month	mi raccomando!	I'm warning you!, Don't forget!
l'anno scorso	last year		
già	already	non mi dire!	you don't say!
mai	ever	non facciamo i tirchi!	let's not be cheap!
		per carità!	please!, for heaven's sake!

I numeri da cento a un miliardo

cento	hundred	per piacere, per cortesia	please
mille	thousand	sbrigati!	move it!
un milione	million	sbrighiamoci!	let's hurry up!
un miliardo	billion	to'!	here! take this!

Tavolini all'aperto, un bar a Portofino

UNITÀ 5

MANGIARE
Tutti a tavola!

COMMUNICATIVE GOALS

- Ordering food and drink
- Avoiding redundancy
- Describing actions
- Cooking and sharing recipes

A AL BAR

A.1 ▶ Si dice così

il bar	café	gasata, frizzante	carbonated
il/la barista	bartender, counterperson	non gasata, senza gas, naturale	noncarbonated
il banco	counter		
la colazione, la prima colazione	breakfast	con ghiaccio, senza ghiaccio	with ice, without ice
la merenda, lo spuntino	snack	dolce	sweet
lo zucchero	sugar	salato	salty
il tavolino	café table	ordinare	to order

pranzo – lunch

Al banco in un bar del centro

Lo sapevi che...?

Un bar è un luogo dove consumare un caffè, qualcosa da bere o da mangiare, generalmente **in piedi al banco**. È necessario pagare prima alla cassa. Poi si va al banco e si ordina al barista, presentando **lo scontrino**. È gentile lasciare **degli spiccioli di mancia** (*tip*).

BARIBALDI **Via Garibaldi**
Genova

	Al banco	Al tavolo		
Caffè espresso	€ 0.90	1.20*	**Panini**	
Caffè macchiato	0.90	1.20		
Cappuccino	1.10	1.50	**Maddalena**	3.50
Caffè corretto	1.10	1.50	Prosciutto crudo, Maionese,	
Caffè d'orzo / ginseng	1.20	1.60	Pomodoro, Rucola, Sale	
Caffè decaffeinato	1.00	1.30	**Garibaldi**	3.50
Caffè shakerato	2.50	3.00	Speck, Mele verdi, Maionese,	
Marocchino	1.00	1.50	Senape, Cavolo verza, Sale	
Caffè con panna	1.80	2.50	**Ai 4 canti**	3.50
Cioccolata calda	2.50	3.20	Formaggi e Brie, Prosciutto cotto,	
Latte macchiato	1.10	1.40	Champignons, Olio tartufato, Rucola, Sale	
Tè caldo	1.50	4.00	**Cairoli**	3.50
Camomilla e tisane	1.50	2.00	Fontina, Trevigiana, Salame, Sale	
Spremute	2.50	4.00	**Focaccie farcite**	
Succhi di frutta	2.00	3.50	Prosciutto cotto / crudo /	€ 3.00
Bibite in bottiglia	2.00	2.50	Salame, Formaggio	
Bibite in lattina	2.50	3.00	Pomodoro, Mozzarella,	2.50
Acqua minerale	1.00	1.50	Insalata, Sale, Origano	
Amaro	3.00	3.50	**Toast**	2.50
Grappa	2.50	3.00	**Cornetti**	1.20
Frullati	3.50	4.50		
Birra in bottiglia	3.00	3.50	**Brioches salate**	
Aperitivo	3.00	4.00	Salame, Fontina	2.50
Tramezzini	€ 2.50		Crudo, Caprino, Rucola	2.50

ATTIVITÀ

5.1 Qualcosa non va! Trovare l'elemento che non va con gli altri.

1. cappuccino, espresso, caffè macchiato, cioccolata calda
2. gasata, frizzante, naturale, spremuta
3. il caffè, l'amaro, l'aperitivo, il cornetto
4. la bibita, il tramezzino, la brioche, il cornetto
5. il bar, il banco, la colazione, il barista
6. il tè, il tramezzino, la focaccia farcita, il panino

UNITÀ 5 Mangiare: Tutti a tavola!

5.2 Come fanno gli Italiani? Completare il brano con le parole date. Ci sono due parole extra.

aperitivo	banco	cassa	cappuccino	espresso
ghiaccio	naturale	scontrino	tavolino	zucchero

In generale, quando gli Italiani vanno al bar, stanno in piedi al _____ e non si siedono (*sit down*) al _____. È necessario pagare prima alla _____ e poi presentare lo _____ al barista.

Bevono il __espresso__ al mattino quando fanno colazione e mai (*never*) dopo cena. Dopo pranzo e dopo cena prendono il caffè, che è anche chiamato __capp.__ . Normalmente gli Italiani mettono lo __zucchero__ nel caffè. Un'altra abitudine caratteristica è quella di non mettere mai il __ghiaccio__ nell'acqua minerale perché diventa troppo fredda!

5.3 Preferenze personali. Fare le seguenti domande ad un altro studente/un'altra studentessa.

1. Cosa bevi normalmente al mattino quando fai colazione?
2. Quando hai freddo, cosa bevi? e quando hai caldo?
3. Bevi il caffè? Lo prendi con il latte? con lo zucchero?
4. Ti piace bere l'acqua con molto o poco ghiaccio? o la bevi senza ghiaccio?
5. Come preferisci il tè, al limone o al latte? con zucchero o senza? caldo o freddo? Hai mai bevuto il tè freddo alla pesca?

Lo sapevi che...?

In Italia, si beve per lo più **l'acqua minerale**, non l'acqua dal rubinetto (*faucet*), e ci sono molti tipi di acqua. Alcuni tipi aiutano la digestione o hanno un effetto diuretico. L'acqua può essere **gasata**, cioè **frizzante**, o **liscia**, cioè senza gas. Gli Italiani credono che le bevande ghiacciate facciano male allo stomaco, perciò non servono l'acqua e altre bibite con ghiaccio!

UNITÀ 5 Mangiare: Tutti a tavola!

A.2 ▶ Incontro

Colazione al bar. *Isabella e Giorgio entrano in un bar.*

ISABELLA:	Che ne dici di prendere un bel cappuccino? Ti va?
GIORGIO:	Veramente preferisco qualcosa di più fresco. Forse un tè freddo alla pesca.
ISABELLA:	Io invece prendo un cappuccino. Ne ho proprio bisogno. Qui lo fanno molto bene, con molta schiuma°. Ti va di prendere qualcosa da mangiare?
GIORGIO:	Perché no? Prendo un panino al prosciutto.
ISABELLA:	Ho una fame da lupi! Mi ordini un cornetto con la marmellata mentre vado alla cassa a pagare?
GIORGIO:	Stai brava! Offro io!
ISABELLA:	Va bene. Stiamo al banco o preferisci andare a quel tavolino?
GIORGIO:	Ma scherzi! Mi va benissimo stare in piedi—abbiamo fretta, e poi bisogna stare attenti ai soldi. Vado alla cassa...

froth

Alla cassa

LA CASSIERA:	Mi dica, signore...
GIORGIO:	Un tè freddo e un cappuccino per piacere, e un panino al prosciutto... Grazie!
ISABELLA:	E il mio cornetto?
GIORGIO:	Scusami, Isabella! Me lo sono dimenticato!°

I forgot it!

ATTIVITÀ

5.4 Ascoltiamo! Ascoltare l'**Incontro** e indicare se le seguenti frasi si riferiscono a Giorgio (G) o ad Isabella (I).

	G	I
1. Offre qualcosa al bar.	_____	_____
2. Forse prende un tè freddo.	_____	_____
3. Preferisce il cappuccino con molta schiuma.	_____	_____
4. Le piacciono i cornetti.	_____	_____
5. Ha una fame da lupi.	_____	_____
6. Preferisce stare al banco perché non ha tempo.	_____	_____
7. Va alla cassa a pagare.	_____	_____
8. Ha dimenticato di ordinare il cornetto.	_____	_____

UNITÀ 5 Mangiare: Tutti a tavola!

5.5 Prendiamo un caffè al bar. Guardare bene il disegno e con il compagno/la compagna fare una breve descrizione della scena. Chi sono queste persone? Dove sono? Che cosa fanno?

In altre parole		
	stai bravo/a!	be good!
	ti va di...	are you up for . . .
	avere una fame da lupi	to be hungry enough to eat a horse
	stare attento/a ai soldi, alla linea, ecc.	to watch (my) money, (my) figure, etc.

5.6 La risposta logica. Trovare nella colonna a destra la risposta appropriata a ogni frase nella colonna a sinistra.

1. Ti va di prendere un gelato?
2. Dai! Prendi un pasticcino!
3. Che caldo oggi! Ho sete!
4. Hai fatto colazione stamani?
5. Vado alla cassa a pagare...

a. No, grazie, devo stare attento alla linea.
b. Stai bravo! Offro io.
c. Ancora no, e ho una fame da lupi!
d. Ti va di prendere un tè freddo al limone con un po' di ghiaccio?
e. Con questo freddo? No, andiamo al bar a prendere qualcosa di caldo.

UNITÀ 5 Mangiare: Tutti a tavola!

5.7 Cosa devo fare? Come rispondi ai tuoi amici se ti dicono le seguenti frasi? Rispondere come nell'esempio.

Esempio: — Ho una fame da lupi!
— **Ti va di prendere un panino al prosciutto crudo? Li fanno bene in questo bar.**

1. Accidenti! Ho una fame da lupi e in casa non c'è niente da mangiare.
2. Guarda come sono ingrassato!
3. Mio fratello ha preso la mia macchina. Ora che faccio?
4. Sono proprio nervosa. Sono due giorni che non dormo.
5. Non so dove andare in vacanza.

5.8 Ordinare in un bar. Due studenti sono i clienti al bar. Un altro è il/la barista. Creare una scenetta in cui i clienti ordinano qualcosa da bere e qualcosa da mangiare dal listino prezzi (*price list*) a pagina 189. Il/La barista prende le ordinazioni, prepara le consumazioni e le porta ai clienti. Uno dei clienti deve pagare alla cassa e prendere lo scontrino. Quanto deve pagare?

A.3 ▶ Punti grammaticali

I pronomi complemento oggetto indiretto

— Offri un caffè a me?	— **Mi** offri un caffè?	— *Will you treat me to a coffee?*
— Sì, offro un caffè a te.	— Sì, **ti** offro un caffè.	— *Yes, I will (treat you to a coffee).*
Angela telefona a Marco.	Angela **gli** telefona.	*Angela telephones him.*
Scrivi a Luisa?	**Le** scrivi?	*Are you writing to her?*
Lei pensa a voi.	Lei **vi** pensa.	*She thinks about you.*
Lui parla con noi.	Lui **ci** parla.	*He's speaking with us.*
Compro un gelato ai bambini.	Compro **loro** un gelato.	*I buy ice cream for them.*

1. The indirect object of a verb indicates a person or thing indirectly affected by the action of the verb and answers the question *to whom?* or *for whom?* In English, an indirect object may or may not be preceded by *to* or *for,* but in Italian, a preposition is always used before an indirect-object noun. An indirect-object pronoun can replace an indirect object: *I am giving the pen to Mark; I am giving him the pen.* The forms of indirect-object pronouns are as follows.

singolare		plurale	
mi	to / for me	ci	to / for us
ti	to / for you	vi	to / for you
Le	to / for you (formal m. & f.)		
gli	to / for him	gli, loro	to / for them
le	to / for her		

2. Indirect-object pronouns are identical to direct-object pronouns except in the third-person singular and plural forms: **gli, le, Le,** and **loro.** In spoken Italian, **gli** is often used for both the singular *to him* and the plural *to them,* instead of **loro.**

Offro un caffè a Paolo e Gina.	*I offer Paolo and Gina coffee.*
Offro **loro** un caffè. / **Gli** offro un caffè.	*I offer them coffee.*

3. The position of indirect-object pronouns is the same as that of direct-object pronouns: they generally precede a conjugated verb or may attach to an infinitive, which then drops the final **e.** However, **loro** always follows the verb and never attaches to an infinitive.

Gli offro un panino.	*I'm offering him a sandwich.*
Hai qualcosa da dir**mi**?	*Do you have something to say to me?*
Devo parlar**gli**. / **Gli** devo parlare.	*I have to speak to him.*
Voglio telefonar**le**. / **Le** voglio telefonare.	*I want to call her.*
Offro **loro** un panino.	*I'm offering them a sandwich.*
Devo parlare **loro**.	*I have to speak to them.*

4. The past participle does not agree with the indirect-object pronoun in the **passato prossimo** and other compound tenses. Compare the following:

Hai visto Maria?	Sì, **l**'ho vist**a**.
Hai telefonato a Maria?	Sì, **le** ho telefonat**o**.

5. Indirect-object pronouns are commonly used with the following verbs:

dare	*to give*	**portare**	*to bring*
dire	*to say*	**preparare**	*to prepare*
domandare	*to ask*	**prestare**	*to lend*
insegnare	*to teach*	**regalare**	*to give a gift to*
mandare	*to send*	**restituire**	*to return to*
mostrare	*to show*	**rispondere**	*to answer*
offrire	*to offer*	**scrivere**	*to write*
piacere	*to be pleasing*	**telefonare**	*to telephone*

Se **mi** presti i soldi, **ti** restituisco i soldi domani.	*If you lend me the money, I will return the money to you tomorrow.*
Il professore ha insegnato **loro** come scrivere bene.	*The professor taught them how to write well.*
Se **ci** scrivete, **vi** rispondiamo.	*If you write to us, we'll answer you.*

> **Lo sapevi che...?**
>
> La Liguria è la regione italiana con la più alta densità di popolazione. Genova, **il capoluogo**, divide la regione in due parti. **La Riviera di Levante** è a est di Genova (Levante significa "dove si leva il sole") ed è famosa per la sua bellissima costa rocciosa (*rocky*). **La Riviera di Ponente** è a ovest di Genova (Ponente significa "dove si pone il sole") ed ha delle lunghe spiagge di sabbia.

Il porticciolo di Camogli

ATTIVITÀ

5.9 Tutti insieme al bar! Riscrivere le seguenti frasi con un pronome complemento oggetto indiretto come nel modello.

Esempio: Giovanna ordina un cappuccino per sua mamma.
Giovanna le ordina un cappuccino.

1. Chiara compra un panino per Enrico.
2. Pietro offre un gelato ai suoi amici.
3. Il barista prepara un caffè espresso alle signore.
4. La cassiera dà il resto a me.
5. Il cameriere porta il tè alla signora.
6. Francesco ordina i pasticcini per noi.
7. I tramezzini piacciono a te.
8. Presto i soldi per un gelato a voi.

5.10 Mangiare, mangiare. Rispondere alle seguenti domande sostituendo le parole in corsivo con un pronome complemento indiretto, secondo il modello.

Esempio: Telefoni *a Luisa* stasera?
Sì, le telefono stasera.

1. Prepari la pizza *per la tua amica*?
2. Puoi portare il caffè *ai nonni*?
3. Insegni *ai tuoi cugini* a fare le lasagne?
4. Vuoi cucinare i tortellini *per i tuoi amici*?
5. Vuoi comprare un gelato *per Marco*?
6. Prepari un panino *per Elisa*?
7. Puoi offrire un cappuccino *a me*?
8. Il barista mostra i pasticcini *ai suoi clienti*?

Ora, sottolineare le parole che sono l'oggetto complemento diretto in ogni frase. Sono tutte cose da mangiare o da bere!

5.11 Una brava professoressa. Sostituire le parole in corsivo con dei pronomi. Fare attenzione all'uso corretto dei pronomi oggetto diretto e indiretto.

Per la professoressa Gribaudi i suoi studenti sono importantissimi. Aiuta *i suoi studenti* ad imparare. Consiglia *agli studenti* metodi utili per studiare. Dà *agli studenti* esempi originali e quando assegna i compiti, spiega molto chiaramente *i compiti*. Piace *a noi* il suo modo di insegnare perché considera *noi* dei colleghi, non tratta *noi* come bambini.

Quando uno studente va a trovare *la professoressa* in ufficio, lei domanda sempre *allo studente* come sta, e chiede *allo studente* se ha capito la lezione di quel giorno. È sempre disponibile (*available*), e ha detto *a noi* che possiamo telefonare *a lei* in qualsiasi momento (*at any time*), anche a casa sua!

5.12 Regali. Discutere con un altro studente/un'altra studentessa i regali che fate alle persone indicate e perché. Seguire il modello.

Esempio: Carla / una penna
— **Che cosa regali a Carla?**
— **Le regalo una penna perché le piace scrivere.**

1. i genitori / un libro di Italo Calvino
2. Mirella / un profumo di Armani
3. Giorgio / una bici
4. Sandra e suo marito / una cena al ristorante
5. la mamma / un libro di cucina
6. Gina e Andrea / dei CD di musica rock
7. tuo fratello / cinque chili di caffè
8. me / cento euro

Lo sapevi che...?

In Italia, **la prima colazione** è molto semplice e veloce: un caffè, un tè o una tazza di caffellatte, con biscotti, pane, burro e marmellata. **Il pranzo,** consumato di solito verso l'una, è spesso un panino veloce, un'insalata o un piatto di pasta al bar. Un tempo, il pranzo era il pasto più importante della giornata e consisteva di un primo e un secondo. Ora **la cena** è il pasto principale, consumato verso le otto di sera. Normalmente il pranzo e la cena si concludono con un caffè espresso.

B IN TRATTORIA

B.1 ▶ Si dice così

il pasto	*meal*	la birra	*beer*
il pranzo	*lunch*	il cameriere/	*waiter/waitress*
la cena	*dinner*	la cameriera	
il menù	*menu*	il coperto	*cover charge*
l'antipasto	*appetizer*	il servizio	*service*
il primo (piatto)	*first course*	il conto	*bill, check*
il secondo (piatto)	*second course*	la mancia	*tip*
il contorno	*side dish*	pranzare	*to eat lunch*
il dolce	*dessert*	cenare	*to eat dinner*
il vino rosso, bianco	*red wine, white wine*		

Lo sapevi che...?

In Italia ci sono diverse categorie di ristoranti. **Un ristorante** è più formale e più costoso di **una trattoria**. La trattoria offre un ambiente più rilassato e semplice. **La pizzeria** è un locale informale che offre un menù meno vario—ovviamente la pizza e spesso un menù limitato di primi e secondi. Secondo la tradizione italiana, la vera pizza italiana deve essere cotta in **un forno a legna** (*wood-burning oven*). In una tavola calda si possono comprare piatti già fatti, pronti da portare a casa.

Una pizza appena sfornata dal forno a legna... che bontà!

UNITÀ 5 Mangiare: Tutti a tavola!

ATTIVITÀ

5.13 Cosa prendere? Consultare il menù. Indicare la parola o espressione che completa logicamente la frase.

1. Come antipasto prendo (prosciutto e melone / la crostata).
2. Come primo piatto prendo (gli scampi / gli gnocchi).
3. Per secondo prendo (risotto ai frutti di mare / pollo allo spiedo).
4. Come contorno prendo (le trenette / le patate).
5. Prendo (le vongole / il tiramisù) come dolce.
6. Da bere preferisco il vino (rosso / fritto).
7. Alla fine della cena arriva, purtroppo, il (brodo / conto).
8. Quando pago la cena, lascio una piccola (mancia / birra) sul tavolo.

TRATTORIA "IL VELIERO"

Il menù di oggi

ANTIPASTI
Prosciutto e melone
antipasto misto
bruschetta

PRIMI
Trenette al pesto
gnocchi alla bava
risotto ai frutti di mare
spaghetti alle vongole
Tortellini in brodo

SECONDI
Scampi alla griglia
pollo allo spiedo
calamari fritti

CONTORNI
Patate al forno
insalata mista

DOLCI
Zuppa inglese
Tiramisù
crostata di mele
macedonia di frutta fresca

PREZZO FISSO €32
BEVANDE ESCLUSE

5.14 Il pesce? Lo adoro! Completare le frasi con un vocabolo adatto.

Esempio: **Giulia adora il pesce, e quindi (*and so*) ha preso l'antipasto di mare.**

1. Io adoro _____, e quindi ho preso la crostata di mele.
2. Mio fratello adora _____, e quindi ha preso la macedonia.
3. Noi adoriamo _____, e quindi mangiamo sempre la bistecca.
4. Lei adora _____, e quindi ha preso il prosciutto e melone.
5. Loro adorano _____, e quindi prendono sempre spinaci o fagiolini come contorno.
6. Io adoro _____, e quindi al ristorante mangio sempre il primo.

5.15 Preferenze personali. Intervistare un altro studente/un'altra studentessa per sapere

- se esce spesso per mangiare fuori. Con chi? Quando?
- che tipo di ristorante preferisce (elegante / pizzeria / fast food).
- che tipo di cucina gli/le piace di più.
- il ristorante preferito. Perché? Qual è la specialità del ristorante?
- se lascia sempre una mancia. Quanto?

5.16 È arrivato il conto! Tu e due tuoi amici avete appena finito di mangiare una cena modesta nella trattoria "Il Veliero". Creare una conversazione secondo i seguenti suggerimenti.

S1 e S2: Uno di voi ha ordinato gli spaghetti alle vongole con un secondo di pollo allo spiedo. L'altro ha preso l'antipasto misto e gli scampi alla griglia. Avete anche preso una bottiglia di acqua minerale e due caffè. Quando il cameriere vi porta il conto, vedete che c'è un errore. Chiedere al cameriere di spiegare il totale.

S3: Sei il cameriere nel ristorante. Quando porti il conto (a destra) ai due clienti, hanno qualche domanda per quanto riguarda (*about*) il totale. Rispondere alle loro domande.

Alcune espressioni utili:
  C'è stato un errore.
  Il conto è sbagliato.
  Mi dispiace moltissimo.

UNITÀ 5 Mangiare: Tutti a tavola!

> **Lo sapevi che...?**
>
> In Italia, ristoranti e trattorie fanno pagare **un coperto**. È una somma nominale (di solito tra 2 e 3 euro) che copre la spesa dell'uso della tovaglia e del pane. Il coperto è anche un'indicazione di quanto sia costoso il locale.

B.2 ▶ Incontro

Una cena fra amici. *In trattoria alle otto di sera. Sandra e Piero aspettano i loro amici.*

SANDRA:	Ah, eccoti finalmente!
PIERO:	Ciao, Sandra, scusa il ritardo... il traffico è pazzesco a quest'ora.
SANDRA:	Non ti preoccupare! Ma non sono ancora arrivati Giorgio e la sua amica!
CAMERIERE:	Buonasera, signori. In quanti siete?
PIERO:	Veramente siamo in quattro. Gli altri arrivano fra poco.
CAMERIERE:	Benissimo. C'è un tavolo libero vicino alla finestra, con la vista sul mare. Vi va bene?
SANDRA:	Sì. Ci porti il menù per cortesia, e anche dell'acqua minerale gasata.
CAMERIERE:	Sissignora. Ve li porto subito°!
SANDRA:	Non conosco la nuova amica di Giorgio.
PIERO:	Nemmeno io.° Ma me ne ha parlato a lungo l'altro giorno— deve essere una persona davvero speciale!
SANDRA:	A me non ha detto niente. Io gli ho chiesto pure°...
CAMERIERE:	Volete ordinare, signori?
PIERO:	Sì, va bene. Cosa c'è di buono stasera?
SANDRA:	Piero, dai, vergognati! Aspettiamoli ancora cinque minuti!
PIERO:	Ma ho fame! (*al cameriere*) Scusi, senta, mi può dire che cosa c'è di primo, per favore?
CAMERIERE:	Abbiamo le trofie al pesto e i pansoti con salsa di noce...
SANDRA:	Oh, guarda, sono arrivati i ritardatari°. Finalmente!
PIERO:	Ha una faccia simpatica la nuova amica di Giorgio...
SANDRA:	Ma io la conosco! È Isabella!!! Ciao, Isa!!!

° *right away*
° *Neither do I.*
° *even*
° *latecomers*

Lo sapevi che... ?

Il pesto è un piatto tipico della Liguria. È molto semplice fare il pesto: ci vogliono il basilico, l'aglio, l'olio d'oliva e tanto parmigiano buono! I pinoli sono un ingrediente speciale! Il basilico ligure è particolarmente profumato perché cresce vicino al mare... o almeno si dice così!

ATTIVITÀ

5.17 Ascoltiamo! Ascoltare l'**Incontro** e scegliere la risposta che completa la frase in modo giusto. Poi, sottolineare la sillaba dove si mette l'enfasi.

1. Piero arriva in ritardo per via del (traffico / lavoro).
2. Stasera sono (in cinque / in quattro) a mangiare.
3. Mangiano ad un tavolo (sulla veranda / vicino alla finestra).
4. Il cameriere porta (il menù e dell'acqua gasata / del vino e dell'acqua gasata).
5. Sandra e Piero (non ordinano subito / non aspettano i ritardatari).
6. Come primo ci sono (gli spaghetti alla carbonara / le trofie al pesto).
7. La nuova amica di Giorgio ha (una faccia simpatica / conosce il cameriere).

5.18 Una cena in trattoria. Incontri tre amici in trattoria per festeggiare il tuo compleanno. Come rispondi al cameriere quando ti dice:

— Buonasera, signore/signora. In quanti siete?
— Questo tavolo vicino alla finestra va bene?
— Prendete un antipasto?
— E per primo cosa desiderate? E come secondo?
— Da bere, signori?
— Vi serve altro?
— Ecco il conto. Come desidera pagare?

In altre parole		
	pazzesco	*crazy, insane*
	scusa il ritardo	*sorry I'm late*
	siamo in quattro, in due	*there are four of us, two of us*
	non ti preoccupare	*don't worry*
	vergognati!	*shame on you!*

UNITÀ 5 Mangiare: Tutti a tavola!

5.19 Cosa dici? Cosa dici nelle seguenti situazioni?

1. Un'amica ti aspetta al bar alle otto. Per via del traffico, arrivi alle 8.35. Cosa le dici?
2. Tu e la tua amica andate insieme in una trattoria. Quando entrate e il cameriere vi chiede in quanti siete, cosa gli dici?
3. Alla fine della cena la tua amica scopre che non ha soldi e non sa come pagare la sua parte della cena. Cosa le dici?
4. La tua amica ha detto che ha dimenticato il compleanno di sua madre. Che cosa le dici?
5. Il tuo amico racconta di una cena dove ha mangiato tre primi, due secondi, quattro contorni e una torta con gelato. Cosa gli dici?

5.20 Che bravo cameriere! Andate in un'osteria sulla costa ligure. Il locale è molto popolare e rinomato (*renowned*) per il pesce. Creare una conversazione in cui due clienti entrano nell'osteria e salutano il cameriere. Poi, scelgono un tavolo e ordinano la cena, secondo i seguenti suggerimenti.

S1: Sei il cameriere/la cameriera dell'osteria. Stasera c'è solo un tavolo libero, vicino alla cucina. Cerchi sempre di accontentare i clienti ma stasera sembra impossibile.

S2: Per te la cosa più importante è mangiare con una bellissima vista sul mare.

S3: Tu adori il pesce, ma la vista sul mare non è importante.

Esempio: — Buonasera, signori. In quanti siete?
— **Buonasera. Siamo in due e desideriamo...**

Lo sapevi che...?

La parola **osteria** è una parola antica. Durante il Medioevo, i viaggiatori potevano fermarsi in un'osteria per mangiare e anche per dormire la notte. L'atmosfera era accogliente e l'oste serviva del buon vino. In tempi più recenti, quando un ristorante si chiama con la parola *osteria*, per esempio "Osteria della Vecchia Lanterna", generalmente vuol dire che il locale è di moda e spesso anche costoso. Come cambiano le cose!

B.3 ▶ Punti grammaticali

I pronomi doppi

Mi dai la tua penna?	*Will you give me your pen?*
Me la dai?	*Will you give it to me?*
Ti offro la cena.	*I'll offer you dinner.*
Te la offro io.	*I'll offer it to you.*
Compro il gelato a Gino.	*I'm buying the ice cream for Gino.*
Glielo compro.	*I'm buying it for him.*
Dai i tortellini ai bambini?	*Are you giving tortellini to the children?*
Glieli dai? / **Li** dai **loro**?	*Are you giving them to them?*
Ti ha parlato della sua amica?	*Did he speak to you about his girlfriend?*
Te ne ha parlato?	*Did he speak to you about her?*

1. When the same verb has both a direct and an indirect object, certain combinations of pronouns (**pronomi doppi**) can be used to replace both objects.

	+ lo	+ la	+ li	+ le	+ ne
mi	me lo	me la	me li	me le	me ne
ti	te lo	te la	te li	te le	te ne
ci	ce lo	ce la	ce li	ce le	ce ne
vi	ve lo	ve la	ve li	ve le	ve ne
gli / le / Le	glielo	gliela	glieli	gliele	gliene

Note that **mi, ti, ci,** and **vi** change to **me, te, ce,** and **ve**. But the third-person singular and plural indirect-object pronouns **gli, le,** and **Le** all change to **glie-** before the direct-object pronoun is attached, forming one word.

Offri la Coca-cola a Roberto?	Sì, **gliela** offro.	*I offer it to him.*
Offri la Coca-cola a Giulia?	Sì, **gliela** offro.	*I offer it to her.*
Mi consegni il compito?	Sì, professoressa, **glielo** consegno.	*Yes, professor, I turn it in to you.*

2. The indirect-object pronoun **loro** is extremely formal. **Loro** always follows the verb and cannot combine with a direct-object pronoun.

Porto loro il caffè sul terrazzo.	**Lo** porto **loro** sul terrazzo.
Lascio loro la chiave della macchina.	**La** lascio **loro**.

3. The position of double-object pronouns is the same as that of single-object pronouns: they generally precede a conjugated verb and may attach to an infinitive.

— Devi scrivere *la lettera a tuo fratello*?	— Sì, **gliela** devo scrivere. / Sì, devo scriver**gliela**.
— Puoi passar*mi il sale*?	— Certo, **te lo** posso passare. / Certo, posso passar**telo**.

UNITÀ 5 Mangiare: Tutti a tavola!

4. When a direct-object pronoun precedes a compound verb, such as the **passato prossimo,** the past participle agrees in gender and number with the direct-object pronoun.

Paolo *mi* ha regalato *le carte.* **Me le** ha regalat**e.**
Ho indicato *la strada a quel signore.* **Gliel'**ho indicat**a.**
Abbiamo scritto *tre lettere a mia zia.* **Gliene** abbiamo scritt**e** tre.

5. When the adverb **ci** (*there*) is used in conjunction with the pronouns **mi, ti,** and **vi,** the combinations are as follows: **mi ci, ti ci,** and **vi ci.**

— Mi porti al cinema?   — **Mi ci** porti?   — *Will you bring me there?*
— Sì, ti porto al cinema.   — **Ti ci** porto.   — *I will bring you there.*
Ci raggiungi all'osteria?   **Vi ci** raggiungo.   *I will meet you (pl.) there.*

Note that there is no **ci ci** combination.

Mario **ci** porta al cinema.   *Mario is taking us to the cinema.*

Il gelato italiano è buonissimo ed è famoso in tutto il mondo. Una coppetta o un cono con due o tre gusti è la merenda ideale!

ATTIVITÀ

5.21 Tante richieste! Alcune persone hanno bisogno delle seguenti cose e le chiedono a te. Dici sempre di sì!

Esempio: Giovanni: Mi presti (la bicicletta, i soldi)?
— **Mi presti la bicicletta?**
— **Certo, te la presto!**

— **Mi presti i soldi?**
— **Va bene. Te li presto.**

1. Donatella: Mi offri (un caffè, la cena, il gelato, dell'acqua minerale)?
2. Il professore: Mi dà (i compiti, il tema, una penna, l'esame)?

UNITÀ 5 Mangiare: Tutti a tavola!

3. Un amico: Mi presti (le chiavi della macchina, un libro, gli appunti)?
4. Uno studente all'insegnante: Mi spiega (i pronomi, l'espressione, il passato prossimo, queste parole), per piacere?

5.22 L'ho fatto! Riscrivere le frasi con i pronomi appropriati. (Attenzione agli accordi!)

Esempio: La mamma ha preparato gli spaghetti per noi.
La mamma ce li ha preparati.

1. Abbiamo fatto il tiramisù per te.
2. Ho preso il gelato per te.
3. Silvana ha portato questi pasticcini per voi.
4. Ho scritto la lettera ai nonni.
5. Ho promesso una torta a Margherita.
6. Barbara ha parlato a me della nuova trattoria.
7. Piero ha portato un aperitivo agli amici.
8. Rosa ha preparato i funghi per suo marito.

5.23 Regali particolari. Formulare frasi logiche con un soggetto dalla colonna A, un verbo dalla colonna B, un oggetto diretto dalla colonna C e un oggetto indiretto dalla colonna D. Infine ripetere la frase sostituendo gli oggetti con dei pronomi.

Esempio: Eva offre una mela ad Adamo. **Eva gliela offre.**

A	B	C	D
Il mago di Oz	dare	una mela	ai francesi
I bravi genitori	offrire	41 sorprese	a Giulio Cesare
Lucrezia Borgia	regalare	la verità	al Leone
George Washington	dire	l'Egitto	ai figli
Bruto e Cassio		del buon vino	al suo papà
Cleopatra		il coltello	a Marco Antonio
Eva		il coraggio	ad Adamo
Maria Antonietta		i soldi	agli invitati
Lizzie Borden		la torta	alla madre

5.24 Non ti preoccupare, mamma! La madre di Stefano ha molte cose da fare, allora chiede aiuto al figlio. Formulare le risposte di Stefano alla mamma, secondo il modello.

Esempio: — Devi dire a tuo fratello di studiare di più!
— **Non ti preoccupare, mamma, glielo dico.**

1. Devi regalare una cravatta a tuo padre! È il suo compleanno!
2. Devi portare il cane al parco!
3. Devi scrivere una lettera alla zia Teresa!
4. Devi prestare dei soldi a tua sorella! Ne ha bisogno!
5. Mi devi accompagnare al supermercato! Sono senza uova!
6. Devi dare le uova fresche alla nonna!
7. Devo andare a teatro con la mia amica! Ci puoi accompagnare?
8. Devi dare dei cioccolatini ai bambini!

5.25 Rapporti familiari. Fare al compagno/alla compagna le seguenti domande. Nelle risposte usare i pronomi diretti, indiretti o doppi, dove possibile.

1. Parli spesso ai genitori? Parli loro di quello che fai? Spieghi loro i tuoi problemi? Dici loro che vuoi bene a loro? E loro, cosa dicono a te?
2. Fai regali ai vari membri della tua famiglia? A chi li fai? Quando glieli fai?
3. Scrivi lettere ai parenti? Mandi biglietti di auguri ai nonni? Telefoni loro ogni tanto?
4. Nella tua famiglia, a chi chiedi consigli? Quando glieli chiedi? Ti dà sempre buoni consigli questa persona?

Lo sapevi che... ?

L'Italia produce più vino di tutti gli altri paesi del mondo. Il vino fa parte della cultura italiana: è bevuto regolarmente a pranzo e a cena, e anche i ragazzi lo mescolano (*mix*) con l'acqua. L'alcolismo non rappresenta un grave problema per la società italiana, anche se in anni recenti i giovani hanno cominciato a bere di più la birra e i super-alcolici fuori pasto. Ogni regione ha i suoi vini. Alcuni dei più noti all'estero sono:

Toscana	Chianti, Vino Nobile di Montepulciano, Brunello di Montalcino (rosso) Vernaccia di San Gimignano (bianco)
Piemonte	Barolo, Barbera, Barbaresco, Dolcetto (rosso) Gavi (bianco), Vermut (dolce, da aperitivo)
Veneto	Amarone, Merlot (rosso) Soave, Pinot Grigio (bianco)
Sicilia	Nero d'Avola (rosso), Marsala, Passito (dolce)
Puglia	Salice Salentino, Negroamaro, Primitivo di Manduria (rosso)

C ▸ AL RISTORANTE

C.1 ▸ Si dice così

l'appetito	*appetite*	al forno	*baked*
la specialità	*specialty*	alla griglia	*grilled*
lo spumante	*sparkling wine*	fritto	*fried*
la minestra	*soup, first course*	alla milanese	*breaded*
la zuppa	*soup*	bollito	*boiled*
il sugo	*sauce*	misto	*mixed*

alla carbonara	with eggs, cheese, and pancetta	delizioso	delicious
		squisito	exquisite
		sano	healthy
alla bolognese, al ragù	with meat sauce	essere goloso, a	to have a sweet tooth
		fare un brindisi, brindare	to offer a toast, to toast
alla marinara	in seafood sauce		
ai frutti di mare	with shellfish		

Lo sapevi che… ?

L'espressione tipica per un brindisi in Italia è **"Cin cin!"** Curiosamente, "Cin cin" è un'espressione di origine cinese *(ch'ing-ch'ing)* che significa **"prego"**. Si usa con lo stesso significato di **"Alla salute!"** oppure **"Alla salute del cuoco/della cuoca!"**

ATTIVITÀ

5.26 Le parole mancanti. Completare le frasi con il vocabolo appropriato.

1. Una persona che mangia molti dolci è…
2. Gli spaghetti preparati con un sugo di carne e pomodoro sono…
3. "Cin cin!" è l'espressione tipica per…
4. Un'altra parola per descrivere un piatto delizioso è…
5. Un'altra parola per minestra è…
6. Una cosa cucinata in olio caldo è…

5.27 Che buoni questi piatti! Quali piatti puoi fare con i seguenti ingredienti?

1. una costoletta di vitello (*veal cutlet*), olio e pane grattuggiato
2. spaghetti, uova, pancetta e formaggio parmigiano
3. risotto, pomodoro, calamari, vongole e cozze (*clams and mussels*)
4. tortellini, pomodoro e carne macinata (*ground*)

5.28 Stanlio e Ollio. Con un altro studente/un'altra studentessa, descrivere la scena nel disegno. Chi sono queste persone? Che cosa fanno?

C.2 ▶ Incontro

Una cena squisita. Daniele e Teresa cenano in un ristorante a Portofino per il compleanno di Teresa.

DANIELE:	Allora, tesoro, brindiamo al tuo compleanno! Cin cin!
TERESA:	Lo spumante! Che bello! E che buon profumo! Ho l'acquolina in bocca!
CAMERIERE:	Buonasera, signori. Prego.
DANIELE:	Che cosa ci consiglia come antipasto?
CAMERIERE:	L'antipasto misto della casa. È tutto pesce.
TERESA:	È fresco?
CAMERIERE:	Si capisce! Poi, vi consiglio il risotto ai frutti di mare. È la ricetta segreta del cuoco!
TERESA:	Benissimo.
CAMERIERE:	Come secondo, vi possiamo preparare un'orata alla griglia.
TERESA:	Ottimo!
DANIELE:	Invece per me un prosciutto e melone, gli spaghetti alla carbonara ed una bistecca alla griglia.
TERESA:	Ma, Daniele, siamo qui con la vista sul mare e non mangi il pesce?
DANIELE:	Io, il pesce, lo odio!
TERESA:	Poverino! Mi dispiace.
DANIELE:	Fa niente.

Alla fine della cena

TERESA:	Che cena squisita!
DANIELE:	E il tiramisù non lo finisci?
TERESA:	Basta! Non ce la faccio più!
DANIELE:	Ci credo! Hai mangiato tantissimo! E ora, un digestivo ci vuole proprio!
TERESA:	Sono senza parole!

ATTIVITÀ

5.29 Ascoltiamo! Ascoltare l'**Incontro** e indicare cosa dice Daniele (D) e cosa dice Teresa (T).

	D	T
1. Cin cin!	_____	_____
2. Ho l'acquolina in bocca!	_____	_____
3. Ottimo!	_____	_____
4. Fa niente.	_____	_____
5. Sono senza parole!	_____	_____
6. Ci credo!	_____	_____
7. Poverino! Mi dispiace.	_____	_____
8. Io, il pesce, lo odio!	_____	_____

In altre parole

si capisce!	naturally!, of course!
avere l'acquolina in bocca	to have one's mouth watering
poverino!	poor thing!
fa niente	it's nothing
basta!	enough!
non farcela	not to be able to make it, handle it
essere senza parole	to be speechless

5.30 La risposta logica. Trovare nella colonna a destra le frasi che si abbinano logicamente con le frasi a sinistra.

1. Dai, Gianna! Prendi ancora un po' di torta!
2. Cosa ha detto Lucia quando le hai dato il regalo?
3. Riccardo, tu mi vuoi veramente bene?
4. E dopo gli spaghetti alle vongole ho mangiato una bella bistecca.
5. Hai sentito? Tommaso ha preso un brutto voto all'esame.
6. Scusami, Antonella. Non c'è più acqua.
7. Mamma, mi compri quel CD nuovo?

a. Fa niente. Anzi, preferisco il vino.
b. Poverino! E ha studiato tanto!
c. Basta! Non ce la faccio più!
d. Che buono! Ho l'acquolina in bocca.
e. Basta! Ti ho già preso dei CD la settimana scorsa.
f. Non sapeva cosa dire. È rimasta senza parole!
g. Si capisce! Sei mia moglie!

5.31 Da Spizzico. Per il tuo compleanno, il tuo ragazzo/la tua ragazza ti ha invitato a mangiare da Spizzico. Il giorno seguente, un tuo amico/una tua amica ti chiede come hai festeggiato il tuo compleanno. Raccontagli/le tutta la serata meravigliosa!

— Allora, come hai festeggiato il tuo compleanno?
— Siamo andati...

5.32 Tanti auguri! Volete organizzare una cena in un ristorante per festeggiare il compleanno di un amico/un'amica comune. Discutere i particolari della cena.

- i regali
- la data e l'ora
- il menù
- il ristorante
- chi invitare
- il brindisi

Poi presentare i vostri progetti alla classe.

Esempio: **Noi organizziamo una festa al ristorante... per festeggiare il compleanno di... La festa è il... alle...**

> **Lo sapevi che...?**
>
> Esistono più di trecento varietà di formaggi in Italia; ogni regione, ogni piccola zona, ne produce un tipo locale. Forse il formaggio più conosciuto e più diffuso è **il parmigiano,** prodotto vicino a Parma, in Emilia-Romagna. Alcuni formaggi italiani che si trovano facilmente all'estero sono **la mozzarella,** usata sulla pizza, **il gorgonzola** e **la ricotta.**

C.3 ▶ Punti grammaticali

Gli avverbi

Andrea balla **divinamente.**	*Andrea dances divinely.*
Veramente, è la prima volta che mangio i carciofi.	*Really, it's the first time I've eaten artichokes.*
Finalmente siete arrivati.	*Finally you've arrived.*
Noi andiamo **spesso** in trattoria.	*We often go to the trattoria.*
Grazia cucina **semplicemente.**	*Grazia cooks simply.*
Robbie Williams canta **bene;** io invece canto **male.**	*Robbie Williams sings well; I, on the other hand, sing badly.*

1. An adverb modifies a verb, an adjective, or another adverb. Adverbs describe how, when, where, and how often an action occurs.

— Come canta Dalla?	— *How does Dalla sing?*
— Dalla canta **bene.**	— *Dalla sings well.*
— Come guida Angelo?	— *How does Angelo drive?*
— Angelo guida **prudentemente.**	— *Angelo drives carefully.*
— È bella Monica Bellucci?	— *Is Monica Bellucci pretty?*
— Sì, è **molto** bella.	— *Yes, she is very pretty.*
— Come sta Giuseppe?	— *How is Giuseppe?*
— Sta **molto male.**	— *He's not at all well.*

2. Many adverbs are formed by adding **–mente** to the feminine form of an adjective. This form corresponds to English adverbs ending in **-ly**.

   vero → ver**a** → vera**mente** (*truly*)   raro → rar**a** → rara**mente** (*rarely*)

   È una canzone **lenta,**   It's a slow song,
     e la canta **lentamente.**   and she sings it slowly.
   La risposta di Marco è **esatta;** lui   Marco's answer is correct; he
     ha risposto **esattamente.**   answered correctly.

   If the adjective ends in **e**, then **–mente** is added directly to the adjective.

   semplic**e** → semplicemente (*simply*)   dolc**e** → dolcemente (*sweetly*)

   If the adjective ends in **-le** or **-re,** the **e** is dropped before **–mente.**

   normale → normalmente (*normally*)   regolare → regolarmente (*regularly*)

   È una lezione **facile,** e l'abbiamo   It's an easy lesson, and we
     completata **facilmente.**   completed it easily.

3. An adverb normally follows the conjugated verb. Some adverbs relating to time (**già** *already*, **sempre** *always*, **mai** *never*, **ancora** *yet*) are placed between the auxiliary verb and the past participle in compound tenses.

   [handwritten: also / again]
   [handwritten: Di solito – usually (at beg. of sent.)]

   Non hai **mai** mangiato   You've never eaten porcini
     i funghi porcini?   mushrooms?
   Ho **sempre** creduto nel destino.   I've always believed in destiny.
   Maria non è **ancora** arrivata.   Maria hasn't arrived yet.

4. Adverbs are invariable. They have only one form and do not agree in gender or number with the subject.

5. The adverbs **bene** and **male** correspond to the adjectives **buono** and **cattivo.**

   Mario è un **buon** giocatore; gioca   Mario is a good player; he plays
     bene a calcio.   soccer well.
   Io sono una **cattiva** ballerina; ballo **male**.   I'm a bad dancer; I dance badly.

Lo sapevi che...?

In Italia ci sono tanti dialetti, una specie di lingua locale che usa parole e costruzioni diverse dall'italiano standard. Il dialetto genovese ha influenze dal portoghese, dal francese e dall'arabo. In genovese, la parola per soldi è **palanche,** e la spazzatura (*garbage*) è **rumenta**. Le piccole stradine tipiche della Liguria che scendono verso il mare sono **crêuza,** celebrate nella famosa canzone di Fabrizio De André, **Crêuza de mä.**

UNITÀ 5 Mangiare: Tutti a tavola!

Molto e troppo

I tortellini sono **molto** buoni.   *The tortellini are very good.*
La minestra è **troppo** calda.   *The soup is too hot.*

As adverbs, **molto** (*very, a lot*) and **troppo** (*too*) are invariable.

Lei è **molto** brava.   *She is very good.*
Gli spaghetti sono **troppo** piccanti.   *The spaghetti is too spicy.*

Compare the following:

molto and *troppo* as adjectives	*molto* and *troppo* as adverbs
Io ho **molti** amic**i**.	Ho amici **molto** simpatici.
I have many friends.	*I have very nice friends.*
Lui ha mangiato **troppi** cioccolatin**i**.	I cioccolatini erano **troppo** dolci.
He ate too many chocolates.	*The chocolates were too sweet.*

Simona ha riso molto.   Simona ha molto riso.

ATTIVITÀ

5.33 Come l'hanno fatto. Trasformare l'aggettivo tra parentesi in un avverbio e rispondere alle seguenti domande usando l'avverbio, come nell'esempio.

Esempio: Hai studiato per l'esame d'italiano? (chiaro)
Chiaramente, ho studiato molto!

1. Michele ti ha raccontato le sue avventure? (breve)
2. Vieni alla festa di Lorenza? (sicuro)
3. Com'era vestita la sposa? (semplice)
4. Fai dello sport? (regolare)
5. Esci di casa alle otto tutti i giorni? (normale)
6. In che modo ti ha parlato quel signore? (gentile)

5.34 Due brani. Creare avverbi dagli aggettivi elencati qui sotto. Poi sostituire le parole in corsivo con gli avverbi di significato simile.

Esempio: gentile → **gentilmente**
Mi ha detto *in modo cortese* che...
Mi ha detto gentilmente che...

accurato   raro   perfetto   misterioso   semplice
normale   divino   recente   rapido

1. *Di solito* Cristina e Roberto passano la serata insieme a casa e *non* escono *quasi mai*. Oggi, però, Roberto ha telefonato a Cristina al lavoro e le ha parlato *in modo molto strano*. Le ha detto *solo* di essere pronta per uscire alle sette e mezzo. Quella sera l'ha portata a mangiare all'osteria Zi' Rosella dove si mangia *in modo squisito*.

2. *Non molto tempo fa* Andrew è andato in Italia per seguire un corso intensivo di lingua italiana. Ha studiato molto e ha imparato *in poco tempo*. Ora parla bene l'italiano: non *senza errori*, si capisce, ma abbastanza *in modo preciso*.

5.35 Molto o troppo? Completare il brano con **molto** o **troppo** come aggettivo o avverbio.

Quando sono a casa mangio _____ bene. Mia madre è _____ brava in cucina e sa preparare _____ piatti che sono buoni ma che sono _____ sani allo stesso tempo. Poi mangiamo _____ verdure e _____ frutta. Non mangiamo _____ carne, anzi la nostra è una dieta quasi vegetariana.

Quando esco con gli amici invece è tutta un'altra storia. Andiamo _____ spesso alla stessa pizzeria. La pizza lì non è male, ma ci mettono _____ olio. E poi ci piace mangiare nei fast food. Il cibo lì non costa _____ anche se tutti sanno che mangiare spesso hamburger non fa _____ bene alla salute!

5.36 Mai o sempre? Formulare domande da fare ad un altro studente/un'altra studentessa. Rispondere usando **mai, sempre, spesso, molto, poco,** ecc.

Esempio: guardare una telenovela
— Hai mai guardato una telenovela?
— Sì, ho sempre guardato le telenovelas. / No, non ho mai guardato le telenovelas.

abitare in un appartamento andare in Italia
credere agli extraterrestri vivere da solo/a
mangiare i carciofi (*artichokes*) mangiare i frutti di mare

Lo sapevi che...?

In Liguria c'è una zona che si chiama "**le Cinque Terre**". Questa zona era conosciuta nel Medioevo per la produzione di un vino, la Vernaccia. Cinque pittoreschi paesini (**Vernazza, Monterosso, Corniglia, Manarola, Riomaggiore**) continuano a produrre questo famoso vino bianco. La "Via dell'amore" offre stupendi panorami sul mare ed attira turisti da tutto il mondo. Fino agli anni ottanta (*Until the 1980s*) non si potevano raggiungere le Cinque Terre in macchina, ma solo via mare, in treno o a piedi!

D ▶ IN CUCINA

D.1 ▶ Si dice così

il cuoco/la cuoca	*chef, cook*	**il peperoncino**	*hot red pepper*
il forno	*oven*	**piccante**	*spicy, hot*
la pentola	*pot*	**apparecchiare**	*to set the table*
la padella	*pan*	**sparecchiare**	*to clear the table*
la ricetta	*recipe*	**cuocere**	*to cook*
l'ingrediente (*m.*)	*ingredient*	**bollire**	*to boil*
il sale	*salt*	**bruciare**	*to burn*
il pepe	*pepper*	**condire**	*to dress (a salad)*
l'olio	*oil*	**tagliare**	*to cut*
l'aceto	*vinegar*	**servire**	*to serve*
l'aglio	*garlic*	**a tavola!**	*(come) to the table!*

ATTIVITÀ

5.37 Definizioni. Abbinare le definizioni a sinistra con le parole e le espressioni a destra.

1. Servono per (*used for*) condire un'insalata.
2. Sono necessari per cuocere.
3. Sono delle posate.
4. Serve per pulire la bocca.
5. Servono per bere.
6. Danno sapore (*flavor*) alla cucina italiana.
7. Due espressioni che si sentono a tavola.

a. cucchiaio, forchetta — spoon + fork
b. bicchiere, tazza — cup + glass
c. aglio, peperoncino — garlic + hot red pepper
d. olio, aceto, sale — oil, vinegar + salt
e. Buon appetito! Altrettanto!
f. padella, pentola — pan + pot
g. tovagliolo — napkin

5.38 Prepariamo gli spaghetti! Completare la descrizione con parole appropriate. Attenzione ad usare la forma corretta delle parole.

La cosa più bella degli spaghetti è che sono facilissimi da preparare. Prima mettiamo l'acqua fredda in una grande _____. L'acqua deve _____. Poi mettiamo _____ e poi gli spaghetti. Devono _____ per otto minuti. Quando gli spaghetti sono cotti, li _____ con il sugo, e poi li _____ in tavola.

5.39 A casa tua. Domandare ad un altro studente/un'altra studentessa come fanno a casa loro.

1. Normalmente, a casa tua chi apparecchia la tavola? Chi sparecchia? Avete la lavastoviglie? Se no, chi lava i piatti?
2. Cenate in sala da pranzo o in cucina? A che ora mangiate?
3. Usate i bicchieri di cristallo, di plastica o di carta? Come sono i piatti che usate: eleganti o economici?
4. Quante persone cenano con te normalmente? C'è tutta la famiglia? Cosa fate mentre mangiate?
5. Chi prepara la cena di solito? Che cosa sa preparare bene?

Lo sapevi che... ?

Molti piatti italiani sono famosi all'estero e conosciuti con il loro nome in italiano. Ad esempio, il **minestrone** è, come dice il suo nome, una grande minestra con tante verdure diverse. Il **risotto** è un piatto particolare fatto con il riso prodotto nel nord Italia. La **bruschetta** è un popolare antipasto di pane tostato con olio d'oliva, aglio e pomodoro. E tra le verdure più famose spiccano il **radicchio,** la **rucola,** gli **zucchini** e i **broccoli,** che si trovano nei supermercati stranieri ma con i loro nomi italiani.

D.2 ▶ Incontro

Il suo piatto preferito. *Pippo ha scritto alla mamma per chiedere la ricetta del suo piatto preferito, le tagliatelle con prosciutto e piselli. Ecco la risposta della mamma.*

Amore mio,

Ecco la ricetta per le tagliatelle. Non dimenticare, si comprano le tagliatelle buone nel negozio di pasta fresca. Ricordati° di buttare la pasta quando l'acqua bolle (non prima!) e di scolarla° quando è ancora° al dente. Buon appetito! Alla salute del cuoco!

Mamma

Remember
drain it / still

TAGLIATELLE PROSCIUTTO E PISELLI
Per 6 persone

Ingredienti:
gr. 500 di tagliatelle all'uovo
gr. 150 di prosciutto crudo
gr. 50 di burro
gr. 200 di piselli freschi
gr. 150 di parmigiano reggiano grattugiato
1 cipolla
salsa di pomodoro
brodo - sale - pepe

Soffriggere nel burro la cipolla tagliata fine, aggiungervi il prosciutto a dadini e lasciare cuocere per alcuni minuti. Versare poi i piselli, la salsa di pomodoro, un po' di brodo e fare cuocere almeno per 30 minuti a tegame coperto; aggiungere sale e pepe.
Cuocere le tagliatelle in abbondante acqua salata, condire con il sugo ottenuto e con il parmigiano reggiano.

a dadini: *in cubes*

tegame: *saucepan*

Lo sapevi che...?

Nella parte meridionale della Riviera di Levante si trova l'importante porto di La Spezia. Il nome della città deriva dalle sue origini medievali quando le spezie (*spices*) erano la principale merce di scambio. Per questo motivo, quando si paga molto per qualcosa, si dice **pagare salato**: il sale era una spezia molto pregiata (*valuable*) perché era usato per conservare il cibo. La **via Salaria** si estende da Roma al mare Adriatico, perché gli antichi Romani trasportavano il sale dal mare alla capitale.

La via Salaria è in rosso.

ATTIVITÀ

5.40 Comprensione: l'ordine giusto. Mettere le frasi nell'ordine giusto indicato nella ricetta.

   _4_ aggiungere sale e pepe
   _5_ condire con il sugo
   _1_ soffriggere la cipolla nel burro
   _2_ versare i piselli, la salsa di pomodoro
   _3_ far cuocere per almeno 30 minuti

5.41 La tua ricetta preferita. Spiegare ad un altro studente/un'altra studentessa un piatto che sai preparare bene.

Quali sono gli ingredienti?
Come si prepara?
È facile o difficile da preparare?
In quale occasione cucini questo piatto?
Chi te l'ha insegnato?

UNITÀ 5 Mangiare: Tutti a tavola!

In altre parole

buttare la pasta	to throw pasta into boiling water
al dente	pasta cooked just right, not overdone
alla salute del cuoco/ della cuoca	(a toast) to the health of the chef
buon appetito!	enjoy your meal!
altrettanto!	same to you!

5.42 Mini-conversazioni. Completare le mini-conversazioni in modo appropriato.

— Che profumo! Mmm, le lasagne! Mangiamo!
— _____!

— Quando dobbiamo _____ la pasta?
— Quando l'acqua bolle.

— Attenzione alla pasta! Le penne devono essere _____!
— Non ti preoccupare! Le ho appena assaggiate e sono ancora crude!

— Ragazzi, facciamo un brindisi a Giorgio che ci ha preparato questa cena squisita. _____!
— Grazie, e _____ a voi! Cin cin!

5.43 Sale, pepe e segreti. Creare una conversazione secondo le seguenti indicazioni.

S1: Sei un/a giornalista della rivista di gastronomia *La Cucina Italiana*. La rivista ti ha mandato ad intervistare un cuoco famoso/una cuoca famosa. Vuoi sapere come ha imparato a cucinare, dove ha lavorato, quali sono alcune sue specialità e che cosa preferisce mangiare. Ma soprattutto (*above all*) vuoi avere la ricetta del suo piatto più famoso, le trofie al pesto, per poterla pubblicare sulla rivista.

S2: Sei un famoso cuoco/una famosa cuoca genovese. Un/a giornalista del mensile *La Cucina Italiana* viene per intervistarti. Tutto bene, ma ad un certo punto vuole sapere la tua ricetta per le trofie al pesto e tu sei molto geloso/a delle tue ricette. Alla fine decidi di dargliela, ma con alcuni ingredienti "sbagliati".

> **Lo sapevi che... ?**
>
> **Slow Food** è un'associazione fondata nel 1986 da **Carlo Petrini** e che ora ha membri in 150 paesi. Slow Food, a differenza di fast food, significa dare la giusta importanza al piacere del cibo, con prodotti genuini e se possibile, locali. Chi segue i principi di Slow Food rispetta **i sapori** (*tastes*) e i prodotti delle stagioni. Anche il simbolo, **la chiocciola** (*snail*), ci ricorda che la velocità non è tutto!

D.3 ▶ Punti grammaticali

Si impersonale e passivante

In classe **si parla** italiano.	*In class we speak Italian.*
Si mangia bene in Italia.	*One eats well in Italy.*
Mi dispiace, non **si può** fumare qui.	*I'm sorry, you can't smoke here.*
Si preparano gli spaghetti all'amatriciana con la cipolla.	*Spaghetti all'amatriciana is prepared with onion.*

1. **Si** + *third person* of the verb is an impersonal construction with an unspecified, collective subject that corresponds in English to *one, you, we, they,* or *people.* This construction is often used for general rules, habits, and customs.

2. **Si** usually precedes the third-person singular of the verb, but if the verb is followed by a plural noun, **si** precedes the third-person plural of the verb and is considered a passive contruction (*si* **passivante**).

Si cucina tutte le sere.	*We cook every night / One cooks every night.*
Si usa l'olio d'oliva per preparare quel piatto.	*One uses olive oil to prepare that dish. / Olive oil is used to prepare that dish.*
Si tagliano fine gli zucchini.	*One chops the zucchini finely. / The zucchini are chopped finely.*
Non **si accettano** assegni.	*Checks are not accepted. / We do not accept checks.*

3. In compound tenses, the *si* **impersonale** construction is conjugated with **essere.** The past participle agrees in gender and number with the object.

Si sono mangiati troppi tortellini ieri.	*We ate too many tortellini yesterday.*
Si è preparata una buona cena per gli amici.	*We prepared a nice dinner for friends.*
Si è mangiato bene in quella trattoria.	*One ate well in that trattoria.*

4. An adjective that follows the verb **essere** in the *si impersonale* is in the masculine plural form. The verb is singular.

Quando si è **ricchi,** non si è sempre **contenti.**
When people are rich, they aren't always happy.

Quando si è **liberi,** si è **felici.**
When one is free, one is happy.

5. Object pronouns precede **si.**

Marco è contento. **Lo si vede** dalla faccia.
Marco is happy. You can see it from his face.

Ma è Jennifer Aniston! **La si riconosce** subito.
But it's Jennifer Aniston! One recognizes her immediately.

The only exception is **ne,** which follows **si.**

Se ne parla sempre.
One is always talking about it.

Secondo me, di gelati buoni non **se ne mangiano** mai troppi.
If you ask me, one can never eat too much good ice cream.

ATTIVITÀ

5.44 Che cosa ci si può comprare? Trovare nella lista a sinistra prodotti che si possono comprare nei luoghi elencati a destra. Poi formulare frasi usando **si**.

Esempio: **Le mele si comprano dal fruttivendolo.**

G 1. le sigarette e i francobolli   a. in farmacia
E 2. il bagnoschiuma al profumo di mughetto   b. in libreria
F 3. i biscotti   c. dal macellaio
A 4. l'aspirina   d. dal fioraio
H 5. il caffè   e. in profumeria
D 6. rose e tulipani   f. in pasticceria
B 7. il nuovo romanzo di Umberto Eco   g. in tabaccheria
C 8. delle costolette di vitello   h. alla torrefazione

5.45 Che buona la carbonara! Costruire la ricetta per gli spaghetti alla carbonara secondo i suggerimenti, usando il *si impersonale* secondo l'esempio.

Esempio: prima / tagliare / la pancetta
Prima si taglia la pancetta.

1. poi / cuocere / la pancetta / in una padella
2. sbattere / quattro uova fresche
3. grattuggiare / due etti di parmigiano
4. fare bollire / l'acqua per la pasta
5. aggiungere / il sale

6. quando l'acqua bolle / buttare la pasta nell'acqua salata
7. dopo sei minuti / scolare / gli spaghetti
8. mescolare / gli spaghetti, le uova, la pancetta, il formaggio e il pepe
9. dire / Buon appetito a tutti!
10. mangiare / un bel piattone di spaghetti alla carbonara!

5.46 Fare come si deve. Una studentessa italiana che partecipa a un programma di scambio (*exchange program*) è arrivata poco fa al vostro campus. Il vostro/La vostra insegnante vi ha chiesto di aiutarla ad inserirsi (*fit in*) nella vita accademica e sociale della vostra università. Aiutatela rispondendo alle sue domande.

1. Non ne posso più del caffè lungo! Dove si può trovare un buon cappuccino?
2. Si mangia abbastanza bene alla mensa qui? Si trovano piatti italiani? Come sono?
3. Sono perduta senza il mio computer. Dove si possono trovare dei computer qui nel campus?
4. Che stress! Non ho più sigarette e non ho visto nessuna tabaccheria qui. Dove si possono comprare le sigarette?
5. Ma ragazzi, è vero che qui si va sempre alle lezioni? E quando si fanno gli esami orali?
6. Cosa si fa durante il weekend? Si va in discoteca?

5.47 Due mondi a confronto. Con un altro studente/un'altra studentessa, discutete alcune differenze tra come si mangia in Italia e come si mangia nel vostro paese. Alcuni argomenti possibili sono:

- differenze di orario (qui si cena alle...)
- differenze nei pasti (in Italia si consuma un pranzo abbondante che consiste in...)
- differenti ingredienti tipici (in Italia si usano molto...)
- differenti tradizioni (qui si mangia spesso nei fast food...)

Il porto di Genova, con la Lanterna, simbolo della città

IMMAGINI E PAROLE

▶ **La cucina italiana:** *i sapori d'Italia*
▶ **Leggiamo italiano!** *Interacting with the text*
▶ **Una ricetta**
▶ **Scriviamo italiano!** *Using models*
▶ **Come disse...** Giuseppe Ungaretti
▶ **Musica, maestro!**
  "Il pescatore", Fabrizio De Andrè
  "Genova per noi", Paolo Conte
▶ **Ciak! Italia**

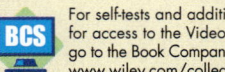

For self-tests and additional practice, and for access to the Video and video activities, go to the Book Companion Site, accessible at www.wiley.com/college/branciforte

ATTIVITÀ DI PRE-LETTURA

5.48 Parole analoghe. Le parole in corsivo sono tutte parole analoghe. Cercare di determinare l'equivalente inglese.

1. tipici *elementi* della cucina mediterranea
2. il pomodoro è diventato il *simbolo* della cucina italiana
3. *inventori* della pizza
4. le spezie hanno *sostituito* il sale
5. le *origini* della mortadella e del prosciutto

 5.49 Come mangiamo noi? Da solo/a, fare una lista di tutte le cose che hai mangiato e bevuto ieri. Indicare anche gli ingredienti quando possibile. Poi confrontare la tua lista con quella del compagno/della compagna.

Quali sono alcuni ingredienti tipici delle vostre diete?
Ci sono ingredienti in comune?
Chi segue una dieta più sana? Chi mangia male?
Che cosa volete cambiare nella vostra dieta? Mangiate molte
  verdure e frutta? Molta carne? Molte cose fritte?
In Italia si mangia come mangiate voi? Cosa pensate?

UNITÀ 5 Mangiare: Tutti a tavola!

La cucina italiana: i sapori d'Italia

Gli **ingredienti di base della cucina italiana sono l'olio d'oliva,** il pane e la pasta. La dieta mediterranea contiene poca carne ma molto pesce e verdure. Il pomodoro, anche se viene dal Sudamerica, è diventato il simbolo della cucina italiana: molti sughi come la "pommarola" e il sugo alla bolognese contengono il pomodoro.

Uno dei piatti italiani più diffusi nel mondo è la pizza! I napoletani, gli inventori di questa specialità, aggiungono anche le acciughe°, piccoli pesci salati. La pizza tricolore (rosso per il pomodoro, bianco per la mozzarella e verde per il basilico) ricorda i colori della bandiera italiana. In Italia si usano molto le spezie° (basilico, prezzemolo°, salvia°, rosmarino) che crescono facilmente nei giardini e sui balconi delle case. In passato le spezie hanno sostituito un ingrediente molto costoso, usato solo dai ricchi: il sale!

anchovies

spices / parsley / sage

In Italia, mentre si mangia, si beve il vino, e c'è sempre un po' di pane in tavola. Un pasto completo comprende un antipasto, un primo, un secondo, un contorno, un dolce ed è seguito da un buon caffè. Ci sono molte portate°, ma le porzioni non sono esagerate—si preferisce la varietà alla quantità!

courses

La cucina italiana è molto varia, grazie alle differenze regionali. Al nord, soprattutto in Piemonte e Lombardia, si mangiano il riso e il risotto, e nel Veneto la polenta, un piatto a base di mais°. L'Emilia-Romagna è famosa per la sua cucina molto ricca. Il parmigiano, il prosciutto, il salame e la mortadella trovano le loro origini in Emilia. La Toscana ha una cucina "povera", basata su ingredienti semplici come il farro, i ceci e il pane, che quando non è più fresco viene usato ancora in piatti come la pappa al pomodoro, la panzanella o la ribollita.

corn

Un tavolo di antipasti tipici

Regioni del sud come la Campania e la Sicilia vantano° i dolci più famosi. Chi può visitare Napoli senza provare— oltre alla pizza ovviamente!—il babà al rhum, la sfogliatella, la pastiera e le zeppole? E la cassata usa tutta l'arte dolciaria siciliana—dalla ricotta, alla frutta candita, alla pasta di mandorle°. E non dimentichiamo i cannoli o la granita siciliana—non esattamente un gelato, ma ghiaccio fine al gusto del caffè, del limone o della mandorla. Invece, si ignorano le origini del dolce italiano più conosciuto nel mondo—una squisita combinazione di mascarpone, uova e zucchero, savoiardi, caffè e vino marsala, che è il tiramisù. Hai mai assaggiato questo dolce che può letteralmente "tirare su" la morale di chi lo assapora?

boast

almonds

Attività

5.50 Quali sono? Trovare nella lettura parole ed espressioni per completare ogni frase.

1. Alcuni ingredienti della dieta italiana sono...
2. Gli ingredienti della pizza napoletana sono...
3. Due sughi famosi a base di pomodoro sono...
4. In Italia si usano molte spezie come...
5. Alcuni piatti tipici del nord d'Italia sono...
6. La Sicilia è rinomata per dolci come...
7. Una regione famosa per il salame e il prosciutto è...

5.51 Mondi a confronto. Discutere con altri studenti dei seguenti temi.

1. Quali sono gli ingredienti di base della tua cucina preferita? Sono simili a quelli della cucina italiana? Sono ingredienti sani e genuini?
2. Perché c'è tanta varietà nella cucina italiana? Quali sono alcuni esempi di piatti regionali in Italia? C'è una cucina regionale anche nel tuo paese? Qual è un esempio di un piatto tipico di una regione?
3. Quali sono alcuni vini italiani? Che importanza ha il vino nella gastronomia italiana? Quali differenze ci sono fra il tuo paese e l'Italia per quanto riguarda il vino?

Leggiamo italiano!

Interacting with the text

Have you ever had to follow a recipe for making a pie? What ingredients do you expect to find? If the pie is not for dessert, but a main course instead, what ingredients might you find? As an approach to reading a recipe, you know you can look for the ingredients, the amount of time it takes to prepare, and how many people it serves. What else? What language, for example, is characteristic of recipes? Can you anticipate what verb forms you may find?

 ## Una ricetta

Attività di pre-lettura

5.52 Prima di cominciare. Dare un'occhiata (*scan*) alla ricetta per rispondere alle seguenti domande.

1. Per quante persone è la torta di ricotta e asparagi?
2. È una ricetta difficile, semplice o media?
3. Quante calorie ci sono per porzione?
4. A che temperatura deve essere il forno?
5. In quanti minuti cuoce la torta?

5.53 Cosa vuol dire? Indovinare dal contesto il significato della parola in corsivo, scegliendo la parola inglese più simile tra quelle date.

1. Lasciate *ammorbidire* il burro fuori dal frigorifero.
   a. melt   b. soften   c. harden

2. Unitevi la ricotta, le uova e il burro e *amalgamate* bene gli ingredienti.
   a. fry   b. cook   c. combine

3. Distribuite la pasta sul fondo dello stampo e *premete* molto bene con le mani in modo da ottenere uno strato uniforme.
   a. cut   b. press   c. remove

4. Mettete le uova, la ricotta, gli asparagi, il grana, sale e pepe e *mescolate* bene.
   a. mix   b. add   c. serve

5. Quando gli asparagi sono cotti, scolateli, eliminate tutto il gambo e *tritate* le punte.
   a. drain   b. chop   c. stir

Torta di ricotta e asparagi

⏲ 1 ora e 30'   🍴 4 persone   ⊙ media   👑 740 cal/porz.

500 g di asparagi
150 g di fette biscottate
85 g di burro
500 g di ricotta
100 g di panna liquida
4 uova
50 g di grana grattugiato
30 g di Gruyère grattugiato
sale
pepe

1 Lasciate ammorbidire il burro fuori dal frigorifero per circa mezz'ora. Spezzettate le fette biscottate e passatele al mixer in modo da ridurle in polvere; trasferitele in una ciotola, unitevi 75 g di burro, 2 uova e amalgamate bene gli ingredienti mescolando con un cucchiaio di legno fino a ottenere un composto cremoso.
2 Foderate uno stampo a cerniera del diametro di 20-22 cm con carta da forno imburrata, distribuite sul fondo il composto preparato e premetelo molto bene con le mani in modo da ottenere uno strato uniforme, poi mettete lo stampo in frigorifero.
3 Pulite gli asparagi eliminando le parti legnose e cuoceteli a vapore per circa 10-15 minuti a seconda delle dimensioni; quindi scolateli, eliminate tutto il gambo e tritate grossolanamente le punte. Mettete il trito in una casseruolina, unitevi la panna e cuocete per 5 minuti; salate e pepate.
4 Mettete la ricotta in una terrina, unitevi le uova rimaste, il composto di asparagi e il grana; regolate di sale, pepate e mescolate bene per amalgamare gli ingredienti.
5 Togliete lo stampo dal frigorifero, versatevi il composto di ricotta e asparagi e mettetelo in forno già caldo a 180°. Cuocete la torta per 50 minuti circa, poi togliete per un attimo dal forno, cospargetela con il Gruyère grattugiato, rimettetela in forno, alzate la temperatura a 250° e lasciatevela per 5 minuti: la superficie dovrà diventare leggermente dorata. Lasciate riposare la torta per 10 minuti prima di sformarla e servitela tiepida.

fette biscottate: *crispbread*   grana: *parmesan cheese*
cucchiaio di legno: *wooden spoon*   carta da forno: *kitchen parchment or other paper for ovens*   stampo: *mold*
casseruolina: *small casserole dish*   gambo: *stalk*

Attività

5.54 Comprensione. Leggere la ricetta e poi mettere le seguenti frasi nell'ordine giusto.

_____ Si mette la ricotta in una terrina e si aggiungono le uova.
_____ Si puliscono e si cuociono gli asparagi.
_____ Si cuoce la torta per 50 minuti circa.
_____ Si lascia il burro fuori dal frigo e si uniscono le fette biscottate e le uova.
_____ Si prepara lo stampo con la carta da forno.

Scriviamo italiano!

Using models

When learning to write a foreign language, it can be useful to use documents of various types as models, such as a diary, a datebook, an article, or a letter. Each type of document has its own key phrases and idiomatic expressions that may be recycled and reworked.

As you have probably noticed, directions in Italian may be given using the infinitive form of the verb (like the directions for activities in this book), the **voi** form of the verb (like the recipes in this unit), or the *si* **impersonale.**

Use the recipe on page 216 and the menu on page 198 as models to do the following activities.

Attività

5.55 Libro di cucina. La mia ricetta preferita: Scrivi la tua ricetta preferita in italiano. Prima, fa' una lista degli ingredienti. Poi, usando il *si* **impersonale,** scrivi le direzioni. Quanto tempo ci vuole per la preparazione? Quali sono gli ingredienti? Alla fine, raccogliete le ricette da tutta la classe e fate un bel libro di cucina!

5.56 Da noi. Tu e un compagno/una compagna siete proprietari di una trattoria.

1. Preparate il menù per stasera usando il menù alla pagina 198 come modello.

2. Descrivete i piatti per i clienti: Quali sono gli ingredienti? Come si preparano questi piatti? Descrivete anche l'ambiente del ristorante, chi cucina, qual è il vostro piatto preferito, ecc.

Come disse... Giuseppe Ungaretti
(1888–1970)

Soldati

Si sta come
d'autunno
sugli alberi
le foglie.

Qual è il legame tra le immagini nella poesia e il titolo?
Puoi memorizzare questa poesia breve ma piena di emozioni?

Musica, maestro!

Usando Internet, cercare "Il pescatore" di Fabrizio De Andrè e ascoltare la canzone più di una volta. L'assassino ha fame e ha sete—cosa chiede al vecchio? Ballare, cantare, mangiare e bere in allegria!

Usando Internet, cercare "Genova per noi" di Paolo Conte e ascoltare la canzone più di una volta. Conte, un piemontese, canta delle particolari qualità della città di Genova, e le emozioni delle persone che l'hanno vista. Com'è la città ligure? Fai un elenco delle caratteristiche o qualità che senti.

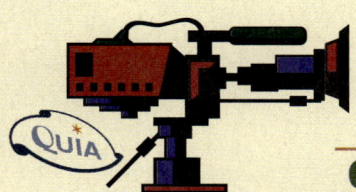

Ciak! Italia

5.57 Dove siamo? Guardare attentamente la prima sequenza di immagini del videoclip prima del dialogo. Mettere un cerchio attorno alle cose che **non vedi** nel videoclip.

una montagna	un porto	un ristorante	barche
un bancomat	un castello	una macchina	un supermercato
un bar	una chiesa	il mare	un gelato
case	una strada	una passeggiata al mare	

UNITÀ 5 Mangiare: Tutti a tavola!

Vedete Anna e Francesco? Riposano (rest) in riva al mare.

5.58 A tavola! Cosa c'è sul tavolo dove mangiano Anna e Francesco? Mentre guardi il videoclip, nota che cosa c'è sul tavolo al ristorante di Gaetano. Trova almeno otto cose.

Sul tavolo c'è _____

E poi ci sono anche _____

5.59 Le foto della nonna... Indicare se la frase è vera (V) o falsa (F) e poi riscrivere le frasi false con le informazioni corrette.

1. _____ Gaetano conosce l'uomo nella foto.
   _____

2. _____ Gaetano ha un libro di ricette della nonna.
   _____

3. _____ Gaetano ha una scatola piena di foto di famiglia.
   _____

4. _____ Gaetano non dà la scatola ad Anna.
   _____

5. _____ Gaetano regala la scatola di foto ad Anna.
   _____

▶ Vocabolario

Al bar

il banco	counter
il bar	café
il/la barista	bartender, counterperson
la colazione, la prima colazione	breakfast
la merenda, lo spuntino	snack
ordinare	to order
il tavolino	café table
lo zucchero	sugar
con / senza ghiaccio	with / without ice
gasata, frizzante	carbonated
non gasata, senza gas, naturale	noncarbonated
l'acqua minerale	mineral water
l'amaro, il digestivo	after-dinner drink
l'aperitivo	aperitif
la brioche	type of breakfast pastry
il caffè espresso	espresso
il caffè decaffeinato	decaffeinated coffee
il caffè lungo, all'americana	American-style coffee (not as strong as espresso)
il caffè macchiato	coffee with a little milk added
il cappuccino	espresso with steamed (frothy) milk
la cioccolata calda	hot chocolate
il cornetto	type of breakfast pastry
il pasticcino, la pasta	small pastry
il panino	sandwich on a roll
la spremuta	freshly squeezed juice
il succo di frutta	fruit juice
il tè caldo	hot tea
il tè freddo	iced tea
il tramezzino	sandwich on sliced bread

Al ristorante, in trattoria

l'antipasto	appetizer
l'appetito	appetite
la birra	beer
il cameriere/ la cameriera	waiter/waitress
la cena	dinner
cenare	to eat dinner
il conto	bill, check
il contorno	side dish
il coperto	cover charge
il dolce	dessert
la mancia	tip
il menù	menu
la minestra	soup, first course
il pasto	meal
pranzare	to eat lunch
il pranzo	lunch
il primo (piatto)	first course
il secondo (piatto)	second course
il servizio	service
la specialità	specialty
lo spumante	sparkling wine
il sugo	sauce
il vino	wine
la zuppa	soup
ai frutti di mare	with shellfish
al forno	baked
alla bolognese, al ragù	with meat sauce
alla carbonara	with eggs, cheese, and pancetta
alla griglia	grilled
alla marinara	with seafood sauce
alla milanese	breaded
bollito	boiled
delizioso	delicious
dolce	sweet
fritto	fried

misto	mixed
piccante	spicy, hot
salato	salty
sano	healthy
squisito	exquisite
essere goloso/a	to have a sweet tooth
fare un brindisi, brindare	to offer a toast, to toast

A tavola

apparecchiare	to set the table
il bicchiere	glass
il coltello	knife
il cucchiaino	teaspoon
il cucchiaio	spoon
la forchetta	fork
il piattino	dessert plate
il piatto	plate
le posate	silverware
sparecchiare	to clear the table
la tazza	cup
la tovaglia	tablecloth
il tovagliolo	napkin
il vassoio	tray

In cucina

a tavola!	(come) to the table!
l'aceto	vinegar
l'aglio	garlic
il cuoco/la cuoca	cook, chef
il forno	oven
l'ingrediente (m.)	ingredient
l'olio	oil
la padella	pan
la pentola	pot
il pepe	pepper
il peperoncino	hot red pepper
la ricetta	recipe
il sale	salt
bollire	to boil
bruciare	to burn
condire	to dress (a salad), to add sauce (to pasta)
cuocere	to cook
servire	to serve
tagliare	to cut

Altre parole ed espressioni

al dente	pasta cooked just right
alla salute del cuoco/della cuoca	(a toast) to the health of the chef
altrettanto	same to you
avere una fame da lupi	to be hungry enough to eat a horse
avere l'acquolina in bocca	to have one's mouth watering
basta!	enough!
buon appetito!	enjoy your meal
buttare la pasta	to throw pasta into boiling water
essere senza parole	to be speechless
fa niente	it's nothing
non farcela	not to be able to make it, handle it
non ti preoccupare	don't worry
pazzesco	crazy, insane
poverino!	poor thing!
scusa il ritardo	sorry, I'm late
si capisce!	naturally!, of course!
siamo in quattro, in due	there are four of us, two of us
stai bravo/a!	be good!
stare attento ai soldi	to watch (my) money
stare attento alla linea	to watch (my) figure
ti va di…	are you up for…
vergognati!	shame on you!

UNITÀ 6

RILASSARSI
Cosa facciamo di bello?

La famosa gara di bicicletta, il Giro d'Italia

COMMUNICATIVE GOALS

- Talking about things you used to do
- Describing actions, situations, people, and things in the past
- Talking about hobbies
- Talking about sports
- Talking about the future
- Discussing vacations

A IL TEMPO LIBERO

A.1 ▶ Si dice così

il passatempo	*hobby*	**collezionare,**	*to collect,*
la collezione,	*collection*	**raccogliere**	*to gather*
la raccolta		**disegnare**	*to draw*
la mostra	*exhibition, show*	**dipingere**	*to paint*
la galleria d'arte	*art gallery*	**giocare a dama,**	*to play checkers,*
la fotografia	*photograph,*	**a scacchi, a carte**	*chess, cards*
	photography	**giocare a tennis,**	*to play tennis,*
il gioco	*game*	**a calcio, a pallone**	*soccer*
rilassante	*relaxing*	**suonare il pianoforte,**	*to play the piano,*
stressante	*stressful*	**la chitarra**	*the guitar*

Una partita di calcio, il derby tra Sampdoria e il Genoa

Lo sapevi che...?

Per i giovani in Italia, le attività del **tempo libero**—lo sport, la musica, il teatro, ad esempio—non sono organizzate dalla scuola. Ognuno si organizza le proprie attività e le pratica **doposcuola**, durante il pomeriggio o la sera. Spesso è un modo per conoscere altre persone che frequentano altre scuole o che vivono in altri quartieri.

UNITÀ 6 Rilassarsi: Cosa facciamo di bello?

ATTIVITÀ

6.1 Non è possibile! Quale delle parole ed espressioni date tra parentesi **non** dà un senso compiuto (*finished*) alla frase? Perché?

1. Mio padre è un musicista eccellente: suona (il pianoforte / il violino / la chitarra / la ciliegia).
2. Ieri siamo andati ad una mostra di (vetrina / sculture / fotografie / quadri).
3. Quando piove io e le mie sorelle giochiamo a (chitarra / carte / scacchi / dama).
4. Daniele dedica molto tempo alla sua (collezione / dama / raccolta) di francobolli.
5. Gli zii sono tutti bravi (giocatori / scacchi / fotografi).
6. Raffaella è un tipo molto artistico: le piace molto (dipingere / giocare a dama / disegnare).

6.2 Passatempi rilassanti. Siete due esperti psicologi la cui (*whose*) specialità è di suggerire passatempi rilassanti ai pazienti nervosi. Date consigli ai seguenti pazienti.

Esempio: **Le consiglio il... perché è un passatempo molto...**
Così Lei può...

1. Il signor M. è un tipo che non ama la compagnia. Preferisce stare da solo e contemplare le cose belle del mondo. Cosa gli suggerite?
2. La signorina D. lavora alle pubbliche relazioni per una grande compagnia ma trova il suo lavoro molto stressante perché deve essere sempre gentile e diplomatica. Ha bisogno di un'attività per esprimere la propria aggressività naturale. Che cosa le suggerite?
3. I signori V. hanno una figlia di cinque anni che è nervosa e sempre in movimento. È senza disciplina, e i genitori sono molto preoccupati. Cosa suggerite per la bambina? Perché?

6.3 Il tempo libero. Chiedere al tuo vicino/alla tua vicina:

- come passa il tempo libero
- se ha un passatempo o sport preferito
- se suona uno strumento musicale
- quali giochi gli/le piacciono

Una gita in bici, Piazza delle Erbe, Verona

UNITÀ 6 Rilassarsi: Cosa facciamo di bello? **233**

A.2 ▶ Incontro

Erano altri tempi!   Alessandra è a Venezia a casa della nonna. Fa brutto, e quindi non può uscire.

ALESSANDRA:	Che noia! Nonna, sta piovendo e non ho niente da fare! Che barba!	
LA NONNA:	Quando ero giovane, non mi annoiavo mica°, cara. Avevo sempre tante cose da fare.	I didn't get bored at all
ALESSANDRA:	Cosa facevi di bello, nonna?	
LA NONNA:	Per passare il tempo suonavo il pianoforte o giocavo a scacchi con le mie amiche. Tuo nonno invece dipingeva. E mio fratello, lo zio Angelo, era un bravo pescatore°. Però, erano altri tempi! Ci divertivamo° tanto con cose semplici.	fisherman We had a good time
ALESSANDRA:	E mio padre, quando era ragazzino, aveva anche lui un hobby?	
LA NONNA:	Tuo padre, ma certo! Disegnava molto bene. E tuo zio Luigi faceva fotografie. Era molto bravo! Sai che hanno organizzato una mostra delle sue foto in una galleria a Venezia?	
ALESSANDRA:	Caspita! Davvero?	
LA NONNA:	Sì sì. È così che tuo padre ha conosciuto tua madre.	
ALESSANDRA:	Dici sul serio?	
LA NONNA:	Certo, perché anche a tua madre piaceva l'arte. Conosceva il proprietario della galleria e ha conosciuto tuo padre alla mostra di fotografie dello zio Luigi.	
ALESSANDRA:	Che bella storia! Chissà se riesco a trovare° un hobby anch'io. Magari la fotografia come lo zio Luigi.	if I can find
LA NONNA:	E perché no? Vediamo... penso di avere ancora la sua prima macchina fotografica in cantina°. Se la vuoi, è tua!	in the basement

ATTIVITÀ

 Ascoltiamo! Chi lo faceva?   Ascoltare l'**Incontro** e collegare le persone e le azioni in modo appropriato.

1. Aveva molte cose da fare.
2. Suonava il pianoforte.
3. Dipingeva.
4. Era un bravo pescatore.
5. Disegnava molto bene.
6. Faceva fotografie.

a. la nonna
b. il nonno
c. il padre di Alessandra
d. lo zio Luigi
e. lo zio Angelo

> **In altre parole**
>
> | | |
> |---|---|
> | che barba!, che noia! | how boring! |
> | che / cosa fai di bello? | what are you doing (for fun)? |
> | mica | hardly, at all |
> | invece | instead, on the other hand |
> | caspita! | wow! |
> | dire sul serio | to say something seriously, honestly |
> | chissà | who knows |

6.5 La parola giusta. Completare le seguenti frasi con un vocabolo nuovo.

1. Non è (invece / mica) difficile trovare un passatempo divertente.
2. Preferisco giocare a scacchi, (che barba / invece).
3. (Invece / Che barba), questa mostra! Non mi piace per niente!
4. Alberto è davvero un bravo fotografo! (Chissà! / Caspita!)
5. (Mica / Chissà) se i nostri amici vengono alla mostra di scultura.

6.6 Che barba! Commentare le seguenti situazioni usando una di queste esclamazioni.

Caspita, che bello/a!   Che barba!   Magari!

1. — Che ne dici di andare a vedere la mostra di francobolli canadesi?
2. — Forse facciamo un viaggio di sei settimane in Europa. Vuoi venire con noi?
3. — Guarda la mia nuova moto!
4. — Sai giocare a scacchi?
5. — Guarda questa rivista! C'è una pubblicità per il nuovo modello della Mercedes. Mica male! Ti piace?
6. — Al corso di latino studiamo tutti i tempi dei verbi, la declinazione dei nomi e qualche volta leggiamo un brano di Cicerone.

6.7 Una collezione di... Creare una conversazione basata sulle seguenti indicazioni.

S1: Sei un/una giornalista per la rivista *Collezionismo oggi*. L'editore ti ha mandato a visitare una mostra di... ed a intervistare il proprietario/la proprietaria di una collezione veramente originale. Domandare a questa persona perché gli/le piace quel tipo di raccolta, quando ha cominciato la sua collezione e quali sono i pezzi più importanti.

S2: Hai la collezione più completa nel mondo di... e hai organizzato una mostra per esibire la tua collezione. Un/Una giornalista vuole scrivere un articolo sulla mostra e vuole sapere alcune cose. Rispondere e poi mostrare i tuoi pezzi preferiti.

A.3 ▶ Punti grammaticali

L'imperfetto

Io **andavo** al mare ogni estate quando **ero** giovane.	*I went to the beach every summer when I was young.*
Suonavamo il pianoforte quando **eravamo** piccoli.	*We used to play piano when we were small.*
Mentre Giulia **beveva** un Campari, Pino **preparava** la cena.	*While Giulia was drinking a Campari, Pino was preparing dinner.*
I giocatori **erano** alti e forti.	*The players were tall and strong.*

1. The **imperfetto** is a past tense used to indicate a habitual or ongoing action in the past. It corresponds to the English *used to, would,* or *was + -ing.*

2. The **imperfetto** is a highly regular tense. In all three conjugations, it is formed by dropping the **-re** of the infinitive and adding the endings **-vo, -vi, -va, -vamo, -vate,** and **-vano.**

giocare		vedere		partire	
gioca**vo**	gioca**vamo**	vede**vo**	vede**vamo**	parti**vo**	parti**vamo**
gioca**vi**	gioca**vate**	vede**vi**	vede**vate**	parti**vi**	parti**vate**
gioca**va**	gioca**vano**	vede**va**	vede**vano**	parti**va**	parti**vano**

Note that the letter **v** is characteristic of the **imperfetto.**

3. Some verbs have an irregular stem in the **imperfetto,** but use the regular endings.

dire: dice**vo,** dice**vi,** dice**va,** dice**vamo,** dice**vate,** dice**vano**
bere: beve**vo,** beve**vi,** beve**va,** beve**vamo,** beve**vate,** beve**vano**
fare: face**vo,** face**vi,** face**va,** face**vamo,** face**vate,** face**vano**

4. **Essere** is irregular in the **imperfetto**.

io	**ero**	noi	**eravamo**
tu	**eri**	voi	**eravate**
lui/lei/Lei	**era**	loro	**erano**

Avere is regular.

5. The **imperfetto** is used to describe:

   a. habitual actions in the past. Certain time expressions are often used with descriptions of habitual or ongoing actions in the past.

ogni	*every*
sempre	*always*
di solito	*normally*
il/di sabato, la/di domenica, ecc.	*every Saturday, Sunday, etc.*

Passavamo **ogni agosto** in montagna.	*We spent every August in the mountains.*
Il sabato si mangiava il gelato.	*We ate ice cream every Saturday.*
Ogni estate nuotavamo nel lago.	*Every summer we used to swim in the lake.*
La domenica andavamo alla partita.	*Every Sunday we used to go to the game.*

   b. ongoing, parallel actions—that is, actions that were occurring simultaneously. This may be indicated by a word like **mentre** (*while*). The **imperfetto** is used to describe both actions.

Noi giocavamo a scacchi **mentre** i ragazzi guardavano la partita.	*We were playing chess while the kids were watching the game.*	
Giorgio leggeva **mentre** io guardavo la TV.	*Giorgio was reading while I was watching TV.*	 *parallel actions*

   c. interrupted actions. An action that was going on when another interrupted it is expressed in the **imperfetto**. The **passato prossimo** is used for the interrupting action.

Parlavo al telefono quando Luigi è arrivato.	*I was talking on the phone when Luigi arrived.*	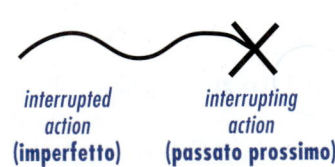 *interrupted action (imperfetto) interrupting action (passato prossimo)*
Leggevo il giornale quando Maria è tornata.	*I was reading the newspaper when Maria came back.*	

   d. age, weather, and time of day in the past.

Avevo cinque anni quando ho imparato ad andare in bicicletta.	*I was five when I learned to ride a bicycle.*
Pioveva quando siamo usciti.	*It was raining when we went out.*
Erano le sei e mezzo quando Luca è arrivato.	*It was six-thirty when Luca arrived.*

e. physical characteristics, mental states, and psychological attributes.

L'uomo **era** alto e biondo e **aveva** gli occhi azzurri.	The man was tall and blond, and he had blue eyes.
Era contenta quando il suo amico ha vinto la gara.	She was happy when her friend won the race.
La casa **era** grande; **aveva** quattro camere da letto.	The house was big; it had four bedrooms.

ATTIVITÀ

6.8 Il tempo libero. Formare frasi utilizzando gli elementi dati e mettendo i verbi all'imperfetto.

1. Io / raccogliere / i francobolli / quando io / essere / giovane.
2. Tu / parlare al telefono / e noi / giocare a scacchi.
3. Tu e lo zio / essere / dei bravi fotografi.
4. Mentre il nonno / suonare il violino / la nonna lo / accompagnare / al pianoforte.
5. Quanti anni / avere / quando sei andato in Giappone?
6. La galleria d'arte / mostrare / molte fotografie interessanti.
7. Riccardo / dipingere / dei bei quadri da giovane.
8. Noi / cantare / mentre la mamma / leggere.

6.9 Le vacanze estive. Completare i brani con l'imperfetto del verbo dato tra parentesi.

> Da giovane non mi (piacere) andare in vacanza al mare. Da quando mia sorella Carlotta (avere) quattro anni, tutte le estati noi (andare) a Iesolo ad agosto. (Fare) sempre troppo caldo e (esserci) troppa gente. I miei cugini, invece, (andare) ogni anno in montagna. La nonna Renata (rimanere) sempre a casa, mentre loro (stare) al fresco della montagna. Io (volere) andare in montagna con i cugini, ma (dovere) rimanere con i miei genitori al mare. Che barba!
>
> Quando (essere) piccoli, io e mia sorella (giocare) a tennis tutti i giorni. (Fare) bello d'estate e le giornate (sembrare) molto lunghe. Ricordo che mio padre (dormire) sulla terrazza mentre mia madre (lavorare) in giardino. Lei mi (dire) sempre "Com'è bello stare tutti insieme d'estate!"

6.10 Lo zio Angelo. Tu e tua nonna guardate le fotografie di un vecchio album di famiglia e trovate una foto dello zio Angelo quando era molto giovane. La nonna ti spiega com'era. Mettere i verbi all'imperfetto.

Eh sì, tuo zio **è** un bell'uomo. Guarda! **Ha** tanti capelli e **porta** i baffi (*moustache*). **Pratica** tutti gli sport e **suona** anche il violino. Bene anche! Ma quello che gli **piace** di più **è** il tennis. Di domenica **esce** presto la mattina e **va** a giocare una partita. **Arriva** a casa sempre prima delle undici perché **dobbiamo** andare a messa. **Ha** molto successo con le ragazze e lui **piace** a tutte. Non **conosce** ancora tua zia! Nel quartiere tutti gli **vogliono** bene perché **è** un tipo sempre allegro.

UNITÀ 6 Rilassarsi: Cosa facciamo di bello?

6.11 Durante il tempo libero. Dire come le seguenti persone passavano il tempo usando un soggetto dalla colonna A, un verbo dalla colonna B e una frase avverbiale dalla colonna C. Mettere il verbo all'imperfetto.

A	B	C
Mia nonna	mangiare il gelato	quando pioveva
Io	andare a sciare	tutte le domeniche
Mio padre	fare fotografie	da bambino/a
I miei amici	visitare una galleria	ogni vacanza
Io e il mio amico	suonare il pianoforte	di sabato
Il mio professore	guardare un vecchio film	sempre
Voi	giocare a scacchi	ogni inverno
	bere un tè	

6.12 Com'eri da bambino/a? Intervistare un amico/un'amica per sapere che tipo di bambino/a era e cosa faceva allora. Usare i seguenti suggerimenti per formulare le domande.

il tipo di casa   la scuola e i compagni di scuola
la famiglia   gli hobby e i giochi preferiti
gli amici   il cibo preferito

6.13 Una persona interessante. Hai mai conosciuto una persona davvero interessante (un attore o un'attrice, un insegnante, un artista o un musicista)? Quanti anni aveva? Puoi descrivere questa persona fisicamente? Che tipo di persona era? Perché ti piaceva tanto? Preparare una descrizione di questa persona, usando l'imperfetto.

B LO SPORT

B.1 ▶ Si dice così

l'allenamento	*practice, training*	**perdere**	*to lose*
l'atleta	*athlete*	**pareggiare**	*to tie*
la gara	*match, competition, race*	**correre**	*to run*
la partita	*game*	**andare in palestra**	*to go to the gym*
la corsa	*race*	**fare footing**	*to jog*
la palla	*ball*	**fare sport**	*to play a sport*
il gol	*goal*	**fare ginnastica**	*to exercise*
fare il tifo, tifare	*to be a fan, to cheer*	**segnare**	*to score*
allenare	*to train others*	**pronti, via!**	*ready, set, go!*
vincere	*to win*		

UNITÀ 6 Rilassarsi: Cosa facciamo di bello?

Lo sapevi che...?

Il mondo dello sport usa delle espressioni particolari. Ad esempio, l'allenatore è anche chiamato **il mister,** dall'inglese. E l'origine dell'espressione **essere tifoso** è il tifo, la malattia che produce una febbre molto alta e provoca agitazione.

il ciclismo   lo sci   la pallavolo   il calcio

la vela   il pattinaggio   la pallacanestro   il nuoto

il canottaggio   la pallanuoto   la scherma

UNITÀ 6 Rilassarsi: Cosa facciamo di bello?

ATTIVITÀ

6.14 Definizioni sportive. Trovare le parole nella lista di **Si dice così** che corrispondono alle seguenti definizioni.

1. Il contrario di **perdere**
2. La persona che allena la squadra
3. Una persona che fa il tifo
4. La persona che durante la partita controlla le regole del gioco
5. Conta un punto nel risultato della partita di calcio
6. Dove si vede la partita di calcio
7. Un gruppo di giocatori (undici per il calcio)

6.15 Quale sport? Rispondere alle seguenti domande con una frase completa.

1. Quali sono due sport che si praticano d'inverno?
2. In quale sport è un vantaggio essere alto/a?
3. Quali sono due sport che non si possono praticare senza acqua?
4. In quale sport si usa la bicicletta?
5. Quali sono degli sport più individuali, cioè, che non richiedono una squadra?
6. Quale sport si gioca con squadre di cinque persone? di sei persone? di undici persone?

6.16 Sei sportivo/a? Scoprire se il tuo vicino/la tua vicina è sportivo/a: Fa dello sport? È in una squadra? È tifoso/a? Quali sport preferisce? Perché? Quando era più giovane, che sport faceva?

Lo sapevi che... ?

In Italia lo sport più popolare è il calcio, seguito dal ciclismo. Ci sono moltissime squadre di calcio, ma le più importanti giocano nella **serie A**, nella **serie B** e nella **serie C**. Le migliori squadre sono in serie A. Quando finisce il campionato (*sports season*), le ultime squadre della serie A retrocedono in serie B e le prime squadre della serie B avanzano, cioè passano in serie A. **La Nazionale italiana di calcio** riunisce i migliori calciatori di nazionalità italiana, sono chiamati **"gli Azzurri"**, perché in campo portano una maglia azzurra.

B.2 ▶ Incontro

Una partita di calcio.   Federico, Vittorio e Benedetta sono fratelli. Sono spettatori allo stadio dove due squadre di serie B, il Treviso e il Vicenza, giocano una partita di calcio.

BENEDETTA:	Forza Treviso!
FEDERICO:	La nostra squadra perde sempre! Fa pena.
VITTORIO:	La *tua* squadra, caro. Io tifo per la Juve.
BENEDETTA:	Ma noi siamo di Treviso, e quindi dobbiamo tifare per la squadra della nostra città, anche se è in serie B. Certo, oggi ha ragione Federico, fa pena.
VITTORIO:	Che ne sai, tu?° Non te ne intendi mica di pallone.
BENEDETTA:	Non è vero. Sono molto sportiva. L'altro giorno ero in palestra e mentre facevo ginnastica...
VITTORIO:	(*ridendo*) Appunto!°
BENEDETTA:	Cretino! Come stavo dicendo... Lì ho visto i giocatori del Treviso che si allenavano...
VITTORIO:	In palestra? Ma non dovevano essere sul campo?
FEDERICO:	Gol! Tre a zero per il Vicenza! Mamma mia, che disastro!
BENEDETTA:	Comunque i nostri giocatori sono bravi, dai!
VITTORIO:	Eh, si vede! Saranno gli arbitri magari che non vedono bene?
FEDERICO:	Porca miseria! Non ne posso più! Io cambio sport... o almeno squadra!

° What do you know about it?

° Exactly!

Lo sapevi che...?

La Gazzetta dello Sport

La **Gazzetta dello Sport** è uno dei giornali più venduti in Italia e si pubblica da oltre cento anni. Ma non è il solo giornale sportivo in Italia; oltre alla *Gazzetta*, ci sono **Tutto Sport** e **Il Corriere dello Sport**. Parlano principalmente di calcio, però danno notizie anche sulla Formula Uno (sulla Ferrari) e sul ciclismo, soprattutto durante la famosa gara, il **Giro d'Italia**. Gli Italiani sono anche appassionati di sport americani come la pallacanestro (il basket), la pallavolo, il baseball e anche il football americano.

ATTIVITÀ

6.17 Ascoltiamo! Ascoltare l'**Incontro** e scegliere la risposta che completa la frase in modo appropriato.

1. Federico, Benedetta e Vittorio sono...
   a. amici.
   b. fratelli.
2. Benedetta tifa per...
   a. il Treviso.
   b. il Vicenza.
3. Vittorio tifa per...
   a. la Juve.
   b. il Treviso.
4. Benedetta va in palestra...
   a. a vedere i giocatori.
   b. a fare ginnastica.
5. Il punteggio è...
   a. uno a zero.
   b. tre a zero.
6. Secondo Vittorio, il problema è che...
   a. gli arbitri non vedono bene.
   b. i giocatori non sono bravi.

In altre parole

forza... ! dai... !	go . . . ! come on . . . !
fa pena, che pena	it's pitiful, how pitiful
te ne intendi di...	you understand about, you know a lot about . . .
cretino!	stupid!
che disastro!	what a disaster!
porca miseria!	oh, hell!
non ne posso più!	I can't take it anymore!

6.18 Le risposte logiche. Trovare nella colonna a destra una risposta logica ad ogni frase della colonna a sinistra.

1. Ma perché la nostra squadra fa così pena?
2. Te ne intendi di gastronomia?
3. Che ne dici di fare ancora un po' di footing?
4. Un altro gol! Che disastro!
5. Com'è andata la partita di pallacanestro?
6. Chi ha segnato?

a. Sono stanchissimo! Non ne posso più!
b. Che disastro! Abbiamo perso 60 a 83!
c. Totti della nostra squadra! Forza Roma!
d. Perché l'allenatore non è bravo.
e. Porca miseria! Il nostro portiere (*goalie*) fa pena!
f. Beh, non so cucinare, ma mi piace molto mangiare!

6.19 Te ne intendi tu di... ? Chiedere ad un vicino/una vicina se si intende delle seguenti cose.

Esempio: — Te ne intendi di sci?
   — No, non me ne intendo per niente. / Sì, me ne intendo. Scio molto bene e vado spesso in montagna.

1. di pallavolo
2. di musica classica
3. di sport in Italia
4. di fotografia
5. di arte
6. di pallacanestro

UNITÀ 6 Rilassarsi: Cosa facciamo di bello?

6.20 Tifosi antagonisti. Tu ed un amico/un'amica guardate una trasmissione sportiva alla televisione. È una partita importante ed emozionante. Ma c'è un problema: l'amico/a tifa per l'altra squadra! Decidere:

- di quale sport si tratta
- quali sono le squadre che giocano
- di quale squadra siete

Poi creare una conversazione basata sulle vostre reazioni mentre guardate la trasmissione.

B.3 ▶ Punti grammaticali

Stare + gerundio

Non posso uscire; **sto studiando**.	I can't go out; I'm studying.
I bambini **stanno giocando** a pallone.	The children are playing soccer.
State guardando la partita alla TV?	Are you watching the game on TV?
La nostra squadra **stava vincendo** quando l'avversario ha fatto un gol.	Our team was winning when the opponent made a goal.
I giocatori **stavano correndo** quando l'arbitro è caduto.	The players were running when the referee fell down.

1. When the verb **stare** is used with the gerund, it expresses ongoing actions. This construction is used to stress the fact that an action is in the process of occurring at the moment one is speaking, or was occurring when another action took place. It corresponds to the present or past continuous form (*to be* + verb + *ing*): **sto mangiando** (*I am eating*); **stavamo studiando** (*we were studying*).

2. This construction is formed using the present or imperfect tense of **stare** + **il gerundio**. Regular verbs form **il gerundio** as follows.

-are → -ando		-ere → -endo		-ire → -endo	
mangiare	mangi**ando**	vedere	ved**endo**	partire	part**endo**
giocare	gioc**ando**	perdere	perd**endo**	capire	cap**endo**
andare	and**ando**	correre	corr**endo**	scoprire	scopr**endo**

essere	**essendo**
avere	**avendo**
fare	**facendo**
dire	**dicendo**
bere	**bevendo**

UNITÀ 6 Rilassarsi: Cosa facciamo di bello?

presente	imperfetto
sto mangiando	stavo mangiando
stai mangiando	stavi mangiando
sta mangiando	stava mangiando
stiamo mangiando	stavamo mangiando
state mangiando	stavate mangiando
stanno mangiando	stavano mangiando

ATTIVITÀ

6.21 Che disastro questa partita! Cambiare i verbi indicati al tempo progressivo.

Esempio: Massimiliano **parla** con Patrizia...
Massimiliano sta parlando con Patrizia...

Patrizia **gioca** a pallacanestro mentre i suoi due fratelli, Franco e Massimiliano, la **guardano.** Patrizia **fa** molti punti ma la sua squadra **perde** lo stesso (*anyway*). Franco e Massimiliano **fanno** il tifo per la squadra e **dicono** "Forza! Andiamo, ragazze!", ma senza risultato.

Un amico di Franco e Massimiliano li vede e gli chiede: "Ma ragazzi, che **fate** qui?" E loro rispondono: "**Aspettiamo** la fine di questa partita disastrosa".

6.22 Che bella notizia! La squadra nazionale di calcio, gli Azzurri, ha vinto il Campionato del Mondo. Dire che cosa stavano facendo le seguenti persone quando hanno sentito questa bella notizia.

Esempio: gli amici / studiare
Gli amici *stavano studiando* quando hanno sentito la notizia.

1. io / ascoltare una cassetta di Mina
2. Carlo / leggere l'*Eneide* per il corso di letteratura latina
3. noi / finire la cena
4. tu / scrivere una lettera alla zia Amalia
5. tu e Alberto / suonare il pianoforte e la chitarra
6. Margherita / finire i compiti scritti
7. alcuni studenti / studiare in biblioteca
8. Pietro / guardare i cartoni animati

6.23 Cosa stanno facendo? Con un compagno/una compagna, guardare il disegno a pagina 238 e descrivere la scena. Cosa sta facendo l'allenatore? E l'arbitro? Cosa stanno facendo i giocatori? Ed i tifosi? Usate il tempo progressivo.

UNITÀ 6 Rilassarsi: Cosa facciamo di bello?

Lo sapevi che...?

Il simbolo M vuol dire "abbasso" (*down with . . .*) e il simbolo W vuol dire "**viva**" o "**evviva**" (*long live . . .*). A Milano ci sono due squadre di calcio, il Milan e l'Inter, e sono rivali. Quindi è comune trovare dei **graffiti** a Milano che dicono "W Milan" accanto alla scritta "M Milan, W Inter". Il fenomeno degli "**ultras**"— i tifosi fanatici e violenti del calcio—è purtroppo molto diffuso in Europa.

Un graffito su un muro di Milano

L'imperfetto e il passato prossimo

Sandra **ascoltava** la musica mentre Beppe **scriveva** una lettera.	*Sandra was listening to music while Beppe was writing a letter.*
Faceva freddo quando **siamo andati** in montagna.	*It was cold when we went to the mountains.*
Stavo partendo quando Elisa **è arrivata.**	*I was leaving as Elisa arrived.*
Avevo diciotto anni quando **ho visitato** l'Italia per la prima volta.	*I was eighteen when I visited Italy for the first time.*

1. Both the **imperfetto** and the **passato prossimo** are used to describe past actions. The **passato prossimo** describes completed actions, whereas the **imperfetto** describes habitual and ongoing actions. Compare the following:

Ieri sera **ho mangiato** un gelato.	*Last night I ate an ice cream.*
Ogni estate **mangiavamo** il gelato al mare.	*Every summer we ate ice cream at the seaside.*
Ho letto quel libro.	*I read that book.*
Leggevo quel libro mentre Pino **parlava** al telefono.	*I was reading that book while Pino was talking on the phone.*

2. Use of both tenses in the same sentence can establish a sequence of events.

Cercavo Anna quando **ho visto** Enrico.	*I was looking for Anna when I saw Enrico.*
Avevo fame e **ho mangiato** la mela.	*I was hungry and ate the apple.*
Pioveva, così **abbiamo giocato** a carte.	*It was raining, so we played cards.*
Guardavamo la partita quando il telefono **ha squillato.**	*We were watching the game when the phone rang.*

3. **Conoscere** and **sapere** change meaning according to the tense in which they are expressed. Compare:

Ho conosciuto Robert De Niro ad una festa!	*I met Robert De Niro at a party!*
Non **conoscevi** i film di Fellini? Sono bellissimi!	*You didn't know Fellini's films? They're wonderful!*
— Un incendio ha distrutto il teatro La Fenice, **lo sapevi**?	*— A fire destroyed La Fenice theater, did you know?*
— Non **lo sapevo**, ma quando l'**ho saputo** sono rimasta molto sorpresa!	*— I didn't know, but when I found out I was very surprised!*

ATTIVITÀ

6.24 L'uso dell'imperfetto. Indicare perché si usa l'imperfetto in ciascuna frase.

1. Erano le sette quando siamo arrivati a casa.
2. Mentre lui leggeva, lei giocava a scacchi.
3. Ero stanca e avevo sete, ma ero felice.
4. Loro giocavano a dama quando Piero ha telefonato.
5. Faceva freddo venerdì scorso.
6. Quando ero piccola, giocavo a tennis.
7. Avevamo vent'anni quando siamo andati in Italia.
8. Mangiavamo sempre all'una quando abitavamo a Milano.

6.25 Cosa facevi quando… ? Completare la frase mettendo i verbi al passato prossimo o all'imperfetto.

Esempio: Mentre io / guardare la partita in TV / Claudio / dormire.
Mentre io guardavo la partita in TV, Claudio dormiva.

1. Quando voi / arrivare, noi / guardare la TV.
2. Quando io / avere tre anni, / dormire ogni giorno dopo pranzo.
3. Mentre Enrico / preparare la cena, Alessandra / bere un aperitivo.
4. Cosa / fare loro, quando tu / telefonare?
5. Essere / le quattro e mezzo quando il treno / partire.
6. Che tempo / fare in Sicilia quando tu ci / andare in vacanza?
7. Alla festa di Silvia io / conoscere un ragazzo molto simpatico.
8. Che ora / essere quando voi / tornare ieri sera?

6.26 Una gita a Venezia. Mettere i verbi tra parentesi al passato prossimo o all'imperfetto.

L'estate scorsa la mia famiglia ed io (andare) a Venezia. (Rimanere, noi) due settimane in un albergo centrale della città. Ogni giorno (andare, noi) ad un museo diverso—quanti quadri (vedere, noi)! (Mangiare, noi) specialità venete, come il risotto nero, ma confesso che il pesce non mi (piacere) molto! Mia madre ed io (fare) shopping, mentre mia sorella e mio padre (visitare) il Palazzo dei Dogi. (Piovere) due giorni, ma gli altri giorni (splendere) il sole. La sera (andare, noi) sempre a teatro e (sentire, noi) un bel concerto alla Fenice.

6.27 La casa al mare. Mettere i verbi tra parentesi in un tempo passato: al passato prossimo o all'imperfetto.

> Quando io (essere) bambino, ogni estate (andare, noi) al mare dove mio zio (avere) una casa in Riviera. (Essere) giorni lunghi e felici sotto il sole. Poi, quando io (avere) 12 anni, lo zio e la zia (divorziare) e lo zio (vendere) la casa. Noi non ci (andare) più. Invece (prendere) in affitto un appartamentino al Lido di Venezia. L'anno scorso io (essere) per caso in Liguria e (decidere) di andare a vedere un'altra volta quella casa. Che brutta sorpresa: la casa non (esserci) più. Al suo posto (trovare, io) un villaggio turistico.

6.28 Siamo tutti sportivi. Completare le frasi in maniera logica.

1. Non siamo andati alla partita domenica scorsa perché...
2. I miei amici hanno deciso di cambiare sport perché...
3. Avevo sedici anni quando...
4. Ieri facevo un po' di footing nel parco quando...
5. La nostra squadra stava perdendo perché...

6.29 La prima lezione d'italiano. Ricordate la prima lezione d'italiano? Discutere con l'amico/a le seguenti cose.

- la data, l'ora, che tempo faceva
- come ti sentivi prima della lezione
- l'insegnante: come si chiamava, com'era, che cosa ha fatto, se parlava inglese o italiano
- altri studenti: chi c'era, quanti studenti c'erano, con chi hai parlato
- che cosa hai imparato, se hai parlato in italiano, che cosa hai detto
- come ti sentivi alla fine della lezione

Lago di Misurina, le Dolomiti

C LA PASSEGGIATA

C.1 ▶ Si dice così

la cartina, la piantina, la mappa	map	il cielo	sky
l'itinerario	itinerary	il paesaggio	countryside
il percorso	way, course, route	fare una passeggiata, passeggiare	to take a walk
il sentiero	path	girare a destra, a sinistra	to turn right, left
l'isola pedonale	walking street, area closed to traffic	andare avanti	to go on
		andare dritto	to go straight ahead
il parco, i giardini	park	laggiù	down there
il bosco	woods, forest	lassù	up there
l'albero	tree	in mezzo a	in the middle of
il fiore	flower		

Lo sapevi che...?

La **passeggiata** è un costume italiano, un fenomeno della vita sociale. In ogni paese e città, la gente ama **fare la passeggiata** di sabato pomeriggio per guardare le vetrine, o di domenica dopo pranzo, e nei piccoli centri, ogni giorno prima di cena. È un rito che offre la possibilità di vestirsi bene e guardare le vetrine dei negozi. Si finisce quasi sempre per prendere un gelato o un caffè. "Facciamo due passi!" o "Facciamo quattro passi!" significa "Facciamo una passeggiata!"

Una passeggiata in centro a Cortina

ATTIVITÀ

6.30 La parola giusta. Trovare il vocabolo nuovo che completa ciascuna frase.

1. Prima di fare una passeggiata, decidiamo (il paesaggio / il percorso).
2. Quando camminiamo in montagna, seguiamo (il bosco / un sentiero).
3. Ci sono alcuni alberi magnifici (nel bosco / nel cielo).
4. Quando fai una passeggiata, puoi raccogliere (i fiori / gli alberi).
5. Con (un albero / una cartina), puoi seguire il sentiero.
6. Per andare lassù, è necessario (scendere / salire).

UNITÀ 6 Rilassarsi: Cosa facciamo di bello?

6.31 La cartina di Cortina. Sei a Cortina d'Ampezzo nel posto indicato sulla cartina. Chiedere ad un altro studente/un'altra studentessa come arrivare ai seguenti posti:

1. all'ufficio postale
2. al campo da tennis
3. all'albergo Miramonti
4. allo Stadio Olimpico del Ghiaccio
5. alla farmacia
6. al cinema

L'altro studente/L'altra studentessa risponde, guardando la cartina e utilizzando frasi come **girare a sinistra/a destra, andare dritto, lassù,** ecc.

Esempio: — Scusi, come si arriva a...
— È facile. Bisogna andare a sinistra qui e poi girare in Via del Mercato...
— È lontano?
— No, è a due passi da qui!

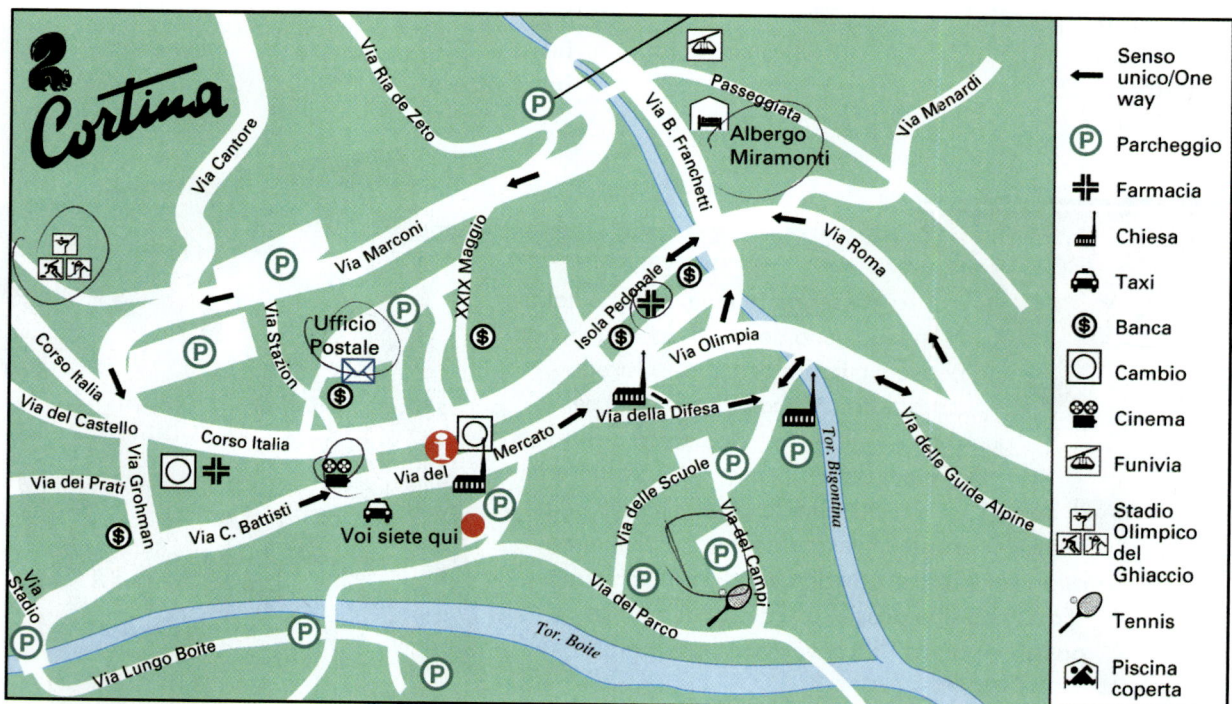

Lo sapevi che...?

Cortina d'Ampezzo è un'elegante località sciistica di montagna molto nota e frequentata da persone famose del mondo dello spettacolo e della politica. Cortina è una **meta popolare** sia d'estate sia d'inverno. Fare la passeggiata in centro a Cortina è un'opportunità per vedere le vetrine dei boutiques, ma anche... per essere visti!

C.2 Incontro

Una passeggiata. *Sara e Pietro sono a Venezia per il weekend.*

SARA: Dai, Pietro! Su, andiamo! È già tardi!

PIETRO: Va bene, sono pronto. Ma sei sicura che non vuoi fare due passi da sola?

SARA: Lo so, non hai voglia di camminare, ma non fare tante storie! Ci sono tante cose da vedere a Venezia. Non ti annoierai, promesso.

PIETRO: Qual è il nostro itinerario?

SARA: Ecco la piantina della città. Andiamo prima a Rialto, e poi facciamo una passeggiata verso San Marco. Vedrai, ti divertirai.

PIETRO: Va be'. Comunque, porto la *Gazzetta dello Sport*—non si sa mai!

UNITÀ 6 Rilassarsi: Cosa facciamo di bello?

ATTIVITÀ

6.32 Ascoltiamo! Ascoltare l'**Incontro** e scegliere la parola che completa la frase in modo corretto.

1. Sara e Pietro sono a (Verona / Venezia) per il weekend.
2. Sara dice "Dai, Pietro! È già (tardi / su)!"
3. Pietro dice "Va bene, sono (pigro / pronto)".
4. Sara dice "Non fare tante (cose / storie)".
5. Pietro chiede "Qual è il nostro (sentiero / itinerario)?"
6. Sara ha (un percorso / una piantina) della città.
7. Vanno prima (a Rialto / allo stadio).
8. Pietro porta la *Gazzetta dello Sport* perché non (gli piace camminare / gli piace fare la passeggiata).

6.33 Una gita a Venezia. Guardare la piantina di Venezia e rispondere alle domande.

1. Come si chiamano due chiese che Sara e Pietro possono visitare?
2. Come si chiamano due palazzi a Venezia?
3. Come si chiamano due ponti?
4. Come si chiama un teatro?

6.34 Un bell'itinerario. Con un compagno/una compagna, siete a Venezia e volete vedere il più possibile. Quali monumenti visitate? Insieme fate un itinerario di uno o due giorni usando alcune espressioni come: **prima, poi, dopo, alla fine, giriamo a destra, giriamo a sinistra,** ecc.

In altre parole

su, andiamo!	come on, let's get going!
non si sa mai!	one never knows!
non fare tante storie!	don't complain so much!
da solo/a/i/e	alone

6.35 Sostituzioni. Trovare un modo più idiomatico di esprimere le parole in corsivo.

1. Mio fratello è un tipo molto indipendente. Preferisce fare le cose *senza nessuno*.
2. Hai ragione! Sono un po' ridicolo perché ho l'ombrello con questo sole. Ma guarda: *non si può prevedere il futuro!*
3. Marina, sbrigati che sono le sette e venti e tu devi prendere l'autobus delle sette e trentacinque. *Forza! Dai!*
4. Roberto, lo so che piove! Lo so che fa freddo. Lo so che dobbiamo camminare ancora due ore, ma purtroppo non c'è niente da fare. Andiamo e *non lamentarti* (complain)!

6.36 Su, andiamo! Chiedere al compagno/alla compagna:

- se gli/le piace fare passeggiate
- dove preferisce camminare: in città o in campagna, in montagna o al mare
- se preferisce camminare da solo/a o in compagnia
- a che ora preferisce passeggiare: presto la mattina o alla sera
- cosa preferisce fare durante la passeggiata: parlare o ammirare il paesaggio

C.3 ▶ Punti grammaticali

Il futuro

— Scrivi le cartoline ora? — *Are you writing postcards now?*
— No, ma dopo **scriverò** una lettera. — *No, but I'll write a letter later.*

— Avete fatto la passeggiata oggi? — *Did you go for a walk today?*
— No, ma la **faremo** domani. — *No, but we will tomorrow.*

— Andate in Italia quest'anno? — *Are you going to Italy this year?*
— Sì, tra un mese **andremo** in Italia. — *Yes, in a month we'll go to Italy.*

1. The future tense (**il futuro**) is used to describe future actions, expressing the idea of *to be going to* or *will*.

2. Regular verbs form the **futuro** by dropping the final **e** of the infinitive and adding the endings **–ò, –ai, –à, –emo, –ete, –anno**. First-conjugation **–are** verbs change the **a** of the infinitive ending to **e**.

portare		scrivere		servire	
porterò	porteremo	scriverò	scriveremo	servirò	serviremo
porterai	porterete	scriverai	scriverete	servirai	servirete
porterà	porteranno	scriverà	scriveranno	servirà	serviranno

3. Some verbs undergo spelling changes for pronunciation purposes.

   a. Verbs ending in **–ciare** and **–giare** drop the **i** because **–a** changes to **–e,** and thus the **–i** is no longer needed to soften the **c** or **g** sound.

   cominciare: comincerò, comincerai, comincerà,...
   lasciare: lascerò, lascerai, lascerà,...
   mangiare: mangerò, mangerai, mangerà,...

   b. Verbs ending in **–care** or **–gare** add an **h** after the **c** and **g** of the stem to retain the hard sound.

   dimenticare: dimenticherò, dimenticherai, dimenticherà,...
   giocare: giocherò, giocherai, giocherà,...
   pagare: pagherò, pagherai, pagherà,...

c. Several verbs have irregular stems in the future. The following verbs drop the characteristic vowel of the infinitive.

andare (andr-): andrò, andrai, andrà,... **potere (potr-):** potrò, potrai, potrà,...
avere (avr-): avrò, avrai, avrà,... **sapere (sapr-):** saprò, saprai, saprà,...
dovere (dovr-): dovrò, dovrai, dovrà,... **vedere (vedr-):** vedrò, vedrai, vedrà,...

d. Some verbs have a double **r** in the future stem.

bere (berr-): berrò, berrai, berrà,...
rimanere (rimarr-): rimarrò, rimarrai, rimarrà,...
tenere (terr-): terrò, terrai, terrà,...
venire (verr-): verrò, verrai, verrà,...
volere (vorr-): vorrò, vorrai, vorrà,...

e. Some verbs simply drop the final **e** before adding the future endings.

dare (dar-): darò, darai, darà,... **fare (far-):** farò, farai, farà,...
dire (dir-): dirò, dirai, dirà,... **stare (star-):** starò, starai, starà,...

f. The verb **essere** uses the stem **sar-** and the regular future endings.

sarò, sarai, sarà, saremo, sarete, saranno

4. Among the words and phrases that indicate the future are:

domani	*tomorrow*
dopodomani, domani l'altro	*day after tomorrow*
la settimana prossima, il mese/l'anno prossimo	*next week, next month, year*
tra / fra una settimana, un mese, un anno, ecc.	*in a week, month, year, etc.*

5. The future is also used to express conjectures and guesses, and to indicate probability.

— Dov'è Mario?	— *Where's Mario?*
— **Sarà** a casa sua.	— *He must be home.*
— Non so dove siamo.	— *I don't know where we are.*
— Lo **saprà** Pino—lui ha la cartina!	— *Pino must know—he has the map!*
Sarà tardi. Torniamo indietro.	*It must be late. Let's turn back.*

ATTIVITÀ

6.37 L'estate al mare. Trasformare le frasi dal presente al futuro secondo il modello. Aggiungere espressioni che indicano un tempo futuro.

Esempio: Passo l'estate al mare.
L'anno prossimo passerò l'estate al mare.

1. La mia amica Elisabetta viene con me al mare.
2. Mangiamo nelle trattorie.

3. Nel tempo libero corriamo nel parco.
4. Elisabetta e mia sorella passeggiano con il cane.
5. Non siamo mai in casa.
6. Io faccio una nuotata in mare.
7. Giochiamo a calcio.
8. Quando tu parti per la montagna, noi andiamo al mare.
9. Cercate un pallone per giocare.
10. Elisabetta spedisce le cartoline ai suoi amici.

6.38 La settimana in montagna. Guido progetta una breve vacanza nelle Dolomiti. Ecco la lista di tutte le cose che Guido intende fare. Usare il futuro per descrivere i suoi progetti.

preparare lo zaino venerdì sera
partire sabato mattina presto
prendere il treno e cambiare a Verona
arrivare a Cortina nel pomeriggio
dormire sotto le stelle
fare lunghe passeggiate per i sentieri del bosco
stare da solo
scendere a Cortina solo alla fine della settimana

6.39 Credi all'oroscopo? Leggere il tuo oroscopo per oggi, mettendo i verbi al futuro.

Oggi (essere) una giornata fortunata per te. Tu (avere) buone notizie da un parente e un nuovo amico ti (dare) buoni consigli. Se tu li (seguire), (vincere) un premio desiderato. Se (cercare) di fare nuove amicizie, (conoscere) molte persone. Una persona che non vedi da molto tempo (entrare) di nuovo nella tua vita e questa persona (cambiare) la tua vita per sempre.

6.40 Come mai? Rispondere alle domande usando un verbo al futuro per indicare probabilità. Seguire il modello.

Esempio: Berto suona bene il pianoforte! Come mai? (fare esercizio)
           Farà esercizio tutti i giorni.

1. I negozi stanno chiudendo.
2. I giocatori vincono sempre.
3. Marco è un bravo fotografo.
4. Camilla e Stefano non camminano più.
5. Nando non è venuto in montagna.
6. Perché Paolo non è ancora tornato?
7. Perché Cristina non viene con noi?

a. fare molte fotografie
b. avere le sue ragioni
c. tornare più tardi
d. fare molti allenamenti
e. avere molte cose da fare
f. essere stanchi
g. essere già tardi

UNITÀ 6 Rilassarsi: Cosa facciamo di bello?

6.41 Cosa farai domani sera? Intervistare un vicino/una vicina circa i suoi progetti per il futuro. Puoi chiedere:

- dove andrà quando la lezione finirà
- cosa farà domani sera, il prossimo weekend, l'estate prossima
- cosa farà quando avrà finito l'università

D AL MARE E IN MONTAGNA

D.1 ▶ Si dice così

la vacanza	*vacation*	**abbronzato/a**	*suntanned*
la gita	*trip, excursion*	**nuotare**	*to swim*
la piscina	*swimming pool*	**fare il bagno**	*to take a swim*
la valle	*valley*	**andare in barca a vela**	*to sail*
andare in vacanza	*to go on vacation*	**fare campeggio**	*to go camping*

In spiaggia

l'ombrellone (m.) · la barca a vela · prendere il sole · il bagnino · la sabbia · la sedia a sdraio

UNITÀ 6 Rilassarsi: Cosa facciamo di bello?

In campeggio

ATTIVITÀ

6.42 Le vacanze enigmistiche. Creare due liste dal diagramma: una lista di cose e di azioni che si trovano al mare, un'altra di cose della montagna. Le otto parole non eliminate formeranno una simpatica descrizione delle vacanze.

sabbia	essere abbronzato/a	le	campeggio	valle
vacanze	bagnino	sdraio	sono	belle
spiaggia	funivia	in	tenda	tutti
ombrellone	i		barca	posti	nuotare

6.43 Le corrispondenze. Trovare le corrispondenze tra gli elementi nella colonna a sinistra e quella a destra.

1. Quando una persona prende il sole, diventa...
2. Un breve viaggio a poca distanza è...
3. L'ombrellone serve a chi non vuole prendere...
4. Per salire una montagna serve...
5. Un altro modo di dire "fare il bagno" è...
6. Al campeggio è importante avere...

a. nuotare.
b. una tenda. tent
c. la funivia. railcar
d. una gita. trip
e. il sole. sun
f. abbronzata. suntanned

6.44 Preferenze personali. Fare le seguenti domande ad un compagno/una compagna per sapere come preferisce passare le vacanze.

1. Preferisci il mare o la montagna? Perché?
2. Sei mai stato/a in montagna? Dove? Che cosa hai fatto lì?
3. Qual è la tua spiaggia preferita? Dove vai normalmente al mare? Che cosa fai in spiaggia?
4. Dove vai in vacanza di solito, al mare o in montagna?
5. Dove andrai per le prossime vacanze?
6. Con chi fai le vacanze di solito?

D.2 ▶ Incontro

Una telefonata. *Ornella è andata in vacanza al mare al Lido di Venezia, sull' Adriatico. La sua amica Paola è in montagna a Cortina. Una sera Paola telefona a Ornella.*

ORNELLA:	Pronto? Ciao, Paola! Allora, come vanno le tue vacanze?
PAOLA:	Pronto! Ciao, Ornella! Tutto bene qui… Come vanno le cose da te?
ORNELLA:	Qui da noi c'è un tempo stupendo. Il mare è pulito e ho preso molto sole.
PAOLA:	Beata te! A Cortina sta piovendo, tanto per cambiare! Guido e Alessandro stanno facendo una passeggiata, ma più tardi andrò con loro al cinema.
ORNELLA:	Che brutto! Mi dispiace per voi. Com'è il campeggio?
PAOLA:	È davvero bello. Il panorama è incredibile! Vicino a noi c'è la tenda di un ragazzo americano. È molto carino e anche simpatico. Quando ci vedremo°, ti racconterò tutto di lui.
ORNELLA:	Roba da matti!
PAOLA:	E tu, invece, hai qualche novità°?
ORNELLA:	Gianluca va spesso in barca. Sto leggendo un bel libro. A volte prendo il sole sulla spiaggia o faccio il bagno in piscina. Ho conosciuto il bagnino—un ragazzo molto simpatico. Mi sa che quando ci vediamo avremo tante cose da raccontarci°…

° *When we see each other*

° *some news*

° *to tell each other*

ATTIVITÀ

6.45 Ascoltiamo! A chi si riferisce? Ascoltare l'**Incontro** ed indicare se la frase si riferisce ad Ornella (O) o a Paola (P).

	O	P
1. È andata in vacanza al mare.	___	___
2. È in montagna.	___	___
3. Ha preso molto sole.	___	___
4. Dice che il tempo è brutto e sta piovendo.	___	___
5. Più tardi andrà al cinema.	___	___
6. Sta facendo campeggio con due ragazzi.	___	___
7. Ha conosciuto un ragazzo americano che le piace molto.	___	___
8. Ha conosciuto un bagnino interessante.	___	___

6.46 Tante cose da raccontare. Le vacanze sono finite e Ornella e Paola sono tornate in città. Immaginare la conversazione tra le due ragazze. Che cosa ha da raccontare Paola? e Ornella?

Esempio: — Allora, Paola, come sono andate le vacanze?
— Bene! Ho...
— E quel ragazzo americano che hai conosciuto?

In altre parole

da noi, da te,...	at our place, at your place, ...
beato/a te!	lucky you!
tanto per cambiare	just for a change (ironic)
roba da matti!	that's crazy!

6.47 A te la parola. Rispondere con una parola o espressione adatta.

1. Il cielo è sempre pieno di nuvole. Anche oggi sta piovendo. (Dai! / Tanto per cambiare!)
2. Il signor Verdi ama gli animali—ha dieci cani! (Roba da matti! / Tanto per cambiare!)
3. Abbiamo ballato tutta la notte. (Subito! / Beati voi!)
4. Luigi non è mai puntuale. È arrivato in ritardo all'appuntamento con il medico. (Tanto per cambiare! / Beato te!)
5. Mario ha pagato tanto per la sua nuova macchina—è una Maserati. (Che barba! / Roba da matti!)

6.48 Le vacanze ideali. Progettare insieme ad un gruppo di amici una bellissima vacanza per la prossima estate. Dovete decidere:

- quando partire
- dove andare
- come viaggiare
- quanto tempo rimanere
- quanto pagare
- cosa fare mentre siete in vacanza
- quando tornare

D.3 ▶ Punti grammaticali

I pronomi tonici

Mi stai parlando?	Stai parlando <u>con</u> **me**?	*Are you speaking to me?*
Sono con Gianluca.	Sono <u>con</u> **lui**.	*I'm with him.*
La telefonata è per Laura.	È <u>per</u> **lei**.	*It's for her.*
Ci piace la spiaggia.	<u>A</u> **noi** piace la spiaggia.	*We like the beach.*
Ho visto **lui,** ma non ho visto **te.**		*I saw him, but I didn't see you.*

1. Stressed pronouns (**pronomi tonici**) are used after a preposition or a verb and can replace both direct- and indirect-object pronouns for purposes of emphasis or clarity. The stressed pronouns are as follows:

me	*me*	**noi**	*us*
te	*you*	**voi**	*you*
lui	*him*	**loro**	*them*
lei	*her*		
sé	*himself/herself/itself*	**sé**	*themselves*

2. When a sentence has two or more direct- or indirect-object pronouns, stressed pronouns are used to distinguish between them.

Hanno scritto a **lui** ma non a **me**.	*They wrote to him but not to me.*
Stavo parlando con **lei**, non con **te**.	*I was speaking to her, not to you.*
Hanno chiamato **me**, non **voi**.	*They called me, not you.*
Ho visto **voi** ma non **loro**.	*I saw you but not them.*

3. **Sé** is used when the pronoun refers back to the third-person (singular or plural) subject to mean *himself/herself/themselves*.

Angela pensa solo a **sé**.	*Angela thinks only of herself.*
Marco parla sempre di **sé**.	*Marco always talks about himself.*

4. Stressed pronouns are also used for emphasis. Compare the following:

Non ti parlo.	Non parlo a **te** (ma a **lui**).	*I'm not talking to you.*
Volevo vedervi.	Volevo vedere (proprio) **voi**.	*I wanted to see you.*
Ti amo.	Amo (solo) **te**.	*I love you.*
Ti conosco.	Conosco **te** (ma non **lui**).	*I know you (but not him).*

5. Stressed pronouns are also used in certain fixed expressions.

Come vanno le cose **da voi**?	*How are things at your place?*
Secondo me, la spiaggia è bella.	*In my opinion, the beach is pretty.*
Beato te! Vai in vacanza.	*Lucky you! You're going on vacation.*

ATTIVITÀ

6.49 Secondo me, secondo te. Completare le seguenti frasi con un pronome tonico.

1. Elio passa sempre le ferie a Cortina. Secondo _____, le Dolomiti sono le più belle montagne in Italia.
2. Marisa, sei la persona più importante del mondo. Non posso vivere senza di _____.
3. Angela è molto egoista. Parla solo di _____.
4. Siete al mare? Che tempo fa? Come vanno le cose da _____?
5. Pioverà, penso. Secondo _____, arriva il brutto tempo.
6. Andiamo al cinema. Vieni con _____?

6.50 A casa nostra. Usare la preposizione **da** con un pronome per indicare il luogo.

Esempio: **Elena ci ha invitato a cena, così stasera andiamo da lei.**

1. Stasera faccio una festa a casa mia. Perché non vieni _____ verso le otto?
2. Ciao, Marta. Qui il tempo è stupendo. Com'è _____?
3. Viviamo in montagna— _____ in inverno fa freddo.
4. Vittorio e Teresa ci hanno invitato a cena. Andiamo _____ stasera.
5. Rocco ha una casa sulla spiaggia. Se andiamo _____ possiamo nuotare.

6.51 Beato te! Usare l'espressione **beato te / noi / voi**, ecc. per indicare che le seguenti persone sono fortunate.

Esempio: Avete ricevuto un bel regalo, una vacanza al mare.
          Beati voi!

1. Maria è ricca, bella e intelligente.
2. I signori Palazzeschi sono pieni di amici, di soldi e di fortuna.
3. Abbiamo vinto un viaggio in Italia.
4. Bruno è atletico, intelligente, bello e fortunato.

6.52 Lui, non lei! Completare le mini-conversazioni con pronomi tonici appropriati.

—Ornella, mi devi dire la verità: ami me o quel bagnino?
—Va bene, allora te la dico, Gianluca: amo _____, non _____.

—Guido, tu e Alessandra non volete venire a trascorrere una settimana con noi in montagna?
—Guarda, il problema è che la montagna piace a _____ ma non a _____.

—Ragazzi, c'è vostro padre al telefono.
—Con chi vuole parlare, con _____ o con _____?

—Anna, perché sei così arrabbiata?
—Perché io e Francesco abbiamo chiesto dei soldi alla mamma e lei ne ha dati a _____ ma non a _____.

Inverno nelle Dolomiti

IMMAGINI E PAROLE

- **Leggiamo italiano!** *Using what you know*
  - *Venezia "La Serenissima"*
- **Scriviamo italiano!** *Sequencing and chronological order*
- **Come disse... Carlo Goldoni**
- **Musica, maestro!**
  "L'anno che verrà", Lucio Dalla
- **Ciak! Italia**

For self-tests and additional practice, and for access to the Video and video activities, go to the Book Companion Site, accessible at www.wiley.com/college/branciforte

Canal Grande e la chiesa di Santa Maria della Salute, Venezia

Leggiamo italiano!

Using what you know

Skimming and scanning an article for proper names or historical periods will orient you to the content. Using what you know about the subject will help you to anticipate the kind of information you can expect to find and enhance your ability to understand and learn from the content.

ATTIVITÀ DI PRE-LETTURA

6.53 Vediamo... Prima di leggere attentamente *Venezia "La Serenissima"*, scorrere (*skim*) e esaminare rapidamente, facendo un elenco di tutti i nomi ed i periodi storici che iniziano con una lettera maiuscola (*capital letter*). Sai già qualcosa di questi nomi o luoghi? Cosa?

6.54 Le parole-chiave. Trovare nella lista:

1. due periodi storici
2. cinque aggettivi che descrivono la città di Venezia
3. cinque famosi pittori veneziani
4. tre luoghi famosi di Venezia
5. tre descrizioni storiche della città

affascinante	particolare	la Basilica di S. Marco
il Canal Grande	Veronese	misteriosa
Medioevo	un porto importantissimo	Tiepolo
romantica	Bellini	Tiziano
malinconica	il Palazzo Ducale	un centro commerciale
Rinascimento	una potenza marinara	Tintoretto

 6.55 Una passeggiata a Venezia. Immaginare di fare una passeggiata a Venezia. Con un altro studente/un'altra studentessa, usare la fantasia e fare una lista di tutte le cose che vedete. Fare anche una lista di cose che **non** si vedono.

▶ Venezia "La Serenissima"

Venezia nasce nel quinto secolo° quando un gruppo di persone della pianura cerca rifugio sulle isole della laguna per sfuggire° alle invasioni dei barbari°. Venezia diventa un porto importantissimo, un centro del commercio internazionale durante il Medioevo. A poco a poco la gente costruisce una città che diventa una grande potenza marinara°. Nel Rinascimento, la Repubblica di Venezia ha il suo massimo splendore ed è chiamata "la Serenissima".

5th century A.D.
to escape / barbarians

marine power

Il Ponte di Rialto e il Canal Grande, Venezia

Venezia è una città molto particolare, affascinante e famosa in tutto il mondo. È costruita su più di cento isole separate da centosessanta canali e collegate fra loro da più di quattrocento ponti. Le strette vie si chiamano *calli* e le piccole piazze si chiamano *campi* o *campielli*. Per girare la città si usano le romantiche (e costose) gondole o i veloci (e più economici) vaporetti.

Il Lido di Venezia è una spiaggia famosa. È uno dei posti di mare più chic d'Italia, con casinò e tanti alberghi di lusso. È anche la sede del Festival Internazionale del Cinema che ha luogo ogni anno a settembre.

In Piazza San Marco, famosa per i colombi° e i caffè, si trovano la Basilica di San Marco ricca di mosaici dorati°, il campanile e lo splendido Palazzo Ducale. Lungo le rive del Canal Grande, che è il canale più grande di Venezia, si trovano i bellissimi palazzi costruiti per le famiglie nobili veneziane. Le chiese e i musei sono ricchissimi di opere d'arte di pittori come Bellini, Tiziano, Tintoretto, Tiepolo e Veronese.

doves
gilded mosaics

Oltre alla sua bellezza, Venezia è famosa per i suoi problemi di sopravvivenza°. Spesso si sente dire che Venezia sta morendo e che sta affondando°. L'inquinamento° dell'acqua e dell'aria rovina i palazzi veneziani. Ci sono diverse fondazioni che si occupano della salvaguardia° dei beni artistici di Venezia, beni che costituiscono un vero tesoro per tutto il mondo.

survival
drowning
pollution
safeguarding

C'è chi dice che in inverno Venezia è una città morta, triste, malinconica. Ma quando ci sono meno turisti e l'acqua alta e la nebbia invadono la città, Venezia è ancora più bella, più misteriosa e più isolata dal mondo esterno ... ed è più Venezia.

Carnevale: un momento magico a Venezia con le famose maschere (*masks*).

Attività

6.56 Comprensione: definizioni. Trovare nel testo parole ed espressioni che corrispondono alle seguenti definizioni.

1. Un veloce mezzo di trasporto a Venezia
2. Un mezzo di trasporto meno veloce ma più tradizionale
3. Il nome che i veneziani danno alle strette vie della città
4. Il nome che a Venezia si dà alle piazze
5. Il problema ecologico della città
6. Il nome che i veneziani danno alla loro città
7. Il modo in cui la Basilica di S. Marco è decorata
8. Il periodo di massimo splendore della città
9. Il numero di isole che formano la città
10. Il numero di ponti che collegano le isole

6.57 Argomenti. Scegliere uno dei seguenti temi e parlarne con un altro studente/un'altra studentessa.

1. **Una gita a Venezia.** Parti per Venezia con un amico/un'amica. Come sarà questa vacanza? Un weekend romantico? Una gita turistica per visitare i monumenti più famosi? Dove andrete e cosa vedrete?
2. **La Serenissima.** Immaginate di vivere a Venezia in un particolare periodo storico. Com'è la vostra vita nella repubblica marinara? Come vi muovete (*do you get around*)? Che lavoro fate? Nel tempo libero, che cosa fate?

Scriviamo italiano!

Seqencing and chronological order

Chronological order is used for many different kinds of writing, such as diaries, travelogues, histories, and biographies. Creating a timeline before writing a chronology is a useful strategy to help you organize the order of actions and events. Verb tenses and sequencing expressions help you to express when actions take place so that the reader or audience understands the order of events.

By now you have learned how to use two past tenses, the **passato prossimo** and the **imperfetto**, as well as the present and the future to talk about many topics. You have also learned a variety of adverbs of time that help establish chronology, such as **prima, dopo, poi,** and **alla fine.** Other frequently used adverbs of time are:

al mattino, alla sera	*in the morning, in the evening*
presto	*early, soon*
più tardi	*later*
spesso	*often*
raramente	*rarely*

ATTIVITÀ

6.58 Sequenza dei tempi. Completare le frasi con un avverbio di tempo tra quelli sopraindicati (*above*). Riordinare poi la sequenza delle frasi.

1. _____ abbiamo incontrato Enrico e Patrizia sulla funivia.
2. _____ siamo tornati a casa stanchi ma contenti—è stata una bella giornata.
3. Andiamo _____ in montagna perché ci piace camminare.
4. Marco ed io siamo usciti _____ sabato mattina per andare in montagna.
5. Abbiamo preso il caffè al bar e _____ siamo andati a fare una passeggiata.

6.59 Futuri scrittori. Scegliere uno dei seguenti argomenti (*subjects*) per scrivere un breve tema. Prima di scrivere, organizzare gli eventi in sequenza (*timeline*), per ordinare le informazioni.

1. Scrivere una biografia di un amico, di una persona della tua famiglia o di una persona famosa. Non dimenticare le seguenti informazioni: Dove è nato/a? Dove abita? Cosa ha fatto in passato? Cosa fa ora? Cosa farà in futuro?
2. Scrivere un diario di una vacanza reale o inventata. Dove sei andato/a? Con chi? Per quanto tempo? Cosa avete fatto? Com'era? Cosa farai di diverso nella prossima vacanza?

Come disse... Carlo Goldoni
(1707–1793)

da *La locandiera* (Atto I, Scena 9)

MIRANDOLINA: Tutto il mio piacere consiste in vedermi servita, vagheggiata, adorata. Questa è la mia debolezza, e questa è la debolezza di quasi tutte le donne. A maritarmi (*get married*) non ci penso nemmeno; non ho bisogno di nessuno; vivo onestamente, e godo la mia libertà. Tratto (*I deal*) con tutti, ma non m'innamoro mai di nessuno.

UNITÀ 6 Rilassarsi: Cosa facciamo di bello?

Musica, maestro!

Usando Internet, cercare "L'anno che verrà" di Lucio Dalla (1978) e ascoltare la canzone più di una volta. Cosa succede ora, e cosa succederà nell'anno nuovo? Chi ha detto che "l'anno nuovo porterà una trasformazione"? Che tipo di testo è? Un'altra popolare canzone di Lucio Dalla è "Attenti al lupo". Buon divertimento!

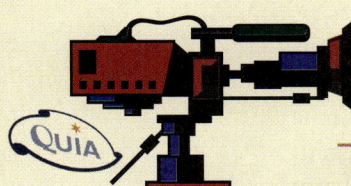

Ciak! Italia

6.60 Che caldo che fa! Prima di guardare il videoclip, guardare bene la foto. Cosa noti?

1. Com'è il paesaggio? Sono in montagna? Al mare? In campagna? Cosa vedi sullo sfondo *(in the background)*?
2. Quali sono due oggetti che ha Francesco?
3. Quali sono due oggetti che ha Anna?
4. Cosa sta facendo Francesco?
5. Cosa sta facendo Anna?
6. Anna e Francesco sono simili o diversi? Perché?

UNITÀ 6 Rilassarsi: Cosa facciamo di bello?

6.61 Roba da matti! Prima di vedere il videoclip, leggere attentamente e ad alta voce le seguenti espressioni idiomatiche. Poi, mentre guardi, segna chi le dice, Francesco (**F**) o Anna (**A**), o tutti e due.

1. _____ Non ne posso più!
2. _____ Porca miseria!
3. _____ Finiscila!
4. _____ Uffa!
5. _____ Caspita!
6. _____ Forza, dai!
7. _____ Roba da matti!
8. _____ Non fare tante storie!

6.62 La storia della nostra famiglia tra le mani... In questo videoclip, Anna esamina i contenuti (*contents*) della scatola di Gaetano. Dopo aver visto il videoclip, immagina di trovare una scatola di ricordi della *tua* famiglia. Cosa c'è nella scatola? Che legame ha con la storia della tua famiglia? Gli oggetti hanno una loro storia? Scrivere almeno sei frasi che raccontano di alcuni oggetti trovati nella scatola.

Un paesaggio in montagna: i Dolomiti d'estate

Vocabolario

Il tempo libero

la collezione, la raccolta	collection
la fotografia	photograph, photography
la galleria d'arte	art gallery
il gioco	game
la mostra	exhibition, show
rilassante	relaxing
stressante	stressful
collezionare, raccogliere	to collect, to gather
dipingere	to paint
disegnare	to draw
giocare a calcio, a pallone	to play soccer
giocare a carte	to play cards
giocare a dama, a scacchi	to play checkers, chess
giocare a tennis	to play tennis
suonare	to play (an instrument)
suonare la chitarra	to play the guitar
suonare il pianoforte	to play the piano

Lo sport

l'allenamento	practice, training
l'allenatore, il mister	trainer
l'arbitro	referee
l'atleta (*m. or f.*)	athlete
il calcio	soccer
il campo (da calcio)	(soccer) field
il canotaggio	rowing
il ciclismo	cycling, bicycle racing
la corsa	race
la gara	match, competition, race
il giocatore	player
il gol	goal
il nuoto	swimming
la palla	ball
la pallacanestro	basketball
la pallanuoto	water polo
la pallavolo	volleyball
il pallone	ball
la partita	game
il pattinaggio	skating
il punteggio	score
la squadra	team
la scherma	fencing
lo sci	skiing
il tifoso	fan
la vela	sailing
allenare	to train (others)
andare in palestra	to go to the gym
correre	to run
fare footing	to jog
fare ginnastica	to exercise
fare sport	to play a sport
fare il tifo	to be a fan
pareggiare	to tie (score)
perdere	to lose
segnare	to score
tifare	to cheer
vincere	to win

La passeggiata

l'albero	tree
il bosco	forest, woods
la cartina, la piantina, la mappa	map
il cielo	sky
il fiore	flower
l'isola pedonale	walking street (area closed to traffic)
l'itinerario	itinerary
il paesaggio	countryside
il parco, i giardini	park
il percorso	way, course, route
il sentiero	path
andare avanti	to go on
andare dritto	to go straight ahead
fare una passeggiata, passeggiare	to take a walk

UNITÀ 6 Rilassarsi: Cosa facciamo di bello?

girare a destra	to turn right
girare a sinistra	to turn left
in mezzo a	in the middle of, between
laggiù	down there
lassù	up there

Al mare e in montagna

il bagnino	lifeguard
la barca a vela	sailboat
il binocolo	binoculars
il campeggio	camping
la funivia	cable car
la gita	trip, excursion
nuotare	to swim
l'ombrellone (*m.*)	beach umbrella
la piscina	swimming pool
la sabbia	sand
il sacco a pelo	sleeping bag
la sedia a sdraio	lounge chair, deck chair
la spiaggia	beach
la tenda	tent
la vacanza	vacation
la valle	valley
abbronzato/a	suntanned
andare in barca a vela	to sail, to go sailing
andare in vacanza	to go on vacation
fare il bagno	to take a swim
fare campeggio	to go camping
prendere il sole	to sunbathe

Altre parole ed espressioni

beato / a te!	lucky you!
caspita!	wow!
che barba!, che noia!	how boring!
che disastro!	what a disaster!
chissà	who knows
che / cosa fai di bello?	what are you doing (*for fun*)?
cretino!	stupid!
da noi, da te…	at our place, at your place, …
da solo/a/i/e	alone
dire sul serio	to say something seriously, honestly
fa pena, che pena	it's pitiful, how pitiful
forza…! dai…!	go …! come on …!
invece	instead, on the other hand
mica	hardly
non fare tante storie!	don't complain so much!
non ne posso più!	I can't take it anymore!
non si sa mai!	one never knows!
porca miseria!	oh, hell!
pronti, via!	ready, set, go!
roba da matti!	that's crazy!
su, andiamo!	come on, let's get going!
suggerire	to suggest
tanto per cambiare	just for a change (*ironic*)
te ne intendi di…	you understand (*know a lot*) about …

Espressioni di tempo

di solito	normally
domani l'altro	day after tomorrow
dopo	later, then
in futuro	in the future
mentre	while
ogni	every
tra / fra una settimana, un mese, un anno, ecc.	in a week, month, year, etc.
il / di sabato, la / di domenica, ecc.	every Saturday, Sunday, etc.

UNITÀ 7

VESTIRSI
Vestiamoci alla moda!

Fare shopping, guardando le vetrine

COMMUNICATIVE GOALS

- ▶ Talking about routine daily activities
- ▶ Discussing illness and visits to the doctor
- ▶ Comparing people, places, and things
- ▶ Buying clothing and talking about fashion
- ▶ Expressing wishes and requests politely
- ▶ Talking about what you and others would do in different circumstances
- ▶ Giving commands

A IL CORPO, LA SALUTE

A.1 ▶ Si dice così

Il corpo

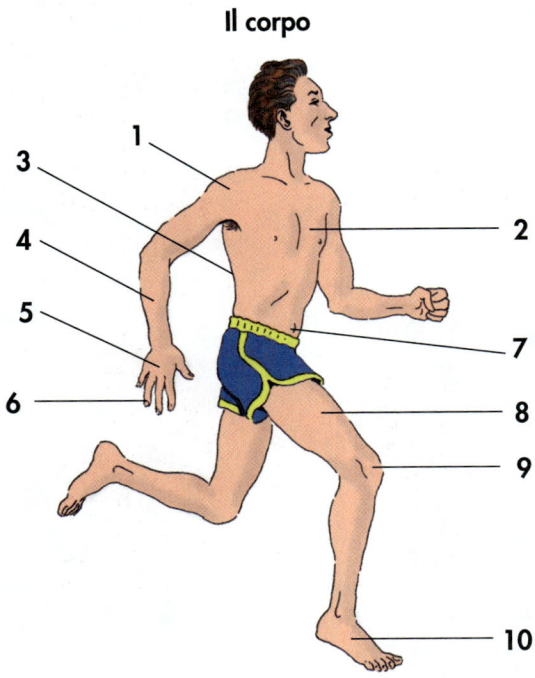

1. la spalla
2. il petto
3. la schiena
4. il braccio (*pl.* le braccia)
5. la mano (*pl.* le mani)
6. il dito (*pl.* le dita)
7. lo stomaco
8. la gamba
9. il ginocchio (*pl.* le ginocchia)
10. il piede

La testa

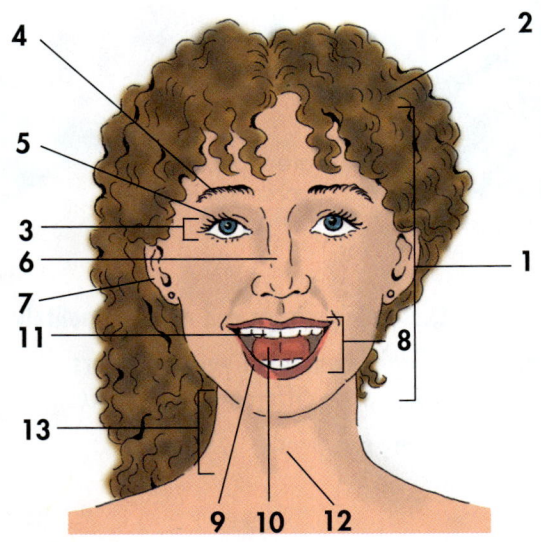

1. il viso, la faccia
2. i capelli
3. l'occhio
4. il sopracciglio (*pl.* le sopracciglia)
5. il ciglio (*pl.* le ciglia)
6. il naso
7. l'orecchio (*pl.* le orecchie)
8. la bocca
9. il labbro (*pl.* le labbra)
10. la lingua
11. il dente
12. la gola
13. il collo

Prepararsi al mattino

svegliarsi
Anna si sveglia.

alzarsi
Pino si alza.

lavarsi i denti
Anna si lava i denti.

lavarsi la faccia
Pino si lava la faccia.

pettinarsi
Anna si pettina.

radersi
Pino si rade.

truccarsi
Anna si trucca.

vestirsi
Pino si veste.

la malattia	*sickness*
il raffreddore	*cold*
l'influenza	*flu*
il sintomo	*symptom*
la febbre	*fever*
la tosse	*cough*
il dolore	*pain*
farsi male	*to hurt oneself*
misurarsi la temperatura	*to take one's temperature*
rompersi	*to break (a bone)*
spogliarsi	*to undress*
sedersi	*to sit down*
ammalarsi	*to get sick*
tossire	*to cough*
mal di testa, mal di stomaco	*headache, stomachache*

UNITÀ 7 Vestirsi: Vestiamoci alla moda!

ATTIVITÀ

7.1 Qualcosa non va! Trovare la parola che non va con le altre.

1. l'influenza, il sopracciglio, il raffreddore, la malattia
2. il corpo, la schiena, il petto, il labbro
3. l'orecchio, il naso, il collo, la febbre
4. il piede, il ginocchio, la gola, la gamba
5. radersi, pettinarsi, vestirsi, ammalarsi
6. l'orecchio, il dente, la lingua, le labbra

7.2 Le parole mancanti. Completare le frasi in maniera logica utilizzando le parole da **Si dice così**.

1. La tosse e la febbre sono due sintomi di un'...
2. Per vedere se hai la febbre è necessario...
3. Il contrario di spogliarsi è...
4. Le orecchie, la bocca e il naso sono tutte parti della...
5. Molte persone, quando si alzano la mattina, si pettinano i...

7.3 Quali parti del corpo? Quali parti del corpo usi per fare queste cose?

Esempio: Quando suono il pianoforte uso...

1. suonare il pianoforte
2. giocare a calcio
3. vedere un film
4. abbracciare
5. camminare
6. ascoltare musica
7. ballare
8. mangiare i tortellini
9. sentire il profumo di un fiore
10. andare in bicicletta

7.4 Magari! Descrivere al compagno/alla compagna le tue qualità fisiche ideali, citando persone famose.

Esempio: **Vorrei avere le braccia di Vin Diesel.**
Vorrei avere i capelli come...
Vorrei avere il naso di...

A.2 ▶ Incontro

Mamma mia, che stress! *Cristina e Silvia sono compagne di stanza.*

SILVIA:	Ciao, Cristina! Ti vedo proprio bene oggi.
CRISTINA:	Mi sento in gran forma. Ma tu, Silvia—hai proprio una brutta faccia! Cos'hai?
SILVIA:	Ho un esame di matematica oggi. Ho studiato tutta la notte e non ho dormito! Mi sono svegliata alle cinque. E ora mi fanno male gli occhi e ho mal di testa. Che stress!
CRISTINA:	Non ti preoccupare! Andrà tutto bene, vedrai. In bocca al lupo!
SILVIA:	Crepi!

UNITÀ 7 Vestirsi: Vestiamoci alla moda!

del proprio: *of one's own* autogeno: *self-controlled* parto: *birth* staccare: *detach*
specchietti: *tables, notes* propiziatorio: *favorable* rassicuranti: *reassuring* sforzi: *efforts*

ATTIVITÀ

7.5 Comprensione. Leggere la conversazione e l'articolo e poi scegliere la risposta giusta.

1. Silvia ha studiato tutta la notte e ora...
   a. le fa male la schiena.   b. le fanno male gli occhi.   c. si sente in gran forma.

2. Per controllare lo stress bisogna respirare...
   a. rapidamente.   b. lentamente.   c. normalmente.

3. Bisogna anche pensare...
   a. agli esami.   b. alle vacanze.   c. ad immagini piacevoli e positive.

4. È _____ studiare tutta la notte prima degli esami.
   a. inutile   b. utile   c. necessario

5. Secondo l'articolo, la notte prima degli esami è meglio...
   a. mangiare un gelato.   b. vedere gli amici nervosi.   c. fare una passeggiata all'aria aperta.

6. I genitori devono _____ i loro figli.
   a. correggere   b. rassicurare   c. ignorare

7.6 In bocca al lupo! Con un compagno/una compagna, create una conversazione in cui (*in which*) il/la paziente descrive i sintomi dello stress prima degli esami. Il medico suggerisce cosa deve fare per superare (*overcome*) questo problema.

7.7 Il malato immaginario. Creare una conversazione basata sui seguenti suggerimenti.

S1: Hai studiato tutta la notte. Sei nervoso/a per un esame e hai un raffreddore. Dire all'amico/a tutte le cose che ti fanno male e tutti i tuoi sintomi.

S2: Sei uno studente/una studentessa di medicina. Provare a fare una diagnosi della salute di un amico/un'amica che ti racconta tutti i suoi dolori.

Esempio: — Oggi non mi sento per niente bene.
— Che cosa hai?
— Ho mal di testa e mi fa male...
— Forse...

In altre parole

ti vedo proprio bene	you look great
avere una brutta faccia	to look pale, unwell
cos'hai?	what's the matter?
mi fa male la testa, la gola	my head hurts, my throat aches

7.8 Abbinamenti. Trovare nella lista a destra la risposta logica per ogni frase a sinistra.

1. Perché cammini così? Stai male?
2. Ti piace il mio nuovo *look*?
3. Allora non vieni alla lezione oggi? Cos'hai?
4. Ma tu hai una brutta faccia! Avrai mica l'influenza?

a. Sì, moltissimo! Ti vedo proprio bene!
b. No, sto benissimo. Sono solo un po' stanco.
c. Non è niente. Solo che mi fa male il piede.
d. Ho la febbre e il dottore mi ha detto di stare a casa.

7.9 Mi fa male! Dire che cosa ti fa male nelle seguenti situazioni.

Esempio: Ho lavorato tutta la notte con il computer e adesso...
mi fanno male gli occhi. (mi fa male la schiena)

1. Ho fatto molta ginnastica ieri e ora...
2. Accidenti a questo raffreddore! Piove da una settimana e ora...
3. Non hai mica un'aspirina da darmi, per piacere? ...
4. Devo andare subito dal dentista perché...
5. Dopo due ore al pianoforte...
6. Mi piace correre, ma se corro troppo...

276 UNITÀ 7 Vestirsi: Vestiamoci alla moda!

> **Lo sapevi che... ?**
>
> Ci sono molte espressioni che utilizzano le parti del corpo. Ad esempio, si dice che una persona che è veramente brava e competente è **in gamba**. Quando qualcuno ha bisogno di aiuto, si può **dare una mano**. Quando una persona parla molto ed esprime le sue opinioni bruscamente (*bluntly*), si dice che **non ha peli sulla lingua!** E come dice il proverbio, **Chi non ha testa, ha gambe**, ovvero, "Se sbagli qualcosa perché non pensi (non usi la testa), può essere necessario usare la forza fisica (le gambe o altre parti del corpo)!"

A.3 ▶ Punti grammaticali

I verbi riflessivi

— Quando **ti alzi, ti vesti** subito? — *When you get up, do you dress right away?*

— No, prima **mi lavo** i denti. — *No, I brush my teeth first.*

Ci laviamo le mani prima di mangiare. *We wash our hands before eating.*

— **Vi siete divertiti** alla festa di Lucia? — *Did you have fun at Lucia's party?*
— Sì, ma **ci siamo dimenticati** il regalo a casa. — *Yes, but we forgot the gift at home.*

1. A reflexive verb (**verbo riflessivo**) is a verb whose subject acts on itself, such as *I hurt myself* or *we enjoyed ourselves*. A reflexive verb is always accompanied by a reflexive pronoun, **mi, ti, si, ci, vi,** or **si,** and is conjugated according to tense and subject.

vestirsi (*to dress*)					
mi	vesto	I dress myself	ci	vestiamo	we dress ourselves
ti	vesti	you dress yourself	vi	vestite	you dress yourselves
si	veste	he/she dresses him/herself you (formal) dress yourself	si	vestono	they dress themselves

2. Some of the most common reflexive verbs are:

addormentarsi	to fall asleep	**preoccuparsi**	to worry
alzarsi	to get up	**prepararsi**	to prepare oneself
annoiarsi	to be bored	**radersi**	to shave
arrabbiarsi	to get angry	**rendersi conto**	to realize
chiamarsi	to be called	**ricordarsi**	to remember (oneself)
dimenticarsi	to forget	**sedersi**	to sit
divertirsi	to have a good time	**spogliarsi**	to undress
lamentarsi	to complain	**svegliarsi**	to wake up
lavarsi	to wash oneself	**truccarsi**	to put on makeup
perdersi	to get lost	**vestirsi**	to get dressed
pettinarsi	to comb one's hair		

UNITÀ 7 Vestirsi: Vestiamoci alla moda!

3. The position of a reflexive pronoun is the same as for other pronouns: either it directly precedes the conjugated verb, or it is attached to an infinitive, which drops its final **e**.

Mi devo svegliare presto domani. / Devo svegliar**mi** presto domani.	*I have to get up early tomorrow.*
Ti vuoi lavare i capelli? / Vuoi lavar**ti** i capelli?	*Do you want to wash your hair?*
Si può sedere qui. / Può seder**si** qui.	*You can sit here.*

When the reflexive is used to refer to things that belong to the subject, such as parts of the body or clothing, the possessive adjective is not used; the definite article is used instead.

Mi lavo **le** mani.	*I am washing my hands.*
Ti sei dimenticato **la** giacca.	*You forgot your jacket.*

4. Many verbs have both reflexive and nonreflexive forms depending on whether the action is performed by the subject on itself or on something or someone else. Compare:

reflexive	**nonreflexive**
Mi lavo la faccia. *I wash my face.*	La mamma lava il viso al bambino. *The mother washes the baby's face.*
Mi sveglio alle sette. *I'll wake up at seven.*	Ti sveglio alle sette. *I'll wake you at seven.*
Si chiama Giuseppe ma... *His name is Giuseppe but...*	noi lo chiamiamo Beppe. *we call him Beppe.*
Ci prepariamo per la festa. *We're getting (ourselves) ready for the party.*	Preparo una torta per la festa. *I'm making a cake for the party.*

5. In compound tenses like the **passato prossimo**, reflexive verbs take the auxiliary verb **essere**. The past participle agrees with the subject in gender and number.

Le ragazze si sono sedut**e** vicino alla finestra.	*The girls sat near the window.*
Mia madre si è preoccupat**a** per me.	*My mother worried about me.*

6. When a reflexive verb is used with the impersonal construction, **ci si** is used to avoid juxtaposing the reflexive **si** and the impersonal **si**.

Quando non si dorme abbastanza, **ci si addormenta** facilmente.	*When one doesn't sleep enough, one falls asleep easily.*
Quando **ci si annoia,** non **ci si diverte.**	*When you are bored, you don't have a good time.*

ATTIVITÀ

7.10 Una giornata così. Sostituire il soggetto del brano con i seguenti soggetti: Tommaso; Tommaso e Giulio.

Quando devo andare all'università, mi sveglio alle sette e trenta e mi preparo per la giornata. Mi lavo la faccia, mi rado, mi lavo i denti e mi vesto. Faccio colazione al bar vicino a casa e vado alla prima lezione. Mi siedo vicino al professore e ascolto attentamente le sue spiegazioni. Non mi annoio mai all'università perché le lezioni sono interessanti. Dopo cena mi spoglio, mi metto il pigiama e mi addormento davanti alla TV.

7.11 Le colonne. Creare delle frasi con un elemento preso da ciascuna colonna, mettendo i verbi al presente indicativo.

Caterina	lavarsi	dopo cena
Noi	preoccuparsi	di prendere le medicine
Fabio	addormentarsi	la temperatura
Tu ed Elio	lamentarsi	per l'esame di storia
Io	prepararsi	della qualità del cibo
Patrizia e Sara	sedersi	le mani con acqua e sapone
Le zie	ricordarsi	per la salute dei bambini
Tu	misurarsi	su una poltrona comoda

7.12 Le vacanze disastrose. Le seguenti persone sono tornate a casa dopo delle vacanze disastrose. Completare le frasi con il passato prossimo dei verbi tra parentesi.

Esempio: Carlo non (divertirsi) a casa degli zii.
Carlo non si è divertito a casa degli zii.

1. A Lucia non è piaciuta la festa e (annoiarsi) molto.
2. Marco e Alessandro (alzarsi) tardi quella mattina e hanno perso il treno.
3. Noi siamo andati a Eurodisney ma non (divertirsi) per niente.
4. Gherardo è andato nella giungla e (ammalarsi) gravemente.
5. I miei genitori (perdersi) nel deserto.
6. Io (arrabbiarsi) perché mio fratello (dimenticarsi) di portare il passaporto e siamo dovuti tornare a casa.
7. Lisa e Gabriella (farsi male) in un incidente sulle autostrade di Los Angeles.

7.13 Abitudini. Fare le seguenti domande ad un altro studente/un'altra studentessa, che risponderà con frasi complete.

1. A che ora ti alzi il sabato mattina? e la domenica mattina?
2. Quante volte al giorno ti lavi i denti?
3. Quali prodotti usi per raderti / truccarti?
4. Come si chiamano gli amici che vedi di più?
5. Ti preoccupi quando hai un esame importante?
6. Ti diverti all'università? al lavoro? a casa?
7. A che ora...

UNITÀ 7 Vestirsi: Vestiamoci alla moda!

I verbi reciproci

Marco mi scrive e io gli scrivo.	Marco writes to me and I write to him.
Ci scriviamo.	We write each other.
Tu telefoni a Roberto e Roberto telefona a te.	You telephone Robert and Robert telephones you.
Vi telefonate.	You telephone each other.
Romeo ama Giulietta e Giulietta ama Romeo.	Romeo loves Juliet and Juliet loves Romeo.
Romeo e Giulietta **si amano.**	Romeo and Juliet love each other.

1. In Italian, the plural reflexive pronouns **ci, vi,** and **si** are used with the plural forms of the verb to form the reciprocal construction (*I see you and you see me: we see each other. I help you and you help me: we help each other.*).

Ci vedevamo spesso.	We used to see each other often.
Vi telefonate stasera?	Are you telephoning each other tonight?
Si scrivono una volta al mese.	They write to each other once a month.

2. In compound tenses like the **passato prossimo,** the reciprocal construction uses the auxiliary **essere.** The past participle agrees with the subject in gender and number.

Ci siamo incontrate in centro.	We met in the center of town.
Si sono sposati a giugno.	They got married in June.
Vi siete salutati?	Did you say hello to each other?

3. The following verbs express reciprocal action.

abbracciarsi	to hug each other	**salutarsi**	to greet each other
aiutarsi	to help each other	**scriversi**	to write to each other
baciarsi	to kiss each other	**sposarsi**	to marry each other
incontrarsi	to meet, run into each other	**telefonarsi**	to phone each other
innamorarsi	to fall in love with each other	**vedersi**	to see each other
odiarsi	to hate each other		

ATTIVITÀ

 7.14 Cioè... Completare ogni frase con verbi reciproci come nell'esempio.

Esempio: **Tu aiuti Beppe e lui ti aiuta, cioè** (*that is*) **voi vi aiutate.**

1. Io vedo Filippo e lui mi vede, cioè...
2. Il medico saluta Cristina e lei lo saluta, cioè...
3. Io ti incontro in centro e tu mi incontri, cioè...
4. Carola capisce Sandro e lui la capisce, cioè...
5. Tu hai telefonato a me e io ti ho telefonato, cioè...
6. Piero ha conosciuto Angela e lei lo ha conosciuto alla festa, cioè...

7.15 Felice incontro. Descrivere quello che succede nelle vignette, usando verbi reciproci dove possibile.

incontrarsi, abbracciarsi   salutarsi, baciarsi   divertirsi, innamorarsi

 7.16 Colpo di fulmine (*Love at first sight*). Domandare al compagno/alla compagna informazioni sui suoi genitori. Scoprire per esempio:

- come si chiamano
- come si sono conosciuti
- se si sono innamorati subito
- quanti anni avevano quando si sono sposati
- dove abitano

Poi presentare alla classe le informazioni raccolte.

B ▾ L'ABBIGLIAMENTO

B.1 ▸ Si dice così

L'abbigliamento

 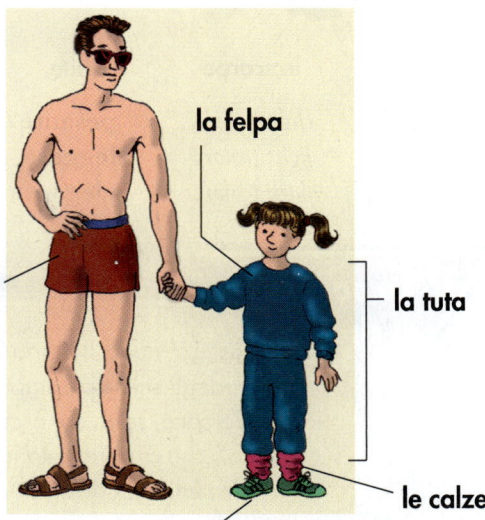

il pigiama
la camicia da notte
le pantofole
la felpa
il costume da bagno
la tuta
le scarpe da ginnastica
le calze

UNITÀ 7 Vestirsi: Vestiamoci alla moda!   281

i vestiti	clothes	pesante	heavy	sportivo	casual
chiaro	light (color)	leggero	light	indossare	to wear
scuro	dark (color)	elegante	elegant	mettersi	to put on

Lo sapevi che...?

La moda italiana è apprezzata in tutto il mondo. I nomi degli stilisti più importanti, come Armani, Gucci, Prada o Versace, sono conosciuti a Tokio come a New York. Alcuni stilisti che rappresentano lo stile più elegante e tradizionale sono Valentino, Ferragamo e Max Mara, mentre degli stilisti più trasgressivi sono Dolce e Gabbana, Roberto Cavalli e Versace.

ATTIVITÀ

7.17 Cosa ti metti quando... ?   Dire cosa ti metti nelle seguenti situazioni, usando almeno due vocaboli e facendo attenzione al tempo verbale!

1. Cosa ti metti quando vai in piscina?
2. Cosa ti metterai quando farà freddo?
3. Cosa ti sei messo/a quando sei uscito/a con gli amici sabato scorso?
4. Cosa ti metti quando piove?
5. Da bambino/a cosa ti mettevi quando andavi a dormire?
6. Cosa ti metterai la prossima estate?

7.18 Le foto.   Descrivere le persone nelle foto. Paragonare (*Compare*) come sono vestite le persone a destra con quelle a sinistra. Cosa indossano gli uomini? e le donne? Cosa fanno? Dove andranno stasera?

7.19 Chi sarà?   Descrivere l'abbigliamento di una persona in classe. Che cosa indossa? Il compagno/La compagna deve indovinare chi è.

Esempio: **In classe c'è una persona che indossa una maglietta azzurra. Ha le scarpe...**

7.20 Preferisco i jeans!   Hai un articolo di abbigliamento preferito? Un vecchio paio di jeans? una maglietta spiritosa? Descriverlo al compagno/alla compagna, spiegando dove e quando l'hai comprato o ricevuto e perché è tanto importante per te.

UNITÀ 7   Vestirsi: Vestiamoci alla moda!

B.2 ▶ Incontro

Non so cosa mettermi!   *Patrizia e Marcella si preparano per andare ad una festa di amici.*

MARCELLA:	Cosa ti metti stasera per la festa di Giancarlo?
PATRIZIA:	Boh! Pensavo di mettermi i jeans e una felpa. E tu?
MARCELLA:	Così sportiva? Perché non ti metti qualcosa di più elegante? Io ho un nuovo vestito di Dolce e Gabbana—non vedo l'ora di mettermelo.
PATRIZIA:	Un vestito firmato! Capirai! E come credi che si vestiranno i ragazzi? In smoking?
MARCELLA:	Non fare la scema! È un bel vestito, ma è anche spiritoso°! *witty*
PATRIZIA:	Ma insomma! È solo un dopocena° tra amici, e tu ti vuoi mettere *party, get-together* un vestito importante! Vedrai, gli altri ragazzi saranno meno eleganti di te, saranno in jeans. Niente giacca e cravatta, vedrai!
MARCELLA:	Non mi importa niente di come si vestono gli altri! Ecco! Perché non ti metti questa gonna di Armani? È bellissima! E quella camicetta rosa...
PATRIZIA:	Marcella, te l'ho detto... sono più sportiva di te. Sarò più semplice nei miei gusti, ma i jeans sono comodi.
MARCELLA:	Farai una bruttissima figura!
PATRIZIA:	Ma quale brutta figura?! Luca è capace di venire in tuta!
MARCELLA:	Luca! Ma se non capisce niente di moda! Mentre io...

ATTIVITÀ

7.21 Ascoltiamo! Cosa si metteranno?   Ascoltare bene l'**Incontro** ed indicare quali dei seguenti capi di abbigliamento i ragazzi probabilmente si metteranno per la festa e quali no.

	Probabilmente sì	Probabilmente no
jeans	_____	_____
giacca e cravatta	_____	_____
vestito di Dolce e Gabbana	_____	_____
tuta	_____	_____
felpa	_____	_____
smoking	_____	_____
gonna di Armani	_____	_____
pigiama	_____	_____

7.22 Cosa mi metto? Chiedere al tuo compagno/alla tua compagna cosa si mette normalmente per andare ad una festa, ad un concerto, ad una cena elegante, quando esce per la prima volta con un ragazzo/una ragazza. Gli/Le piacciono abiti firmati? Preferisce uno stile sportivo?

In altre parole

vestiti, abiti firmati	designer (literally, signed) clothes
non fare lo scemo/la scema!	don't be a fool!
non mi importa niente di...	I don't care anything about . . .
fare (una) bella / brutta figura	to make a good / bad impression

7.23 Abbinamenti. Trovare una risposta logica nella colonna a destra per le frasi nella colonna a sinistra.

1. Venite con noi al cinema!
2. Sai, al ricevimento mi sono vestito in modo sportivo, mentre gli altri ragazzi indossavano lo smoking.
3. Giacomo è sempre così elegante?
4. Sono stufa di lui e dei suoi modi! Non mi piace per niente.
5. Quali stilisti italiani ti piacciono?

a. Ci credo! Spende tanti soldi in vestiti firmati!
b. Grazie, veniamo volentieri.
c. Oddio! Hai fatto proprio una brutta figura.
d. Ma non fare la scema! Lo so che sei innamorata di lui.
e. Boh! Non mi piacciono gli stilisti e non mi importa niente della moda.

7.24 Preferenze personali. Intervistare un compagno/una compagna. Come gli/le piace vestirsi di solito? Che cosa si mette normalmente per andare all'università? Quando esce? Quali sono i suoi negozi preferiti? Indossa abiti firmati? E come si vestiva al liceo? Aveva un look particolare? Cosa indosserà il giorno della laurea o quando si sposerà? Quando vuole fare bella figura, cosa indossa?

Lo sapevi che... ?

L'espressione **fare bella figura** o **fare brutta figura** fa parte della mentalità italiana. È molto importante come una persona si presenta, com'è vestita e come si comporta. La società italiana è ancora abbastanza tradizionale e ci sono regole di comportamento che la gente tende a seguire. Queste espressioni sono usatissime e indicano come viene vista (*is seen*) la persona.

UNITÀ 7 Vestirsi: Vestiamoci alla moda!

7.25 Non mi importa niente della moda! Siete due amici/amiche; stasera uscite per passare una serata in un locale (*in a club*). Problema: uno di voi ama vestirsi elegante, l'altro preferisce la moda molto sportiva. Discutere come vestirvi per questa occasione.

B.3 ▶ Punti grammaticali

Il comparativo

Marcella è **più** formale **di** Patrizia.	*Marcella is more formal than Patrizia.*
Ho **più** jeans **che** vestiti.	*I have more jeans than dresses.*
Quella camicia è **più** comoda **che** bella.	*That shirt is more comfortable than pretty.*
È **più** divertente ballare **che** cantare.	*It is more fun to dance than to sing.*
Elisa è **tanto** alta **quanto** Maria.	*Elisa is as tall as Maria.*
Luigi è **così** elegante **come** Giacomo.	*Luigi is as elegant as Giacomo.*

1. Comparisons are of three types: comparisons of equality, comparisons of superiority, and comparisons of inferiority. Comparisons may be made between adjectives, adverbs, nouns, and verbs.

2. Comparisons of equality use either **(tanto) … quanto** or **(così) … come**. **Tanto** and **così** are optional in both phrases.

La seta è **(tanto)** preziosa **quanto** il lino.	*Silk is as costly as linen.*
Armani è **(così)** famoso **come** Ralph Lauren.	*Armani is as famous as Ralph Lauren.*

When comparing verbs and quantities of nouns, **tanto … quanto** must be used. When **tanto** and **quanto** precede a noun, they agree with it in gender and number.

Ho **tanti** stivali **quante** scarpe.	*I have as many boots as shoes.*
Ci sono **tanti** ragazzi **quante** ragazze in classe.	*There are as many boys as girls in class.*

To express the idea that one person performs a given action *as much as* another person, **tanto quanto** is used.

Hai mangiato **tanto quanto** me.	*You ate as much as I did.*
Marco ha studiato **tanto quanto** Luisa.	*Marco studied as much as Luisa did.*

3. Comparisons of inequality use the following constructions:

   a. **più … di** and **meno … di** when comparing two nouns in terms of one quality (adjective or adverb).

Alberto è **meno** alto **di** Luigi.	*Alberto is shorter than Luigi.*
La Ferrari è **più** veloce **della** Fiat.	*A Ferrari is faster than a Fiat.*

b. **più … che** and **meno … che** when comparing two nouns in terms of quantity.

Marco ha **più** cravatte **che** abiti.
A Venezia ci sono **più** barche **che** macchine.

Marco has more ties than suits.
In Venice there are more boats than cars.

c. **più … che** and **meno … che** when comparing two qualities of one noun.

Le scarpe col tacco alto sono **più** belle **che** comode.
L'Italia è **più** lunga **che** larga.

High-heel shoes are prettier than they are comfortable.
Italy is longer than it is wide.

d. **più … che** and **meno … che** when comparing two infinitives.

Mi piace **più** fare acquisti **che** lavorare.
Mi piace **più** cantare **che** ballare.

I like shopping better than working.
I prefer singing to dancing.

4. When a preposition precedes the second noun in a comparison, **che** is used.

Mi diverto **più** a scuola **che** a casa.
La moda è **meno** tradizionale in Italia **che** in Inghilterra.

I have more fun at school than at home.
Fashion is less traditional in Italy than in England.

Lo sapevi che… ?

La Lombardia è una delle regioni più ricche d'Italia. Il capoluogo, Milano, oltre ad essere la capitale della moda, è il **centro finanziario** (*financial*) ed economico del paese. Molti giovani vengono da altre regioni italiane perché a Milano trovano lavoro. Di conseguenza, Milano è una città dinamica con **un ritmo di vita** più veloce che in altre zone dell'Italia.

ATTIVITÀ

7.26 Di o che? Completare le seguenti frasi con **di** o **che**.

1. Il vestito di Fiorucci è meno elegante _____ quello di Armani.
2. Gianna è più sportiva _____ Riccardo.
3. Si fa più attenzione alla moda in Italia _____ in altri paesi.
4. Secondo me, andare in giro per i negozi è più divertente _____ andare al cinema.
5. Roberto è più giovane _____ Luca? Sì, anche se sembra più vecchio _____ lui.
6. Quanto sei alto? Più o meno _____ Andrea?
7. Questo maglione di lana è molto meno delicato _____ quella camicia di seta.
8. Nel mio armadio ci sono più abiti sportivi _____ eleganti.

7.27 Un mondo di vestiti. Inventare per ogni coppia di parole una frase usando i comparativi.

Esempio: cappotto / giacca / pesante
Il cappotto è più pesante della giacca.

1. il costume da bagno / lo smoking / formale
2. i negozi di Milano / i negozi di Dublino / famoso
3. i pantaloni / la gonna / comodo
4. la collezione di Benetton / la collezione di Armani / sportivo
5. la maglietta / il maglione / leggero
6. indossare abiti firmati / indossare jeans e maglietta / pratico
7. sentirsi comodo / essere di moda / importante
8. camminare con le scarpe col tacco alto / con le scarpe da ginnastica / facile

7.28 Un dilemma. Antonella è andata ad un dopocena da amici e ha conosciuto due fratelli, Luca e Luigi. Leggere le sue osservazioni e creare delle frasi comparative come nel modello.

Esempio: **Luca è alto, Luigi no. Luca è più alto di Luigi.**

1. Luigi è bello, anche Luca è bello.
2. Luca è molto elegante; portava vestiti firmati. Luigi invece indossava i jeans.
3. Luigi è divertente. Raccontava tante barzellette (*jokes*). Luca invece è serio.
4. Luca è molto spiritoso, ma è anche intelligente.
5. A Luigi piace ballare. Non gli piace cantare.
6. Luca è simpatico, ma Luigi è molto simpatico.
7. Luigi ha i capelli corti, mentre Luca ha i capelli lunghi.
8. Oddio! Non so cosa fare! Mi piace Luigi e mi piace anche Luca.

7.29 Due mondi a confronto. Creare insieme due o tre frasi comparative per ogni coppia di persone o aspetti della vita italiana e la vita nel vostro paese.

la cucina italiana / la cucina nel vostro paese
la lingua italiana / la lingua del vostro paese
la moda in Italia / la moda nel vostro paese
le università italiane / le università nel vostro paese
Giorgio Armani / uno stilista del vostro paese
Roma / una grande città del vostro paese

7.30 Liceo o università? Discutere con i compagni le differenze tra il liceo e l'università. Trattare temi come:

qual è più grande; la varietà di materie di studio; gli studi; la difficoltà dei corsi; il tempo richiesto per fare i compiti; l'orario; il calendario; la vita sociale; dove puoi conoscere più persone; altre differenze come la libertà, la responsabilità, ecc.

Poi, creare insieme una lista di differenze espresse in frasi complete con il comparativo e presentarla alla classe.

Il superlativo relativo

Quel vestito è **il più bello** del negozio.	*That dress is the most beautiful in the store.*
La Rinascente è **il più grande negozio** della città.	*Rinascente is the biggest store in the city.*
La signora Rossi è **la signora più elegante** della festa.	*Signora Rossi is the most elegant lady at the party.*

1. The relative superlative (**il superlativo relativo**) designates *the most, the best, the least,* or *the -est* in a particular group. It is formed as follows:

   definite article + **più / meno** + adjective + **di** + group

Teresa è sportiva; è **la più sportiva** delle nostre amiche.	*Teresa is athletic; she's the most athletic of our friends.*
Antonio è **il più alto** della famiglia.	*Antonio is the tallest in the family.*

2. The relative superlative is also expressed in the following ways.

   a. With adjectives that precede the noun:

   definite article + **più / meno** + adjective + noun + **di** + group

Questo è **il più vecchio libro** della biblioteca.	*This is the oldest book in the library.*
Amica è **la più bella rivista** di moda.	*Amica is the best fashion magazine.*

   b. With adjectives that follow the noun:

   definite article + noun + **più / meno** + adjective + **di** + group

Nancy è **la ragazza più simpatica** della scuola.	*Nancy is the nicest girl in school.*
Ho comprato **il vestito più elegante** del negozio.	*I bought the most elegant dress in the store.*

3. The relative superlative of adverbs is expressed with the phrase **più / meno… di tutti**.

Gianni guida **molto veloce**.	*Gianni drives very fast.*
Guida **più veloce di tutti**.	*He drives the fastest of all.*
Maria mangia **molto lentamente**.	*Maria eats very slowly.*
Mangia **più lentamente di tutti**.	*She eats the slowest of all.*
Nella si veste **molto semplicemente**.	*Nella dresses very simply.*
Si veste **più semplicemente di tutti**.	*She dresses the most simply of all.*

UNITÀ 7 Vestirsi: Vestiamoci alla moda!

Il superlativo assoluto

Giorgio è **molto intelligente**.	È **intelligentissimo**.	Giorgio is very intelligent.
Roma è **molto antica**.	È **antichissima**.	Rome is very old.
I bambini sono **molto belli**.	Sono **bellissimi**.	The children are very beautiful.

1. The absolute superlative (**il superlativo assoluto**) expresses the highest degree of a quality (*very, extremely, the most / least*). The absolute superlative may be expressed in two ways: by using the adverb **molto** before the adjective, or by dropping the final vowel of the adjective and adding the suffix **-issimo/a/i/e**. Adjectives that require an **h** in the masculine plural form also require an **h** before **-issimo**: **antichissimo, larghissimo, ricchissimo**, etc.

2. The absolute superlative of adverbs may be formed by using **molto** or by adding the suffix **-issimo**. If the adverb ends in **-mente**, **-issima** is inserted between the adjective root of the adverb and the ending **-mente**. If the adverb does not end in **-mente**, the suffix **-issimo** is added after dropping the final vowel.

Mangia **lent*issima*mente**.	She eats very slowly.
Si veste **semplic*issima*mente**.	She dresses very simply.

Comparativi e superlativi irregolari

adjective	comparative	relative superlative	absolute superlative
buono	migliore/i	il/la migliore	molto buono, buonissimo, ottimo
cattivo	peggiore/i	il/la peggiore	molto cattivo, cattivissimo, pessimo
grande	maggiore/i	il/la maggiore	molto grande, grandissimo, massimo
piccolo	minore/i	il/la minore	molto piccolo, piccolissimo, minimo

adverb	comparative	relative superlative	absolute superlative
bene	meglio	meglio di tutti	benissimo, molto bene
male	peggio	peggio di tutti	malissimo, molto male

1. The adjectives **buono, cattivo, grande,** and **piccolo** have both regular and irregular comparative and superlative forms.

Il gelato è **buono**, ma la torta è **migliore (più buona)**.	Ice cream is good, but cake is better.
La torta è **il dolce migliore**.	Cake is the best dessert.
I piselli sono **cattivi**, ma i carciofi sono **peggiori (più cattivi)**.	Peas are bad, but artichokes are worse.
I carciofi sono **la verdura peggiore**.	Artichokes are the worst vegetable.
La differenza è **molto piccola**; è proprio **minima**.	The difference is very small; it's really very small.

2. **Maggiore** and **minore** express *greater / lesser*, or *older / younger* when referring to family members.

Giorgio è più grande di me; è il mio fratello **maggiore.**	Giorgio is bigger than I am; he is my older brother.
Anna è la più piccola; è la mia sorella **minore.**	Anna is the smallest one; she is my younger sister.

The regular forms (**più grande, più piccolo/a**) are used to express size.

Milano è **più grande** di Brescia.	Milan is bigger than Brescia.
Capri è **più piccola** di Ischia.	Capri is smaller than Ischia.

3. The adjectives **buono, cattivo, grande,** and **piccolo** have alternative absolute superlative forms.

È un'**ottima** idea!	It's a great idea!
Il film era **pessimo!**	The film was terrible!
Chi è il **massimo** poeta inglese?	Who is the greatest English poet?
La differenza è **minima.**	The difference is minimal.

4. The adverbs **bene** and **male** also have irregular comparative and superlative forms.

Io canto **bene,** ma Luca canta **meglio** (di me).	I sing well, but Luca sings better.
Canta **meglio di tutti.**	He sings better than anyone.
Mario gioca **male** a carte, ma io gioco **peggio** (di lui).	Mario plays cards badly, but I play worse.
Gioco **peggio di tutti.**	I play worst of all.
Si veste **benissimo.** / Si veste **molto bene.**	She dresses very well.
Si veste **meglio di tutti.**	She dresses better than anyone.

ATTIVITÀ

 7.31 Bravissimi! Trovare persone o cose che corrispondono alle descrizioni date. Poi descrivere le qualità di queste persone o cose usando dei superlativi assoluti.

Esempio: una persona ricca
Bill Gates è molto ricco; anzi, è ricchissimo.

1. una persona divertente
2. una persona che canta bene
3. una persona elegante
4. una brava attrice
5. un libro interessante
6. una persona antipatica
7. una città antica
8. due belle macchine

7.32 Meglio o peggio? Completare le frasi scegliendo l'espressione corretta fra quelle date.

1. — Liliana è la tua sorella (più piccola, minore)?
   — Sì, è più giovane di me. Io sono il (più grande, maggiore) della famiglia.
2. — Quale cravatta mi consigli di indossare con questa giacca?
   — Vediamo… va (migliore, meglio) questa cravatta.
   — È la mia (migliore, meglio) cravatta—di pura seta!
3. — Mio marito cucina bene, ma il tuo cucina ancora (migliore, meglio).
   — Infatti, mio marito è un bravissimo cuoco. È il cuoco (migliore, meglio) della famiglia!
4. — Tu sei davvero un disastro! Balli (peggiore, peggio) di me!
   — Ma dai! Non sono il ballerino (peggiore, peggio) della festa!
5. — Oggi hai un aspetto (migliore, meglio) di ieri.
   — È vero, mi sento (migliore, meglio) oggi.

7.33 Nella tua famiglia. Chiedere al compagno/alla compagna informazioni sulla sua famiglia: Chi è il più divertente? Chi è il più onesto? Chi è lo studente migliore? Il peggiore? Chi legge di più? Chi è il più pigro? Chi guarda di più la televisione? Chi si veste peggio? Chi è il maggiore dei fratelli? Il minore? ecc.

Esempio: — Chi è il più alto della tua famiglia?
— Mia madre è la più alta.

FARE ACQUISTI

C.1 Si dice così

i saldi	*sales*	**il cuoio, la pelle**	*leather*
il camerino	*dressing room*	**la fantasia**	*design, print*
la misura, la taglia	*size*	**colorato**	*colorful*
il modello	*design, style*	**in tinta unita**	*solid*
il tessuto, la stoffa	*cloth, fabric*	**a righe**	*striped*
la seta	*silk*	**di lusso**	*luxurious, deluxe*
il cotone	*cotton*	**abbinare**	*to put, go together*
la lana	*wool*	**provarsi**	*to try on*
il lino	*linen*	**fare acquisti**	*to shop for clothes*
il pizzo	*lace*		

ATTIVITÀ

7.34 Abbinamenti. Trovare a destra la parola che corrisponde a ogni definizione a sinistra.

1. parte di un negozio dove si possono provare i vestiti
2. un tessuto leggero che si usa d'estate — *cton*
3. comprare vestiti nei negozi
4. il materiale delle scarpe, spesso
5. riduzioni del prezzo di un articolo in un negozio
6. un tessuto di lusso, usato spesso per le cravatte
7. mettere insieme due o più cose

a. i saldi — *sales*
b. il lino — *linen*
c. la seta — *silk*
d. abbinare — *to put/go together*
e. il camerino — *dressing room*
f. il cuoio — *leather*
g. fare acquisti — *to shop for clothes*

7.35 Mini-conversazioni. Completare con vocaboli dall'elenco di **Si dice così**.

1. COMMESSA: Buongiorno! Prego!
   CLIENTE: Buongiorno. Vorrei __provarsi__ una camicia di __lusso__.
   COMMESSA: Quale __la misura__ porta, signore?
   CLIENTE: La 46.
   COMMESSA: Le piace questa camicia __modello__?
   CLIENTE: Veramente, vorrei una cosa molto semplice, in tinta unita.

2. NICOLA: Angela, cosa pensi della nuova boutique in Via Roma?
   ANGELA: È molto bella, ma è troppo __colorato__ per me.
   NICOLA: Ma ora ci sono __i saldi__ e i prezzi sono bassissimi. Andiamo!
   ANGELA: Va bene, mi serve un paio di pantaloni di __lino__.

3. COMMESSO: Buongiorno, signora. Desidera?
   CLIENTE: Buongiorno. Ho visto una maglia di __lusso__ in vetrina.
   COMMESSO: Sì, sì. Vuole provarla? Ecco il __tessuto__.
   CLIENTE: Grazie. Vorrei __abbinare__ la maglia con un paio di pantaloni.
   COMMESSO: Abbiamo questi pantaloni di seta, un tessuto __marcato__.

7.36 Dove compri i tuoi vestiti? Descrivere ad un altro studente/un'altra studentessa il tuo negozio di abbigliamento preferito. Come si chiama? Dov'è? Come sono i prezzi? È un negozio specializzato o ha una clientela varia? Che cosa hai comprato lì l'ultima volta che ci sei andato/a? Quanto spendi generalmente per vestirti?

C.2 ▶ Incontro

Nel negozio di abbigliamento. Michele sta facendo acquisti; parla con la commessa in una boutique di Via Montenapoleone a Milano.

COMMESSA:	Buongiorno, mi dica!
MICHELE:	Buongiorno. Cercavo un maglione. Vorrei qualcosa di particolare...
COMMESSA:	Allora Le faccio vedere le nuove maglie di Missoni: sono splendide!
MICHELE:	Belle, ma costeranno un occhio della testa!
COMMESSA:	Non si preoccupi! Ci sono i saldi di fine stagione° e tutto è al cinquanta per cento.
MICHELE:	Che colpo! C'è una cena da amici questo weekend e vorrei fare bella figura.
COMMESSA:	Ho capito. Che taglia porta?
MICHELE:	La 50.
COMMESSA:	Ecco! Se non Le piacciono questi modelli, allora ci sarebbero anche questi maglioni di Versace, oppure questi di Dolce e Gabbana. Se li provi! Venga!

° end of season

Michele entra e prova i maglioni. Esce dal camerino.

MICHELE:	Allora, mi dica: come sto?
COMMESSA:	Sta proprio bene! Volendo, potrebbe abbinarlo con dei pantaloni di Armani...
MICHELE:	Non esageriamo! Prendo solo il maglione. Signorina, La ringrazio tanto del Suo aiuto. È stata molto gentile.
COMMESSA:	Di niente, si figuri! Sicuramente sarà l'uomo meglio vestito della festa!
MICHELE:	(*a se stesso*) Già°! Ma chi posso portare alla festa con me?

° Indeed!

ATTIVITÀ

7.37 Ascoltiamo! Ascoltare l'**Incontro** e scegliere la risposta giusta.

1. Chi sta parlando?
   a. due amici
   b. un cliente ed una cameriera
   c. un cliente ed una commessa

2. Michele cerca...
   a. una maglietta.
   b. un maglione.
   c. dei pantaloni.

3. Ci sono i saldi di fine stagione e tutto è al _____ per cento.
   a. 50
   b. 500
   c. 15

4. Che taglia porta Michele?
   a. la cinquecento
   b. la cinquanta
   c. la quindici

5. La commessa suggerisce di abbinare al maglione...
   a. dei modelli di Dolce e Gabbana.
   b. dei pantaloni di Armani.

UNITÀ 7 Vestirsi: Vestiamoci alla moda!

6. La commessa dice che Michele...
   a. sarà l'uomo meglio vestito della festa.   b. è stato gentile.

7. Michele...
   a. ringrazia la commessa.   b. porta la commessa alla festa.

7.38 Comprensione: l'ordine giusto. Ordinare le frasi seguendo la conversazione dell'**Incontro**.

_____ Michele decide di prendere il maglione.
_____ Michele dice che non ha nessuno da portare alla festa.
_____ La commessa suggerisce i maglioni di Missoni.
_____ La commessa chiede la taglia di Michele.
_____ La commessa porta Michele nel camerino.
_____ Michele saluta la commessa e le dice che cerca un maglione.
_____ La commessa vuole abbinare al maglione un paio di pantaloni di Armani.
_____ Michele dice che un maglione di Missoni costerà troppo.
_____ Michele prova i maglioni.

7.39 Quale misura? Michele ha comprato una nuova maglia Missoni, taglia 50. Secondo le tabelle riportate qui, la taglia sarebbe 40 a Londra e a New York, mentre a Tokio, la taglia è L. Guardando le tabelle, trovare la misura giusta per le seguenti persone.

Abbigliamento

Taglie Donne				Taglie Uomo		
Italia	Inghilterra	USA & Canada	Giappone	Italia	Inghilterra USA, Canada	Giappone
36	4	2	5	42	32	S
38/40	6/8	4/6	7/9	44	34	S
42/44	10/12	8/10	11/13	46/48	36/38	M
46/48	14/16	12/14	15/17	50/52	40/42	L
50/52	18/20	16/18	19/21	54/56	44/46	LL

1. Marilena lavora a Cagliari e ha molti amici canadesi. Porta la taglia 44. Quale taglia di maglione deve comprare a Toronto?
2. Leonard abita vicino a Oxford. Andrà a trovare i parenti a Firenze e vorrà comprare un giacca di cuoio (_leather_). Di solito porta il 46, ma in Italia quale misura comprerà?
3. Yuko, una studentessa giapponese, è in vacanza a Milano. Le piacerebbe un paio di jeans Diesel. A Tokio compra la taglia 9; quale taglia comprerà in Italia?
4. La mamma di Cristina lavora per una ditta europea e viaggia spesso. A Roma compra un maglione di taglia 50, ma a Londra quale taglia gli starà bene?
5. Natalina ha una cugina a Boston che sembra la sua gemella (_twin_). Se Natalina compra la misura 38 di gonna a Sassari, quale misura compra la cugina statunitense?
6. E tu, quale misura italiana porti di abbigliamento?

Lo sapevi che...?

Gli Italiani spendono di più pro capite (*per capita*) sull'abbigliamento che in qualsiasi altro paese del mondo. È molto importante **essere alla moda!** Ogni stagione ci sono colori "nuovi" scelti dagli stilisti e dalle ditte che producono i tessuti. Così una persona sa se un articolo è di questa stagione o della stagione scorsa. Quali colori vanno di moda questa stagione?

Una boutique, una telefonata

In altre parole

mi dica!	may I help you? (*literally, tell me!*)
non esageriamo!	let's not go overboard!
che colpo!	what luck!
La / ti ringrazio	thank you
di niente!	you're welcome! (*it's nothing!*)

7.40 Le reazioni. Usare una delle espressioni da **In altre parole** per reagire alle seguenti situazioni.

1. Hai bisogno di un nuovo cappotto. Un tuo amico ti porta in un negozio dove ci sono i saldi di fine stagione e trovi proprio quello che cercavi a metà prezzo. *Che colpo!*
2. Un'amica ti invita ad andare al cinema, poi a cena fuori e poi a ballare in quel nuovo locale, poi... *non esageriamo!*
3. Sei un commesso/una commessa in un negozio. Entra un cliente. *Mi dica!*
4. Un amico ti ha ringraziato perché l'hai aiutato con i compiti. *di niente!*

7.41 Che colpo! Siete un commesso/una commessa e un/una cliente in un negozio di abbigliamento molto esclusivo. Seguendo il modello, inventare delle brevi conversazioni con gli oggetti e i prezzi indicati.

Esempio: maglione / €200
— Mi dica, signore (signorina/signora)!
— Buongiorno. Quanto costa quel maglione?
— Viene 200 euro.
— Che colpo! / Costa un occhio della testa!

1. impermeabile / €700
2. scarpe di Gucci / €50
3. costume da bagno / €150
4. cravatta di Versace / €150
5. stivali / €30
6. gonna di Prada / €1.100

> **Lo sapevi che...?**
>
> Quando qualcosa è costosissimo, si dice che costa **l'ira di Dio** (*the wrath of God*) oppure che costa **un occhio della testa** (*a fortune* or, literally, *an eye from one's head*). Sono due modi di dire che rendono molto bene l'idea di quanto una persona spende quando il prezzo è esagerato!

C.3 ▶ Punti grammaticali

Il condizionale

Ti **piacerebbe** andare in Italia?	Would you like to go to Italy?
Claudia **comprerebbe** il vestito, ma è troppo caro.	Claudia would buy the dress, but it is too expensive.
Siamo così stanchi che **potremmo** dormire tutto il giorno.	We're so tired that we could sleep all day.
Vorrei un po' di acqua.	I would like some water.

1. The conditional (**il condizionale**) is used to describe what one should or would do, or what would happen in a given situation. It is also used to express desires and requests in a polite way. It corresponds to the English *would / should* + verb.

Dovresti metterti un cappotto; fa freddo.	You should put on a coat; it's cold.
Verremmo alla tua festa, ma dobbiamo studiare per l'esame.	We would come to your party, but we have to study for the exam.
—**Potresti** darmi una mano?	—Could you give me a hand?
—Mi **piacerebbe** aiutarti, però non ho tempo ora.	—I would like to help you, but I don't have time right now.

[handwritten notes: ★ IRREGULAR
Avere → avr-
Andare → andr-
Potere → potr-
Dovere → dovr-
Vedere → vedr-
Sapere → sapr-

Bere → berr-
Rimanere → rimarr-
Tenere → terr-
Venire → verr-
Volere → vorr-

Dare → dar-
Dire → dir-
Fare → far-
Stare → star-

Essere → sar-]

2. The conditional is formed using the future stem and adding the conditional endings **–ei, –esti, –ebbe, –emmo, –este, –ebbero**. Remember that **–are** verbs change the **a** to **e**.

comprare (comprer-)		**leggere** (legger-)		**dormire** (dormir-)	
comprer**ei**	comprer**emmo**	legger**ei**	legger**emmo**	dormir**ei**	dormir**emmo**
comprer**esti**	comprer**este**	legger**esti**	legger**este**	dormir**esti**	dormir**este**
comprer**ebbe**	comprer**ebbero**	legger**ebbe**	legger**ebbero**	dormir**ebbe**	dormir**ebbero**

[handwritten: uses the same irregular forms as future tense]

UNITÀ 7 Vestirsi: Vestiamoci alla moda!

> **Lo sapevi che...?**
>
> Il giorno del santo patrono di Milano, **Sant'Ambrogio**, è il 7 dicembre. La Basilica di Sant'Ambrogio è una bellissima chiesa romanica. La festa è molto sentita (*felt*) dai milanesi e ogni anno in questo giorno, oltre alla fiera con bancarelle, il famoso **Teatro alla Scala** inaugura la stagione dell'opera lirica con un grande spettacolo.

ATTIVITÀ

7.42 Avere o essere? Completare le seguenti frasi con il condizionale presente dei verbi **essere** o **avere**.

1. Elisabetta, ___avere___ un momento per parlare di una cosa importante?
2. Davvero verrete in Italia presto? Rivedervi tutti ___essere___ una cosa bellissima!
3. Mio marito ed io ___essere___ felici di invitarvi a cena domani sera. Siete liberi?
4. Per fortuna hanno indossato dei cappotti pesanti; altrimenti ora ___avere___ freddo.
5. Con quel vestito penso che tu ___essere___ la più elegante della serata.
6. Mi scusi, non ___avere___ per caso una taglia più piccola?

7.43 Che cosa desidera, signora? Completare questa conversazione tra un commesso in un negozio di abbigliamento e una sua cliente mettendo il verbo dato al condizionale.

—Buongiorno, mi dica, signora.
—Buongiorno. Forse lei mi (potere) aiutare.
—Che cosa (desiderare), signora?
—Devo andare ad un matrimonio e mi (piacere) trovare un vestito adatto.
—Ecco, signora, abbiamo questo modello. (Essere) perfetto per un ricevimento formale.
—È molto bello, ma costerà l'ira di Dio. Veramente io (preferire) una cosa più semplice che, volendo, (potere) mettere anche per andare al lavoro.
—Ho capito. Allora io Le (suggerire) questo abito. È un modello in stile Armani. E questa camicetta di seta (andare) molto bene con la giacca.
—Mm. È interessante. Sì, mi (piacere) provarlo.

7.44 Troppo gentile! Trasformare le seguenti frasi al condizionale.

1. Mi presti il tuo ombrello?
2. Mi piace fare acquisti in centro. *(piacere)*
3. Posso fare una domanda? *(potere)*
4. Daniele ci aiuta volentieri. *(aiutare)*
5. Quale film volete vedere? *(volere)*
6. Stai meglio con i tacchi alti. *(stare)*
7. Quale tessuto preferisce, signora? *(preferire)*
8. Mi dà la taglia 48? *(dare)*

7.45 Mi piacerebbe, ma... Inventare una cosa che ti piacerebbe fare ma che non puoi fare per il motivo dato. Usare il condizionale.

Esempio: ... ma dobbiamo studiare.
Verremmo alla festa con voi ma dobbiamo studiare.

1. ... ma non ho i soldi.
2. ... ma abbiamo i biglietti per il teatro.
3. ... ma hanno una lezione d'italiano.
4. ... ma sono molto timido/a.
5. ... ma ho paura di ingrassare (*to gain weight*).
6. ... ma non è molto pratico.
7. ... ma ho sempre troppe cose da fare!
8. ... ma tu non studi abbastanza.

7.46 Come faresti tu? Chiedere ad un altro studente/un'altra studentessa come si preparerebbe per...

- incontrare un professore
- andare ad una festa fra amici
- un esame difficile
- un appuntamento (*date*) con una persona speciale

Esempio: — Come ti prepareresti per un incontro con un professore?
— Mi alzerei presto perché non vorrei fare tardi.
— E come ti vestiresti?
— Dunque, mi metterei un abito molto tradizionale con...

7.47 Complimenti! Hai vinto un premio (*prize*)! Una mattina, mentre fai colazione, guardi nella scatola dei cereali e scopri che hai vinto un bellissimo premio: un biglietto aereo per Milano e duecentomila euro da spendere in Italia. Dire al compagno/alla compagna cosa faresti, in quali negozi andresti e che cosa compreresti.

Esempio: **Per prima cosa andrei in Via Montenapoleone a Milano, e poi...**

Lo sapevi che...?

I giovani italiani amano la **moda sportiva**—i jeans, le scarpe Nike, le tute Champion, gli zaini Eastpak. Conosci la moda giovane italiana di Benetton, Diesel, Guru, SLAM o Sisley? È colorata, rilassata, sportiva. La più famosa **marca italiana** di scarpe da tennis è Superga. Fiorucci offre una moda spiritosa a **prezzi bassi** ma con prodotti di ottima qualità.

Andiamo da Fiorucci!

D ▶ LA MODA

D.1 ▶ Si dice così

la sfilata	fashion show	fatto a mano	hand-made
il/la modello/a	fashion model	snello	slim
lo/la stilista	fashion designer	slanciato	slender
gli accessori	accessories	cucire	to sew
i bijoux, la bigiotteria	costume jewelry	seguire la moda	to keep up with fashion
i gioielli	jewelry	dimagrire	to lose weight
la tendenza	trend	ingrassare	to gain weight
di moda	stylish		
fuori moda	unfashionable		

ATTIVITÀ

7.48 Quale? Indicare la risposta giusta.

1. Chi disegna le collezioni di moda? la modella / lo stilista
2. Quali sono accessori? la cintura e le scarpe / il tessuto e la taglia
3. Come sono le modelle? robuste e basse / slanciate e alte
4. Cosa vuole fare una persona che segue una dieta? ingrassare / dimagrire
5. Cosa sono i diamanti autentici? i gioielli / i bijoux
6. Dove gli stilisti mostrano le loro nuove collezioni? alla sfilata / nel negozio

7.49 Diversi stili. Con un compagno/una compagna, descrivere le tre persone nel disegno in **Si dice così** e discutere: Chi sono? Come si chiamano? Come sono vestiti? Cosa fanno? Dove vanno?

D.2 ▶ Incontro

A ciascuno il suo! *Marilena, Leonardo e Giacomo sono studenti di design all'Istituto Europeo di Design di Milano. Sono amici, ma Leonardo è geloso del successo di Giacomo.*

MARILENA:	Mi piacerebbe vedere la prossima sfilata di Max Mara—è il mio stilista preferito. Allora, Giacomo, tu ci andrai?	
GIACOMO:	Sì, certo! Non me la perderei per nulla al mondo… Lo sapete che Max Mara ha scelto alcuni miei bijoux per le sue modelle?	
LEONARDO:	Taci°, ti prego! Marilena, diglielo anche tu di non ricominciare con questa storia! Altrimenti ci spiegherà com'è la nuova tendenza, e ci racconterà quante modelle ha conosciuto…	Shut up!
MARILENA:	Lascialo parlare, invece! Sai che Giacomo è bravissimo a disegnare i bijoux. Li comprerei tutti! Dimmi, allora, mi fai entrare con te?	
GIACOMO:	Certo, cara!	
LEONARDO:	"Certo, cara!" Eh sì, oramai sei famoso! E per di più, sei anche modesto! E frequenti ancora i vecchi amici…	
MARILENA:	Lascia perdere, Leo! Non fare lo spiritoso! Senti, Giacomo, mi piacerebbe vedere anche la sfilata di Prada. Che ne dici? Riusciremo° a vederle tutte e due?	Will we be able
LEONARDO:	Basta! Siete ossessionati°! Sentite, io stasera vado al cinema a vedere il nuovo film di Muccino. Se qualcuno vuole venire con me…	obsessed
GIACOMO:	No, grazie, Leo, devo finire il nuovo progetto per una linea di occhiali da sole. Sono disegni fantastici… audaci°, proprio come piacciono a me!	wild
MARILENA:	E io purtroppo devo studiare.	
LEONARDO:	A ciascuno il suo!	

UNITÀ 7 **Vestirsi: Vestiamoci alla moda!**

ATTIVITÀ

7.50 Ascoltiamo! Chi lo dice? Ascoltare bene l'**Incontro** e indicare chi dei tre amici pronuncia le seguenti frasi, Leonardo (L), Marilena (M) o Giacomo (G).

	L	M	G
1. Mi piacerebbe vedere la prossima sfilata di Max Mara.	___	___	___
2. Max Mara ha scelto alcuni miei bijoux per le sue modelle.	___	___	___
3. Diglielo anche tu di non ricominciare con questa storia!	___	___	___
4. Sai che Giacomo è bravissimo a disegnare i bijoux.	___	___	___
5. Voi due! Siete ossessionati!	___	___	___
6. Devo finire il nuovo progetto per una linea di occhiali da sole.	___	___	___
7. A ciascuno il suo!	___	___	___

7.51 Il terzo incomodo (*the third wheel*). Due di voi sono ossessionati da... (sport, televisione, musica, moda...). Alla terza persona non interessa per niente. Creare una conversazione in cui i due entusiasti parlano animatamente dell'argomento preferito e il terzo cerca di cambiare discorso.

Esempio: — Tu guarderai la partita stasera?
— Certo, non la perderei per nulla al mondo.
— Dicono che la Juve...
— Dai, ragazzi, basta con il calcio. Invece parliamo di...

In altre parole

non me (lo/la/li/le) perderei per nulla al mondo!	I wouldn't miss it / them for the world!
ti prego	I beg you, please
per di più	what's more, moreover
lascia perdere!	forget it!
a ciascuno il suo!	to each his own!

7.52 Mini-conversazioni. Completare le seguenti mini-conversazioni con un nuovo vocabolo appropriato.

1. — Papà, puoi prestarmi dei soldi per comprare una camicia?
— Gianni, tu hai già mille camicie che non ti metti mai, e ___per di più___ ti ho dato dei soldi ieri. ___lascia perdere___! Li chiederò alla mamma!

2. — Non mi piace affatto la nuova collezione di Armani!
   — No? Io la trovo stupenda! _a ciascuno il suo!_

3. — Vuoi vedere un film comico stasera?
   — Non farmi vedere un film comico, _ti prego_! Non mi piacciono per niente!

4. — Bruno, vuoi vedere lo spettacolo al Teatro Goldoni stasera?
   — No, mi dispiace. C'è la partita stasera; _non me_ _la perderei per nulla al mondo_!

7.53 Segui la moda? Fare le seguenti domande ad un altro studente/un'altra studentessa. Rispondere personalmente, secondo i propri gusti, e poi cercare di formare un giudizio sui gusti dei vostri compagni.

1. Segui la moda? Quali stilisti ti piacciono? Perché? Quali stilisti o negozi sono popolari fra gli studenti della vostra scuola?
2. Come ti vesti tu? Sei vestito/a alla moda o fuori moda? Qual è la moda preferita dagli studenti della vostra scuola?
3. Come ti vesti di solito? Cosa ti metti?
4. Come ti sembrano le modelle? Sono belle? Chi sono le tue modelle preferite?
5. Hai mai visto una sfilata? Quando? Ti è piaciuta?

D.3 ▶ Punti grammaticali

L'imperativo

Scusa il ritardo.	*Excuse the delay.*
Ascoltate bene!	*Listen carefully!*
Professore, lo **ripeta,** per favore!	*Professor, repeat that, please!*
Elena, **non scrivere** sul libro!	*Elena, don't write in the book!*
Ragazzi, **andiamo!**	*Let's go, guys!*

1. The imperative (**l'imperativo**) is used for commands and polite suggestions. It is formed as follows.

	guardare	rispondere	aprire	pulire / finire
tu	guard**a**!	rispond**i**!	apr**i**!	pul**isci**!
Lei	guard**i**!	rispond**a**!	apr**a**!	pul**isca**!
noi	guard**iamo**!	rispond**iamo**!	apr**iamo**!	pul**iamo**!
voi	guard**ate**!	rispond**ete**!	apr**ite**!	pul**ite**!
(tu, negative)	non guardare!	non rispondere!	non aprire!	non pulire!

Note that the **noi** form is always identical to the present indicative.

2. To form a negative imperative, add **non** before the affirmative **Lei, noi,** and **voi** forms. The negative imperative of the **tu** form is **non** + *infinitive*.

Non si preoccupi, signora!	*Don't worry, ma'am!*
Non perdiamo la testa, per piacere!	*Let's not lose our heads, please!*
Non toccate!	*Don't touch!*
Angelo, **non parlare** durante il film!	*Angelo, don't talk during the film!*
Non dimenticare la giacca; fa freddo!	*Don't forget your jacket; it's cold!*

3. **Essere** and **avere** have the following imperative forms.

	essere	avere
tu	sii	abbi
Lei	sia	abbia
noi	siamo	abbiamo
voi	siate	abbiate

Siate buoni, ragazzi, e **abbiate** pazienza!   *Be good, kids, and be patient!*

4. The verbs **andare, dare, dire, fare,** and **stare** have shortened **tu** forms, which are frequently used, and irregular formal **Lei** forms. Their other forms are regular.

	andare	dare	dire	fare	stare
tu	vai (va')	dai (da')	di'	fai (fa')	stai (sta')
Lei	vada	dia	dica	faccia	stia
noi	andiamo	diamo	diciamo	facciamo	stiamo
voi	andate	date	dite	fate	state

Va' a letto, Beppe!	*Go to bed, Beppe!*
Mi **dia** una mano, per piacere!	*Give me a hand, please!*
Di' la verità, Gianni!	*Tell the truth, Gianni!*
Faccia attenzione, prego!	*Pay attention, please!*
Sta' zitto, Luigi! Non parlare!	*Be quiet, Luigi! Don't speak!*

5. Reflexive, direct-, indirect-, and double-object pronouns, and **ci** and **ne**, follow and attach to the **tu, noi,** and **voi** forms of the imperative. Pronouns always precede the polite form **Lei.**

Hai i guanti? Metti**teli!**	*Do you have gloves? Put them on!*
Non parlar**mene!**	*Don't tell me about it!*
Alzate**vi,** ragazzi! È tardi!	*Get up, guys! It's late!*
Andiamo**ci!**	*Let's go there!*
Dite**glielo!**	*Tell him (it)!*
Prendiamo**ne!**	*Let's take some!*
Mi dica!	*Tell me!*
Non **si** preoccupi!	*Don't worry!*

6. When a pronoun attaches to a one-syllable **tu** form of the imperative (**da', fa', va',** etc.), the apostrophe is dropped and the first consonant of the pronoun is doubled, except in the case of **gli**.

Dimmi cosa c'è!	*Tell me what's wrong!*
Vacci subito!	*Go there right away!*
Fatti vivo!	*Keep in touch!*
but **Da**glielo!	*Give it to him!*

ATTIVITÀ

7.54 Dal medico. Martedì mattina il dottor Bernardini visita quattro pazienti: una bambina di sei anni, una signora anziana e due giovani fratelli. A tutti dice di fare le stesse cose, ma dando del tu, del Lei e del voi. Ripetere le frasi del dottore usando l'imperativo nella forma giusta, seguendo l'esempio.

Esempio: **Anna, siediti su questa sedia. Descrivi...**
Signora, si sieda su...
Carlo e Paolo, sedetevi su...

1. sedersi su questa sedia
2. descrivere i sintomi
3. aprire la bocca
4. dire "trentatré"
5. stare a letto e non uscire
6. prendere queste medicine
7. non prendere freddo
8. andare subito a casa

7.55 Che freddo! La mamma si preoccupa perché fa molto freddo e Angelino vuole uscire. Completare la conversazione con i verbi all'imperativo.

— Angelino, fa molto freddo. (Coprirsi) bene! (Mettersi) quel maglione di lana e non (dimenticare) i guanti! E (ricordarsi) il cappello.
— Mamma, non (preoccuparsi)!
— Angelino, (portare) una sciarpa!
— Mamma, (stare) zitta!
— Angelino, (essere) buono!
— (Scusare), mamma!
— Va bene, ma non (tornare) tardi!

Lo sapevi che...?

Il **Castello Sforzesco** è il monumento (insieme al Duomo con la sua **Madonnina**) più caro ai milanesi. Il condottiero Francesco Sforza era responsabile per la sua ricostruzione nel 1450. Molti artisti lavorarono sul Castello: ad esempio, Leonardo da Vinci fece gli affreschi nella **"Sala delle Asse"** che sembra un grande giardino. Leonardo dipinse un altro affresco a Milano, il famoso **Cenacolo** (*Last Supper*) che si trova nel refettorio del convento della Chiesa di Santa Maria delle Grazie.

7.56 Ma io non voglio! La Fata Turchina (*Blue Fairy*) spiega a Pinocchio come essere un bravo bambino e gli ordina di fare certe cose. Pinocchio replica. Creare mini-conversazioni seguendo il modello e usando i pronomi per gli oggetti diretti e indiretti.

Esempio: pulire la tua stanza
— **Pinocchio, pulisci la tua stanza, per favore.**
— **Ma, Fata Turchina! Non voglio pulirla.**
— **Puliscila!**

1. finire gli spinaci
2. lavarsi le mani
3. fare i compiti
4. non guardare la TV
5. mettersi la giacca
6. telefonare alla nonna
7. dirmi la verità
8. studiare gli appunti

7.57 Nel negozio di abbigliamento. Completare la conversazione tra una commessa e la cliente usando l'imperativo formale.

COMMESSA: Buongiorno! (Dire a me)!
SIGNORA: Buongiorno! (Fare vedere a me) la nuova collezione di Prada.
COMMESSA: (Venire)! Ecco qui!
SIGNORA: Che belli! (Sentire), non ci sono per caso i saldi di fine stagione?
COMMESSA: No, mi dispiace. (Provarsi i vestiti), comunque!
SIGNORA: Va bene. (Avere) pazienza! Potrei provare anche quei pantaloni?
COMMESSA: (Figurarsi)! Certo! (Accomodarsi) pure! (Scusare) un attimo, devo rispondere al telefono.
SIGNORA: (Fare) pure!

7.58 Ordini e comandi. Quali imperativi userebbero le seguenti persone nelle situazioni descritte? Usare la fantasia o i suggerimenti indicati.

1. Un professore dice agli studenti quello che devono fare in preparazione all'esame finale. (studiare..., ripassare..., leggere attentamente il capitolo..., ecc.)
2. Una commessa in un negozio di abbigliamento parla con una cliente. (venire con me, provarsi questo..., andare al camerino, ecc.)
3. Un giovane spiega ad una signora come arrivare all'ufficio postale in centro. (andare dritto, girare a sinistra, prendere l'autobus numero..., ecc.)

7.59 Tu vuoi fare l'Americano. Uno studente italiano si è iscritto alla vostra università. Vorrebbe vivere proprio come uno studente universitario americano. Come deve vestirsi? Cosa deve fare la sera? Quali posti deve frequentare? Quali corsi deve seguire? Dargli suggerimenti usando l'imperativo.

Esempio: **Se vuoi sembrare uno studente americano, mettiti i jeans...**

IMMAGINI E PAROLE

- Il Made in Italy
- Leggiamo italiano! *Topic sentences*
- Le eretiche della couture
- Scriviamo italiano! *Organizing your thoughts*
- Musica, maestro!
  "La vasca", Alex Britti
- Come disse... Alessandro Manzoni
- Ciak! Italia

For self-tests and additional practice, and for access to the Video and video activities, go to the Book Companion Site, accessible at www.wiley.com/college/branciforte

Tutto costa di meno al mercato

Attività di pre-lettura

7.60 Parole analoghe. Le parole in corsivo sono parole analoghe. Trovare il termine equivalente in inglese.

1. È ormai una delle *industrie* più importanti.
2. Compratori da tutto il mondo vengono a vedere le collezioni e ad *acquistare*.
3. Sono conosciuti per gli abiti *provocanti*.
4. Per la moda di *tendenza*, Benetton è molto popolare.
5. Diesel ha *conquistato* il mercato dei jeans.

UNITÀ 7 Vestirsi: Vestiamoci alla moda!

7.61 Scorrendo il testo. Scorrere il testo e le foto in quest'unità. Poi elencare alcuni/e...

1. stilisti italiani
2. tessuti
3. vie importanti per lo shopping
4. stilisti di abbigliamento per i giovani
5. accessori per gli abiti

▶ Il Made in Italy

Armani, Prada, Versace, Gucci, Dolce e Gabbana: chi non conosce queste grandi firme della moda italiana? Il Made in Italy è una delle industrie principali del paese. Dai tessuti come seta e lana, agli accessori come scarpe, borse e cinture, nell'abbigliamento c'è tutta l'arte italiana.

Ogni anno ci sono le sfilate per le stagioni invernali ed estive a Milano, Roma e Firenze. Compratori° da tutto il mondo vengono a vedere le collezioni e ad acquistare. Per farsi un'idea dell'ultima moda, basta guardare una delle tante riviste come *Amica, Grazia* o *Vogue Italia,* oppure camminare per le vie del centro delle grandi città a vedere le vetrine e la gente che fa shopping. A Milano, la capitale della moda italiana, le vie più famose, sinonimi di alta moda, sono Via Montenapoleone e Via della Spiga.

Buyers

Ogni stilista firma° la sua collezione: il suo stile è come un autografo. Armani si distingue per il taglio moderno ed elegante; Dolce e Gabbana, Prada e Roberto Cavalli sono conosciuti per i loro abiti provocanti. Missoni e Laura Biagiotti trasformano la maglia di lana in un capolavoro°. Per la moda giovane, Benetton è molto popolare, mentre Diesel ha conquistato il mercato dei jeans.

signs

masterpiece

Gucci e Ferragamo sono famosi soprattutto per le borse, le scarpe, gli stivali, i foulard e le cinture. Luxottica è il più grande produttore di occhiali al mondo. Anche le industrie della bigiotteria e della gioielleria sono importantissime in Italia e spesso riflettono l'ultima moda e un gusto raffinato.

Cerca nel tuo guardaroba°: ti sei lasciato conquistare dalla moda italiana? Hai mai comprato scarpe italiane? Hai un vestito o un accessorio firmato Made in Italy?

closet

PRADA
MaxMara

roberto cavalli
GUCCI

La moda italiana

ATTIVITÀ

7.62 Comprensione: le frasi sbagliate. Le seguenti frasi sono tutte sbagliate. Trovare il modo di correggerle.

1. A ~~Venezia e Napoli~~ ci sono sfilate di moda molto importanti. *[A Milano, Roma, Firenze]*
2. I compratori vengono da tutte le città italiane ~~per assistere alle sfilate~~. *[a vedere le collezioni e ad acquistare / un'idea dell'ultima moda]*
3. *Amica* e *Grazia* sono riviste che presentano ~~notizie sportive~~. *[alta moda]*
4. Via Montenapoleone è una via di ~~Roma~~ famosa per le ~~gallerie d'arte~~.
5. Dolce e Gabbana e Roberto Cavalli sono stilisti tradizionali che piacciono alle persone anziane. *[conosciuti per i loro abiti provocanti]*
6. ~~Benetton~~ presenta una moda formale ed elegante. *[Armani]*

7.63 Comprensione: le domande. Rispondere alle seguenti domande.

1. Quali sono alcuni stilisti italiani conosciuti nel mondo?
2. Perché si possono facilmente distinguere gli abiti di Cavalli da quelli di Armani?
3. Che cosa producono Gucci e Ferragamo?

7.64 Progetto. Trovare in una rivista una pubblicità di stilisti italiani. Trovare una fotografia che ti piace particolarmente. Preparare per la classe una descrizione della fotografia, degli abiti e delle qualità che trovi interessanti. *[50 word comp.]*

7.65 Spunti di conversazione. Discutere le seguenti domande e preparare le risposte da presentare alla classe.

1. Come si vestono gli studenti della vostra università? Seguono la moda? C'è molta omogeneità nel modo di vestirsi o molta diversità?
2. Secondo voi, come si vestono i giovani italiani? Sono più eleganti dei giovani americani o no? Guardare le foto di questo libro e trovare differenze tra il modo di vestirsi dei giovani italiani e come voi siete vestiti oggi.
3. È importante la moda? O la trovate superficiale? Alcuni dicono "Non mi importa di quello che pensano gli altri". È vero per voi per quanto riguarda la moda?

Leggiamo italiano!

Topic sentences

The first sentence of a paragraph, the topic sentence, will normally orient you to the main idea and help you to anticipate the content. As you read a text, pay special attention to the topic sentences; they will most likely indicate the focus of each paragraph.

▶ Le eretiche della couture

ATTIVITÀ DI PRE-LETTURA

7.66 Cosa viene dopo? Il seguente brano si svolge in tre paragafi. Ecco le prime frasi. Cosa verrà dopo?

1. "Creative, intraprendenti, raffinate".
    a. L'articolo parlerà degli uomini intraprendenti.
    b. L'articolo parlerà delle donne stiliste.
    c. L'articolo parlerà di siti web.

2. "Le borse scatenano spesso manie e spese folli, sono l'accessorio più amato dalle donne".
    a. Le donne che comprano le borse sono matte.
    b. L'economia mondiale è in crisi.
    c. Le donne spesso spendono moltissimo per un accessorio.

3. "Una cravatta può trasformarsi in un bauletto, una cintura in una pochette".
    a. Gli accessori sono inutili.
    b. Gli accessori viaggiano facilmente.
    c. Gli accessori sono versatili e utili.

7.67 Parole simili. Trovare parole o espressioni simili alle parole elencate in inglese nel seguente brano.

enterprising   refined   heretic   do-it-yourself
trendy clubs   brand   inspire   openings

LE ERETICHE DELLA COUTURE

ALTERNATIVE
Stiliste fai da te: abiti originali, comunicazione creativa e shopping come momento di socialità
di Gabriella Colarusso

Monica Galletto

Creative, intraprendenti, raffinate. La loro griffe è l'insolito, la loro filosofia è l'esclusività. Sono le eretiche della couture made in Italy, stiliste fai da te sempre a caccia di nuove suggestioni da trasformare in modelli originali. Presentano le loro collezioni nelle gallerie d'arte e nei locali di tendenza, sfruttano i siti web e i social network per contattare le clienti. Da Roma a Milano, la moda diventa uno spazio di socialità.

Trasformismi

Le borse scatenano spesso manie e spese folli, sono l'accessorio più amato dalle donne. Soprattutto se originali come quelle di Francesca de Gaetano, che le produce utilizzando cravatte, tessuti vintage e cinture recuperate in giro per i mercatini. Ex attrice di teatro, stilista per passione, Francesca vive e lavora a Roma. E lì che è nato il marchio Artisciò, versione italiana del termine francese Artichaut, carciofo. «Il carciofo è un ortaggio ma può sembrare anche un fiore. Era l'immagine perfetta per raccontare la filosofia che ispira le mie creazioni: vedere le cose da un altro punto di vista».
Una cravatta può trasformarsi in un bauletto, una cintura in una pochette. Tutto grazie alla Necchi presa in prestito dalla nonna: «Ho imparato a cucire da lei. Da bambina, facendo i vestiti per le mie bambole», ricorda. L'intuizione e la manualità sono gli strumenti del suo lavoro. «Non disegno i modelli, lavoro direttamente la materia». Anche le borse Artisciò viaggiano con il passaparola, la pagina myspace di Francesca e i vernissage in galleria o gli aperitivi in giardino. Con le amiche a fare da testimonial».

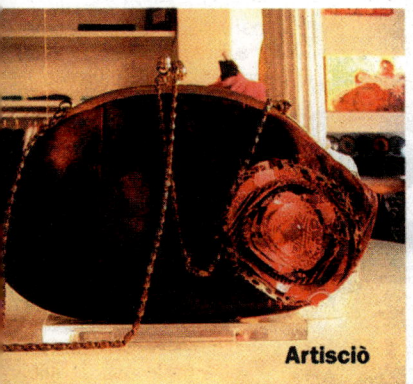

Artisciò

ATTIVITÀ

7.68 Stilista fai da te. Rispondere alle seguenti domande.

1. Quali sono tre caratteristiche delle stiliste fai da te?
2. Dove presentano le loro collezioni le stiliste fai da te?
3. Quale oggetto fa spendere tanto alle donne?
4. Perché Francesca ha scelto il nome Artisciò per le sue creazioni?
5. Da chi ha imparato a cucire Francesca de Gaetano?
6. Dove e come pubblicizza le sue creazioni?

Scriviamo italiano!

Comparing and contrasting

To talk about similarities and differences, comparatives are needed. Now that you have learned comparatives and superlatives, you can compare and contrast the qualities of people and things.

ATTIVITÀ

7.69 È più bella la mia! Cercare in una rivista due pubblicità di moda. Elencare i nomi dei capi di abbigliamento in ciascuna immagine e poi elencare gli aggettivi che descrivono lo stile. Ora confrontare le pubblicità usando la frase comparativa.

Esempio: **La gonna rossa di Dolce e Gabbana è più di tendenza e meno classica del vestito grigio perla di Armani.**

7.70 La sfilata. Fare un elenco di tutti gli stilisti del tuo paese e degli stilisti italiani che conosci. Scrivere tre aggettivi per ciascuno. Ora scrivere un articolo immaginando di essere stato/a ad una sfilata per la prossima stagione, paragonando le collezioni presentate dagli stilisti e commentando come erano vestite le celebrità (*celebrities*) che assistevano (*attended*) alla sfilata.

Musica, maestro!

Usando Internet, cercare "La vasca" di Alex Britti e ascoltare la canzone più di una volta. Qual è il ritornello? Che cos'è una vasca? Un'altra canzone di Britti è "Una su un milione". Cercare il video su Internet e raccontare la storia a un compagno di classe.

Come disse... Alessandro Manzoni
(1785–1873)

da *I promessi sposi* (Capitolo 2)

Lucia usciva, in quel momento tutta attillata (*fitted*) dalle mani della madre. Le amiche si rubavano la sposa, e le facevan forza perchè si lasciasse vedere; e lei s'andava schermendo (*shying away*), con quella modestia un po' guerriera delle contadine, facendosi scudo (*shield*) alla faccia col gomito, chinandola sul busto, e aggrottando (*furrowing*) i lunghi e neri sopraccigli, mentre però la bocca s'apriva al sorriso. I neri e giovanili capelli, spartiti sopra la fronte, con una bianca e sottile dirizzatura (*hair line*), si ravvolgevan, dietro il capo, in cerchi moltiplici di trecce (*braids*), trapassate da lunghi spilli d'argento, che si dividevano all'intorno, quasi a guisa de' raggi d'un'aureola (*halo*), come ancora usano le contadine nel Milanese. ... Oltre a questo, ch'era l'ornamento particolare del giorno delle nozze, Lucia aveva quello quotidiano d'una modesta bellezza, rilevata allora e accresciuta dalle varie affezioni che le si dipingevan sul viso: una gioia temperata da un turbamento leggiero, quel placido accoramento che si mostra di quand'in quando sul volto delle spose, e, senza scompor la bellezza, le dà un carattere particolare.

Sul lago di Como

UNITÀ 7 Vestirsi: Vestiamoci alla moda!

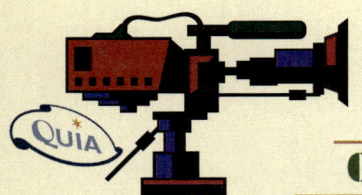

Ciak! Italia

7.71 Un mondo di moda! Prima di vedere il videoclip, indicare se le seguenti oggetti fanno parte del mondo della moda elegante (**E**), della moda sportiva (**S**) o del mondo degli accessori (**A**).

1. _____ la cintura
2. _____ un paio di scarpe da tennis
3. _____ la maglietta
4. _____ lo smoking
5. _____ la felpa
6. _____ gli orecchini
7. _____ la cravatta
8. _____ i guanti
9. _____ la tuta
10. _____ gli occhiali da sole

7.72 Come sono vestiti? Osservare bene i personaggi del videoclip e rispondere con una frase completa a ciascuna domanda. Non dimenticare gli accessori e cosa portano ai piedi!

1. Cosa indossa Anna?
2. Cosa indossa Francesco?
3. Com'è vestita Cristina? Ha qualche accessorio?
4. E le vetrine da Patrizia Pepe: come sono i vestiti?

7.73 Una differenza di opinione... Dopo aver visto il videoclip, immagina di essere uno dei personaggi, o Anna o Francesco. Davanti alla vetrina di Patrizia Pepe a Firenze, commenta i vestiti. Riscrivi la conversazione di Anna e Francesco, basandoti (*basing yourself*) sulla loro conversazione nel videoclip, ma cambiando alcune battute (*lines*). Puoi usare i suggerimenti o cambiarli.

ANNA: Guarda questo vestito, invece! Non è il più bello del mondo?

FRANCESCO: Sì, eh, è carino, ma io preferisco quello a fianco...

Sei abbastanza carino/a...

Non mi starebbe bene...

Voi donne.../Voi uomini...

Se tu fossi...

Sei un ragazzo/una ragazza normale...

Se io fossi...

Vocabolario

Il corpo

il braccio (*pl.* le braccia)	arm
il dito (*pl.* le dita)	finger
la gamba	leg
il ginocchio (*pl.* le ginocchia)	knee
la mano (*pl.* le mani)	hand
il petto	chest
il piede	foot
la schiena	back
la spalla	shoulder
lo stomaco	stomach

La testa

la bocca	mouth
i capelli	hair
il ciglio (*pl.* le ciglia)	eyelash
il collo	neck
il dente	tooth
la gola	throat
il labbro (*pl.* le labbra)	lip
la lingua	tongue
il naso	nose
l'occhio	eye
l'orecchio (*pl.* le orecchie)	ear
il sopracciglio (*pl.* le sopracciglia)	eyebrow
il viso, la faccia	face

La salute

il dolore	pain
la febbre	fever
l'influenza	flu
la malattia	sickness
il raffreddore	cold
il sintomo	symptom
la tosse	cough
ammalarsi	to get sick
farsi male	to hurt oneself
mal di testa, mal di stomaco	headache, stomachache
misurarsi la temperatura	to take one's temperature
tossire	to cough

L'abbigliamento e la moda

l'abito	suit
gli accessori	accessories
i bijoux, la bigiotteria	costume jewelry
la borsa	purse, handbag
la calza	sock
la camicetta	blouse
la camicia	shirt
la camicia da notte	nightgown
il cappello	hat
il cappotto	coat
la cintura	belt
il costume da bagno	bathing suit
la cravatta	tie
la farfalla	bow tie
la felpa	sweatshirt
la giacca	jacket
i gioielli	jewelry
il giubbotto	short jacket
la gonna	skirt
il guanto	glove
l'impermeabile	raincoat
la maglia	cardigan sweater
la maglietta	T-shirt
il maglione	sweater
il/la modello/a	fashion model
gli occhiali da sole	sunglasses
l'ombrello	umbrella
l'orecchino	earring
la pantofola	slipper
i pantaloni	pants, trousers
il pigiama	pajamas
i sandali	sandals
la scarpa	shoe
le scarpe da ginnastica	sneakers
le scarpe col tacco alto	high-heeled shoes
la sciarpa, il foulard	scarf
la sfilata	fashion show

UNITÀ 7 Vestirsi: Vestiamoci alla moda!

lo smoking	tuxedo	**Verbi riflessivi e reciproci**	
lo/la stilista	fashion designer	abbracciarsi	to embrace each other
gli stivali (*pl.*)	boots		
la tendenza	trend	addormentarsi	to fall asleep
la tuta	sweatsuit	aiutarsi	to help each other
i vestiti, gli abiti firmati	designer clothes	alzarsi	to get up
il vestito da sera	evening dress	annoiarsi	to be bored
		arrabbiarsi	to get angry
di lusso	luxurious, deluxe	baciarsi	to kiss each other
di moda	in style, stylish	chiamarsi	to be called, named
fatto a mano	hand-made	dimenticarsi	to forget
fuori moda	unfashionable	divertirsi	to have a good time
slanciato/a	slender	incontrarsi	to meet, to run into each other
snello/a	slim		
		innamorarsi (di qualcuno)	to fall in love (with someone), to fall in love with each other
cucire	to sew		
dimagrire	to lose weight		
indossare	to wear		
ingrassare	to gain weight		
mettersi	to put on	lamentarsi	to complain
seguire la moda	to keep up with fashion	lavarsi	to wash oneself
		odiarsi	to hate each other
		perdersi	to get lost
Fare acquisti		pettinarsi	to comb one's hair
		preoccuparsi	to worry
il camerino	dressing room	prepararsi	to prepare oneself
il cuoio, la pelle	leather	radersi	to shave
la fantasia	design, print	rendersi conto	to realize
a righe	striped	ricordarsi	to remember
colorato/a	colorful	rompersi	to break (*a bone*)
in tinta unita	solid	salutarsi	to greet, to greet each other
la misura, la taglia	size		
il modello	design, style	scriversi	to write to each other
i saldi	sales		
il tessuto, la stoffa	cloth, fabric	sedersi	to sit
il cotone	cotton	spogliarsi	to undress
la lana	wool	sposarsi	to marry each other
il lino	linen	svegliarsi	to wake up
il pizzo	lace	telefonarsi	to phone each other
la seta	silk	truccarsi	to put on makeup
		vedersi	to see each other
abbinare	to put, go together	vestirsi	to dress, to get dressed
fare acquisti	to shop for clothes		
provarsi	to try on		

UNITÀ 7 Vestirsi: Vestiamoci alla moda!

Altre parole ed espressioni

a ciascuno il suo!	to each his own!	mi fa male la testa, la gola	my head hurts, my throat aches
avere una brutta faccia	to look pale, unwell	non esageriamo!	let's not go overboard!
boh!	I dunno!	non fare lo scemo/la scema!	don't be a fool!
che colpo!	what luck!		
cos'hai?	what's the matter?	non me (lo/la/li/le) perderei per nulla al mondo!	I wouldn't miss it / them for the world!
di niente!	you're welcome! (it's nothing!)		
fare (una) bella / brutta figura	to make a good / bad impression	non mi importa niente di…	I don't care anything about…
La / ti ringrazio	thank you	per di più	what's more, moreover
lascia perdere!	forget it!	ti prego	I beg you, please
mi dica!	may I help you? (literally, tell me!)	ti vedo proprio bene	you look great

UNITÀ 7 Vestirsi: Vestiamoci alla moda!

UNITÀ 8

LAVORARE
Lavoriamo insieme!

Un'operaia della Fiat di Torino

COMMUNICATIVE GOALS

- Expressing desires, opinions, emotions, and doubts
- Talking about professions and the workplace
- Discussing means of transportation

A LE PROFESSIONI

A.1 ▶ Si dice così

la professione	profession	l'operaio	worker
il mestiere, il lavoro	job, occupation	la fattoria	farm
la carriera	career	il contadino	farmer
l'ufficio, lo studio	office	la casalinga	housewife
l'ingegnere (m./f.)	engineer	il pensionato	retired person
il/la giornalista	journalist	diventare	to become
il/la commercialista	accountant	guadagnare	to earn, to make money
l'uomo/la donna d'affari	businessman/woman	realizzarsi	to be successful
la fabbrica	factory		

l'avvocato

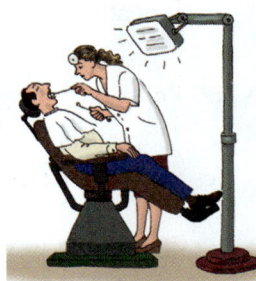
il/la dentista

l'idraulico

il falegname

l'architetto

il/la musicista   il/la cantante

l'artista

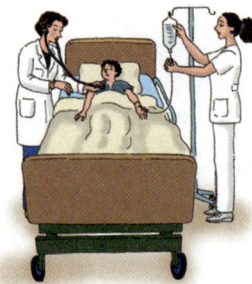
il medico   l'infermiere/a

UNITÀ 8 Lavorare: Lavoriamo insieme!

> **Lo sapevi che...?**
>
> Ci sono vari modi per esprimere quale professione si esercita. Comunemente si dice **fare il/la...**, ad esempio **lui fa il medico e lei fa l'ingegnere**. Si può anche dire che **lui è medico e lei è ingegnere**. Oppure si dice che una persona **esercita la professione di medico, esercita la professione di ingegnere**. E tu, quale professione eserciterai?

ATTIVITÀ

8.1 Chi è? Trovare le risposte corrette ad ogni domanda.

1. Chi lavora in una fattoria?
   a. l'idraulico   b. il contadino   c. il dentista
2. Chi lavora in fabbrica?
   a. l'artista   b. la musicista   c. l'operaio
3. Chi non lavora in ufficio?
   a. la casalinga   b. il commercialista   c. l'uomo d'affari
4. Quando non funziona il bagno, chi chiami?
   a. l'idraulico   b. il falegname   c. l'avvocato
5. Quando ti fanno male i denti, dove vai?
   a. dal medico   b. dal dentista   c. dall'operaio
6. Chi guadagna di più?
   a. l'operaio   b. la casalinga   c. l'avvocato
7. Chi non lavora più?
   a. il pensionato   b. l'ingegnere   c. l'uomo d'affari
8. Chi deve fare i conti e lavora con la calcolatrice?
   a. il contadino   b. il commercialista   c. l'artista

8.2 I ferri del mestiere. Decidere chi usa i seguenti oggetti nel suo lavoro.

1. la macchina fotografica, un registratore, una matita, un blocco di carta
2. l'aspirapolvere, la lavatrice, il forno
3. il termometro, lo stetoscopio, le medicine
4. i colori, le matite, le modelle
5. le note, il pianoforte, la voce
6. il trattore, le piante, gli animali, l'acqua

8.3 Da grande... Chiedere al tuo vicino/alla tua vicina quali sono i suoi progetti professionali per il futuro. Fare domande come:

- Quale lavoro vorresti fare in futuro?
- Perché vorresti esercitare quella professione?
- Quali studi devi fare?
- Quali sono alcune attività di quella professione?
- Quali caratteristiche richiede quella professione?

A.2 ▶ Incontro

Dopo l'esame di Stato. Alcuni studenti del Liceo Classico Massimo d'Azeglio di Torino stanno preparando insieme l'esame di Stato. Parlano del loro futuro.

GABRIELLA:	Nel Canto IV del *Paradiso*, Dante chiede a Beatrice...	
ANGELO:	Che barba 'sto Dante! Ragazzi, che ne dite di fare una pausa°? Non ce la faccio più!	*take a break*
GABRIELLA:	Angelo, non è possibile studiare con uno come te!	
MARINA:	Dai, Gabriella! Angelo ha ragione: non esageriamo! Piuttosto°... voi cosa farete l'anno prossimo? È facile indovinare° cosa farà Gabriella: studiare, studiare, studiare!	*Rather* *to guess*
GABRIELLA:	Mi prendete sempre in giro! Voglio diventare ingegnere, perciò è necessario che io studi tanto.	
FEDERICO:	Anch'io voglio studiare ingegneria; bisogna lavorare sodo! E tu, Sandra, sai già cosa fare?	
SANDRA:	I miei vogliono che io diventi avvocato. Ma a dire il vero, vorrei fare un mestiere creativo; non so, l'artista o la stilista.	
MARINA:	Che bello fare l'artista o il musicista...	
ANGELO:	O il presentatore alla TV! È pazzesco quanto guadagnano. Prendete Fiorello, per esempio! Che forte! Fa ridere, è ricco sfondato, è famosissimo ed è probabile che lo vedremo ancora per molto tempo alla televisione.	
FEDERICO:	Vuoi fare il presentatore? Non è facile entrare in televisione.	
GABRIELLA:	Basta, ragazzi! Bisogna che io prepari dieci canti di Dante per l'esame d'italiano. Altrimenti posso dire addio° alla carriera!	*farewell*
IN CORO:	Gabriella, sei sempre la solita secchiona°!	*nerd*

ATTIVITÀ

8.4 Ascoltiamo! Ascoltare bene l'**Incontro** e scegliere la risposta giusta.

1. Il Liceo Classico Massimo d'Azeglio si trova a...
   a. Milano. b. Torino. c. Teramo.

2. I ragazzi stanno leggendo... di Dante.
   a. l'*Inferno* b. il *Purgatorio* c. il *Paradiso*

3. I ragazzi parlano...
   a. dell'esame di Stato. b. di cosa vogliono diventare. c. dei loro genitori.

4. Quando Angelo parla di presentatori alla TV, fa il nome di...
   a. Zucchero. b. Fiorucci. c. Fiorello.

5. Gabriella vuole diventare...
   a. dentista. b. ingegnere. c. casalinga.

6. Sandra vorrebbe fare un mestiere...
   a. creativo. b. industriale. c. difficile.

7. Gabriella è...
   a. simpatica. b. secchiona. c. semplice.

8.5 Che tipo sei? Leggere le seguenti affermazioni e trovare quelle adatte a te. Poi leggerle ai compagni, che ti suggeriranno una professione o un mestiere appropriato.

- Amo la natura: vorrei poter lavorare sempre all'aria aperta. Chiuso/a in un ufficio, sicuramente morirei.
- Amo l'ordine, la matematica, le regole, la logica. Non sopporto le cose né le persone illogiche.
- Nella mia professione mi piacerebbe poter aiutare la gente: i bambini, gli anziani, i poveri. Non dobbiamo pensare solo a noi stessi.
- Per me è molto importante fare un'attività creativa: dipingere, disegnare, fare fotografie, scrivere, cioè usare sempre la fantasia.
- Non c'è dubbio: voglio essere un uomo/una donna di successo. Quello che mi interessa di più è guadagnare bene.
- Mi piace leggere, studiare, imparare. Peccato che alla fine dell'università dobbiamo lavorare. Preferirei poter stare sempre all'università.

8.6 Gabriella e Angelo... dieci anni dopo. Rileggere l'**Incontro** e poi usare la fantasia per immaginare quello che succede nei dieci anni successivi a Gabriella, la "secchiona", e ad Angelo, che vorrebbe fare il presentatore televisivo. Com'è andato poi l'esame di Stato? Hanno fatto l'università? Quali lavori hanno trovato? Hanno realizzato i loro progetti?

Esempio: **Gabriella ha superato l'esame di Stato con il voto di 100. Poi si è iscritta al Politecnico di Torino, dove... Il povero Angelo invece ha preso 60,...**

Lo sapevi che... ?

Per molti posti di lavoro, bisogna superare un esame pubblico chiamato "**concorso**" (*selection by test*). Chi vuole lavorare per **un ente pubblico** (l'università, la scuola, le poste, l'ospedale, il tribunale [*courthouse*], gli uffici del Comune, della Provincia o della Regione o per un Ministero) legge attentamente la *Gazzetta Ufficiale*, dove pubblicano **il bando di concorso** (*announcement*) che contiene le informazioni necessarie. Anche se ci sono pochi posti disponibili, si presentano migliaia di candidati.

In altre parole

'sto	this, this darn (slang)
prendere in giro qualcuno	to tease someone
lavorare sodo	to work hard
a dire il vero	to tell the truth
che forte!	cool!
ricco sfondato	filthy rich

8.7 Abbinamenti. Trovare nella colonna a destra la risposta corretta a ogni domanda o affermazione.

_C_ 1. Leggi qualcosa di interessante?
_F_ 2. Vorrei essere come Bill Gates.
_E_ 3. Vuoi giocare con il mio nuovo videogioco?
_A_ 4. È possibile? O mi stai prendendo in giro?
_B_ 5. Quando dai l'esame di latino?
_D_ 6. Vuoi vedere il nuovo film di Giordana? A me piacerebbe vederlo.

a. È assolutamente vero quello che dico.
b. A luglio. Per questo devo lavorare sodo.
c. No! Che barba 'sto libro.
d. A dire il vero, non mi piace andare al cinema.
e. Che forte! Adoro "Battaglia mortale"!
f. Cioè, vuoi lavorare con i computer, o vuoi essere ricco sfondato?

8.8 Non mi dire! Reagire alle seguenti affermazioni usando un'espressione da **In altre parole**.

1. — Ho due biglietti per il concerto di Anastacia e ho prenotato la cena in quel ristorante che ti piace. Che ne dici?
   — _Che forte_!

2. — Non so se conosci la famiglia Agnelli, ma sono i proprietari della Fiat e abitano a Torino.
   — Come no! _ricchi sfondati_!

3. — Sandra, sei in ufficio giorno e notte! Non possiamo mai uscire per andare al cinema!
   — Devo _lavorare sodo_! Ho un progetto molto importante che voglio finire.

4. — Ho una bella notizia (news)! Hai vinto un milione di dollari!
   — __Davvero__! ricco sfondato
5. — Hai finito di studiare? Possiamo uscire ora?
   — __a dire il vero__, ho appena cominciato.

8.9 Mini-conversazioni. Completare le seguenti mini-conversazioni usando l'espressione idiomatica giusta.

| fare una pausa | fare colazione | fare la casalinga |
| fare un giro | fare freddo | fare il liceo |

1. — Com'è andata la vostra vacanza in montagna?
   — Non me ne parlare! Il tempo era un disastro: ha sempre piovuto e _____!
2. — _____ è molto duro.
   — Hai ragione. Tutti i giorni bisogna cucinare, pulire, mettere in ordine. Non si finisce mai!
3. — Quando _____, mi piaceva studiare il latino.
   — Davvero? Io l'ho sempre detestato!
4. — Abbiamo lavorato sodo per tutta la mattina.
   — Sì, è proprio ora di _____. Andiamo a prenderci un caffè.
5. — Perché siete in ritardo?
   — Ci siamo alzati tardi e poi ci siamo fermati in un bar a _____.
6. — Devo comprare un regalo per Alessandra. Hai qualche idea?
   — Perché non _____ in centro a guardare le vetrine?

A.3 ▶ Punti grammaticali

Espressioni impersonali

— **È difficile** diventare professore? — *Is it difficult to become a professor?*
— Sì, **bisogna** studiare molto! — *Yes, it's necessary to study a lot!*
— **È possibile** superare l'esame senza studiare? — *Is it possible to pass the exam without studying?*
— No, **è indispensabile** studiare ed **è importante** fare i compiti. — *No, studying is indispensable and it's important to do homework.*

1. Impersonal expressions (**espressioni impersonali**) consist of a verb + a noun, adjective, or adverb, and have no personal subject. They are expressed in the third-person singular and are often followed by an infinitive. The auxiliary **essere** is used with impersonal expressions.

   È facile trovare la strada? *Is it easy to find the street?*
   Basta guardare bene la cartina. *It's enough to look carefully at the map.*

2. Some of the most common impersonal expressions are:

è bene	it's good	è facile	it's easy
è male	it's bad	è difficile	it's difficult
è meglio	it's better	è opportuno	it's appropriate
è importante	it's important	è interessante	it's interesting
è (im)possibile	it's (im)possible	basta	it's enough
è (im)probabile	it's (im)probable	bisogna	it's necessary
è incredibile	it's incredible	sembra	it seems
è necessario	it's necessary	pare	it seems
è indispensabile	it's indispensable		

> **Lo sapevi che...?**
>
> Per molti giovani italiani, è difficile trovare un lavoro. Non c'è l'abitudine (*habit*) di lavorare part-time mentre si studia e spesso dopo la laurea o anche un Master, non si trova un **posto fisso.** Per questo, si dice che in Italia ci sono molti **precari,** cioè persone che lavorano per un periodo più o meno lungo, ma senza la sicurezza di un posto fisso, a tempo indeterminato e senza i contributi per la pensione.

ATTIVITÀ

8.10 Nel mondo del lavoro. Collegare (*Link*) le espressioni della prima colonna con quelle della seconda colonna per formare una frase di senso compiuto.

B 1. Per lavorare in televisione,
G 2. Se vuoi fare carriera,
F 3. Se vuoi diventare infermiera,
H 4. Per sentirsi realizzati,
C 5. Quando hai un appuntamento,
E 6. Se vuoi diventare ingegnere,
D 7. Quando la fabbrica chiude,
A 8. Quando non hai esperienza,

a. è molto difficile trovare lavoro.
b. bisogna avere molta fortuna.
c. non è bene arrivare in ritardo.
d. bisogna licenziare (*to fire*) gli operai.
e. è meglio studiare la matematica.
f. non è importante guadagnare molto.
g. è indispensabile lavorare sodo.
h. non occorre andare all'università.

8.11 Le cose importanti per tutti. Alcuni ragazzi parlano dei loro studi e indicano delle cose importanti da fare. Riscrivere le loro frasi secondo il modello.

Esempio: Lavoriamo sodo. (È importante)
È importante lavorare sodo.

1. Decidiamo da dove cominciare. (È necessario)
2. Ricordiamo tutti i concetti più importanti. (Non è facile)
3. Vado in biblioteca. (È bene)
4. Troviamo un posto tranquillo per studiare. (È meglio)
5. Studiamo cinque minuti. (Non basta)
6. Hai gli appunti delle lezioni del semestre? (È indispensabile)
7. Sei puntuale alle lezioni. (È importante)
8. Rileggo l'ultimo capitolo. (È opportuno)
9. Studiamo sempre insieme. (È interessante)
10. Finiamo i primi dieci canti del *Paradiso*. (Bisogna)

8.12 Cosa ne pensate voi? Esprimere le vostre opinioni, completando le seguenti frasi in maniera logica.

1. Per fare il giornalista, è necessario...
2. Per diventare un medico, è importante...
3. Per sentirsi realizzati, è indispensabile...
4. Quando lavori in fabbrica, non è necessario...
5. Quando lavori in ufficio, è necessario...
6. Quando sai parlare una lingua straniera, è facile...
7. Per trovare un buon lavoro, bisogna...
8. Se vuoi fare carriera, è meglio...

Il congiuntivo presente dei verbi regolari

Prendi un taxi perché è tardi.

Take a cab because it's late.

È necessario che tu **prenda** un taxi perché è tardi.

It's necessary that you take a cab because it's late.

Salvatore **guadagna** molto.

Salvatore earns a lot.

Non credo che Salvatore **guadagni** molto.

I don't believe Salvatore earns very much.

Capisci bene l'italiano.
You understand Italian well.

Penso che tu **capisca** bene l'italiano.
I think you understand Italian well.

I bambini **dormono** di notte.

The babies sleep at night.

Sono contenta che i bambini **dormano** di notte.

I'm glad the babies sleep at night.

1. Verbs in the indicative mood generally express statements of fact or certainties. The subjunctive (**il congiuntivo**) is another mood, used to express necessity, uncertainty, doubt, desire, and emotion. The subjunctive is less commonly used in English; an example is: *I wish it were true.*

2. The subjunctive is used primarily in dependent clauses introduced by **che.** The verb or verbal expression in the independent clause determines whether the indicative or the subjunctive is used in the dependent clause.

    Some verbs and expressions that call for the subjunctive are:

avere bisogno	*to need*	**preferire**	*to prefer*
pensare	*to think*	**sperare**	*to hope*
dubitare	*to doubt*	**essere contento**	*to be happy*
(non) credere	*to (not) believe*	**temere, avere paura**	*to be afraid*
desiderare	*to desire*	**essere triste**	*to be sad*
volere	*to want*	**dispiacere**	*to be sorry*

Impersonal expressions, like those in the previous section (**è necessario, è importante, è bene, sembra,** etc.), require the subjunctive when followed by **che** and a personal subject.

UNITÀ 8 *Lavorare: Lavoriamo insieme!*

3. To form the present subjunctive of regular verbs, drop the infinitive suffix and add the following endings.

	parlare	prendere	partire	finire
io	parli	prenda	parta	finisca
tu	parli	prenda	parta	finisca
lui/lei/Lei	parli	prenda	parta	finisca
noi	parliamo	prendiamo	partiamo	finiamo
voi	parliate	prendiate	partiate	finiate
loro	parlino	prendano	partano	finiscano

The **noi** form in the present subjunctive is identical to the **noi** form in the present indicative.

4. Verbs ending in **-care** or **-gare** (such as **dimenticare, giocare, pagare**) require an **h** between the stem and endings to represent the hard **c** or **g** sound.

Non è necessario che voi **paghiate**, offro io!   *It's not necessary that you pay, it's my treat!*
È naturale che i bambini **giochino**.   *It's natural that the children play.*

Verbs ending in **-iare, -ciare**, or **-giare** (such as **studiare, lasciare, mangiare**) do not double the **i**.

È importante che io **studi** stasera.   *It is important that I study tonight.*
Sembra che Luisa **mangi** con Pino.   *It seems that Luisa is eating with Pino.*

5. Because the first-, second-, and third-person singular forms are identical, it is often necessary to specify the subject to avoid confusion.

Sembra che **Margherita** non **conosca** Michele.
Sembra che **tu** non **conosca** Michele.

6. The subjunctive is used when the subject of the dependent clause differs from that of the independent clause. If the subject is the same, the infinitive is used. The infinitive is sometimes preceded by the preposition **di.** Compare:

Change in subject	**Same subject**
Spero che tu vinca la partita.	Spero di vincere la partita.
I hope you win the game.	*I hope I win the game.*
Voglio che Roberto mangi.	Voglio mangiare.
I want Roberto to eat.	*I want to eat.*
È importante che loro studino.	È importante studiare.
It's important that they study.	*It's important to study.*

ATTIVITÀ

8.13 Cosa vogliono i genitori? Alcuni amici che hanno superato l'esame di Stato stanno parlando del loro futuro. Completare le frasi con la forma corretta del congiuntivo presente del verbo indicato tra parentesi.

— Mio padre vuole che io (iscriversi) alla Facoltà di Giurisprudenza e che (diventare) avvocato come lui. Mia madre è più comprensiva; per lei è più importante che io (seguire) una carriera che mi piace. Preferisce che io (prendere) tempo per pensarci bene.

— I miei invece sono tremendi. Desiderano che io (seguire) dei corsi di ingegneria. Non vogliono che io (finire) come mio fratello maggiore, che ha studiato al Conservatorio di Musica e adesso è senza lavoro.

— Ragazzi, ma voi siete fortunati! Mio padre insiste che io (trovare) un lavoro e che (aiutare) a pagare le spese di casa!

8.14 Secondo me. Trasformare le seguenti frasi secondo il modello.

Esempio: **Mauro non parla inglese. *Credo che* Mauro non <u>parli</u> inglese.**

1. Suo cugino lavora in fabbrica. Mi sembra che...
2. Giulia e Cristina finiscono gli studi. È ora che...
3. Io cammino di più. Bisogna che...
4. Voi partite subito. Non è necessario che...
5. Luigi mi prende in giro. Non voglio che...
6. I signori Colarusso preferiscono viaggiare in autobus. È strano che...
7. Voi parlate una lingua straniera. Bisogna che...
8. Io seguo il professore nel suo ufficio. È necessario che...
9. Noi apriamo la finestra. Bisogna che...
10. I miei fratelli diventano bravi professionisti. Noi speriamo che...

8.15 Che secchione/a! Sei una persona molto seria e studiosa e hai sempre consigli per tutti. Formulare dei consigli per gli amici in base ai suggerimenti. Utilizzare espressioni impersonali come **bisogna che... , è importante / necessario / opportuno che...**

Esempio: Luigi partecipa poco alle lezioni.
È importante che Luigi partecipi di più.

1. Gli studenti rispondono male alle domande del professore.
2. Alberto non legge abbastanza.
3. Andrea studia poco.
4. Voi non capite quello che dice il professore.
5. Loro non prendono gli appunti in classe.
6. Marco dorme durante la lezione.
7. Nino prende voti bassi perché non studia.
8. Voi scrivete le risposte sbagliate.

8.16 Le colonne. Formare delle frasi logiche utilizzando un'espressione della prima colonna, un soggetto della seconda colonna e un'espressione della terza.

Papà non vuole che	io	partire un po' presto
Speriamo che	Renata	pagare con la carta di credito
Mi sembra che	i professori	diventare medico
È possibile che	tu	guadagnare molto
Siamo contenti che	Roberto	realizzarsi
Bisogna che	tu e tua sorella	lavorare sodo
È meglio che	gli amici	decidere una futura professione
		superare l'esame di Stato
		leggere quegli articoli

8.17 Studiare o lavorare? Un vostro amico vuole lasciare l'università per il mondo del lavoro. Date dei consigli su cosa fare.

Esempio: — Ho deciso di lasciare l'università. Non mi piacciono le lezioni e non prendo buoni voti. Non ho una lira, devo guadagnare. Non ne posso più!
— Ma cosa dici? È importante che tu finisca l'università. Bisogna che tu segua le lezioni e che studi. È difficile che ti offrano un bel lavoro se non hai un titolo.

Lo sapevi che...?

Torino, il capoluogo del Piemonte, è stata una città importante durante il **Risorgimento,** il periodo storico dell'Unificazione d'Italia (1815–1871). Nel 1861 i Savoia, sovrani del Piemonte, diventano Re d'Italia e Torino diventa la prima capitale dell'**Italia unita.** In seguito la capitale si trasferisce per breve tempo a Firenze e poi nel 1871 definitivamente a Roma. Oggi Torino è conosciuta soprattutto come città industriale, sede dell'**industria automobilistica,** la Fiat.

Palazzo Carignano, sede del primo Parlamento italiano (1861–1865)

B I MEZZI DI TRASPORTO

B.1 ▶ Si dice così

Che traffico!

il mezzo di trasporto	means of transportation	prendere la patente	to get a driver's license
la patente	driver's license	spostarsi, muoversi	to get around (a city)
la multa	ticket, fine	salire su	to get on
il traghetto	ferry	scendere da	to get off
la nave	ship	parcheggiare	to park
l'autista	driver	dare un passaggio a qualcuno	to give someone a lift
il tassista	taxi driver		
l'abbonamento mensile / annuale	monthly / annual pass	accompagnare qualcuno	to accompany someone
guidare	to drive		

ATTIVITÀ

 8.18 Definizioni. Trovare nella colonna a destra la definizione per ogni parola a sinistra.

1. la fermata
2. l'autobus
3. la patente
4. l'autista
5. parcheggiare
6. l'ambulanza
7. il motorino
8. l'abbonamento

a. il permesso di guidare
b. lasciare l'automobile in un determinato posto
c. una motocicletta, popolare fra i giovani
d. il mezzo che porta i pazienti all'ospedale
e. il posto dove le persone aspettano l'autobus
f. tessera che permette di salire e scendere dal mezzo per un periodo di tempo
g. la persona che guida
h. un mezzo che le persone prendono per spostarsi in città

Lo sapevi che...?

L'industria delle automobili è molto importante in Italia. Due case automobilistiche italiane prendono i loro nomi da una sigla: la **Fiat** (Fabbrica Italiana Automobili Torino) e l'**Alfa Romeo** (Associazione Lombarda di Fabbricazione di Automobili). La **Ferrari**, la **Lamborghini** e la **Maserati**, tutte prodotte in Emilia-Romagna, sono famosissime macchine sportive di lusso. Invece, per chi preferisce girare su due ruote, ci sono parecchi produttori di moto e motorini: **Moto Guzzi, Aprilia, Piaggio, Cagiva, Gilera** e **Ducati** sono alcuni dei più conosciuti.

8.19 Quale mezzo? Devi andare in Italia per motivi di lavoro. Decidere quale mezzo di trasporto useresti per fare i seguenti viaggi.

- per andare da New York a Milano
- per andare da Milano a Modena
- per andare dalla stazione del treno all'albergo (mezzo chilometro)
- per andare dall'albergo alla fabbrica della Lamborghini, un po' fuori città
- per andare poi a Venezia
- per girare Venezia

8.20 Quali mezzi preferisci? Fare le seguenti domande ad un altro studente/un'altra studentessa.

1. Hai la macchina? Che modello? L'hai comprata nuova o usata?
2. Hai mai preso una multa? Perché? Quanto hai dovuto pagare?
3. Prendi mai l'autobus? Per andare dove? Devi aspettare molto l'arrivo del tuo autobus?
4. Hai mai fatto un viaggio in treno? Dove sei andato/a? Ti è piaciuto?
5. Prendi mai il taxi? Per andare dove? Costa molto?
6. Ti piace viaggiare in nave? in aereo?

8.21 Nella vostra città. Discutere i mezzi di trasporto più usati nella vostra zona. Come si muove la gente nella vostra città? Usa l'auto o i mezzi pubblici? Quali? C'è la metropolitana? Quante persone si spostano in bicicletta? È difficile trovare parcheggio? C'è molto traffico? Presentare alla classe i risultati della vostra indagine.

> **Lo sapevi che...?**
>
> Molti Italiani si spostano in città col motorino o con la moto per evitare le code e il traffico. Il clima mite (*mild*) dell'Italia permette l'utilizzo di questo mezzo tutto l'anno. La **Vespa** è il più famoso **motorino** italiano ed il suo nome è ormai sinonimo di tutta la categoria. Lo sciame (*swarm*) di motorini e moto che si mettono davanti alle macchine al semaforo rosso (*red light*) dà l'impressione di un traffico caotico, ma è la norma nelle grandi città.

B.2 ▶ Incontro

In cerca di un passaggio. *Donatella e Valentina sono sorelle. Donatella vuole andare in centro ma non sa come arrivarci e così cerca un passaggio.*

DONATELLA:	Vale, mi puoi accompagnare in centro? Oggi vorrei andare a Torino a fare due passi e guardare un po' le vetrine.
VALENTINA:	Purtroppo, pare che io non possa darti un passaggio. Sai che ho appena preso la patente e papà teme che io non guidi ancora abbastanza bene. Ma vengo volentieri con te. Telefoniamo a Giulia: credo che lei vada in centro oggi.
DONATELLA:	Stiamo fresche! Ieri ho litigato° con lei. Sarà difficile° che mi dia un passaggio...
VALENTINA:	Che peccato! Allora, perché non prendiamo un taxi?
DONATELLA:	Sì, il taxi!!! Sei sempre la solita! È importante che io faccia attenzione ai soldi. Non te ne rendi conto?
VALENTINA:	Ho trovato!° Basta chiamare quel ragazzo... come si chiama? Vincenzo, il tuo ammiratore segreto! È probabile che abbia già la patente ed è un tipo carino°. Sono sicura che ha una cotta per te... magari lui ci accompagna. Che ne dici?
DONATELLA:	Sarà carino, ma io non lo sopporto proprio!... Dai, è probabile che ci sia un autobus tra poco. Andiamo!
VALENTINA:	Di Vincenzo, non ne vuoi proprio sapere, eh?

I argued / It's unlikely

I've got it!

he's a nice guy

ATTIVITÀ

8.22 Ascoltiamo! Perché? Ascoltare l'**Incontro** e scegliere la risposta giusta.

1. Chi sta parlando?
   a. due amiche
   b. due sorelle

2. Dove vogliono andare?
   a. a fare una gita
   b. in centro a vedere le vetrine

3. Perché non possono telefonare a Giulia?
   a. Perché Donatella ha litigato con lei.
   b. Perché Giulia non ha la patente.

4. Perché non possono prendere un taxi?
   a. Perché devono fare attenzione ai soldi.
   b. Perché fa fresco e piove.

5. Perché Valentina suggerisce di chiamare Vincenzo?
   a. Perché è simpatico e disponibile.
   b. Perché ha una cotta per Donatella e probabilmente ha già la patente.

6. Perché Donatella non ne vuole sapere di Vincenzo?
   a. Perché preferisce prendere l'autobus.
   b. Perché non lo sopporta proprio.

8.23 L'ammiratore segreto. Donatella decide di telefonare a Vincenzo. Creare la conversazione telefonica tra Donatella e Vincenzo.

Esempio:
— **Pronto, chi parla?**
— **Pronto, Vincenzo?**
— **Sì, sono io.**
— **Vincenzo, non so se ti ricordi di me. Sono Donatella, la ragazza del corso di... Senti, Vincenzo...**

Lo sapevi che...?

La rete delle autostrade italiane si estende dalle Alpi fino alla Sicilia. Per entrare in autostrada si ritira un biglietto e all'uscita si paga con i contanti, la carta di credito, la **Viacard** (una tessera speciale che si compra prima del viaggio), o il **Telepass,** che permette di passare il casello (*toll booth*) senza fermarsi. In Italia le autostrade sono molto care; però a sud di Napoli e in Sicilia sono gratis. Esiste un **limite di velocità** sulle autostrade italiane (al massimo 130 chilometri l'ora), ma purtroppo non è sempre osservato dagli automobilisti.

Un cartello stradale. Quale autostrada dobbiamo prendere?

In altre parole

star fresco/a	to be in trouble
avere una cotta per	to have a crush on
sei sempre il solito/la solita	you'll never change
non lo/la sopporto proprio	I really can't stand him/her/it

8.24 Cioè... Trovare l'espressione di **In altre parole** che corrisponde ad ogni frase.

1. Sono un po' innamorato di quella persona, cioè...
2. Abbiamo un grosso problema, cioè...
3. Tu non cambierai mai, cioè...
4. Non mi piace per niente quel tipo. Lo odio! Cioè...

8.25 Mi dai un passaggio? Creare una conversazione secondo i seguenti suggerimenti.

S1: Vorresti andare in centro ma non hai ancora la patente e non ti piace prendere l'autobus. Chiedi a tuo fratello/a tua sorella maggiore un passaggio. Lui/Lei non vuole, ma tu insisti.

S2: Tuo fratello/Tua sorella minore vuole un passaggio per andare in centro. Tu non hai voglia di accompagnarlo/la e cerchi tutte le scuse possibili per non uscire (la macchina non parte, aspetti una telefonata, ecc.). Alla fine accetti, ma ad una condizione: che...

B.3 ▶ Punti grammaticali

Il congiuntivo presente dei verbi irregolari

Ho paura che loro **siano** in ritardo.	I'm afraid they're late.
Mi dispiace che voi non **possiate** venire.	I'm sorry that you can't come.
Dubito che lei mi **dia** un passaggio.	I doubt that she will give me a lift.
È importante che tu **vada** dal medico.	It's important that you go to the doctor.
Vuoi che io **venga** con te?	Do you want me to come with you?

1. The following verbs have irregular present subjunctive forms.

andare:	vada, vada, vada, andiamo, andiate, vadano
avere:	abbia, abbia, abbia, abbiamo, abbiate, abbiano
bere:	beva, beva, beva, beviamo, beviate, bevano
dare:	dia, dia, dia, diamo, diate, diano
dire:	dica, dica, dica, diciamo, diciate, dicano
dovere:	debba, debba, debba, dobbiamo, dobbiate, debbano
essere:	sia, sia, sia, siamo, siate, siano
fare:	faccia, faccia, faccia, facciamo, facciate, facciano

piacere:	piaccia, piacciano
potere:	possa, possa, possa, possiamo, possiate, possano
rimanere:	rimanga, rimanga, rimanga, rimaniamo, rimaniate, rimangano
sapere:	sappia, sappia, sappia, sappiamo, sappiate, sappiano
stare:	stia, stia, stia, stiamo, stiate, stiano
uscire:	esca, esca, esca, usciamo, usciate, escano
venire:	venga, venga, venga, veniamo, veniate, vengano
volere:	voglia, voglia, voglia, vogliamo, vogliate, vogliano

2. Remember that the **noi** form of the present subjunctive is identical to the **noi** form of the present indicative. For many irregular verbs, the **noi** form is a key to predicting the subjunctive stem (**abbiamo–abbia, possiamo–possa, facciamo–faccia, diamo–dia, sappiamo–sappia,** etc.). Note that the **loro** form is similar to the singular persons, but ends in **-no.**

ATTIVITÀ

8.26 I mezzi di trasporto. Completare le frasi con il congiuntivo presente del verbo dato.

1. Prima di salire sull'autobus, bisogna che tu (avere) il biglietto.
2. Non credi che la metropolitana (essere) più veloce?
3. Pensi che Claudia e Patrizia (andare) ai giardini in bicicletta?
4. Sembra che voi non (dovere) prendere l'aereo.
5. È meglio che tu non (bere) prima di guidare.
6. Mi dispiace che tu (dovere) viaggiare per molte ore in treno.
7. Sembra che Rossana e Patrizia non (sapere) cosa fare.
8. Vogliono che io (venire) con loro alla festa.
9. Giorgio non crede che a noi (piacere) camminare molto.
10. Cosa credi che lui (volere) da noi—un passaggio?

8.27 Programmi per il fine settimana. Gianluca pensa a quello che vuole fare questo fine settimana. Completare il brano con il congiuntivo presente di un verbo della lista; usare ogni verbo solo una volta.

1 esserci   6 piacere
2 decidere   7 chiamare
3 potere   8 fare
4 avere   9 rimanere
5 partire

Bisogna che io ___2___ cosa fare questo fine settimana. Mi sembra che ___1___ molto caldo, quindi non è il caso che io ___9___ chiuso in casa da solo. È meglio che io ___7___ subito Luisa e Francesco per sapere se sono liberi. Speriamo che loro non ___4___ già altri programmi. Penso che a Luisa ___6___ molto nuotare, così è probabile che noi ___8___ per il mare. È possibile che io ___3___ usare l'automobile di mio fratello, così non dovremo prendere il treno. Sembra che ___5___ uno sciopero (*strike*) dei treni e chissà quando finirà!

8.28 Ci raccomandiamo! Prima di lasciare i loro due bambini con la nuova baby-sitter, i signori Paolini hanno fatto mille raccomandazioni alla povera ragazza. Immaginare quello che le hanno detto.

Esempi: **Non vogliamo che tu (invitare amici, fare telefonate, addormentarsi, ecc.)**
È essenziale che i bambini (andare a letto alle otto, fare i compiti, non guardare la televisione, ecc.)
È possibile che noi (tornare presto, ecc.)

8.29 Quel che voglio io... Dire che cosa vuoi che facciano le seguenti persone, secondo il modello.

Esempio: il professore d'italiano
Voglio che oggi il professore d'italiano non ci dia compiti.

- il mio migliore amico/la mia migliore amica
- mia madre
- i miei genitori
- il sindaco (*mayor*) della mia città

Lo sapevi che...?

In Italia, c'è la **patente a punti**: per ogni infrazione, come viaggiare senza cinture di sicurezza o superare il limite di velocità, vengono tolti un certo numero di punti dalla patente. Quando tutti i **venti punti** sono esauriti, la patente viene sospesa (*suspended*)!

Per poter guidare una macchina in Italia, bisogna avere diciotto anni, mentre per guidare un motorino basta avere quattordici anni. In ogni caso, per tutti vale il famoso proverbio italiano, **Chi va piano, va sano e lontano!**

Una vigilessa che dirige il traffico

8.30 Problemi e soluzioni. Elencare i problemi legati al trasporto pubblico della vostra città o zona geografica, come l'insufficienza dei parcheggi, le strade in cattive condizioni, il rumore, l'inquinamento (*pollution*), il costo del biglietto. Poi proporre alla classe le vostre soluzioni ai problemi.

Esempio: **Noi crediamo che l'Azienda dei Trasporti della città debba...**
È necessario che la gente sia più...
Bisogna che tutti provino a...

C L'INDUSTRIA

C.1 ▶ Si dice così

la ditta, l'azienda, l'impresa	company, business	la borsa	stock market
l'impiegato	employee	la crisi	crisis
il libero professionista	self-employed person	la disoccupazione	unemployment
il segretario/la segretaria	secretary	il disoccupato	unemployed person
il/la dirigente	executive	lo sciopero	strike
il/la collega	colleague	fare sciopero	to strike
il capo (*inv.*)	boss	migliorare	to improve
l'imprenditore (*m.*)/l'imprenditrice (*f.*)	entrepreneur	peggiorare	to worsen
il sindacato	union	evitare	to avoid
lo stipendio	salary		

ATTIVITÀ

8.31 Il mondo del lavoro. Completare le seguenti frasi.

1. Il direttore o la persona che comanda è... *il capo*
2. I soldi che una persona guadagna sono... *gli stipendi*
3. Quando i lavoratori protestano e non lavorano, fanno... *sciopero*
4. Quelli che lavorano per una grande ditta sono gli... *impiegato*
5. Quando una persona rimane senza lavoro, è... *il disoccupato*
6. Il contrario di migliorare è... *peggiorare*
7. Un'organizzazione che protegge (*protects*) i diritti degli operai è... *il sindacato*
8. Chi apre la propria attività è... *l'imprenditore*

8.32 Mini-conversazioni. Completare le seguenti mini-conversazioni con un vocabolo opportuno.

1. — Domani la Fiat resterà chiusa.
   — Perché? Gli operai _____?
2. — Oggi è il tuo primo giorno di lavoro. Ti presento agli altri _____?
   — Sì, grazie, mi farebbe molto piacere conoscerli.
3. — La nuova crisi sta creando tanti problemi.
   — Lo so. La _____ è molto alta; ci sono tante persone senza lavoro.
4. — Cosa fa tua cugina Silvia?
   — Fino a poco tempo fa era _____ di un avvocato, ma non le piaceva l'orario. Così ha deciso di lavorare per se stessa; è _____.
5. — È in ripresa (*recovering*) l'euro?
   — Non lo so. La _____ di Milano non ha ancora chiuso.

Lo sapevi che...?

In Italia esiste "**la tredicesima**", cioè un altro stipendio mensile, che è una specie di bonus, oltre ai dodici stipendi per ogni mese dell'anno. Normalmente, "la tredicesima" è data poco prima di Natale. In certi settori, come per esempio in quello bancario, gli impiegati ricevono addirittura una "quattordicesima" in estate.

8.33 Dirigenti e sindacati. Nel mondo dell'industria, cosa vogliono i dirigenti delle aziende e cosa vogliono i sindacati? Fare una lista degli obiettivi delle due parti. Poi presentarla alla classe.

Esempio: — I dirigenti vogliono che la produzione aumenti.
— I sindacati vogliono che le condizioni degli operai migliorino.

Suggerimenti:

I sindacati: ricevere la tredicesima, non fare sciopero, avere stipendi alti
I dirigenti: guadagnare molti soldi per la ditta, tenere basso il costo della produzione, migliorare la produzione

C.2 ▶ Incontro

Scioperi, settimana di fuoco. Giorgio Bertonetti è un dirigente sindacale (labor union leader). Manda il seguente articolo con una nota ad un collega, Enrico Rossi, anche lui dirigente sindacale.

A: Enrico <enrico.rossi@tiscali.it>
Da: Giorgio <gbertonetti@tin.it>
Data invio: 24-05-10
Oggetto: nuovi scioperi

Ciao Enrico,

Secondo me, il rapporto tra lo Stato ed i nostri sindacati sono peggiorati. Addirittura non hanno accettato nessuna delle nostre proposte. Benché tu abbia fatto molto nel lavoro di trattative°, purtroppo, l'esito° non è stato positivo. Sembra ora che lo sciopero generale sia l'unica soluzione. A proposito, in allegato troverai l'articolo che è apparso stamattina sul giornale affinché la gente possa organizzarsi di conseguenza.

Stammi bene e a presto. —— Giorgio

negotiations
outcome

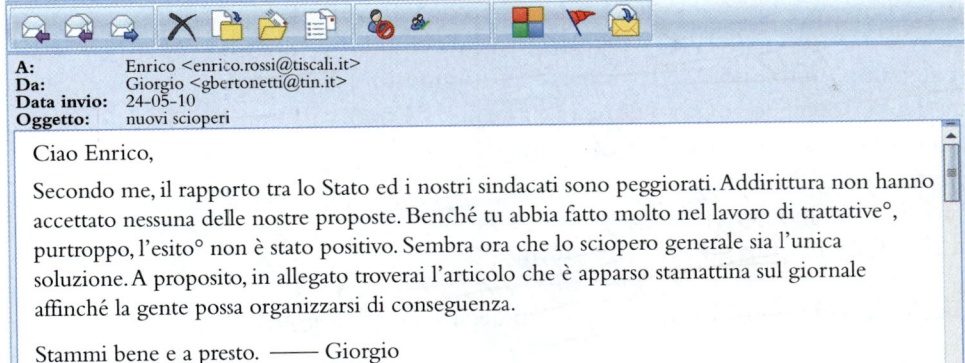

Differito dal 12 al 16 lo stop dei controllori di volo. I bar minacciano la serrata

Scioperi, settimana di fuoco

ROMA — Lo sciopero degli uomini radar, in programma per martedì, slitta di 4 giorni: voli regolari, dunque, il 12 dicembre. Ma sul fronte degli scioperi sarà ancora una settimana calda, anche per i trasporti, in attesa della tregua natalizia, il 17.

L'ondata di protesta, a meno di ripensamenti, riguarderà i giornali, gli uffici postali, i lavoratori Fiat, i dipendenti dei monopoli di Stato, di nuovo la scuola, i benzinai, le navi traghetto, le ferrovie e i casellanti autostradali nel tratto di Bologna.

Il sindacato autonomo Fisast conferma la protesta del personale ferroviario e marittimo Fs per oggi e domani, a partire dalle 24 di oggi per 24 ore. Il fine settimana successivo toccherà ancora ai treni, questa volta il blocco di 24 ore è proclamato dalle sigle autonome dell'Orsa, senza la garanzia dei servizi minimi (perché si tratta di un giorno festivo). Lunedì 11, nuovo sciopero dei giornalisti, a sostegno della vertenza per il rinnovo del contratto.

A proposito dei benzinai, si tratta per scongiurare l'agitazione ma, con un effetto domino, potrebbero chiudere i bar. Il governo vuole permettere ai titolari delle stazioni di servizio di aprire anche un bar: ci sarebbero così 5 mila nuovi esercizi, addirittura 25 mila secondo le stime di Edi Sommariva (Fipe-Confcommercio) che ora minaccia lo «sciopero della tazzina».

slitta: shifts
tregua natalizia: Christmas truce
vertenza: labor dispute
rinnovo: renewal

ATTIVITÀ

8.34 Comprensione. Completare la frase scegliendo le informazioni giuste dalla nota, dall'articolo e dal calendario.

1. Secondo Giorgio, il rapporto tra lo Stato ed i sindacati sono (migliorati / peggiorati).
2. I voli degli aerei saranno (regolari / irregolari) il 12 dicembre.
3. Non sciopereranno (i professori / i lavoratori Fiat / i giocatori di calcio).
4. La protesta del personale ferroviario durerà (3 giorni / 24 ore).
5. I giornalisti scioperano per (il rinnovo del contratto / migliorare le condizioni del lavoro).
6. Gli operai della Fiat fanno sciopero (giovedì / venerdì).
7. I benzinai chiudono per (un giorno / tre giorni).

8.35 Il calendario degli scioperi. Guardando il calendario degli scioperi, rispondere alle seguenti domande.

1. Chi sciopera oggi?
2. Chi fa sciopero lunedì 11?
3. Quando scioperano i traghetti?
4. Chiude la fabbrica della Fiat per sciopero? Quando?
5. Quando sarà impossibile prendere un treno?

8.36 Troviamo la soluzione. Con un compagno/una compagna, siete i dirigenti di una grande azienda. I lavoratori non sono contenti delle condizioni di lavoro e mandano un loro rappresentante a parlare con i dirigenti. Lui/Lei presenta i problemi e "i dirigenti" le possibili soluzioni. Riuscite a risolvere i problemi in modo soddisfacente?

In altre parole

secondo te, Lei, lui, ecc.	in your, his, etc. opinion
addirittura	actually, really, nothing short of
a proposito	that reminds me, speaking of which
in allegato	in attachment, attached
di conseguenza	accordingly
stammi bene	take care! (literally, be well for me)

8.37 Sostituzioni. Sostituire ogni espressione in corsivo con un'espressione da **In altre parole**.

1. *Se volete la mia opinione*, l'economia è in ripresa.
2. Durante le ore di punta (*rush hour*), troviamo molto traffico in autostrada, *quindi* bisogna partire prima.
3. Che bella macchina! *Parlando di questo*, sai che ho preso la patente?
4. Le trattative sono andate bene, anzi benissimo: *incredibilmente*, il sindacato ha ottenuto un aumento di stipendio per tutti.
5. Quando fai la domanda per questo lavoro, devi inviare il tuo curriculum *insieme alla lettera*.

8.38 Mini-conversazioni. Completare le seguenti mini-conversazioni con un'espressione da **In altre parole.**

1. — Ciao, Mario! Fai buon viaggio!
   — Va bene, Davide, grazie! _____6_____!
2. — Ho letto il giornale stamattina e dice che la crisi sta finendo.
   — _____2_____, hai visto quell'articolo sulla disoccupazione?
3. — Hai sentito dello sciopero generale domani?
   — Sì, _____3_____ non ci saranno autobus né treni né taxi!
4. — Io penso che sia una buon'idea. Cosa ne pensa Luca?
   — _____1_____, è un'ottima idea!
5. — Pronto? Sì, siamo i colleghi di Milano. Vi informiamo che non possiamo inviarvi il rapporto oggi.
   — Grazie dell'informazione. Ci organizziamo _____5_____.

Lo sapevi che... ?

Il problema delle **morti bianche,** ovvero le morti sul posto di lavoro, è diventato una vera crisi degli ultimi tempi. L'Italia è il paese europeo con più vittime sul lavoro. Questo fenomeno è considerato un'emergenza per il Governo che deve assicurare le condizioni idonee ad ogni lavoratore in Italia. Perché come la Costituzione italiana ci ricorda nel suo primo Articolo, "L'Italia è una Repubblica democratica, fondata sul lavoro".

C.3 ▶ Punti grammaticali

L'uso del congiuntivo e le congiunzioni

Benché faccia molto freddo, Giorgio esce stasera.	*Even though it's very cold, Giorgio is going out tonight.*
Ti do un passaggio **di modo che** tu possa venire alla festa.	*I'll give you a lift so that you can come to the party.*
Noi non andiamo al cinema **a meno che non** venga anche tu.	*We're not going to the movies unless you come too.*

1. Thus far you have learned that the subjunctive is used after impersonal expressions

   È importante che Giulio **faccia** bene l'esame. — *It's important that Giulio does well on the exam.*

   or verbal expressions of necessity, uncertainty, doubt, desire, and emotion

   Penso che Stefano **abbia** un appuntamento oggi. — *I think Stefano has an appointment today.*

   when the subject of the dependent clause is different from that in the independent clause.

UNITÀ 8 Lavorare: Lavoriamo insieme!

2. The subjunctive also follows some conjunctions (**congiunzioni**).
   A conjunction joins two complete phrases. Some conjunctions that commonly take the subjunctive are:

affinché **perché** **di modo che**	} *so that*	**a condizione che** **purché** **a patto che**	} *provided that*	
sebbene **benché** **nonostante che** **malgrado**	} *although*	**a meno che non** **prima che** **senza che**	*unless* *before* *without*	

   (handwritten note: non goes right before the verb)

   Studio l'inglese **affinché** i miei colleghi
   americani mi capiscano.
   Ti accompagno alla stazione **sebbene**
   io non abbia voglia di uscire.
   Ti do una mano ora **a condizione
   che** tu mi faccia un favore.
   Prima che venga tardi, fate il compito.
   Voglio comprare quell'orologio **senza
   che** mia madre lo sappia.

   I am studying English so that my
   American colleagues can understand me.
   I'll accompany you to the station,
   although I don't want to go out.
   I'll give you a hand now provided that
   you do me a favor.
   Do your homework before it gets late.
   I want to buy that watch without my
   mother knowing it.

   If there is no change of subject, **prima** is followed by **di** + *infinitive* and **senza** is followed directly by the infinitive.

   Fa' il letto **prima di** uscire.
   L'ho detto **senza** pensare.

   Make your bed before going out.
   I said it without thinking.

3. The subjunctive is also used in a relative clause introduced by a superlative or a negative.

   È <u>il più bravo</u> atleta che io **conosca.**
   È <u>la migliore</u> auto che **ci sia** in Italia.
   <u>Non</u> conosco <u>nessuno</u> che **parli**
   quattro lingue.
   <u>Non</u> c'è <u>niente</u> che ti **possa** far piacere?

   He's the best athlete I know.
   It's the best car there is in Italy.
   I know no one who speaks four
   languages.
   Isn't there anything that would please you?

ATTIVITÀ

8.39 Congiunzioni. Completare le seguenti frasi scegliendo la congiunzione appropriata, come nel modello.

> *Esempio:* **Puoi fare carriera in questa ditta (purché / benché) tu abbia intenzione di lavorare sodo.**

1. (Perché / Benché) Clara abbia un ottimo lavoro, non si sente realizzata.
2. I lavoratori faranno sciopero (a condizione che / affinché) le condizioni di lavoro migliorino.
3. Ti accompagnerò a vedere quel film (sebbene / a patto che) non mi piaccia andare al cinema.

4. (Affinché / Senza che) gli studenti facciano bene gli esami è necessario studiare molto.
5. (Malgrado / Prima che) i lavoratori facciano sciopero, è meglio che i dirigenti e il sindacato trovino un accordo.
6. Si parla ancora di crisi (malgrado / purché) l'economia sia buona in questo momento.

8.40 Opinioni e pareri. Completare le frasi in maniera logica.

1. Ho deciso di studiare... affinché...
2. Qualche volta mi sento triste benché...
3. Aiuto i miei amici a patto che...
4. Mi piace guardare la televisione nonostante che...
5. Lascerò quel lavoro a meno che non...
6. Molte persone continuano a fumare benché...
7. Lavoro durante il fine settimana di modo che...
8. Studio italiano ogni sera affinché...

8.41 Creare la frase. Riunire le due parti della frase usando una congiunzione appropriata.

1. Usciamo stasera   piova.
2. Puoi lavorare in quest'ufficio   tu sappia una lingua straniera.
3. Non trovi un lavoro   ti laurei bene.
4. Lui lavora   guadagni tantissimi soldi.
5. Non andiamo al cinema   venga anche tu.
6. Lavoro giorno e notte   possiamo fare una bella vacanza.
7. Cerco un lavoro   sia molto difficile trovarne uno.
8. Lavoro dopo le lezioni   io sia molto stanca.

8.42 Cosa pensano i giovani di oggi? Un giornale italiano recentemente ha pubblicato un lungo articolo sui giovani e le loro opinioni. Leggere le citazioni prese dall'articolo ed esprimere le proprie opinioni su quello che dicono, usando espressioni come

- credo che la prima persona abbia ragione...
- penso che sia triste ma vero che...
- benché i giovani laureati..., ecc.

1. I miei mi hanno sempre detto di lavorare sodo, perché questo è l'unico modo per avere successo. Adesso vedo che è più importante chi conosci, non quello che sai.
2. Volevo sempre fare qualcosa per aiutare gli altri. Invece vedo che per la società successo vuol dire avere molti soldi.
3. Alcuni miei compagni, dopo tanti anni di studio, non trovano lavoro o non sanno cosa vogliono fare. Figuratevi, un mio amico che si è laureato in filosofia due anni fa adesso fa il cameriere nel ristorante di suo padre.
4. Che delusione quando ho finito l'università e ho scoperto che tutti quei corsi che ho seguito non mi hanno preparato per il mondo reale. Troppa teoria e poca pratica.

D IL COLLOQUIO DI LAVORO

D.1 ▶ Si dice così

il colloquio di lavoro	job interview	lo/la stagista	intern
l'attività	activity, business	le ferie	holidays
il campo	field	fare domanda	to apply for a job
il personale	personnel	di lavoro	
l'annuncio di lavoro	job announcement	riuscire a	to succeed in, to
la qualifica	qualification		manage to
il requisito	requirement	assumere	to hire
la formazione	training, education	impiegare	to employ
il curriculum	résumé	licenziare	to fire
lo stage	internship	fare carriera	to have a career

Lo sapevi che...?

È comune in Italia chiamare una persona con il suo **titolo**, senza neanche usare il cognome. Quindi, quando l'Ingegner Rossi vede l'Avvocato Bianchi per strada, lo saluta dicendo, "Buongiorno, Avvocato!" E Bianchi replica, dicendo, "Buongiorno, Ingegnere!"

ATTIVITÀ

8.43 O l'uno o l'altro. Rispondere alle seguenti domande in modo appropriato.

1. Quando cerchi un lavoro, cosa puoi fare?
   a. leggere gli annunci sul giornale   b. andare in ferie

2. Se la ditta ha bisogno di personale, che cosa fa?
   a. assume nuovi impiegati   b. licenzia tutti gli impiegati

3. Quando lavori per fare esperienza senza ricevere uno stipendio, cosa fai?
   a. uno stage   b. un campo

4. Quando ti presenti per un colloquio di lavoro, che cosa prepari?
   a. il tuo curriculum   b. la tua qualifica

5. Ad agosto generalmente le aziende sono chiuse. Perché?
   a. per sciopero   b. per ferie

6. Vedi sul giornale un annuncio per un lavoro che ti interessa. Che fai?
   a. faccio domanda   b. faccio carriera

8.44 Che cosa ha detto? Vittoria ha sostenuto (*had*) un colloquio di lavoro recentemente. Cercare di indovinare quali erano le domande.

— _____?
— Ho visto l'annuncio sul giornale.

— _____?
— Sì, mi sono laureata a luglio in lingue e letterature straniere.

— _____?
— L'estate scorsa ho fatto uno stage presso (*at*) una casa editrice.

— _____?
— Perché sono una persona seria e preparata e voglio davvero lavorare sodo.

— _____?
— Dice sul serio? Posso cominciare anche domani!

 8.45 Cosa ne pensi tu? Fare le seguenti domande ad un amico/un'amica.

1. Quando vai ad un colloquio di lavoro, come bisogna vestirsi? Perché?
2. Hai mai fatto un colloquio di lavoro? Com'è andato? Che cosa ti hanno domandato?
3. Quando hai bisogno di trovare lavoro, come lo cerchi?
4. Che cosa fai per prepararti per un colloquio di lavoro?
5. Che cosa ti interessa di più in un lavoro? Lo stipendio? L'opportunità di fare carriera? Le ferie pagate? Essere creativo/a?

Lo sapevi che...?

In Italia, è difficile che una persona venga **licenziata** da un posto di dipendente. Quando una persona viene assunta (*hired*) a **tempo indeterminato**, praticamente avrà quel posto di lavoro a vita. Le leggi proteggono molto bene il lavoratore. Forse per questo, più dell'80% delle imprese italiane sono in mano a famiglie e impiegano meno di 40 lavoratori, spesso membri della stessa famiglia.

D.2 ▶ Incontro

Il colloquio di lavoro. *Nell'ufficio dell'architetto Marina Volpe.*

VOLPE:	Buongiorno, dottor Bassetti.
VINCENZO:	Buongiorno.
VOLPE:	Si accomodi! Vedo dal Suo curriculum che è molto preparato. L'anno scorso ha fatto uno stage presso° uno studio di architettura. Complimenti! Mi dica, com'è andata l'esperienza in questo campo?
VINCENZO:	Molto bene. Ho imparato tanto, soprattutto che ci vuole tempo per diventare bravi. Mi piacerebbe lavorare in uno studio come il Suo e fare restauri di vecchi palazzi. Ma ho ancora tanto da imparare.
VOLPE:	Non si preoccupi! Vedrà, man mano che si lavora, si acquisisce l'esperienza necessaria. Senta, come imprenditrice, libera professionista e madre di famiglia, non ho più tempo di respirare! In questo momento abbiamo tanti progetti per le mani. Vorrei offrirLe un lavoro... Ah, ecco Donatella! Le presento mia figlia. Anche lei si è laureata alla Facoltà di Architettura e lavora con me.
DONATELLA:	Salve! Oh, ciao, Vincenzo! Che ci fai qui?
VINCENZO:	Veramente, sono qui per un colloquio di lavoro.
VOLPE:	Ma allora, vi conoscete?
DONATELLA:	Ma certo! Abbiamo preparato un sacco di esami insieme! Senti, Vincenzo, mia madre è un capo molto esigente°, te lo dico io! (*Squilla il telefonino.*) Scusatemi, devo scappare! Mi chiamano per il restauro di palazzo Gancia! Ciao, Vincenzo! Fatti vivo, mi raccomando!

at

demanding

Lo sapevi che...?

La **Festa della Donna** è festeggiata l'8 marzo e ricorda la lotta per le **pari opportunità,** cioè i diritti sociali, politici ed economici. In questo giorno si ricorda l'incendio della fabbrica Triangle Shirtwaist a New York nel 1911, un grave incidente industriale dove morirono 146 persone, la maggior parte operaie di origine italiana. **La mimosa** è il simbolo di questa giornata e tutti regalano un po' di mimose alle donne che conoscono.

ATTIVITÀ

8.46 Ascoltiamo! Chi lo dice? Ascoltare bene l'**Incontro** ed indicare chi pronuncia le seguenti frasi, Vincenzo (V), l'architetto Volpe (A) o Donatella (D).

	V	A	D
1. Si accomodi!	___	___	___
2. ...ha fatto uno stage presso uno studio d'architettura.	___	___	___
3. ...ci vuole tempo per diventare bravi.	___	___	___
4. ...ho ancora tanto da imparare.	___	___	___
5. ...man mano che si lavora si acquisisce l'esperienza necessaria.	___	___	___
6. Abbiamo preparato un sacco di esami insieme.	___	___	___
7. Scusatemi, devo scappare!	___	___	___

8.47 Preparandosi per il colloquio. Avete mai sostenuto un colloquio di lavoro? Quali sono alcune domande tipiche durante un colloquio di lavoro? Fare una lista di almeno sei domande appropriate. Poi preparare delle risposte opportune.

Esempio: — Ha esperienza in questo campo?
— Beh, veramente no, ma sono una persona che impara molto rapidamente.

8.48 Cercasi... Leggere attentamente gli annunci riprodotti. Immaginare di essere le persone descritte qui sotto: a quali annunci risponderanno? Se c'è più di una possibilità, indicarla.

1. Stai cercando un lavoro nel campo della finanza. Hai venticinque anni e sei alla tua prima esperienza.
2. Vorresti un lavoro che ti permette di lavorare con la gente, possibilmente nel campo del turismo.
3. Sei molto bravo/a con i computer. Non ti piace lavorare con la gente— preferisci lavorare da solo/a.
4. Stai cercando un lavoro part-time perché sei ancora studente all'Università di Milano.
5. Ti piacerebbe lavorare per un'azienda internazionale. Parli bene anche il francese.

MARKETING
ricerca ambosessi max 30 anni, anche prima esperienza, per villaggi turistici Italia / estero: animatori, hostess, mini-club, sportivi.
049-65.16.66 • 075-57.27.817

PROGRAMMATORI
ambiente Windows tecnologia 00. Esperienza in applicativi gestionali.
Edicta Srl piazza Maria Adelaide 5, Milano
Telefono 29.51.40.06
Fax 29.40.69.01

Azienda Internazionale
ricerca
10 collaboratori
per attività operativa ed organizzativa, possibilità part-time.
02-21.33.605

SOCIETÀ FINANZIARIA
CERCA PERSONALE
laureati
ottimo inglese, francese
settore commerciale
Telefonare ore ufficio
02-18.54.72

Laureati / Diplomati
area economico-finanziaria, con esperienza vendita servizi, cercasi quali account-venditori nello sviluppo di convenzione assicurativa Milano-Lombardia.
Tel. 039-23.02.152

UNITÀ 8 Lavorare: Lavoriamo insieme!

In altre parole

si accomodi!	make yourself comfortable! (formal)
complimenti!	good for you!
man mano	little by little
per le mani	on my plate
fatti vivo/a!	keep in touch!

8.49 Come rispondere? Che cosa dici nelle seguenti situazioni? Usare un'espressione da **In altre parole**.

1. Dopo un colloquio di lavoro un tuo amico è stato assunto (*hired*).
2. Un'amica di tua madre arriva a casa vostra e entra nel salotto.
3. Una tua amica con cui vorresti mantenere i contatti deve partire perché ha accettato un lavoro in un'altra città.
4. Un amico ha troppo lavoro ed è molto stressato.

8.50 Mini-conversazioni. Completare le mini-conversazioni con un'espressione da **In altre parole**.

1. — Ciao, Daniela, ci vediamo tra un mese, al mio ritorno.
   — Aspetterò una tua telefonata, Michele. Mi raccomando, _____!
2. — Ragazzi, ho sostenuto l'esame per il concorso e pare che io abbia vinto!
   — _____, Gianfranco, sei bravissimo!
3. — Ho troppi progetti _____ in questo periodo.
   — Davvero? Be', pensa a tutta la gente senza un lavoro!
4. — Buongiorno, Avvocato! _____!
   — Grazie. Aspettavo questa riunione per parlarLe di una cosa importante.

8.51 Due mondi a confronto. Rispondere alle domande e discutere in classe.

1. Nel tuo paese, bisogna laurearsi prima di cercare lavoro?
2. Quanto durano le ferie normalmente nel tuo paese: una settimana? Due settimane? Un mese? Di più? E in Italia?
3. Si usa molto il telefonino nel tuo paese? E in Italia?
4. Nel tuo paese è normale lavorare mentre si studia? Che tipo di lavoro fanno normalmente gli studenti? E in Italia?
5. Lavori durante l'estate? Hai amici che lavorano d'estate? Quali sono i lavori tipici che fanno gli studenti? In Italia è così?
6. È facile trovare un lavoro dopo la laurea nel tuo paese? E in Italia?

D.3 ▶ Punti grammaticali

I pronomi relativi

Mio padre, **che** lavora in fabbrica, andrà in pensione l'anno prossimo.	My father, who works in the factory, will retire next year.
Mi piace il lavoro **che** ho trovato.	I like the job that I found.
Ti ho detto **tutto quello che** so.	I told you everything I know.
La serenità è **ciò che** conta nella vita.	Serenity is what counts in life.
Kevin, **i cui** nonni sono italiani, studia l'italiano.	Kevin, whose grandparents are Italian, is studying Italian.

1. Relative pronouns (**i pronomi relativi**) connect two clauses. The relative pronoun refers to a person or thing in the main clause; it may be the subject or the object in the relative clause.

   Mio fratello abita a Milano. + Mio fratello lavora per la Pirelli. =
   Mio fratello, **che** abita a Milano, lavora per la Pirelli.
   My brother, who lives in Milan, works for Pirelli.

   Il ragazzo è un mio amico. + Sto parlando con il ragazzo. =
   Il ragazzo **con cui** sto parlando è un mio amico.
   The boy to whom I am speaking is a friend of mine.

2. **Che** (*who, whom, that, which*) is the most frequently used relative pronoun. It is invariable and can refer to people and things.

La macchina **che** hai comprato è giapponese.	The car (*that*) you bought is Japanese.
La ragazza **che** ho salutato è mia cugina.	The girl (*whom*) I said "hi" to is my cousin.
Il giornale **che** ho preso ha le inserzioni di lavoro.	The paper (*that*) I got has classified ads.

3. **Cui** (*which, whom*) is used after a preposition and is also invariable.

Il progetto **a cui** collabori è interessante.	The project on which you are collaborating is interesting.
L'uomo **per cui** lavora Marco è un mio amico.	The man for whom Marco is working is a friend of mine.
La donna **di cui** parlo è un'imprenditrice famosa.	The woman about whom I am speaking is a famous entrepreneur.
L'azienda **a cui** scrivo offre posti di lavoro ai laureati.	The business to which I am writing offers jobs to graduates.

   When **cui** is preceded by an article, it indicates possession and corresponds to *whose*. The article agrees with the noun it modifies.

L'artista americano, **le cui** opere sono esposte al Museo Guggenheim, abita a Roma.	The American artist, whose works are on display at the Guggenheim Museum, lives in Rome.
La fabbrica, **i cui** operai scioperano, rischia di chiudere.	The factory, whose workers are striking, risks closing.

UNITÀ 8 Lavorare: Lavoriamo insieme!

4. **Quello che, ciò che,** or **tutto quello che / tutto ciò che** (*what, that which,* or *all that*) refers to things and abstractions.

Non ho capito **quello che / ciò che** hai detto.	*I don't understand what you said.*
Mi piace **tutto quello che / tutto ciò che** ha disegnato.	*I like everything he designed.*
Ciò che / Quello che credi non è vero.	*What you think isn't true.*
Non è oro **tutto quello che** luccica.	*All that glitters is not gold.*

5. **Dove** may be used in place of **in cui** or **nel/nella quale** to refer to places.

Il paese **dove / in cui / nel quale** sono nata è molto bello.	*The town where / in which I was born is very pretty.*

ATTIVITÀ

8.52 L'elemento in comune. Collegare le seguenti frasi con un pronome relativo, come nell'esempio.

> *Esempio:* Ho visto il film. Mi hai parlato del film.
> **Ho visto il film di cui mi hai parlato.**

1. La storia è incredibile. Manuela mi ha raccontato la storia.
2. L'auto consuma molta benzina. Ho comprato l'auto tre mesi fa.
3. Non conosco quell'attore. Tutti parlano di quell'attore.
4. Sei andato alla festa di Carnevale? Marco ha organizzato la festa.
5. Lo stadio è vicino a casa nostra. Noi giochiamo a calcio nello stadio.
6. Ho scritto una lettera alla mia amica. La mia amica abita in Giappone.
7. Lo scrittore non concede interviste. I libri dello scrittore sono famosi.
8. L'attrice recita molto bene. I film dell'attrice sono famosi.
9. Come sono andate le ferie? Tu hai trascorso le ferie a Bardonecchia.
10. Gli amici sono vecchi compagni di scuola. Mi hai visto con gli amici.

8.53 Il lavoro dei miei sogni. Completare il seguente brano con i pronomi relativi dati.

1 alle quali   3 dei quali   5 ciò che
2 che   4 quello che 6 con cui

Ho finalmente trovato il lavoro ___3___ desideravo! Non crederai mai a ___4___ ti racconto ora! Dunque, dopo aver fatto mille domande di lavoro ___2___ nessuno ha mai risposto, ieri ho letto per caso sul giornale un'inserzione ___1___ diceva: "Cercasi giovane laureato ___2___ sia disposto a viaggiare in Europa". Era proprio ___4___ cercavo. Andare all'estero e fare nuove esperienze! Così mi sono presentato per il colloquio di lavoro. La persona __2__ ho parlato mi ha fatto molte domande. Io ero nervosissimo, ma devo aver fatto una bella figura, perché alla fine del colloquio mi hanno assunto. Mi hanno già presentato i colleghi, molti __5__ sono giovani e simpatici. Credo proprio di aver trovato __4__ ho sempre desiderato!

8.54 Il mondo del lavoro. Collegare le frasi con un pronome relativo.

1. Quella coppia ha aperto un'azienda di import-export. I loro figli studiano all'estero.
2. Telefono al mio collega domani. Il mio collega è in Germania per motivi di lavoro.
3. Il progetto mi interessa molto. Sto parlando del progetto in questo momento.
4. L'imprenditore guadagna molto bene. Io lavoro per l'imprenditore.
5. Normalmente non leggo questo giornale. Ho trovato l'inserzione sul giornale.

8.55 Preferenze personali. Completare le frasi in maniera logica.

1. Voglio trovare un lavoro in cui io possa...
2. Preferisco lavorare per una ditta che...
3. Mi piace avere colleghi con i quali...
4. Certo, non mi piace lavorare con persone che...
5. Spero di avere un capo che...
6. Quello che cerco in un lavoro è...

La Mole Antonelliana, simbolo di Torino.

IMMAGINI E PAROLE

- **Leggiamo italiano!** *Fact or opinion?*
- **L'Italia: potenza industriale**
- **Come disse... Natalia Ginzburg**
- **Musica, maestro!**
  "Chi non lavora non fa l'amore", Adriano Celentano
- **Scriviamo italiano!** *Curriculum vitae, Business letters*
- **Ciak! Italia**

 For self-tests and additional practice, and for access to the Video and video activities, go to the Book Companion Site, accessible at www.wiley.com/college/branciforte

Leggiamo italiano!

Fact or opinion?

When reading an article, it is important to determine whether the author is reporting fact or opinion. Look for key words or expressions and even punctuation that would indicate information or judgment. For example, does the author make statements that are backed up by figures or other factual information? Or does the choice of words suggest that the presentation may be more subjective in nature?

Una manifestazione a Torino

UNITÀ 8 Lavorare: Lavoriamo insieme!

ATTIVITÀ DI PRE-LETTURA

8.56 Conoscete i prodotti italiani? Trovare l'azienda italiana nella colonna a destra che fabbrica il prodotto nella colonna a sinistra.

1. macchine
2. cioccolatini
3. vestiti eleganti
4. scarpe
5. motociclette
6. vestiti sportivi
7. olio d'oliva
8. vino

a. Perugina
b. Fila
c. Ferragamo
d. Berio
e. Riunite
f. Fiat
g. Armani
h. Ducati

▶ L'Italia: potenza industriale

L'Italia è uno dei paesi più industrializzati del mondo e fa parte del G8, il gruppo dei paesi leader. I principali settori dell'economia italiana sono l'agroalimentare, la moda e il design, e il turismo. Comunque anche l'industria pesante e la finanza costituiscono importanti settori.

L'agroalimentare comprende principalmente il vino, il grano (la pasta), i pomodori e l'olio d'oliva, di cui l'Italia è uno dei maggiori produttori al mondo. Inoltre, l'Italia ha la produzione più grande al mondo del vino e... del kiwi! Oltre alla produzione tessile, gli stilisti contribuiscono al PIL (prodotto interno lordo, un'indicazione importantissima dell'economia) con il loro stile e buon gusto. Il terziario, ovvero il settore dei servizi, è quello legato di più al turismo, un'importante fonte di reddito per il Bel Paese.

Confindustria è l'associazione degli industriali italiani e rappresenta le imprese. I sindacati invece rappresentano gli operai e i lavoratori; alcuni dei più importanti sono CGIL, CISL e UIL.

L'Italia ha un modello economico che è unico al mondo: anche se è un paese fortemente industrializzato, qui predomina la piccola-media impresa. Sono poche le aziende che contano più di 250 dipendenti; possiamo quindi dire che l'economia italiana ha resistito l'influenza delle multinazionali.

Alcuni dei nomi delle industrie più grandi in Italia sono:

ENI—Ente Nazionale Idrocarburi è un'impresa che si occupa di energia, quindi del petrolio, del gas naturale, della petrolchimica, e della generazione e produzione di energia elettrica.

Sotto i portici a Torino

Assicurazioni Generali—è una delle più importanti compagnie di assicurazioni nel mondo.

Fiat—produce automobili. Nata nel 1869, oggi la Fiat è anche un importante gruppo finanziario. Il gruppo include altri gruppi automobilistici, quali Alfa Romeo, Lancia e Chrysler.

UniCredit—la più grande banca italiana, come servizi finanziari è una delle più grandi realtà al mondo, con sede a Roma.

Telecom—impresa della telecomunicazioni in Italia e all'estero con servizi di telefonia fissa, telefonia cellulare, telefonia pubblica, Internet, televisione via cavo. I brand includono TIM e Alice.

Finmeccanica—è attivo nella difesa e nell'aerospazio e **Fincantieri** produce la flotta mercantile e navale.

Ferrero—produce dolci, come la celeberrima Nutella, ma anche Tic Tac, Pocket Coffee e Mon Chéri.

Non bisogna dimenticarsi però che più dell'80% dell'industria italiana è nelle mani dei piccoli imprenditori, che offrono un modello economico di successo alternativo.

ATTIVITÀ

8.57 Comprensione: vero o falso? Indicare se le seguenti frasi sono vere o false e poi correggere quelle false.

1. Il G8 è formato dalle otto città più industrializzate d'Italia.
2. La CGIL è un'associazione che rappresenta gli industriali italiani.
3. L'Italia produce più vino di ogni altro paese.
4. In Italia si coltiva anche il kiwi.
5. La Ferrero è importante nel campo automobilistico.
6. Il terziario è il settore legato ai servizi.

8.58 Spunti di conversazione. Discutere insieme i seguenti argomenti.

1. Avete a casa prodotti "Made in Italy"? Quali prodotti sono? Vestiti? Prodotti alimentari? Articoli per la casa? Descrivere al gruppo i vari prodotti, dove li hai comprati, se sono di alta qualità, ecc.
2. Quali sono i settori più importanti dell'economia del tuo paese? Quali sono alcune aziende importanti? Quali sono alcuni prodotti tipici? Secondo te, quali sono cinque prodotti più rappresentativi dei seguenti paesi: la Francia, gli Stati Uniti, l'Inghilterra, la Cina, il Giappone o il tuo paese?
3. Secondo voi, l'industria rovina un paese? Quali sono i vantaggi che l'industria porta? Gli svantaggi? Come cambia la vita della gente?

8.59 È vero, o lo pensi tu? Rileggere il brano "L'Italia: potenza industriale" e indicare se la frase è un fatto (F) o un'opinione (O).

_____ 1. L'Italia è una delle nazioni più industrializzate al mondo.
_____ 2. È notevole che l'economia italiana sia in mano alle piccole imprese.
_____ 3. È incredibile che l'Italia sia il più grande produttore di kiwi.
_____ 4. La realtà italiana offre un modello economico di successo alternativo.
_____ 5. La Ferrero dovrebbe essere premiata per la sua deliziosissima Nutella.

Come disse... Natalia Ginzburg
(1916–1991)

da *Le piccole virtù*

Una vocazione, una passione ardente° ed esclusiva per qualcosa che non abbia nulla da vedere col denaro, la consapevolezza° di poter fare una cosa meglio degli altri, e amare questa cosa al di sopra di tutto, è la sola e unica possibilità, per un ragazzo ricco, di non essere per nulla condizionato dal denaro, di essere libero di fronte al denaro: di non sentire, fra gli altri, né l'orgoglio° della ricchezza né la sua vergogna°. Egli non s'accorgerà neppure degli abiti che porta, dei costumi che lo circondano e domani sarà capace di qualunque privazione, perché l'unica fame e l'unica sete sarà in lui la sua passione stessa, ... Una vocazione è l'unica vera salute e ricchezza dell'uomo.

°burning
°awareness

°pride
°shame

Musica, maestro!

Usando Internet, cercare "Chi non lavora non fa l'amore" di Adriano Celentano e ascoltare la canzone più di una volta. Cosa succede quando non si lavora? Chi l'ha detto? A che cosa si riferisce il cantautore? Perché non si lavora?

Scriviamo italiano!

Curriculum vitae

ATTIVITÀ

8.60 Il tuo curriculum. Seguendo le seguenti rubriche (*headings*), preparare un curriculum vitae.

Curriculum Vitae Europass	Inserire una fotografia
Informazioni personali	
Nome/Cognome	**Nome Cognome**
Indirizzo	Numero civico, via, codice postale, città, nazione
Telefono	Cellulare:
Fax	
E-mail	
Cittadinanza	
Data di nascita	
Occupazione desiderata/ Settore professionale	
Esperienza professionale	
Date	Iniziare con le informazioni più recenti
Lavoro o posizione ricoperti	
Principali attività e responsabilità	
Nome e indirizzo del datore di lavoro	
Istruzione e formazione	
Date	Iniziare con le informazioni più recenti ed elencare separatamente ciascun corso frequentato
Titolo della qualifica rilasciata	
Capacità e competenze personali	
Madrelingua(e)	Precisare madrelingua(e)
Altra(e) lingua(e)	
Autovalutazione	
Livello europeo (*)	

	Comprensione		Parlato		Scritto
	Ascolto	Lettura	Interazione orale	Produzione orale	
Lingua					
Lingua					

(*) Quadro comune europeo di riferimento per le lingue

Allegati	Enumerare gli allegati al CV.
	Autorizzo il trattamento dei miei dati personali ai sensi del Decreto Legislativo 30 giugno 2003, n. 196 "Codice in materia di protezione dei dati personali (facoltativo)".
Firma	

Business letters

When writing a business letter in Italian, there are several key phrases and words.

Egregio Signor / Professor...,	*Dear Mr. / Professor . . . ,*
Egregia Signora / Signorina / Professoressa...,	*Dear Mrs. / Miss / Professor . . . ,*
In risposta a...	*In reply to . . .*
In risposta all'inserzione apparsa sul *Corriere della Sera* del 6 ottobre...	*In response to the job ad that appeared in the* Corriere della Sera *on October 6 . . .*
Troverà qui acclusa una copia del mio curriculum.	*Enclosed please find a copy of my résumé.*
in merito a...	*about . . . / on the subject of . . .*
in passato	*in the past*
attualmente	*currently*
il mio sviluppo professionale	*my professional development*
In attesa di un Suo cortese riscontro	*I look forward to your reply*
Cordiali saluti / Distinti saluti,	*Sincerely / Yours truly,*

Remember to use the correct form for the date:
Torino, 23 novembre 2010

ATTIVITÀ

8.61 Uno stage in Italia. Quest'estate, cerchi un'esperienza da stagista in Italia. Decidere in quale settore vorresti lavorare (la moda, le tecnologie ambientali, un ristorante slowfood, il restauro, il teatro, la medicina, ecc.) e scrivere una lettera di presentazione. Descrivere la tua esperienza e le tue qualifiche. Non dimenticare di allegare una copia del tuo curriculum vitae!

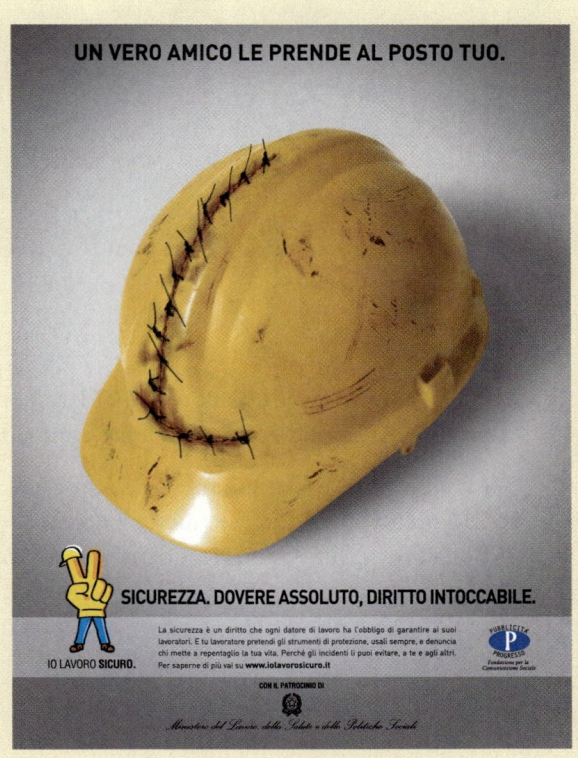

Nessun avatar, molti tutor.

La Laurea OnLine del Politecnico di Milano, grazie alle più recenti tecnologie, ti premette di organizzare lo studio secondo le tue esigenze, con lezioni interattive, tutor di supporto e rapporto diretto con i professori. È una laurea vera, senza differenze rispetto al corso "in presenza". Non rinunciare al prestigio del Politecnico di Milano come biglietto di presentazione nel mondo del lavoro.

Per maggiori informazioni: www.laureaonline.polimi.it

POLITECNICO DI MILANO

8.62 Studiamo al Politecnico. Guardare bene la pubblicità del Politecnico di Milano e rispondere alle seguenti domande.

1. Che tipo di laurea è presentata in questa pubblicità?
2. Perché è interessante questa laurea?
3. Da dove vengono gli studenti che faranno questa laurea?
4. Che tipo di lezioni ci sono?
5. Perché è prestigioso studiare al Politecnico di Milano?

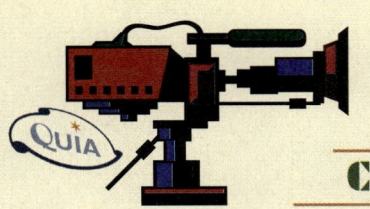

Ciak! Italia

8.63 Il mondo di lavoro. Prima di vedere il videoclip, indicare in ordine di preferenza gli aspetti della vita lavorativa che sono importanti per te.

_____ avere amici con cui lavorare   _____ guadagnare bene

_____ lavorare in un bell'ufficio   _____ lavorare senza stress

_____ viaggiare   _____ dover vestirsi bene tutti i giorni

_____ essere competitivi   _____ essere creativi

8.64 Come sono? Mentre guardi il videoclip, osservare bene Francesco e l'architetto. Come sono? Che atteggiamenti (*attitudes*) hanno? Indica a quale persona si riferiscono i seguenti aggettivi, scrivendo una **F** per Francesco o una **A** per l'architetto.

_____ antipatico   _____ formale

_____ serio   _____ speranzoso (*hopeful*)

_____ nervoso   _____ scettico (*skeptical*)

_____ severo   _____ incerto (*uncertain*)

8.65 Sei tu il capo! Dopo aver visto il videoclip, pensare di essere il capo di un'azienda o il responsabile in un ufficio. Devi assumere nuovo personale e quindi devi fare colloqui di lavoro con i candidati. Scrivere almeno otto domande che farai ai candidati e almeno tre consigli che darai a chi cerca lavoro.

Vocabolario

Le professioni e il lavoro

l'architetto	architect
l'artista	artist
l'avvocato	lawyer
il/la cantante	singer
la carriera	career
la casalinga	housewife
il/la commercialista	accountant
il contadino	farmer
il/la dentista	dentist
la donna d'affari	businesswoman
la fabbrica	factory
il falegname	carpenter
la fattoria	farm
il/la giornalista	journalist
l'idraulico	plumber
l'infermiere/a	nurse
l'ingegnere (m./f.)	engineer
il medico	doctor
il mestiere, il lavoro	job, occupation
il/la musicista	musician
l'operaio	worker
il pensionato	retired person
la professione	profession
l'ufficio, lo studio	office
l'uomo d'affari	businessman
diventare	to become
guadagnare	to earn, to make money
realizzarsi	to be successful

I mezzi di trasporto

l'abbonamento mensile / annuale	monthly / annual pass
l'aereo, l'aeroplano	airplane
l'ambulanza	ambulance
l'autista	driver
l'autobus	bus
la fermata dell'autobus	bus stop
la macchina, l'automobile, l'auto	car
la metropolitana	subway
il mezzo di trasporto	means of transportation
il motorino	scooter
la multa	ticket, fine
la nave	ship
la patente	driver's license
il tassista	taxi driver
il taxi	taxi
il traghetto	ferry
il vigile urbano/la vigilessa urbana	traffic cop
accompagnare qualcuno	to accompany someone
dare un passaggio a qualcuno	to give someone a ride, lift
guidare	to drive
parcheggiare	to park
prendere la patente	to get one's driver's license
salire su	to get on
scendere da	to get off
spostarsi, muoversi	to get around (a city)

Espressioni impersonali

basta	it's enough
bisogna	it's necessary
è bene	it's good
è difficile	it's difficult
è facile	it's easy
è importante	it's important
è (im)possibile	it's (im)possible
è (im)probabile	it's (im)probable
è incredibile	it's incredible
è indispensabile	it's indispensable
è interessante	it's interesting
è male	it's bad
è meglio	it's better
è necessario	it's necessary
è opportuno	it's appropriate
pare	it seems
sembra	it seems

Congiunzioni

a condizione che	provided that
a meno che non	unless
a patto che	provided that
affinché	so that
benché	although
di modo che	so that
malgrado	although
nonostante che	although
perché	so that
prima che	before
purché	provided that
sebbene	although
senza che	without

Il colloquio di lavoro e l'industria

l'annuncio di lavoro	job announcement
l'attività	activity, business
la borsa	stock market
il campo	field
il capo	boss
il/la collega	colleague
il colloquio di lavoro	job interview
la crisi	crisis
il curriculum	CV, résumé
il/la dirigente	executive
il disoccupato	unemployed person
la disoccupazione	unemployment
la ditta, l'azienda, l'impresa	company, business
le ferie	holidays
la formazione	training, education
l'impiegato	employee
l'imprenditore (m.)/ l'imprenditrice (f.)	entrepreneur
il libero professionista	self-employed person
il personale	personnel
la qualifica	qualification
il requisto	requirement
lo sciopero	strike
il segretario/la segretaria	secretary
il sindacato	union
lo stage	internship
lo/la stagista	intern
lo stipendio	salary
assumere	to hire
evitare	to avoid
fare carriera	to have a career
fare domanda di lavoro	to apply for a job
fare sciopero	to strike
impiegare	to employ
licenziare	to fire
migliorare	to improve
peggiorare	to worsen
riuscire a	to succeed in, to manage to

Altre parole ed espressioni

a dire il vero	to tell the truth
a proposito	that reminds me, speaking of which
addirittura	actually, really, nothing short of
avere una cotta per	to have a crush on
che forte!	cool!
che traffico!	what traffic!
complimenti!	good for you!
di conseguenza	accordingly
fatti vivo/a!	keep in touch!
in allegato	attached
lavorare sodo	to work hard
man mano	little by little
non lo/la sopporto proprio	I really can't stand him/her/it
per le mani	on my plate
prendere in giro qualcuno	to tease someone
ricco sfondato	filthy rich
secondo te/Lei/ lui, ecc.	in your/his, etc., opinion
sei sempre il solito/la solita	you'll never change
si accomodi!	make yourself comfortable
stammi bene	take care
star fresco/a	to be in trouble
'sto	this, this darn (slang)

UNITÀ 8 Lavorare: Lavoriamo insieme!

UNITÀ 9

VIAGGIARE
Andiamo in vacanza!

Una cala tipica con i colori della Sardegna

COMMUNICATIVE GOALS

- ▶ Describing past actions
- ▶ Making travel plans
- ▶ Taking a train or plane
- ▶ Expressing doubts, opinions, and emotions about past events
- ▶ Making negative statements

A ▸ LE FERIE

A.1 ▸ Si dice così

il viaggio	trip	il bagaglio	baggage, luggage
la settimana bianca	a traditional winter vacation week spent skiing	il bagaglio a mano	carry-on bag
		la valigia	suitcase
la festa	party, holiday	festivo	weekend day, holiday
la sagra	traditional local festival	feriale	weekday
la processione	procession	fare la valigia	to pack a suitcase
i fuochi d'artificio	fireworks	trascorrere le vacanze	to spend one's vacation
gli auguri	(best) wishes, congratulations	celebrare, festeggiare	to celebrate

Lo sapevi che...?

A **Capodanno** è tradizionale buttare via delle vecchie cose, ad esempio le pentole, per inaugurare il nuovo anno. La stagione delle feste finisce con l'Epifania, quando arriva la Befana portando dei regali ai bambini e "spazza via" la stagione delle feste. Il **Carnevale** è festeggiato con balli in maschera, soprattutto a Venezia e a Viareggio. Due feste in primavera segnano alcuni momenti importanti della storia italiana: la **festa della Repubblica**, che celebra la creazione dello Stato italiano, e la **festa della Liberazione**, che ricorda la fine della Seconda guerra mondiale nel 1945.

La Befana

ATTIVITÀ

9.1 La parola giusta. Indicare la parola o l'espressione che completa ogni frase.

1. Quando si festeggia un compleanno, si fanno (gli auguri / le ferie).
2. Prima di partire per un viaggio, bisogna (trascorrere le vacanze / fare le valigie).
3. Mercoledì, giovedì e venerdì sono (giorni festivi / giorni feriali).
4. Sette giorni dedicati allo sci si chiamano (Ferragosto / la settimana bianca).
5. Durante alcune feste importanti ci sono (i bagagli / i fuochi d'artificio).

9.2 Mini-conversazioni. Completare le seguenti mini-conversazioni in modo appropriato.

1. — Hai già deciso come _____ il Natale?
   — Conosci il detto, no? "Natale con i tuoi, Pasqua con chi vuoi"!
2. — Non so quale costume indossare per _____. Hai qualche idea?
   — Be', perché non ti vesti da astronauta?
3. — Cosa avete fatto a Capodanno?
   — A mezzanotte abbiamo guardato _____. Erano bellissimi!
4. — Perché c'è tutta quella gente per strada?
   — Oggi è Sant'Antioco e qui si porta la statua del santo in _____ per le vie del paese.
5. — Barbara, sei mai stata a vedere la _____ della fragola a Nemi?
   — Sì, ci vado ogni anno. È una bellissima festa per celebrare un prodotto importante di quella zona.
6. — Vi auguro una buona Pasqua.
   — Grazie per _____ e per l'uovo di cioccolato!

9.3 Due paesi a confronto. Guardare il calendario e rispondere alle seguenti domande.

1. Quali sono le feste estive e le feste invernali in Italia? E nel tuo paese?
2. Quali feste celebrate nel tuo paese non sono celebrate in Italia?
3. C'è la festa del lavoro nel tuo paese? È il 1° maggio?
4. Qual è la festa più importante dell'estate nel tuo paese? E in Italia?
5. Il Carnevale è celebrato nel tuo paese? Dove? C'è una festa simile?

9.4 Tutti amano le feste. Chiedere ad alcuni altri studenti...

- quale giorno festivo preferiscono e perché
- quali sono alcune tradizioni associate a quella festa
- se hanno tradizioni in famiglia per quella festa

Poi presentare le informazioni alla classe.

GIORNI FESTIVI 2012

1 gennaio	Capodanno
6 gennaio	Epifania
5–19 febbraio	Carnevale
8 aprile	Pasqua
9 aprile	Pasquetta (lunedì dell'angelo)
25 aprile	Anniversario della Liberazione (1945)
1 maggio	Festa del Lavoro
2 giugno	Festa della Repubblica
15 agosto	Assunzione (Ferragosto)
1 novembre	Ognissanti
8 dicembre	Immacolata Concezione
25 dicembre	Natale
26 dicembre	Santo Stefano

A.2 ▶ Incontro

Un viaggio in Sardegna. *Annamaria e Bruno sono arrivati a Olbia con il traghetto. Si incontrano sulla corriera° per la Costa Smeralda.*   bus

BRUNO:	Scusa, è occupato questo posto?
ANNAMARIA:	No, è libero. Accomodati! Sei in vacanza?
BRUNO:	Sì, sto andando all'isola della Maddalena. E tu?
ANNAMARIA:	Vado dai miei nonni che vivono in Costa Smeralda.
BRUNO:	Beata te!
ANNAMARIA:	Conosci la Sardegna?
BRUNO:	No, non ci sono mai° stato. I ragazzi con cui lavoro ci vanno in barca a vela. Figurati che prima di oggi non avevo mai preso un traghetto!
ANNAMARIA:	Pazzesco!
BRUNO:	Sì, e per un pelo non lo prendevo neanche oggi! Sono arrivato in ritardo e ho scoperto che avevo dimenticato il biglietto a casa. Lo ammetto, sono un po' imbranato°. Anche quest'inverno, quando volevo fare una settimana bianca con gli amici, non avevo portato gli sci e così è andato tutto a monte!
ANNAMARIA:	Non parlarmi di settimane bianche: sono sudata fradicia! Non vedo l'ora di arrivare.
BRUNO:	Anch'io! Dimmi, che si fa di bello da queste parti la sera?
ANNAMARIA:	Un sacco di cose! La settimana di Ferragosto c'è la sagra del pecorino° e c'è la processione per il santo patrono. Alla sera ci sono feste, fuochi d'artificio e musica in piazza. È proprio divertente!
BRUNO:	Però! Quasi quasi vengo con te... Perché non mi dai il tuo numero di cellulare?

never

spacey

pecorino cheese

Lo sapevi che... ?

In Italia la festa del santo patrono della città è molto sentita. Tutti i negozi chiudono e normalmente ci sono i fuochi d'artificio la sera. Alcune feste da ricordare sono:

Venezia	San Marco	il 25 aprile
Firenze, Torino, Genova	San Giovanni Battista	il 24 giugno
Roma	San Pietro e Paolo	il 29 giugno
Palermo	Santa Rosalia	il 4 settembre
Napoli	San Gennaro	il 19 settembre
Cagliari	San Saturnino	il 30 ottobre
Milano	Sant'Ambrogio	il 7 dicembre

San Francesco (il 4 ottobre) è il santo patrono di tutta l'Italia, insieme a Santa Caterina da Siena (29–30 aprile.)

UNITÀ 9 Viaggiare: Andiamo in vacanza!

ATTIVITÀ

9.5 Ascoltiamo! A chi si riferisce? Ascoltare l'**Incontro** e indicare se la frase è riferita ad Annamaria (A) o a Bruno (B).

	A	B
1. Va dai nonni.	_____	_____
2. I suoi amici vanno in barca a vela.	_____	_____
3. Non conosce la Sardegna.	_____	_____
4. Ha quasi perso il traghetto.	_____	_____
5. Soffre il caldo nel treno e non vede l'ora di arrivare.	_____	_____
6. Spiega cosa c'è di bello da fare.	_____	_____
7. Chiede il numero di cellulare.	_____	_____

9.6 Preferenze personali. Fare le seguenti domande ad un compagno/una compagna.

1. Come trascorrevi le vacanze estive da ragazzo/a? Lavoravi? Studiavi? Facevi dei viaggi? Andavi al mare? Al lago? In montagna?
2. Con chi ti piacerebbe andare in vacanza? Con la famiglia? Con gli amici? Da solo/a?
3. Hai mai fatto una settimana bianca? Dove? Ti sei divertito/a?
4. Ti piacciono i fuochi d'artificio? Quando li hai visti l'ultima volta?

9.7 Un incontro straordinario! Immaginare di essere su un traghetto diretto in Sardegna. Raccontare ad un amico/un'amica cosa è successo quando hai conosciuto una persona affascinante (*fascinating*). L'amico/a ti farà domande per conoscere tutti i particolari di questo incontro straordinario. Modellare la conversazione secondo le seguenti domande.

Esempio: — **Come si chiama?**
— **Dove andava?**
— **Perché viaggiava in traghetto?**
— **Che cosa ti ha detto? Lavora? Studia?**

Una giornata al mare in Sardegna

In altre parole

per un pelo	by the skin of one's teeth
andare a monte	to come to nothing
sudato fradicio, bagnato fradicio	soaked with sweat, soaking wet
un sacco di…	a ton of . . .
però!	wow!
quasi quasi	just maybe, possibly

 Abbinamenti. Trovare nella lista a destra una risposta opportuna per ogni frase a sinistra.

1. Come ti sembrano i nostri progetti per le vacanze? **C**
2. Fosca, ti dispiace se apro un po' il finestrino? **E**
3. Franca, è vero che ti sei rotta (*broke*) il ginocchio? **B**
4. Beppe, finalmente sei arrivato! Il treno sta per partire! **A**
5. Mamma, il nonno mi ha detto che da bambina non ti piaceva studiare. **F**
6. Ho visto bellissimi fuochi d'artificio e un grande concerto in piazza ieri sera. **D**

a. Scusa il ritardo! Per un pelo perdevamo il treno!
b. Purtroppo sì. Vuol dire che la settimana bianca andrà a monte.
c. Bellissimi. Quasi quasi vengo anch'io!
d. Però! Che bello! Era la festa del santo patrono?
e. Fai pure. Anch'io sono sudata fradicia.
f. Non credergli! Tuo nonno racconta un sacco di storie.

 Un sacco di… Trasformare le frasi senza cambiarne il senso, seguendo il modello.

Esempio: Il Dottor Bianchi ha molti pazienti.
Il Dottor Bianchi ha un sacco di pazienti.

1. Sul treno c'era moltissima gente.
2. Mio cugino ha una collezione enorme di francobolli rari.
3. Riccardo sa molte cose.
4. La casa dei miei nonni è piena di stanze.
5. Spenderanno moltissimi soldi in vacanza.

Lo sapevi che…?

La maggior parte degli Italiani ha un mese di ferie all'anno. Anche un operaio al suo primo anno di lavoro ha diritto a tre settimane di vacanza. In estate, a Ferragosto, tutto chiude ed è difficile trovare negozi e ristoranti aperti nelle città. I giornali pubblicano gli indirizzi dei supermercati, dei benzinai e delle farmacie aperti anche durante il mese di agosto.

Sardegna Traghetti Estate

LEGENDA

 Segnala il prezzo minimo della categoria, nei 7 giorni prima e dopo la data selezionata.

Le navi:
- FCF = Fast Cruise Ferry
- CF = Cruise Ferry
- F = Ferry
- RO-PAX = dispone di ampia area dedicata al camping on board

ANDATA: Genova - Porto Torres

PARTENZA	PASSEGGERI	SISTEMAZIONI		VEICOLO	
Lun 17-08-2009 partenza: h 10:00 durata: h 10:00 - nave: CF	da € 21.35	da € 2 ☺	da € 10 ☺	da € 8.7 ☺	da € 3.75 ☺
Mar 18-08-2009 partenza: h 22:00 durata: h 10:00 - nave: CF	da € 25.35	da € 7	da € 89	da € 8.7 ☺	da € 3.75 ☺

RITORNO: Porto Torres - Genova

PARTENZA	PASSEGGERI	SISTEMAZIONI		VEICOLO	
Gio 27-08-2009 partenza: h 22:00 durata: h 10:00 - nave: CF	da € 80.35	da € 21	da € 253	da € 132.7	da € 70.75
Ven 28-08-2009 partenza: h 22:00 durata: h 10:00 - nave: CF	da € 81.35	da € 21	da € 243	da € 182.7	da € 120.75

9.10 Andare in Sardegna. Tu ed un amico/un'amica volete fare una settimana di vacanze in Sardegna. Siccome (*Since*) vorreste vedere tutta l'isola, forse porterete anche l'automobile. Guardare l'orario e decidere:

- A che ora partirà il traghetto? Quanto durerà il viaggio?
- Partirete di giorno o di notte? Perché?
- Scegliete la poltrona o il letto? C'è qualche offerta speciale?
- In quale data partirete? Quando tornerete?
- Porterete la macchina? Quanto costa all'andata? E al ritorno?
- Quanto costerà il viaggio andata e ritorno?

Poi spiegare alla classe i vostri progetti di viaggio.

A.3 ▶ Punti grammaticali

Il trapassato prossimo

Quando siamo arrivati a Milano, **avevamo** già **visitato** la Sardegna.	When we arrived in Milan we had already visited Sardinia.
Sono arrivata alla stazione dopo che il treno **era** già **partito.**	I arrived at the station after the train had already left.
Michele ha preparato la cena dopo che Elisa **aveva servito** l'aperitivo.	Michael prepared dinner after Elisa had served the aperitifs.
Non **aveva** mai **visto** un film così bello.	She had never seen such a beautiful film.
Non **avevi** mai **votato** prima?	You had never voted before?

UNITÀ 9 Viaggiare: Andiamo in vacanza!

1. The past perfect (**il trapassato prossimo**) is used to describe a past action that preceded another past action. It corresponds to the English *I had spoken, we had eaten,* etc.

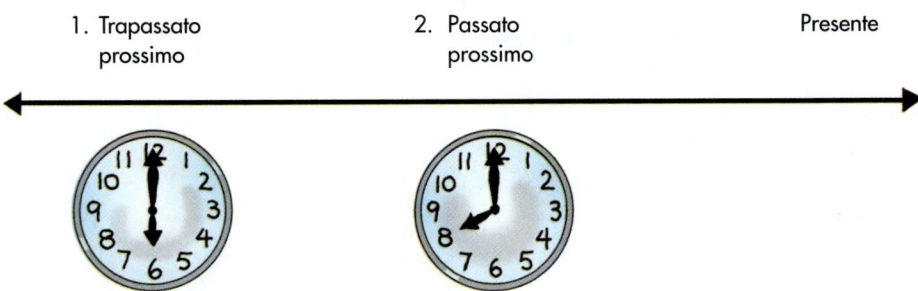

Maria <u>aveva</u> già <u>mangiato</u> quando <u>è andata</u> al cinema.

2. **Il trapassato prossimo** is a compound tense formed with the imperfect of **essere** or **avere** plus the past participle of the verb. The past participle agrees with the subject when the verb is conjugated with **essere.**

mangiare		andare	
avevo mangiato	avevamo mangiato	ero andato/a	eravamo andati/e
avevi mangiato	avevate mangiato	eri andato/a	eravate andati/e
aveva mangiato	avevano mangiato	era andato/a	erano andati/e

3. Sentences containing the **trapassato prossimo** often use words such as **già** (*already*), **prima** (*before*), **dopo che** (*after*), **appena** (*as soon as, just*), and **quando** (*when*) to indicate that one action preceded another.

Avevamo **già** studiato l'italiano quando siamo andati in Italia.	*We had already studied Italian when we went to Italy.*
Non avevamo **mai** preso un aereo prima.	*We had never taken a plane before.*
Lucia non si era **ancora** vestita quando Mario è arrivato.	*Lucia had not yet dressed when Mario arrived.*
Mi ero **appena** alzata quando mia madre mi ha chiamato.	*I had just gotten up when my mother called me.*

Note that **già, mai, appena,** and **ancora** are placed between the auxiliary verb and the past participle.

ATTIVITÀ

9.11 Un viaggio disastroso. Completare il brano mettendo i verbi tra parentesi al trapassato prossimo.

È stato un viaggio disastroso. Per cominciare, mi sono alzato tardi perché (dimenticare) di mettere la sveglia (*alarm clock*) la notte prima. In macchina ho scoperto che (lasciare) il portafoglio a casa. Quando finalmente sono arrivato al porto, il traghetto (già partire). Meno male che c'era un altro traghetto. Ho trovato un posto libero accanto ad un signore che (fumare) un sigaro. Che profumo! Quando sono arrivato in Sardegna era così tardi che i miei amici (decidere) di non aspettarmi più e (tornare) a casa. Purtroppo la mia amica Gabriella non mi (dare) il suo numero di telefono. Io non (fare) mai un viaggio così pieno di problemi!

9.12 Una giornata al mare. Completare le frasi a sinistra con la frase giusta dalla colonna destra.

1. Mi ero appena svegliata F.
2. Bruno e Lucia avevano visto che era una giornata splendida e E.
3. Dopo che Bruno aveva messo le sdraio in macchina, B.
4. Dopo che erano arrivati tutti, C.
5. Appena aveva finito di mangiare, G.
6. Dopo che avevamo riposato un po', A.
7. Quando era tramontato (set) il sole, D.

a. abbiamo giocato a beach volley.
b. siamo partiti per la spiaggia.
c. abbiamo mangiato.
d. siamo andati tutti a casa.
e. volevano andare al mare.
f. quando il telefono è squillato.
g. Bruno ha fatto il bagno in mare e si è sentito male.

9.13 Prima e poi. Decidere quale azione succede prima e quale dopo, e completare le frasi usando il trapassato prossimo e il passato prossimo.

similar on quiz

1. Noi (fare già) le valigie quando Mario (venire) a prenderci.
2. Mia madre (preparare) la cena dopo che io (fare) la spesa.
3. Io (salire appena) sull'aereo, quando (vedere) il mio amico Marco.
4. Quando Elena ti (scrivere) la lettera, non (ricevere ancora) la tua!
5. Noi non (prenotare ancora) le vacanze quando tu ci (parlare) della Costa Smeralda.
6. Enrico (perdere appena) l'aereo quando (incontrare) la sua amica Nicoletta in aeroporto.

ha incontrato
aveva perduto/perso appena

9.14 Perché... Completare le seguenti frasi in maniera logica come nel modello.

Esempio: Ho preso un brutto voto all'esame perché...
... **non mi ero preparata bene. /**
... **non avevo dormito la notte.**

1. Ieri sera non avevo fame perché...
2. Ho fatto tardi a lezione perché...
3. Ho dovuto pagare con la carta di credito perché...
4. Mia madre non era contenta di me perché...
5. Non c'era niente da mangiare in cucina perché...
6. Il viaggio è andato a monte perché...

9.15 Non l'avevo mai fatto prima. Pensa a tutte le cose nuove che hai fatto nel primo semestre all'università. Poi raccontane almeno tre ad un compagno/una compagna, dicendo che non le avevi mai fatte prima.

Esempio: — **Vivo con un compagno di stanza. Non avevo mai avuto prima un compagno di stanza.**

B ALLA STAZIONE FERROVIARIA

B.1 ▶ Si dice così

il treno	train	**l'arrivo**	arrival
la coincidenza	connection	**la partenza**	departure
il posto (a sedere)	seat	**il ritardo**	delay
il controllore	conductor	**essere in orario**	to be on time
la biglietteria	ticket office	**essere in partenza /**	to be leaving / arriving
lo sportello	ticket window	**in arrivo**	
l'andata e ritorno	round trip	**perdere il treno**	to miss a train
il/la pendolare	commuter	**fare il pendolare**	to commute
la prima classe, seconda classe	first class, second class	**timbrare il biglietto**	to stamp, validate a ticket

Lo sapevi che...?

In Italia, come in Europa in generale, si viaggia moltissimo in treno. Molti giovani prendono il treno per andare a scuola o all'università. Per lunghi viaggi ci sono vagoni-ristoranti sui treni e si può dormire sul treno in un vagone-letto (simile ad una camera d'albergo) o in cuccette dove i posti a sedere si trasformano in lettini.

ATTIVITÀ

9.16 Quale? Scegliere l'espressione corretta.

1. Il treno ha molti (vagoni / finestrini) dove ci sono i posti a sedere.
2. Aspettiamo il treno (alla carrozza / al binario).
3. Compro un biglietto (al finestrino / allo sportello).
4. Gli studenti vogliono spendere meno: comprano un biglietto di (seconda / prima) classe.
5. Quando una persona cambia treno a Bologna per arrivare a Milano, prende (la cittadinanza / la coincidenza).
6. Il treno da Sassari arriva puntuale alle 11.00. È (in orario / in partenza).
7. Vuoi andare da Sassari a Cagliari e poi da Cagliari a Sassari. Compri un biglietto di (andata e ritorno / seconda classe).

9.17 Un biglietto del treno. Annamaria ha fatto recentemente un viaggio in treno con le sue sorelle. Guardare il biglietto che ha comprato e rispondere alle seguenti domande.

1. Da dove sono partite Annamaria e le sue sorelle?
2. Qual era la destinazione del loro viaggio?
3. A che ora è partito il treno?
4. Quanto è costato il biglietto?
5. Qual è il numero della carrozza? E dei loro posti?

```
BL 6967139    BIGLIETTO CON PRENOTAZIONE
TRENITALIA     EUROSTAR ITALIA FAST        N. 3 ADULTI
                    STANDARD
DA ESIBIRE IN CASO DI CAMBIO TRENO

Data   Ora   Partenza        Arrivo         Data    Ora   Classe
29.12  18.00 ROMA TERMINI    LA SPEZIA CENTRAL 29.12 21.05   2

TRENO 9308     CARROZZA 007    POSTI 41 FINESTRINO 44,43 CORRIDOIO

TARIFFA STANDARD EUROSTAR FAST
                                              EUR ***126,00

TOT.BIGL.N.1
                    830790890217      P.IVA 05403151003
                    0753BL6967139     PNR:Q592SR  CP:908904
00031 0810  RECCO   241208 13:17 767 - 401
```

9.18 Alla biglietteria. Lavori alla biglietteria della stazione ferroviaria di Genova. Un turista viene allo sportello perché vuole andare a Milano. Bisogna chiedere...

- dove vuole andare
- quando viaggia
- quale tipo di biglietto vuole comprare, cioè un biglietto semplice o di andata e ritorno
- in quale classe preferisce viaggiare

Poi bisogna preparare il biglietto e dire al viaggiatore quanto deve pagare.

> **Lo sapevi che... ?**
>
> Le **Ferrovie dello Stato** (FS) o **Trenitalia** è la compagnia nazionale dei treni. Ci sono diversi tipi di treno che variano molto nel servizio. Il treno regionale si ferma a tutte le stazioni tra la città di partenza e quella di arrivo ed è usato dai pendolari. Per i treni più rapidi, come l'**Intercity**, l'**Eurostar** o il **"Pendolino"**, si paga un supplemento e la prenotazione dei posti è obbligatoria. Stanno sviluppando il TAV (treno ad alta velocità) che renderà i collegamenti con il resto d'Europa più veloci.

B.2 ▶ Incontro

In partenza. Carlo e Paolo s'incontrano sul binario 4 alla stazione di Cagliari.

CARLO:	Ciao, Paolo! Ma che sorpresa! Che ci fai qui? Credevo che fossi ancora a Roma e che tornassi in Sardegna solo d'estate! Sei in partenza?
PAOLO:	No, non vado da nessuna parte. Ho solo accompagnato mia madre, ma c'era traffico e siamo arrivati in ritardo. Così ha perso il treno e stiamo aspettando il prossimo. E tu, che fai di bello?
CARLO:	Vado a Sassari per un colloquio di lavoro. Il mio treno parte tra un quarto d'ora.
PAOLO:	Allora, in bocca al lupo per il colloquio!
CARLO:	Crepi! Ciao, Paolo!

Paolo torna dalla mamma, che sta chiedendo informazioni ad un impiegato delle FS.

SIGNORA:	Scusi, il treno per Nuoro è sul binario 3?
IMPIEGATO FS:	Sì, signora. Parte tra mezz'ora.
SIGNORA:	Grazie, molto gentile.
PAOLO:	Eccomi, mamma! Il prossimo treno parte fra mezz'ora. È un Intercity, così ti ho comprato il supplemento e la prenotazione.
SIGNORA:	Sembrava che tu non tornassi più! Dai, Paolo, sbrighiamoci!
PAOLO:	Non ti preoccupare, mamma. Abbiamo ancora un sacco di tempo prima che parta il treno.
SIGNORA:	Mica tanto, sai.
PAOLO:	Tranquilla! Andiamo a prenderci un caffè!
SIGNORA:	Cosa? Santo cielo! Vuoi che perda il treno un'altra volta?

ATTIVITÀ

9.19 Ascoltiamo! Di che cosa parlano? Ascoltare l'**Incontro** e indicare di che cosa parlano le seguenti persone, scrivendo tutte le lettere giuste.

a. giornali
b. perdere il treno
c. supplemento
d. vacanze
e. un colloquio di lavoro
f. binari
g. sbrigarsi
h. orari

1. Carlo e Paolo parlano di _____.
2. La signora e l'impiegato delle FS parlano di _____.
3. Paolo e la mamma parlano di _____.

9.20 Un lungo viaggio. Tu e un amico/un'amica state partendo per un viaggio in treno che durerà almeno dieci ore. Discutere di tutte le cose che porterete con voi per non annoiarvi durante il lungo viaggio.

Esempio: — **Perché non portiamo... ? Così possiamo...**
— **Buona idea! E io porto anche...**

> **Lo sapevi che...?**
>
> In Italia, quando sali su un autobus, devi timbrare il biglietto nella macchinetta gialla che si trova sul mezzo. Invece, quando si prende il treno, bisogna timbrare il biglietto alla stazione, prima di salire sul treno, sempre usando la macchinetta gialla. Un biglietto che non è timbrato non è valido, e si paga una multa salata (*heavy fine*) sul treno!

In altre parole		
da nessuna parte	nowhere	
Eccomi / eccoti / eccolo, ecc.	Here I am / you are / he is, etc.	
santo cielo!	good heavens!	
mica tanto	not really, hardly	

9.21 La risposta giusta. Trovare nella lista a destra una risposta opportuna per ogni domanda a sinistra.

1. Dove vai stasera, Gianfranco? B
2. Non trovo più i biglietti del treno, accidenti! A
3. Ti piace viaggiare in aereo? E
4. Ma non dovevi prendere il treno? D
5. Gianni, dove sei? Mi puoi dare una mano? C

a. Eccoli! Erano sotto la tua borsa lì sulla sedia.
b. Da nessuna parte. Resto a casa.
c. Eccomi! Certo, ti aiuto.
d. Santo cielo! Hai ragione! Ciao!
e. Mica tanto. Preferisco il treno.

9.22 Alla stazione. Completare il brano con un'espressione da **In altre parole**. Gabriella e Alberto si sono incontrati per caso alla stazione ferroviaria.

GABRIELLA: Dove vai di bello, Alberto?
ALBERTO: _Da nessuna parte_, sto aspettando un amico che arriva da Parigi.
GABRIELLA: Davvero? Io vado a Parigi quando finisce l'anno accademico.
ALBERTO: Che bello! Parli bene il francese allora.
GABRIELLA: _Mica tanto_, sai. Però intendo studiarlo mentre sono a Parigi. Quando arriva questo amico?
ALBERTO: Doveva essere già qui, ma il suo treno è in ritardo. _Santo cielo_! Stanno annunciando che il treno non arriverà per un'altra ora!

Una veduta della città di Cagliari, capoluogo della Sardegna

9.23 Viaggio in Sardegna. Carlo scrive alla sua amica Giusi per decidere come organizzare un viaggio in treno in Sardegna. Le informazioni sui treni sono sul sito di Trenitalia. Guardare bene i risultati sul sito e rispondere alla mail di Carlo con un suggerimento per quale treno prendere.

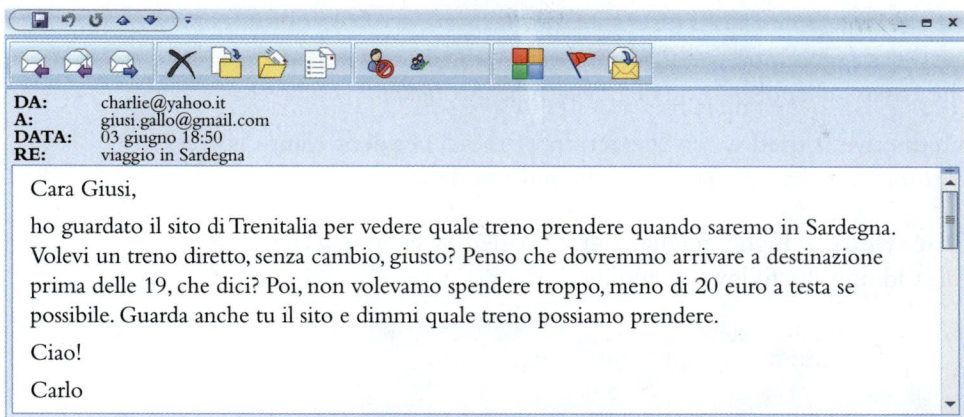

DA: charlie@yahoo.it
A: giusi.gallo@gmail.com
DATA: 03 giugno 18:50
RE: viaggio in Sardegna

Cara Giusi,

ho guardato il sito di Trenitalia per vedere quale treno prendere quando saremo in Sardegna. Volevi un treno diretto, senza cambio, giusto? Penso che dovremmo arrivare a destinazione prima delle 19, che dici? Poi, non volevamo spendere troppo, meno di 20 euro a testa se possibile. Guarda anche tu il sito e dimmi quale treno possiamo prendere.

Ciao!

Carlo

TRENITALIA
GRUPPO FERROVIE DELLO STATO

VIAGGIO Ordina per: **orario di partenza** | **tempo di percorrenza** | **numero di cambi**
Staz. Partenza: **Cagliari**   Staz. Arrivo: **Sassari**   Data: **14/6/2009**

Partenza	Arrivo	Durata	Cambio	Num. Treno	Categoria	1°classe **	2°classe **	Seleziona
				8868	R			
11:40 CAGLIAR	16:03 SASSARI	04:23	13:06 ORISTAN	8890	R	18,95 €	15,00 €	○
			15:07 OZIER-C	8936	R			
14:44 CAGLIAR	18:41 SASSARI	03:57		8896	R	23,40 €	15,00 €	○
16:36 CAGLIAR	20:03 SASSARI	03:27		8898	R	23,40 €	15,00 €	○
17:40	21:23	03:43		3958	R	23,40 €	15,00 €	○

B.3 ▶ Punti grammaticali

Il congiuntivo imperfetto

Pensavo che tu **fossi** italiana.	*I thought you were Italian.*
Era bene che io non **portassi** molto bagaglio.	*It was a good thing I didn't bring a lot of baggage.*
Credevamo che voi **partiste** a maggio.	*We thought you were leaving in May.*
Avevo paura che i miei amici **si perdessero** a Roma.	*I was afraid my friends would get lost in Rome.*

UNITÀ 9 Viaggiare: Andiamo in vacanza!

1. The imperfect subjunctive **(il congiuntivo imperfetto)** is used in a dependent clause when the verb in the independent clause is in a past tense or in the conditional. It is used in the same way as the present subjunctive, for example, after verbs of necessity, uncertainty, doubt, desire, or emotion. Compare:

   — Sapevi che Mario **era** argentino?   — *Did you know Mario was Argentinian?*
   — No, credevo che **fosse** italiano!   — *No, I thought he was Italian!*

   The imperfect subjunctive is used when the action of the dependent clause is contemporaneous to or later than the action of the independent clause.

2. **Il congiuntivo imperfetto** is highly regular and is formed by dropping the infinitive ending and adding the following endings.

arrivare	prendere	dormire	finire
arriv**assi**	prend**essi**	dorm**issi**	fin**issi**
arriv**assi**	prend**essi**	dorm**issi**	fin**issi**
arriv**asse**	prend**esse**	dorm**isse**	fin**isse**
arriv**assimo**	prend**essimo**	dorm**issimo**	fin**issimo**
arriv**aste**	prend**este**	dorm**iste**	fin**iste**
arriv**assero**	prend**essero**	dorm**issero**	fin**issero**

   Note that the endings are the same except for the characteristic vowel preceding the ending **(a, e, i)**.

3. **Essere, dire, bere, fare, stare,** and **dare** are irregular and have the following forms.

   essere: fossi, fossi, fosse, fossimo, foste, fossero

   dire: dicessi, dicessi, dicesse, dicessimo, diceste, dicessero
   bere: bevessi, bevessi, bevesse, bevessimo, beveste, bevessero
   fare: facessi, facessi, facesse, facessimo, faceste, facessero

   stare: stessi, stessi, stesse, stessimo, steste, stessero
   dare: dessi, dessi, desse, dessimo, deste, dessero

4. Compare the following.

   Credo che lei **venga** alla festa.   **Credevo** che lei **venisse** alla festa.
   I think she is coming to the party.   *I thought she was coming to the party.*

   Esco benché **faccia** freddo.   **Sono uscito** benché **facesse** freddo.
   I'm going out although it's cold.   *I went out although it was cold.*

   Sembra che quel treno **parta**.   **Sembrava** che quel treno **partisse**.
   It seems that train is leaving.   *It seemed that train was leaving.*

ATTIVITÀ

9.24 Programmi andati a monte. I signori Galletti hanno invitato i tre figli, che abitano in altre città, a tornare a casa per Pasqua. Purtroppo il programma di pranzare tutti insieme è andato a monte. Completare le frasi con il congiuntivo imperfetto dei verbi dati.

1. Paolo credeva che il suo treno (arrivare) puntuale a mezzogiorno. Invece è arrivato con tre ore di ritardo. Era strano che lui non (essere) con noi per il pranzo di Pasqua!
2. Non pensavamo che Roberta (venire) in macchina; credevamo che (prendere) il treno. Benché (piovere), Roberta ha deciso di guidare. Era necessario che lei (accompagnare) anche la zia Lina. Quando non sono arrivate, ci siamo preoccupati: avevamo paura che lei (stare) male.
3. Stefania ha telefonato per dirci che era possibile che i suoi bambini (avere) l'influenza. Ha detto che era meglio che loro (restare) a casa questa volta e che noi (festeggiare) senza di loro.

9.25 Le colonne. Creare delle frasi originali prendendo un elemento da ogni colonna, legando il tutto con la congiunzione **che**. Mettere il secondo verbo al congiuntivo imperfetto.

Esempio: **Era importante che gli studenti lavorassero sodo.**

Era importante	che	Margherita	avere tanti figli
Temevo		il treno	sapere cantare così bene
Non eravamo sicuri		voi	lavorare sodo
Era necessario		gli studenti	fare colazione
Non sapevi		tu	dire la verità
Credevate		Massimiliano	essere così pieno di gente
Bisognava		io	trascorrere le ferie con noi
L'insegnante pensava			bere un bicchier d'acqua
			prendere appunti

9.26 Non lo sapevo. Reagire alle seguenti frasi come nel modello.

Esempio: La Sardegna è un'isola.
Non sapevo che fosse un'isola.

1. Il paesaggio della Sardegna varia molto da una costa all'altra.
2. Le città principali dell'isola sono Sassari e Cagliari.
3. La Sardegna ha una grande ricchezza mineraria.
4. Nelle acque della Sardegna si pesca il tonno.
5. Sulle montagne abbondano i cinghiali (*wild boars*).
6. I sardi parlano un dialetto molto particolare.
7. Il turismo è molto importante per l'economia sarda.

9.27 Cosa pensavi da piccolo? Parlare con un amico/un'amica delle cose a cui credevi quando eri piccolo/a. Rispondere all'osservazione, come nel modello.

Esempio: — Da piccolo pensavo che la scuola fosse molto grande.
— È vero, anche a me sembrava che la scuola fosse enorme.
— E io da piccola credevo che Babbo Natale fosse vero...

C ALL'AGENZIA DI VIAGGIO

C.1 ▶ Si dice così

le informazioni (*f. pl.*)	*information*	l'ostello	*hostel*
il programma	*travel plans*	la tariffa	*rate, price*
il dépliant	*brochure*	pensione completa,	*all meals, breakfast*
la disponibilità	*availability*	mezza pensione	*and dinner*
la destinazione	*destination*	pernottare	*to spend the night*
la prenotazione	*reservation*	informarsi	*to find out*
l'alta / la bassa stagione	*high / low season*	fare una prenotazione,	*to reserve*
l'auto a noleggio	*rental car*	prenotare	
l'ospite (*m. or f.*)	*guest*	noleggiare	*to hire, to rent*
l'agriturismo	*farm holiday*		

Lo sapevi che... ?

Gli alberghi vengono classificati con stelle: un albergo **a quattro o cinque stelle** è di lusso, una stella significa che la struttura è modesta. Da qualche anno vanno di moda i **bed & breakfast** che spesso sono appartamenti privati con mobili e oggetti antichi della famiglia. Anche **l'agriturismo** è molto popolare: spesso situato in campagna, l'agriturismo offre la possibilità di mangiare cose fresche e genuine prodotte proprio in quella fattoria.

ATTIVITÀ

9.28 Le definizioni. Trovare nella lista una parola o un'espressione per ogni definizione data.

1. Il periodo in cui molta gente frequenta un luogo turistico
2. I prezzi dei vari servizi in un albergo
3. Pagare per l'uso di un'automobile
4. Con i pasti inclusi
5. Chiamare per fissare una camera in un albergo o un tavolo al ristorante
6. Dormire in un albergo

9.29 Sa Pischedda. Guardare attentamente il sito del Hotel Ristorante Sa Pischedda e poi rispondere alle seguenti domande.

HOME

RICHIESTA PRENOTAZIONE

HOTEL RISTORANTE
Dal 1896 Sa Pischedda

	LE CAMERE	DOVE SIAMO	SERVIZI	NEWS & PROMOZIONI	IL RISTORANTE	CONTATTI
		A	B	C	D	E	F
TARIFFE 2009		01.02/20.02 25.02/21.03 12.11/22.12	22.03/10.04 01.11/11.11	14.04/30.04 02.10/31.10	01.05/16.06 27.09/01.10 23.12/01.01	21.02/24.02 11.04/13.04 17.06/31.07 01.09/11.09 14.09/26.09	01.08/31.08 12.09/13.09
Camera doppia uso singola standard		40.00 €	50.00 €	55.00 €	60.00 €	70.00 €	80.00 €
Camera doppia o matrimoniale balconcino o finestra		60.00 €	65.00 €	75.00 €	80.00 €	90.00 €	105.00 €
Camera doppia o matrimoniale con terrazza panoramica Superior		65.00 €	70.00 €	80.00 €	90.00 €	105.00 €	110.00 €
camera doppia o matrimoniale veranda Superior		75.00 €	80.00 €	90.00 €	100.00 €	115.00 €	120.00 €

I prezzi sopra indicati sono riferiti alla camera con colazione.

- Per far sentire il nostro ospite libero nel proprio soggiorno è disponibile il menù alla carte presso il Ristorante Pizzeria "Sa Pischedda" annesso all'albergo.
  Il servizio alla "Carte", euro 25,00 menù carne, euro 30,00 menù pesce (Antipasto, Primo Secondo e Dessert) bevande escluse. Eventuali prenotazioni potranno essere richieste direttamente in Hotel.
  nel periodo F dal 05/8 al 25/8 soggiorno minimo 3 notti
- - Culla € 5.00 per i bambini da 0 a 3 anni in tutti i periodi
  - Bambini da 4 a 10 anni sconto del 50%
  - Colazione continental (caffè, cereali, thè, cappuccino, cioccolata, succo arancia, yogurt, flakes, fette biscottate, croissants...)
  - Letto aggiuntivo ove previsto euro 15.00 per tutti i periodi
- Sconto gruppi 10% minimo 4 persone con tre giorni di permanenza (periodo A)

1. Hotel Sa Pischedda è un agriturismo o un albergo? Quante stelle ha? *3*
2. Quanto costa una camera doppia con terrazza panoramica nel periodo di Ferragosto? È inclusa la prima colazione? *110.00 €*
3. Siete in quattro e volete pernottare per una settimana nel mese di luglio. Quale tipo di camera prendete e quanto costa? *Camera doppia uso singola standard 40.00 €*
4. Quanto pagano i bambini che hanno meno di 10 anni? *5€ o sconto di 50%*
5. Quanto si spende nel ristorante se si mangia la carne? E per il pesce? *25,00 € 30,00 €*
6. Si può aggiungere un letto nelle camere? Quanto costa? *Sì 15.00 €*

UNITÀ 9 Viaggiare: Andiamo in vacanza!

9.30 All'agenzia di viaggio. Creare una conversazione basata sulle indicazioni date.

S1: Hai passato un periodo di stress e ora vuoi riposarti al mare. Vai in agenzia di viaggio per programmare un viaggio rilassante ma con attività sportive e camera con vista sul mare. Chiedere informazioni all'agente e decidere se prenotare o no.

S2: Sei un agente di viaggio. Un giovane manager vuole informazioni per un viaggio. Rispondere alle domande del cliente a proposito di servizi, sport, prezzi. Domandare se vuole la mezza pensione. Raccomandare l'albergo Sa Pischedda, spiegando che è alta stagione.

Lo sapevi che... ?

La Sardegna, l'isola più grande del Mediterraneo dopo la Sicilia, ha una storia ricca e antica. I nuraghi sono delle interessanti case-fortezze in pietra dalla insolita forma a cono. Per lungo tempo l'economia della Sardegna si è basata sull'agricoltura e sull'allevamento delle pecore; un prodotto molto tipico è infatti il formaggio pecorino sardo. Oggi la Sardegna è una destinazione popolare per turisti provenienti da tutto il mondo.

Nuraghe Losa in Sardegna

C.2 ▶ Incontro

Destinazione: Sardegna! *Angelo e Susanna sono una giovane coppia. Stanno programmando una vacanza in Sardegna.*

SUSANNA: Amore, ti sei ricordato di andare all'agenzia di viaggio oggi?

ANGELO: Sì, tesoro. Pensavi che mi fossi dimenticato? No, no. Mi sono informato per la nostra vacanza in Sardegna.

SUSANNA: Bene! Non vedo l'ora di andarci! Hai preso qualche dépliant?

ANGELO: Naturalmente. (*Ne fa vedere tanti.*) Guarda qui… Vorrei visitare sia la Costa Smeralda che l'interno. Che ne dici?

SUSANNA: D'accordo, ma spero che tu abbia già pensato alle prenotazioni.

ANGELO: No, non pensavo che fosse necessario.

SUSANNA: Ma come? Angelo, è possibile che tu sia stato all'agenzia senza fare almeno una prenotazione? Dobbiamo sbrigarci se vogliamo trovare biglietti e posto in albergo. Dai, ora andiamo in agenzia insieme per organizzare il tutto.

In agenzia

IMPIEGATO:	Buongiorno, signora. Mi dica!
SUSANNA:	Vorremmo prenotare due biglietti aerei di andata e ritorno Pisa-Cagliari con partenza intorno a Ferragosto.
IMPIEGATO:	La disponibilità è limitata, signora, ma vediamo intanto… Oh, che colpo! Se prenotate entro domani, c'è uno sconto.
SUSANNA:	Ottimo! Senta, per la Costa Smeralda, c'è mica qualche tariffa speciale per un albergo con la pensione completa?
IMPIEGATO:	Signora, non mi chieda l'impossibile! Vediamo… Qui c'è una possibilità. Cala di Volpe, è un posto molto romantico dove trascorrere le vacanze.
ANGELO:	Me lo auguro!

CITTÀ DI SASSARI   CITTÀ DI CULTURA
WWW.COMUNE.SASSARI.IT

ATTIVITÀ

9.31 Ascoltiamo! Ascoltare bene l'**Incontro** e scegliere l'espressione che completa la frase in maniera corretta.

1. Angelo e Susanna hanno intenzione di trascorrere le vacanze
   a. in Toscana.   b. a Pisa.   c. in Sardegna.

2. Angelo è andato all'agenzia di viaggio per
   a. fare campeggio.   b. informarsi.   c. litigare.

3. Angelo vorrebbe visitare la costa della Sardegna e anche
   a. Cala di Volpe.   b. l'interno.   c. i dépliant.

4. Angelo non ha comprato i biglietti perché non gli sembrava che
   a. fosse necessario.   b. andassero in treno.   c. costassero molto.

5. Partono per le vacanze
   a. domani.   b. intorno a Ferragosto.   c. intorno a Natale.

6. Susanna vorrebbe
   a. una pensione.   b. un albergo con mezza pensione.   c. un albergo con la pensione completa.

7. L'impiegato suggerisce
   a. una tariffa speciale.   b. un posto molto romantico.   c. un campeggio.

9.32 C'è posta per te. Hai ricevuto il seguente messaggio di posta elettronica da un amico/un'amica. Completare il brano con un vocabolo o un'espressione opportuna. Poi rispondere al messaggio.

Ciao, bello/a! Fra pochi mesi è estate e tutti parlano già di _____. Quest'anno mi piacerebbe _____ in un'isola. Non so se andare in Sicilia o in Sardegna. Devo anche decidere se andare in aereo o via mare. In questo caso, è meglio _____ subito il traghetto, perché in estate sono sempre molto affollati (*crowded*). Sono stata in _____ per prendere alcuni dépliant, così posso scegliere _____ o una pensione. Non voglio spendere molto, magari andrò all'_____ per gli studenti. Che ne dici? Vuoi venire con me?

In altre parole

tesoro, amore	darling, love
sia... che...	both
intanto	in the meantime
entro una settimana, entro martedì	within, in a week, by Tuesday
me lo auguro!	I hope so!

9.33 Sostituzioni. Sostituire le parole in corsivo, adoperando un'espressione da **In altre parole**.

1. Non vedo l'ora di partire per le vacanze. Immagina, Carlo, *fra sette giorni* saremo sulle spiagge della Costa Smeralda. *entro una settimana*
2. Daniela, *stella*, puoi farmi questo piacere? *tesoro*
3. Carola *e anche* Gila amano dormire sotto le stelle. *sia... che...*
4. Vado a chiamare l'Alitalia. *Nel frattempo* può guardare questo orario perché dovrà scegliere un volo. *intanto*
5. L'agente dice che non è troppo tardi per trovare posto in un albergo decente. *Speriamo bene!* *me lo auguro!*

UNITÀ 9 Viaggiare: Andiamo in vacanza!

9.34 Sia l'uno che l'altro. Inventare una frase usando gli elementi dati, secondo il modello.

Esempio: Giulio / Antonella / andare al mare quest'estate
Sia Giulio che Antonella vanno al mare quest'estate.

1. mia madre / mio padre / volere andare in Grecia
2. l'albergo / la pensione / costare un occhio dalla testa
3. il treno / l'autobus / essere lenti
4. l'ostello / il campeggio / costare di meno
5. Roberto / Laura / fare un viaggio all'estero quest'anno

9.35 Angelo e Susanna vanno in vacanza. Come saranno le vacanze di Angelo e Susanna? Rileggere l'**Incontro** e con un altro studente/un'altra studentessa inventare la prossima conversazione tra i due. Che tipo di albergo prenoterà Susanna? Come reagirà (*react*) Angelo? Cosa faranno poi?

Esempio: **Susanna: Tesoro, che ne dici della prenotazione per Cala di Volpe? Sarà un posto romantico come ha detto l'impiegato all'agenzia? Un bel mare e poi...**
Angelo: Sarà carissimo! È di lusso ed è alta stagione. Io preferisco vedere anche l'interno della Sardegna. Pensavo che andassimo in campeggio...

C.3 ▶ Punti grammaticali

Il congiuntivo passato

Spero che l'aereo non **sia** già **partito**.	I hope the plane hasn't already left.
Sembra che Andrea **abbia dimenticato** il portafoglio.	It seems that Andrea forgot his wallet.
Sono contenta che tu **abbia ricevuto** dei bei regali per il tuo compleanno.	I'm glad you received nice gifts for your birthday.
È bene che loro **si siano informati** all'agenzia prima di partire.	It's good that they got information at the agency before leaving.

1. The past subjunctive (**il congiuntivo passato**) is used when the independent clause is in the present tense, but the action of the dependent clause occurred before that of the independent clause.

2. The past subjunctive is formed with the present subjunctive of **essere** or **avere** and the past participle of the verb.

vedere		andare	
abbia visto	abbiamo visto	sia andato/a	siamo andati/e
abbia visto	abbiate visto	sia andato/a	siate andati/e
abbia visto	abbiano visto	sia andato/a	siano andati/e

3. Compare the following:

Penso che il treno **parta**.

Penso che il treno **sia** già **partito**.

Credo che lei **mangi** ora.
I think she is eating.

Credo che il bambino **abbia** già **mangiato**.
I think the child has already eaten.

Non so se lei **vada** alla festa.
I don't know if she's going to the party.

Non so se lei **sia andata** alla festa.
I don't know if she went to the party.

ATTIVITÀ

9.36 Viaggiando. Completare ogni frase con il congiuntivo passato del verbo dato.

1. Penso che Giuseppe (andare) in Francia l'anno scorso.
2. È bene che tu (prenotare già) i biglietti aerei.
3. Sembra che i signori Simonetti (partire già) per le vacanze.
4. Spero che tu non (vedere già) questo museo.
5. Sono contenta che voi (comprare) i biglietti in anticipo.
6. Luciano pensa che Silvia (andare) all'agenzia di viaggio ieri.
7. Dubitate che noi (conoscere) Sophia Loren a Roma?
8. È male che io non (prendere) l'ombrello.

9.37 Vacanze indimenticabili. Completare il brano con il congiuntivo passato del verbo dato.

Quest'estate Laura e Marco sono andati in vacanza in Sardegna. Credo che loro (scegliere) la Sardegna perché lì il mare è davvero meraviglioso. Penso che Marco e Laura (andare) con i bambini e che (portare) anche il cane. Hanno girato l'isola in auto, quindi pare che (prendere) il traghetto da

Genova e che Marco (prenotare) il traghetto con mesi di anticipo per essere sicuro di avere il posto per l'auto. Sembra che la loro vacanza (essere) indimenticabile e che i bambini (divertirsi) un sacco. Peccato che io invece (fare già) una prenotazione in un albergo in montagna per Ferragosto!

9.38 **L'Isola dei famosi.** Il vostro amico, Pippo, è andato sull'*Isola dei famosi* dove i partecipanti devono sopravvivere con poco da mangiare, usando le proprie risorse e ciò che trovano sull'isola. Doveva tornare la settimana scorsa, ma non è tornato e voi non avete le sue notizie. Cosa è successo? Usare il congiuntivo passato per creare una conversazione basata sul modello.

Esempio: — Spero che lui non abbia avuto dei problemi.
— Dubito che Pippo...
— È probabile che lui...

Il congiuntivo trapassato

Credevo che tu **avessi** già **visitato** la Sardegna l'anno scorso.

I thought you had already visited Sardinia last year.

— Avevi paura che io non **avessi prenotato** l'albergo?
— Sì, temevo che **ti fossi dimenticato**!

— *Were you afraid I hadn't reserved a hotel room?*
— *Yes, I was afraid you'd forgotten!*

1. **Il congiuntivo trapassato** (past perfect subjunctive) is used to describe a past action in the dependent clause that preceded another past action in the independent clause. Compare the following.

il congiuntivo imperfetto
Non sapevo che lei **andasse** in Argentina.
I didn't know she was going to Argentina.

il congiuntivo trapassato
Non sapevo che lei **fosse andata** in Argentina.
I didn't know she had gone to Argentina.

Credevo che gli studenti **leggessero** la *Divina Commedia*.
I thought the students were reading the Divine Comedy.

Credevo che gli studenti **avessero letto** la *Divina Commedia*.
I thought the students had read the Divine Comedy.

2. **Il congiuntivo trapassato** is formed with the imperfect subjunctive of **essere** or **avere** and the past participle of the verb.

vedere		andare	
avessi visto	avessimo visto	fossi andato/a	fossimo andati/e
avessi visto	aveste visto	fossi andato/a	foste andati/e
avesse visto	avessero visto	fosse andato/a	fossero andati/e

ATTIVITÀ

9.39 Destinazioni turistiche. Volgere le frasi al passato, utilizzando il congiuntivo trapassato secondo il modello.

Esempio: Penso che Andrea abbia già prenotato l'albergo. Pensavo che...
Pensavo che Andrea avesse già prenotato l'albergo.

1. Mi sembra che Beppe sia andato in Sicilia.
   Mi sembrava che...
2. Sembra che Caterina sia arrivata senza problemi.
   Sembrava che...
3. Pare che i cugini siano partiti per la Spagna.
   Pareva che...
4. Enrico viaggia in prima classe benché abbia perduto il lavoro.
   Enrico ha viaggiato in prima classe benché...
5. Spero che voi siate riusciti a trovare un volo diretto.
   Speravo che...
6. È strano che Giulia e Carlo abbiano deciso di rimanere a casa.
   Era strano che...

9.40 Un malinteso (*misunderstanding*). Completare ogni frase con il congiuntivo trapassato del verbo dato.

Carola e Luigi dovevano incontrarsi alla stazione. Purtroppo era molto affollata (*crowded*); peccato che loro non (vedersi) tra la gente. Quando Carola non ha visto Luigi, pensava che lui (dimenticarsi) dell'appuntamento. Luigi invece credeva che Carola (andare già) via. Però Luigi non sapeva che Carola (aspettare) mezz'ora. Carola pensava che Luigi (dire) "Ci vediamo alle 11 alla biglietteria", mentre Luigi credeva che Carola gli (dare) l'appuntamento per le 10.30.

9.41 Nozze d'oro! I signori Volpe stanno celebrando il cinquantesimo anniversario del loro matrimonio. I loro cinque figli, con l'aiuto di molti altri parenti ed amici, hanno organizzato una festa per loro.

Dopo una ricca cena e una torta enorme, il figlio maggiore ha brindato (*toasted*) alla coppia felice. Dopo il brindisi un'orchestra ha suonato la canzone preferita dei signori Volpe e tutti hanno ballato insieme a loro. Alla fine della festa i figli hanno presentato ai genitori un bellissimo regalo: un viaggio a Parigi.

Il giorno dopo i signori Volpe parlavano con amici della festa. Con un compagno/una compagna, inventare i commenti e le reazioni usando frasi come:

—Eravamo contenti che i figli avessero organizzato...
—Io ero sorpresa che...
—Io ero felice che i nostri figli...

D ALL'AEROPORTO

D.1 ▶ Si dice così

l'accettazione	check-in (desk)	la carta d'imbarco	boarding pass
il volo diretto	nonstop flight	la dogana	customs
l'assistente di volo	flight attendant	proseguire per…	to continue on to …
la cintura di sicurezza	seatbelt	consegnare	to hand over, to give
lo scalo	stopover	imbarcare	to board
la tappa	leg (of a journey)	allacciare	to fasten
l'uscita	gate	passare la dogana	to go through customs

In attesa del volo per…

UNITÀ 9 Viaggiare: Andiamo in vacanza!

ATTIVITÀ

9.42 Viaggiando per il mondo. Completare i brani con vocaboli ed espressioni appropriati.

1. I signori Politi stanno partendo per la Sardegna. Sono all'aeroporto per il loro _____ delle 15.10. Vanno al banco Alitalia e consegnano i loro _____ all'impiegata. _____ dura solo un'ora ed è diretto: quindi non ci sono _____ da fare.

2. Lucia e Marco sono in aereo. _____ annuncia ai passeggeri che fra pochi minuti l'aereo _____. I passeggeri devono _____ le cinture di sicurezza. Il loro viaggio è molto lungo: l'aereo fa _____ a Londra prima di volare verso Tokyo. Da lì Lucia e Marco prenderanno _____ per Osaka.

3. Quando si fa un viaggio all'estero, i passeggeri devono mostrare i loro passaporti e i loro bagagli alla _____ per il controllo. Prima di salire sull'aereo, i passeggeri possono leggere il numero del loro posto sulla _____.

9.43 Voli da Cagliari. Guardare bene l'orario dei voli da Cagliari e poi rispondere alle seguenti domande.

1. Quanti voli ci sono per Pisa ogni giorno? A che ora parte il primo? Quando parte l'ultimo?
2. Quando parte il volo per Trieste? A che ora arriva a Trieste?
3. Quanti voli ci sono per Venezia? Ci sono ogni giorno? Bisogna fare scalo?

VALIDITÀ COINC.	GIORNI APT	PARTENZA ARRIVO	ARRIVO PARTENZA	VOLO VOLO
DA CAGLIARI segue				
PER				
PISA PSA				
01/10	1234567	07.05	10.35	AZ1570
	FCO	08.10	09.30	AZ1665
30/09	1234567	07.15	10.35	AZ1570
	FCO	08.20	09.30	AZ1665
	1234567	10.45	14.00	AZ1574
	FCO	11.50	13.10	AZ1667
02/10	12345	14.45	18.00	AZ1580
	FCO	15.50	17.10	AZ1669
02/10	67	14.45	18.25	AZ1580
	FCO	15.50	17.35	AZ1669
01/10	12345	14.55	18.00	AZ1580
	FCO	16.00	17.10	AZ1669
01/10	67	14.55	18.25	AZ1580
	FCO	16.00	17.35	AZ1669
30/06	1234567	16.15	20.25	AZ1582
	FCO	17.20	19.20	AZ1671
01/07 30/09	1234567	17.55	21.30	AZ1586
	FCO	19.00	20.40	AZ1673
01/10	1234567	18.00	21.30	AZ1586
	FCO	19.05	20.40	AZ1673
30/06	1234567	19.00	22.10	AZ1588
	FCO	20.05	21.20	AZ1673
01/07	1234567	19.00	22.10	AZ1588
	FCO	20.05	21.20	AZ1671

VALIDITÀ COINC.	GIORNI APT	PARTENZA ARRIVO	ARRIVO PARTENZA	VOLO VOLO
DA CAGLIARI segue				
PER				
TRIESTE segue				
30/09	1234567	20.25	23.30	AZ1590
	FCO	21.30	22.20	AZ1363
VENEZIA VCE				
	1234567	06.40	10.05	AZ1568
	FCO	07.45	09.00	AZ1463
	1234567	10.45	13.50	AZ1574
	FCO	11.50	12.45	AZ1471
02/10	1234567	14.45	17.55	AZ1580
	FCO	15.50	16.50	AZ1477
01/10	1234567	14.55	17.55	AZ1580
	FCO	16.00	16.50	AZ1477
30/09	1234567	17.55	21.00	AZ1586
	FCO	19.00	19.55	AZ1479
01/10	1234567	18.00	21.00	AZ1586
	FCO	19.05	19.55	AZ1479
	1234567	19.00	22.30	AZ1588
	FCO	20.05	21.25	AZ1481

9.44 Da Cagliari a Pisa. Sei in Sardegna per le vacanze, ma all'improvviso devi tornare a Pisa per un problema di lavoro. Telefonare ad un agente dell'Alitalia (l'altro studente/l'altra studentessa) per avere informazioni sui voli Cagliari-Pisa di domani. Chiedere quanti voli ci sono, se c'è un volo verso le undici, a che ora arriva, se bisogna fare scalo e quanto costa il biglietto.

Esempio: **Agente:** Pronto, Agenzia Alitalia. Come posso assisterLa?
Cliente: Pronto, buongiorno. Sono in Sardegna e devo tornare urgentemente a Pisa. Quanti voli ci sono da Cagliari?
Agente: Da Cagliari? Ce ne sono...

D.2 ▶ Incontro

Benvenuti a bordo°! Cristina Bianchi è una guida. Sta portando un gruppo di turisti nordamericani in Sardegna. Li incontra all'aeroporto Malpensa di Milano. Il volo non è ancora partito e quindi lei sta parlando all'altoparlante°.

on board

loudspeaker

CRISTINA: Buongiorno a tutti! Benvenuti! Costa Smeralda Tours vi ringrazia di aver scelto il nostro servizio. Sono Cristina Bianchi e sarò la vostra guida per la durata° del viaggio.

duration

Ora vi spiego come andrà questa prima parte del viaggio. Andate prima all'accettazione e riceverete le carte d'imbarco. Proseguite per l'uscita numero 5. Il nostro volo oggi fa scalo a Pisa e poi prosegue per Cagliari. Non dimenticate di allacciare le cinture di sicurezza a bordo. Ovviamente, è vietato fumare. Se avete domande, sono a vostra disposizione.

TURISTA: Scusi, signorina Bianchi, ma Lei...

CRISTINA: Lasciamo perdere le formalità—ci possiamo dare del tu! Saremo compagni di viaggio per i prossimi dieci giorni, vivremo momenti indimenticabili° di grande emozione, e vedremo insieme qualche posticino davvero speciale.

unforgettable

TURISTA: Grazie, Cristina. Ma scusa, una domanda: cosa devo fare se ho perso il passaporto?

CRISTINA: Sai come dicono, "Chi non ha testa, ha gambe"! Conviene rivolgersi subito ai Carabinieri.

ATTIVITÀ

9.45 Ascoltiamo! Che cosa ha detto? Leggere bene le seguenti frasi. Poi ascoltando l'**Incontro** indicare l'ordine giusto.

_____ Non dimenticate di allacciare le cinture...
_____ Sarò la vostra guida per la durata del viaggio.
_____ Vedremo insieme qualche posticino davvero speciale.
_____ Vi ringrazia di aver scelto il nostro servizio.
_____ Andate prima all'accettazione e riceverete le carte d'imbarco.
_____ Ovviamente, è vietato fumare.

9.46 Paura di volare? Fare le seguenti domande ad un compagno/una compagna.

1. Ti piace viaggiare in aereo? Hai volato molto? Dove?
2. Hai paura di volare? Qual è la parte del volo che ti piace di meno?
3. Qual è il volo più lungo che hai mai fatto? Cosa fai di solito durante un volo?
4. Quando è stata l'ultima volta che hai viaggiato in aereo? Com'è andato? Quale linea hai preso?
5. Ci sono voli diretti per l'Italia dalla tua città? Con quale linea? Se uno vuole andare in Italia dalla tua città, come deve fare?

9.47 Al banco dell'accettazione. Una persona è l'agente dell'Alitalia, l'altra è un viaggiatore che prende un volo da Cagliari per Pisa. Inventare una conversazione in cui l'agente chiede il biglietto, se il viaggiatore vuole il posto finestrino e chiede anche del bagaglio (*baggage*). Il viaggiatore chiede del volo, delle condizioni del tempo, se c'è un ritardo, ecc.

In altre parole

darsi del tu/del Lei	*to use the tu form / Lei form with each other*
un posticino	*a nice little spot*
è vietato	*it is prohibited*
conviene	*it's a good idea, it's worthwhile*
subito	*right away*

9.48 A te la parola! Cosa dici nelle seguenti situazioni?

1. Su un volo Torino–Roma c'è una persona che accende una sigaretta. *è vietato*
2. Un tuo amico ti chiede di preparare un panino per lui, ha una fame da lupi e non mangia da ieri. *subito*
3. Una tua amica vuole andare al mare, ma non dove vanno tutti i turisti. Ti chiede di suggerire una spiaggetta. *un posticino*
4. Sei in aereo e dopo un quarto d'ora di piacevole conversazione con un altro passeggero, proponi di essere più informale con questa persona. *darsi del tu*

Lo sapevi che...?

Le persone che vivono in Sardegna sono sardi. Chi viene da Milano è milanese, chi viene da Firenze è fiorentino. Sai da quale città provengono i napoletani, i parmigiani, i torinesi, i palermitani, i piacentini, i veneziani, gli aretini, i baresi, i perugini e i pescaresi? Riesci a trovare queste città sulla cartina?

9.49 Un viaggio orrendo. È vero che quando si viaggia le cose non vanno sempre perfettamente. Immaginare un viaggio in aereo dove ogni particolare del viaggio finisce male e poi raccontarlo ad un compagno/una compagna. Alcune situazioni possibili: ritardi, voli cancellati, cattivo tempo, compagni di viaggio antipatici, cibo disgustoso, ecc.

Esempio: — Non puoi immaginare che viaggio spaventoso ho fatto! C'era accanto a me una signora che parlava continuamente di... Per quattro ore ho dovuto... Finalmente...
— Figurati! Ma che brutto! Però, ascolta questo...

UNITÀ 9 Viaggiare: Andiamo in vacanza!

9.50 Mi conviene oppure no? Domandare a un compagno/una compagna se conviene o meno fare le seguenti cose. Spiegare a turno perché.

Esempio: andare in Italia con la nave
— Secondo te, mi conviene andare in Italia con la nave?
— No, non ti conviene. Costa molto e ci vuole troppo tempo.

1. lasciare gli studi universitari e viaggiare per il mondo
2. affittare un appartamento a giugno e andarci a vivere a settembre
3. aspettare i saldi per comprare l'ultimo modello di stivali Ferragamo
4. comprare un vecchio MP3 su eBay
5. viaggiare in Italia in prima classe

D.3 ▶ Punti grammaticali

I negativi

Non mi piace **affatto** quel ristorante.	*I don't like that restaurant at all.*
Non ho mangiato **nulla** tutto il giorno.	*I didn't eat anything all day.*
Non c'era **nessuno** all'accettazione.	*There was no one at the check-in desk.*
Non beve **né** il tè **né** il caffè.	*He drinks neither tea nor coffee.*
Non è successo **niente**.	*Nothing happened.*

Positive	Negative
qualcuno	nessuno
qualcosa	niente, nulla
tutto	nessuno, niente, nulla
tanto, molto	nessuno, niente, nulla
ancora	più
molto	affatto, per niente
già	ancora
e/o	né...né
sempre, qualche volta	mai
anche, pure	neanche, neppure, nemmeno

1. In addition to the simple negative formed by placing the word **non** before the verb, there are several other negative expressions that are used in combination with **non**.

non… nulla, niente	*nothing*
non… nessuno	*nobody*
non… nessuno/a	*not any, not one*
non… affatto	*not at all*
non… più	*not anymore*
non… mai	*never*
non… ancora	*not yet*
non… né… né	*neither … nor*
non… neanche, neppure, nemmeno	*not even*

The usual construction of these expressions is **non** + *verb* + *second negating word*.

Non andiamo **più** in quella spiaggia.	*We don't go to that beach anymore.*
Non ha **neanche** il tempo per respirare.	*He hasn't even got the time to breathe.*
Non vengo io e **non** viene **neppure** Giuseppe.	*I'm not coming and neither is Giuseppe.*

2. With compound verbs, **ancora, più,** and **mai** are generally placed between the auxiliary verb and the participle.

Non ho **ancora** visto il Taj Mahal.	*I haven't seen the Taj Mahal yet.*
— E Gino? — **Non** l'ho **più** visto.	*— And Gino? — I didn't see him again.*
Tina **non** ha **mai** visto quel film.	*Tina has never seen that film.*

3. **Nessuno, niente,** and **nulla** may be used as subjects. Used in this way, they precede the verb and **non** is not used.

Niente funzionava in quell'ufficio. *Nothing worked in that office.*
Nessuno ha potuto rispondere. *No one could answer.*

4. **Nessuno** can be a pronoun or an adjective. As an adjective, it expresses the idea *not any, not a single one*. It follows the same pattern as the indefinite article **uno**. The noun that it modifies is always in the singular.

Non ha **nessuna** prenotazione per il volo. *He has no reservation for the flight.*
Non hai fatto **nessuno** sbaglio all'esame. *You didn't make any mistakes on the exam.*
La libreria **non** ha **nessun** libro di fantascienza. *The bookstore doesn't have a single science-fiction book.*
Non ho **nessuna** voglia di uscire. *I have no desire to go out.*

ATTIVITÀ

9.51 Risposte negative. Rispondere alle domande usando l'espressione negativa indicata.

Esempio: Chi c'è alla porta? (nessuno)
Non c'è nessuno.

1. Hai visitato il Giappone? (mai)
2. C'è il Muro a Berlino? (più)
3. Ti sei laureato/a? (ancora)
4. Che cosa fai stasera? (niente)
5. Hai molti amici tedeschi? (nessuno)
6. Conosci personalmente Leonardo Di Caprio? (affatto)
7. Parli il russo e il cinese? (né... né)
8. Dormi spesso negli alberghi a quattro stelle? (mai)

9.52 Non è vero per niente. Cambiare la frase al negativo secondo il modello.

Esempio: Ho una macchina.
Non ho nessuna macchina.

1. C'è qualcuno al telefono.
2. Andavamo sempre in vacanza al mare.
3. Dormo ancora con l'orsacchiotto (*teddy bear*).
4. Da bambini, mangiavamo i fagioli e i piselli.
5. Conosco molte persone a Berlino.
6. Giulia ha bevuto la birra e il vino.
7. Ho una motocicletta giapponese.
8. Parlo già correntemente l'italiano.

9.53 Non ho niente da dichiarare *(to declare)*! Arrivi all'aeroporto internazionale di Fiumicino. Quando passi la dogana, l'agente sospettoso ti fa alcune domande. Rispondere con espressioni negative.

1. Che cosa ha da dichiarare?
2. Ci sono piante o prodotti alimentari dentro la valigia?
3. Ha più di duemila dollari?
4. Ha parenti in Italia?
5. Ha mai avuto contatto con ribelli politici?
6. È mai stato/a arrestato/a?
7. Che cosa c'è dentro quella borsa?

9.54 Albergatori bugiardi *(liars).* Il dépliant diceva che l'albergo è di prima categoria, frequentato da VIP internazionali. Spiegava che l'albergo ha camere comodissime e spaziose e che ci sono la piscina, il campo da tennis, il minigolf. Diceva pure che c'è sempre qualcuno a tua disposizione e che ti puoi divertire in ogni momento della giornata. Dopo due giorni, hai capito che gli albergatori sono bugiardi. Torni dal soggiorno e ti lamenti con il tuo agente di viaggio. Con un compagno/una compagna, create una conversazione seguendo l'esempio.

Esempio: Agente: Buongiorno! Com'è andato il viaggio?
                 Cliente: Male... malissimo! Non è andato affatto bene.
                 Agente: Come? Cos'è successo?
                 Cliente: Dove cominciare? ...

9.55 Esperienze personali. Fare le seguenti domande ad un altro studente/un'altra studentessa.

1. Che cosa non hai mai fatto e invece vorresti fare?
2. Che cosa non fai più di ciò che facevi una volta?
3. Quali città e quali monumenti vorresti visitare che non hai ancora visto?
4. Che cosa non ti piace affatto? Perché?
5. Che cosa non faresti mai? Perché?
6. C'è una cosa che nessuno sa fare meglio di te?

Un pastore sardo

UNITÀ 9 Viaggiare: Andiamo in vacanza!

- **Leggiamo italiano!** *Anticipating and hypothesizing*
- **Dove andiamo in vacanza?**
- **La Sardegna: Lontano da ogni luogo comune**
- **Scriviamo italiano!** *Writing an e-mail*
- **Come disse... Grazia Deledda**
- **Musica, maestro!**
  "Mamma mia dammi cento lire", Fabrizio Poggi e Turututela
- **Ciak! Italia**

BCS — For self-tests and additional practice, and for access to the Video and video activities, go to the Book Companion Site, accessible at www.wiley.com/college/branciforte

Il mare limpido di una spiaggia in Sardegna

Leggiamo italiano!

Anticipating and hypothesizing

Before you read a text, it is helpful to anticipate its focus and content. Gather clues from the title and the format as well as from visual aids, such as photos. What might you hypothesize the article to be about? Follow up by skimming the text for key words, especially cognates, to confirm or refine your hypothesis.

ATTIVITÀ DI PRE-LETTURA

9.56 Sostituzioni. Trovare nella colonna a destra una parola o un'espressione con un significato simile a quello di ogni parola in corsivo.

1. le città *si svuotano* d'estate D
2. il 70% *possiede* una casa per le vacanze F
3. un periodo di *riposo* al mare B
4. i campeggi sono *affollati* E
5. molti studenti fanno le vacanze *all'estero* C
6. i turisti *si spingono* in ogni direzione A

a. vanno
b. tranquillità
c. fuori dall'Italia
d. diventano vuote
e. pieni di gente
f. ha

9.57 Che cosa vuol dire "vacanze" per voi? Guardare la seguente lista di parole ed espressioni e sceglierne cinque che tu associ all'idea di "vacanze". Poi spiegare al compagno/alla compagna quali termini hai scelto e perché. Puoi aggiungere altre espressioni, a piacere.

Esempio: — Perché il mare ti ricorda le vacanze?
— Perché a Ferragosto faccio sempre i bagni in mare.

andare all'estero   la chiusura delle scuole   cambiare aria
i boschi   il caldo soffocante   riposare
l'estate   il grande silenzio   la montagna
il mare   i laghi   studiare
le città deserte   lo zaino in spalla   sciare
i negozi e gli uffici chiusi   l'ombrellone   il tempo libero

▶ Dove andiamo in vacanza?

Il mese di agosto in Italia è sinonimo di ferie. Le grandi città si svuotano: le strade sono deserte. Negozi, uffici e fabbriche sono chiusi e la gente lascia il caldo soffocante per trovare il fresco al mare, sotto l'ombrellone, o in montagna, tra laghi e boschi.

Fin dal primo anno di lavoro, ogni impiegato o operaio può contare generalmente su tre settimane di ferie in estate. Recenti statistiche rivelano che circa il 70% degli Italiani possiede una casa per le vacanze dove trascorrere le proprie ferie. È molto importante per gli Italiani "cambiare aria". Spesso le famiglie programmano un periodo di riposo al mare seguito da un successivo periodo in montagna.

Anche durante l'autunno o in primavera, quando capita un ponte°, la meta preferita per molti Italiani è una città d'arte. L'Italia è un paese ricco di storia e di cultura e gli Italiani amano esplorare il loro paese, conoscerne l'arte o scoprire la cucina delle varie regioni. Molto di moda sono i beauty farm o le terme dove trascorrere un weekend all'insegna del relax e benessere, con massaggi, fanghi e acque termali.

° long weekend

Agli Italiani piace molto viaggiare: i turisti italiani si spingono in ogni direzione del mondo, spesso a gruppi o in comitive°. Per programmare le loro vacanze, gli Italiani prendono informazioni nelle numerose agenzie di viaggio presenti in tutte le città, o dai siti Internet dedicati al turismo. Dai tempi di Marco Polo e Cristoforo Colombo fino ai nostri giorni, gli Italiani hanno sempre girato il mondo. Ma anche quando scelgono di rimanere a casa, il panorama ricco e vario della penisola italiana offre agli Italiani invidiabili° mete° turistiche dalla Sicilia fino alle Dolomiti.

° group, party

° enviable / destinations

La natura incontaminata in Sardegna

ATTIVITÀ

9.58 Comprensione: completare le frasi. Completare in maniera corretta le seguenti frasi con parole ed espressioni dalla lettura.

1. Ad agosto le grandi città italiane... *si svuotano: le strade sono deserte*
2. Sono chiusi... *fabbriche e uffici, e negozi*
3. I lavoratori generalmente ricevono... *tre settimane di ferie in estate*
4. Più della metà degli Italiani hanno... *una casa per le vacanze dove trascorrere le proprie ferie.*
5. Spesso gli Italiani, dopo un periodo al mare, vanno... *in montagna*
6. Per informazioni sul turismo, gli Italiani vanno... *nelle numerose agenzie di viaggio presenti in tutte le città.*

9.59 Due mondi a confronto. Discutere le differenze tra il tuo paese e l'Italia per quanto riguarda le vacanze e i viaggi. Parlare dei seguenti argomenti.

- periodo di tempo dedicato alle vacanze *usually 1 week, not 3 or 4*
- destinazioni turistiche *Italia, Europa, e isole dei Caraibi*
- mezzi di trasporto più comuni ~~flights~~ *by plane not train like in Europe*
- attività preferite per le vacanze *skiing or going to the beach*
- una tipica vacanza italiana in confronto a una tipica vacanza nel tuo paese

Unless Americans are going to the beach, their vacations will be fast paced w/ lots of sight-seeing. Italians are ~~more~~ probably more laid back.

9.60 Spunti di conversazione. Discutere i seguenti argomenti per poi presentare le vostre conclusioni alla classe.

1. Qual è la destinazione turistica dei vostri sogni? Scegliere il luogo ideale delle vostre vacanze e spiegare alla classe perché lo avete scelto.
2. I preparativi: cosa bisogna fare prima di partire per una vacanza di tre settimane in un paese straniero? Discutere come organizzate il vostro programma e che cosa fate prima di partire.
3. Vacanza-studio: vi piace l'idea? Dove vorreste andare per una vacanza-studio e perché?

▶ La Sardegna: Lontano da ogni luogo comune

ATTIVITÀ DI PRE-LETTURA

9.61 Parole simili. Trovare nel seguente brano le parole italiane corrispondenti alle seguenti parole in inglese.

uncontaminated	recent	vacationing	enchanted
antique	prehistoric	visible	promontory
erected	visitors	invaded	excursions
anthropomorphic	constructed		

9.62 L'espressione giusta. Trovare nel brano le espressioni in italiano che corrispondono alle seguenti frasette in inglese e scriverle accanto all'espressione data.

wild mountains	_____
the real face	_____
perfect for hiking and climbing	_____
the roots of this settlement	_____
a woods of maritime pine trees	_____
to have luckily survived a shipwreck	_____
hundreds of skewers with meat	_____

9.63 Indizi. Guardando il tuo elenco di parole e espressioni dalle attività precedenti, insieme al titolo dell'articolo e le foto, qual è la tua ipotesi sui contenuti? Di che si tratta?

UNITÀ 9 Viaggiare: Andiamo in vacanza!

Elisabetta Loi/Sardinia Photo Event

M ontagne selvagge e spiagge incontaminate. Chi vuole conoscere il vero volto della Sardegna non può non fare tappa a Santa Maria Navarrese, approdo turistico ogliastrino, sviluppatosi solo di recente. I grandi flussi vacanzieri non l'hanno ancora invaso; sono, invece, gli amanti delle calette isolate e tranquille o delle zone impervie, perfette per dedicarsi al trekking o alle arrampicate, ad avere nel cuore questo scorcio d'isola affacciato sulla costa occidentale.

A piedi, appena pochi passi fuori dal porto percorrendo via Lungomare, si raggiunge il centro del borgo, nato come luogo di villeggiatura degli abitanti di Baunei, di cui Santa Maria Navarrese è una frazione, e sviluppatosi in seguito come meta turistica. Le radici di questo insediamento, però, sono ben più antiche e ancora visibili. Girando a sinistra, superata la piazzetta, si raggiunge il piccolo promontorio dove sorge la Torre spagnola costruita in funzione antibarbaresca alla fine del XVIII secolo. Da qui, a ridosso di un bosco di pini marittimi, inizia la bellissima spiaggia del paese.

Elisabetta Loi/Sardinia Photo Event

Dall'alto: la Marina di Baunei; il betilo preistorico antropomorfo di S. Pietro al Golgo, pietra conica in basalto raffigurante il principio cosmico maschile o femminile, presso Baunei; il paesaggio dell'altopiano calcareo del Golgo.

Elisabetta Loi/Sardinia Photo Event

Il territorio di Baunei, volto arcaico e selvaggio dell'isola

Riprendendo via Lungomare, si sbuca di fronte alla chiesa di Santa Maria, eretta nel 1052; secondo la leggenda, a fondarla sarebbe stata Isabella, figlia del re di Navarra, in segno di ringraziamento alla Madonna per essere fortunosamente scampata a un naufragio. Vero o no, il paese ha tratto da questa leggenda il suo nome attuale. Il cortile attorno alla chiesetta è contraddistinto dalla presenza di alcuni olivastri millenari, il più alto dei quali oltrepassa i 9 metri. È qui che a Ferragosto si svolgono la festa della patrona e la frequentatissima "Sagra della capra". Centinaia di spiedi con la carne vengono allineati davanti a un lungo serpentone di brace. La gente del paese si affanna a servire piatti ai visitatori, accompagnandoli con un bicchiere di vino rosso locale e una generosa porzione di fragrante pane tipico.

Per visitare i posti incantati dell'entroterra alle spalle di Santa Maria occorrono buoni piedi o un fuoristrada.

ATTIVITÀ

9.64 Comprensione.

1. Questo posto si chiama
   a. Santa Maria Navarrese.   b. Santa Maria Novella.   c. Santa Teresa di Gallura.

2. Le origini di questo posto sono
   a. arabe.   b. spagnole.   c. francesi.

3. A Ferragosto c'è la sagra
   a. della capra.   b. del pecorino sardo.   c. dell'oliva.

4. La gente del paese serve ai visitatori
   a. un pollo arrosto e vino bianco.
   b. pane tipico e vino rosso.
   c. formaggio di capra.

5. Per visitare l'entroterra, bisogna
   a. camminare molto.
   b. arrampicarsi sulle rocce.
   c. avere una macchina sportiva.

9.65 Sardegna, terra di sorprese (*surprises*). Siete due impiegati dell'Azienda Autonoma di Soggiorno (*Tourist Board*) della Sardegna. Dovete preparare una presentazione per un gruppo di "tour operators" internazionali. Basandovi su tutte le informazioni presentate in questa unità, preparate un discorso di presentazione sulla Sardegna.

9.66 Un convegno in Sardegna. Lavorate per un'azienda di pubbliche relazioni (PR) e dovete organizzare un convegno (*convention*) in Sardegna. Preparate una presentazione per il vostro cliente, una grande azienda di telecomunicazioni. Dov'è l'albergo? Com'è l'albergo? Quali monumenti turistici visiteranno i clienti?

Scriviamo italiano!

Writing an e-mail

Much of our written communication now takes the form of an e-mail, even for business purposes, such as requesting information or inquiring about things like reservations. Here are some useful phrases for writing more formal e-mail messages in Italian.

Egregio Signore,	Dear Sir,
Gentile Elisabetta Rossi,	Dear Elisabetta Rossi,
Stimato Dottor Negri,	Dear Dr. Negri, (more formal)
Le scrivo per richiedere...	I am writing to request . . .
In seguito alla nostra conversazione telefonica del 3 marzo...	Following our telephone conversation of March 3 . . .
La pregherei di inviarmi via fax / via e-mail...	I would ask that you send me via fax / via e-mail . . .
In allegato troverà...	Attached please find . . .
Attendo notizie.	I await your reply.
In attesa di un Suo gentile riscontro,	I await your reply. (more formal)

ATTIVITÀ

9.67 Hotel Bellavista. Scrivere un messaggio di posta elettronica all'albergo Hotel Bellavista in Sardegna per richiedere un dépliant ed alcune informazioni sulla disponibilità per il mese di agosto. Specificare se si preferisce la camera singola o matrimoniale, quali attività si intendono praticare, domandare quali sono i servizi disponibili, ecc.

9.68 Gentile cliente... Rispondere alla precedente e-mail, cercando di convincere il cliente che il vostro albergo è il migliore della Sardegna. Descrivere in dettaglio i servizi offerti e le bellezze del luogo.

Come disse... Grazia Deledda
(1871–1936)

da *Canne al vento*

"...Ma perché questo, Efix, dimmi, tu che hai girato il mondo: è da per tutto° così? Perché la sorte° ci stronca° così, come canne°?"   *everywhere / fate strike down / reeds*

"Sì", egli disse allora, "siamo proprio come le canne al vento, donna Ester mia. Ecco perché! Siamo canne e la sorte è il vento".

"Sì, va bene: ma perché questa sorte?"

"E il vento, perché? Dio solo lo sa".

"Sia fatta allora la sua volontà", ella disse chinando° la testa sul petto°: e vedendola così piegata°, così vecchia e triste, Efix si sentì quasi un forte. E per confortarla pensò di ripeterle uno dei tanti racconti del cieco°.   *bending / chest bent blind man*

Musica, maestro!

Usando Internet, cercare "Mamma mia dammi cento lire" di Fabrizio Poggi e Turututela e ascoltare la canzone più di una volta. Questa canzone, dall'album *La storia si canta*, racconta la storia di un viaggio. Chi vuole fare il viaggio e dove vuole andare? Cosa succede a questa persona? Arriva al suo destino?

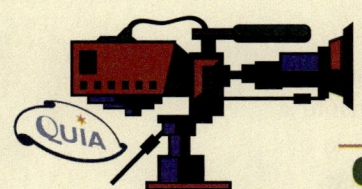

Ciak! Italia

Anna, Francesco e Gaetano al mare in Liguria

9.69 Andiamo al mare! Prima di vedere il videoclip, indica quali cose porteresti al mare con te. Se ci sono cose che non vedi nell'elenco, aggiungile!

____ una radio   ____ un giornale

____ un MP3   ____ una tenda

____ un ombrellone   ____ un libro

____ una sdraio   ____ una tela, un asciugamano

____ uno zaino   ____ un costume da bagno

____ una bicicletta   ____ un portafoglio, i soldi

____ gli occhiali da sole   ____ un maglione

UNITÀ 9 Viaggiare: Andiamo in vacanza!

9.70 Chi l'ha detto? Mentre guardi il videoclip, ascolta bene per poi indicare se le seguenti frasi si applicano ad Anna (**A**) o a Francesco (**F**).

1. _____ Veniva sempre durante l'estate al mare in Liguria.
2. _____ Deve portare tutte le cose per la spiaggia senza aiuto.
3. _____ Vuole mangiare il pranzo.
4. _____ Ha paura di essere in ritardo per incontrare Gaetano.
5. _____ Ha caldo ed è sudato/a.
6. _____ Ha spiegato tutto su Portovenere durante il viaggio in treno.
7. _____ È contento/a di essere in vacanza e non vuole fare niente.
8. _____ Parla di Byron che veniva a Portovenere per nuotare.

9.71 O sole mio! Immaginare una visita a Portovenere insieme ad Anna e Francesco. Dove andrai e cosa farai insieme a loro? Che cosa vedrete? Mangerete durante la visita? Che cosa e dove? Di che cosa parlerai insieme a loro? Descrivi le tue attività mentre fai un giro a Portovenere, scrivendo almeno sei frasi complete.

Vocabolario

Le ferie

gli auguri	(best) wishes, congratulations
il bagaglio	baggage, luggage
il bagaglio a mano	carry-on bag
feriale (adj.)	weekday
la festa	party, holiday
festivo (adj.)	weekend day, holiday
i fuochi d'artificio	fireworks
la processione	procession
la sagra	traditional local festival
la settimana bianca	winter vacation week traditionally spent skiing
la valigia	suitcase
il viaggio	trip
celebrare, festeggiare	to celebrate
fare la valigia	to pack a suitcase
trascorrere le vacanze	to spend one's vacation

Alla stazione ferroviaria

l'andata e ritorno	round trip
l'arrivo	arrival
la biglietteria	ticket office
il binario	platform
la carrozza, il vagone	railway car
la coincidenza	connection
il controllore	conductor
il facchino	porter
il finestrino (di auto, di treno)	(car, train) window
la partenza	departure
il/la passeggero/a	passenger
il/la pendolare	commuter
il posto (a sedere)	seat
la prima classe	first class
il ritardo	delay
la seconda classe	second class
lo sportello	ticket window
il treno	train
essere in orario	to be on time
essere in partenza, in arrivo	to be leaving, arriving
fare il pendolare	to commute
perdere il treno	to miss the train
timbrare il biglietto	to stamp, validate a ticket

All'agenzia di viaggio

l'agiturisimo	farm holiday
l'alta / la bassa stagione	high / low season
l'auto a noleggio	rental car
il dépliant	brochure
la destinazione	destination
la disponibilità	availability
le informazioni (f. pl.)	information
l'ospite (m. or f.)	guest
l'ostello	hostel
la prenotazione	reservation
il programma	travel plans
la tariffa	rate, price
mezza pensione	breakfast and dinner
pensione completa	all meals
economico	cheap
fare una prenotazione, prenotare	to reserve, make a reservation
informarsi	to find out
noleggiare	to hire, to rent
pernottare	to spend the night

All'aeroporto

l'accettazione	check-in (desk)
l'assistente di volo	flight attendant
l'atterraggio	landing
la carta d'imbarco	boarding pass
la cintura di sicurezza	seatbelt

UNITÀ 9 Viaggiare: Andiamo in vacanza!

il decollo	takeoff		
la dogana	customs		
lo scalo	layover, stopover		
la tappa	leg (of a journey)		
l'uscita	gate		
il volo diretto	nonstop flight		

Altre parole ed espressioni

amore (m.)	love
andare a monte	to come to nothing
conviene	it's a good idea, it's worthwhile
da nessuna parte	nowhere
darsi del tu, del Lei	to use the **tu** form, **Lei** form with each other
eccomi, eccoti, eccolo, eccola, ecc.	here I am, here you are, here he is, here she is, etc.
è vietato	it is prohibited
entro (una settimana)	within, in (a week)
intanto	in the meantime
lasciar perdere	to forget about it
me lo auguro!	I hope so!
mica tanto	not really
per un pelo	by the skin of one's teeth
però!	wow!
posticino (m.)	nice little spot
quasi quasi	just maybe, possibly
sia... che...	both
subito	right away
sudato fradicio	soaked with sweat
tesoro	darling
un sacco di...	a ton of . . .

a bordo	on board
allacciare	to fasten (e.g., seatbelt)
atterrare	to land
consegnare	to hand over, to give
decollare	to take off
imbarcare	to board
passare la dogana	to go through customs
proseguire per...	to continue on to . . .
volare	to fly

I negativi

non... affatto	not at all
non... ancora	not yet
non... mai	never
non... né... né	neither . . . nor
non... neanche	not even
non... nemmeno	not even
non... neppure	not even
non... nessuno	nobody
non... nessuno/a	not any, not one
non... nulla, niente	nothing
non... più	not anymore

UNITÀ 10

DIVERTIRSI
Usciamo stasera!

L'attrice italiana Monica Bellucci a Cannes

COMMUNICATIVE GOALS

- Talking about hypothetical situations
- Talking about what we wish would happen
- Modifying words
- Talking about theater, cinema, and music
- Specifying how long something has been going on

A GLI SPETTACOLI, IL TEATRO E IL CINEMA

A.1 ▶ Si dice così

lo spettacolo	*show*	**la prima**	*opening night*
la rappresentazione	*performance*	**la replica**	*repeat performance*
il commediografo,	*playwright*	**il fiasco**	*flop*
il drammaturgo		**il dramma**	*drama*
il critico	*critic*	**la commedia**	*comedy*
la recensione	*review*	**la tragedia**	*tragedy*
il/la protagonista	*protagonist*	**recitare**	*to act, to speak lines*
il ruolo	*role*	**applaudire**	*to applaud*
il successo	*success*	**girare un film**	*to film*
lo schermo	*screen*		

ATTIVITÀ

10.1 C'è qualcosa che non va! Trovare l'elemento che non corrisponde alla definizione data.

1. Quale di queste parole non è una parte del teatro?
   le quinte   il palcoscenico   il fiasco   la scenografia

2. Quale non è un genere (*genre*) teatrale?
   il regista   la tragedia   il dramma   la commedia

3. Qual è una cosa che non fa il pubblico?
   guardare   recitare   ascoltare   applaudire

4. Quale non è una persona?
   il critico   il regista   l'attrice   la recensione

10.2 Le definizioni. Trovare nella lista **Si dice così** i vocaboli che corrispondono alle seguenti definizioni.

1. chi scrive la recensione
2. quello che fa il pubblico se lo spettacolo piace
3. il personaggio principale di un'opera teatrale o di un film
4. un uomo che interpreta un ruolo in un film
5. uno spettacolo che non piace al pubblico
6. quello che fa un regista

10.3 L'ultimo spettacolo. Descrivere ad un compagno/una compagna l'ultimo spettacolo che hai visto. Come s'intitolava? Chi era l'autore? Che genere era, una commedia o un dramma? Chi era il regista? Gli attori hanno recitato bene? Com'era la scenografia? Dove e quando hai visto lo spettacolo? Ti è piaciuto? È stato un successo o un fiasco?

> **Lo sapevi che...?**
>
> La tradizione teatrale in Italia risale al (*dates back to the*) sedicesimo secolo, con la Commedia dell'arte. Famoso per le sue commedie in rima è **Carlo Goldoni,** che visse a Venezia nel Settecento. Tra i nomi illustri del teatro italiano moderno ricordiamo **Luigi Pirandello** (nato in Sicilia), che scrisse il celeberrimo (*very famous*) *Sei personaggi in cerca d'autore;* il napoletano **Eduardo De Filippo,** che ha scritto testi in dialetto napoletano come *Filumena Marturano;* e **Dario Fo,** vincitore del Premio Nobel nel 1997 per il suo teatro politico-satirico.

UNITÀ 10 Divertirsi: Usciamo stasera!

10.4 Al Teatro Lirico. Guardare il programma per la stagione del Teatro Lirico e poi rispondere alle domande.

---

al Teatro Lirico/Compagnia di Teatro di Luca De Filippo
da martedì 16 gennaio a domenica 4 febbraio
Uomo e galantuomo
feriali ore 20.30
domenica ore 16
pomeridiana per le scuole 18 gennaio ore 15

di Eduardo De Filippo
regia di Luca De Filippo
scene di Bruno Garofalo
con Luca De Filippo, Angela Pagano e Nicola Di Pinto

Elledieffe - Compagnia di Teatro di Luca De Filippo

---

al Teatro Lirico/Compagnia di Teatro di Luca De Filippo
da martedì 6 a domenica 18 febbraio
Il contratto
feriali ore 20.30
domenica ore 16

di Eduardo De Filippo
regia di Luca De Filippo
scene di Bruno Garofalo
costumi di Silvia Polidori
con Luca De Filippo, Angela Pagano e Nicola Di Pinto

Elledieffe - Compagnia di Teatro di Luca De Filippo
Taormina Arte

---

1. Come si intitolano le due commedie in programma?
2. Chi è l'autore delle commedie?
3. Chi è il regista delle due produzioni? Chi sono gli attori?
4. Quando cominciano le rappresentazioni di *Uomo e galantuomo*? E quando va in scena *Il contratto*?
5. Se uno vuole vedere *Il contratto* di venerdì, a che ora comincia lo spettacolo? E di domenica?
6. Quale titolo ti interessa di più? Perché?

A.2 ▶ Incontro

Che facciamo di bello stasera? *È venerdì. Ugo telefona a Cecilia per fare un programma per la serata.*

UGO:	Pronto? Ueh, Cecilia, sono io. Che fai di bello?
CECILIA:	Oh, ciao, Ugo. Niente di particolare. Ho sentito Anto e Ale poco fa. Magari se ci fosse qualche film interessante, potremmo tutti andare al cinema.
UGO:	Io ti propongo il teatro, invece. Ho due biglietti per una commedia di Eduardo De Filippo.
CECILIA:	Uffa! Lascia perdere il teatro per una volta! Se fossi in te, darei i biglietti a Riccardo e Emma, loro hanno il pallino del teatro.
UGO:	E se andassimo al cinema stasera, verresti con me a teatro domani?
CECILIA:	Ci sto! Aspetta, do un'occhiata al giornale… All'Ariston danno l'ultimo di Marco Tullio Giordana. Se no, al Nazionale c'è un vecchio film di Benigni. Ah, ho trovato, all'Odeon c'è quel film romantico con la Bellucci…
UGO:	La Bellucci? Ci sto!

Lo sapevi che...?

La **Mostra Internazionale d'Arte Cinematografica** di Venezia è uno dei più importanti festival del cinema e ha luogo ogni anno a settembre nella città della laguna. A Roma, invece, c'è Cinecittà, chiamato anche "Hollywood sul Tevere", il grande complesso di studi cinematografici dove girano film registi italiani e stranieri. E a Torino, esiste il Museo Nazionale del Cinema, inaugurato nel 2000 dentro la Mole Antonelliana.

film famosi

Film	Regista	Anno
Roma, città aperta	Rossellini	1945
Ladri di biciclette	De Sica	1948
La dolce vita	Fellini	1960
Pasqualino Settebellezze	Wertmüller	1975
Nuovo Cinema Paradiso	Tornatore	1988
Mediterraneo	Salvatores	1990
Caro diario	Moretti	1993
Il postino	Radford	1994
La vita è bella	Benigni	1998
La meglio gioventù	Giordana	2003
Gomorra	Garrone	2008

ATTIVITÀ

10.5 Ascoltiamo! Leggere bene l'elenco prima di ascoltare l'**Incontro**. Poi, ascoltando, indicare con un numero l'ordine in cui vengono menzionate le seguenti cose.

_____ Riccardo e Emma
_____ la Bellucci
_____ Anto e Ale
_____ film che danno all'Odeon e all'Ariston
_____ una commedia di Eduardo De Filippo
_____ il pallino del teatro

10.6 Preferenze personali. Intervistare un compagno/una compagna per sapere...

- se va spesso al cinema. Quante volte alla settimana o al mese?
- che tipo di film preferisce.
- attore/attrice preferito/a, regista preferito/a.
- se preferisce vedere i film al cinema o in DVD.
- se va mai a teatro; che tipo di spettacolo gli/le piace.
- se conosce qualche film italiano. Quale?

10.7 Andiamo al cinema! Siete due amici che vorrebbero andare al cinema. Guardare la pagina del giornale a pagina 414 per vedere quali film danno stasera e decidere insieme quale film vedere, a quale cinema e a che ora.

Esempio: — All'Apollo stasera danno il nuovo film su Mussolini, *Vincere*. Lo spettacolo inizia alle 19.30 o alle 21.50. Preferisci andare al primo spettacolo, o a quello dopo?
— Perché non vediamo una commedia, invece. Al Ducale danno...
— Mi piacerebbe vedere un film drammatico, o al limite un thriller... Perché non andiamo a vedere... ? È al...

UNITÀ 10 Divertirsi: Usciamo stasera!

Milano Prime visioni

GIUDIZIO CRITICO

ANTEO SPAZIOCINEMA
Via Milazzo, 9 - Tel. 02.65.97.732
www.spaziocinema.info

Questione di cuore ● ● ● ●
Commedia *Regia di F. Archibugi. Con K. R. Stuart, A. Albanese, M. Ramazzotti*
13.00-15.30-18.00 (4,50 €) 20.20-22.30 (7,50 €)
Sala 50 posti 50

Terra Madre ● ● ● ●
Documentario *Regia di E. Olmi*
13.00-15.00-18.40 (4,50 €) 20.30-22.30 (7,50 €)
Sala 100 posti 100

La verità è che non gli piaci abbastanza
Sound & Motion Pictures V.O. ● ●
Commedia *Regia di K. Kwapis. Con B. Affleck, J. Aniston, D. Barrymore*
13.00-15.20 (4,50 €) 17.40-20.00-22.15 (6,00 €)
Sala 200 posti 200

Vincere ● ● ● ●
Drammatico *Regia di M. Bellocchio. Con G. Mezzogiorno, F. Timi, F. Russo*
15.00-17.30 (4,50 €) 20.00-22.30 (7,50 €)
Sala 400 posti 400

APOLLO SPAZIOCINEMA
Galleria De Cristoforis, 3 - Tel. 02.78.03.90
www.spaziocinema.info

Vincere ● ● ● ●
Drammatico *Regia di M. Bellocchio. Con G. Mezzogiorno, F. Timi, F. Russo*
12.30-14.50 (5,00 €) 17.10-19.30-21.50 (7,50 €)
Sala Gea posti 300

Gran Torino ● ● ● ●
Drammatico *Regia di C. Eastwood. Con C. Eastwood, B. Vang, A. Her*
12.40-15.00 (5,00 €) 17.15-19.40-21.50 (7,50 €)
Sala Fedra posti 200

Soffocare VM 14 ● ●
Commedia *Regia di C. Gregg. Con S. Rockwell, A. Huston, K. MacDonald*
13.00-15.30 (5,00 €) 17.50-20.00-21.50 (7,50 €)
Sala Elettra posti 150

Questione di cuore ● ● ● ●
Commedia *Regia di F. Archibugi. Con K. R. Stuart, A. Albanese, M. Ramazzotti*
13.00-15.30 (5,00 €) 17.50-19.50-21.50 (7,50 €)
Sala Dafne posti 130

Gli amici del Bar Margherita ● ● ● ●
Commedia *Regia di P. Avati. Con D. Abatantuono, N. Marcorè, L. Chiatti*
13.00-15.30 (5,00 €) 21.00 (7,50 €)
Sala Urania posti 130

ARCOBALENO FILMCENTER
Viale Tunisia, 11 - Tel. 199.199.166
www.cinenauta.it

San Valentino di sangue Vers. 3D VM 14
Regia di P. Lussier. Con J. Ackles, J. King, K. Smith
20.00-22.30 (10,00 €)
Sala 1 posti 318

Gran Torino ● ● ● ● ●
Drammatico *Regia di C. Eastwood. Con C. Eastwood, B. Vang, A. Her*
20.00-22.30 (7,50 €)
Sala 2 posti 108

Two Lovers
Sentimentale *Regia di J. Gray. Con J. Phoenix, G. Paltrow, V. Shaw*
20.00-22.30 (7,50 €)
Sala 3 posti 108

COLOSSEO
Viale Monte Nero, 84 - Tel. 02.59.90.13.61
www.ccqm.it

Angeli e Demoni ● ●
Thriller *Regia di R. Howard. Con T. Hanks, E. McGregor, P. Favino*
14.45-17.20 (5,00 €) 19.55-22.30 (7,50 €)
Sala Venezia posti 360

Two Lovers ● ● ● ●
Sentimentale *Regia di J. Gray. Con J. Phoenix, G. Paltrow, V. Shaw*
15.30-17.50 (5,00 €) 20.15-22.30 (7,50 €)
Sala Cannes posti 150

Una notte al museo 2: La fuga ● ● ●
Avventura *Regia di S. Levy. Con B. Stiller, A. Adams, D. Van Dyke*
15.30-17.50 (5,00 €) 20.20-22.30 (7,50 €)
Sala Berlino posti 170

Gran Torino ● ● ● ● ●
Drammatico *Regia di C. Eastwood. Con C. Eastwood, B. Vang, A. Her*
15.30-17.50 (5,00 €) 20.10-22.30 (7,50 €)
Sala Sundance posti 160

Questione di cuore ● ● ● ●
Commedia *Regia di F. Archibugi. Con K. R. Stuart, A. Albanese, M. Ramazzotti*
15.30-17.50 (5,00 €) 20.20-22.30 (7,50 €)
Sala Locarno posti 60

DUCALE
Piazza Napoli, 27 - Tel. 199.199.166
www.cinenauta.it

Vincere ● ● ● ●
Drammatico *Regia di M. Bellocchio. Con G. Mezzogiorno, F. Timi, F. Russo*
20.00-22.30 (7,50 €)
Sala 1 posti 350

Questione di cuore ● ● ● ●
Commedia *Regia di F. Archibugi. Con K. R. Stuart, A. Albanese, M. Ramazzotti*
20.00-22.30 (7,50 €)
Sala 2 posti 125

17 Again-Ritorno al Liceo ● ●
Commedia *Regia di B. Steers. Con Z. Efron, M. Perry, L. Mann*
20.00-22.30 (7,50 €)
Sala 3 posti 115

Gran Torino ● ● ● ● ●
Drammatico *Regia di C. Eastwood. Con C. Eastwood, B. Vang, A. Her*
20.00-22.30 (7,50 €)
Sala 4 posti 115

ELISEO MULTISALA
Via Torino, 64 - Tel. 02.72.00.82.19
www.ccqm.it

Che l'argentino ● ● ●
Avventura *Regia di S. Soderbergh. Con B. Del Toro, D. Bichir, C. Sandino Moreno*
15.00 (5,00 €) 20.00 (7,50 €)
Sala Truffaut posti 149

Che - La guerriglia ● ● ●
Avventura *Regia di S. Soderbergh. Con B. Del Toro, C. Bardem, D. Bichir*
17.30 (5,00 €) 22.30 (7,50 €)
Sala Truffaut posti 149

Antichrist VM 18
Regia di L. von Trier. Con W. Dafoe, C. Gainsbourg
15.30-17.50 (5,00 €) 20.20-22.30 (7,50 €)
Sala Scorsese posti 149

Vincere ● ● ● ●
Drammatico *Regia di M. Bellocchio. Con G. Mezzogiorno, F. Timi, F. Russo*
15.00-17.30 (5,00 €) 20.00-22.30 (7,50 €)
Sala Olmi posti 149

Riunione di famiglia ● ● ●
Commedia drammatica *Regia di T. Vinterberg. Con O. Moller-Knauer, T. Bo Larsen, R. Mannov*
15.00-16.50 (5,00 €) 18.40-20.30-22.30 (7,50 €)
Sala Kubrick posti 148

> **In altre parole**
>
> | | |
> |---|---|
> | niente di particolare | nothing special |
> | se fossi in te... | if I were you . . . |
> | uffa! | ugh! (expression of annoyance) |
> | avere il pallino di... | to have the bug for . . . , to have a mania for . . . |
> | dare un'occhiata a | to glance at |
> | (non) ci sto | it's (not) all right with me |

10.8 Abbinamenti. Trovare nella lista a destra la risposta appropriata per ogni frase a sinistra.

1. Vuoi vedere il giornale? D
2. Ciao, Giorgia! Che fai di bello stasera? E
3. Abbiamo un altro biglietto per la partita. Che ne dici di venire con noi? A
4. Questo mese ho visto quindici film. C
5. Sai che danno tutti i film di Fellini all'Odeon questa settimana? B

a. Sì, ci sto! Ho il pallino della pallacanestro.
b. Uffa! Non ne posso più di vecchi film. Saranno belli, ma non ho il pallino del cinema come te.
c. Accidenti! Hai veramente il pallino del cinema!
d. Sì, grazie. Voglio dare un'occhiata alle recensioni teatrali.
e. Beh, niente di particolare, guardavo la TV.

10.9 Se fossi in te... Alcuni amici ti chiamano e ti descrivono le seguenti situazioni. Dare consigli usando la frase **se fossi in te** + *il condizionale*.

Esempio: — **Non so quale sciarpa comprare, quella nera o quella grigia.**
— **Se fossi in te, comprerei quella nera.**

1. Aiuto! Arrivo a casa e trovo due messaggi sulla segreteria telefonica: Mario che mi invita a teatro stasera e Claudio che mi propone una cena in un ristorante romantico, sempre per questa sera. Che devo fare?
2. Che disastro! I miei genitori insistono che io faccia ingegneria ma la odio! Non mi darebbe nessuna soddisfazione. Io sono un tipo artistico e loro non lo capiscono.
3. Da quando ho detto a Flavia che non mi piaceva il suo vestito di Moschino, non mi parla più e non risponde alle mie telefonate. Che posso fare?
4. Sono disperata! In ufficio il direttore mi ha detto che c'è crisi economica e che la ditta licenzierà molte persone. Poi mi ha chiesto di scrivere trenta lettere per lui, mettere in ordine la sua scrivania e portargli un caffè. Che devo fare?

10.10 Una commedia degli equivoci (A Comedy of Errors). Il famoso commediografo, Filippo De Eduardo, ha scritto una nuova commedia, *Venerdì sera, niente di particolare*. Siete due attori nel ruolo dei protagonisti. A gruppi di tre, inventate un dialogo comico e recitatelo con emozione ascoltando i commenti del vostro regista.

A.3 ▶ Punti grammaticali

Il periodo ipotetico

Se **avessi** i soldi, **andrei** a teatro.	*If I had the money, I would go to the theater.*
Pino **farebbe** un viaggio in Italia, se non **dovesse** lavorare.	*Pino would take a trip to Italy if he didn't have to work.*
Se **potessimo** scegliere, **prenderemmo** due posti in prima fila.	*If we could choose, we would get two front-row seats.*
Mi **faresti** un favore se te lo **chiedessi**?	*Would you do me a favor if I asked you?*

1. A hypothetical sentence (**il periodo ipotetico**) consists of a condition, expressed with *if*, and its consequences. In the **periodo ipotetico**, the dependent clause is introduced by **se** (*if*), and the independent clause states the consequence of the hypothesis. Hypothetical situations can be real (*If it rains, I won't go to the beach*); probable (*If I had a million dollars, I'd buy a villa in Italy*); or impossible (*If I had seen the car coming, I wouldn't have had the accident*).

2. When the condition is actual or possible, the *if* clause is in an indicative tense (present, future, or past). When the *if* clause is expressed in the future tense, the main clause must also be expressed in the future.

✓ Se **fa** bello domani, **vado** al mare.	*If it's nice tomorrow, I'm going to the beach.*
✓ Se **farà** bello domani, **andrò** al mare.	*If it's nice tomorrow, I'll go to the beach.*
Se **finiamo** di studiare, **potremo andare** a teatro stasera.	*If we finish studying, we can go to the theater tonight.*
Se non **hai letto** il libro, non **puoi capire** la discussione.	*If you haven't read the book, you can't understand the discussion.*

3. When the condition is imaginary (whether possible, improbable, or impossible), the *if* clause is in the subjunctive. When the imaginary condition refers to the present, the *if* clause is in the imperfect subjunctive (**congiuntivo imperfetto**) and the main clause is in the conditional (**condizionale**).

✓ Se **fossi** una brava cantante, **canterei**.	*If I were a good singer, I would sing.*
Se lui **sapesse** parlare italiano, **parleremmo** molto.	*If he knew how to speak Italian, we would speak a lot.*
Lo **inviteresti** a teatro, **se** lo **conoscessi**?	*Would you invite him to go to the theater if you knew him?*
Se gli asini **avessero** ali, **volerebbero**.	*If donkeys had wings, they would fly.*

When the imaginary condition refers to the past, the *if* clause is in the past perfect subjunctive (**congiuntivo trapassato**) and the main clause is in the past conditional (**condizionale passato**).

Avrei risposto al telefono, **se** l'**avessi sentito**. — *I would have answered the phone if I had heard it.*

Se avessimo comprato i biglietti, **saremmo potuti andare** al concerto. — *If we had bought the tickets, we would have been able to go to the concert.*

Se tu non **fossi arrivata** in ritardo, non **avremmo perso** il treno. — *If you hadn't arrived late, we wouldn't have missed the train.*

Remember that it is the *if* clause, containing the word **se,** that is in the subjunctive.

ATTIVITÀ

10.11 Se fossi fuoco... Completare le seguenti frasi con il congiuntivo imperfetto del verbo dato.

1. Andrei a teatro più spesso, se io (avere) tempo.
2. Se voi (essere) liberi, uscireste con noi?
3. Lucia sarebbe felice se lei (potere) andare al Festival del cinema a Venezia.
4. Se i biglietti (costare) meno, potremmo andare a teatro ogni sera.
5. Cosa diresti se noi (uscire) con quelle ragazze?
6. Se l'attore (recitare) meglio, avrebbe più successo.
7. Ti capirei se tu (parlare) più lentamente.
8. Se i miei amici (sapere) che sono uscito senza di loro, si arrabbierebbero (*get angry*) molto.
9. Se tu (finire) di studiare, potresti andare allo spettacolo.
10. I critici scriverebbero una buona recensione se lo spettacolo (essere) più divertente.

10.12 Che cosa farebbero? Creare delle frasi logiche con gli elementi presi da ciascuna colonna. Mettere i verbi al tempo giusto, come nel modello.

Esempio: **Se Marcello avesse il numero di Sandra, le telefonerebbe.**

Se io	non essere stanco	fare una settimana bianca
Se i ragazzi	avere un pezzo di gesso	leggere *El Quijote*
Se Patrizia	sapere sciare	fare campeggio
Se voi	studiare di più	potere vedere il Papa
Se Tommaso	avere una tenda	uscire con noi
Se tu e Rino	vedere quel film triste	scrivere alla lavagna
Se l'insegnante	sapere lo spagnolo	prendere voti migliori
Se noi	andare a Roma	parlare perfettamente
Se tu	vivere in Italia	piangere

 **10.13 Cosa faresti se... ?** A turno, formulare delle domande con le espressioni date. Poi rispondere al compagno/alla compagna.

Esempio: che cosa fare / se avere più tempo
— **Che cosa faresti, se avessi più tempo?**
— **Se avessi più tempo, andrei a lezione di pianoforte. E tu?**

1. cosa fare / avere una voce bellissima
2. dove lavorare / sapere bene l'italiano
3. dove andare / avere un sacco di soldi da spendere
4. come reagire / trovare un topo (*mouse*) in cucina
5. chi scegliere / dovere stare su un'isola deserta per un anno con una sola persona
6. cosa fare / essere invisibile

10.14 Ah, se fosse vero! Completare le seguenti frasi in maniera logica.

1. Se fossi il Presidente dell'Unione Europea,...
2. Se avessi cinque milioni di euro,...
3. Se potessi cambiare la mia città,...
4. Se potessi conoscere una persona famosa,...
5. Sarebbe davvero meraviglioso se,...
6. Il mondo sarebbe migliore se,...
7. Se potessi tornare nel passato,...

 **10.15 Se fossi nato/a in Italia...** Immaginare come sarebbe stata diversa la tua vita se fossi nato/a e vissuto/a in Italia. Raccontare al compagno/alla compagna alcune differenze, usando il congiuntivo trapassato e il condizionale passato.

Esempi: — **Se io fossi nata in Italia, non...**
— **Se fossi nato in Italia, probabilmente non avrei giocato a...**
— **Se fossi nato in Italia, avrei frequentato...**

 10.16 Se tu fossi un/una regista... Che tipo di film faresti se tu fossi regista? Dove lo gireresti (*film it*)? Chi sarebbero gli attori? Spigare a un altro studente/un'altra studentessa il film che ti piacerebbe girare.

Esempio: **Se io fossi un regista famoso, farei un film dal mio libro preferito...**

I divi storici del cinema italiano: Marcello Mastroianni e Sophia Loren

B — LA MUSICA CLASSICA E L'OPERA LIRICA

B.1 ▶ Si dice così

Prova d'orchestra

il compositore	composer	la nota	musical note
il conservatorio	conservatory	la musica classica	classical music
la prova	rehearsal	l'opera lirica, la lirica	opera
gli strumenti musicali	instruments	il/la solista	soloist
lo spartito, la partitura	sheet music		

Lo sapevi che...?

L'italiano è la lingua internazionale della musica. Moltissimi termini musicali sono parole italiane. Conosci alcune delle seguenti espressioni? **Il tenore, il soprano, l'aria, il libretto, crescendo, diminuendo, allegro ma non troppo, con brio, da capo.** Ne conosci altre? Quali?

ATTIVITÀ

10.17 Abbinamenti. Abbinare elementi della colonna a sinistra con parole ed espressioni della colonna a destra.

1. dove si studia la musica
2. do, re, mi, fa, sol, la, si
3. chi scrive la musica
4. un insieme di musicisti
5. chi suona o canta da solo/a
6. chi suona uno strumento musicale
7. pezzi di Vivaldi, di Bach

a. l'orchestra
b. il/la musicista
c. la musica classica
d. il conservatorio
e. il compositore
f. le note della scala
g. il/la solista

10.18 Un gioco musicale. Per ogni categoria nell'elenco, nominare il maggior numero di elementi possibili. Chi ne trova di più, vince.

Esempio: opere liriche
— *Aida* è un'opera lirica.
— Anche *Madama Butterfly* è un'opera lirica.

1. opere liriche
2. strumenti musicali
3. compositori
4. tenori
5. direttori d'orchestra
6. teatri famosi

10.19 Adagio-prestissimo. La musica classica utilizza quasi sempre termini italiani. Ecco alcuni esempi di tempo, in ordine di velocità.

lento	*very slowly*	allegro	*quickly*
adagio	*slowly*	presto	*very fast*
andante	*at an even, walking pace*		

A turno, provare a ripetere i seguenti scioglilingua (*tongue twisters*) nei cinque tempi elencati.

— Trentatré trentini entrano a Trento tutti e trentatré trotterellando.
— Apelle, figlio di Apollo, fece una palla di pelle di pollo. Tutti i pesci vennero a galla per vedere la palla di pelle di pollo, fatta da Apelle, figlio di Apollo.
— Sopra la panca la capra campa, sotto la panca la capra crepa.

Lo sapevi che...?

In Italia, ci sono tanti teatri famosi. Per l'opera lirica ricordiamo **La Scala** di Milano, il **Carlo Felice** di Genova, il **San Carlo** di Napoli, il **Teatro Massimo** di Palermo, ma anche **La Fenice** di Venezia. Non dimentichiamo l'**Arena** di Verona, dove danno l'opera lirica all'aperto d'estate.

Teatro San Carlo, Napoli

B.2 ▶ Incontro

Andiamo al concerto! *Lucia è una giovane musicista che suona il violino nell'orchestra del Conservatorio di Napoli. Lucia vuole invitare sua sorella Cecilia ad un concerto.*

LUCIA:	Vorrei proprio tanto che tu venissi al nostro concerto. Mi piacerebbe che tu mi sentissi suonare.
CECILIA:	Quando è il concerto?
LUCIA:	Alla fine del mese e io non mi sento ancora pronta. Ho sempre paura di prendere una stecca!
CECILIA:	Tu? Ma cosa dici? Sei la Paganini napoletana!
LUCIA:	Uffa! Cecilia, non prendermi in giro! Vorrei che tu non scherzassi sempre e mi prendessi sul serio, una volta tanto! Vorremmo che il concerto fosse perfetto.
CECILIA:	Lucia, stai tranquilla! Andrà tutto per il meglio. Non devi preoccuparti e soprattutto, devi riposarti un po'.
LUCIA:	Hai ragione—devo rilassarmi.
CECILIA:	Senti, perché non vieni con me al concerto di Pino Daniele? Lui suona musica un po' diversa dalla tua.
LUCIA:	In effetti Vivaldi è tutta un'altra cosa! Quasi quasi vengo con te.
CECILIA:	E io vengo al tuo concerto di musica classica. Ma ti avverto°, sono stonata come una campana.
LUCIA:	Cecilia, non devi cantare, devi solo ascoltare!

° *I'm warning you*

ATTIVITÀ

10.20 Ascoltiamo! I grandi della musica. Cecilia e Lucia menzionano diversi compositori e musicisti. Ascoltando l'**Incontro,** indicare con un cerchio (*circle*) quali dei seguenti vengono nominati.

Zucchero	Verdi	Pino Daniele
Ligabue	Paganini	Rossini
Vivaldi	Sting	Eros Ramazzotti

10.21 Musica classica o musica leggera? Discutere con i compagni le caratteristiche di questi due generi di musica. Quale ascoltate di più? In quali occasioni ascoltate la musica leggera? E la musica classica? Qual è più stimolante? Trovare almeno tre aggettivi per descrivere la musica classica e tre per descrivere la musica leggera.

10.22 Non mi sento pronto/a! Certo che recitare davanti al pubblico è un'esperienza emozionante! Raccontare al compagno/alla compagna di quando hai dovuto parlare, recitare o suonare davanti a un gruppo di persone. Parlare di...

- che cosa hai dovuto fare
- che tipo di pubblico c'era
- come ti sei preparato/a
- come ti sentivi prima
- com'è andata
- come ti sentivi dopo

Esempio: L'anno scorso ho dovuto presentare una relazione (*report*) in classe e...

In altre parole

prendere una stecca	to hit a sour note
prendere qualcosa / qualcuno sul serio	to take someone / something seriously
una volta tanto	once in a while
andare per il meglio	to go well
essere stonato come una campana	to be tone-deaf

10.23 Sostituzioni. Sostituire le parole in corsivo con un'espressione da **In altre parole**.

1. Se sapessi cantare, mi piacerebbe diventare un tenore. Purtroppo *non so cantare per niente*. — essere stonato come una campana
2. Abbiamo iniziato un nuovo progetto al lavoro e fino adesso tutto *va benissimo*. — andare per il meglio
3. Carlo, lo so che sei molto occupato con il lavoro, ma *qualche volta* devi anche rilassarti. — una volta tanto
4. È stato un bellissimo spettacolo, ma proprio nel momento più importante il soprano ha *cantato una nota sbagliata*. — prendere una stecca
5. Cerco sempre di aiutare mio figlio e di dargli buoni consigli, ma lui non mi *ascolta*. — prendere qualcuno sul serio

Lo sapevi che...?

Durante **il Risorgimento**, cioè il periodo dell'unificazione italiana, gli Italiani esprimevano il loro patriottismo usando il nome del compositore Giuseppe Verdi come una parola in codice. Perché l'Italia era dominata da potenze straniere, gli Italiani dovevano nascondere i loro sentimenti nazionalistici. Quando scrivevano sui muri "W Verdi", in realtà usavano un acronimo per acclamare il re, dicevano cioè "Viva **V**ittorio **E**manuele, **R**e **D**'**I**talia".

Teatro o musica? Siete due amici e volete organizzare un viaggio culturale, ma avete gusti diversi. Guardare i dépliant per scegliere una possibilità. Discutere a quale festival o concerto volete andare e perché.

B.3 ▶ Punti grammaticali

Il condizionale con il congiuntivo

Vorrei che tu **venissi** con me a teatro.	*I would like you to come to the theater with me.*
Preferirei che le persone non **parlassero** durante il concerto.	*I would prefer that people not talk during a concert.*
Sarebbe bello se **potessimo** uscire stasera.	*It would be nice if we could go out tonight.*
Sarebbe stato fantastico se **avessimo potuto** conoscere Zucchero dopo il concerto.	*It would have been great if we could have met Zucchero after the concert.*

1. The conditional and the subjunctive are often used together to express desires. A desire in the present is expressed with the **condizionale presente** + **congiuntivo imperfetto.**

Vorrei che tu **venissi** alla mia festa stasera.	*I would like you to come to my party tonight.*

   A desire in the past is expressed with the **condizionale passato** + **congiuntivo trapassato.**

Avrei voluto che tu **fossi venuto** alla mia festa sabato scorso.	*I would have liked you to have come to my party last Saturday.*

2. Necessity, uncertainty, doubt, desire, or emotion expressed in the conditional calls for the imperfect subjunctive. If expressed in the past conditional, the past perfect subjunctive is used. Compare:

Voglio che tu mi **dia** una mano.	*I want you to give me a hand.*
Vorrei che tu mi **dessi** una mano.	*I would like you to give me a hand.*
Avrei voluto che tu mi **avessi dato** una mano.	*I would have liked you to have given me a hand.*
Sono contenta che lui **possa** venire a cena.	*I'm happy he can come to dinner.*
Sarei contenta se lui **potesse** venire a cena.	*I would be happy if he were able to come to dinner.*
Sarei stata contenta se lui **fosse potuto** venire a cena.	*I would have been happy if he had been able to come to dinner.*

ATTIVITÀ

10.25 Quanti desideri! Completare le seguenti frasi con il verbo dato al congiuntivo imperfetto o trapassato, secondo i modelli.

Esempio: **Mi piacerebbe che mio fratello mi *aiutasse*.**
Sarebbe stato bello se voi *foste andati* in Italia.

1. Mia madre vorrebbe che io (studiare) di più.
2. Avrei voluto che Giorgio mi (portare) a ballare.
3. I nostri amici desidererebbero che tu (prenotare) i biglietti per il concerto.
4. Sarebbe bello se noi (potere) andare al concerto di Pino Daniele.
5. Ci sarebbe piaciuto che voi (venire) con noi in discoteca sabato scorso.
6. Vorremmo che tu (essere) il protagonista.
7. Sarebbe meglio che Giuseppe non (cantare) ad alta voce.
8. Non vorrei che tu (prendere) una stecca!

10.26 Tutti amano la musica. Costruire una frase con gli elementi dati come nel modello. Usare i verbi al condizionale presente e al congiuntivo imperfetto, in maniera appropriata.

Esempio: (tu) / desiderare / io / suonare / il pianoforte
Tu desidereresti che io suonassi il pianoforte.

1. (tu) / volere / noi / ascoltare / lo stereo
2. (io) / desiderare / tu / accompagnarmi / in discoteca
3. mi / piacere / noi / potere / assistere ad un concerto di musica classica
4. mio padre / volere / io / fare più esercizio con il mio violino
5. (io) / sperare / loro / non dimenticare / i biglietti per il concerto
6. a Claudio / piacere / i suoi genitori / comprare / un nuovo stereo
7. il musicista / desiderare / gli spettatori / applaudire al concerto
8. (io) / volere / la cantante / essere / più brava

10.27 Due brani. Completare i brani usando il tempo opportuno.

1. Mi sarebbe piaciuto che Rocco (cercare) biglietti per il concerto di Ligabue. Ma Rocco voleva che io (andare) con lui in discoteca. Per Giulia era indifferente—le piacerebbe che noi (decidere) sempre cosa fare, dove andare, come trascorrere la serata. E Michele, alla fine avrebbe preferito che (rimanere, noi) tutti a casa!
2. Ti piacerebbe che noi (suonare) un po' di musica insieme? Vorrei che Angela (essere) la solista del gruppo perché è la più brava. Ma Stefano preferirebbe che noi (cantare) in coro. Vorremmo che la nostra musica (piacere) ai vicini di casa. Ma mia madre avrebbe preferito che noi (vedersi) in un locale invece che a casa nostra!

10.28 Cosa vogliono da me?! Dire al compagno/alla compagna le cose che gli altri vorrebbero che tu facessi.

Esempio: — Mio padre desidererebbe che io...
— Invece i miei genitori vorrebbero che io...
— Il mio fratello minore sarebbe contento se io...
— I miei professori preferirebbero che io...
— Alla mia migliore amica piacerebbe che io...

> **Lo sapevi che...?**
>
> **La canzone napoletana** nasce nel primo '800 e segna la musica italiana, definendone le caratteristiche melodiche. Canzoni quali "O sole mio", "Torna a Surriento", "Santa Lucia", o "Te voglio bene assaje" sono conosciute in tutto il mondo, e vengono cantate anche dalle grandi voci della lirica, come Luciano Pavarotti o Enrico Caruso. Grandi artisti del mondo della musica pop continuano in questa tradizione come Gigi D'Alessio, Nino D'Angelo, Massimo Ranieri e Renzo Arbore. Anche molti cantanti stranieri hanno apprezzato la canzone napoletana: la canzone "Surrender" di Elvis Presley è una versione di "Torno a Surriento".

C — LA MUSICA LEGGERA

C.1 ▶ Si dice così

la musica leggera, pop	pop music	alto / basso volume	high / low volume
il CD	CD	a tutto volume	loud
il lettore CD	CD player	dal vivo	live
la canzone	song	alzare / abbassare	to turn up / to turn
il complesso	band	il volume	down the volume
il cantautore / la cantautrice	singer-songwriter	canticchiare	to hum
il testo, le parole	lyrics		

ATTIVITÀ

10.29 Definizioni musicali. Trovare nella lista parole o espressioni che corrispondono alle seguenti definizioni.

1. un gruppo di musicisti
2. le parole di una canzone
3. la cosa che si usa per sentire la musica
4. quando si canta sottovoce
5. un musicista che canta le proprie (*his/her own*) canzoni
6. non registrato
7. quando la musica è suonata molto forte

Lo sapevi che...?

Il **Festival di San Remo** è il più importante festival della musica leggera italiana. San Remo, una città in provincia di Imperia (Liguria), è famosa per la sua produzione di fiori. Ma ogni febbraio, ormai da molti anni, diventa la sede di questa gara di canto (*song competition*). Sui giornali e alla TV per qualche giorno non si parla d'altro. La canzone che vince è "la miglior canzone italiana" di quell'anno e viene scelta da una giuria.

Marco Carta, vincitore del Festival di San Remo 2009 con "La forza mia".

10.30 Vi piace la musica? La vostra classe ha ricevuto una lettera da un ragazzo italiano, appassionato di musica leggera. Vuole conoscere le preferenze dei giovani americani per quanto riguarda (*as regards*) la musica. Preparate un breve discorso in cui discutete sui seguenti argomenti.

- il complesso più popolare fra gli studenti della vostra università
- un cantautore/una cantautrice che vi piace in questo momento
- alcune canzoni che vi piacciono in questo momento
- una canzone che non sopportate più
- CD che avete comprato recentemente

10.31 Andiamo al concerto di Vasco Rossi! Sei a Napoli in vacanza con un amico/un'amica e volete andare a un concerto di Vasco Rossi, il vostro cantante preferito. Non riuscite a mettervi d'accordo sulla città e la data. Discutere i vostri programmi e perché preferireste una città particolare o una data particolare.

Esempio: — Sarebbe bello se noi andassimo al concerto a Roma, perché potremmo visitare qualche monumento durante il giorno e poi...
— Ma io non vorrei viaggiare a Roma l'11 luglio! Fa troppo caldo! Se invece andassimo a Messina, potremmo...

Dopo il grandissimo successo in Europa, Vasco Rossi torna a cantare le sue canzoni più popolari negli stadi di tutta l'Italia!

11 luglio	Roma, Stadio Olimpico
13 luglio	Firenze, Stadio Artemio Franchi
15 luglio	Milano, Stadio San Siro
17 luglio	Torino, Palaisozaki
2 agosto	Salerno, Stadio Arechi
9 agosto	Pescara, Stadio Adriatico
11 agosto	Oristano, Aeroporto Fenosu
14 agosto	Messina, Stadio San Filippo
17 agosto	Palermo, Velodromo Borsellino
21 agosto	Bari, Arena della Vittoria

UNITÀ 10 Divertirsi: Usciamo stasera!

10.32 Festival di musica. Usando Internet, cercare tre dei cantautori italiani elencati qui e ascoltare più di una canzone di ciascuno. Riportare alla classe la tua canzone preferita e spiegare perché l'hai scelta. Quali sono le qualità della canzone e/o della performance che ti hanno convinto? Dopo che tutti hanno presentato le loro scelte, insieme decidere la canzone preferita della classe facendo un voto, come al Festival di San Remo.

C.2 ▶ Incontro

Radio Deejay. *Fabio Finzi è il deejay di Radio Partenopea. È una sera d'estate a Napoli e ci dovrebbe essere un concerto rock in piazza, ma...*

FABIO: Ehi, ragazzi! Siamo qui in diretta da Piazza Plebiscito a Napoli per la grande serata del "Rock sotto le stelle" che forse quest'anno dovrebbe chiamarsi "Rock sotto la pioggia", visto il tempaccio. Mamma mia, che acquazzone°! Ma capitano tutte a noi? Stiamo aspettando l'arrivo degli ospiti—Pino Daniele; il complesso più amato di Napoli: gli Almamegretta; i Negrita; e quel vecchio rockettaro di Vasco Rossi per potervi trasmettere il meglio del rock dal vivo... Ma qui in piazza non c'è anima viva e sta piovendo a dirotto! Ehi, ragazzi, ma dico, qualcuno di voi ci ha fatto il malocchio?

Mentre aspettiamo che smetta un po' di piovere, vediamo cosa c'è in programma quest'estate nella città del Vesuvio. È un luglio fitto° di appuntamenti musicali... Per gli amanti° del jazz, dal 28 luglio c'è il festival al Castel dell'Ovo. Non dimenticate la "Musica della baia" che ospita Carmen Consoli questo venerdì sera alle ore 21. E ora facciamoci compagnia ascoltando una vecchia canzone del grande rapper Caparezza!!!

downpour

loaded
lovers

ATTIVITÀ

10.33 Ascoltiamo! Ascoltare bene l'**Incontro** e poi scegliere la risposta giusta.

1. Da dove trasmette il deejay?
   a. da uno studio registrazione
   b. da Piazza Plebiscito

2. Napoli è chiamata anche...
   a. la città del Vesuvio.
   b. la Serenissima.

3. Che tipo di musica non menziona il deejay?
   a. la musica rock
   b. la musica jazz
   c. la musica classica
   d. il rap

4. Quali artisti menziona il deejay durante la trasmissione?
   _____ Eros Ramazzotti   _____ i Negrita
   _____ Pino Daniele   _____ Caparezza
   _____ Vasco Rossi   _____ Patty Pravo
   _____ Lucio Dalla   _____ Zucchero
   _____ Carmen Consoli   _____ Alex Britti
   _____ Ligabue   _____ Giorgia

5. Che tempo fa?
   a. È una serata stellata.
   b. Piove a dirotto.

6. Carmen Consoli suona durante lo spettacolo...
   a. "Musica sotto le stelle".
   b. "Musica della baia".
   c. "Musica sulla spiaggia".

10.34 Radio Deejay. Sei un deejay della radio della tua università o città. Inventare un monologo in cui presenti le canzoni ed i complessi che ti piacciono di più. Cosa racconti ai tuoi ascoltatori?

Piazza del Plebiscito, Napoli

In altre parole	capitare tutte a qualcuno	for everything (unpleasant) to happen to someone
	non c'è anima viva	there's not a living soul around
	piovere a dirotto	to rain cats and dogs
	fare il malocchio a qualcuno	to give someone the evil eye
	farsi compagnia	to keep each other company

10.35 La parola giusta. Completare le situazioni con l'espressione giusta da **In altre parole**.

1. Mamma mia che giornataccia! Ho rotto uno specchio, poi un gatto nero mi ha attraversato la strada. A pranzo mi è caduto il sale sulla tavola... Qualcuno _____?
2. Ciao, Giorgio! Elisa mi ha detto che non viene stasera, Beppe è in ritardo di mezz'ora e Anna ci incontra direttamente a teatro. Ma io e te _____. Che ne dici se prendiamo un aperitivo?
3. Che tempaccio! _____.
4. È stata una serata disastrosa! Siamo arrivati in discoteca dopo un viaggio di due ore e _____. Così siamo tornati a casa subito!
5. Oggi ho perso il portafoglio, non trovavo il biglietto dell'autobus e sono arrivato in ritardo ad un appuntamento importantissimo... _____!

10.36 Siete superstiziosi/e? Intervistare il compagno/la compagna per sapere...

- se è superstizioso/a o se conosce qualcuno che lo è.
- a quali superstizioni crede e a quali non crede.
- se crede che certi oggetti o attività portino fortuna. Quali?
- se crede che certi oggetti o attività portino sfortuna. Quali?
- se crede al malocchio.

C.3 ▶ Punti grammaticali

I suffissi

Michele voleva una macchina, ma ha comprato una **macchinona!**	Michael wanted a car, but he bought a huge car!
Sergio è un ragazzo molto simpatico—è proprio **caruccio**.	Sergio is a very nice boy—he's really very sweet.
Piove e fa freddo. Che **tempaccio!**	It's raining and it's cold. What awful weather!
Che brutto film che abbiamo visto— un vero **filmaccio!**	What an awful film we saw—a really terrible film!
I miei amici hanno comprato una **casetta bellina**.	My friends bought a pretty little house.

1. Many Italian words may be modified by adding suffixes that slightly change their meaning. The suffixes **-ino, -etto, -ello,** and **-uccio** indicate smallness or endearment.

   una mano—una manina   **un uomo—un omino**
   un ragazzo—un ragazzino   **una bocca—una boccuccia**
   un libro—un libriccino   **un fiore—un fiorellino**
   una borsa—una borsetta   **un monte—un monticello**

2. The suffixes **-uccio/a** and **-uzzo/a** indicate familiarity, smallness, or endearment.

   una via—una viuzza (*a cute little street*)
   caro—caruccio (*very sweet, dear*)

3. The suffix **-one/a** indicates largeness.

   una donna—un donnone   **una porta—un portone**
   un uomo—un omone   **una scarpa—uno scarpone**

   Note that the suffix **-one** usually changes feminine words to masculine.

4. The suffixes **-accio/a** and **-astro/a** indicate that something is bad.

   un ragazzo—un ragazzaccio   **una giornata—una giornataccia**
   un poeta—un poetastro   **un libro—un libraccio**

un fiore e un fiorellino

una macchina e una macchinona

una borsa e una borsetta

una donna e un donnone

una parola e una parolaccia

5. Suffixes should not be used indiscriminately since the meaning of a word may change according to its suffix. For example, a **libriccino** is a small book, whereas a **libretto** contains the words to an opera.

un tacco   un tacchino   un mulo   un mulino   una pulce   un pulcino

un'aquila   un aquilone   una botte   un bottone

ATTIVITÀ

10.37 Il piccolo, il grande e il brutto. Dire se le seguenti cose sono piccole, grandi o brutte, secondo l'esempio.

Esempio: giornataccia   **È una brutta giornata.**

1. problemone   3. finestrino   5. gattone   7. gonnella
2. macchinetta 4. lavorone   6. votaccio   8. lampadina

10.38 Stella stellina. Aggiungere il suffisso appropriato per formare la parola richiesta.

Esempio: una piccola stella: **stellina**

1. un uomo grande e grosso
2. occhi grandi e aperti
3. una piccola cucina
4. un libro con poche pagine
5. una via piccola e stretta
6. un piccolo appartamento
7. un'insalata tenera (*tender*) e leggera
8. un film noioso e brutto

10.39 Sostituzioni. Sostituire alle parole in corsivo un nome alterato appropriato.

Esempio: Il mio *grande amico* mi ha dato un *piccolo regalo*.
Il mio amicone mi ha dato un regalino.

1. La mia *piccola villa* è vicino a un *piccolo monte*.
2. Angela abita in quella *piccola via* in un *piccolo appartamento*.
3. Giorgio ha riempito due *grandi pagine* di problemi matematici.
4. I bambini portano i loro *piccoli zaini* a scuola, pieni di *grandi libri*.
5. Il *ragazzo cattivo* ha detto tante *brutte parole*.
6. Ci incontriamo davanti *alla chiesa piccola* vicino al teatro.
7. La *piccola casa* dei miei zii è in un *piccolo paese* vicino ad Amalfi.
8. I nostri amici hanno mangiato due *grandi piatti* di spaghetti in quel *piccolo ristorante*.

10.40 Ti piace o no? Con un compagno/una compagna, creare domande e rispondere al negativo come nel modello.

Esempio: libro
— Ti piace quel libro?
— Non lo sopporto! È un libraccio!

1. ragazzi
2. film
3. giornale
4. canzoni
5. vino
6. posto

 **D** **IL SABATO SERA**

D.1 ▶ Si dice così

il locale (notturno)	*(night) spot, club*	**il navigatore satellitare**	*GPS system*
il (punto di) ritrovo	*meeting place*	**la velocità**	*speed*
il/la ballerino/a	*dancer*	**il volante**	*steering wheel*
il lento	*slow dance*	**la stazione di servizio**	*service station*
la pista	*dance floor*	**il distributore**	*gas pump*
scatenarsi	*to let oneself go*	**la benzina**	*gasoline*
l'autostrada	*highway*	**il sorpasso**	*passing (another car)*
l'autista	*driver*	**fare il pieno**	*to fill the gas tank*

UNITÀ 10 Divertirsi: Usciamo stasera!

ATTIVITÀ

10.41 In discoteca / In macchina. Scegliere la parola che dà un senso compiuto alla frase.

1. È pericoloso fare (sorpassi / locali) su una piccola strada di campagna.
2. A molti giovani piace (fare il pieno / scatenarsi) in discoteca.
3. Compriamo la benzina alla (pista / stazione di servizio).
4. La persona al volante è (il ballerino / l'autista).
5. Una discoteca o un club si chiama anche (un locale / un lento).
6. Sull'autostrada bisogna fare attenzione (al punto di ritrovo / alla velocità).

10.42 Mariangela al volante. Completare il seguente brano con una parola appropriata.

Stasera Mariangela può usare la macchina della mamma, ma è senza benzina. Prima di andare sull'_____ si ferma alla _____ per fare _____. Mariangela è al volante. È un'ottima _____. A lei piace guidare, ma è anche molto prudente. Non supera mai il limite di _____ e non fa mai _____ pericolosi (*dangerous*). Mariangela guida molto bene!

10.43 Preferenze personali. Intervistare un altro studente/un'altra studentessa per sapere...

- se gli/le piace ballare
- se balla bene o male
- dove ha imparato a ballare
- se gli/le piace andare in discoteca
- se gli/le piace scatenarsi sulla pista
- la canzone preferita da ballare

D.2 ▶ Incontro

Andiamo a ballare! *Cecilia, Lucia, Rino e Franco sono in macchina. Stanno andando a ballare in una discoteca a Sorrento.*

CECILIA:	Franco, passami il CD di Ligabue così lo ascoltiamo.
FRANCO:	Con la tua musica ci stai proprio stressando! Sono stufo di quelle canzoni—le ascoltiamo da settimane!
CECILIA:	Tu non capisci un tubo di musica!
FRANCO:	E tu, pensa a guidare, piuttosto! Sai come si dice: Donna al volante, pericolo costante!
LUCIA:	Che maschilista!° *What a chauvinist!*
RINO:	Piantatela! Dov'è la discoteca? Conoscete la strada?
CECILIA:	È un po' fuori mano. Da qui ci vogliono quaranta minuti. Prima di prendere l'autostrada è meglio che facciamo benzina. Possiamo fare il pieno al distributore più avanti.

RINO:	E chi paga?
FRANCO:	Lo sapevo... Era meglio restare a casa, o magari andare a mangiare una pizza.
LUCIA:	Com'è questa discoteca? È all'aperto°? *outside*
CECILIA:	Sì, vedrai che posto! C'è un panorama...
FRANCO:	Per ora, tieni gli occhi sulla strada e le mani sul volante, per piacere!
CECILIA:	Che cavolo!
FRANCO:	Scherzavo, tesoro! Guidi benissimo e sei anche l'autista più carina che io conosca!

Lo sapevi che... ?

La febbre del sabato sera colpisce moltissimi giovani italiani. La zona costiera dell'Emilia-Romagna sull'Adriatico è famosa per i locali notturni di straordinarie dimensioni. Le discoteche sono un ritrovo molto popolare, però non si va a ballare prima di mezzanotte e non si torna a casa prima delle sei! Purtroppo, esiste anche il triste fenomeno della **strage del sabato sera**. Ci si riferisce ai tanti incidenti automobilistici causati dai giovani al volante nella notte del sabato sera, dopo la chiusura delle discoteche. In Italia è proibito guidare se si sono bevuti alcolici o se si sono prese sostanze stupefacenti, ma non tutti rispettano questa legge, con conseguenze spesso tragiche.

ATTIVITÀ

10.44 Ascoltiamo! Ascoltare bene l'**Incontro** e indicare a chi si riferisce la frase, a Cecilia (C), a Franco (F), a Lucia (L) o a Rino (R).

	C	F	L	R
1. Vuole sentire il CD di Ligabue.				
2. È stanco di sentire la musica di Ligabue.				
3. Pensa che Franco sia maschilista.				
4. Pensa che sia meglio fare benzina.				
5. Vuole sapere chi paga la benzina.				
6. Vuole sapere com'è la discoteca.				
7. Scherza dicendo che bisogna tenere le mani sul volante.				

UNITÀ 10 Divertirsi: Usciamo stasera!

10.45 Perché lo dicono? Scegliere la risposta che spiega perché lo hanno detto.

1. Perché Franco dice "Con la tua musica ci stai proprio stressando"?
   a. Perché è stufo delle canzoni di Ligabue.
   b. Perché non ama la musica.

2. Perché Franco dice "Donna al volante, pericolo costante"?
   a. Perché le donne guidano male.
   b. Perché è maschilista.

3. Perché Rino dice "Piantatela!"?
   a. Perché vuole arrivare subito in discoteca.
   b. Perché Franco e Cecilia stanno litigando.

4. Perché Franco dice "Lo sapevo..."?
   a. Perché la discoteca è all'aperto.
   b. Perché non hanno tanti soldi per la benzina.

5. Perché Cecilia dice "Vedrai che posto!"?
   a. Perché deve parcheggiare la macchina.
   b. Perché dalla discoteca si vede un bel panorama.

In altre parole

stressare qualcuno	to cause someone stress, to get on their nerves
essere stufo di	to be fed up with, to be sick of
non capire un tubo	not to understand at all
piantala! piantatela!	stop it!
fuori mano	out of the way
che cavolo!	darn! (literally, what a cabbage!)

10.46 Come rispondere? Rispondere con un'espressione appropriata ai seguenti commenti.

1. Stai andando troppo veloce! Attenzione! La strada è pericolosa! *piantala*
2. Ma dov'è questo nuovo locale? Siamo in macchina da un'ora e non siamo ancora arrivati! *che cavolo!*
3. Vai prima a destra, poi dopo il benzinaio vai a sinistra, prosegui per un chilometro, poi prendi la curva e dopo dieci minuti sei arrivato. Capito? *non capire un tubo*
4. Mi fai sempre mille domande e non stai zitto un secondo! *stressare qualcuno*
5. Perché dobbiamo sempre sentire la musica che piace a te? Perché non sentiamo qualcos'altro? *essere stufo di*

10.47 Mini-conversazioni. Completare le seguenti mini-conversazioni usando un'espressione appropriata.

1. —Non ne posso più di sentirti parlare. _____!
   —Va bene, va bene. Ora sto zitto.
2. —Dov'è la vostra casa di campagna?
   —È lontana dal paese, in un posto isolato. In effetti, è un po' _____.

3. — Francesca, come vanno le lezioni d'inglese?
   — Insomma, quando la maestra parla rapidamente, io non _____.

4. — Hai già finito l'esercizio? _____! Sei velocissimo!
   — E tu? Non l'hai ancora finito?

5. — Ti ho preparato un bel piatto di spinaci!
   — Ancora spinaci? Basta! _____!

 10.48 Un invito per uscire. Creare una conversazione basata sui seguenti suggerimenti.

> *S1:* Domani sera tu e un gruppo di amici andate in un nuovo locale. Ora telefoni al compagno/alla compagna per invitare anche lui/lei.

> *S2:* Un amico/Un'amica ti telefona per invitarti a ballare domani sera. Ti interessa, ma prima vuoi sapere dove va, con chi, a che ora e che tipo di locale è. C'è anche un problema: tu non sai ballare molto bene.

D.3 ▶ Punti grammaticali

La preposizione *da*

Vengo **da Salerno.**	*I come from Salerno.*
Stasera vado **da Sofia.**	*Tonight I'm going to Sofia's house.*
Studio l'italiano **da sei mesi.**	*I've been studying Italian for six months.*
Vorrei qualcosa **da mangiare.**	*I'd like something to eat.*

1. The preposition **da** has several idiomatic uses in Italian. The most common is to signify origin.

Da dove vieni tu?	*Where do you come from?*
Vengo **dal Brasile.**	*I come from Brazil.*

2. When used with a pronoun or proper name, **da** can mean *at the house of* or *at the office / business of.* When used more broadly (**da noi, da voi,** etc.), it may mean *in our / your country.*

Mangiamo **dalla zia Amalia.**	*We're eating at Aunt Amalia's.*
Se non ti senti bene, vai **dal medico.**	*If you don't feel well, go to the doctor.*
Da noi se rovesci il sale sul tavolo, porta sfortuna.	*In our country, if you spill salt on the table, it brings bad luck.*

3. **Da** is used with time expressions and the present tense to indicate how long one has been doing something.

— **Da quanto tempo** conosci Riccardo?	— *How long have you known Riccardo?*
— Lo conosco **da cinque anni.**	— *I've known him five years.*

4. An indefinite object or quantity followed by **da** + *infinitive* describes the purpose of the object or quantity.

C'è molto **da vedere** a Napoli.
Hai qualcosa **da leggere** durante il viaggio?

There's a lot to see in Naples.
Do you have something to read during the trip?

An indefinite object followed by **di** + *adjective* describes the object.

Ho visto qualcosa **di interessante** sul giornale.
Beviamo qualcosa **di fresco.**
Vorrei qualcosa **di caldo da bere**—ho freddo.
Avete qualcosa **di interessante da leggere?**

I saw something interesting in the paper.
Let's drink something refreshing.
I'd like something hot to drink—I'm cold.
Do you have something interesting to read?

ATTIVITÀ

10.49 Una festa. Completare il brano con la preposizione **da,** semplice o articolata.

Domani sera c'è una festa _____ Beppe. Andiamo _____ lui dopo cena. La festa è per sua cugina Erica che è venuta _____ Australia per una vacanza. Alle feste di Beppe c'è sempre un sacco di gente _____ conoscere. Io conosco Beppe _____ sette anni, è un mio caro amico. Infatti, lo scorso week-end siamo andati _____ suoi genitori perché hanno una casa al mare. _____ terrazza si vede una splendida spiaggia bianca.

10.50 Di o da? Completare le frasi con la preposizione appropriata.

1. Che cosa fai _____ bello stasera?
2. Mariangela ha qualcosa _____ nuovo—ha comprato uno stereo!
3. Purtroppo, signori, non c'è niente _____ fare.
4. Enrico ha molto _____ studiare.
5. Vorrei qualcosa _____ dolce, forse un gelato.
6. È una persona di poche parole. Ha poco _____ dire.
7. Non posso uscire stasera, ho troppe cose _____ fare!
8. Dammi qualcosa _____ buono... ho fame!

10.51 Esperienze personali. Fare le seguenti domande ad un compagno/una compagna.

1. Da dove vieni tu? Da dove viene tua madre? E tuo padre?
2. Quando hai mal di denti, da chi vai? E quando ti serve della frutta? E quando la tua macchina è senza benzina?
3. Da voi, a che ora si mangia?
4. Quando torni da scuola, cosa fai?
5. Da quanto tempo studi l'italiano?
6. Da quanto tempo conosci il tuo migliore amico?

▶ **Leggiamo italiano!** *Looking forward and thinking back*
▶ **Un popolo di artisti**
▶ **Scriviamo italiano!** *Expressing opinions*
▶ **Come disse... Carlo Levi**
▶ **Musica, maestro!**
   "Vorrei che fosse amore", Mina
▶ **Ciak! Italia**

For self-tests and additional practice, and for access to the Video and video activities, go to the Book Companion Site, accessible at www.wiley.com/college/branciforte

Leggiamo italiano!

Looking forward and thinking back

To anticipate the content of a text, read the title and the first sentence of each paragraph. This allows you to construct an outline of the presentation. Sometimes it is helpful to read the final paragraph, to find a summary of the discussion. Look at the last paragraph of the following reading. What are the two major topics covered? What do you already know about these topics as they relate to Italy? What do you expect to find in the text, based on your looking forward and thinking back?

ATTIVITÀ DI PRE-LETTURA

10.52 Musica o cinema? Decidere se i seguenti termini, espressioni e nomi si riferiscono al mondo musicale o a quello cinematografico. Se non ne sei sicuro/a, scorrere il brano per trovare la risposta.

1. registi
2. cantautori
3. Enrico Caruso
4. Federico Fellini
5. *Il barbiere di Siviglia*
6. *Le quattro stagioni*
7. neorealismo
8. opere liriche
9. polifonia
10. vincere l'Oscar

UNITÀ 10 Divertirsi: Usciamo stasera! **439**

10.53 Quale paragrafo? Prima di leggere il brano, trovare il paragrafo che parla di...

_____ cantanti e direttori d'orchestra
_____ il ruolo importante degli Italiani in tutti i campi artistici
_____ registi cinematografici importanti
_____ l'opera lirica
_____ la musica leggera

▶ Un popolo di artisti

I ricco patrimonio culturale dell'Italia è conosciuto in tutto il mondo. Dall'arte all'architettura, dalla scienza alla letteratura, la genialità del popolo italiano si manifesta in molti settori. Anche nel campo della musica e in quello del cinema, l'Italia ha dato contributi importanti a livello internazionale.

Sommi° musicisti quali Claudio **Monteverdi** (1567–1643), padre della polifonia, e Domenico **Scarlatti** (1685–1757), compositore dell'epoca barocca famoso per le sue sonate per clavicembalo°, hanno avuto un forte impatto sullo sviluppo della musica classica. Antonio **Vivaldi** (1675–1741) è celeberrimo° per i quattro concerti conosciuti come *Le quattro stagioni*. Niccolò **Paganini** (1784–1840) è un leggendario virtuoso del violino ed è anche noto compositore. In tempi più recenti, Luciano **Berio** (1925–2003) ha rivoluzionato la musica con le sue note insolite.
Great
harpsichord
most renowned

In qualsiasi città del mondo durante la stagione lirica si trova sempre un'opera italiana. I più famosi compositori sono Gioacchino **Rossini** (1792–1868, *Il barbiere di Siviglia*), Giuseppe **Verdi** (1813–1901, *Nabucco, Aida* e *Rigoletto*) e Giacomo **Puccini** (1858–1924, *La Bohème, Madama Butterfly* e *Tosca*). Anche i cantanti italiani si sono distinti: i nomi di Enrico **Caruso**, Luciano **Pavarotti** e Renata **Scotto** sono veri e propri sinonimi della lirica. Tra i direttori d'orchestra ricordiamo Arturo **Toscanini**, Claudio **Abbado** e Riccardo **Muti**.

Invece la musica leggera non è così conosciuta fuori dalla penisola, dove i cantautori scrivono e cantano la vita italiana. Tra i più noti ricordiamo Lucio **Battisti**, Claudio **Baglioni**, Lucio **Dalla**, Fabrizio **De André**, **Zucchero**, **Ligabue**, Vasco **Rossi** e Pino **Daniele**. Gli italiani amano cantare e spesso il pubblico canta insieme al cantautore durante un concerto. Persino durante un'aria famosa di un'opera lirica il pubblico italiano canta insieme al solista.

Per quanto riguarda° il cinema, ne hanno segnato la storia alcuni grandi maestri del neorealismo come Vittorio **De Sica** e Roberto **Rossellini**. Tanti attori italiani sono conosciuti a Hollywood come a Cinecittà; tra i volti° più famosi ci sono quelli di Marcello **Mastroianni**, Sophia **Loren**, Giancarlo **Giannini**, Roberto **Benigni** e Maria Grazia **Cucinotta**. Molti registi italiani hanno anche vinto l'Oscar, ad esempio Michelangelo **Antonioni**, Luchino **Visconti**, Bernardo **Bertolucci** e Lina **Wertmüller**. Il nome di Federico **Fellini** è ancora un sinonimo del cinema italiano, anche se in tempi più recenti Roberto **Benigni** ha portato il volto della commedia italiana nel mondo. Tra i giovani registi spesso premiati dalla critica cinematografica ricordiamo Nanni **Moretti**, Gabriele **Salvatores**, Gianni **Amelio**, Giuseppe **Tornatore**, Marco Tullio **Giordana** e Gabriele **Muccino**.
As for
faces

Così come il cinema offre uno sguardo sulla vita italiana presente e passata, la musica italiana può dare voce ad un mondo ricco e diverso. Il cinema e la musica dunque sono due ottimi approcci per conoscere meglio il Bel Paese e la sua cultura. Gli Italiani sono davvero un popolo di artisti!

Roberto Benigni, vincitore di due Oscar per il film *La vita è bella* nel 1999, che recita *Tutto Dante*

ATTIVITÀ

10.54 Comprensione: perché è famoso? Collegare ciascun nome con la descrizione appropriata.

1. Vivaldi
2. Paganini
3. Verdi
4. Riccardo Muti
5. Fabrizio De André
6. Rossellini
7. Sophia Loren
8. Gabriele Muccino

a. un volto famoso del cinema
b. direttore d'orchestra
c. cantautore
d. giovane regista
e. virtuoso del violino
f. compositore del *Nabucco*
g. compositore delle *Quattro stagioni*
h. regista del neorealismo

UNITÀ 10 Divertirsi: Usciamo stasera!

10.55 Chi sono? Usando le informazioni della lettura, identificare i seguenti maestri.

Esempio: Antonio Vivaldi
Antonio Vivaldi era un compositore. Ha scritto Le quattro stagioni.

Claudio Monteverdi   Nanni Moretti   Vittorio De Sica
Domenico Scarlatti   Niccolò Paganini   Zucchero
Luciano Pavarotti

10.56 Preferenze personali. Fare le seguenti domande al compagno/alla compagna.

1. Conosci una canzone italiana? Come s'intitola?
2. Hai mai visto un'opera lirica? Quale? Chi è il compositore? Ti è piaciuta?
3. Conosci un'aria famosa di un'opera lirica italiana? Come inizia?
4. Hai mai visto un concerto con un musicista italiano?
5. Hai mai visto un film italiano? Chi è il regista?
6. Ti piacciono i film stranieri? Perché?

10.57 Spunti di conversazione. Discutere con i compagni di classe i seguenti argomenti.

1. Che tipo di musica preferite? Andate spesso ai concerti? Di che tipo? Di musica leggera o classica? Di musica rock o jazz? Di un cantautore famoso/una cantautrice famosa? Ci sono concerti nel campus della vostra università? Come sono?
2. Chi ha mai visto un film italiano? Parlare dei film che avete visto. I film italiani sono differenti dai film nel tuo paese? In che senso?
3. Com'è la vita sociale nella vostra università? Dove vanno normalmente gli studenti quando escono? Quali sono i locali che frequentano? Cosa si fa in quel locale? Com'è un tipico sabato sera nel vostro campus?

Federico Fellini (1920–1993), grande regista italiano, sul set di un suo film

Scriviamo italiano!

Expressing opinions

Many types of writing—from film or music reviews to editorials, letters, or essays—include opinions. In this unit, you will use opinions to write a film or concert review.

Expressions such as **secondo me, secondo la critica, a mio parere** are used to express opinion. Most often you will need to use the subjunctive following expressions such as:

penso che
era evidente che
credo che
pareva che
mi sembrava che
(non) era chiaro che

If you are talking about the past, the imperfect subjunctive or past perfect subjunctive is used.

When writing a review of a film or musical event, you need to establish essential data that tell *what, when,* and *where*—for example, *Madama Butterfly,* an opera by Puccini, at La Scala, last Friday at 8 P.M. Then you can express the *how* and *why*—your opinion.

ATTIVITÀ

10.58 Un brutto spettacolo. Identificare i dati essenziali (cosa, come, quando, dove) e le opinioni espresse nella seguente recensione.

Ieri sera, gli attori del Teatro Stecca hanno recitato *La Mandragola* di Machiavelli, secondo la critica una delle più importanti commedie del Rinascimento. Il pezzo doveva far ridere ma invece ha fatto piangere. Sembrava che il regista, Pierangelo Pierini, non si fosse reso conto che si tratta di una commedia. Per di più, pareva che gli attori non avessero tanta esperienza. Mi sembrava che non finisse più e così me ne sono andato prima della fine. Se il povero Machiavelli avesse potuto assistere a un simile fiasco, gli sarebbe venuto un colpo!

10.59 Una recensione. Scegliere uno dei seguenti argomenti per scrivere una breve recensione.

1. Scrivere una breve recensione di un film che hai visto recentemente. Ti è piaciuto? Dov'era ambientato? Chi erano gli attori? Come hanno recitato? Chi era il regista? Com'era la regia (*direction*)?
2. Sei un giornalista e devi scrivere la recensione di un concerto di qualche cantante o complesso di musica pop. Dopo il concerto, aspetti di intervistare alcuni spettatori fuori dallo stadio. Scrivi la tua recensione in base ai commenti degli spettatori e esprimi anche la tua opinione.

Come disse... Carlo Levi
(1902–1975)

da *Cristo si è fermato a Eboli*

Venne finalmente la serata della recita°. Aveva cessato di piovere, le stelle brillavano mentre mi avviavo° verso il fondo del paese. Non esistevano sale o saloni che potessero servire di teatro: si era scelto una specie di cantina° o di grotta seminterrata, e ci avevano portato delle panche°, dalla scuola, sul pavimento di terra battuta. In fondo, avevano costruito un piccolo palco, chiuso da un vecchio sipario. Lo stanzone era pieno zeppo di contadini, che aspettavano con meraviglia l'inizio della rappresentazione. Si recitava *La Fiaccola sotto il Moggio*, di Gabriele D'Annunzio. Naturalmente, mi aspettavo una gran noia da questo dramma retorico, recitato da attori inesperti, e aspettavo il piacere della serata soltanto dal suo carattere di distrazione e di novità. Ma le cose andarono diversamente...

play
headed

basement
benches

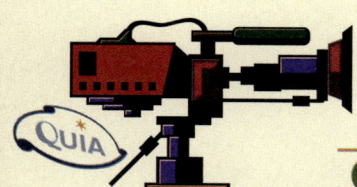

Musica, maestro!

Usando Internet, cercare "Vorrei che fosse amore" di Mina e ascoltare la canzone più di una volta. Che tipo di amore vorrebbe? Se tu dovessi scrivere una tua versione di questa canzone, cosa vorresti tu?

Ciak! Italia

Buongiorno, Tenente Colombo! Anna e Francesco si trovano nel caffè *Le Giubbe Rosse* a Firenze. Qui, Anna scoprirà qualcosa di molto importante per risolvere il mistero. Lo puoi trovare in questa foto?

10.60 Cosa facciamo di bello stasera? Prima di vedere il videoclip, abbinare il divertimento della colonna a sinistra con il luogo dove lo puoi vedere o fare a destra.

1. _____ un'opera lirica di Puccini   a. al cinema
2. _____ un film di Benigni   b. in discoteca
3. _____ una partita di calcio   c. in piazza
4. _____ ballare tutta la notte   d. in un locale
5. _____ un concerto di musica leggera   e. al Teatro San Carlo
6. _____ bere una cosa con amici   f. allo stadio

10.61 Abbiamo tutti un po' di talento... Durante questo segmento del video, Anna e Francesco commentano i loro propri talenti. Chi fa o sa fare le seguenti cose? Indica se è Anna (**A**) o Francesco (**F**).

1. _____ canta bene
2. _____ prende tante stecche
3. _____ scrive canzoni
4. _____ ha in mente un programma per la serata
5. _____ suggerisce di andare in un locale con giovani
6. _____ ama l'aria letteraria
7. _____ ha talento per la poesia

10.62 Incredibile! Guardare attentamente la foto e descrivere i due personaggi, Anna e Francesco. Perché hanno queste espressioni? Che cosa staranno guardando? Quali sono le loro reazioni? Scrivere almeno cinque frasi per dare una possibile spiegazione a questa scena. Dopo, spiegare ad un compagno/una compagna cos'è successo secondo te. Poi, insieme presentate la scena migliore alla classe.

Vocabolario

Il teatro e il cinema

l'attore/l'attrice	actor/actress
la commedia	comedy
il commediografo, il drammaturgo	playwright
il critico	critic
il dramma	drama
il fiasco	flop
il palcoscenico	stage
la prima	opening night
il/la protagonista	protagonist
il pubblico	audience
le quinte	wings (on stage)
la rappresentazione	performance
la recensione	review
il/la regista	producer, director
la replica	repeat performance
il ruolo	role
la scenografia	set (design)
lo schermo	screen
lo spettacolo	show
il successo	success
la tragedia	tragedy
applaudire	to applaud
girare un film	to film, shoot a movie
recitare	to act, to speak lines

La musica e gli strumenti musicali

la batteria	drums
il cantautore/la cantautrice	singer-songwriter
la canzone	song
il CD	CD
il clarinetto	clarinet
il complesso	band
il compositore	composer
il conservatorio	conservatory
il direttore/la direttrice d'orchestra	conductor
il flauto	flute
il lettore CD	CD player
la musica leggera, pop	pop music
la musica classica	classical music
il/la musicista	musician
la nota	musical note
l'opera lirica, la lirica	opera
l'orchestra	orchestra, band
la prova	rehearsal
il/la solista	soloist
lo spartito, la partitura	sheet music
gli strumenti musicali	musical instruments
il testo, le parole	lyrics
la tromba	trumpet
il violino	violin
a tutto volume	loud
alto / basso volume	high / low volume
dal vivo	live
alzare / abbassare il volume	to turn up / to turn down the volume
canticchiare	to hum

Il sabato sera

l'autista	driver
l'autostrada	highway
il/la ballerino/a	dancer
la benzina	gasoline
il distributore	gas pump
il lento	slow dance
il locale (notturno)	(night) spot/club
il navigatore satellitare	GPS system
la pista	dance floor
il (punto di) ritrovo	meeting place
il sorpasso	passing (another car)
la stazione di servizio	service station
la velocità	speed
il volante	steering wheel
fare il pieno	to fill the gas tank
scatenarsi	to let oneself go

Altre parole ed espressioni

andare per il meglio	to go well
avere il pallino di	to have the bug for..., to have a mania for...
capitare tutte a qualcuno	for everything (unpleasant) to happen to someone
che cavolo!	darn! (literally, what a cabbage!)
dare un'occhiata a	to glance at
essere stonato come una campana	to be tone-deaf
essere stufo di	to be fed up with/to be sick of
fare il malocchio a qualcuno	to give someone the evil eye
farsi compagnia	to keep each other company
fuori mano	out of the way
niente di particolare	nothing special
non capire un tubo	to not understand at all
non c'è anima viva	there's not a living soul around
(non) ci sto	it's (not) all right with me
piantala! piantatela!	stop it!
piovere a dirotto	to rain cats and dogs
prendere qualcosa / qualcuno sul serio	to take something / someone seriously
prendere una stecca	to hit a sour note
se fossi in te...	if I were you...
stressare qualcuno	to cause someone stress, to get on their nerves
uffa!	ugh! (expression of annoyance)
una volta tanto	once in a while

Veduta panoramica di Firenze, con il Duomo e Palazzo Vecchio

A LA LETTERATURA

A.1 ▶ Si dice così

l'enciclopedia	encyclopedia	il poema	long poem
il volume	volume	la poesia	poetry, short poem
il titolo	title		
il capitolo	chapter	il paragrafo	paragraph
il brano	short passage	il secolo	century
la prosa	prose	lo scrittore/la scrittrice	writer
la narrativa	narrative, fiction	l'autore/l'autrice	author
il romanzo	novel	il poeta/la poetessa	poet
il racconto, la novella	short story	il capolavoro	masterpiece
il genere	genre	trattare di	to be about
la trama	plot	analizzare	to analyze

Lo sapevi che...?

Un **romanzo rosa** racconta una storia romantica, mentre quando si parla di **giallo** si intende una storia misteriosa e ricca di suspense. Il termine **giallo** deriva dal colore delle copertine usate dalla casa editrice Mondadori—e tutt'oggi le copertine sono spesso di questo colore. La combinazione di storie fantastiche e di realtà scientifica si chiama **fantascienza**. La **saggistica** è invece il genere letterario che raccoglie le opinioni su determinati argomenti.

ATTIVITÀ

11.1 Le definizioni. Trovare nella lista di **Si dice così** parole che corrispondono ad ogni definizione.

1. una donna che scrive opere letterarie in versi
2. una parte di un libro
3. un periodo di cento anni
4. una breve opera narrativa
5. si differenzia dalla poesia
6. è la storia di un romanzo
7. indica il nome di un'opera letteraria
8. l'opera più bella o più importante di uno scrittore

11.2 Ti piace leggere? Intervistare un altro studente/un'altra studentessa per sapere...

- se gli/le piace leggere nel tempo libero
- che cosa gli/le piace leggere: romanzi? poesia? saggistica?
- chi è lo scrittore preferito/la scrittrice preferita
- quanti libri legge al mese
- se compra molti libri o se li prende in prestito alla biblioteca pubblica
- il titolo dell'ultimo libro che ha letto

11.3 Fantasilandia. Immaginate di dover partire per un viaggio di due anni su un'isola deserta. Potete portare cinque libri da leggere nel tempo libero. Quali sono i libri che portereste con voi? Fare un elenco dei cinque libri e spiegare il perché della vostra scelta.

Esempio: — Io sicuramente porterei *I viaggi di Gulliver* perché è un capolavoro che unisce la satira politica all'avventura.
— E io porterei un grande volume che contiene tutte le poesie di...

A.2 ▶ Incontro

Una relazione° di letteratura. *Giacomo e Luisa sono studenti universitari. Stanno preparando una relazione sulla letteratura italiana dalle origini al Rinascimento°.*

report
Renaissance

GIACOMO:	Che figuraccia che hanno fatto Elena e Gianni oggi! La loro relazione sembrava fatta coi piedi! Se non vogliamo fare come loro, bisogna che ci organizziamo bene!
LUISA:	Allora perché non ti concentri sulla prosa mentre io mi occupo della poesia? A me piacciono di più i poeti: Dante, Petrarca, Poliziano o anche Ariosto.
GIACOMO:	Aspetta un attimo... Chi scrisse "Chiare, fresche e dolci acque"?
LUISA:	Ma come, mi prendi in giro? Fu Petrarca! Non conosci le *Rime sparse*?
GIACOMO:	Certo che le conosco! Volevo vedere se ti ricordavi tu! A dire il vero, mi garba° di più Boccaccio. Opere come il *Decameron* o *La Mandragola* di Machiavelli fanno ridere a crepapelle.
LUISA:	Ho visto una rappresentazione della *Mandragola* l'anno scorso al Teatro della Pergola! Che divertente!
GIACOMO:	Pensa, Machiavelli fu un uomo politico eppure scrisse delle commedie! Quando poi lo mandarono in esilio° si mise a scrivere *Il Principe,* una delle opere più famose della letteratura italiana.
LUISA:	Pensa al povero Dante, anche lui in esilio a Ravenna!
GIACOMO:	Che scocciatura, non poter mai più tornare a casa!
LUISA:	Davvero! Senti, Giacomo, ora lavoriamo un po'. To'! Qui c'è un libro su Boccaccio.
GIACOMO:	Così posso parlare delle novelle. Vorrei che facessimo una bella figura... Ma dobbiamo proprio parlare davanti a tutti? Che fifa!

I like

exile

ATTIVITÀ

11.4 Ascoltiamo! Chi l'ha detto? Ascoltando l'**Incontro,** indicare chi pronuncia le seguenti frasi, Luisa (L) o Giacomo (G).

	L	G
1. La loro relazione sembrava fatta coi piedi!	___	___
2. A me piacciono di più i poeti.	___	___
3. Chi scrisse "Chiare, fresche e dolci acque"?	___	___
4. Fanno ridere a crepapelle.	___	___
5. To'! Qui c'è un libro su Boccaccio.	___	___
6. Vorrei che facessimo una bella figura…	___	___

11.5 La relazione. Siete due studenti/studentesse e state preparando una breve relazione sulla letteratura. Preparate la presentazione per la vostra classe. Di quali autori parlerete? Parlerete di prosa o di poesia? Di quale secolo sono questi autori? Parlerete delle loro vite e opere? Come dividerete il lavoro?

In altre parole

fare qualcosa coi piedi	to do something in a slapdash way
che divertente!	how funny!
che scocciatura!	what a nuisance!
far ridere a crepapelle	to make someone laugh, split one's sides laughing
che fifa!	how terrifying!

11.6 Sostituzioni. Sostituire le parole in corsivo con un'espressione da **In altre parole.**

1. Hai visto l'ultimo film di Jim Carrey? Che buffo! *Mi ha fatto tanto divertire.*
2. Dopo aver visto quel film horror di Dario Argento, non sono riuscito ad addormentarmi. *Che paura!*
3. Se tu avessi visto il costume di Claudia! Si è vestita da hippie degli anni '60. *Che buffo!*
4. Mi dispiace dirtelo, caro Giuseppe, ma questo tema non mi piace per niente. Sembra fatta *in fretta e senza attenzione.*
5. La professoressa dice che non va bene l'argomento della nostra relazione. Adesso dobbiamo ricominciare da capo. *Che noia!*

11.7 Mille volte di più! Esprimere le vostre preferenze come nel modello.

Esempio: leggere: prosa / poesia
— Che cosa preferisci leggere, la prosa o la poesia?
— La prosa! La preferisco mille volte di più.

1. studiare: filosofia / matematica
2. bere: tè / caffè
3. guardare: la partita / un dramma
4. leggere volentieri: un giallo / un romanzo rosa
5. guidare: una motocicletta / una Mercedes
6. mangiare: cioccolato / carciofi

A.3 ▶ Punti grammaticali

Festivaletteratura, Mantova, 2009

Il passato remoto

Dante **scrisse** la *Divina Commedia*.	*Dante wrote the Divine Comedy.*
Petrarca **nacque** in Toscana.	*Petrarch was born in Tuscany.*
Boccaccio **parlò** il dialetto toscano.	*Boccaccio spoke the Tuscan dialect.*
I miei nonni **abitarono** in Italia da bambini.	*My grandparents lived in Italy when they were children.*
Avevo tanta paura che non **dormii** quella notte.	*I was so frightened that I didn't sleep that night.*
Machiavelli **fece** parte del governo di Firenze.	*Machiavelli was part of the government of Florence.*

1. The preterit **(il passato remoto)** is a past tense used most commonly to describe actions in the distant past. Often used in writing to describe historical events, it is also known as the historical or narrative past tense.

2. The **passato remoto** of regular verbs is formed by dropping the infinitive suffix and adding the following endings.

abitare		vendere		scoprire	
abit**ai**	abit**ammo**	vend**ei** (vend**etti**)	vend**emmo**	scopr**ii**	scopr**immo**
abit**asti**	abit**aste**	vend**esti**	vend**este**	scopr**isti**	scopr**iste**
abit**ò**	abit**arono**	vend**é** (vend**ette**)	vend**erono** (vend**ettero**)	scopr**ì**	scopr**irono**

Several **-ere** verbs have two alternative forms in the first- and third-person singular and third-person plural **(io, lui/lei, loro).**

UNITÀ 11 Leggere: Recitiamo una poesia!

3. Many irregular verbs follow a 1–3–3 pattern: only the first-person singular and third-person singular and plural are irregular. The **tu, noi,** and **voi** forms are regular and are based on the infinitive stem.

	scrivere	nascere	vedere	conoscere
1	scrissi	nacqui	vidi	conobbi
	scrivesti	nascesti	vedesti	conoscesti
3	scrisse	nacque	vide	conobbe
	scrivemmo	nascemmo	vedemmo	conoscemmo
	scriveste	nasceste	vedeste	conosceste
3	scrissero	nacquero	videro	conobbero

Note that there is no final accented vowel ending in the 1–3–3 pattern.

If one knows the first-person singular and the infinitive of an irregular verb, the entire conjugation is predictable.

leggere:	lessi, leggesti	**chiedere:**	chiesi, chiedesti
scrivere:	scrissi, scrivesti	**decidere:**	decisi, decidesti
vivere:	vissi, vivesti	**mettere:**	misi, mettesti
sapere:	seppi, sapesti	**prendere:**	presi, prendesti
tenere:	tenni, tenesti	**rimanere:**	rimasi, rimanesti
venire:	venni, venisti	**rispondere:**	risposi, rispondesti
volere:	volli, volesti	**scendere:**	scesi, scendesti
		sorridere:	sorrisi, sorridesti
dipingere:	dipinsi, dipingesti		
vincere:	vinsi, vincesti		

4. Some verbs whose forms differ from this pattern in that the **tu, noi,** and **voi** forms do not derive directly from the infinitive are:

dare:	diedi, desti	**stare:**	stetti, stesti
dire:	dissi, dicesti	**fare:**	feci, facesti
bere:	bevvi, bevesti		

5. **Essere** and **avere** are irregular; **avere** follows the 1–3–3 pattern.

essere		avere	
fui	fummo	ebbi	avemmo
fosti	foste	avesti	aveste
fu	furono	ebbe	ebbero

> **Lo sapevi che...?**
>
> A scuola in Italia i bambini imparano il seguente detto che serve a ricordare dati importanti che riguardano persone famose. È utile anche per ricordarsi le forme del passato remoto: **Dove nacque? Dove visse? Cosa fece? Cosa scrisse?**

ATTIVITÀ

11.8 Test di storia. Cercare di identificare i seguenti nomi, luoghi o date importanti.

1. Fu genovese, ma scoprì l'America con l'aiuto della Spagna. *Christopher Columbus*
2. Nacque nel 1265 a Firenze. Scrisse la *Divina Commedia,* nella quale raccontò un viaggio attraverso l'inferno, il purgatorio e il paradiso. *Dante Alighieri*
3. L'anno in cui finì la Seconda guerra mondiale. *1945*
4. Questa città fu la prima capitale d'Italia. Molti meridionali vi immigrarono per lavorare nelle fabbriche della Fiat. *Turin*
5. Dipinse una famosa *Primavera*. *Sandro Botticelli*
6. La città in cui vissero e morirono Romeo e Giulietta. *Verona*
7. Creò un *Cenacolo* (*Ultima cena*) indimenticabile e inventò l'elicottero. *Leonardo da Vinci*
8. Sorella di Cesare Borgia, fu una donna affascinante. Avvelenò (*She poisoned*) molti suoi nemici. *Lucrezia Borgia*

11.9 Dati storici. Completare le seguenti frasi con il passato remoto del verbo dato.

1. Le guerre del Risorgimento (avere) luogo durante l'Ottocento.
2. È vero che Pinocchio non (dire) mai bugie?
3. Cesare disse: "(venire), (vedere), (vincere)".
4. Machiavelli (decidere) di scrivere *Il Principe* per la famiglia de' Medici.
5. Michelangelo (dipingere) la Cappella Sistina.
6. Molti giovani scultori (andare) a lavorare nella bottega di Michelangelo.
7. Dante (conoscere) Giotto.
8. I Guelfi (essere) alleati del Papa.

11.10 Che fine fece? Completare il brano con il passato remoto del verbo dato.

Molti anni fa, (io, conoscere) un uomo che (andare) a vivere nella giungla. A dire il vero, (io, leggere) sul giornale questa strana notizia che mi (incuriosire) e (io, volere) incontrarlo. Appena (io, arrivare) a casa sua, questo tale mi (invitare) ad entrare. Noi (sedersi) in giardino e lui mi (offrire) da bere. (noi, bere) del caffè. Lui mi (spiegare) che voleva lasciare la città per andare a studiare gli animali della giungla. L'uomo poco dopo (lasciare) il lavoro, (vendere) l'automobile, (chiudere) la casa e (partire). Di lui non si (sapere) più nulla. Chissà che fine (fare).

11.11 Due scrittori illustrissimi. Tu e un compagno/una compagna dovete presentare una relazione su due figure importanti della letteratura italiana. Ecco alcuni appunti della vostra ricerca. Create due brevi paragrafi su questi due scrittori del Rinascimento includendo le informazioni date.

Niccolò Machiavelli	Veronica Franco
• 1469–1527	• 1546–1591
• Firenze	• Venezia
• patriota fiorentino e teorico di scienze politiche	• cortigiana, amica dell'aristocrazia veneziana
• viaggiare per tutta l'Europa	• scrivere sonetti e poesie in terza rima
• fare missioni diplomatiche per il Comune di Firenze	• 1577: abbandonare la vita libera, dedicarsi ad opere di carità
• i Medici imprigionare e mandare in esilio Machiavelli	• il pittore Tintoretto fare un bellissimo ritratto
• scrivere *Il Principe* e *I ricordi* in esilio	
• guadagnarsi la reputazione di cinico	

11.12 Vita da scrittore. Pensare al tuo scrittore preferito/la tua scrittrice preferita e poi descrivere ad un altro studente/un'altra studentessa tutto quello che sai della sua vita: quando nacque, dove visse, i libri che scrisse e altre cose che fece durante la sua vita.

11.13 Quello che fecero. Completare le seguenti frasi con un verbo al passato remoto.

1. Tanti anni fa in Italia...
2. Alla fine del 19° secolo, le donne...
3. Nel 2004 io...
4. Dieci anni fa, la mia famiglia...
5. Durante la Prima guerra mondiale...
6. Durante la Rivoluzione francese...

Lo sapevi che...?

La prima **biblioteca pubblica** fu fondata in Italia nel 1440 da Cosimo de' Medici presso il convento di San Marco a Firenze. Oggi ci sono biblioteche comunali, cioè del comune, paese o città, aperte al pubblico. Inoltre ci sono tre **Biblioteche Nazionali**, enormi istituzioni che contengono anche manoscritti e libri rari; sono a Torino, Firenze e Roma, le tre città che furono anche capitali d'Italia.

Palazzo Medici Riccardi a Firenze. Fu costruito per Cosimo de' Medici dall'architetto Michelozzo.

B LA LIBRERIA

B.1 ▶ Si dice così

il lettore/la lettrice	reader	esaurito	out of print, sold out
la casa editrice	publishing house	illustrato	illustrated
l'editore	editor, publisher	collegato	online
la copertina rigida	hardcover	stampare	to print
l'edizione tascabile	paperback, soft cover book	pubblicare	to publish
la copia	copy	sfogliare	to flip through
la collana	collection, series	ordinare	to order
la fantasia	imagination	collegarsi	to go online
a cura di	edited by	in rete	online
in traduzione	in translation		

ATTIVITÀ

11.14 Il processo letterario. Abbinare l'azione a chi la esegue.

1. scrive un manoscritto
2. cura e crea il libro
3. scrivono recensioni dei libri
4. sfogliano i libri
5. pubblica il libro
6. legge il libro a casa
7. vende i libri

a. i clienti in una libreria
b. i critici
c. la casa editrice
d. l'autore
e. la lettrice
f. il proprietario di una libreria
g. l'editore

11.15 In libreria: conversazioni. Completare le seguenti conversazioni con vocaboli appropriati.

1. IMPIEGATO: Buongiorno. Mi dica!
   CLIENTE: _____. Vorrei un libro di Italo Calvino.
   IMPIEGATO: Conosce _____?
   CLIENTE: Sì, è *Il barone rampante*. Vorrei il libro in edizione tascabile.
   IMPIEGATO: È fortunata, signora. Ecco l'ultima _____ che abbiamo.
   CLIENTE: Meno male!

2. CLIENTE: Buongiorno! Ha mica una _____ delle *Fiabe di Esopo (Aesop)*?
   IMPIEGATO: Sì, signore. Gliela prendo. È un libro _____ con molti bei disegni. È per un giovane _____?
   CLIENTE: Sì, è per mio figlio.

UNITÀ 11 Leggere: Recitiamo una poesia!

11.16 Un regalo per il nipote. Uno/Una di voi lavora part-time in una libreria ben fornita. L'altro è un cliente che è andato in libreria per comprare un libro da regalare al nipote che si laurea fra pochi giorni. Creare una conversazione in cui il commesso/la commessa cerca di aiutare il cliente, suggerendo alcuni titoli.

Esempio: — Buonasera. Mi dica, signora.
— Ah, buonasera. Senta, io vorrei comprare un libro per mio nipote...
— Che genere preferisce? Gialli? Fantascienza? Quali sono i suoi interessi?

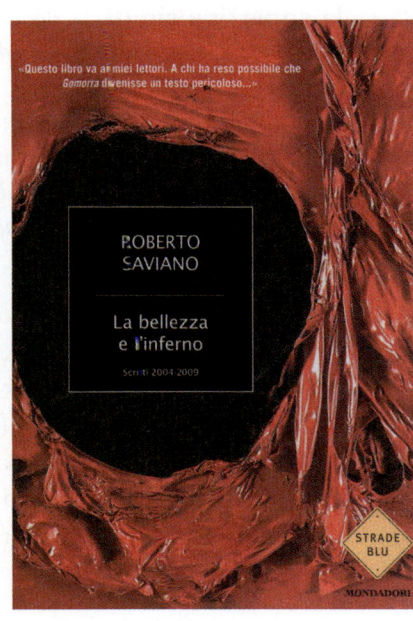

11.17 La libreria virtuale. Per ordinare un libro che non riesci a trovare nelle librerie della tua città, ti sei collegato/a in Internet. Navigando in rete, sei andato/a sul sito della libreria virtuale e hai ordinato il libro. Il problema, però, è che ti serve quest'edizione subito. Spiegare perché è un'edizione speciale e chiederne la spedizione (*shipping*).

Esempio: Gentile Libreria virtuale,
Volevo una copia del libro... Navigando in rete, ho visto il vostro sito e...

> **Lo sapevi che...?**
>
> Ci sono molte case editrici in Italia. Le più grandi sono **Mondadori, Feltrinelli, Rizzoli, Einaudi** e **Zanichelli**. La **Rizzoli** è conosciuta per la pubblicazione di libri illustrati. **Mondadori** e **Feltrinelli** sono anche i nomi di grandi librerie che si possono trovare nelle maggiori città italiane. La **Zanichelli** invece è conosciuta per i suoi dizionari ed enciclopedie. E per la letteratura italiana, è famosissima l'**Einaudi**. Alcuni grandi scrittori (come Italo Calvino, Cesare Pavese e Natalia Ginzburg) hanno lavorato per questa casa editrice.

B.2 ▶ Incontro

Intervista. Fosca Pastorino è proprietaria della libreria Lo Scaffale. Organizza serate culturali, letture di poesie e incontri con autori. Un giornalista de La Stampa la intervista per l'inserto Tutto libri.

Signora Pastorino, com'è nata l'idea di aprire questo splendido posto?
A dire il vero, è stato un caso°. Cinque anni fa, ho smesso° di lavorare per una casa editrice. Mi sono detta, basta! Lo stipendio era una barzelletta, ed ero stufa del solito tran tran° di tutti giorni. Ho deciso così di rischiare, diventando imprenditrice.

chance / stopped

routine

Complimenti! Che coraggio! Ci parli delle Sue attività, che vanno ben oltre la semplice vendita di libri.
Prima di aprire Lo Scaffale, mi sono guardata intorno° e ho visto un mucchio di librerie tutte uguali, impersonali. Volevo creare qualcosa di diverso. Basta un po' di fantasia. Così, nella mia libreria ho ideato° l'angolo "C'è post@ per te"—una specie di cybercafé dove ci si può collegare in rete per navigare. Al giorno d'oggi una libreria deve offrire qualcosa di più! Poi, conoscevo tanti autori per via del mio precedente lavoro. Quindi, il terzo giovedì di ogni mese viene qualcuno di loro a presentare il suo ultimo libro. Basta organizzare, invitare.

around

designed

E che successone! Ci dica qualcosa dei Suoi ultimi progetti.
All'inizio dell'anno, abbiamo cominciato a pubblicare una collana di edizioni tascabili dedicata ad autori emergenti. L'ultimo volume è già esaurito! Se Lei conosce qualche giornalista o scrittore in gamba...

Be', io stesso, essendo giornalista, di tanto in tanto scrivo...
Non mi dica! Allora, mi raccomando, mi mandi un Suo manoscritto, che gli do un'occhiata.

Affare fatto! Grazie, Signora Pastorino!

Attività

11.18 Ascoltiamo! Trova l'intruso. Ascoltare bene l'**Incontro**. Poi, leggere bene gli elenchi. Riascoltando l'**Incontro,** indicare gli elementi giusti.

1. Quale dei seguenti argomenti **non** viene menzionato da Fosca Pastorino?
   _____ Era stufa del tran tran.   _____ Lo stipendio era basso.
   _____ Aveva sempre sognato di   _____ Ha vinto la lotteria.
   aprire una libreria.   _____ Voleva pubblicare libri.
   _____ Ha smesso di lavorare per   _____ Scriveva poesie.
   una casa editrice.   _____ Ha deciso di rischiare.

2. Quali servizi e eventi **non** offre la libreria Lo Scaffale?
   _____ letture di poesia   _____ fare fotocopie
   _____ cybercafé   _____ caffè e brioche
   _____ vende giornali   _____ presentazioni di libri
   _____ incontri con autori   _____ cantare con la chitarra

3. Che cosa offre Fosca Pastorino al giornalista?
   _____ un caffè   _____ di dare un'occhiata a
   _____ un passaggio in macchina   quello che ha scritto
   _____ di collaborare ad un progetto   _____ un affare

11.19 Una bella fantasia! Uno/Una di voi è un giovane scrittore/una giovane scrittrice che ha appena pubblicato il suo primo libro, diventato best-seller. In una libreria della vostra città, un giornalista conduce l'intervista davanti ad un pubblico di lettori che fanno domande anche loro. Alcune delle domande sono: quanto tempo hai impiegato per scrivere il libro? Come hai avuto l'idea per la trama? Da quanto tempo scrivi?

11.20 Stasera, recitiamo una poesia! Tu sei un famoso attore/una famosa attrice e hai ricevuto un invito a leggere per il pubblico il sonetto di Petrarca, "Chiare, fresche e dolci acque". Come metti in scena questo sonetto? Il miglior interprete riceverà la corona di alloro, simbolo del sommo poeta.

Chiare, fresche e dolci acque,
ove le belle membra
pose colei che sola a me par donna;
gentil ramo ove piacque
(con sospir' mi rimembra)
a lei di fare al bel fianco colonna;
herba et fior' che la gonna
leggiadra ricoverse
co l'angelico seno;
aere sacro, sereno,
ove Amor co' begli occhi il cor m'aperse:
date udïenza insieme
a le dolenti mie parole extreme.

In altre parole

essere una barzelletta	to be a joke
un mucchio di	a ton of
essere in gamba	to be on the ball, smart
non mi dire!	don't tell me!
affare fatto	done deal, consider it done

11.21 Due battute. Completare le seguenti conversazioni con una parola o un'espressione adatta.

1. — Sai che cosa ho visto sul giornale? Un articolo su Rosella Nuzio.
   — _____! Quella ragazza che era a scuola con noi?
2. — Dove vai, Anna? Non vieni con noi al cinema?
   — Vado in biblioteca! Ho _____ di compiti da fare.
3. — Hai visto la fotografia di Fulvio sul giornale? Ha pubblicato un nuovo libro.
   — Quel Fulvio! È sempre stato _____!
4. — Senti, se mi dai una mano a pulire un po' qui, poi ti aiuto a preparare la cena.
   — _____!
5. — Giacomo, perché hai smesso di scrivere? Ti piaceva tanto la letteratura!
   — Eh, sì. Ma purtroppo lo stipendio di un poeta è _____.

11.22 Ho smesso, ero stufo! Creare mini-conversazioni come nel modello. Uno di voi domanda all'altro/a se fa ancora le cose suggerite. L'altro/a risponde che ha smesso di farle e poi spiega il perché.

Esempio: scrivere poesie
— **Non scrivi più poesie?**
— **Ho smesso di farlo perché ero stufo/a di... (perdere tempo / trovare rime)**

1. frequentare le lezioni di matematica
2. uscire con Vittorio
3. andare in discoteca il sabato sera
4. mangiare alla mensa
5. abitare nella casa dello studente
6. lavorare al ristorante

11.23 C'è post@ per te. Scrivere un messaggio di posta elettronica ad un amico in Italia. Chiedere quali libri sta leggendo ora e raccontargli che cosa stai leggendo tu. Puoi anche indicare qual è il tuo libro più amato, i tuoi scrittori preferiti, il tuo genere di libro preferito e chiedergli delle sue preferenze.

B.3 ▶ Punti grammaticali

I numeri ordinali

Fu amore a **prima** vista.
L'ufficio è all'**undicesimo** piano.
La **quinta** sinfonia di Beethoven è la mia preferita.
Ero così felice—ero al **settimo** cielo!
Lorenzo de' Medici visse nel **quindicesimo** secolo.

It was love at first sight.
The office is on the eleventh floor.
Beethoven's fifth symphony is my favorite.
I was so happy—I was in seventh heaven!
Lorenzo de' Medici lived in the fifteenth century.

1. Ordinal numbers (**i numeri ordinali**) are used to indicate order or rank. The first ten ordinal numbers are as follows.

1°	primo	6°	sesto
2°	secondo	7°	settimo
3°	terzo	8°	ottavo
4°	quarto	9°	nono
5°	quinto	10°	decimo

2. All other ordinal numbers are formed by dropping the final vowel of the cardinal number and adding the suffix **-esimo.**

   cento   **centesimo**   ottantadue   **ottantaduesimo**

   Numbers ending in **-tré** or **-sei** (**ventitré, trentasei,** etc.) keep the final vowel before adding **-esimo: ventitreesimo, trentaseiesimo.**

3. Ordinal numbers are adjectives, and thus agree in number and gender with the noun they modify. They usually precede the noun. The ordinal number is signified by the symbol ° if the noun is masculine, ª if the noun is feminine.

   la 5ª strada   *Fifth Avenue*   **il 15° secolo**   *the fifteenth century*

4. In writing, Roman numerals are usually used to designate royalty, popes, and centuries.

Enrico VIII	Enrico ottavo	*Henry the Eighth*
Giovanni XXIII	Giovanni ventitreesimo	*John the Twenty-third*
il secolo XVIII	il diciottesimo secolo	*the eighteenth century*

   In dates, only the first of the month is expressed as an ordinal number.

   1 agosto: il primo agosto   14 maggio: il quattordici maggio

5. In Italian, centuries are referred to in two ways.

1200–1300	il Duecento	il tredicesimo secolo
1300–1400	il Trecento	il quattordicesimo secolo
1400–1500	il Quattrocento	il quindicesimo secolo
1500–1600	il Cinquecento	il sedicesimo secolo

1600–1700	il Seicento	il diciassettesimo secolo
1700–1800	il Settecento	il diciottesimo secolo
1800–1900	l'Ottocento	il diciannovesimo secolo
1900–2000	il Novecento	il ventesimo secolo
2000–2100	il Duemila	il ventunesimo secolo

ATTIVITÀ

11.24 Dov'è Adriana? La piccola Adriana abita in un grande palazzo di dieci piani con un ascensore (*elevator*) moderno. Ad Adriana piace moltissimo andare su e giù nell'ascensore del palazzo. Completare il brano con i numeri ordinali appropriati.

Adriana e la sua famiglia abitano al piano numero sei, cioè al _____ piano. Mentre la mamma era occupata con il fratellino, Adriana è uscita di casa, si è diretta all'ascensore ed è scesa di due piani (ora si trova al _____ piano). Poi è salita di cinque piani, cioè al _____ piano. È scesa di nuovo, questa volta otto piani (ora sta al _____ piano). Poi è risalita ancora di cinque piani, cioè al _____ piano. È uscita dall'ascensore ed è salita a piedi al piano di sopra (*above*). Non ha trovato la porta di casa sua e ha cominciato a piangere e a chiamare la mamma. A quale piano si trova ora la piccola Adriana? Al _____ piano.

11.25 Quando nacque? Quando visse? Dire in quali secoli nacquero, vissero o morirono le seguenti persone.

Esempio: Dante Alighieri (1265–1321)
Dante nacque nel 1265, visse nei tredicesimo e quattordicesmio secoli e morì nel 1321.

1. Alessandro Manzoni (1785–1873)
2. Umberto Eco (1932–presente)
3. Brunetto Latini (1220–1294)
4. Lorenzo de' Medici (1449–1492)
5. Francesco Petrarca (1304–1374)
6. Galileo Galilei (1564–1642)
7. Vittorio Alfieri (1749–1803)
8. Natalia Ginzburg (1916–1991)

11.26 Numero, per favore. Rispondere alle seguenti domande usando un numero ordinale, secondo il modello.

Esempio: Questa è la lezione numero dieci?
Sì, è la decima lezione.

1. Questo è il piano numero diciotto?
2. Questa è la pagina numero ventitré?
3. Siamo alla lezione numero undici?
4. Questa è la sinfonia numero cinque?
5. È l'edizione numero sette del libro?
6. Sei all'anno numero tre all'università?
7. Siamo al capitolo numero trenta?
8. Questo quadro è del secolo numero sedici?

UNITÀ 11 Leggere: Recitiamo una poesia!

11.27 Sono tutti... Leggere ad alta voce le parole elencate usando i numeri ordinali. Poi decidere a quale categoria appartengono. Ecco le possibili categorie: re, anniversario, papa, sinfonia.

1. Riccardo III, Enrico VIII, Elisabetta II, Giorgio III, Edoardo IV
2. Giovanni Paolo II, Pio IX, Giulio II, Gregorio X, Giovanni XXIII
3. 15°: cristallo; 25°: argento; 30°: perle; 50°: oro; 60°: diamante
4. 3ª: Eroica; 6ª: Pastorale; 9ª: Inno alla Gioia
5. Vittorio Emanuele II, Umberto I, Vittorio Emanuele III

C   LA STAMPA: GIORNALI E RIVISTE

C.1 ▶ Si dice così

l'edicola	newsstand	la rubrica	column
il giornalaio	newspaper vendor	l'inserto	supplement
il giornale, il quotidiano	daily newspaper	la pubblicità	advertisement
la rivista	magazine	il/la giornalista	journalist
il settimanale	weekly	il numero	issue
il mensile	monthly	l'abbonamento	subscription
il periodico	periodical	in omaggio, in regalo	free, complimentary
l'articolo	article	abbonarsi	to subscribe
i titoli	headlines		

ATTIVITÀ

11.28 Quale? Rispondere alle seguenti domande.

1. Un giornalista può avere una rubrica o un inserto?
2. L'uomo che vende all'edicola si chiama il giornalaio o il quotidiano?
3. Quando una rivista offre un regalo, è in omaggio o in rete?
4. L'inserto è un articolo o una parte del giornale?
5. Per sapere cosa succede nel mondo, si guardano i titoli o le pubblicità?
6. Quando una persona riceve regolarmente un periodico si chiama un omaggio o un abbonamento?

11.29 Associazioni. Associare una parola della colonna a sinistra con una della colonna a destra.

1. l'annuncio   a. la rubrica
2. il quotidiano   b. il settimanale
3. il mensile   c. la pubblicità
4. la rivista   d. il periodico
5. l'articolo   e. il giornale

UNITÀ 11 Leggere: Recitiamo una poesia!

11.30 Che cosa leggi tu? Con le informazioni date, creare delle domande e delle risposte secondo il modello.

Esempio: — **Quale rivista settimanale conosci?**
— **Conosco** Panorama, L'Espresso,... **E tu?**

1. una rivista settimanale
2. una rivista mensile per le donne
3. un quotidiano popolare
4. un inserto del giornale della domenica
5. un giornalista famoso/una giornalista famosa
6. un periodico settimanale che si compra al supermercato
7. un giornale italiano
8. una rivista con bellissime fotografie

11.31 La Settimana Enigmistica. *La Settimana Enigmistica* è un periodico popolare in tutta l'Italia da molti anni. Guardare il titolo di un numero recente e poi rispondere alle domande.

LA RIVISTA CHE VANTA INNUMEREVOLI TENTATIVI D'IMITAZIONE!

LA SETTIMANA ENIGMISTICA

21 Novembre 2009
N. 4052 Anno 78
€ 1,30 (in Italia)
Numeri arretrati: € 2,60
Settimanale. Sped. abb. postale 45% art. 2 com. 20/b L. 662/96 Filiale di Mi.

Periodico di parole crociate, rebus, enigmi, passatempi, varietà, umorismo, ecc.

ESCE IL SABATO
Direzione e Redazione
Palazzo Vittoria
Piazza Cinque Giornate 10
20129 - Milano

Telefoni: Direzione e Redazione 02-55.190.591
Distribuzione 02-660.301
www.aenigmatica.it

Abbonamento: € 60,00
(in Italia, per 52 numeri)
Versamenti sul C.C.P.
n. 293274 - «Bresi spa -
La Settimana Enigmistica»

Courtesy of La Settimana Enigmistica, Italia – copyright reserved.

1. In quale giorno della settimana esce?
2. Dov'è la sede della direzione del periodico? In quale città? Qual è l'indirizzo? Il numero di telefono?
3. Che tipo di periodico è? Che cosa pubblicano?
4. Qual è la data di questo numero? Da quanti anni si pubblica?
5. Quanto costa un numero della *Settimana Enigmistica*?
6. Quanto costa l'abbonamento al periodico? Per quanto tempo?

Davanti all'edicola alcuni cartelli annunciano le notizie del giorno. Dove compri il giornale nel tuo paese?

C.2 ▶ Incontro

All'edicola. *Tutte le mattine, prima di andare in ufficio, Matteo Bellini si ferma all'edicola vicino a casa per comprare i giornali.*

MATTEO:	Buongiorno! Come andiamo oggi?
GIORNALAIO:	Ah, Signor Bellini. Le cose vanno di male in peggio. Ha visto? Hanno annunciato nuove tasse°! Questo governo manderà tutto a rotoli!
MATTEO:	Eh, sì. Ho visto i titoli in strada. Che Le devo dire? Sa come dicono, di due cose si può essere certi: le tasse e la morte. Mi dia *La Repubblica* e il *Corriere*, per piacere.
GIORNALAIO:	Guardi, oggi con il *Corriere* c'è anche l'inserto speciale sul cinema.
MATTEO:	Benissimo, piacerà a mia figlia. Mi dia pure *Quattroruote*.
GIORNALAIO:	Scusi, Le consiglio l'ultimo numero di *Autosport*, appena uscito. In copertina c'è la nuova Maserati, vede, lì tra i mensili.
MATTEO:	Accidenti! Che macchinone! Va be', lo prendo, e a mia moglie ho promesso l'ultimo numero di *Amica*.
GIORNALAIO:	È esaurito, Signor Bellini. Sa com'è, c'è in omaggio una borsetta di plastica e le signore sono tutte corse a comprarlo.
MATTEO:	Non fa niente. Basta così, allora.
GIORNALAIO:	Sono €6,50 in tutto.
MATTEO:	Ecco a Lei. Grazie, e buongiorno.
GIORNALAIO:	Buongiorno e buona lettura!

taxes

ATTIVITÀ

11.32 Ascoltiamo! Ascoltare bene l'**Incontro**. Poi, leggere bene gli elenchi. Riascoltando l'**Incontro,** cerchiare (*circle*) gli elementi giusti.

1. Quali giornali e riviste **non** menzionano Matteo e il giornalaio?

   La Repubblica   *L'Espresso*   *Amica*   *Autosport*   *Quattroruote*
   Panorama   *Corriere*   *La Nazione*   *Grazia*

2. De che cosa **non** parlano Matteo e il giornalaio?

   tasse   inserti   sport   cinema   inserzioni
   macchine   letteratura   viaggi   calcio

11.33 Sondaggio. Fare un sondaggio fra i compagni di classe per sapere...

- che cosa preferiscono leggere
- se leggono riviste e quali
- la rivista più popolare fra gli studenti
- se leggono il giornale e quale
- se hanno un abbonamento ad una rivista o ad un giornale

Lo sapevi che...?

In Italia ci sono giornali locali e giornali a tiratura (*readership*) nazionale come *La Repubblica* e il *Corriere della Sera*. Spesso, con un aumento di prezzo minimo (30 o 50 centesimi), questi giornali offrono una rivista o un inserto sulla salute, il viaggio o la musica. Ci sono anche quotidiani specializzati come *Il Sole 24 Ore* (per l'economia), il *Corriere dello Sport* o *La Gazzetta dello Sport*. *L'Osservatore romano* è il giornole del Vaticano.

I settimanali più conosciuti sono *Panorama* e *L'Espresso*, che parlano di politica, di economia, di costume e di spettacolo. Alcune riviste per donne sono *Amica* o *Donna moderna*. Per il turismo ci sono *I Meridiani, Bell'Italia, Dove*, per l'automobilistica *Autosprint, Quattroruote* o per il gossip sulle celebrità *Oggi, Gente, Novella 2000*. Se tu abitassi in Italia, quale giornale o revista leggeresti?

città o regione	giornale
Roma	*La Repubblica, Il Messaggero*
Napoli	*Il Mattino*
Milano	*Corriere della Sera, Il Giornale*
Torino	*La Stampa*
Genova	*Il Secolo XIX*
Firenze	*La Nazione*
Sicilia	*Il Giornale di Sicilia*
Puglia	*La Gazzetta del Mezzogiorno*
Calabria	*La Gazzetta del Sud*

In altre parole

andare di male in peggio	to go from bad to worse
mandare tutto a rotoli	to ruin
che Le / ti devo dire?	what can I tell you?
accidenti!	my gosh!, wow!
sa / sai com'è	you know how it is

11.34 Abbinamenti. Trovare nella lista a destra la risposta logica per ogni domanda a sinistra e poi completarla con un'espressione da **In altre parole**.

1. (C) Allora, come vanno le cose al lavoro?
2. (A) Hai visto la copertina dell'*Espresso* oggi? C'è una foto incredibile!
3. (E) Hai sentito delle nuove tasse? Però c'è tanta disoccupazione. Che ne pensi?
4. (D) Ho sentito che hai cambiato lavoro. Ti trovi bene nel nuovo posto?
5. (B) Perché non mi hai telefonato oggi?

a. _accidenti_! Non posso credere che abbiano messo una foto così!
b. _Che ti devo dire?_, cara. Non ho avuto un minuto libero.
c. Non me ne parlare! Le cose vanno _di male in peggio_!
d. Sì, benissimo, ma _sai com'è_. Le prime settimane sono le più difficili.
e. Il governo _manda tutto a rotoli_. Meno male che ci sono le elezioni a giugno.

C.3 ▶ Punti grammaticali

Che e quale

— **Che** tipo di libri leggi di solito? — What kinds of books do you usually read?
— Preferisco i gialli. — I prefer thrillers.

— **Quale** autore preferisci? — Which author do you prefer?
— Preferisco Patricia Cornwell. — I prefer Patricia Cornwell.

— **Che** tipo di film guardi normalmente? — What kind of film do you watch normally?
— Guardo film classici. — I watch the classics.

— **Quale** film guardi? — Which film are you watching?
— *La dolce vita* di Fellini. — Fellini's *La dolce vita*.

1. **Che** (*what*) and **quale** (*which*) are interrogative adjectives and pronouns. **Che** is used to inquire about a general category of things or people. **Quale** and its plural form **quali** are used to distinguish among specific things or people. **Quale** agrees in number with the noun it modifies.

— **Che** libri compri di solito? — What books do you normally buy?
— Compro dei gialli. — I buy thrillers.

— **Quale** libro stai leggendo? — *Which book are you reading?*
— *I promessi sposi* di Manzoni. — *Manzoni's* The Betrothed.

Quali quotidiani leggi di solito? *Which newspapers do you usually read?*

2. When the interrogative pronoun **quale** is followed by **è**, it is written **qual è**. Compare:

Qual è la tua rivista preferita, *Which is your favorite magazine,*
 Amica o *Grazia*? *Amica or Grazia?*
Quale compri, *Amica* o *Grazia*? *Which one are you buying, Amica or Grazia?*

— **Quali** sono i miei? — *Which ones are mine?*
— Quelli! — *Those!*

3. **Che** may also be used in exclamations.

Che bel film! *What a beautiful film!*
Che giornataccia! *What a horrible day!*
Che brutto! *How ugly!*

ATTIVITÀ

11.35 Quale o che? Completare le seguenti frasi in maniera appropriata usando **che, quale** o **quali**.

1. Allora, ragazzi, __Che__ facciamo domani sera?
2. — __Quali__ giornali hai comprato?
   — Ho comprato *Il Messaggero* e *Bellacasa*.
3. __Quale__ moto vorresti guidare? Una Gilera o un'Aprilia?
4. Non ci posso credere! __Che__ bella sorpresa!
5. __Che__ differenza c'è fra un settimanale e una rivista?
6. __Che__ vento! Pensi che pioverà oggi?
7. — __Quale__ frutta vorresti comprare?
   — Mah, decidi tu.
8. Ho chiesto al vigile __quale__ strada fosse la più breve.
9. — Ti piacciono quei fiori?
   — __Quali__?
   — Quelli laggiù.
10. __Che__ dice il giornale?

11.36 Leggo anch'io! Inserire nella posizione corretta i seguenti interrogativi.

~~che~~ quale ~~chi~~ quante ~~quali~~

Ma __Chi__ ha detto che non leggo mai? Proprio oggi ho finito di leggere un bellissimo romanzo, molto molto lungo. Di __quante__ pagine? Circa 700! Eppure, vi assicuro, l'ho letto con interesse. E __quale__ argomento trattava? È una storia di fantascienza che racconta le avventure di un uomo che viaggia su un'astronave. In __quale__ secolo è ambientata? Nel ventiduesimo secolo. __Che__ fantasia, vero? E voi, __quali__ libri leggete? Romanzi o gialli?

UNITÀ 11 Leggere: Recitiamo una poesia!

11.37 Sì, ma quali? Creare una serie di domande per sapere qualcosa di più specifico del tuo compagno/della tua compagna. Potrai chiedere:

1. se sta leggendo un libro ora. Quale? *Che libro sta leggendo ora?*
2. che tipo di libro gli/le piace normalmente?
3. che genere di film preferisce? Qual è il suo film preferito?
4. se legge regolarmente una rivista. Quale?
5. se pratica uno sport. Quale?

D LA TELEVISIONE

D.1 ▶ Si dice così

il telecomando	*remote control*	**il telefilm**	*made-for-TV movie*
il canale	*channel*	**la pubblicità, lo spot**	*advertisement*
la rete (televisiva)	*(television) network*	**accendere / spegnere la TV**	*to turn on / turn off the TV*
la trasmissione	*telecast*	**andare in onda**	*to be on the air*
il presentatore/la presentatrice	*announcer*	**in diretta**	*live broadcast*
il telegiornale, il Tg	*news program*	**registrato**	*taped*
la notizia / le notizie	*news*	**TV via cavo, via satellite, digitale**	*cable TV, satellite TV, digital*
il programma	*program*		
il programma a puntate	*series*		

Lo sapevi che...?

La Rai (Radiotelevisione italiana) è la compagnia nazionale che controlla tre reti televisive (Rai Uno, Rai Due, Rai Tre) e tre canali radiofonici. Ogni anno gli Italiani pagano una tassa (un po' più di cento euro) che serve a finanziare i programmi e le produzioni di film e telefilm della Rai. Canale 5, Italia 1, Rete 4, LaSette sono canali commerciali privati e trasmettono molti spot pubblicitari. **Sky** e **Mediaset** offrono canali via satellite a pagamento.

ATTIVITÀ

11.38 Tutti pazzi per la TV. Abbinare la definizione a sinistra alla parola o parole a destra.

1. trasmette le notizie del giorno
2. si usa per cambiare i canali della televisione
3. un esempio è *Il Grande Fratello*
4. spesso presenta dei prodotti da comprare
5. quando la TV trasmette in contemporaneo all'evento
6. la RAI per esempio

a. un programma reality *reality program*
b. una rete *network*
c. il telecomando *remote control*
d. in diretta *live broadcast*
e. il telegiornale, il Tg *news program*
f. uno spot *advertisement*

11.39 La televisione e la radio: un sondaggio. Fare un sondaggio fra i compagni in classe per sapere...

- quante ore al giorno guardano la TV
- a che ora la guardano
- il canale preferito
- i programmi preferiti
- quando e per quanto tempo ascoltano la radio ogni giorno
- i programmi preferiti
- se preferiscono la radio o la televisione. Perché?

11.40 Il potere (*power*) del telecomando. Il telecomando è diventato uno strumento importantissimo nella vita di oggi. In gruppi di tre o quattro, discutere del vostro uso del telecomando. Qual è la vostra tecnica? Quando cambiate canale? Spesso? Alla fine di un programma? Quando c'è la pubblicità? Continuamente? Litigate mai con gli amici o la famiglia per l'uso del telecomando?

D.2 ▶ Incontro

Una lite (*fight*) davanti alla TV. *Teresa e Gianni stanno guardando la televisione.*

TERESA: Passami il telecomando!

GIANNI: Cosa? Non vorrai mica cambiare canale proprio adesso? Sto guardando *90° minuto*! Ehi, questa è davvero una notizia bomba! L'Inter ha perso contro la Juve!

TERESA: Se non ti dispiace, vorrei vedere il telegiornale. Uno di noi deve pure tenersi aggiornato su quello che succede nel mondo.

GIANNI: Aspettiamo il Tg 2 delle venti e trenta, va bene? Chissà se oggi legge le notizie quella giornalista carina... a me piace proprio.

UNITÀ 11 Leggere: Recitiamo una poesia!

TERESA:	Lo credo bene! Comunque ora cambiamo canale, tanto c'è la pubblicità.
GIANNI:	Un attimo! Stanno per far vedere il gol!

Teresa prende il telecommando dalle mani di Gianni.

TERESA:	Guarda, stasera su Rai Uno dopo il Tg con Francesco Giorgino c'è la partita Italia-Spagna. E dopo voglio vedere *Porta a porta* con Bruno Vespa. Ma su Rai Due c'è il telefilm *Il commissario Montalbano*. Vado matta per Montalbano! E tu non perdi mai *Parla con me*, su Rai Tre… Che facciamo?
GIANNI:	Stai zitta! E passami quel telecomando!
TERESA:	Senti, Gianni, basta con questa prepotenza°! Ho letto un articolo che dice che gli uomini che vogliono sempre avere il telecomando in mano sono…
GIANNI:	Stai zitta, ti prego! Porca miseria! Ho perso il commento sul gol…
TERESA:	Capirai!

° *arrogance*

ATTIVITÀ

11.41 Ascoltiamo! Chi, Gianni o Teresa? Ascoltare bene l'**Incontro** e rispondere mettendo una X sotto il nome di Gianni (G) o di Teresa (T).

	G	T
1. Chi controlla il telecomando?	____	____
2. Chi si interessa di calcio?	____	____
3. Chi vuole vedere il telegiornale?	____	____
4. Chi adora *Il commissario Montalbano*?	____	____
5. Chi ha letto un articolo sull'uso del telecomando?	____	____
6. Chi ha perso il commento sul gol?	____	____

11.42 Programmi preferiti. Leggere la seguente lista di programmi televisivi e ordinarli secondo la propria preferenza (1 al programma meno interessante; 8 al programma preferito). Poi cercare di indovinare le preferenze del compagno/della compagna.

Esempio: — **Credo che tu preferisca…**
— **Penso che per te il programma meno interessante sia…**

____ i cartoni animati   ____ un reality
____ una rubrica sportiva   ____ un programma musicale di varietà
____ un videoclip di video music ____ un documentario scientifico
____ il telegiornale   ____ un film classico

11.43 Cosa guardare? Stasera non vi sentite bene e avete deciso di rimanere a casa a guardare la TV. Ecco la pagina dei programmi televisivi di oggi. Scegliere le trasmissioni più interessanti e poi discutere con il compagno/la compagna le vostre scelte. Dovete essere contenti tutti e due!

Esempio: — Alle 20.45 su Rai Uno c'è un programma sportivo che mi interessa.
— Va bene, però alle 20.30 io vorrei vedere...

MERCOLEDÌ 4 NOVEMBRE — reti nazionali

Rai Uno

DINAMO KIEV - INTER, ore 20.45
Dopo il pareggio di San Siro, i ragazzi di Mourinho cercano il riscatto in Ucraina

14.10	FESTA ITALIANA	Rubrica
16.15	LA VITA IN DIRETTA	
16.50	TG PARLAMENTO	Informazione
17.00	TG1	Informazione
17.10	CHE TEMPO FA	
18.50	L'EREDITÀ	Quiz. Conduce Carlo Conti
20.00	TELEGIORNALE	Informazione
20.30	RAI SPORT	Informazione
20.45	CALCIO: DINAMO KIEV – INTER	Champions League, quarta giornata
22.45	RAI SPORT 90° MINUTO CHAMPIONS	Conduce Paola Ferrari
23.25	TG1	Informazione
23.30	PORTA A PORTA	Un programma di Bruno Vespa
01.05	TG1 NOTTE	Informazione
01.35	CHE TEMPO FA	

Rai Due

X FACTOR, ore 21.05
Continua il reality canoro con una giuria formata da Mara Maionchi, Morgan e Claudia Mori

17.20	LAS VEGAS	Telefilm
17.40	DUE UOMINI E MEZZO	Telefilm
18.05	TG 2 FLASH L.I.S.	Informazione
18.10	RAI TG SPORT	Informazione
18.30	TG 2	Informazione
19.00	X FACTOR	Reality
19.35	SQUADRA SPECIALE COBRA 11	
20.30	TG2 –20.30	Informazione
21.05	X FACTOR	Condotto da Francesco Facchinetti. In giuria Mara Maionchi, Morgan e Claudia Mori
00.15	TG2	Informazione
00.30	SCORIE	Conduce Elena Di Cioccio
01.15	TG PARLAMENTO	Informazione
01.25	RAISPORT REPARTO CORSE	
01.55	METEO 2	Informazione
02.00	APPUNTAMENTO AL CINEMA	

Rai Tre

LA NUOVA SQUADRA, ore 21.10
Questa sera le puntate: "Doppio gioco" e "Facciamola sembrare un incidente"

15.15	TREBISONDA LA TV DEI RAGAZZI	
15.40	ZORRO	Telefilm
16.00	GT RAGAZZI	a cura di Eugenia Nante
16.10	HUNTIK	Cartone animato
16.35	MELEVISIONE	Ragazzi
17.00	COSE DELL'ALTRO GEO	
17.50	GEO & GEO	Documentario
18.10	METEO 3	Informazione
19.00	TG 3 – TG 3 REGIONE	Informazione
20.00	BLOB	
20.10	LE STORIE DI AGRODOLCE	
20.35	UN POSTO AL SOLE	Soap Opera
21.05	TG 3	Informazione
21.10	LA NUOVA SQUADRA	"Doppio gioco" e "Facciamola sembrare un incidente"
23.05	PARLA CON ME	Con Serena Dandini, e Dario Vergassola. Show

LA7

EXIT, ore 21.10 Quarta puntata per il talk show presentato dalla bellissima Ilaria D'Amico con argomenti politici e d'attualità

13.00	HARDCASTLE AND MCCORMICK	"Il giudice va a Washington". Telefilm
14.00	FILM: IL SEME DELL'ODIO	(drammatico). Regia di R. Nelson, con Sidney Poitier e Michael Caine
16.00	MOVIE FLASH	
16.05	STARGATE	Telefilm
17.05	ATLANTIDE STORIE DI UOMINI E DI MONDI	Conduce Greta Mauro
19.00	THE DISTRICT	Telefilm
20.00	TG LA7	Informazione
20.30	OTTO E MEZZO	Conduce Lilli Gruber
21.10	EXIT	Conduce Ilaria D'Amico. Talk show
23.45	VICTOR VICTORIA	Conduce Victoria Cabello
01.00	TG LA7	Informazione

In altre parole

1 notizia bomba	sensational news
2 tenersi aggiornato/a su	to keep up to date on
3 lo credo bene!	I believe it!, I bet!
4 (aspettare) un attimo!	(wait, just) a moment!
5 (stare) zitto/a!	shhh!, (be) quiet!, shut up!
6 vado matto/a per...	I'm crazy about . . .

11.44 Mini-conversazioni. Completare le mini-conversazioni con una parola o un'espressione adatta.

1. — Scusa, mamma, mi puoi passare il telecomando. Oh, ed è ora di mangiare—non vai in cucina a preparare?
   — _____4_____! Devo finire di sentire le notizie del Tg.
2. — Giuseppe, vieni! Dammi una mano a preparare la cena!
   — Sto guardando il Tg. Senti che _____1_____: la squadra nazionale di calcio ha vinto contro la Francia!
3. — Io non guardo mai il Tg. Non mi interessa!
   — Ma scherzi! Io lo guardo sempre: mi piace _____2_____.
4. — Sai che cosa mi ha detto Lucia oggi per telefono?
   — _____5_____, Silvia, non vedi che sto ascoltando il telegiornale?
5. — È brava questa giornalista. Non perdo mai il telegiornale quando c'è lei.
   — _____3_____! È bellissima!
6. — Cosa c'è in TV stasera? Qualcosa di interessante?
   — Sì! C'è il mio programma preferito: *X Factor* con la Simona Ventura e Morgan. _____5 6_____!

11.45 Che notizia bomba! State guardando il telegiornale. A turno, creare una notizia per ogni argomento elencato e poi rispondere con un commento appropriato.

Esempio: — **Il governo ha deciso di eliminare tutte le tasse.**
   — **Che notizia bomba! E hai sentito? La squadra americana di pallacanestro ha perso alle Olimpiadi!**
   — **Mamma mia, che disastro!**

notizie politiche   spettacolo e sport
celebrità   notizie sportive
notizie locali   previsioni del tempo

11.46 Amo quello spot! Certe volte la pubblicità dà fastidio, ma può essere anche molto divertente. Con un altro studente/un'altra studentessa scegliere uno spot pubblicitario che conoscete e che vi piace o che vi sembra molto efficace. Poi fare una versione italiana dello spot da presentare alla classe.

D.3 ▶ Punti grammaticali

Il discorso indiretto

Dice: "**Vado** al cinema".	Dice che **va** al cinema.
Ha detto: "**Vado** al cinema".	Ha detto che **andava** al cinema.
Diceva: "**Andrò** al cinema".	Diceva che **sarebbe andato** al cinema.
Ha detto: "**Sono andato** al cinema".	Ha detto che **era andato** al cinema.

1. Direct discourse (**il discorso diretto**) is the exact quotation of a person's words. Indirect discourse (**il discorso indiretto**) reports a person's words indirectly. Verbs such as **dire, domandare, rispondere,** and **chiedere** are used to introduce indirect discourse.

2. When the introductory verb is in the present tense, no change of tense occurs in the transition from direct to indirect discourse.

Dice: "Leggo un libro".	Dice che legge un libro.
Dice: "Leggevo un libro".	Dice che leggeva un libro.
Dice: "Ho letto il libro".	Dice che ha letto il libro.

3. When the introductory verb is in the **passato prossimo, imperfetto,** or **passato remoto,** the shift from direct to indirect discourse involves these changes in verb tense.

verbo introduttivo	discorso diretto	discorso indiretto
passato prossimo, imperfetto, passato remoto	presente	→ imperfetto
	imperfetto	→ imperfetto
	passato prossimo	→ trapassato
	futuro	→ condizionale passato
	condizionale	→ condizionale passato

Ha detto: "Il treno parte".	Ha detto che il treno partiva.
Ha detto: "Il treno partiva".	Ha detto che il treno partiva.
Ha detto: "Il treno è partito".	Ha detto che il treno era partito.
Ha detto: "Il treno partirà".	Ha detto che il treno sarebbe partito.
Ha detto: "Il treno partirebbe".	Ha detto che il treno sarebbe partito.

4. Certain expressions of time, place, and direction also change when converting direct discourse to indirect discourse.

discorso diretto	discorso indiretto
oggi	quel giorno
domani	il giorno dopo
ieri	il giorno prima
questo	quello
qui	là
venire	andare

Lucio disse: "Ho comprato questa rivista ieri".
Lucio disse che aveva comprato quella rivista il giorno prima.

5. A question that calls for a yes-or-no answer is introduced with **se** in indirect discourse.

Mi ha domandato: "Ti piacciono i romanzi di Calvino?"
Mi ha domandato se mi piacevano i romanzi di Calvino.

ATTIVITÀ

11.47 Diretto o indiretto? Solo quattro delle seguenti frasi riportano un discorso indiretto. Quali sono?

1. Ieri abbiamo pernottato a Bologna e oggi andiamo a Montecatini Terme, nella provincia di Pistoia. D
2. Ho domandato a Giancarlo quanto tempo ci voleva per arrivare a Genova. I
3. Non so se Lucca si trovi più vicino a Viareggio o a Pistoia. I
4. Mio marito dice sempre che non gli piace guidare la macchina in città. I
5. Il giornalaio ha risposto che ci sarebbe stato uno sciopero il giorno dopo. I
6. Abbiamo domandato agli studenti se conoscevano a memoria qualche canto di Dante. I
7. Ho visto che ci sono due reti televisive nuove che non hanno spot pubblicitari. D

11.48 Cosa hai detto? Sottolineare la parte della frase che riporta il discorso indiretto.

Esempio: Il poeta diceva <u>che il pubblico non aveva capito la sua poesia</u>.

1. Machiavelli diceva che i principi dovevano sapere governare bene.
2. Andreuccio ha chiesto alla Siciliana se lei era davvero sua sorella.
3. Petrarca voleva sapere perché Laura non lo amava.
4. La trasmissione è stata interrotta per riportare in diretta che c'era stato un terremoto in Abruzzo.

5. Mi domando se andrà in onda una nuova puntata di *Un posto al sole*.
6. La moglie chiede al marito di darle il telecomando.
7. I miei amici dicono che sarebbe meglio privatizzare tutte le reti televisive.

11.49 Trasformazioni. Trasformare la frase dal discorso diretto al discorso indiretto, secondo i modelli.

Esempi: Dice: "Non conosco quel ragazzo".
Dice che non conosce quel ragazzo.

Ha risposto: "Luigi viene con noi".
Ha risposto che Luigi andava con loro.

1. Andrea dice: "Mi piace leggere romanzi".
2. Cristina dice: "È facile trovare un bel ristorante a Roma".
3. Marco risponde: "Verrò con voi".
4. Lina dice: "Mi metto un paio di scarpe".
5. Giorgio ha detto: "Vado al supermercato".
6. Tu dici: "Ho visto un bel film ieri".
7. Gli studenti hanno confessato: "Non abbiamo fatto il compito".
8. Patrizia dice: "Mi sembra di conoscere quel ragazzo".
9. Alberto insiste: "Non ero alla festa sabato scorso".
10. Sofia chiede: "Perché non siete venuti?"

11.50 L'appuntamento al buio (*blind date*). Descrivere ad un amico/un'amica un appuntamento al buio che hai avuto lo scorso weekend. Spiegare in discorso indiretto la conversazione durante la cena: Cosa ha detto lui/lei? Cosa hai detto tu?

Esempio: **Lui mi ha chiesto che tipo di musica ascoltavo. Gli ho risposto che mi piacevano i Pearl Jam e ha fatto una faccia! Poi ha detto che ascoltava solo l'opera lirica!
Gli ho detto che...**

Striscia la notizia è un programma popolare famoso per la satira politica e i servizi-denuncia.

- ▶ **Leggiamo italiano!** *Figuring out unfamiliar words*
- ▶ **La letteratura italiana**
- ▶ **L'Acca in fuga**
- ▶ **Scriviamo italiano!** *Creative writing*
- ▶ **Come disse...**
  - Dante Alighieri
- ▶ **Musica, maestro!**
  Arie famose
- ▶ **Ciak! Italia**

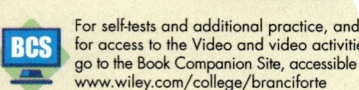

For self-tests and additional practice, and for access to the Video and video activities, go to the Book Companion Site, accessible at www.wiley.com/college/branciforte

Leggiamo italiano!

Figuring out unfamiliar words

When you read Italian, totally unfamiliar words may present a problem. You may be tempted to look them up in a dictionary, but this can be time consuming and interrupt the flow of what you are trying to read. Here are some strategies for dealing with unfamiliar words.

1. Try to understand the meaning of the word from the context. If you can't understand, don't worry and keep reading.
2. Try to grasp the meaning of the sentence without focusing on the word you don't know.
3. Identify the part of speech. Is it a noun (subject or object)? A verb (an action)? An adjective or adverb describing something?
4. Is there a way to break the word down to understandable parts? Is there a verb ending? Is it an adverb ending in *-mente*? Is there a modifying suffix (*fratellino*—smaller or younger brother)? Is there a root word you can identify (*raffreddore*—head cold)?

If the above strategies don't help decipher the meaning, and the word is essential to understanding the passage, it's time to use the dictionary!

Le vetrine di una libreria a Firenze

ATTIVITÀ DI PRE-LETTURA

11.51 Cenni letterari. Scorrere il brano sulla letteratura italiana e trovare i seguenti nomi e riferimenti. Sulla base delle informazioni del brano, cercare di collocarli nel secolo giusto.

Alessandro Manzoni [18+19th]   Salvatore Quasimodo [20th]   Niccolò Machiavelli [15+16th]
Carlo Goldoni [18th]   il *Decameron* [14th]   *Orlando furioso* [15th + 16th]
Francesco Petrarca [13+14th]   Lorenzo de' Medici [15th]   Baldassar Castiglione [15+16th]
il Rinascimento [14+15th]

11.52 Movimenti culturali. Trovare nel seguente brano i nomi dei movimenti culturali o correnti letterarie italiane che corrispondono alle descrizioni qui sotto. Indicare dove possibile il secolo a cui appartengono.

1. movimento culturale e artistico caratterizzato dal libero rifiorire (*rebirth*) delle arti e dello studio del periodo classico — Renaissance
2. un concetto di vita e una filosofia basati sulla riscoperta dei valori umani — Humanism
3. movimento culturale europeo che propone una sensibilità basata sull'individualismo, animato dal sentimento e dal patriottismo — Nationalism
4. corrente letteraria che riporta eventi in termini realistici e che cerca di imitare la vita in modo naturale — Realism
5. movimento artistico che influisce sul cinema e sulla letteratura dopo la Seconda guerra mondiale — Abstract Expressionism

La letteratura italiana

Quando si parla delle origini della letteratura italiana, si risale° al Duecento, generalmente considerato il secolo che segnò la nascita della letteratura in volgare°. Alla corte di Federico II a Palermo, la poesia fu influenzata da temi dell'amor cortese°, tipici della poesia francese dell'epoca. Il maggior poeta della cosiddetta scuola siciliana fu Iacopo da Lentini (1210 circa–1260 circa), considerato l'inventore del sonetto.

    Nel Trecento la Toscana fu il centro dell'attività letteraria: Dante (1265–1321), Petrarca (1304–1374) e Boccaccio (1313–1375) nacquero tutti in Toscana e scrissero le loro opere in lingua volgare. Furono chiamati le "Tre Corone° della letteratura italiana" perché i loro capolavori hanno fornito un modello di linguaggio letterario. Dante è noto per la sua *Commedia*, un poema composto di cento canti. Petrarca compose poesie nel *dolce stil novo,* raccolte nelle *Rime sparse*. Boccaccio invece scrisse il *Decameron*, una raccolta di cento novelle, la prima grande opera in prosa in lingua italiana.

    Durante il Rinascimento (il Quattrocento e il Cinquecento) la letteratura fu influenzata dall'*umanesimo*. La figura di Lorenzo de' Medici (1449–1492), uno dei maggiori poeti di questo periodo, rappresenta il vero uomo rinascimentale, perché fu non solo poeta, ma grande uomo politico e un famoso mecenate°.

    Nel Cinquecento, la letteratura del Rinascimento toccò il suo punto più alto con le opere di Ludovico Ariosto (1474–1533) che compose il poema cavalleresco° l'*Orlando furioso,* e di Torquato Tasso (1544–1595), celebre per la sua *Gerusalemme liberata*, un altro poema epico narrativo. Il sedicesimo secolo è anche un periodo in cui il trattato° viene usato da tutti i più grandi scrittori del secolo: Pietro Bembo (1470–1547) scrisse *Prose della volgar lingua*, Niccolò Machiavelli (1469–1527) *Il Principe* e Baldassar Castiglione (1478–1529) *Il Cortegiano*.

    Nella storia del teatro bisogna ricordare l'opera del veneziano Carlo Goldoni (1707–1793), famoso per le sue brillanti e vivaci commedie.

    L'Ottocento vede l'arrivo del romanzo. *I promessi sposi*, scritto da Alessandro Manzoni (1785–1873), è considerato il più grande romanzo della narrativa italiana. Per la poesia bisogna anche ricordare Ugo Foscolo (1778–1827) e Giacomo Leopardi (1798–1837) che segnarono il punto più alto dello spirito del *romanticismo* italiano.

    Il *verismo* segnò il passaggio tra Ottocento e Novecento; il massimo rappresentante di questo movimento fu uno scrittore siciliano, Giovanni Verga (1840–1922). Un altro siciliano, Luigi Pirandello, è forse lo scrittore italiano più conosciuto all'estero per le sue opere teatrali, come *Sei personaggi in cerca d'autore*. Nel 1934 vinse il Premio Nobel per la letteratura.

one harks back
vernacular language
courtly love
Three Crowns
patron
poem of chivalry
treatise

Italo Calvino (1923–1985)

Altri cinque scrittori italiani vinsero il Premio Nobel: una donna, Grazia Deledda (1871–1936) ricevette il premio nel 1926 per i suoi romanzi che parlano della sua terra natia°, la Sardegna. Per le loro poesie, invece, vinsero il toscano Giosuè Carducci nel 1906, il siciliano Salvatore Quasimodo nel 1959 e il ligure Eugenio Montale nel 1975. Per la sua produzione teatrale, Dario Fo ha ricevuto il prestigioso riconoscimento nel 1997.

°native

Nel periodo del dopoguerra° troviamo figure importanti quali Italo Calvino ed Elio Vittorini, che contribuirono allo sviluppo della narrativa italiana sia con le loro opere letterarie che con il loro lavoro editoriale. Autori come Cesare Pavese e Beppe Fenoglio, che facevano parte della corrente letteraria del *neorealismo,* scrissero sulla Resistenza. Fra gli autori del Novecento da ricordare ci sono Alberto Moravia, Elsa Morante, Natalia Ginzburg, Giorgio Bassani e Primo Levi. Più recentemente bisogna segnalare il lavoro di Dacia Maraini, Umberto Eco, Andrea Camilleri, Antonio Tabucchi, Stefano Benni, Oriana Fallaci ed Alessandro Baricco.

°postwar period

ATTIVITÀ

11.53 Dove nacque? Dove visse? Abbinare gli scrittori a sinistra con le descrizioni a destra.

1. Carlo Goldoni
2. Giacomo Leopardi
3. Giovanni Boccaccio
4. Iacopo da Lentini
5. Italo Calvino
6. Grazia Deledda
7. Ludovico Ariosto
8. Luigi Pirandello

a. Visse nel sedicesimo secolo e compose un grande poema cavalleresco.
b. Compose poesie in volgare alla corte di Federico II e inventò il sonetto.
c. Creò brillanti commedie in dialetto veneziano.
d. Conosciuto per le sue opere teatrali, questo siciliano vinse il Premio Nobel.
e. Visse nel diciannovesimo secolo. Fu una figura chiave del *romanticismo.*
f. Visse nel Novecento e vinse il Premio Nobel.
g. Contemporaneo di Petrarca, creò una famosissima raccolta di cento novelle.
h. Contribuì allo sviluppo della narrativa del dopoguerra.

11.54 Comprensione: le domande. Rispondere alle seguenti domande.

1. Quando si può parlare della nascita della letteratura italiana?
2. Chi sono le "Tre Corone della letteratura italiana"? Che cosa scrissero?
3. Cosa significa "uomo rinascimentale"? Perché Lorenzo de' Medici rappresenta bene questo ideale?
4. Quali tipi di letteratura sono tipici del Cinquecento?
5. Quali letterati italiani ricevettero il Premio Nobel per la letteratura?
6. Quali autori hanno scritto sulla Resistenza in Italia?

11.55 La psicologia dell'opera. Leonardo da Vinci scrisse nel suo *Trattato della pittura* che "il buon pittore ha da dipingere due cose principali, cioè l'uomo ed il concetto della mente sua. Il primo è facile, il secondo difficile, perché si ha a figurare con gesti e movimenti delle membra [...]." Guardare bene queste immagini e abbinare l'immagine con l'artista. Poi controllare le risposte con un compagno/una compagna di classe e commentare lo stato d'animo che il pittore, lo scultore o l'architetto intendeva per il soggetto e quale effetto ha su chi lo contempla.

_____ 1. Leonardo da Vinci (1452–1519)
_____ 2. Giuseppe Arcimboldo (1527–1593)
_____ 3. Gian Lorenzo Bernini (1598–1680)
_____ 4. Michelangelo Buonarroti (1475–1564)
_____ 5. Renzo Piano (Genova, 1937–)
_____ 6. Sandro Botticelli (1445–1510)
_____ 7. Amedeo Modigliani (1884–1920)

a. *Davide*

b. *Jeanne Hébuterne*

c. *La Gioconda*

d. *La nascita di Venere*

e. *Apollo e Dafne*

f. *Chiesa di San Pio, San Giovanni Rotondo*

g. *Autunno*

11.56 Spunti di conversazione. Discutere con i compagni di classe i seguenti argomenti.

1. La storia della letteratura americana o inglese: cosa sapete della letteratura in lingua inglese? Quali sono alcuni scrittori importanti? Opere importanti? Movimenti letterari? Che cosa avete letto a scuola?
2. È più bello leggere un libro o vedere un film? Parlare di un film tratto da un romanzo famoso. Quale vi è piaciuto di più? Perché? Quali differenze c'erano tra il film e il romanzo?
3. L'uomo o la donna rinascimentale: Michelangelo, Leonardo da Vinci e Lorenzo de' Medici sono celebri esempi dell'ideale dell'uomo rinascimentale, perché eccellevano in molti campi culturali. Chi potete nominare come uomo o donna rinascimentale dei tempi moderni? Perché? Che cosa fa questa persona?

ATTIVITÀ DI PRE-LETTURA

11.57 Espressioni idiomatiche. Abbinare l'espressione idiomatica italiana nella colonna a sinistra con l'espressione corrispondente in inglese.

1. non valere un'acca
2. montare in superbia
3. fare la sua figura
4. c'era una volta
5. apriti cielo
6. piantare in asso
7. fare un torto
8. pregare in ginocchio

a. to leave high and dry
b. to beg on bended knee
c. all hell broke loose
d. to put on airs
e. to cut a certain figure
f. to be not worth a damn
g. once upon a time
h. to wrong

11.58 Verbi sconosciuti (*unknown verbs*). Identificare dal contesto il significato in inglese dei seguenti verbi in corsivo.

to break   to collapse   to melt   to double
to get angry   to escape   to treat

1. Ma bisogna *trattarla* con rispetto, altrimenti ci pianterà in asso un'altra volta.
2. Le chiese *crollarono* come sotto i bombardamenti.
3. I bicchieri *schiattavano* in mille pezzi.
4. I posti di frontiera furono avvertiti di *raddoppiare* la vigilanza.
5. Il chiodo (*nail*) *si squagliò* come se fosse stato di burro.

L'Acca in fuga
Gianni Rodari

C'era una volta un'Acca.

Era una povera Acca da poco: valeva un'acca e lo sapeva. Perciò non montava in superbia, restava al suo posto e sopportava con pazienza le beffe° delle sue compagne. Esse le dicevano:

—E così, saresti anche tu una lettera dell'alfabeto? Con quella faccia?

—Lo sai o non lo sai che nessuno ti pronuncia?

Lo sapeva, lo sapeva. Ma sapeva anche che all'estero ci sono paesi, e lingue, in cui l'acca ci fa la sua figura.

"Voglio andare in Germania, —pensava l'Acca, quand'era più triste del solito. —Mi hanno detto che lassù le Acca sono importantissime".

Un giorno la fecero proprio arrabbiare. E lei, senza dire né uno né due, mise le sue poche robe in un fagotto° e si mise in viaggio con l'autostop.

Apriti cielo! Quel che successe da un momento all'altro, a causa di quella fuga°, non si può nemmeno descrivere.

Le chiese, rimaste senz'acca, crollarono come sotto i bombardamenti. I chioschi, diventati di colpo troppo leggeri, volarono per aria seminando giornali, birre, aranciate e granatine in ghiaccio un po' dappertutto.

In compenso, dal cielo caddero giù i cherubini: levargli l'acca, era stato come levargli le ali.

practical jokes

bundle
escape

Le chiavi non aprivano più, e chi era rimasto fuori casa dovette rassegnarsi° a dormire all'aperto. — *resigned themselves*

Le chitarre perdettero tutte le corde e suonavano meno delle casseruole.

Non vi dico il Chianti, senz'acca, che sapore disgustoso. Del resto era impossibile berlo, perché i bicchieri, diventati "biccieri", schiattavano in mille pezzi.

Mio zio stava piantando un chiodo nel muro, quando le Acca sparirono°: il "ciodo" si squagliò sotto il martello peggio che se fosse stato di burro. — *disappeared*

La mattina dopo, dalle Alpi al Mar Jonio, non un solo gallo riuscì a fare chicchirichì: facevano tutti *cicciricì*, e pareva che starnutissero°. Si temette un'epidemia. — *they sneezed*

Cominciò una gran caccia all'uomo, anzi, scusate, all'Acca. I posti di frontiera furono avvertiti di raddoppiare la vigilanza. L'Acca fu scoperta nelle vicinanze del Brennero, mentre tentava di entrare clandestinamente in Austria, perché non aveva passaporto. Ma dovettero pregarla in ginocchio: —Resti con noi, non ci faccia questo torto! Senza di lei, non riusciremmo a pronunciare bene nemmeno il nome di Dante Alighieri. Guardi, qui c'è una petizione degli abitanti di Chiavari, che le offrono una villa al mare. E questa è una lettera del capo-stazione di Chiusi-Chianciano, che senza di lei diventerebbe il capo-stazione di Ciusi-Cianciano: sarebbe una degradazione.

L'Acca era di buon cuore, ve l'ho già detto. È rimasta, con gran sollievo del verbo chiacchierare e del pronome chicchessia. Ma bisogna trattarla con rispetto, altrimenti ci pianterà in asso un'altra volta.

Per me che sono miope, sarebbe gravissimo: con gli "occiali" senz'acca non ci vedo da qui a lì.

ATTIVITÀ

11.59 Comprensione. Rispondere alle domande con una frase completa.

1. Perché l'Acca è triste e vuole fuggire?
2. Dove vuole andare? Perché?
3. Cosa succede a causa della fuga dell'Acca?
4. Dove fu scoperta l'Acca?
5. Perché bisogna trattare l'Acca con rispetto?
6. Che cosa sono gli "occiali" e a che cosa servono?
7. Secondo te, quale lettera in inglese potrebbe causare problemi seri se decidesse di fuggire?

11.60 Secondo me... Con un compagno/una compagna, parlate del racconto. Vi è piaciuto il racconto? Perché? Quale descrizione preferite? Esprimete le vostre opinioni; non dimenticate di usare il congiuntivo!

Scriviamo italiano!

Creative writing

Creative writing in a foreign language, either in prose or poetry, can be both liberating and limiting. Letting your imagination run and playing with words is a challenge in any language. One way to practice writing the language, without worrying about whether a phrase is correct or not, is to keep a journal in Italian. The goal is to just keep writing, even in a stream of consciousness, without stopping to check words in a dictionary.

Try the following activities, and for once, do not worry about grammar or "getting it right"—just write!

ATTIVITÀ

11.61 C'era una volta... Usare la fantasia per scrivere una favola. Prima, scegliere i protagonisti (degli animali, una principessa e un cavaliere, te stesso/a?). Poi decidere i momenti principali della storia. Infine, decidere se ci sarà il lieto fine (*happy ending*). Qual è la morale della favola, se c'è?

11.62 Una poesia per te. Cercare di scrivere una breve poesia. Alcuni suggerimenti: descrivere come ti senti, una scena in natura o una persona che conosci. Ci sarà la rima? Se sì, fare un elenco di parole che fanno rima (fiore-amore, ad esempio) prima di cominciare.

Come disse... Dante Alighieri
(1265–1321)

dalla *Divina Commedia*, *Inferno*, Canto III

Per me si va ne la città dolente,
Per me si va nell'etterno dolore,
Per me si va tra la perduta gente.
Giustizia mosse il mio alto fattore;
Fecemi la divina potestate,
La somma sapienza e 'l primo amore.
Dinanzi a me non fuor cose create
Se non etterne, e io etterno duro.
Lasciate ogni speranza, voi ch'entrate.

Musica, maestro!

Usando Internet, cercare le arie elencate qui sotto e ascoltare ciascuna più di una volta.

- "Che gelida manina" da *La Bohème* (Puccini)
- "Va' pensiero!" da *Nabucco* (Verdi)
- "Vesti la giubba (Ridi, pagliaccio!)" da *Pagliacci* (Leoncavallo)
- "La donna è mobile" da *Rigoletto* (Verdi)
- "Largo al factotum (Figaro qua, Figaro là)" da *Il barbiere di Siviglia* (Rossini)
- "Oh mio babbino caro" da *Gianni Schicchi*, (Puccini)

Riportare alla classe quale aria ti piace di più e perché. Ricercare la storia dell'opera e il contesto in cui appare l'aria.

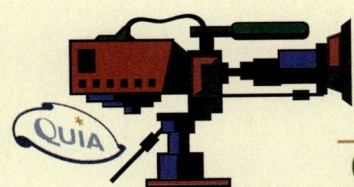

Ciak! Italia

Gli ultimi giorni del viaggio…

11.63 Missione compiuta! Prima di vedere il videoclip, guardare attentamente la foto. Dove sono Anna e Francesco? Di che cosa parleranno? Cosa avranno scoperto? Secondo te, ci sono misteri ancora da risolvere?

UNITÀ 11 Leggere: Recitiamo una poesia!

11.64 Chi l'ha detto? Prima di vedere il videoclip, leggere attentamente le seguenti frasi. Poi mentre guardi il segmento del video, indica chi ha pronunciato le seguenti espressioni, Anna (**A**) o Francesco (**F**). Poi, metti un numero da 1 a 8 quando senti la frase per ricomporre l'ordine giusto delle frasi.

1. ____ ____ Sai com'è
2. ____ ____ Molto divertente!
3. ____ ____ Alla fine
4. ____ ____ Che peccato però!
5. ____ ____ Ma non mi dire!
6. ____ ____ Sei in gamba
7. ____ ____ Lo credo bene!
8. ____ ____ Accidenti!

11.65 Sono senza parole! Anna trova una poesia nella scatola di Gaetano: "Venni al fiume per trovarti…" Di chi era la poesia? E, secondo te, di chi è la poesia? Come proseguono questi versi? Dopo aver visto il video, scrivi il resto di questa poesia.

Vocabolario

La letteratura

l'autore/l'autrice	author
il brano	short passage
il capitolo	chapter
il capolavoro	masterpiece
l'enciclopedia	encyclopedia
il genere	genre
la narrativa	narrative, fiction
il paragrafo	paragraph
il poema	long poem, epic poem
la poesia	poetry, short poem
il poeta/la poetessa	poet
la prosa	prose
il racconto, la novella	short story
il romanzo	novel
lo scrittore/la scrittrice	writer
il secolo	century
il titolo	title
la trama	plot
il volume	volume
analizzare	to analyze
trattare di	to be about

La libreria

la casa editrice	publishing house
la collana	collection, series
la copertina rigida	hardcover
la copia	copy
l'editore	editor, publisher
l'edizione tascabile	paperback, soft cover book
la fantasia	imagination
il lettore/la lettrice	reader
a cura di	edited by
collegato	online
esaurito	sold out, out of print
illustrato	illustrated
in rete	online
in traduzione	in translation
collegarsi	to go online
ordinare	to order
pubblicare	to publish
sfogliare	to flip through
stampare	to print

Giornali e riviste

l'abbonamento	subscription
l'articolo	article
l'edicola	newsstand
il giornalaio	newspaper vendor
il giornale, il quotidiano	daily newspaper
il/la giornalista	journalist
l'inserto	supplement
il mensile	monthly
il numero	issue
il periodico	periodical
la pubblicità	advertisement
la rivista	magazine
la rubrica	column
il settimanale	weekly
i titoli	headlines
in omaggio, in regalo	free, complimentary
abbonarsi	to subscribe

La televisione

il canale	channel
la notizia / le notizie	news
il presentatore/ la presentatrice	announcer
il programma	program
il programma a puntate	series
la pubblicità, lo spot	advertisement
la rete (televisiva)	(television) network
il telecomando	remote control
il telefilm	made-for-TV movie
il telegiornale, il Tg	news program
la trasmissione	telecast
la trasmissione	telecast
TV via cavo, via satellite, digitale	cable TV, satellite TV, digital

UNITÀ 11 Leggere: Recitiamo una poesia!

in diretta	live broadcast
registrato	taped
accendere la TV	to turn on the television
andare in onda	to be on the air
spegnere la TV	to turn off the television

Altre parole ed espressioni

accidenti!	my gosh, wow!
affare fatto	done deal, consider it done
andare di male in peggio	to go from bad to worse
(aspettare) un attimo!	(wait) just a moment!
che divertente!	how funny!
che fifa!	how terrifying!
che Le / ti devo dire?	what can I tell you?
che scocciatura!	what a nuisance!
essere in gamba	to be on the ball, smart
essere una barzelletta	to be a joke
fare qualcosa coi piedi	to do something in a slapdash way
far ridere a crepapelle	to make someone laugh, split one's sides laughing
lo credo bene!	I believe it!, I bet!
mandare tutto a rotoli	to ruin
non mi dire!	don't tell me!
notizia bomba	sensational news
sa / sai com'è	you know how it is
tenersi aggiornato/a su to'!	to keep up to date on take it!, look at that!
un mucchio di	a ton of
vado matto/a per...	I'm crazy about . . .
(stare) zitto/a!	shhh!, be quiet!, shut up!

UNITÀ 11 Leggere: Recitiamo una poesia!

Una manifestazione politica a Roma

A LA POLITICA

A.1 ▶ Si dice così

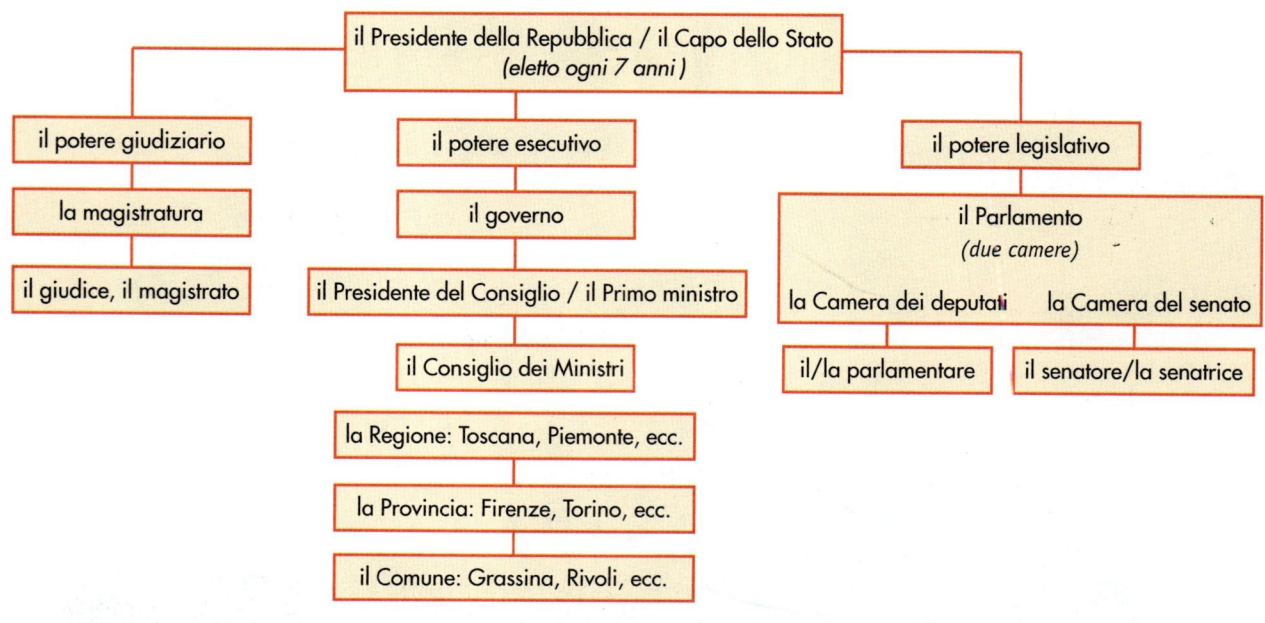

la politica	politics	**l'inquinamento**	pollution
la costituzione	constitution	**la droga**	drugs
il partito (politico)	(political) party	**attuale**	current
l'elezione (f.)	election	**affrontare**	to deal with
il popolo	people, citizenry	**impegnarsi**	to commit oneself to
il costume	habit, custom	**garantire**	to guarantee
il cittadino/la cittadina	citizen	**eleggere**	to elect
il potere	power	**votare**	to vote
la manifestazione, la protesta	demonstration, protest	**governare**	to govern

Lo sapevi che... ?

L'Italia è una **repubblica democratica** dal 2 giugno 1946 in seguito a un **referendum** che abolì la monarchia. La costituzione del 1948 stabilì un parlamento bicamerale. Il Presidente del Consiglio è il capo del governo e presiede il Consiglio dei Ministri. Alcuni Ministeri importanti in Italia sono il Ministero degli Affari Esteri, il Ministero dell'Interno, il Ministero di Grazie e Giustizia, il Ministero del Lavoro, il Ministero dell'Istruzione, il Ministero dei Beni e Attività Culturali, e il Ministero dell'Ambiente.

Lo sapevi che... ?

Le parole **parlamentare, politico, comunista, socialista**, ecc. possono essere sia aggettivi sia nomi. Ad esempio:

Lui è un **politico** famoso.
Filippo Turati era un **socialista** importante.
La Melandri è una **parlamentare**.

Il sistema **politico** è complicato.
Il partito **socialista** non esiste più.
L'Italia è una repubblica **parlamentare**.

ATTIVITÀ

12.1 Definizioni. Trovare nella lista una parola o un'espressione per ogni definizione.

1. È il Capo dello Stato italiano.
2. Un altro modo per indicare il Presidente del Consiglio
3. È composto da senatori e deputati.
4. Le abitudini (*habits*) della gente di una specifica zona o nazione
5. Sostanza narcotica
6. Regola la vita politica e civile della Repubblica italiana,
7. La contaminazione dell'ambiente
8. Insieme formano la magistratura

Prima Conferenza degli Italiani nel Mondo • Palazzo della FAO - Roma

Quanti Italiani ci sono nel tuo paese?

UNITÀ 12 Sognare: Immaginiamo il futuro!

12.2 Il governo italiano. Guardare lo schema del governo italiano e poi rispondere alle seguenti domande.

1. Quali sono i tre poteri del governo italiano?
2. Il potere legislativo in Italia è bicamerale. Quali sono i due elementi che costituiscono il Parlamento?
3. Chi collabora con il Presidente del Consiglio per governare l'Italia?
4. Quali differenze ci sono tra il sistema governativo dell'Italia e quello del tuo paese?
5. Conosci il nome di qualche politico italiano del momento? Chi è?

12.3 Due mondi a confronto. Fare le seguenti domande al compagno/alla compagna.

1. Discuti di politica con i tuoi amici? Ti tieni aggiornato sulla politica nazionale? Come?
2. Segui di più la politica internazionale, nazionale o locale?
3. Voti alle elezioni? Secondo la legge nel tuo paese, a che età è possibile votare?
4. Come giudichi (*judge*) il governatore del tuo stato? E i senatori del tuo stato? E il presidente o il leader del tuo paese?
5. Qual è stata la causa dell'ultima crisi di governo nel tuo paese? Ci sono scandali politici?
6. Per quanto riguarda la politica, sei idealista o realista? In che senso?
7. Quali sono i problemi più grandi nel tuo paese?

A.2 ▶ Incontro

Un discorso politico. *Mario Rossi è candidato al parlamento. È in visita all'università dove pronuncia un discorso elettorale.*

Cari studenti e concittadini°,   *fellow citizens*
   in vista delle prossime elezioni sono qui oggi fra voi per parlare dei problemi che più mi stanno a cuore. È un vero piacere per me essere qui e vedere tanti giovani, perché è proprio dei vostri problemi che voglio parlare. C'è stata una grande manifestazione la settimana scorsa, duemila giovani sono scesi in piazza a protestare la mancanza di lavoro. La disoccupazione è un grave problema che dobbiamo affrontare insieme! Ma non basta prendersela con chi sta oggi al governo. Proviamo a trovare delle soluzioni tutti insieme, mettiamocela tutta! Se sarò eletto, mi impegnerò a collaborare con gli imprenditori della nostra città affinché si creino nuovi posti di lavoro. Anche l'università deve fare la sua parte, perché la formazione° è importantissima.   *training*
   La crisi di governo che ci porta al voto è il risultato di una serie di disagi° sociali ed economici. L'inflazione è alle stelle. Per quanto riguarda   *troubles*
l'inquinamento, dobbiamo impegnarci tutti: limitare l'uso della macchina, rispettare le regole della raccolta differenziata°, non sprecare° le risorse naturali.   *recycling / to waste*
   Cosa vogliamo per il nostro futuro? La tranquillità, la sicurezza, una casa e un lavoro. Possiamo raggiungere questi obiettivi insieme. Riflettete bene prima delle prossime elezioni e quando sarete alle urne°, votate la persona giusta.   *at the polls*

ATTIVITÀ

12.4 Ascoltiamo! Quali sono le soluzioni? Il candidato Mario Rossi menziona diversi problemi e propone alcune soluzioni. Ascoltare bene l'**Incontro,** leggere i seguenti elenchi e poi, ascoltando ancora l'**Incontro,** indicare con una X i problemi menzionati nella colonna a sinistra e le soluzioni proposte nella colonna a destra.

Problemi
_____ scioperi
_____ disoccupazione, mancanza di lavoro
_____ criminalità
_____ disagi sociali ed economici
_____ inflazione
_____ inquinamento
_____ la droga

Soluzioni
_____ l'università deve formare i giovani
_____ raccolta differenziata
_____ multe
_____ non votare
_____ creare nuovi posti di lavoro
_____ limitare l'uso della macchina
_____ non sprecare risorse naturali

12.5 Gruppi di lavoro. Con dei compagni, discutete i seguenti argomenti e poi presentate le vostre conclusioni alla classe.

1. Cosa pensate del discorso del candidato Rossi? È tipico di un discorso politico? Perché?
2. Tra i problemi elencati sotto, quali sono i più gravi (*serious*)?

   la disoccupazione   la droga   l'inquinamento
   il crimine   l'inflazione

3. La vostra università è impegnata (*committed*) in un programma di raccolta differenziata? Sta facendo abbastanza per affrontare questo problema? Perché?

12.6 Le elezioni politiche. Guardare la tessera elettorale (*voter registration certificate*) e poi rispondere alle seguenti domande.

1. Come si chiama la persona che voterà?
2. In quale comune è iscritta? Chi è il sindaco del Comune?
3. Dov'è nata? In quale mese è nata?
4. Qual è l'indirizzo della sezione dove voterà?
5. Qual è l'indirizzo dell'elettrice?

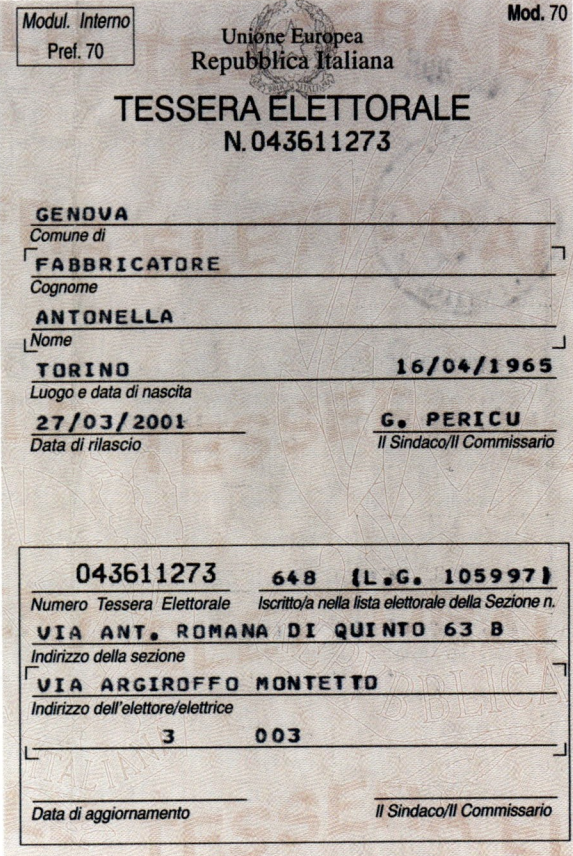

UNITÀ 12 Sognare: Immaginiamo il futuro!

In altre parole

scendere in piazza	to protest
stare a cuore,	to be concerned about,
mi sta a cuore...	I am concerned about...
prendersela (con qualcuno)	to get angry (at someone)
mettercela tutta	to give it one's all
essere alle stelle	to be sky-high
per quanto riguarda	as for

12.7 Abbinamenti. Trovare nella lista a destra la reazione corretta per le frasi a sinistra.

1. Non capisco niente di questo articolo sul potere legislativo in Italia. **F**
2. Sono molto offesa: Claudio non è venuto alla manifestazione e non ha nemmeno telefonato! **C**
3. Sara, perché ti occupi di politica internazionale? **D**
4. Per quanto riguarda le elezioni, quando dovremo votare? **E**
5. Pronto, signora Saraceno, c'è Marco? **A**
6. Hai visto quanto costa la benzina qui? **B**

a. No, non c'è. È sceso in piazza insieme agli altri.
b. Eh, sì, dopo la crisi petrolifera (*oil*), i prezzi sono saliti alle stelle.
c. Non te la prendere. È molto distratto in questo periodo: ha due esami la settimana prossima.
d. Perché i problemi degli immigrati mi stanno a cuore.
e. Sicuramente prima dell'estate.
f. Eh, la politica italiana è complicata. Per capirla bene devi mettercela tutta.

 12.8 Una donna Capo dello Stato. Discutere con il compagno/la compagna della possibilità che una donna diventi presidente del vostro paese. Discutere...

- se e quando potrebbe succedere
- le qualità che un presidente deve avere
- possibili candidate alla presidenza
- il ruolo dell'eventuale marito e famiglia durante la presidenza

Riportare le conclusioni alla classe.

Lo sapevi che...?

Anche se le donne italiane hanno ottenuto il voto solo nel 1946, ci sono sempre più donne nella politica italiana. Nilde Iotti fu la prima donna a ricoprire la carica di Presidente della Camera dei deputati. In tempi più recenti, Irene Pivetti fu eletta per la stessa carica a soli 32 anni. Il Ministero delle Pari Opportunità fu creato nel 1996 con Anna Finocchiaro come ministro. Ci sono sempre più donne ministro come, Livia Turco, Giovanna Melandri, Rosy Bindi, Stefania Prestigiacomo e Maria Stella Gelmini. Donne sindaco guidano le grandi città: Napoli, Genova e Milano hanno avuto donne sindaco.

A.3 ▶ Punti grammaticali

La concordanza dei tempi

1. When a sentence contains two clauses, the sequence of the actions they describe (which happens first, which second) determines the correct verb tense. Actions may be simultaneous or one may precede the other.

a. Presente

Maria sa {
 che Franco verrà alla festa.
 che Franco viene alla festa.
 che Franco è venuto / veniva alla festa.
}

Maria knows that Franco will come to the party.
Maria knows that Franco is coming to the party.
Maria knows that Franco came / was coming to the party.

b. Passato

Maria sapeva che {
 Franco sarebbe venuto alla festa.
 Franco veniva alla festa.
 Franco era venuto alla festa.
}

Maria knew that Franco would come to the party.
Maria knew that Franco was coming to the party.
Maria knew that Franco had come to the party.

2. When the subjunctive is called for in the dependent clause, its tense is determined by the tense of the verb in the independent clause and the sequence of the actions. If the action in the dependent clause is in the future with respect to the independent clause, the subjunctive is not used.

c. Presente con il congiuntivo

Paolo pensa {
 che dirai la verità.
 che tu dica la verità.
 che tu abbia detto la verità.
}

Paolo thinks that you will tell the truth.
Paolo thinks that you are telling the truth.
Paolo thinks that you told the truth.

d. Passato con il congiuntivo

Paolo pensava che {
 avresti detto la verità.
 tu dicessi la verità.
 tu avessi detto la verità.
}

Paolo thought that you would tell / would have told the truth.
Paolo thought that you were telling the truth.
Paolo thought that you had told the truth.

Remember the pairings of the conditional with the imperfect subjunctive and the past conditional with the past perfect subjunctive.

e. **Condizionale con il congiuntivo**

Sarebbe bello se io potessi visitare l'Italia quest'estate.

It would be nice if I could visit Italy this summer.

Sarebbe stato bello se io avessi potuto visitare l'Italia l'estate scorsa.

It would have been nice if I had been able to visit Italy last summer.

ATTIVITÀ

12.9 Le colonne. Costruire delle frasi riunendo elementi dalla prima, dalla seconda e dalla terza colonna e mettendo il verbo dipendente al tempo appropriato.

Ho chiesto se	gli amici	guardare troppo la TV
Penso che	noi	tenersi aggiornato
È importante che	il giornalista	andare a votare
Mi sembra che	tu	essere troppo idealista
Vorrei che	i candidati	capire altri sistemi governativi
Non pensavo che	tu e Mauro	finire alle 10.30
Elena mi ha chiesto se	il programma	seguire un corso di chimica
Era incredibile che	io	avere le idee chiare
		partecipare al programma

12.10 Tutti i tempi. Completare le frasi con la forma corretta del verbo dato.

1. Ho chiesto ai miei amici se (uscire) ieri sera.
2. Lina vorrà sapere se tu (potere) accompagnarla a casa.
3. Gli abbiamo chiesto se (loro, volere) uscire con noi stasera.
4. Le abbiamo chiesto se Mario (partire) già.
5. Domanderò a mio fratello se (potere) prestarmi la sua macchina.
6. Mi chiedo se (essere) possibile finire tutto il lavoro per domani.
7. Angelo pensa che tu (scrivere) molto bene.
8. Era importante che noi (riportare) i libri in biblioteca fra due giorni.
9. Non crediamo che Beppe (dimenticarsi) di noi!
10. Vorrei che tu (seguire) le mie istruzioni.

12.11 Il primo mese all'università. Pensare al primo mese all'università, alle vostre esperienze ed avventure. Poi completare le seguenti frasi in maniera logica.

1. Pensavo che tutti gli altri studenti...
2. I miei amici mi hanno detto che...
3. Avrei voluto che i miei professori...
4. I miei genitori speravano che...
5. Mi sembrava che l'università...
6. Mi sarebbe piaciuto se...
7. Adesso che ci ripenso (*I'm rethinking it*), capisco che...
8. E ora ho cambiato idea: non credo più che...

12.12 Il dibattito. Voi siete candidati alla presidenza del comitato studentesco della vostra università. Partecipate ad un dibattito con tutti i candidati. Rispondere alle seguenti domande usando frasi come: **Vorrei che..., Sono convinto/a che..., Mi pare che..., Mi piacerebbe che...,** ecc.

1. Secondo Lei, qual è il problema più urgente dell'università?
2. Come crede di poter risolvere questo problema?
3. Se potesse, quale aspetto della vita del campus cambierebbe? Perché?
4. Che cosa vorrebbe Lei dall'amministrazione dell'università? E dagli studenti?
5. Che cosa spera per il futuro dell'università?
6. Perché noi dovremmo credere che Lei sia il candidato/la candidata migliore?

B L'ITALIANO MEDIO

B.1 ▶ Si dice così

l'indagine (*f.*)	*survey*	**simile**	*similar, like*
il paragone	*comparison*	**grave**	*serious*
l'interesse (*m.*)	*interest*	**paragonare**	*to compare*
l'individuo	*individual*	**generalizzare**	*to generalize*
il valore	*value*	**giudicare**	*to judge*
l'orgoglio	*pride*	**accontentarsi di**	*to settle for, to be content with*
la vergogna	*shame*		
lo stereotipo	*stereotype*	**vantarsi di**	*to boast of*
medio	*average*	**godere**	*to enjoy*
uguale	*equal*		

ATTIVITÀ

12.13 O l'uno o l'altro. Rispondere alle seguenti domande.

1. Una cosa molto seria è simile o grave?
2. Per raccogliere i dati su un argomento, fai un'indagine o uno stereotipo?
3. Quando dici una cosa molto banale, paragoni o generalizzi?
4. Un'idea troppo semplice e generalizzata è uno stereotipo o un orgoglio?
5. Ogni persona è un'indagine o un individuo?
6. Quando sei soddisfatto/a di quello che hai, giudichi o ti accontenti?
7. Quando metti in relazione una cosa con un'altra, fai un paragone o fai un valore?
8. Due cose quasi uguali sono orgogliose o simili?

UNITÀ 12 Sognare: Immaginiamo il futuro!

12.14 Descrizioni stereotipate. Con un altro studente/un'altra studentessa, discutere delle immagini stereotipate dei seguenti personaggi (come sono, cosa fanno).

1. la tipica mamma italiana
2. il tipico abitante del tuo Stato
3. il classico turista americano in Italia
4. il tipico *Latin lover*
5. il tipico Italo-americano
6. l'Americano medio

B.2 ▶ Incontro

Due mondi a confronto. *Angelo e Cara, due giovani Italo-americani, sono a Roma a casa del loro cugino Emilio.*

ANGELO: Mi stupisco di quante belle macchine ci siano in giro! Si vede che l'Italia è un paese dove si sta veramente bene.

EMILIO: Guarda che le apparenze ingannano°... la disoccupazione in Italia è grave e l'economia è un po' in crisi.   *appearances can be deceiving*

CARA: Sì, ma più del sessanta per cento delle famiglie italiane ha una seconda casa! Da noi, non è così.

EMILIO: Ma che dici?! Voi sì che vivete bene negli States! Basta guardare *Beautiful* per farsi un'idea! Altro che l'Italia!

CARA: Ma, Emilio! Quello non è la realtà! È un'esagerazione!

EMILIO: Sarà, ma io mi accontenterei di una bella villetta con giardino, due macchine...

ANGELO: Vabbe' Emilio, l'erba del vicino è sempre più verde. Anch'io vivrei volentieri in una casa come la tua, al centro di Roma con la vista sul Colosseo.

EMILIO: Qui si dice che in America vivete per lavorare, mentre noi in Italia lavoriamo per vivere?

CARA: Queste frasi fatte°! Io ne ho sentita un'altra: che in Italia si vive per mangiare, mentre in America si mangia per vivere!   *clichés*

ANGELO: Quanti stereotipi! Invece, mi piacerebbe sapere, Emilio, come si vive veramente in Italia.

EMILIO: Così, su due piedi, è difficile risponderti, ma ci provo. L'Italiano medio ama la sua famiglia e trascorre molto tempo con i figli e parenti. Di solito la famiglia mangia tutta insieme. L'Italiano ama il calcio e tifa normalmente per la squadra della sua città. Legge il giornale ed è abbastanza informato sulla politica. Gli piace stare in compagnia, uscire e prendere il caffè al bar. Gli amici—cioè i legami personali, affettivi— sono un valore prezioso. E non dimentichiamo le vacanze: in agosto, tre settimane sotto il sole o al mare o in montagna.

ANGELO: E qual è l'immagine che hai tu dell'Americano medio?

EMILIO: Be'... Dollari, hamburger e Coca-cola!

CARA: Questo, caro cuginetto, è uno stereotipo davvero banale!

ATTIVITÀ

12.15 Ascoltiamo! Stereotipo o verità? Angelo, Cara ed Emilio condividono impressioni generalizzate ma anche informazioni vere sulle loro culture. Leggere il seguente elenco e decidere se ciascun elemento è uno stereotipo (S) o la verità (V) sull'Italia (I) o sugli Stati Uniti (USA). Poi, ascoltando l'**Incontro**, controllare le tue risposte con quello che dicono i tre amici.

	S	V	I	USA
1. Ci sono tante belle macchine.	___	___	___	___
2. Ci sono belle ville con giardino.	___	___	___	___
3. Le famiglie hanno due macchine.	___	___	___	___
4. Il 60% delle famiglie ha una seconda casa.	___	___	___	___
5. Vivono per mangiare.	___	___	___	___
6. Mangiano per vivere.	___	___	___	___
7. Di solito la famiglia mangia tutta insieme.	___	___	___	___
8. In agosto hanno tre settimane di vacanze.	___	___	___	___
9. Hanno dollari e mangiano hamburger.	___	___	___	___

12.16 Buongiorno, Mario Rossi! Rileggere la descrizione che Emilio dà dell'Italiano medio. Poi, pensare al tuo paese e creare una descrizione simile per il cittadino medio (anche se banale e piena di generalizzazioni!). Quali sono i valori? i passatempi preferiti? l'atteggiamento verso la famiglia? verso il lavoro? verso il cibo? Come passa le vacanze? Si tiene aggiornato sulla politica? Si può parlare di un cittadino medio?

In altre parole
1. stupirsi di qualcosa — to be amazed by something
2. altro che... — anything but! (ironic)
3. sarà... — maybe so . . .
4. su due piedi — off the top of (one's) head

12.17 Mini-conversazioni. Completare le seguenti mini-conversazioni con parole ed espressioni appropriate.

1. — Ecco la mia casetta!
   — _____2_____ casetta! È enorme! Sembra un palazzo!
2. — Allora, non mi rispondi? Che ne pensi?
   — Be', così _____4_____, non trovo le parole.
3. — Un mio amico dice che ormai l'inglese è diventato la lingua internazionale.
   — _____3_____, ma secondo me è sempre importante sapere bene più di una lingua.
4. — Allora, hai sentito la novità?
   — _____1_____ di quello che mi hai raccontato. Incredibile, davvero!

UNITÀ 12 Sognare: Immaginiamo il futuro!

12.18 Ma cosa credevi? Nina, una ragazza italiana, e Jack, un Italo-americano del Texas, sono amici. Discutono di stereotipi. Completare la loro conversazione con parole ed espressioni appropriate.

JACK: _____1_____ di quanto le donne siano eleganti a Roma!
NINA: Perché? Cosa credevi? Che fossero tutte grasse, vestite di nero?
JACK: _____2_____ grasse! Sembrano delle fotomodelle.
NINA: Guarda, Jack, tu t'inganni (*fooling yourself*) con un'immagine stereotipata.
JACK: _____3_____, ma nel paese dei miei nonni le donne sono un pochino più "robuste".

12.19 Prima di studiare l'italiano... Con un altro studente/un'altra studentessa, creare una lista di tutte le cose che non sapevate o che credevate prima di studiare l'italiano. Poi dire quello che avete imparato.

Esempio: — Prima di studiare l'italiano, non sapevo che l'Italia avesse...
— Prima di studiare l'italiano, pensavo che l'Italia fosse...

Lo sapevi che...?

L'Italia in pillole

Macchine In Italia si preferisce andare con le quattroruote. Nel 2008, c'erano 603,4 autovetture per ogni 1000 abitanti.

Sanità Non mancano i medici in Italia: ci sono 363,5 per ogni 100.000 abitanti (2007).

Siamo in tanti L'Italia rappresenta il 4° paese per importanza demografica dopo la Germania (82,3 milioni), la Francia (64,4 milioni) e il Regno Unito (61,6 milioni) con il 12% dei quasi 500 milioni abitanti dell'Unione europea.

L'Italia che risparmia Alla fine del 2008, l'Italiano medio aveva circa 13.600 euro in banca.

Lunga vita agli Italiani! In Italia, la speranza di vita per un uomo è mediamente di 77,3 anni e per una donna è di 83,1 anni.

Accontentiamoci! Nel 2009, il 46% degli Italiani si è dichiarato contento della propria situazione economica, e il 90% si ritiene molto o abbastanza soddisfatto delle relazioni familiari.

Colleghiamoci! Nel 2009, il 53% delle famiglie italiane e il 65% di quelle europee dispone di un proprio accesso alla rete web.

B.3 Punti grammaticali

La forma passiva

La manifestazione **è stata organizzata** dal partito politico.	The protest was organized by the political party.
I cartelloni **sono stati preparati** dai giovani.	The signs were prepared by the young people.
Il discorso **sarà pronunciato** dal candidato in piazza.	The speech will be made by the candidate in the square.
L'articolo **era scritto** da un giornalista famoso.	The article was written by a famous journalist.
Grazia Deledda **fu premiata** con il Nobel.	Grazia Deledda was awarded the Nobel Prize.

1. Transitive verbs—verbs that can have objects—can be either active or passive. A verb is in the active voice when the subject performs the action of the verb. A verb is in the passive voice **(la forma passiva)** when the subject is *acted upon*. The performer of the action is called the agent and is introduced by the preposition **da.**

Sergio	fa	il compito.	Sergio is doing the homework.
subject	**verb**	**direct object**	

Il compito	è fatto	da Sergio.	The homework is done by Sergio.
subject	**verb**	**agent**	

Molta gente	ha visto	il programma.	Many people saw the program.
subject	**verb**	**direct object**	

Il programma	è stato visto	da molta gente.	The program was seen by many people.
subject	**verb**	**agent**	

2. The passive is formed with the appropriate tense of **essere** + *past participle*. The past participle always agrees in number and gender with the subject. The preposition **da** introduces the agent.

I giornalisti **hanno diffuso** la notizia.	The journalists spread the news.
La notizia **è stata diffusa** dai giornalisti.	The news was spread by the journalists.
I cittadini **eleggeranno** il nuovo presidente ad aprile.	The citizens will elect the new president in April.
Il nuovo presidente **sarà eletto** (dai cittadini) ad aprile.	The new president will be elected (by the citizens) in April.

3. The passive can be used without naming the agent.

La macchina è stata riparata.	The car was repaired.
La crisi è stata superata.	The crisis was overcome.
Il nuovo programma sarà presentato domani.	The new program will be presented tomorrow.

UNITÀ 12 Sognare: Immaginiamo il futuro!

ATTIVITÀ

12.20 Attivo-passivo. Cambiare le seguenti frasi dalla forma attiva alla forma passiva.

Esempio: Abbiamo notato molti stereotipi.
Molti stereotipi sono stati notati (da noi).

1. Il professore ha presentato alcune generalizzazioni sugli Italo-americani.
2. Di conseguenza, gli studenti hanno giudicato il valore delle generalizzazioni.
3. Per esprimersi meglio, gli studenti hanno evitato le frasi fatte.
4. Noi abbiamo apprezzato la discussione.
5. Ora prepareremo un sondaggio da distribuire nelle altre classi.
6. Presenteremo i risultati del sondaggio alla prossima riunione.
7. Non accetteremo più gli stereotipi.

12.21 Il governo italiano. Parlare del sistema politico italiano usando la forma passiva come nel modello.

Esempio: i diritti dei cittadini / garantire / la Costituzione
I diritti dei cittadini sono garantiti dalla Costituzione.

1. i parlamentari / eleggere / il popolo italiano
2. il Parlamento / formare / il Senato e la Camera dei deputati
3. le leggi / scrivere / le due Camere legislative
4. il Presidente della Repubblica / eleggere / il Parlamento
5. il Presidente del Consiglio / nominare / il Presidente della Repubblica
6. i ministri / scegliere / il Presidente del Consiglio

12.22 È stato fatto così. Cambiare la frase attiva in una frase passiva.

1. I Romani costruirono il Colosseo.
2. Cristoforo Colombo scoprì l'America.
3. Boccaccio scrisse il *Decameron*.
4. Gli Alleati hanno vinto la Seconda guerra mondiale.
5. Renzo Piano ha disegnato il Centre Pompidou a Parigi.
6. Modigliani ha dipinto molti quadri.
7. Benigni ha vinto l'Oscar.

12.23 È stato un bell'anno! Con un compagno/una compagna, fate un elenco dei dieci eventi più importanti dell'anno scorso. Trasformate le frasi al passivo come nel modello.

Esempio: **I Red Sox hanno vinto le World Series.**
Le World Series sono state vinte dai Red Sox.

C L'ITALO-AMERICANO

C.1 ▶ Si dice così

l'immigrato	immigrant	offensivo	offensive
l'antenato	ancestor	offendere	to offend
la generazione	generation	dare fastidio	to annoy, to bother
la radice	root	rinunciare	to give up, to forgo
il patrimonio	heritage	emigrare	to emigrate
il pregiudizio	prejudice	immigrare	to immigrate
il mito	myth	integrarsi	to integrate, to assimilate
il fastidio	bother, nuisance		
l'integrazione	integration	contribuire	to contribute

ATTIVITÀ

12.24 Le parole mancanti. Completare le seguenti frasi con parole adatte.

1. I nonni, i bisnonni, sono tutti nostri...
2. Quando una persona vuole sapere da dove viene la sua famiglia, cerca di scoprire le proprie...
3. La differenza di età tra genitori e figli, o nonni e nipotini, è una differenza di...
4. Quando una persona parla male degli altri senza capire, a volte è perché ha qualche...
5. Le generalizzazioni su gruppi razziali o etnici sono spesso...
6. Molto spesso i gruppi di immigrati trovano difficoltà nell'assimilazione della nuova cultura, cioè per loro è difficile...
7. Nell'Ottocento, chi voleva emigrare negli Stati Uniti vedeva l'America come...
8. Tutta la ricchezza della nostra cultura e della nostra storia è una parte importante di noi; è il nostro...

12.25 Il contributo degli Italiani all'estero. Preparare una lista di persone di origine italiana in tutti i campi—politica, arte, musica, moda, commercio—che hanno contribuito allo sviluppo della società. Accanto ad ogni nome, scrivere una frase che riassume brevemente l'attività della persona menzionata.

12.26 Siamo un paese di immigrati. Con un compagno/una compagna, creare una conversazione secondo i seguenti suggerimenti.

> *S1:* Sei un/a Italo-americano/a i cui genitori o nonni sono immigrati negli Stati Uniti.
>
> *S2:* Sei un/a giornalista di *L'America oggi* e scrivi un articolo sull'esperienza degli immigrati. Fare domande all'intervistato/a per sapere...

- quando la sua famiglia è immigrata negli Stati Uniti e da dove
- se hanno incontrato pregiudizi o se è stato facile integrarsi nella cultura americana
- quali generalizzazioni sugli Italo-americani trova offensive
- che cosa fa per combattere gli stereotipi
- se è orgoglioso/a delle sue radici italiane e perché

Una festa del santo patrono in una comunità italo-americana

C.2 ▶ Incontro

Quanti stereotipi. Angelo, Cara ed Emilio continuano la loro conversazione sugli stereotipi.

EMILIO:	E ora raccontatemi voi qualcosa sull'immagine degli Italiani in America.
ANGELO:	Cosa ti interessa sapere, oltre al fatto che mangiano spaghetti e polpette°?
CARA:	Dai, smettila! Vuoi sapere qualcosa dell'immagine che gli Americani hanno degli Italiani, o degli Italo-americani? Perché secondo me, molte persone si sbagliano e pensano che la cultura italo-americana coincida con quella italiana.
EMILIO:	Cioè, credono che non ci siano differenze tra "Little Italy" e l'Italia reale?
ANGELO:	*(ridendo)* Esatto! Oppure, credono che tutti gli Italiani o gli Italo-americani siano mafiosi. Io sono di origine italiana e mi dà molto fastidio. È offensivo.

meatballs

506 UNITÀ 12 Sognare: Immaginiamo il futuro!

EMILIO:	Ma davvero la pensano così? Be', non avrei mai detto!
CARA:	A mio parere anche film famosi e belli come *Il Padrino,* hanno contribuito a formare l'immagine dell'Italo-americano "gangster". Non è colpa di scorsese o di Francis Ford Coppola, ma...
EMILIO:	... di Al Capone!
ANGELO:	Invece, c'è da dire che da generazioni, gli Italo-americani si sono completamente integrati nella cultura americana. Molto spesso non parlano più né la lingua italiana né il dialetto dei nonni. Addirittura° sanno a mala pena da quale regione italiana provengono i loro antenati!
EMILIO:	Che peccato!
CARA:	È vero, ma bisogna anche riconoscere il contributo che gli Italo-americani hanno dato alla società americana. Da Sinatra a Madonna, da Scorsese a Tarantino...
ANGELO:	Per non parlare di Joe Di Maggio, gli Italiani sono delle vere icone°!
EMILIO:	Ma finora nessun Italo-americano è stato eletto presidente.
ANGELO:	Non ancora...

Addirittura° *Really, Actually*
icone°! *icons*

ATTIVITÀ

12.27 Ascoltiamo! Immagini e stereotipi. Ascoltare bene l'**Incontro.** Poi, ascoltando una seconda volta, scegliere la risposta giusta.

1. Secondo Angelo, uno stereotipo sugli Italo-americani è che...
   a. mangiano la pizza.   b. mangiano spaghetti e polpette.

2. Secondo Cara, molte persone pensano che...
   a. la cultura italiana coincida con quella italo-americana.
   b. la cultura italiana coincida con quella americana.

3. Secondo Cara, che cosa ha contribuito a formare l'immagine dell'Italo-americano "gangster"?
   a. Al Capone   b. Molti film, come *Il Padrino*

4. Secondo Angelo, gli Italo-americani...
   a. si sono completamente integrati nella cultura americana.
   b. sono orgogliosi (*proud*) delle loro origini.

5. Secondo Cara, Sinatra, Madonna, Scorsese e Tarantino sono esempi di...
   a. persone coinvolte in storie di mafia.
   b. Italo-americani che hanno dato un contributo alla società.

6. Secondo Angelo, ...
   a. un Italo-americano diventerà presidente un giorno.
   b. un Italo-americano non diventerà mai presidente.

Lo sapevi che...?

Molti Italo-americani hanno contribuito in modo significativo alla società americana. **Mother Cabrini** fu la prima santa americana; **Giovanni Giannini** fondò la Bank of America; nella politica, **Fiorello La Guardia** fu sindaco di New York e **Geraldine Ferraro** fu la prima donna ad essere candidata al posto di vice presidente degli USA. Nello sport, nella musica, nell'arte e nel cinema, i figli degli immigrati italiani hanno lasciato la loro impronta. E tu, quanti Italo-americani famosi puoi nominare?

12.28 Una Little Italy. Intervistare un compagno/una compagna per vedere se conosce una comunità di Italiani all'estero o persone di origine italiana. Domande possibili:

- Conosci una comunità di Italiani all'estero? Dove?
- Sei mai andato/a ad una festa italo-americana, italo-canadese, italo-australiana, ecc.? ad esempio una festa del santo patrono?
- Conosci l'origine di questa comunità? Di dove sono originariamente?
- Quali professioni esercitano?
- Quali sono alcuni negozi, ristoranti o aziende italiani di questa comunità?

In altre parole

1 a mio parere	in my opinion
2 essere d'origine...	to be of ... origin
3 dare fastidio a qualcuno	to bother someone
4 c'è da dire che...	it must be said that ...
5 sapere a mala pena	to hardly know

12.29 Mini-conversazioni. Completare le seguenti mini-conversazioni con un'espressione appropriata.

1. — Di dove sono i tuoi nonni?
   — Sono venuti da Napoli, infatti io _____2_____ italiana.
2. — Cosa pensi di questo nuovo film di Tarantino?
   — _____1_____ è il suo film migliore.
3. — Quelle persone sono piene di pregiudizi! Non le sopporto proprio!
   — Sì, ma _____4_____ è più una questione di ignoranza che di pregiudizio.
4. — Non mi ricordo più come finisce quella poesia di Petrarca. Chiediamo a Enrico!
   — Ma se Enrico _____5_____ chi è Petrarca! Chiediamo invece a Laura.

12.30 Quanto mi dà fastidio! Fare una lista di cinque cose o situazioni che ti danno fastidio. Poi comunicarle ad un altro studente/un'altra studentessa e domandare se è del tuo stesso parere.

Esempio: — Mi dà molto fastidio quando sono al cinema e la gente intorno a me parla ad alta voce. Dà fastidio anche a te?
— Sì, anche a me dà fastidio. / No, a me non dà fastidio.

12.31 Sondaggio: Di che origine sei? Domandare al maggior numero di studenti possibile quali sono le loro origini. Chiedere la provenienza degli antenati e anche a quale generazione appartengono (prima, seconda, ecc.). Poi presentare i risultati del sondaggio alla classe.

C.3 ▶ Attività di ripasso

12.32 La bacchetta magica (*The magic wand*). Leggere la seguente descrizione della vita di Arturo Toscanini. Poi riscriverla, volgendo i verbi ai tempi passati appropriati.

Arturo Toscanini nasce a Parma. Il padre di Arturo è un modesto sarto (*tailor*) che, come tutti i parmigiani, ha una grande passione per la musica. La sartoria è anche il soggiorno della casa. Mentre si confezionano abiti, spesso si cantano arie di opere liriche e qualcuno talvolta legge i libri classici. È in questa modesta sartoria che Arturo impara ad amare la musica e la letteratura. Quando ha nove anni entra nella Regia Scuola di Musica di Parma, da cui ottiene il diploma di composizione in pianoforte e violincello. La prima occasione per dirigere una grande orchestra gli si presenta nel 1886 quando ha solo diciannove anni. A Rio de Janeiro, durante una rappresentazione dell'*Aida,* è chiamato a sostituire il direttore che improvvisamente si è dimesso (*resigned*). Questa rappresentazione è un vero trionfo per Toscanini, che continua a dirigere le più importanti orchestre del mondo.

12.33 Una domenica al mare. Completare il brano con il tempo appropriato del verbo dato.

Domenica scorsa io e Sandro (volere) andare al mare. Il tempo (essere) brutto, quindi (decidere) di andare al cinema. Se (fare) bello, (andare) a Portofino. (Essere) per un'altra volta! Al cinema (incontrare) i nostri amici Massimo e Renzo, che (vedere) già la scorsa volta che siamo andati a vedere un film. (Dire, noi) loro: "Ma che ci (fare) qui voi? (Andare) sempre al cinema?" Renzo (rispondere): "Massimo (volere) che noi (andare) al mare, ma (guardare) che tempo!" (Essere) tutti d'accordo che (essere) meglio passare la domenica al chiuso. Purtroppo il film (essere) brutto!

D L'ITALIA IN EUROPA

D.1 ▶ Si dice così

Stati membri dell'UE

(map of EU member states with labels: Svezia, Finlandia, Regno Unito, Estonia, Danimarca, Lettonia, Irlanda, Paesi Bassi, Lituania, Belgio, Polonia, Lussemburgo, Germania, Repubblica ceca, Slovacchia, Francia, Austria, Ungheria, Romania, Italia, Slovenia, Bulgaria, Spagna, Portogallo, Grecia, Cipro, Malta)

l'Unione Europea, l'UE	*European Union, the EU*	diplomatico	*diplomatic*
la Commissione europea	*European Commission*	in futuro	*in the future*
il consolato	*consulate*	all'estero	*abroad*
l'ambasciatore	*ambassador*	sognare	*to dream*
l'ambasciata	*embassy*	realizzare	*to bring about, to effect*
la diplomazia	*diplomacy*	raggiungere	*to reach*
la meta	*goal*	prevedere	*to predict*

ATTIVITÀ

12.34 Definizioni. Trovare la parola o l'espressione che corrisponde ad ogni definizione.

1. sapere in precedenza quel che succederà
2. ufficio che cura la rappresentanza di uno stato all'estero
3. il più alto rappresentante diplomatico di uno stato presso un altro
4. un fine da raggiungere
5. tradurre in realtà
6. abbreviazione che si riferisce all'Europa Unita

12.35 Diplomazia e no. Con un compagno/una compagna, fare una lista di alcune qualità necessarie per un ambasciatore. Poi elencare alcune cose che si devono fare durante un incontro con un importante capo di stato straniero e alcune cose che non si devono fare.

Lo sapevi che... ?

Negli ultimi anni, l'Italia è diventata un paese di destinazione per tanti immigranti, normalmente persone "**extracomunitarie**", cioè nate fuori dall'UE. Spesso provengono dall'Africa (Marocchini, Tunisini, Senegalesi), dall'Europa dell'Est (Albanesi, Russi, Polacchi), dall'Asia (Filippini, Indiani, Cinesi) e dall'America del Sud (Ecuadoriani, Argentini, Cubani). Vengono in Italia soprattutto per lavorare e per trovare una vita migliore, spesso nelle fabbriche o come collaboratori domestici.

Il controllo del flusso migratorio è diventato un problema per l'Italia, dovuto ai lunghi chilometri di costa che permettono arrivi clandestini in piccole barche dalle vicine coste africane ed albanesi.

L'Italia è diventata una società **multirazziale** e **multietnica**. E dove vivi tu, com'è la società? Ci sono flussi migratori?

L'Italia, paese di immigrazione (Pisa)

D.2 ▶ Incontro

Un brindisi al futuro!   Emilio, Cara ed Angelo stanno guardando le foto di quando erano bambini e parlano del loro futuro.

ANGELO:	Guardate questa vecchia foto! Quanti anni sono ormai? Saranno dieci anni!	
CARA:	Era l'ultima volta che siamo venuti a trovare Emilio. Guarda la macchina, è la vecchia Cinquecento! Che fine ha fatto?	
EMILIO:	Ce l'abbiamo ancora! Figurati! Non lascerei che i miei la buttassero via°, nemmeno per sogno. Si parcheggia dappertutto con quella.	*throw away*
CARA:	Quanto ci siamo divertiti con te, Emilio! Come possiamo ringraziarti°? Dai, vieni a trovarci a New York!	*thank you*
EMILIO:	Eh, magari! Chissà quando ci rivedremo, cari cugini. Ora parto per Londra con la borsa di studio del programma Erasmus. È il mio sogno, studiare all'estero. E poi, nel villaggio globale, come si suol dire, bisogna parlare l'inglese!	
CARA:	La diplomazia è ancora la tua meta?	
EMILIO:	Diciamo che non mi dispiacerebbe un giorno lavorare in un consolato, o chissà, diventare ambasciatore!	
CARA:	Allora, una permanenza° negli USA ti potrà essere utile. Ti ospitiamo° l'estate prossima, va bene? Così vedi anche l'ONU.	*stay* *host*
ANGELO:	Dai, così vedrai come viviamo noi. Scambieremo ancora qualche idea e distruggeremo qualche altro stereotipo.	
EMILIO:	Ci sto! E ora, un brindisi! Alla bella vacanza che avete trascorso in Italia e al vostro rientro! Buon viaggio!	
ANGELO:	Ai tuoi studi a Londra! In bocca al lupo!	
CARA:	E al futuro! Ci si rivede tutti a New York!	

ATTIVITÀ

12.36 Ascoltiamo! Ascoltando l'**Incontro,** decidere a quali personaggi menzionati nell'**Incontro** si riferiscono le seguenti frasi, a Cara (C), ad Angelo (A) o ad Emilio (E).

	C	A	E
1. Non lascerebbe che i suoi genitori buttassero via la macchina.	___	___	___
2. Non sa come ringraziare suo cugino.	___	___	___
3. Vuole avere una carriera nella diplomazia.	___	___	___

4. Vuole ospitare Emilio a New York. _____ _____ _____
5. Va a Londra a studiare. _____ _____ _____
6. Dice ad Emilio che potrà vedere
   l'ONU a New York. _____ _____ _____

12.37 Comprensione: le domande.   Rispondere alle seguenti domande.

1. Cosa stanno guardando Cara, Angelo ed Emilio?
2. Qual è il tipo di macchina? Cosa ne pensa Emilio?
3. Dove va Emilio e perché?
4. A che cosa brindano i ragazzi?

12.38 Brindiamo a noi!   Pensate ad un raduno (*gathering*) della vostra classe d'italiano tra cinque anni. Che cosa vi direte? Che cosa ricorderete della classe? E dei vostri compagni? Qualcuno ha studiato all'estero? Qualcuno ha scelto una carriera in cui si usano le lingue straniere? A che cosa brinderete?

In altre parole

venire a trovare	to come visit
che fine ha fatto... ?	whatever happened to . . . ?
nemmeno per sogno!	(I) wouldn't dream of it!, not at all!
come si suol dire	as they say, as the saying goes

12.39 Abbinamenti.   Trovare nella lista a destra una risposta per ogni frase a sinistra.

1. Peccato! Piove e oggi c'è il matrimonio di Angela.
2. Non sappiamo dove andare in vacanza l'estate prossima.
3. Non vedo Laura da mesi. Chissà che fine ha fatto?
4. Ottima questa torta! L'hai comprata in pasticceria, m'immagino.

a. Ho una casa al mare. Venite a trovarmi!
b. Nemmeno per sogno! L'ho fatta io!
c. Sì, ma come si suol dire, "Sposa bagnata, sposa fortunata"!
d. Non lo sapevi? Ora vive a Vienna.

12.40 In un paese lontano.   Domandare agli altri studenti cosa succederebbe se dovessero andare a vivere in un paese straniero. Di quali cose sentirebbero la mancanza?

Esempio: — **Che cosa ti mancherebbe di più se vivessi in un'altro paese?**
— **Mi mancherebbe molto...** (il mio programma preferito / la tecnologia avanzata, ecc.)
— **A me mancherebbero...** (gli amici / il cibo e la musica, ecc.)

12.41 Un incontro inaspettato. Con un compagno/una compagna, creare una conversazione secondo i seguenti suggerimenti.

S1: Da cinque anni vivi e lavori in uno dei paesi dell'UE. Sei in aeroporto e incontri il tuo vecchio/la tua vecchia insegnante d'italiano. Rispondi alle sue domande sulla vita lì e poi invitalo/la a venire a trovarti.

S2: Non hai più visto un tuo studente/una tua studentessa, ma viaggiando lo/la incontri in aeroporto. Chiedi come sta, cosa sta facendo in Europa, com'è la vita dove abita, se gli/le piace, quali sono gli aspetti positivi e quelli negativi del vivere all'estero. Racconta anche quello che stai facendo tu.

D.3 ▶ Attività di ripasso

12.42 Emilio a Londra. Completare il brano con il tempo appropriato del verbo dato.

Ieri Emilio (chiamare) i suoi genitori da Londra per telefono. Sua madre (rispondere) e gli (dire) che tre giorni prima loro lo (cercare), ma non c'era nessuno. Lui le (domandare) come (stare, loro) e la mamma gli (spiegare) che la settimana prima (fare) molto freddo. Allora Emilio le (raccontare) che non (sentire) mai un freddo come a Londra e che (prendere) l'influenza. Sua madre (dire) che lei e suo padre (temere) che lui (lavorare) troppo e che non (dormire) abbastanza. Emilio (rassicurare) sua madre che (divertirsi, lui) moltissimo. Lei (essere) contenta che lui (trovarsi) così bene all'estero. Allora lui (lamentarsi) del pessimo cibo inglese e la mamma gli (promettere) che (mandare) il giorno dopo un pacco con del buon cibo italiano. Lui (salutare) dicendo che (chiamare, lui) la prossima volta.

12.43 Una grande attrice. Recentemente hai intervistato la più celebre attrice italiana: Sophia Loren. Ecco alcuni appunti che hai preso durante l'intervista. Scrivere un breve articolo sulla vita e carriera della Loren.

anno di nascita: 1934 luogo di nascita: Pozzuoli (NA)
residenza: Ginevra in Svizzera città preferita: Roma
marito: Carlo Ponti (produttore cinematografico, deceduto)
film internazionali con i maggiori registi e attori
attore preferito: Marcello Mastroianni (deceduto)
premi: l'Oscar per *La ciociara,* ufficiale della Legion d'Onore,
   6 David di Donatello, l'Orso d'oro di Berlino, ecc.
aspetto più importante della vita: i figli
il segreto del suo successo: disciplina e sacrifici
piatto preferito: gli spaghetti

- **Leggiamo italiano!** *What's in a title?*
- **L'Italia, Stato d'Europa**
- **Scriviamo italiano!** *Organizing an essay*
- **Come disse...**
  - Ministero degli Affari Esteri
  - Altiero Spinelli ed Ernesto Rossi
- **Musica, maestro!**
  "Io non mi sento italiano", Giorgio Gaber
- **Ciak! Italia**
- **Come disse...**
  - Lorenzo de' Medici

For self-tests and additional practice, and for access to the Video and video activities, go to the Book Companion Site, accessible at www.wiley.com/college/branciforte

Leggiamo italiano!

What's in a title?

Often even the simplest title will help you anticipate what to expect in an article. Before approaching this text, list at least three topics you expect will be addressed somewhere in the reading. Then, before you begin to read, review all the strategies that have been specfied in previous **Leggiamo italiano!** sections, and use them to help you read. *Buona lettura!*

ATTIVITÀ DI PRE-LETTURA

12.44 Definizioni. Cercare di spiegare in italiano il significato delle parole in corsivo.

1. scegliere tra *monarchia* e *repubblica*...
2. il periodo del *dopoguerra* è un momento importante...
3. il partito di *maggioranza* al governo...
4. gli *scandali* provocati da un'inchiesta giudiziaria
5. una fase di grande *rinnovamento* politico ed economico...
6. l'Italia presenta gravi problemi di *disoccupazione*...
7. la società di oggi è più *multiculturale*...

12.45 La politica di casa. Quanto sapete della storia politica del vostro paese? Cercare delle risposte alle seguenti domande.

1. Quali sono i partiti politici principali del vostro paese? Qual è il partito di maggioranza? Ci sono anche numerosi partiti minori?
2. Da quando esiste la Costituzione? Da quanto tempo hanno il diritto di votare le donne?
3. Quali sono stati i momenti storici più importanti del vostro paese? Ci sono stati mai scandali nel governo? Quando?
4. Vivi in una società multiculturale? In che senso?

▶ L'Italia, Stato d'Europa

L'Italia è uno stato "giovane" poiché è diventata una nazione solo nel 1860. Dopo la Seconda guerra mondiale, un referendum popolare decise quale forma costituzionale dovesse avere l'Italia. Il 2 giugno 1946 fu un giorno importantissimo: per la prima volta votarono anche le donne e fu chiesto agli Italiani di scegliere fra monarchia e repubblica. Gli Italiani scelsero la repubblica e da allora il 2 giugno è un giorno di festa nazionale.

Il periodo dell'immediato dopoguerra è un momento importante per comprendere la storia politica italiana. Dalle elezioni del 1946 nacquero i tre partiti politici principali—la Democrazia cristiana (Dc), il Partito socialista (Psi) e il Partito comunista (Pci)—che influenzarono profondamente la politica del paese per più di quarant'anni. Dopo gli scandali dei primi anni '90 noti come "Tangentopoli" o "Mani Pulite", i vecchi partiti si sbriciolano°, dando spazio a nuove formazioni politiche. Oggi, esistono due poli: al centrodestra il Pdl (Popolo della Libertà, composto dai partiti Forza Italia, Lega del Nord, Alleanza nazionale) e al centrosinistra il Pd (Partito democratico, che è la confluenza dei vecchi partiti Democratici della sinistra e la Margherita). Continuano ad esistere altri piccoli partiti quali Udc (Unione di centro) e Idv (Italia dei valori).

crumble

Una sfilata in occasione della Festa della Repubblica, Roma

Il passato e il presente, la città e la natura a confronto

L'Italia è fra i paesi più industrializzati del mondo e come tale, offre una qualità di vita superiore. Tuttavia in Italia si presentano gravi problemi di disoccupazione, inquinamento e traffico. I beni culturali° ed ambientali dell'Italia rappresentano un tesoro inestimabile per il paese e per il mondo, ma il mantenimento di questa ricchezza grava° pesantemente sul governo e sugli enti pubblici. In questi ultimi anni, si è notato un sempre maggiore intervento di sponsorizzazioni di privati in questo ambito.

    °cultural heritage
    °weighs

Con l'Unione Europea, il Vecchio Continente sta vivendo una fase di grande rinnovamento politico e socioeconomico. Anche l'immagine dell'Italia sta cambiando: l'arrivo in Italia di immigrati extracomunitari, provenienti dal Senegal, dal Marocco, dalla Tunisia, dalla Romania, dall'Ecuador, dall'Albania, dall'India e dalla Cina, ha aperto nuovi dibattiti legati a questioni di razza°, religione e mentalità differenti.

    °race

Come conciliare il passato con il presente, o meglio con il futuro? Il volto della popolazione italiana sta cambiando; la società è sempre più multietnica. Con l'afflusso di immigrati extracomunitari e l'apertura delle frontiere europee, mantenere l'identità della propria cultura, rispettando le culture e le tradizioni altrui°, diventa una sfida. Gli Italiani hanno un'enorme ricchezza storica e culturale alle spalle, ma non basta; dovranno saper affrontare questa sfida perché il loro è un paese in transizione.

    °of others

ATTIVITÀ

12.46 Comprensione: vero o falso? Decidere se le seguenti affermazioni sono corrette oppure no. Poi correggere quelle sbagliate.

1. L'Italia è uno stato molto vecchio.
2. In Italia le donne ottennero il voto nel 1925.
3. Tre partiti controllavano l'Italia dopo la Seconda guerra mondiale: i Democristiani, i Socialisti e i Comunisti.
4. La scena politica attuale in Italia non è differente dagli anni del dopoguerra.
5. Molti Italiani stanno emigrando in Tunisia e India.
6. L'industrializzazione ha distrutto ogni traccia della ricca storia italiana.
7. Proteggere il patrimonio artistico del Paese richiede molti soldi.
8. È difficile definire con precisione le caratteristiche del popolo italiano.

12.47 Comprensione. Rispondere alle seguenti domande con frasi complete.

1. Perché si dice che l'Italia è un paese "giovane"?
2. Perché il 2 giugno 1946 è una data importante per gli Italiani?
3. Quali dei tre partiti politici che dominarono il campo politico fino agli anni '90 esistono ancora oggi?
4. Che cos'è "Tangentopoli"? Quali sono stati i risultati di questo fenomeno?
5. Quali sono alcuni dei problemi che l'industrializzazione ha portato all'Italia?
6. Quale sarà la sfida più grande per i giovani Italiani?

12.48 Antico e moderno. Fare una lista di almeno dieci cose che potreste vedere in Italia che testimoniano il ricchissimo patrimonio storico e culturale del Paese. Poi fare un'altra lista di cose che potreste vedere in Italia che dimostrano la vitalità contemporanea di questo paese.

Esempio: le rovine del Foro romano   l'aeroporto Leonardo da Vinci

12.49 Spunti di conversazione. Discutere con i compagni di classe i seguenti argomenti.

1. Paragonare il sistema politico italiano con quello del tuo paese. Quali sono le differenze e le somiglianze?
2. Qual è l'immagine dell'Italia vista dal di fuori? Cosa pensa la persona media nel tuo paese dell'Italia e degli Italiani? Sono riflessioni valide o sono solo stereotipi?
3. Quali saranno le sfide più importanti per i giovani del tuo paese? Quali problemi sociali dovranno affrontare?

Scriviamo italiano!

Organizing an essay

An essay is a more formal kind of writing than what you've done in previous **unità.** In an essay you present your ideas, views, or perspectives on a topic. The inclusion of factual information and supporting detail is important in order to make your point convincing. Here are some tips for organizing an essay.

1. Choose a topic narrow enough to treat thoroughly in a few paragraphs.
2. Make an outline to follow when you write, arranging your ideas in a logical order.
3. In the first paragraph, state the problem or topic in the first sentence; this is the topic sentence. Then state how you will go about treating it.
4. Start each subsequent paragraph with a topic sentence that states the main idea of the paragraph.
5. In the final, concluding paragraph, clearly express your final thoughts or the logical outcome of what you have demonstrated in preceding paragraphs. Your conclusion may be a proposed solution to the problem or a succinct analysis of the topic.
6. Don't forget to edit your work!!

ATTIVITÀ

12.50 Nuovo argomento. Quali dei seguenti argomenti potrebbe essere sviluppato in un bel tema? Identificare quali vanno bene per un breve tema. Individuare come definire meglio un argomento troppo complesso inventando un sottotitolo (*subtitle*).

Italiani—un popolo di geni
Il contributo degli Italiani alla musica, al cinema mondiale
I problemi politici oggi
L'Italia, un bel paese
La politica italiana e la Nuova Europa
Cosa pensano i giovani della politica
L'Italia e il tuo paese

12.51 Stesura (*Outline*). Scegliere uno degli argomenti sopraindicati e sviluppare una stesura di cinque punti che corrisponderanno ai cinque paragrafi.

Esempio: **Italiani—un popolo di geni: L'architettura**
(1) Introduzione: panorama dell'architettura italiana
(2) I "grandi maestri" del Rinascimento: Brunelleschi, Bramante
(3) Lo sviluppo della città durante il periodo moderno
(4) Il periodo moderno: Renzo Piano, Gae Aulenti
(5) Conclusione: le mie opinioni

12.52 Tema. Scrivere un tema di cinque paragrafi in base alla stesura. Ricordare di utilizzare gli elementi sopraindicati.

Come disse... Ministero degli Affari Esteri

da "Il ruolo dell'Italia nella costruzione dell'Europa unita"

Il nostro Paese è stato senza dubbio uno dei protagonisti nel non sempre facile cammino percorso insieme agli altri Paesi fondatori della Comunità per costruire un'Europa senza frontiere e barriere doganali. In molti casi, l'Italia ha ospitato eventi chiave per la storia comunitaria quando, ad esempio, a Roma nel 1957, furono firmati i Trattati Cee ed Euratom. Ma questo ruolo fu svolto dall'Italia ancor prima, quando, già nell'autunno del 1941, Altiero Spinelli ed Ernesto Rossi — allora confinati nell'isola di Ventotene — fissarono i principi in un Manifesto per il federalismo europeo.

Altiero Spinelli ed Ernesto Rossi

da "Per un'Europa libera e unita" Ventotene, agosto 1941

I - LA CRISI DELLA CIVILTÀ MODERNA

La civiltà moderna ha posto come proprio fondamento il principio della libertà, secondo il quale l'uomo non deve essere un mero strumento altrui, ma un autonomo centro di vita. Con questo codice alla mano si è venuto imbastendo un grandioso processo storico a tutti gli aspetti della vita sociale che non lo rispettino:

1. Si è affermato l'eguale diritto a tutte le nazioni di organizzarsi in stati indipendenti. Ogni popolo, individuato nelle sue caratteristiche etniche, geografiche, linguistiche e storiche, doveva trovare nell'organismo statale, creato per proprio conto secondo la sua particolare concezione della vita politica, lo strumento per soddisfare nel modo migliore ai suoi bisogni, indipendentemente da ogni intervento estraneo. (...)

Musica, maestro!

Usando Internet, cercare "Io non mi sento italiano" di Giorgio Gaber e ascoltare la canzone più di una volta. A chi si rivolge il cantante? Perché non si sente italiano? Quali sono i paradossi che fanno parte della storia e dell'identità italiana? Qual è la conclusione del cantautore?

Il parlamento europeo, Bruxelles

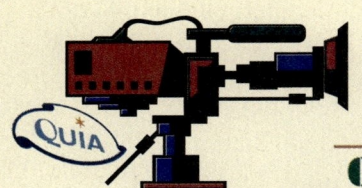

Ciak! Italia

12.53 Com'eravamo (*The way we were*). Prima di vedere il videoclip, scrivere un elenco delle cinque scene che ti sono piaciute di più. In quale episodio erano? Qual era la città o regione? Perché ti sono piaciute queste scene? Scrivere almeno una frase per giustificare ogni scelta.

Anna e Francesco raccontano la loro avventura al papà di Anna.

12.54 Chi l'ha detto? Mentre guardi il video, indica chi ha detto le seguenti frasi: Anna **(A)**, Francesco **(F)** o il padre di Anna **(P)**.

1. _____ Qualche volta è facile generalizzare o giudicare dalle apparenze…
2. _____ Adesso ci sentiamo molto diversi.
3. _____ La nostra piccola indagine ci ha insegnato molto.
4. _____ Da questo viaggio ho imparato tantissime cose.
5. _____ Spero di rivederti presto…
6. _____ Forse sarà un po' colpa delle lasagne di Gaetano!

12.55 I vecchi valori… Durante il videoclip, Anna, Francesco e il padre di Anna menzionano dei valori in cui credono. Indicare con una **X** quali sono i valori menzionati dai personaggi. Poi, con una frase, spiega cosa dicono i personaggi del video per sottolineare questo valore.

_____ Avere tanti soldi è importante _____

_____ La famiglia è importante _____

_____ Mangiare è importante _____

_____ Non giudicare le persone dalle apparenze _____

_____ Un buon lavoro è importante _____

_____ Il successo a scuola non è tutto _____

_____ Avere rispetto delle altre culture è importante _____

_____ Essere gentili e cortesi è importante _____

Come disse... Lorenzo de' Medici
(1449–1492)

da *Canti carnascialeschi*

Quant'è bella giovinezza
Che si fugge tuttavia!
Chi vuol esser lieto, sia!
Di doman non c'è certezza.

Vocabolario

La politica

il Capo dello Stato	president, head of state
il/la cittadino/a	citizen
il comune	town, township
la costituzione	constitution
il costume	custom, habit
la droga	drugs
l'elezione (f.)	election
il giudice, il magistrato	judge
l'inquinamento	pollution
la magistratura	judiciary
la manifestazione, la protesta	demonstration, protest
il/la parlamentare, il/la deputato/a	parliamentarian, representative
il parlamento	parliament
il partito (politico)	(political) party
la politica	politics
il popolo	people, citizenry
il potere	power
il potere esecutivo	executive branch (of government)
il potere giudiziario	judicial branch (of government)
il potere legislativo	legislative branch (of government)
il presidente	president
il primo ministro	prime minister
il senatore/la senatrice	senator
attuale	current
affrontare	to deal with
eleggere	to elect
garantire	to guarantee
governare	to govern
impegnarsi	to commit oneself to
votare	to vote, to vote for

L'Italiano medio

l'indagine (f.)	survey
l'individuo	individual
l'interesse (m.)	interest
l'orgoglio	pride
il paragone	comparison
lo stereotipo	stereotype
il valore	value
la vergogna	shame
grave	serious
medio	average
simile	similar, like
uguale	equal
accontentarsi di	to settle for, to be content with
generalizzare	to generalize
giudicare	to judge
godere	to enjoy
paragonare	to compare
vantarsi di	to boast of

L'Italo-americano

l'antenato	ancestor
il fastidio	bother, nuisance
la generazione	generation
l'immigrato	immigrant
l'integrazione	integration, assimilation
il mito	myth
il patrimonio	heritage
il pregiudizio	prejudice
la radice	root
offensivo	offensive
contribuire	to contribute
dare fastidio (a qualcuno)	to annoy, to bother (somebody)
emigrare	to emigrate
immigrare	to immigrate
integrarsi	to integrate/to assimilate
offendere	to offend
rinunciare	to give up, to forgo

L'Italia in Europa

l'ambasciatore	ambassador
l'ambasciata	embassy

la Commissione europea	European Commission
il consolato	consulate
la diplomazia	diplomacy
la meta	goal
l'Unione europea, l'UE	European Union, EU
all'estero	abroad
diplomatico	diplomatic
in futuro	in the future
prevedere	to predict
raggiungere	to reach
realizzare	to bring about, to effect
sognare	to dream

Altre parole ed espressioni

a mio parere	in my opinion
altro che...	anything but! (ironic)
c'è da dire che...	it must be said that...
che fine ha fatto...?	whatever happened to...?
come si suol dire	as they say, as the saying goes
dare fastidio a qualcuno	to bother someone
essere alle stelle	to be sky-high
essere d'origine...	to be of...origin
mettercela tutta	to give it one's all
nemmeno per sogno	(I) wouldn't dream of it!, not at all!
prendersela (con qualcuno)	to get angry (at someone)
per quanto riguarda	as for
sapere a mala pena	to hardly know
sarà...	maybe so...
scendere in piazza	to protest
stare a cuore, mi sta a cuore...	to be concerned about, I am concerned about...
stupirsi di qualcosa	to be amazed by something
su due piedi	off the top of (one's) head
venire a trovare	to come visit

APPENDICES

A. *Essere* e *avere*

Presente	Imperfetto	Futuro	Passato remoto	Congiuntivo presente	Congiuntivo imperfetto	Condizionale presente	Imperativo
ESSERE							
sono	ero	sarò	fui	sia	fossi	sarei	—
sei	eri	sarai	fosti	sia	fossi	saresti	sii
è	era	sarà	fu	sia	fosse	sarebbe	sia
siamo	eravamo	saremo	fummo	siamo	fossimo	saremmo	siamo
siete	eravate	sarete	foste	siate	foste	sareste	siate
sono	erano	saranno	furono	siano	fossero	sarebbero	siano
Participio passato: stato							
AVERE							
ho	avevo	avrò	ebbi	abbia	avessi	avrei	—
hai	avevi	avrai	avesti	abbia	avessi	avresti	abbi
ha	aveva	avrà	ebbe	abbia	avesse	avrebbe	abbia
abbiamo	avevamo	avremo	avemmo	abbiamo	avessimo	avremmo	abbiamo
avete	avevate	avrete	aveste	abbiate	aveste	avreste	abbiate
hanno	avevano	avranno	ebbero	abbiano	avessero	avrebbero	abbiano
Participio passato: avuto							

B. Verbi regolari

Coniugazione -are — parlare

INDICATIVO *presente:*	parlo, parli, parla, parliamo, parlate, parlano
Imperfetto:	parlavo, parlavi, parlava, parlavamo, parlavate, parlavano
Futuro:	parlerò, parlerai, parlerà, parleremo, parlerete, parleranno
Passato remoto:	parlai, parlasti, parlò, parlammo, parlaste, parlarono
Passato prossimo:	ho parlato, hai parlato, ha parlato, abbiamo parlato, avete parlato, hanno parlato
Trapassato prossimo:	avevo parlato, avevi parlato, aveva parlato, avevamo parlato, avevate parlato, avevano parlato
CONGIUNTIVO *presente:*	parli, parli, parli, parliamo, parliate, parlino
Imperfetto:	parlassi, parlassi, parlasse, parlassimo, parlaste, parlassero
Passato:	abbia parlato, abbia parlato, abbia parlato, abbiamo parlato, abbiate parlato, abbiano parlato
Trapassato:	avessi parlato, avessi parlato, avesse parlato, avessimo parlato, aveste parlato, avessero parlato
CONDIZIONALE *presente:*	parlerei, parleresti, parlerebbe, parleremmo, parlereste, parlerebbero
Passato:	avrei parlato, avresti parlato, avrebbe parlato, avremmo parlato, avreste parlato, avrebbero parlato
IMPERATIVO:	—, parla, parli, parliamo, parlate, parlino
Participio passato:	parlato
Gerundio:	parlando

Coniugazione -ere — scrivere

INDICATIVO *presente:*	scrivo, scrivi, scrive, scriviamo, scrivete, scrivono
Imperfetto:	scrivevo, scrivevi, scriveva, scrivevamo, scrivevate, scrivevano
Futuro:	scriverò, scriverai, scriverà, scriveremo, scriverete, scriveranno
Passato remoto:	scrissi, scrivesti, scrisse, scrivemmo, scriveste, scrissero
Passato prossimo:	ho scritto, hai scritto, ha scritto, abbiamo scritto, avete scritto, hanno scritto
Trapassato prossimo:	avevo scritto, avevi scritto, aveva scritto, avevamo scritto, avevate scritto, avevano scritto
CONGIUNTIVO *presente:*	scriva, scriva, scriva, scriviamo, scriviate, scrivano
Imperfetto:	scrivessi, scrivessi, scrivesse, scrivessimo, scriveste, scrivessero
Passato:	abbia scritto, abbia scritto, abbia scritto, abbiamo scritto, abbiate scritto, abbiano scritto
Trapassato:	avessi scritto, avessi scritto, avesse scritto, avessimo scritto, aveste scritto, avessero scritto

CONDIZIONALE presente:	scriverei, scriveresti, scriverebbe, scriveremmo, scrivereste, scriverebbero
Passato:	avrei scritto, avresti scritto, avrebbe scritto, avremmo scritto, avreste scritto, avrebbero scritto
IMPERATIVO:	—, scrivi, scriva, scriviamo, scrivete, scrivano
Participio passato:	scritto
Gerundio:	scrivendo

Coniugazione *-ire*   partire

INDICATIVO presente:	parto, parti, parte, partiamo, partite, partono
Imperfetto:	partivo, partivi, partiva, partivamo, partivate, partivano
Futuro:	partirò, partirai, partirà, partiremo, partirete, partiranno
Passato remoto:	partii, partisti, partì, partimmo, partiste, partirono
Passato prossimo:	sono partito/a, sei partito/a, è partito/a, siamo partiti/e, siete partiti/e, sono partiti/e
Trapassato prossimo:	ero partito/a, eri partito/a, era partito/a, eravamo partiti/e, eravate partiti/e, erano partiti/e
CONGIUNTIVO presente:	parta, parta, parta, partiamo, partiate, partano
Imperfetto:	partissi, partissi, partisse, partissimo, partiste, partissero
Passato:	sia partito/a, sia partito/a, sia partito/a, siamo partiti/e, siate partiti/e, siano partiti/e
Trapassato:	fossi partito/a, fossi partito/a, fosse partito/a, fossimo partiti/e, foste partiti/e, fossero partiti/e
CONDIZIONALE presente:	partirei, partiresti, partirebbe, partiremmo, partireste, partirebbero
Passato:	sarei partito/a, saresti partito/a, sarebbe partito/a, saremmo partiti/e, sareste partiti/e, sarebbero partiti/e
IMPERATIVO:	—, parti, parta, partiamo, partite, partano
Participio passato:	partito
Gerundio:	partendo

Coniugazione *-ire (-isc)* capire

INDICATIVO presente:	capisco, capisci, capisce, capiamo, capite, capiscono
Imperfetto:	capivo, capivi, capiva, capivamo, capivate, capivano
Futuro:	capirò, capirai, capirà, capiremo, capirete, capiranno
Passato remoto:	capii, capisti, capì, capimmo, capiste, capirono
Passato prossimo:	ho capito, hai capito, ha capito, abbiamo capito, avete capito, hanno capito
Trapassato prossimo:	avevo capito, avevi capito, aveva capito, avevamo capito, avevate capito, avevano capito

CONGIUNTIVO presente:	capisca, capisca, capisca, capiamo, capiate, capiscano
Imperfetto:	capissi, capissi, capisse, capissimo, capiste, capissero
Passato:	abbia capito, abbia capito, abbia capito, abbiamo capito, abbiate capito, abbiano capito
Trapassato:	avessi capito, avessi capito, avesse capito, avessimo capito, aveste capito, avessero capito
CONDIZIONALE presente:	capirei, capiresti, capirebbe, capiremmo, capireste, capirebbero
Passato:	avrei capito, avresti capito, avrebbe capito, avremmo capito, avreste capito, avrebbero capito
IMPERATIVO:	—, capisci, capisca, capiamo, capite, capiscano
Participio passato:	capito
Gerundio:	capendo

C. Verbi coniugati con *essere*

andare to go
arrivare to arrive
cadere to fall
costare to cost
diminuire to diminish, to decrease
diventare to become
durare to last
entrare to enter
essere (stato) to be
ingrassare to put on weight
morire (morto) to die
nascere (nato) to be born
partire to leave, to depart

piacere (piaciuto) to like, to please
restare to remain, to stay
rimanere (rimasto) to remain
ritornare to return
riuscire to succeed
salire★ to go up, to get in, to climb up
scendere★ (sceso) to go down, to get off
sembrare to seem
stare to stay, to be
succedere (successo) to happen
tornare to return
uscire to go out, to leave
venire (venuto) to come

★Coniugato con **avere** quando è usato con un oggetto diretto:
   Esempio: Ho salito le scale a piedi.

Nota: Tutti i verbi **riflessivi** sono coniugati con **essere**:
   Esempio: **nascondersi** to hide oneself
   Passato prossimo: mi sono nascosto/a, ti sei nascosto/a, si è nascosto/a, ...

D. Verbi con participio passato irregolare

accendere (acceso) to turn on, to light
aggiungere (aggiunto) to add
apparire (apparso) to appear
aprire (aperto) to open
assumere (assunto) to hire
bere (bevuto) to drink
chiedere (chiesto) to ask
chiudere (chiuso) to close
concludere (concluso) to conclude
conoscere (conosciuto) to know
convincere (convinto) to convince
coprire (coperto) to cover
correre (corso) to run
correggere (corretto) to correct
cuocere (cotto) to cook
decidere (deciso) to decide
dipingere (dipinto) to paint
dire (detto) to say
discutere (discusso) to discuss
eleggere (eletto) to elect
esprimere (espresso) to express
essere (stato) to be
fare (fatto) to do, to make
interrompere (interrotto) to interrupt
leggere (letto) to read
mettere (messo) to put
morire (morto) to die
muovere (mosso) to move
nascere (nato) to be born
offrire (offerto) to offer
parere (parso) to seem
perdere (perso / perduto) to lose

permettere (permesso) to permit
piangere (pianto) to cry, to weep
prendere (preso) to take
promettere (promesso) to promise
proporre (proposto) to propose
proteggere (protetto) to protect
raggiungere (raggiunto) to reach
rendere (reso) to render
richiedere (richiesto) to require, to seek
ridere (riso) to laugh
ridurre (ridotto) to reduce
rimanere (rimasto) to remain
risolvere (risolto) to resolve
rispondere (risposto) to answer
rompere (rotto) to break
scegliere (scelto) to select, to choose
scendere (sceso) to go down, to get off
scommettere (scommesso) to bet
scoprire (scoperto) to discover
scrivere (scritto) to write
soffrire (sofferto) to suffer
sorridere (sorriso) to smile
spegnere (spento) to turn off, to extinguish
spendere (speso) to spend
succedere (successo) to happen
togliere (tolto) to remove
trasmettere (trasmesso) to transmit
vedere (visto / veduto) to see
venire (venuto) to come
vincere (vinto) to win
vivere (vissuto) to live

E. Verbi irregolari

I verbi elencati sono irregolari solo nei modi e nei tempi indicati.

accendere   to turn on
- *Passato remoto*   accesi, accendesti, accese, accendemmo, accendeste, accesero

andare   to go
- *Indicativo presente*   vado, vai, va, andiamo, andate, vanno
- *Futuro*   andrò, andrai, andrà, andremo, andrete, andranno
- *Congiuntivo presente*   vada, vada, vada, andiamo, andiate, vadano
- *Condizionale presente*   andrei, andresti, andrebbe, andremmo, andreste, andrebbero
- *Imperativo*   —, va', vada, andiamo, andate, vadano

assumere   to hire
- *Passato remoto*   assunsi, assumesti, assunse, assumemmo, assumeste, assunsero

bere   to drink
- *Indicativo presente*   bevo, bevi, beve, beviamo, bevete, bevono
- *Imperfetto*   bevevo, bevevi, beveva, bevevamo, bevevate, bevevano
- *Futuro*   berrò, berrai, berrà, berremo, berrete, berranno
- *Passato remoto*   bevvi, bevesti, bevve, bevemmo, beveste, bevvero
- *Gerundio*   bevendo

chiedere   to ask for
- *Passato remoto*   chiesi, chiedesti, chiese, chiedemmo, chiedeste, chiesero

chiudere   to close
- *Passato remoto*   chiusi, chiudesti, chiuse, chiudemmo, chiudeste, chiusero

comprendere   to understand (see **prendere**)

concludere   to conclude
- *Passato remoto*   conclusi, concludesti, concluse, concludemmo, concludeste, conclusero

conoscere   to know
- *Passato remoto*   conobbi, conoscesti, conobbe, conoscemmo, conosceste, conobbero

convincere   to convince (see **vincere**)

dare   to give
- *Indicativo presente*   do, dai, dà, diamo, date, danno
- *Passato remoto*   diedi (detti), desti, diede (dette), demmo, deste, diedero (dettero)
- *Congiuntivo presente*   dia, dia, dia, diamo, diate, diano
- *Congiuntivo imperfetto*   dessi, dessi, desse, dessimo, deste, dessero
- *Imperativo*   —, da', dia, diamo, date, diano

decidere   to decide
- *Passato remoto*   decisi, decidesti, decise, decidemmo, decideste, decisero

dire to say, to tell

Indicativo presente	dico, dici, dice, diciamo, dite, dicono
Imperfetto	dicevo, dicevi, diceva, dicevamo, dicevate, dicevano
Passato remoto	dissi, dicesti, disse, dicemmo, diceste, dissero
Congiuntivo presente	dica, dica, dica, diciamo, diciate, dicano
Congiuntivo imperfetto	dicessi, dicessi, dicesse, dicessimo, diceste, dicessero
Imperativo	—, di', dica, diciamo, dite, dicano
Gerundio	dicendo

discutere to discuss

Passato remoto	discussi, discutesti, discusse, discutemmo, discuteste, discussero

dovere to have to, must

Indicativo presente	devo, devi, deve, dobbiamo, dovete, devono
Futuro	dovrò, dovrai, dovrà, dovremo, dovrete, dovranno
Congiuntivo presente	debba, debba, debba, dobbiamo, dobbiate, debbano
Condizionale	dovrei, dovresti, dovrebbe, dovremmo, dovreste, dovrebbero

eleggere to elect

Passato remoto	elessi, eleggesti, elesse, eleggemmo, eleggeste, elessero

esprimere to express

Passato remoto	espressi, esprimesti, espresse, esprimemmo, esprimeste, espressero

fare to do, to make

Indicativo presente	faccio, fai, fa, facciamo, fate, fanno
Imperfetto	facevo, facevi, faceva, facevamo, facevate, facevano
Passato remoto	feci, facesti, fece, facemmo, faceste, fecero
Congiuntivo presente	faccia, faccia, faccia, facciamo, facciate, facciano
Congiuntivo imperfetto	facessi, facessi, facesse, facessimo, faceste, facessero
Imperativo	—, fa', faccia, facciamo, fate, facciano
Gerundio	facendo

interrompere to interrupt (see **rompere**)

leggere to read

Passato remoto	lessi, leggesti, lesse, leggemmo, leggeste, lessero

mettere to put, to place

Passato remoto	misi, mettesti, mise, mettemmo, metteste, misero

morire to die

Indicativo presente	muoio, muori, muore, moriamo, morite, muoiono
Congiuntivo presente	muoia, muoia, muoia, moriamo, moriate, muoiano

muovere to move

Passato remoto	mossi, movesti, mosse, movemmo, moveste, mossero

nascere to be born

Passato remoto	nacqui, nascesti, nacque, nascemmo, nasceste, nacquero

nascondere to hide
- *Passato remoto*: nascosi, nascondesti, nascose, nascondemmo, nascondeste, nascosero

ottenere to obtain (see **tenere**)

permettere to permit (see **mettere**)

piacere to like, to please
- *Indicativo presente*: piaccio, piaci, piace, piacciamo, piacete, piacciono
- *Passato remoto*: piacqui, piacesti, piacque, piacemmo, piaceste, piacquero
- *Congiuntivo presente*: piaccia, piaccia, piaccia, piacciamo, piacciate, piacciano

potere to be able
- *Indicativo presente*: posso, puoi, può, possiamo, potete, possono
- *Futuro*: potrò, potrai, potrà, potremo, potrete, potranno
- *Congiuntivo presente*: possa, possa, possa, possiamo, possiate, possano
- *Condizionale*: potrei, potresti, potrebbe, potremmo, potreste, potrebbero

prendere to take
- *Passato remoto*: presi, prendesti, prese, prendemmo, prendeste, presero

promettere to promise (see **mettere**)

promuovere to promote (see **muovere**)

richiedere to require, to seek (see **chiedere**)

ridere to laugh
- *Passato remoto*: risi, ridesti, rise, ridemmo, rideste, risero

ridurre to reduce
- *Indicativo presente*: riduco, riduci, riduce, riduciamo, riducete, riducono
- *Futuro*: ridurrò, ridurrai, ridurrà, ridurremo, ridurrete, ridurranno
- *Passato remoto*: ridussi, riducesti, ridusse, riducemmo, riduceste, ridussero
- *Congiuntivo presente*: riduca, riduca, riduca, riduciamo, riduciate, riducano
- *Condizionale*: ridurrei, ridurresti, ridurrebbe, ridurremmo, ridurreste, ridurrebbero
- *Gerundio*: riducendo

rimanere to remain
- *Indicativo presente*: rimango, rimani, rimane, rimaniamo, rimanete, rimangono
- *Futuro*: rimarrò, rimarrai, rimarrà, rimarremo, rimarrete, rimarranno
- *Passato remoto*: rimasi, rimanesti, rimase, rimanemmo, rimaneste, rimasero
- *Congiuntivo presente*: rimanga, rimanga, rimanga, rimaniamo, rimaniate, rimangano
- *Condizionale*: rimarrei, rimarresti, rimarrebbe, rimarremmo, rimarreste, rimarrebbero
- *Imperativo*: —, rimani, rimanga, rimaniamo, rimanete, rimangano

riprendere to start again (see **prendere**)

rispondere to answer
Passato remoto	risposi, rispondesti, rispose, rispondemmo, rispondeste, risposero

rompere to break
Passato remoto	ruppi, rompesti, ruppe, rompemmo, rompeste, ruppero

salire to go up
Indicativo presente	salgo, sali, sale, saliamo, salite, salgono
Congiuntivo presente	salga, salga, salga, saliamo, saliate, salgano

sapere to know
Indicativo presente	so, sai, sa, sappiamo, sapete, sanno
Futuro	saprò, saprai, saprà, sapremo, saprete, sapranno
Passato remoto	seppi, sapesti, seppe, sapemmo, sapeste, seppero
Congiuntivo presente	sappia, sappia, sappia, sappiamo, sappiate, sappiano
Condizionale	saprei, sapresti, saprebbe, sapremmo, sapreste, saprebbero
Imperativo	—, sappi, sappia, sappiamo, sappiate, sappiano

scegliere to choose
Indicativo presente	scelgo, scegli, sceglie, scegliamo, scegliete, scelgono
Passato remoto	scelsi, scegliesti, scelse, scegliemmo, sceglieste, scelsero
Congiuntivo presente	scelga, scelga, scelga, scegliamo, scegliate, scelgano
Imperativo	—, scegli, scelga, scegliamo, scegliete, scelgano

scendere to go down, to get off
Passato remoto	scesi, scendesti, scese, scendemmo, scendeste, scesero

scrivere to write
Passato remoto	scrissi, scrivesti, scrisse, scrivemmo, scriveste, scrissero

sedere to sit
Indicativo presente	siedo, siedi, siede, sediamo, sedete, siedono
Congiuntivo presente	sieda, sieda, sieda, sediamo, sediate, siedano
Imperativo	—, siedi, sieda, sediamo, sedete, siedano

sorridere to smile (see **ridere**)

spegnere to turn off
Passato remoto	spensi, spegnesti, spense, spegnemmo, spegneste, spensero

stare to be
Passato remoto	stetti, stesti, stette, stemmo, steste, stettero
Congiuntivo presente	stia, stia, stia, stiamo, stiate, stiano
Congiuntivo imperfetto	stessi, stessi, stesse, stessimo, steste, stessero
Imperativo	—, sta', stia, stiamo, state, stiano
Gerundio	stando

tenere to keep
- *Indicativo presente* — tengo, tieni, tiene, teniamo, tenete, tengono
- *Futuro* — terrò, terrai, terrà, terremo, terrete, terranno
- *Passato remoto* — tenni, tenesti, tenne, tenemmo, teneste, tennero
- *Congiuntivo presente* — tenga, tenga, tenga, teniamo, teniate, tengano
- *Condizionale* — terrei, terresti, terrebbe, terremmo, terreste, terrebbero
- *Imperativo* — —, tieni, tenga, teniamo, tenete, tengano

togliere to take, to remove
- *Indicativo presente* — tolgo, togli, toglie, togliamo, togliete, tolgono
- *Passato remoto* — tolsi, togliesti, tolse, togliemmo, toglieste, tolsero
- *Congiuntivo presente* — tolga, tolga, tolga, togliamo, togliate, tolgano
- *Imperativo* — —, togli, tolga, togliamo, togliete, tolgano

trasmettere to transmit (see **mettere**)

uscire to go out
- *Indicativo presente* — esco, esci, esce, usciamo, uscite, escono
- *Congiuntivo presente* — esca, esca, esca, usciamo, usciate, escano
- *Imperativo* — —, esci, esca, usciamo, uscite, escano

vedere to see
- *Futuro* — vedrò, vedrai, vedrà, vedremo, vedrete, vedranno
- *Passato remoto* — vidi, vedesti, vide, vedemmo, vedeste, videro
- *Condizionale* — vedrei, vedresti, vedrebbe, vedremmo, vedreste, vedrebbero

venire to come
- *Indicativo presente* — vengo, vieni, viene, veniamo, venite, vengono
- *Futuro* — verrò, verrai, verrà, verremo, verrete, verranno
- *Passato remoto* — venni, venisti, venne, venimmo, veniste, vennero
- *Congiuntivo presente* — venga, venga, venga, veniamo, veniate, vengano
- *Condizionale* — verrei, verresti, verrebbe, verremmo, verreste, verrebbero
- *Imperativo* — —, vieni, venga, veniamo, venite, vengano

vincere to win
- *Passato remoto* — vinsi, vincesti, vinse, vincemmo, vinceste, vinsero

vivere to live
- *Futuro* — vivrò, vivrai, vivrà, vivremo, vivrete, vivranno
- *Passato remoto* — vissi, vivesti, visse, vivemmo, viveste, vissero
- *Condizionale* — vivrei, vivresti, vivrebbe, vivremmo, vivreste, vivrebbero

volere to want

Indicativo presente	voglio, vuoi, vuole, vogliamo, volete, vogliono
Futuro	vorrò, vorrai, vorrà, vorremo, vorrete, vorranno
Passato remoto	volli, volesti, volle, volemmo, voleste, vollero
Congiuntivo presente	voglia, voglia, voglia, vogliamo, vogliate, vogliano
Condizionale	vorrei, vorresti, vorrebbe, vorremmo, vorreste, vorrebbero

VOCABOLARIO ITALIANO-INGLESE

The Italian-English vocabulary contains the words and expressions presented for active use as well as other basic words used in the text. A number following a vocabulary entry refers to the unit or units where the word is introduced for active use; the letter P refers to the **Unità preliminare.** Definitions are limited to those used in the book. Idiomatic expressions are listed under their dominant word. The gender of nouns is indicated by the abbreviation *m.* or *f.* Irregular plurals and nouns used only in the plural form are also indicated. Adjectives are listed by their masculine form. Irregular stress is indicated by a dot under the stressed vowel.

The following abbreviations are used in the vocabulary.

agg.	adjective		*m.*	masculine
avv.	adverb		*n.*	noun
f.	feminine		*pl.*	plural
inf.	infinitive		*p.p.*	past participle
inv.	invariable		*pr.*	pronounce
irr.	irregular			

a, ad at, in, to 1
a bordo on board 9
a condizione che provided that 8
a cura di edited by 11
a meno che not unless 8
a patto che provided that 8
a proposito that reminds me, speaking of which 8
abbassare to lower; **abbassare il volume** to turn down the volume 10
abbastanza quite P
abbigliamento (*m.*) clothing 7
abbinare to put/go together 7
abbonamento (*m.*) subscription 11; **abbonamento mensile, annuale** monthly, annual pass 8

abbonarsi to subscribe 11
abbracciarsi to hug each other 7
abbronzato suntanned 6
abitare to live 1
abito (*m.*) suit 7; **abiti firmati** (*m. pl.*) designer clothes 7
accendere (*p.p.* **acceso**) to turn on; **accendere la TV** to turn on the TV 11
accessori (*m. pl.*) accessories 7
accettazione (*f.*) check-in (desk) 9
accidempoli! my gosh! 11
accidenti! darn it! 2
accipicchia! darn it! 4, good heavens! 11
accomodarsi: si accomodi! make yourself comfortable! 8

accompagnare qualcuno to accompany someone 8
accontentarsi (di) to settle (for), to be content (with) 12
accordo (*m.*) agreement; **d'accordo** agreed 1; **essere d'accordo** to agree
aceto (*m.*) vinegar 5
acqua (*f.*) water; **acqua minerale** mineral water 1, 5
addio farewell P, 8
addirittura actually, really, nothing short of 8
addormentarsi to fall asleep 7
aereo, aeroplano (*m.*) airplane 8
aeroporto (*m.*) airport 3, 9

affare (*m.*) deal, bargain 4; **fare un affare** to get a good deal 3; **affare fatto** done deal, consider it done 11
affascinante fascinating 9
affatto: non... affatto not at all 9
affinché so that 8
affittare to rent 3
affollato crowded 9
affrontare to deal with 12
afoso muggy 3
agenzia (*f.*) agency; **agenzia di viaggio** travel agency 1
aggiornato up-to-date; **tenersi aggiornato (su)** to keep up to date (on) 11
aglio (*m.*) garlic 5
agosto August 1
agriturismo (*m.*) farm holiday 9
aiutare to help 1; **aiuto!** help! 2
aiutarsi to help each other 7
albero (*m.*) tree 6
albergo (*m.*) hotel 3
alcuni/e some 4
alfabeto (*m.*) alphabet P
allacciare to fasten 9
allegato, in allegato in attachment, attached 8
allegro happy 2
allenamento (*m.*) practice, training 6
allenare to train others 6
allenatore (*m.*) coach, trainer 6
allieva (*f.*) elementary-level student 2
allievo (*m.*) elementary-level student 2
allontanarsi to move away, to depart
allora then 1
alto tall 2; **alto volume** high volume 10
altoparlante (*m.*) loudspeaker 10
altrettanto likewise, same to you 5
altro other; **altro che!** anything but! (*ironic*) 12
alunna (*f.*) student (elementary level) 2
alunno (*m.*) student (elementary level) 2
alzare to raise; **alzare il volume** to turn up the volume 10
alzarsi to get up 7
amare to love 3
amaro (*m.*) after-dinner drink 5
ambasciata (*f.*) embassy 12
ambasciatore (*m.*) ambassador 12
ambiente (*m.*) environment 8

ambizioso ambitious 2
ambulanza (*f.*) ambulance 8
americano American 1
amica (*f.*) friend 2
amico (*m.*) friend; **due miei amici** two friends of mine 2
ammalarsi to get sick 7
ammettere (*p.p.* **ammesso**) to admit 4
amore (*m.*) love 9; darling, dear (*term of endearment*) 3
analizzare to analyze 11
ananas (*m.*) pineapple 4
anche also, too, even; **anch'io** me too 1
ancora still 4, yet 5
andare (*irr.*) to go 2; **andare a monte** to come to nothing 9; **andare avanti** to go on 6; **andare bene/male** to do well/poorly 2; **andare di male in peggio** to go from bad to worse 11; **andare dritto** to go straight ahead 6; **andare in barca a vela** to sail 6; **andare in bicicletta** to bicycle 8; **andare in onda** to be on the air 11; **andare in vacanza** to go on vacation 6; **andare matto per...** to be crazy about... 11; **andare per il meglio** to go well 10; **ti va di?** are you up for? 5; **su, andiamo** come on, let's get going! 6
angolo (*m.*) corner 2
anima (*f.*) soul; **non c'è anima viva** there's not a living soul around 10
anno (*m.*) year 1; **anno scolastico** school year 2; **l'anno scorso** last year 4
annoiarsi to get bored 7
annoiato bored 2
annunciatore (*m.*) announcer, newscaster 11
annunciatrice (*f.*) announcer, newscaster 11
antenato (*m.*) ancestor 12
anticipo (*m.*) advance; **in anticipo** early 7
antico ancient 2
antipasto (*m.*) appetizer 5
antipatico mean, unlikeable 2
antiquariato (*m.*) antiques 3
antiquario (*m.*) antique dealer 3
anzi on the contrary, actually 4
aperitivo (*m.*) aperitif 5

aperto open 1
apparecchiare to set the table 5
appartamento (*m.*) apartment 3
appassionato (*m.*) fan, admirer; **essere appassionato/a di...** to love (something) 10
appetito (*m.*) appetite 5; **buon appetito!** enjoy your meal! 5
applaudire to applaud 10
aprile April 1
aprire (*p.p.* **aperto**) to open 2
aquila (*f.*) eagle 10
aquilone (*m.*) kite 10
arancia (*f.*) orange (*fruit*) 2, 4
arancione (*inv.*) orange (*color*) 2
arbitro (*m.*) referee 6
architetto (*m. or f.*) architect P, 8
architettura (*f.*) architecture 2
argomento (*m.*) topic 2
aria (*f.*) air
armadio (*m.*) closet 2
arrabbiarsi to get angry 7
arrabbiato angry 11
arrivare to come 1
arrivederci/arrivederLa good-bye P
arrivo (*m.*) arrival 9; **essere in arrivo** to be arriving 9
arte (*f.*) art; **galleria d'arte** art gallery 6
articolo (*m.*) article 11
artigiana (*f.*) artisan 8
artigiano (*m.*) artisan 8
artista (*m. or f.*) artist 8
ascensore (*m.*) elevator 11
ascoltare to listen to 1
asilo (*m.*) nursery school 2
aspettare to wait for 1
assaggiare to try, to taste 4
assegno (*m.*) check 4
assistente di volo (*m. or f.*) flight attendant 9
assumere to hire 8
astronave (*f.*) spaceship 11
atleta (*m. or f.*) athlete 6
atletico athletic 2
attento attentive 2
atterraggio (*m.*) landing 9
atterrare to land 9
attimo (*m.*) moment; **(aspettare) un attimo** (wait, just) a moment 11
attività (*f.*) activity, business 8
attore (*m.*) actor 10
attrice (*f.*) actress 10
attuale current 12
auguri (*m. pl.*) (best) wishes, congratulations 9; **me lo auguro!** I hope so! 9

aula (*f.*) classroom 1
australiano Australian 2
autista (*m. or f.*) driver 8, 10
auto (*f.*) automobile, car 1
autobus (*m.*) bus 8
automobile (*f.*) automobile, car 1, 8; **automobile a noleggio** rental car 9
autore (*m.*) author 11
autostrada (*f.*) superhighway 10
autrice (*f.*) author 11
autunno (*m.*) autumn, fall 1
avanti forward; **avanti!** come in! 3
avere (*p.p.* **avuto**) to have 1; **avere... anni** to be ... years old 1; **avere bisogno di** to need 1; **avere caldo** to feel hot, to be hot 1; **avere (molte cose) da fare** to have (a lot of) things to do 3; **avere fame** to be hungry 1; **avere freddo** to be cold 1; **avere fretta** to be in a hurry 1; **avere l'acqua alla gola** to be at the end of one's rope 9; **avere l'acquolina in bocca** to have one's mouth water 5; **avere la febbre** to be feverish 7; **avere il pallino di...** to have the bug for..., to have a mania for... 10; **avere paura (di)** to be afraid (of) 1; **avere ragione** to be right 1; **avere sete** to be thirsty 1; **avere sonno** to be sleepy 1; **avere torto** to be wrong 1; **avere una cotta per** to have a crush on 8; **avere una fame da lupi** to be ravenous 5; **avere voglia di** to want 1
avvocato (*m. or f.*) lawyer P, 8
azienda (*f.*) firm 3, 8
azzurro light blue 2

babbo (*m.*) daddy, father 3
baciarsi to kiss each other 7
bagaglio (*m.*) baggage, luggage; **bagaglio a mano** carry-on bag 9
baffi (*m. pl.*) moustache 6
bagnino (*m.*) lifeguard 6
bagno (*m.*) bathroom 3
bagnoschiuma (*m.*) bubble bath 4
ballare to dance 1
ballerina (*f.*) dancer 10
ballerino (*m.*) dancer 10
ballo (*m.*) dance 10; **pista da ballo** dance floor 10

bambina (*f.*) child, baby 3
bambino (*m.*) child, baby 3
banana (*f.*) banana 4
banca (*f.*) bank 3
banco (*m.*) desk 2, counter 5
bancomat (*m.*) ATM 4
banconota (*f.*) bill, paper money 4
bandiera (*f.*) flag 2
bar (*m.*) café, coffee shop 3, 5
barba (*f.*) beard; **che barba!** how boring! 6
barca (*f.*) boat 2; **barca a vela** sailboat
barista (*m. or f.*) bartender 5
barzelletta (*f.*) joke 7, 11
basso short 2; **basso volume** low volume 10
bastare to be enough 1, 8; **basta!** enough! enough already! 5
batteria (*f.*) drums 10
beato te! lucky you! 6
bello beautiful, handsome, nice 2; **che bello!** how nice! 2, 4
benché although 8
bene fine, well P; **benissimo** very well P; **benone** terrific P; **è bene** it's good 8; **molto bene** very well P; **non sto bene** I'm not well P; **va bene** OK, fine 1
benvenuto welcome 1, 3
benzina (*f.*) gasoline 10; **fare il pieno di benzina** to fill up (the gas tank) 10
bere (*irr., p.p.* **bevuto**) to drink 3
bianco white 2
biblioteca (*f.*) library 2
bicchiere (*m.*) glass 5
bicicletta (*f.*) **bici** bicycle 2, 8
bigiotteria (*f.*) costume jewelry 7
biglietteria (*f.*) ticket office 9
biglietto (*m.*) ticket 1; **fare il biglietto** to buy a ticket 9; **biglietto da visita** business card P; **biglietto di andata e ritorno** round-trip ticket 9; **biglietto di sola andata** one-way ticket 9; **timbrare il biglietto** to stamp/validate a ticket 9
bijoux (*m. pl.*) costume jewelry 7
bimba (*f.*) child
bimbo (*m.*) child
binario (*m.*) track (*train*) 9
binocolo (*m.*) binoculars 6
biologia (*f.*) biology 2
biologico organic 4
biondo blond 2

birra (*f.*) beer 5
bisogna it's necessary 8
bistecca (*f.*) steak 4
blu (*inv.*) blue 2, 7
bocca (*f.*) mouth 7; **avere l'acquolina in bocca** to make one's mouth water 5; **in bocca al lupo** good luck! 2
boh! I dunno! 7
bolletta (*f.*) bill 12
bollire to boil 5
bollito boiled 5
borsa (*f.*) handbag, purse 7, stock market 8
bosco (*m.*) woods, forest 6
bottega (*f.*) shop 2, 4
bottone (*m.*) button 10
braccio (*m., pl. f.* **le braccia**) arm 7
brano (*m.*) short passage 10
bravo good, well done 1; **come sei bravo/a!** you're so good (*at something*)! 2; **stai bravo!** be good 5
brindare to toast 5
brindisi (*m.*) toast; **fare un brindisi** to offer a toast 5
brioche (*f.*) type of breakfast pastry 5
brodo (*m.*) broth; **in brodo** in broth 5
bruciare to burn 5
brutto ugly, bad 2; **fa brutto** it's bad weather 3
buca: buca delle lettere (*f.*) mailbox 3
bucato (*m.*) laundry 12
buffo funny
bugia (*f.*) lie
buio dark 1; **al buio** in the dark 4
buono good 2; **buon appetito!** enjoy your meal! 5; **buon compleanno** happy birthday! 1; **buona fortuna** good luck! 2; **buonanotte** good night P; **buonasera** good evening P; **buongiorno** good morning P; **che buono!** how delicious! 4
buttare to throw 1; **buttare la pasta** to throw pasta into boiling water 5

caffè (*m.*) coffee; café, coffee shop 3, 5
calcio (*m.*) soccer 6; **giocare a calcio** to play soccer 6

Vocabolario italiano-inglese A-15

caldo (*m.*) heat 1; **fa un caldo bestiale** it's sweltering 3
calma (*f.*) calm; **con calma!** take it easy! 1
calza (*f.*) sock 7
cambiare to change, to exchange 1, 4; **cambiare facoltà** to change majors 2
camera (*f.*) room 2; **camera da letto** bedroom 3
cameriera (*f.*) waitress 5
cameriere (*m.*) waiter 5
camerino (*m.*) dressing room 7
camicetta (*f.*) blouse 7
camicia (*f.*) shirt 7; **camicia da notte** nightgown 7
camminare to walk 1
campagna (*f.*) country 3
campeggio (*m.*) campground 6, camping; **fare campeggio** to go camping 6
campo (*m.*) playing field 6, field (work, study) 8; **campo da calcio** soccer field 6; **campo da tennis** tennis court
canale (*m.*) channel 11
canottaggio (*m.*) rowing 6
cantante (*m. or f.*) singer 8
cantare to sing 1
cantautore (*m.*) singer-songwriter 10
cantautrice (*f.*) singer-songwriter 10
canticchiare to hum 10
canzone (*f.*) song 10
capelli (*m. pl.*) hair 4, 7
capire to understand 2; **capirai!** you must be kidding! 4; **non capire un tubo** not to understand at all 10; **si capisce!** naturally!, of course! 5
capitale (*f.*) capital 1
capitare to happen; **capitare tutte a qualcuno** for everything (unpleasant) to happen to someone 10
capitolo (*m.*) chapter 11
capo (*m. or f.*) boss 8; **capo dello stato** head of state 12
capolavoro (*m.*) masterpiece 11
cappello (*m.*) hat 7
cappotto (*m.*) coat 7
cappuccino (*m.*) espresso with steamed (frothy) milk 5
carne (*f.*) meat 4; **troppa carne sul fuoco** too many irons in the fire 8
caro expensive 4; dear

carota (*f.*) carrot 4
carriera (*f.*) career 8
carrozza (*f.*) railway car 9
carta (*f.*) paper, playing card; **carta d'identità** ID card P; **carta d'imbarco** boarding pass 9; **carta di credito** credit card 4; **giocare a carte** to play cards 6
cartello (*m.*) sign 1
cartina (*f.*) map 6
cartoleria (*f.*) stationery store 4
cartolina (*f.*) postcard 1
casa (*f.*) home, house; **a casa** at home 1; **casa dello studente** dormitory 2; **casa editrice** publishing house 11
casalinga (*f.*) housewife 8
casco (*m.*) helmet 8
caspita! wow! 6
cassa (*f.*) cash register 4
cassiera (*f.*) cashier 4
cassiere (*m.*) cashier 4
cattedrale (*f.*) cathedral 3
cattivo bad, naughty, sorry 2
cavarsela to manage, to get by 1; **me la cavo** I get by 1; **te la cavi bene** you get by just fine 1
cavolo: che cavolo! damn! (*literally, what a cabbage!*) 10
CD (*m., pr.: cidi*) compact disc 10; **lettore CD** (*m.*) CD player 10
celebrare to celebrate 9
cena (*f.*) dinner 5
cenare to eat dinner 5
cento one hundred 4
centesimo (*m.*) cent 4
centralinista (*m. or f.*) telephone operator P
centro (*m.*) center; **in centro** downtown 3; **centro commerciale** mall 4
cercare to look for 1
che what, which 3; **che barba!** how boring! 6; **che cavolo!** damn! (*literally, what a cabbage!*) 10; **che colpo!** what luck! 7; **che ne dici di (+ inf.)?** what do you say to (*doing something*)? 4; **che noia!** how boring! 6; **che ora è?/che ore sono?** what time is it? 2
chi he who, she who; **chi** who, whom 1, 3; **chi si vede!** look who's here! 4
chiacchiere, fare due chiacchiere to chat 3
chiamare to call; **chiamarsi** to be named, called P, 7; **come si**

chiama?/ti chiami? what's your name? P
chiaro light (color) 7
chiave (*f.*) key 1
chiavetta (*f.*) flash drive 2
chiedere (*p.p. chiesto*) to ask (for) 2, 6
chiesa (*f.*) church 1
chilo (*m.*) kilo, kilogram 4
chimica (*f.*) chemistry 2
chissà who knows 6
chitarra (*f.*) guitar 6; **suonare la chitarra** to play the guitar 6
chiudere (*p.p. chiuso*) to close 2
chiuso closed 1
ci there 4; **c'è** there is 1; **ci sono** there are 4
ciao hi; bye P
ciascuno: a ciascuno il suo to each his own 7
ciclismo (*m.*) bicycle racing 6
cielo (*m.*) sky 6
ciglio (*m., pl. f.* **le ciglia**) eyelash 7
ciliegia (*f.*) cherry 4
cinema (*m.*) movie theater, cinema 1, 3, 10
cinematografo (*m.*) cinema 1
cinese Chinese 2
cintura (*f.*) belt 7; **cintura di sicurezza** seatbelt 9
cioccolata calda (*f.*) hot chocolate 5
cipolla (*f.*) onion 4
circondare to surround 1
città (*f.*) city 1; **in città** in the city 3
cittadina (*f.*) citizen 12
cittadino (*m.*) citizen 12
clarinetto (*m.*) clarinet 10
classe (*f.*) class (of students), classroom 2; **la prima classe** first class 9; **la seconda classe** second class 9
cliente (*m. or f.*) client 4
clientela (*f.*) clientele 4
cognata (*f.*) sister-in-law 3
cognato (*m.*) brother-in-law 3
cognome (*m.*) last name P
coincidenza (*f.*) connection 9
colazione, prima colazione (*f.*) breakfast 2; **fare colazione** to have breakfast 3
collana (*f.*) collection, series 11
colle (*m.*) hill 1
collega (*m. or f.*) colleague 8
collegamento Internet (*m.*) Internet connection, hook-up 2

collegarsi to go online 11
collegato online 11
collezionare to collect, to gather 6
collezione (*f.*) collection 6
collina (*f.*) hill 1
collo (*m.*) neck 7
colonna (*f.*) column 2
colloquio (*m.*) (job) interview 8
colorato colored, colorful 7
colore (*m.*) color 2
colpo: che colpo! what luck! 7
coltello (*m.*) knife 5
come how, like, as 3; **come mai?** how come? why? 2; **come si suol dire** as they say, as the saying goes 12; **come va?** how's it going? P
cominciare to begin, to start P; **cominciare a** (+ *inf.*) to start, to begin (*to do something*)
commedia (*f.*) comedy 10
commediografo (*m.*) playwright 10
commercialista (*m. or f.*) accountant 8
commercio (*m.*) business 2
commessa (*f.*) salesperson, clerk 4
commesso (*m.*) salesperson, clerk 4
commissione (*f.*) commission; **Commissione europea** European Commission 12; **commissioni** (*pl.*) errands 3, 4; **fare commissioni** to run errands 3, 4
comodo comfortable 3
compagna (*f.*) partner 3
compagno (*m.*) partner 3
compito (*m.*) homework 2
compleanno (*m.*) birthday 1
complesso (*m.*) band 10
complimenti! good for you! 8
compositore (*m.*) composer 10
comprare to buy 1
computer (*m.*) computer 2
comune (*m.*) town, township; city hall 12
comunque anyway, at any rate 9
con with 1; **con calma!** take it easy! 1
concerto (*m.*) concert 10
condire to dress a salad 5
conferenza (*f.*) lecture 3
confezione (*f.*) package 4
confronto: in confronto a compared to 9
confusione (*f.*) confusion 1

conoscere (*irr., p.p.* **conosciuto**) to know (a person or place) 2; to meet P; **conoscere qualcuno da anni** to know somebody for years 6; **conoscersi** to meet each other; to know each other P
consegnare to hand over, to give 9
conservare to save, to preserve 2
conservatorio (*m.*) conservatory 10
considerare to consider 1
consigliare (**di** + *inf.*) to advise (*to do something*), to recommend; **ti consiglio…** my advice to you is … 5; **Presidente del Consiglio** (*m.*) prime minister 12
consistere to consist 2
consolato (*m.*) consulate 12
console (*m.*) consul 12
contadina (*f.*) farmer 8
contadino (*m.*) farmer 8
contento happy 1
conto (*m.*) check, bill 1, 4
contorno (*m.*) side dish 5
contribuire to contribute 12
controllore (*m.*) conductor 9
conveniente cheap, reasonably priced 4
convenire to be worthwhile; **conviene** it's a good idea 9
conversazione (*f.*) conversation P
convivere to live together 3
copertina (*f.*) cover; **copertina rigida** hard cover (book) 11
coperto (*m.*) cover charge 5; **è coperto** it's cloudy 3
copia (*f.*) copy 11
coppia (*f.*) couple, pair 1, 3
cornetto (*m.*) type of breakfast pastry 5
corpo (*m.*) body 7
correggere (*p.p.* **corretto**) to correct
correre (*p.p.* **corso**) to run 2, 6
corretto correct 2
corsa (*f.*) race 6; **di corsa** in a hurry 2
corso (*m.*) course 2
cosa (*f.*) thing; **cosa, che cosa?** what? 3; **cos'hai?** what's the matter? 5, 7; **cosa intendi?** what do you mean? 3
così like this, therefore, thus; **così così** so-so P
costare to cost 4
costituzione (*f.*) constitution 12
costoso expensive, costly 4

costume (*m.*) costume 7; habit, custom 12; **costume da bagno** bathing suit 7
cotone (*m.*) cotton 7
cotto cooked 4
cravatta (*f.*) tie 7; **cravatta a farfalla** bowtie 7
creare to create 2
credere (**a, in**) to believe (in) 4; **lo credo bene!** I believe it! 11
crescere to grow 2, 4
cretino stupid 6
crisi (*f.*) crisis 8
critico (*m.*) critic 10
crudo raw 4
cucchiaino (*m.*) teaspoon 5
cucchiaio (*m.*) spoon 5
cucina (*f.*) kitchen 3
cucire to sew 7
cuffiette (*f. pl.*) headphones 2
cugina (*f.*) cousin 3
cugino (*m.*) cousin 3
cuoca (*f.*) chef 5
cuocere (*p.p.* **cotto**) to cook 5
cuoco (*m.*) chef 5
cuoio (*m.*) leather 7
cuore (*m.*) heart 1; **a cuor leggero** without thinking 12
curare to care for, to look after 1
curioso curious 1
curriculum (*m.*) CV, résumé 8

da at, from, by; **da anni** for years 6; **da noi, da te** at our place, at your place 6; **da solo** alone 6; **da lì** from there 1
dai! come on! 4, 6
dama checkers; **giocare a dama** to play checkers 6
dare (*p.p.* **dato**) to give 2; **dare fastidio** to annoy, to bother 12; **dare la mano** to shake hands; **dare un esame** to take an exam 2; **dare un passaggio (a qualcuno)** to give someone a lift 8; **dare una mano** to lend a hand; **dare un'occhiata a** to glance at 10; **darsi del tu/del Lei** to use the **tu** form/**Lei** form with each other 9
data (*f.*) date 1; **qual è la data?** what is the date? 1
davanti a in front of 1
davvero really 1
decidere (*p.p.* **deciso**) to decide 2
decollare to take off (*plane*) 9

Vocabolario italiano-inglese **A-17**

decollo (*m.*) takeoff (*plane*) 9
delizioso delicious 5
denaro (*m.*) money 4
dente (*m.*) tooth 7; **al dente** cooked just right, not overdone (*pasta*) 5
dentifricio (*m.*) toothpaste 4
dentista (*m. or f.*) dentist 8
dépliant (*m.*) brochure 9
deputata (*f.*) representative 12
deputato (*m.*) representative 12
desiderare to desire, to want 1; **desidera?** may I help you? 4
destinazione (*f.*) destination 9
destra right; **a destra** on, to the right 6
detto (*m.*) saying 1
di of, about, from 1; **di chi?** whose? 3; **di conseguenza** accordingly 8; **di dove sei/è?** where are you from? P; **di lusso** luxurious, deluxe 7; **di modo che** so that 8; **di nuovo** again 4; **di solito** normally 6
dicembre December 1
dietro a behind 1
difficile difficult 2
digestivo (*m.*) after-dinner drink 5
diluviare to pour (*rain*) 6
dimagrire to lose weight 7
dimenticare to forget 1; **dimenticarsi (di)** to forget 7
dipingere (*p.p.* **dipinto**) to paint 6
diplomatico diplomatic 12
diplomazia (*f.*) diplomacy 12
dire (*p.p.* **detto**) to say 3; **a dire il vero** to tell the truth 8; **c'è da dire che...** it must be said that... 12; **come si suol dire** as they say, as the saying goes 12; **dire sul serio** to say something seriously/honestly 6; **mi dica!** may I help you? 7; **non mi dire!** you don't say! 4, 11; **che ti devo dire?** what can I tell you? 11
diretta: in diretta live (*television*) 11
direttore (*m.*) director; **direttore d'orchestra** conductor 10
direttrice (*f.*) director 10
direzione (*f.*) direction 1
dirigente (*m. or f.*) executive 8
diritto (*m.*) law 2
disastro (*m.*) disaster; **che disastro!** what a disaster! 6

dischetto (*m.*) diskette 2
disco (*m.*) record 10
discoteca (*f.*) discotheque, club 3
discutere (*p.p.* **discusso**) to discuss 2
disegnare to draw 6
disoccupata (*f.*) unemployed person 8
disoccupato (*m.*) unemployed person 8
disoccupazione (*f.*) unemployment 8
dispiacere to be sorry, to mind 8; **mi dispiace** I'm sorry 2
disponibilità (*f.*) availability 9
disposizione: a Sua (tua) disposizione! at your service 9
distributore (*m.*) gas pump 10
disturbare to disturb, to bother 2
dito (*m., pl. f.* **le dita**) finger 7
ditta (*f.*) company 8
divano (*m.*) couch 3
divenire to become 8
diventare to become 4, 8
diverso different 2
divertente fun 2; **che divertente!** what fun! 11
divertirsi to have a good time 7
dividere (*p.p.* **diviso**) to divide 2
divorziato divorced 3
doccia (*f.*) shower 3; **fare la doccia** to take a shower 3
dogana (*f.*) customs 9; **passare la dogana** to go through customs 9
dolce (*m.*) dessert 5; (*agg.*), sweet 5
dolore (*m.*) pain 7
domanda (*f.*) question 1
domandare to ask 1
domani tomorrow 1; **domani l'altro** day after tomorrow 6
domenica Sunday 1
donna (*f.*) woman 1, 3; **donna d'affari** businesswoman 8
dopo then, later 6
dopodomani day after tomorrow 1
dormigliona (*f.*) sleepy head 4
dormiglione (*m.*) sleepy head 4
dormire to sleep 2
dormitorio (*m.*) dormitory 2
dottore (*m.*) doctor P
dottoressa (*f.*) doctor P
dove where P, 3; **dov'è?** where is? P, 1; **di dov'è Lei/sei?** where are you from? P
dovere to have to, must 3

dramma (*m.*) drama 10
drammaturgo (*m.*) playwright 10
dritto straight; **andare dritto** to go straight ahead 6
droga (*f.*) drugs 12
duomo (*m.*) large church, cathedral 3
dubitare to doubt 8
durante during; **durante l'estate** during the summer 1

eccellente excellent 1
ecco here is/are P, 1; **eccomi, eccoti, eccolo,** etc. here I am, here you are, here he/it is, etc. 9
eccome! and how!, of course!, certainly! 4
economia (*f.*) economics, economy 2
economico economical, cheap 4, 9
edicola (*f.*) newsstand 3, 11
edificio (*m.*) building 3
editore (*m.*) editor, publisher 11
edizione (*f.*) edition, issue; **edizione tascabile** paperback, softcover 11
egoista selfish 2
elegante elegant 3
eleggere to elect 12
elenco (*m.*) list 4
elettore (*m.*) voter 12
elettrice (*f.*) voter 12
elezione (*f.*) election 12
emigrare to emigrate 12
emigrato (*m.*) emigrant 12
enciclopedia (*f.*) encyclopedia 11
entrare to enter 4; **cosa c'entra...?** what's... got to do with it? 10
entro (una settimana) within, in (a week) 9
esagerare to exaggerate; **non esageriamo!** let's not go overboard! 7
esame (*m.*) exam 2; **dare un esame** to take an exam 2
esattamente exactly 1
esatto exactly 1
esaurito out of print, sold out 11
esempio (*m.*) example P
esserci: c'è there is 1; **ci sono** there are 1
essere (*irr., p.p.* **stato**) to be 1; **essere alle stelle** to be sky-high 12; **essere appassionato di...** to love (*something*) 10; **essere**

d'accordo to agree; **essere d'origine...** to be of ... origin 12; **essere di** to be from P; **essere goloso** to have a sweet tooth 5; **essere in anticipo** to be early 2; **essere in arrivo** to be arriving 9; **essere in forma** to be in shape 1; **essere in gamba** to be on the ball, smart 11; **essere in orario** to be on time 9; **essere in partenza** to be leaving 9; **essere d'origine** to be of ... origin 12; **essere in ritardo** to be late 2; **essere scemo** to be a fool 4; **essere senza una lira** to be broke 4; **essere senza parole** to be speechless 5; **essere alle stelle** to be sky-high 12; **essere stonato come una campana** to be tone-deaf 10; **essere stufo di** to be fed up with, sick of 10; **sarà...** maybe so ... 12; **siamo in (quattro)** there are (four) of us 5; **se fossi in te** If I were you 10
est (*m.*) east 1
estate (*f.*) summer 1; **d'estate, in estate** in the summer 1
estero: all'estero abroad 12
età (*f.*) age 1
eterno eternal 1
etto (*m.*) one hundred grams 4
euro (*m. inv.*) euro 4
evitare to avoid 8

fa ago 4
fabbrica (*f.*) factory 8
facchino (*m.*) porter 9
faccia (*f.*) face 7; **avere una faccia brutta** to look pale, unwell 7
facile easy 2
falegname (*m.*) carpenter 8
famiglia (*f.*) family 3
famoso famous 2
fantasia (*f.*) design, print 7
fare (*p.p.* fatto) to do, to make 3; **fare acquisti** to shop for clothes 7; **fare un affare** to get a good deal 3; **fare attenzione** to pay attention; **fare il bagno** to take a swim 6; **fare (una) bella/brutta figura** to make a good/bad impression 3, 7; **fare bello/brutto** to be nice/bad weather 3; **fare il biglietto** to buy a ticket 9; **fare caldo** to be hot out (*weather*) 3; **fare un caldo bestiale** to be a sweltering hot day 3; **fare campeggio** to go camping 6; **fare carriera** to have a career 8; **fare colazione** to have breakfast 3; **fare delle commissioni** to run errands 3; **fare la doccia** to take a shower 3; **fare due chiacchiere** to chat 3; **fare una domanda** to ask a question; **fare due passi** to take a stroll 4; **fare footing** to jog 6; **fare freddo** to be cold out (*weather*) 3; **fare un freddo cane** to be a freezing cold day 3; **fare fresco** to be cool (weather) 3; **fare ginnastica** to exercise 6; **fare un giro** to go for a stroll 1; **fare il malocchio (a qualcuno)** to give (someone) the evil eye 10; **fare un pacchetto regalo** to gift-wrap 4; **fare una passeggiata** to take a walk 6; **fare una pausa** to take a break 8; **fare pena** to be pitiful 6; **fare il pendolare** to commute 7; **fare il pieno** to fill the tank 10; **fare un prelievo** to make a withdrawal 4; **fare una prenotazione** to make a reservation 9; **fare qualcosa coi piedi** to do something in a slapdash way 11; **fare sciopero** to go on strike 8; **fare la spesa** to shop for food 3, 4; **fare sport** to play a sport 6; **fare tardi** to stay up late 3; **fare il tifo** to be a fan, to cheer 6; **fare i tirchi** to be cheap, to be a cheapskate 4; **fare la valigia** to pack a suitcase 9; **(non) farcela** (not) to be able to make it, handle it 5; **farsi compagnia** to keep each other company 10; **farsi male** to hurt oneself 7;
farfalla (*f.*) butterfly; bow tie 7
farmacia (*f.*) pharmacy, drugstore 2, 3, 4
farmacista (*m. or f.*) pharmacist 4
fastidio (*m.*) bother, nuisance 12; **dare fastidio** to annoy, to bother 12
fattoria (*f.*) farm 8
favola (*f.*) fairy tale 6
febbraio February 1
febbre (*f.*) fever 7
felpa (*f.*) sweatshirt 7
femminile feminine P

feriale (*agg.*) weekday 9
ferie (*f. pl.*) holidays 8
fermata (*f.*) stop; **fermata dell'autobus** bus stop 8
festa (*f.*) party, holiday P, 9
festeggiare to celebrate 9
festivo (*agg.*) weekend day, holiday 9
fiasco (*m.*) flop 10
ficcanaso nosy person, busybody 3
fidanzata (*f.*) fiancée 3
fidanzato (*m.*) fiancé 3
fifa: che fifa! how terrifying! 11
figlia (*f.*) daughter 1, 3
figlio (*m.*) son 1, 3
figurare: figurati! don't mention it 1, just imagine! 2
filosofia (*f.*) philosophy 2
finalmente at last, finally 5
finché until 8
fine (*f.*) end; **che fine ha fatto...?** whatever happened to...? 12; **fine settimana** (*m.*) weekend 1; **lieto fine** (*m.*) happy ending 11
finestra (*f.*) window 2
finestrino (*m.*) (car, train) window 9
finire to finish 2
finito finished P
fino: fino a until, till 4
fiocco (*m.*) ribbon, knot; **coi fiocchi** excellent, first-rate 12
fiore (*m.*) flower 6
fisica (*f.*) physics 2
fiume (*m.*) river 1
flauto (*m.*) flute 10
foglio (*m.*) sheet 2; **foglio di carta** sheet of paper 2
fondato founded 1
fontana (*f.*) fountain 1
forchetta (*f.*) fork 5
forma (*f.*) shape
formaggio (*m.*) cheese 4
formazione (*f.*) training, education 8
fornito stocked 11
forno (*m.*) oven, stove 3, 5; **al forno** baked 5
forse perhaps 3
forte strong; **che forte!** how cool! 8
fortuna (*f.*) fortune, luck; **per fortuna** luckily 2
forza! go! 6
fotografia (*f.*) photograph 1, 2, 6
foulard (*m.*) scarf 7
fra in, within, among, between 1

Vocabolario italiano-inglese   **A-19**

fradicio soaked; **bagnato fradicio** soaking wet 9; **sudato fradicio** soaked with sweat 9
fragola (*f.*) strawberry 4
francese French 2
francobollo (*m.*) stamp 3
frase (*f.*) phrase, sentence; **frase fatta** cliché 12
fratelli (*m. pl.*) siblings 3
fratello (*m.*) brother 3
freddo cold
frequentare to attend 2
fresco cool, fresh 3; **bello fresco** very fresh 4; **star fresco** to be in a fine mess 8
friggere (*p.p.* **fritto**) to fry 5
fritto fried 5
frizzante carbonated 5
frutti di mare (*m. pl.*) shellfish 5
fruttivendolo (*m.*) fruit vendor 4
fumetti (*m. pl.*) comics 2
fungo (*m.*) mushroom 2
funivia (*f.*) cable car 6
funzionare to function, to work 2
funzionario (*m.*) functionary 12
fuochi d'artificio (*m. pl.*) fireworks 9
fuori out of, outside; **fuori mano** out of the way 10; **fuori moda** unfashionable 7
futuro (*m.*) future; **in futuro** in the future 6

galleria (*f.*) tunnel; **galleria d'arte** art gallery 6
gamba (*f.*) leg 7; **essere in gamba** to be on the ball, smart 11
gara (*f.*) match, competition 6
garantire to guarantee 12
gasata carbonated 5; **non gasata, senza gas** noncarbonated 5
gelateria (*f.*) ice cream store 4
gelato (*m.*) ice cream 4
gemello (*m.*) twin 1
generalizzare to generalize 12
generazione (*f.*) generation 12
genere (*m.*) genre 10
genero (*m.*) son-in-law 3
generoso generous 2
genitori (*m. pl.*) parents 3
gennaio January 1
gentile kind, polite 1, 2
geografia (*f.*) geography 1
gesso (*m.*) chalk 2
ghiaccio (*m.*) ice 5

già already 4
giacca (*f.*) jacket 7
giallo yellow 2
giapponese Japanese 2
giardino (*m.*) garden 3; **i giardini** (*pl.*) park 6
ginnastica (*f.*) gymnastics 6; **fare ginnastica** to exercise 6
ginocchio (*m., pl. f.* **le ginocchia**) knee 7
giocare to play 1; **giocare (a +** *n.***)** to play (a sport or a game) 6; **giocare a calcio** to play soccer 6; **giocare a carte, dama, scacchi** to play cards, checkers, chess 6
giocatore (*m.*) player 6
giocatrice (*f.*) player 6
gioco (*m.*) game 1, 6
gioiello (*m.*) jewel 7
giornalaio (*m.*) newspaper vendor 11
giornale (*m.*) newspaper 3, 11
giornalista (*m. or f.*) journalist 3, 8, 11
giornata (*f.*) day; **che (bella) giornata!** what a (great) day! 2
giorno (*m.*) day 1; **l'altro giorno** the other day 4
giovane young 2
giovedì Thursday 1
girare to turn, to go around 1; **girare a destra, a sinistra** to turn right, left 6; **girare un film** to film 10
giro, fare un giro to take a stroll 1
gita (*f.*) trip, excursion 6; **gita scolastica** school trip 2
giubbotto (*m.*) short jacket 7
giudicare to judge 12
giudice (*m.*) judge 12
giugno June 1
giurisprudenza (*f.*) law 2
godere to enjoy 12
gol (*m.*) goal 6
gola (*f.*) throat 7
goloso greedy; **essere goloso** to have a sweet tooth 5
gonna (*f.*) skirt 7
governare to govern 12
governo (*m.*) government 12
grande big 2
grasso fat 2
grave serious 12
grazie thank you P
grembiule (*m.*) apron 2
grigio gray 2, 7

griglia (*f.*) grill; **alla griglia** grilled 5
guadagnare to earn, to make money 8; **non guadagnare una lira** not to earn a penny 11
guanto (*m.*) glove 7
guardare to look at 1
guida (*f.*) guide; **guida turistica** guidebook 1
guidare to drive 8

hostess (*f.*) flight attendant 9

idea (*f.*) idea; **non averne la più pallida idea** not to have the faintest idea 10
identificare to identify
identificazione (*f.*) identification 1
idraulico (*m.*) plumber 8
ieri yesterday 1; **ieri sera** last night 4; **l'altro ieri** day before yesterday, the other day 1
illustrato illustrated 11
imbarcare to board 9
immaginare to imagine; **m'immagino** I would imagine, I presume 12
immagine (*f.*) image 1, 12
immigrare to immigrate 12
immigrato (*m.*) immigrant 12
imparare to learn 1, 2
impegnarsi to commit oneself to 12
impermeabile (*m.*) raincoat 7
impianto stereofonico, stereo (*m.*) stereo system 10
impiegare to employ 8
impiegata (*f.*) employee 8
impiegato (*m.*) employee 8
importante important 8
importare to matter; **non m'importa niente di...** I don't care anything about... 7
impossibile impossible 7
imprenditore (*m.*) entrepreneur 8
imprenditrice (*f.*) entrepreneur 8
impresa (*f.*) company, business 8
improbabile improbable 8
in at, in, to 1; **in bocca al lupo!** good luck! 2; **in centro** downtown 3; **in mezzo a** in the middle of 6; **in piedi** standing 3
incassare to cash a check 4
incontrare to meet 1; **incontrarsi** to meet, to run into each other 7

incontro (*m.*)   meeting, match   1
incredibile   incredible   7
indagine (*f.*)   survey   12
indispensabile   indispensable   8
individuo (*m.*)   individual   12
indossare   to wear   7
indovinare   to guess
industria (*f.*)   industry   8
infatti   in fact, indeed   2
infermiera (*f.*)   nurse   8
infermiere (*m.*)   nurse   8
influenza (*f.*)   flu   7
informarsi   to find out   9
informatica (*f.*)   computer science
informazioni (*f. pl.*)   information   9
ingegnere (*m. or f.*)   engineer   P, 8
ingegneria (*f.*)   engineering   2
inglese   English   2
ingrassare   to gain weight   7
ingrediente (*m.*)   ingredient   5
innamorarsi (di qualcuno)   to fall in love (with someone)   7
inquinamento (*m.*)   pollution   8, 11
insegnante (*m. or f.*)   teacher   2
insegnare   to teach   1
inserto (*m.*)   section (*of a newspaper*)   11
insieme   together   3
intanto   in the meantime   9
integrarsi   to integrate, to assimilate   12
integrazione (*f.*)   integration   12
intelligente   intelligent   2
intendere (*p.p.* **inteso**)   to intend, to mean; **cosa intendi?**   what do you mean?   3; **te ne intendi di**   you understand about, you know a lot about   6
interessante   interesting   8
interessato   interested   2
interesse (*m.*)   interest   12
interrogare   to question, to test   2
intervista (*f.*)   interview   1
intervistare   to interview   3
intonare   to tune   10
introduzione (*f.*)   introduction   1
invece   instead, on the other hand   6
inverno (*m.*)   winter   1
inviare   to send, to mail   3; **inviare messaggi**   to send messages   2
invitare   to invite   3
iscriversi (a)   to enroll in   2
isola (*f.*)   island   1; **isola pedonale**   pedestrian street, closed to traffic   6

italiano   Italian   P, 2
itinerario (*m.*)   itinerary   6

labbro (*m., pl. f.* **le labbra**)   lip   7
laggiù   down there   6
lago (*m.*)   lake   1
lamentarsi   to complain   7
lampada (*f.*)   lamp   3
lana (*f.*)   wool   7
lasciare   to leave   1; **lasciar perdere**   to forget about it   9
lassù   up there   6
latte (*m.*)   milk   4
lattuga (*f.*)   lettuce   4
laurea (*f.*)   degree   2
laurearsi   to graduate, to have a degree   2; **essere laureato**   to have a degree   2; **laurearsi in**   to major in   2
laureato   graduated   2
lavagna (*f.*)   blackboard   2
lavarsi   to wash (oneself)   7; **lavarsi i denti**   to brush one's teeth   7
lavastoviglie (*f.*)   dishwasher   3
lavatrice (*f.*)   washing machine   3
lavorare   to work   1; **lavorare sodo**   to work hard   8
lavoro (*m.*)   job, work   1, 8; **annuncio di lavoro**   job announcement   8; **colloquio di lavoro**   job interview   8; **fare domanda di lavoro**   to apply for a job   8
legge (*f.*)   law   2
leggere (*p.p.* **letto**)   to read   2
leggero   light   7
lentamente   slowly   5
lento (*agg.*)   slow; **il lento**   slow dance   10
lettera (*f.*)   letter; **buca delle lettere**   mailbox   3; **le lettere**   humanities   2; **le lettere classiche**   classics   2
letteratura (*f.*)   literature   2
letto (*m.*)   bed   2
lettore (*m.*)   reader   11
lettore CD, DVD (*m.*)   CD, DVD player   2, 10
lettrice (*f.*)   reader   11
lettura (*f.*)   reading   1
lezione (*f.*)   class (hour), lesson   2
lì   there   3
libero   free   2; **libero professionista**   self-employed person   8
libertà (*f.*)   liberty   12
libreria (*f.*)   bookstore   2, 11

libretto universitario (*m.*)   grade book   2
libro (*m.*)   book   2
licenziare   to fire   8
liceo (*m.*)   high school   2
limone (*m.*)   lemon   4
lingua (*f.*)   tongue   7; language   2
lino (*m.*)   linen   7
lirica, opera lirica (*f.*)   opera   10
listino prezzi (*m.*)   price list   5
litro (*m.*)   liter   4
locale (notturno) (*m.*)   (night)spot, club   10
lontano da   far from   1
luglio   July   1
luna (*f.*)   moon; **luna di miele**   honeymoon   9
lunedì   Monday   1
luogo (*m.*)   place   1
lupo (*m.*)   wolf
lusso: di lusso   luxurious, deluxe   7
lussuoso   luxurious

MP3 (*m.*)   iPod or MP3 player   2
macchina (*f.*)   car   8
macedonia (*f.*)   fruit salad   4
macelleria (*f.*)   butcher shop   4
madre (*f.*)   mother   3
maestra (*f.*)   elementary-school teacher   2
maestro (*m.*)   elementary-school teacher   2
magari   perhaps, if only; **magari!**   it would be nice! if only!   2
magazzino, grande magazzino (*m.*)   department store   4
maggio   May   1
maggioranza (*f.*)   majority   12
maggiore   older   3; larger   7; **la maggior parte**   majority   9
magistrato (*m.*)   magistrate   12
magistratura (*f.*)   courts   12
maglia (*f.*)   cardigan sweater   7
maglietta (*f.*)   T-shirt   7
maglione (*m.*)   sweater   7
magro   thin   2
mai   ever, never   4
malattia (*f.*)   sickness   7
male   badly   P; bad   8; **non c'è male**   not too bad   P
male (*m.*)   ache, pain   7; **mal di stomaco**   stomachache   7; **mal di testa**   headache   7; **farsi male**   to hurt oneself   7; **mi fa male lo stomaco, la testa**   I have a stomachache, a headache   7
malgrado   although   8

malocchio (*m.*) evil eye; **fare il malocchio (a qualcuno)** to give (someone) the evil eye 10
mamma (*f.*) mother, mom 3; **mamma mia!** wow! gosh! 2
mancanza (*f.*) lack 12
mancare: manca solo (un mese) it's just (a month) away 9
mancia (*f.*) tip 5
mandare to send 3; **mandare (tutto) a rotoli** to ruin 11
mangiare to eat 1
manifestazione (*f.*) demonstration, protest 12
mano (*f.*, *pl.* **mani**) hand 2; **fatto a mano** hand-made 7; **fuori mano** out of the way 10; **di seconda mano** second-hand 8; **man mano** little by little 8; **per le mani** on my plate 8; **stare con le mani in mano** to do nothing 12
mantenere to maintain, to keep 8
mappa (*f.*) map 6
marca (*f.*) brand 4
mare (*m.*) sea 1; **mare calmo** calm water 6; **mare mosso** rough seas 6
marito (*m.*) husband 2, 3
marrone brown 2, 7
martedì Tuesday 1
marzo March 1
maschile masculine P
massimo greatest, largest 7; **è il massimo** it's the greatest 1
masterizzare to burn a disk 2
matematica (*f.*) mathematics, math 2
materia (*f.*) subject 2
matita (*f.*) pencil 2
matrimonio (*m.*) wedding 3
mattina (*f.*), **mattino** (*m.*) morning 1
matto mad, crazy; **roba da matti!** that's crazy! 6; **vado matto per...** I'm crazy about... 11
maturo ripe 4
medicina (*f.*) medicine 2
medico (*m. or f.*) doctor P, 8
medio average 12
meglio better 7, 8
mela (*f.*) apple 4
melanzana (*f.*) eggplant 4
melone (*m.*) melon 4
memoria (*f.*) memory 1
meno male! thank goodness! 2
mensa (*f.*) cafeteria 2
mensile monthly 11

mentre while 6
menù (*m.*) menu 5
mercato (*m.*) market; **mercato all'aperto** open-air market 4
merce (*f.*) goods, merchandise 4
mercoledì Wednesday 1
merenda (*f.*) snack 5
mese (*m.*) month 1
messaggio (*m.*) message 2
mestiere (*m.*) job, occupation 8
meta (*f.*) goal 12
metrò (*m.*) subway 8
metropolitana (*f.*) subway 8
mettere (*p.p.* **messo**) to put 2; **mettercela tutta** to give it one's all 12
mettersi to put on (clothes) 7
mezzanotte midnight 2
mezzo (*m.*) means; half 2; **in mezzo a** in the middle of 6; **mezzo di trasporto** means of transportation 8; **mezzi pubblici** public transportation 8; **le tre e mezzo** half-past three 2
mezzogiorno noon 2
mica not really, hardly 6; **mica tanto** not really 9; **non... mica** not at all 9
migliorare to improve 8
migliore better 7
miliardo (*m.*) billion 4
milione (*m.*) million 4
mille (*pl.* **mila**) thousand 4
minestra (*f.*) soup, first course 5
minestrone (*m.*) vegetable soup 4
minimo smallest 7
ministro (*m.*) minister 12; **Primo ministro** prime minister 12
minore younger 3; smaller 7
miseria (*f.*), **porca miseria!** oh, hell! 6
mister (*m.*) trainer, coach 6
misto mixed 5
misura (*f.*) size 7
misurare to measure; **misurarsi la febbre** to measure one's temperature 7
mito (*m.*) myth 12
mobile (*m.*) piece of furniture; **mobili** furniture 3
moda (*f.*) fashion 7; **alla/di moda** stylish 7; **fuori moda** unfashionable 7
modella (*f.*) fashion model 7
modello (*m.*) design, style 7; fashion model 7
moglie (*f.*) wife 2

molto much, a lot of, very P; **molto lieto** very pleased to meet you P
moneta (*f.*) coin 1, 4
montagna (*f.*) mountain 1
monte (*m.*) mountain; **andare a monte** to come to nothing 9
monumento (*m.*) monument 1
morire (*irr., p.p.* **morto**) to die 4
mostra (*f.*) exhibition, art show 6
mostrare to show 5
motocicletta, moto (*f.*) motorcycle 2
motorino (*m.*) scooter 8
mucchio (*m.*) pile; **un mucchio di** a ton of 11
multa (*f.*) ticket, fine 8
municipio (*m.*) city hall 3
muoversi to get around (a city) 8
museo (*m.*) museum 1
musica (*f.*) music 10; **musica classica** classical music 10; **musica leggera** pop music 10
musicale muscial 10
musicista (*m. or f.*) musician 8, 10

narrativa (*f.*) narrative, fiction 11
nascere (*p.p.* **nato**) to be born 4
naso (*m.*) nose 7
Natale (*m.*) Christmas; **Babbo Natale** Santa Claus 4; **buon Natale!** Merry Christmas!
nato born 1
naturale noncarbonated 5
nave (*f.*) ship 8
nazione (*f.*) nation 1
ne of it/them, about it/them 4
neanche: neanche per sogno (I) wouldn't dream of it! Not at all! 12
nebbia (*f.*) fog 3; **c'è nebbia** it's foggy 3
necessario necessary 7, 8
negoziante (*m. or f.*) shopkeeper 4
negozio (*m.*) shop 3
nemmeno: nemmeno per sogno (I) wouldn't dream of it! Not at all! 12
neppure not even 9
nero black 2
neve (*f.*) snow 3
nevicare to snow 3
niente nothing; **fa niente** it's nothing 5; **non è per niente...** it's not at all... 3; **di niente!**

you're welcome! (it's nothing!); **niente di particolare** nothing special 10
nipote (*m. or f.*) nephew, niece 3; granddaughter (*also* **nipotina** (*f.*), grandson (*also* **nipotino** (*m.*) 3
noioso boring 2
noleggiare to hire, to rent 9
nome (*m.*) name P
non not; **non... affatto** not at all 9; **non... ancora** not yet 9; **non appena** as soon as 9; **non c'è problema!** no problem! 2; **non importa** never mind 3; **non... mai** never 9; **non... né... né** neither... nor 9; **non... neanche, neppure, nemmeno** not even 9; **non... nessuno** nobody 9; **non... nessuno/a** not any, not one 9; **non... nulla, niente** nothing 9; **non... più** not anymore 9
nonna (*f.*) grandmother 3
nonno (*m.*) grandfather 3
nonostante despite 8; **nonostante che** although 8
nord (*m.*) north 1
nota (*f.*) musical note 10
notizia (*f.*) piece of news 3; **notizia bomba** sensational news 11
notte (*f.*) night 1
novella (*f.*) short story 11
novembre November 1
nozze (*f. pl.*) wedding 3
nubile unmarried (*female*) 3
numero (*m.*) number P; issue 11
nuora (*f.*) daughter-in-law 3
nuotare to swim 6
nuoto (*m.*) swimming 6
nuovo new 2; **di nuovo** again 4
nuvola (*f.*) cloud 3
nuvoloso cloudy 3

oasi (*f.*) oasis 1
occhiali (*m. pl.*) eyeglasses; **occhiali da sole** sunglasses 7
occhio (*m.*) eye 7
odiarsi to hate (each other) 7
offendere to offend 12
offensivo offensive 12
offerta (*f.*) offer; **in offerta** on sale 4
offrire (*p.p.* **offerto**) to offer 2; **offro io** my treat 3

oggetti smarriti (*m. pl.*) lost and found 11
oggi today 1; **oggi pomeriggio** this afternoon 1
ogni each 2; every 6
olio (*m.*) oil 5
omaggio: in omaggio free, complimentary 11
ombrello (*m.*) umbrella 7
ombrellone (*m.*) beach umbrella 6
onda (*f.*) wave 6; **in onda** on the air 11
opera lirica (*f.*) opera 10
operaia (*f.*) blue-collar worker 8
operaio (*m.*) blue-collar worker 8
opportuno opportune 8
opposizione (*f.*) opposition 12
ora (*f.*) hour, time 2; (*avv.*) now 1; **a che ora?** at what time? 2; **che ora è/che ore sono?** what time is it? 2; **non vedo l'ora (di)** I can't wait (to) 1; **un'ora fa** an hour ago 4
orario (*m.*) timetable 1; **essere in orario** to be on time 9
orchestra (*f.*) orchestra, band 10
ordinare to order 1, 5
orecchino (*m.*) earring 7
orecchio (*m., pl.f.* **le orecchie**) ear 7
orgoglio (*m.*) pride 12
orgoglioso proud 8
origine (*f.*) origin; **essere d'origine...** to be of... origin 12
orologio (*m.*) clock 2
orto (*m.*) vegetable garden 3
ospedale (*m.*) hospital 1
ospite (*m. or f.*) guest 9
ostello (*m.*) hostel 9
ottimista optimistic 2
ottimo great 5; **di ottima qualità** best-quality 4
ottobre October 1
ovest (*m.*) west 1

pacchetto (*m.*) small package 4; **fare un pacchetto regalo** to gift-wrap 4
pace (*f.*) peace; **in santa pace** in peace and quiet 12
padella (*f.*) pan 5
padre (*m.*) father 1, 3
paesaggio (*m.*) countryside 6
paese (*m.*) country, small town 1
pagare to pay (for) 1; **pagare in contanti** to pay cash 4

pagella (*f.*) report card 2
pagina (*f.*) page; **la terza pagina** cultural page (*newspaper*) 11
paio (*m.*) pair, couple; **un paio di...** a couple of... 9
palazzo (*m.*) apartment building, palace 3
palcoscenico (*m.*) stage 10
palestra (*f.*) gymnasium, gym 2
palla (*f.*) ball 6
pallacanestro (*f.*) basketball 6
pallanuoto (*f.*) water polo 6
pallavolo (*f.*) volleyball 6
pallino, avere il pallino di... to have the bug for... to have a mania for... 10
pallone (*m.*) soccer ball 6; **giocare a pallone** to play soccer 6
pane (*m.*) bread 4
panetteria (*f.*) bread store 4
panificio (*m.*) bread store 4
panino (*m.*) sandwich 5
panorama (*m.*) view 1
pantaloni (*m. pl.*) pants, trousers 7
pantofola (*f.*) slipper 7
papà (*m.*) daddy, father 3
paragonare to compare 12
paragone (*m.*) comparison 12
paragrafo (*m.*) paragraph 10
parcheggiare to park 8
parco (*m.*) park 6
pare it seems 8
pareggiare to tie 6
parente (*m. or f.*) relative 3
parenti (*pl.*) relatives 3
parere (*m.*) opinion; **a mio parere** in my opinion 12
parlamentare (*m. or f.*) member of parliament 12
parlamento (*m.*) parliament 12
parlare to speak 1
parola (*f.*) word P; **parole** (*pl.*) lyrics 10
parolaccia (*f.*) bad word 10
parte (*f.*) part, role; **da nessuna parte** nowhere 9; **la maggior parte** majority 9
partenza (*f.*) departure 9; **essere in partenza** to be leaving 9
particolare special; **niente di particolare** nothing special 10
partire to leave 2
partita (*f.*) game 6
partito (*m.*) political party 12
partitura (*f.*) sheet music 10
passare to pass, to spend 1
passeggera (*f.*) passenger 9

Vocabolario italiano-inglese

passeggero (*m.*) passenger 9
passeggiare to take a walk 6
passeggiata (*f.*) walk; **fare una passeggiata** to take a walk 6
passo (*m.*) step; **essere a due passi** to be nearby 4; **fare due (quattro) passi** to take a walk, to stroll 4
pasta (*f.*) pasta; pastry 5
pasticceria (*f.*) bakery 4
pasticcino (*m.*) small pastry 5
pasto (*m.*) meal 5
patata (*f.*) potato 4
patente (*f.*) driver's license 8; **prendere la patente** to get a license 8
patrimonio (*m.*) heritage 12
pattinaggio (*m.*) skating 6; **pattinaggio sul ghiaccio** ice skating 6
pazzesco crazy, incredible; **pazzesco!** crazy! insane! 5
peccato (*m.*) sin; **che peccato!** too bad! 2
peggio worse 7
peggiorare to worsen 8
peggiore worse 7
pelle (*f.*) skin, leather 7
pelo: per un pelo by the skin of one's teeth 9
pena: fa pena, che pena it's pitiful, how pitiful 6
pendolare (*m. or f.*) commuter 9; **fare il pendolare** to commute 9
penisola (*f.*) peninsula 1
penna (*f.*) pen 2; **penna USB** flash drive 2
pensare to think 1
pensiero (*m.*) thought; **farci un pensierino** to give it a little thought 12
pensionata (*f.*) retired person 8
pensionato (*m.*) retired person 8
pensione (*f.*) small hotel 9; **con mezza pensione** with breakfast and dinner 9; **con pensione completa** with meals 9
pentola (*f.*) pot 5
pepe (*m.*) pepper 5
peperoncino (*m.*) hot red pepper 5
per for, through, in order to P; **per carità** please! for heaven's sake 4; **per cento** percent; **per di più** what's more, moreover 7; **per esempio** for example; **per fortuna** luckily 2; **per piacere**

please 4; **per quanto riguarda** as for 12
pera (*f.*) pear 4
perché why, because 3, so that 8; **perché no?** why not? 3
perciò thus 1
percorso (*m.*) way, course, route 6
perdere (*p.p.* **perso**) to lose 6; **perdere il treno** to miss the train 9; **lascia perdere!** forget it! 7; **non me lo perderei per nulla al mondo** I wouldn't miss it for the world 7; **perdersi** to get lost 7
pericoloso dangerous 10
periodico periodical 11
permesso (*m.*) permission; **permesso?** with your permission, excuse me 3
pernottare to spend the night 9
però however; **però!** wow! 9
persona (*f.*) person P
personale (*m.*) personnel 8
pesante heavy 7
pesca (*f.*) peach 4
pesce (*m.*) fish 4
pescheria (*f.*) fish store 4
pettinarsi to comb one's hair 7
petto (*m.*) chest 7
piacere to be pleasing to, to like 2; (*m.*) pleasure; **per piacere** please P; **(tanto) piacere!** nice to meet you! P
piano (*m.*) floor 3
piano softly, slowly
pianoforte, piano (*m.*) piano 6
piantare: piantala! piantatela! stop it! 10
piantina (*f.*) map 6
pianura (*f.*) plain 1
piattino (*m.*) dessert plate 5
piatto (*m.*) dish, plate 5; **primo, secondo piatto** first, second course 5
piazza (*f.*) square, plaza 1; **scendere in piazza** to protest 12
piccante spicy, hot 5
piccolo small, little 2
piede (*m.*) foot 7; **a piedi** on foot 3; **in piedi** standing 3; **su due piedi** off the top of (one's) head 12; **fare qualcosa coi piedi** to do something in a slapdash way 11
pigiama (*m.*) pajamas 7
pigro lazy 2
pioggia (*f.*) rain 3

piovere to rain 3; **piovere a dirotto** to rain cats and dogs 3, 10
piscina (*f.*) swimming pool 6
piselli (*m. pl.*) peas 4
pista (da ballo) (*f.*) dance floor 10
più more; **per di più** moreover 7
pizzo (*m.*) lace 7
po', un po' di a little bit (of), some 1, 4
poema (*m.*) long poem 11
poesia (*f.*) poetry, short poem 2, 11
poeta (*m.*) poet 11
poetessa (*f.*) poet 11
politica (*f.*) politics 12
pollo (*m.*) chicken 4
poltrona (*f.*) armchair 3
pomeriggio (*m.*) afternoon 1
pomodoro (*m.*) tomato 4
ponte (*m.*) bridge 1; long weekend 3
popolo (*m.*) people, citizenry 12
porta (*f.*) door 2
portafoglio (*m.*) wallet 4
portare to bring 3, 5; **porta fortuna/sfortuna** it's good/bad luck 3
portatile (*m.*) laptop computer 7
portone (*m.*) main door 3
posate (*f. pl.*) silverware 5
possibile possible 8
posta (*f.*) mail; **posta elettronica** e-mail 2
posteggiare to park 8
posticino (*m.*) nice little spot 9
postino (*m.*) mail carrier P
posto (*m.*) place; **posto a sedere** seat 9; **un posticino** a nice little spot 9
potere (*m.*) power 11, 12; **potere esecutivo** executive branch (of government) 12; **potere giudiziario** judicial branch (of government) 12; **potere legislativo** legislative branch (of government) 12
potere (*p.p.* **potuto**) can, may, to be able 3; **non ne posso più!** I can't take it anymore! 6; **può darsi** maybe
povero poor 2; **poverino!** poor thing! 5
pranzare to eat lunch 5
pranzo (*m.*) lunch 5

preferire to prefer 2; **preferire mille volte di più** to prefer a thousand times over 11
preferito favorite 5
prefisso telefonico (*m.*) area code P
pregiudizio (*m.*) prejudice 12
prego you're welcome 1; please 3; **ti prego** I beg you, please 7
prelievo (*m.*) withdrawal; **fare un prelievo** to make a withdrawal 3
preliminare preliminary P
premio (*m.*) prize 7
prendere (*p.p.* **preso**) to take 2; **prendere appunti** to take notes 2; **prendere il sole** to sunbathe 6; **prendere in giro (qualcuno)** to tease (someone) 8; **prendere la laurea in** to major in 2; **prendere la patente** to get a license 8; **prendere qualcuno/ qualcosa sul serio** to take someone/something seriously 10; **prendere una stecca** to hit a sour note 10; **prendersela con qualcuno** to get angry (at someone) 12
prenotare to reserve 9
prenotazione (*f.*) reservation 9; **fare una prenotazione** to reserve 9
preoccuparsi to worry 7; **non ti preoccupare** don't worry 5
preparare to prepare 1; **prepararsi** to prepare oneself 7
preparato prepared 2
preparazione (*f.*) preparation 5
presentare to present, to introduce; **ti presento** let me introduce you to 1
presentatore (*m.*) announcer 11
presentatrice (*f.*) announcer 11
presentazione (*f.*) introduction P
presidente (*m. or f.*) president 12; **Presidente della Repubblica** President 12; **Presidente del Consiglio** prime minister 12
prestare to lend 4
prestito (*m.*) loan 4
presto early, quickly, soon; **a presto** see you soon P
prevedere (*p.p.* **previsto**) to predict 12
previsione (*f.*) forecast; **previsioni del tempo** weather forecast 3

prezzo (*m.*) price 4; **listino prezzi** price list 5
prima: per la prima for the first time 1; **prima che** before 8
prima (*f.*) opening night 10
primavera (*f.*) spring 1
primo first, first course 1, 5; **primo piano** second floor 3
principe (*m.*) prince 11
principessa (*f.*) princess 6
probabile probable 8
problema (*m.*) problem 1; **non c'è problema!** no problem! 2
processione (*f.*) procession 9
professione (*f.*) profession 8
professionista (*m. or f.*) professional; **libero professionista** self-employed person 8
professore (*m.*) professor P
professoressa (*f.*) professor P
profumeria (*f.*) perfume-and-soap shop 4
profumo (*m.*) perfume 4
programma (*m.*) plan, program 1, 9, 11; **programma a puntate** (television) series 11
prolungare to extend 1
promettere (**di** + *inf.*, *p.p.* **promesso**) to promise (*to do something*) 4
pronto ready 3, 6; **pronto?** hello? P; **pronto in tavola** the meal is ready; **pronti, via!** ready, set, go 6
prosa (*f.*) prose 11
prosciutto (*m.*) ham 4
proseguire per... to continue on to... 9
prossimo next; **alla prossima!** until next time P
protagonista (*m. or f.*) protagonist 10
protesta (*f.*) demonstration, protest 12
prova (*f.*) test; rehearsal 10
provarsi to try on 7
prudentemente carefully 5
psicologia (*f.*) psychology 2
pubblicare to publish 11
pubblicità (*f.*) advertisement 11
pubblico (*m.*) audience 10
pulire to clean 2
punteggio (*m.*) score (*sports*) 6
puntuale punctual, on time 2
purché provided that 8
purtroppo unfortunately 2

quaderno (*m.*) notebook 2
quadro (*m.*) painting 3
qual/quale which P, 3
qualche some 4
qualifica (*f.*) qualification 8
quando when 3
quanto how much, how many 3
quarto quarter 2
quasi almost; **quasi quasi** just maybe, possibly 9
quello that 3; **quelli** these 3
questo this 3; **questi** those 3 **questa poi!** now this! 11
quinte (*f. pl.*) wings (*stage*) 10
quotidiano (*m.*) daily newspaper; (*agg.*) daily

raccogliere (*p.p.* **raccolto**) to collect, to gather 6
raccolta (*f.*) collection 6, 11
raccomandare: mi raccomando! I'm warning you! Don't forget! 4
racconto (*m.*) short story 11
radersi to shave 7
radice (*f.*) root 12
raffreddore (*m.*) cold (*illness*) 7
ragazza (*f.*) girl, girlfriend 3
ragazzo (*m.*) boy, boyfriend 3
raggiungere to reach 12
ragù, al ragù with meat sauce 5
rana (*f.*) frog 6
rappresentazione (*f.*) performance 10
realizzare to bring about, to effect 12
realizzarsi to be successful 8
recensione (*f.*) review 10
recitare to act, to speak lines 10
regalare to give a gift to 5
regalo (*m.*) gift 4; **in regalo** free, complimentary 11
regione (*f.*) region 1
regista (*m. or f.*) producer, director 10
registrato recorded 11
relazione (*f.*) report 11
remare to row, to paddle 6
rendersi conto to realize 7
replica (*f.*) repeat performance 10
repubblica (*f.*) republic 1, 12
requisito (*m.*) requirement 8
residenza (*f.*) residence, city P
restituire (a qualcuno) to return to 5
resto (*m.*) change 4
restare to stay 4

Vocabolario italiano-inglese

rete (*f.*) net; **rete televisiva** television network 11; **in rete** on line 11
ricco rich 2; **ricco sfondato** filthy rich 8
ricetta (*f.*) recipe 5
ricevere messaggi to receive messages 2
ricevimento (*m.*) reception 3
ricevuta (*f.*) receipt 4
ricordare to remember 1; **ricordarsi** to remember 7
ridere (*p.p.* **riso**) to laugh 2; **ridere a crepapelle** to split one's sides laughing 11
riga (*f.*) line 2; **a righe** striped 7
rilassante relaxing 6
rimanere (*p.p.* **rimasto**) to remain 2
ringraziare to thank; **La/ti ringrazio** thank you 7
rinunciare to give up, to forgo 12
riposare to rest 1
riposo (*m.*) rest 1
risparmiare to save 4
rispondere (*p.p.* **risposto**) to answer 2
ristampa: in ristampa reprint 11
ristorante (*m.*) restaurant 3, 5
ritardo (*m.*) delay 9; **essere in ritardo** to be late 2; **scusa/scusate il ritardo** sorry I'm late 5
ritornare to return, to go back 1
ritratto (*m.*) portrait 1
ritrovo (*m.*) meeting place 10
riuscire a (+ *inf.*) to succeed in, to manage to 8
rivista (*f.*) magazine 11
roba (*f.*) stuff; **roba da matti!** that's crazy! 6
romanzo (*m.*) novel 11
rompere (*p.p.* **rotto**) to break 2; **rompersi** to break a bone 7
rosa (*f.*) rose; (*agg., inv.*) pink 2, 7
rosso red 2
rovine (*f. pl.*) ruins 1
rubrica (*f.*) column 11
rumore (*m.*) noise 2
ruolo (*m.*) role 10
russo Russian 2
rustico rustic 3

sabato Saturday 1
sabbia (*f.*) sand 6

sacco (*m.*) sack; **un sacco di** a ton of 9; **sacco a pelo** sleeping bag 6
sagra (*f.*) traditional local festival 9
sala (*f.*) room; **sala da pranzo** dining room 3
salato salty 5
saldi (*m. pl.*) sales 7
sale (*m.*) salt 5
salire to ascend 4; **salire su** to get on 8
salotto (*m.*) living room 3
saltare una lezione to cut a class 2
salumeria (*f.*) delicatessen 4
salutare to greet; to say hello P; **salutarsi** to greet each other 7
salute (*f.*) health 7; **salute!** bless you! (*sneeze*); **alla salute!** cheers!
saluto (*m.*) greeting P
salve hello P
sandali (*f. pl.*) sandals 7
sano healthy 5
sapere to know 2; **sapere** (+ *inf.*) to know how to 2; **(non) lo so** I (don't) know 3; **non si sa mai!** one never knows! 6; **sa/sai com'è** you know how it is 11; **sapere a mala pena** to hardly know 12
sapone (*m.*) soap 4
sarà... maybe so . . . 12
sbagliare to make a mistake 2
sbagliato incorrect 2
sbaglio (*m.*) mistake 2
sbrigarsi: sbrighiamoci! let's hurry up! 4
scacchi (*m. pl.*) chess 6; **giocare a scacchi** to play chess 6
scaffale (*m.*) bookshelf, bookcase 2
scala (*f.*) staircase 3
scalare to climb 6
scalo (*m.*) layover, stopover 9
scannerizzare to scan 2
scappare to run away, to rush off
scaricare un file to download a file 2
scarpa (*f.*) shoe 7; **scarpe col tacco alto** high-heeled shoes 7; **scarpe da ginnastica** sneakers 7
scatenarsi to let oneself go 10
scegliere (*p.p.* **scelto**) to choose 4
scemo (*m.*) fool 4; **non fare lo scemo/la scema!** don't be a fool! 7
scena (*f.*) setting 1

scendere (*p.p.* **sceso**) to descend 2; **scendere da** to get off 8; **scendere in piazza** to protest 12
scenografia (*f.*) set design 10
scherma (*f.*) fencing 6
schermo (*m.*) screen 10
scherzare to joke; **ma scherzi!** you're joking! 1
scherzo (*m.*) joke 1
schiena (*f.*) back 7
sci (*m.*) skiing 6
sciare to ski 1, 6
sciarpa (*f.*) scarf 7
scienze (*f. pl.*) science(s); **le scienze della formazione** education, training 2; **le scienze politiche** political science 2; **le scienze naturali** natural sciences 2
scioglilingua (*f.*) tongue twister 10
sciopero (*m.*) strike 8; **fare sciopero** to strike 8
scocciatura: che scocciatura! what a nuisance! 11
scolastico scholastic 2
sconto (*m.*) discount 4
scontrino (*m.*) receipt 4
scoprire (*p.p.* **scoperto**) to discover 2
scorso last 4
scrittore (*m.*) writer 11
scrittrice (*f.*) writer 11
scrivania (*f.*) desk 2
scrivere (*p.p.* **scritto**) to write 2; **scriversi** to write each other 7
scuola (*f.*) school 2; **scuola materna** nursery school 2; **scuola elementare** elementary school 2; **scuola media** middle school 2
scuro dark 7
scusare to excuse; **scusa (informal)/scusi (formal)** excuse me P, 3
se if; **se fossi in te** if I were you 10
sebbene although 8
secolo (*m.*) century 11
secondo according to; **secondo te** in your opinion 1, 8
sedersi to sit down 7
sedia (*f.*) chair 2; **sedia a sdraio** lounge chair, deck chair 6
segnare to score 6
segretaria (*f.*) secretary 8
segretario (*m.*) secretary 8

Vocabolario italiano-inglese

seguire to follow 2; **seguire la moda** to keep up with fashion 7; **seguire un corso** to take a course 2; **seguire una lezione** to take a course 2
sembra it seems 8
semestre (*m.*) semester 2
semplicemente simply 5
sempre always 1; **sei sempre il solito** you're always the same 8
senatore (*m.*) senator 12
senatrice (*f.*) senator 12
sentiero (*m.*) path 6
sentire to hear, to feel 2
senza without; **senz'altro** without a doubt 3; **senza che** without 8
sera (*f.*) evening 1
serio serious; **sul serio** seriously, honestly 6
servire to serve 2, 5; **servire a** (+ *inf.*) to be used for 6
servizio (*m.*) service 5
seta (*f.*) silk 7
settembre September 1
settimana (*f.*) week 1; **fine settimana** (*m.*) weekend 1; **settimana bianca** a traditional winter vacation week spent skiing 9; **una settimana fa** a week ago 4
settimanale weekly 11
sfida (*f.*) challenge P
sfilata (*f.*) fashion show 7
sfogliare to flip through 11
shampoo (*m.*) shampoo 4
sia... che... both 9
sigla (*f.*) abbreviation P
signora (*f.*) lady, Mrs. P
signore (*m.*) gentleman, Mr. P
signorina (*f.*) young lady, Miss P
simile similar, like 12
simpatico nice 2
sindacato (*m.*) union 8
sinistra left; **a sinistra** on, to the left 6
sintomo (*m.*) symptom 7
sistema (*m.*) system 1
slanciato slender 7
smettere (*p.p.* **smesso**) to stop, to quit; **smettere di (fare qualcosa)** to give up (*doing something*) 11
smoking (*m.*) tuxedo 7
snello slim 7
soggiorno (*m.*) living room 3
sognare to dream 12

sogno (*m.*) dream; **nemmeno per sogno! neanche per sogno!** (I) wouldn't dream of it! Not at all! 12
soldi (*m. pl.*) money 2, 4
sole (*m.*) sun 1; **c'è il sole** it's sunny 3; **prendere il sole** to sunbathe 6
solista (*m. or f.*) soloist 10
solito usual, typical; **di solito** usually 2, 6; **sei sempre il solito/la solita** you'll never change 8
solo (*agg.*) alone; (*avv.*) only; **da solo/a** alone 6
sopportare to stand, to bear, to support; **non lo/la sopporto proprio** I really can't stand him/her/it 8
sopracciglio (*m., pl. f.* **le sopracciglia**) eyebrow 7
soprattutto above all 3
sorella (*f.*) sister 3
sorpassare to pass (*driving*) 10
sorpasso (*m.*) passing (*another car*) 10
sorpresa (*f.*) surprise 2
sorridere (*p.p.* **sorriso**) to smile 11
spagnolo Spanish 2
spalla (*f.*) shoulder 7
sparecchiare to clear the table 5
spartito (*m.*) sheet music 10
spazzolarsi to brush one's hair 7
specchio (*m.*) mirror 7
speciale special P
specialità (*f.*) specialty 5
spedire to mail 3; to send 2
spegnere (*pp.* **spento**) to turn off 11
spendere (*p.p.* **speso**) to spend 2, 4
sperare to hope 8
spesa (*f.*) shopping; **fare la spesa** to shop for food 4
spesso often 5
spettacolo (*m.*) show 10
spiaggia (*f.*) beach 1, 6
spiccioli (*m. pl.*) coins, small change 4
spinaci (*m. pl.*) spinach 4
spogliarsi to undress 7
sport (*m. inv.*) sport, sports; **fare sport** to play a sport 6
sportello (*m.*) ticket window 9
sportivo casual 7
sposa (*f.*) bride 3

sposarsi to get married 3
sposato married 1, 3
sposo (*m.*) groom 3
spostarsi to get around (*a city*) 8
spot (*m.*) advertisement 11
spremuta (*f.*) freshly squeezed juice 5
spumante (*m.*) sparkling wine 5
spuntino (*m.*) snack 5
spunto (*m.*) hint, cue
squadra (*f.*) team 6
squillare to ring 6
squisito exquisite 5
stadio (*m.*) stadium 3
stage (*m.*) internship 8
stagione (*f.*) season 1; **alta stagione** high season 9; **bassa stagione** low season 9
stagista (*m. or f.*) intern 8
stamattina this morning 1
stammi bene take care 8
stampante (*f.*) printer 2
stampare to print 11
stanco tired 1, 2
stanza (*f.*) room 3
stare (*p.p.* **stato**) to stay, to be 2; **come sta?/stai?** how are you? P; **stammi bene** take care 8; **(non) ci sto** it's (not) all right with me 10; **stare a cuore** to be concerned about; **mi sta a cuore** I'm concerned about 12; **stai bravo!** be good! 5; **stare attento a** to watch 5; **stare bene a qualcuno** to fit someone (*clothes*) 7; **stare bene** to be well, fine P; **star fresco** to be in trouble 8; **stare male** not to be well P
stasera (*f.*) tonight 3
stato (*m.*) state 1
statua (*f.*) statue 1, 3
stazione (*f.*) station 1; **stazione dei treni** railway station 3; **stazione di servizio** service station 10
stella (*f.*) star; **essere alle stelle** to be sky-high 12
stereotipo (*m.*) stereotype 12
stilista (*m. or f.*) fashion designer 7
stipendio (*m.*) salary 8
stivale (*m.*) boot 1, 7
'sto this, this darn (*slang*) 8
stoffa (*f.*) cloth 7
stomaco (*m.*) stomach 7; **mal di stomaco** stomachache 7
stonato: essere stonato come una campana to be tone-deaf 10

Vocabolario italiano-inglese

storia (*f.*) history, story 2; **storia dell'arte** art history 2; **non fare tante storie!** don't complain so much! 6
strada (*f.*) street 1
straniero foreign 3
strano strange 3
stressante stressful 6
stressare (qualcuno) to cause someone stress, to get on someone's nerves 10
strumento (*m.*) instrument 10
studente (*m.*) student 1, 2
studentessa (*f.*) student 1, 2
studiare to study 1, 2
studio (*m.*) office, study 8
studioso studious 2
stufo: essere stufo di to be fed up with, sick of 10
stupirsi (di qualcosa) to be amazed (*by something*) 12
su on, upon, above 1; **su, andiamo!** come on, let's get going! 6; **su due piedi** off the top of (one's) head 12
subito right away 9
successo (*m.*) success 10
succo di frutta (*m.*) fruit juice
sud (*m.*) south 1
suggerire to suggest 6
sugo (*m.*) sauce 5
suocera (*f.*) mother-in-law 3
suocero (*m.*) father-in-law 3
suonare to play (*an instrument*) 6; to ring
supermercato (*m.*) supermarket 4
supplemento rapido (*m.*) supplemental charge for fast trains 9
surgelato frozen 4
svantaggio (*m.*) disadvantage 2
sveglia (*f.*) alarm clock 9
svegliarsi to wake up 7

tabaccheria (*f.*) tobacco shop 3, 4
tacchino (*m.*) turkey 10
tacco (*m.*) heel 7; **a tacco alto** with high heels 7
taglia (*f.*) size 7
tagliare to cut 5
tanto so much, so many P; so; **tanto per cambiare** just for a change 6
tappa (*f.*) leg (of a journey) 9

tardi late; **fare tardi** to stay up late 3
tariffa (*f.*) rate, price list 9
tassista (*m. or f.*) taxi driver 8
tavola (*f.*) dinner table 3; **a tavola!** (come) to the table! 5
tavolino (*m.*) café table 5
tavolo (*m.*) table 3
taxi (*m.*) taxi 8
tazza (*f.*) cup 5
tazzina (*f.*) coffee cup 5
tè (*m.*) tea 5
teatro (*m.*) theater 10
tedesco German 2
telecomando (*m.*) remote control 11
telefilm (*m.*) made-for-TV movie 11
telefonare to telephone 5; **telefonarsi** to phone each other 7
telefono (*m.*) telephone P
telegiornale (*m.*, **Tg** *pr.: tigì*) TV news program 2, 11
televisione, tivù (*f.*) television 2, 11; **alla televisione/alla TV** on television; **TV via cavo, via satellite, digitale** cable TV, satelite TV, digital TV 11
televisore (*m.*) television set 2; **accendere/spegnere la TV** to turn on/turn off the TV 11
tema (*m., pl.* **i temi**) essay 2
temere to be afraid 8
tempo (*m.*) time, weather 1; **c'è tempo!** there's time! 1; **che tempo fa?** what's the weather like? 3; **tempo libero** free time 2
temporale (*m.*) storm 3
tenda (*f.*) tent 6
tendenza (*f.*) trend 7
tenere to keep 2; **tenersi aggiornato su** to keep up to date on 11
tennis (*m.*) tennis; **giocare a tennis** to play tennis 6
terrazzo (*m.*) terrace 3
tesi (*f.*) thesis 2
tesoro (*m.*) treasure, darling 9
tessera (*f.*) identification card, pass; **tesserino universitario** (*m.*) student identification card 2
tessuto (*m.*) cloth 7
testa (*f.*) head 7; **mal di testa** headache 7
testo (*m.*) lyrics 10

tifare, fare il tifo to be a fan, to cheer 6
tifoso (*m.*) fan 6
timbrare to stamp; **timbrare il biglietto** to stamp/validate the ticket 9
tinta: in tinta unita solid (*design*) 7
titoli (*m. pl.*) headlines 11
titolo (*m.*) title 11
to'! take it! take a look! 4
tornare to return, to come back 1, 4
torre (*f.*) tower 1
torrefazione (*f.*) coffee store 4
tosse (*f.*) cough 7
tossire to cough 7
tovaglia (*f.*) tablecloth 5
tovagliolo (*m.*) napkin 5
tra in, within, among, between 1; **tra cinque minuti** in five minutes 2; **tra una settimana/un mese/un anno** in a week/month/year 6
tradurre (*p.p.* **tradotto**) to translate 4
traduzione (*f.*) translation; **in traduzione** in translation 11
traffico (*m.*) traffic 8; **che traffico!** what traffic! 8
tragedia (*f.*) tragedy 10
traghetto (*m.*) ferry 8
trama (*f.*) plot 11
tramezzino (*m.*) sandwich on sliced bread 5
trascorrere le vacanze to spend one's vacation 9
traslocare to move 3
trasmissione (*f.*) telecast 11
trattarsi to be about 11
treno (*m.*) train 9; **treno diretto** direct train 9; **treno espresso** express train 9; **treno IC** intercity train 9; **treno locale** local train 9; **treno rapido** rapid train 9; **perdere il treno** to miss the train 9
triste sad 2
tromba (*f.*) trumpet 10
troppo too much 5
trovare to find 1; **trovarsi** to meet 2; **venire a trovare** to come to visit 12
truccarsi to put on makeup 7
trucco (*m.*) makeup
turista (*m. or f.*) tourist 1
tuta (*f.*) sweatsuit 7
tutto all 1

uccidere (*p.p.* **ucciso**) to kill 4
uffa! ugh! (expression of annoyance) 10
ufficio (*m.*) office 7; **ufficio postale** post office 3
uguale equal 12
ultimo last 1
umido humid 3
Unione Europea (*f.*) European Union 12; **UE** EU 12
università (*f.*) university P; **iscriversi all'università** to enroll in college 2
uomo (*m., pl.* **uomini**) man 3; **uomo d'affari** businessman 8
uovo (*m., pl. f.* **le uova**) egg 4
uscire to go out 2
uscita (*m.*) exit 9
utile (*m.*) useful 3
uva (*f.*) grape(s) 4

vacanza, vacanze (*f.*) holiday, vacation 3; **andare in vacanza** to go on/to take a vacation 6; **essere in vacanza** to go/be on vacation 3
vagone (*m.*) railway car 9
valigia (*f.*) suitcase 9; **fare la valigia** to pack a suitcase 9
valle (*f.*) valley 6
valore (*m.*) value 12
vantaggio (*m.*) advantage 2
vantarsi (di) to boast (of) 12
vaporetto (*m.*) steamship 8
vassoio (*m.*) tray 5
vecchio old 2
vedere (*p.p.* **visto**) to see 2; **vedersi** to see each other 7; **ci vediamo** see you P; **ti vedo proprio bene** you look great 7; **visto che** since 4
vela (*f.*) sail, sailing 6; **andare a gonfie vele** to go smoothly, to have smooth sailing 10; **barca a vela** sailboat 6
veloce fast 2
velocità (*f.*) speed 10; **il limite di velocità** speed limit
venerdì Friday 1
venire to come 2; **venire a trovare** to come visit 12
vento (*m.*) wind 3; **c'è vento** it's windy 3
ventoso windy 3
veramente really 5
verde green 2, 7
verdura (*f.*) vegetable 4
vergogna (*f.*) shame 12; **vergognati!** shame on you! 5
vero true 1
verso toward 1
vestirsi to dress, to get dressed 7
vestito (*m.*) dress 7; **vestiti firmati** designer clothes 7; **vestito da sera** evening dress 7
vetrina (*f.*) display window of a shop or store 4
via (*f.*) street, road 1
viaggiare to travel 1
viaggio (*m.*) trip 9
vicino a near 1; **lì/qui vicino** nearby 1
vicino di casa (*m.*) neighbor 3
videoregistratore (*m.*) VCR 2
vietare to prohibit; **è vietato** (+ *inf.*) it is prohibited 9
vigile urbano (*m.*) traffic cop 8
vigilessa urbana (*f.*) traffic cop 8
vignetta (*f.*) illustration 1
vincere (*p.p.* **vinto**) to win 4, 6
vino (*m.*) wine 3, 5
viola (*inv.*) purple 2, 7
violino (*m.*) violin 10
visitare to visit 1
viso (*m.*) face 7
vivere (*p.p.* **vissuto**) to live 2
vivo live, alive, living; **viva…!** long live…!; **fatti vivo!** keep in touch! 8; **dal vivo** live 10
voglia (*f.*) desire, wish; **avere voglia di** (+ *inf.*) to want, to feel like 1
volante (*m.*) steering wheel 10
volare to fly 9
volentieri, ben volentieri with pleasure 3
volere to want 3; **volendo** if we/you like 3; **voler dire** to mean 3; **voler bene** to love 3; **vorrei** I would like 2
volo (*m.*) flight 9; **volo diretto** nonstop flight 9
volta (*f.*) time, occurrence; **per la prima volta** for the first time 1; **c'era una volta** once upon a time; **una volta tanto** once in a while 10; **un'altra volta** again; **a volte** sometimes 2; **qualche volta** sometimes 3
volume (*m.*) volume 11; **alto/basso volume** high/low volume 10; **abbassare il volume** to turn down the volume 10; **alzare il volume** to turn up the volume 10; **a tutto volume** loud, full best 10
votare to vote 12
voto (*m.*) grade 2
vulcano (*m.*) volcano 1

WC (*m.*) toilet 3

zaino (*m.*) backpack 2
zia (*f.*) aunt 1, 3
zio (*m.*) uncle 3
zitto silent; **zitto!** be quiet! 11; **stare zitto** to keep quiet
zucchero (*m.*) sugar 5
zuppa (*f.*) soup 5

VOCABOLARIO INGLESE-ITALIANO

ATM il bancomat 4
abbreviation la sigla P
able: be able potere
   (*p.p.* potuto) 3
about di 1; **be about**
   trattarsi 11
above su 1; **above all**
   soprattutto 3
abroad l'estero, all'estero 12
accessories gli accessori 7
accompany accompagnare 8
according to secondo;
   accordingly di conseguenza 8
accountant il/la commercialista 8
ache, headache, stomachache
   il mal di testa, il mal di stomaco 7
act recitare 10
activity l'attività 8
actor l'attore 10
actress l'attrice 10
actually anzi 4; addirittura 8
address l'indirizzo
admirer l'appassionato
admit ammettere
   (*p.p.* ammesso) 4
advance l'anticipo
advantage il vantaggio 2
advertisement la pubblicità,
   lo spot 11
advise consigliare; **advise**
   (*to do something*) consigliare
   (di + *inf.*); **my advice to you
   is …** ti consiglio… 5
afraid: be afraid avere paura 1

after dopo 6
afternoon il pomeriggio 1; **this
   afternoon** oggi pomeriggio 1
again di nuovo 4
age l'età 1
agency l'agenzia; **travel agency**
   l'agenzia di viaggio 1
ago fa 4; **an hour/a week
   ago** un'ora/una settimana fa 4
agree essere d'accordo
agreed d'accordo 1
agreement l'accordo
air l'aria
airplane l'aereo, l'aeroplano 8
airport l'aeroporto 3, 9
alive vivo
all tutto 1
all right va bene; **it's (not) all
   right with me** ci sto/non
   ci sto 10
almost quasi
alone solo, da solo/a 6
alphabet l'alfabeto P
already già 4
also anche
although benché, sebbene,
   malgrado, nonostante che 8
always sempre 1
amaze stupire; **be amazed
   (by something)** stupirsi
   (di qualcosa) 12
ambassador l'ambasciatore
   (*m.*) 12
ambitious ambizioso 2

ambulance l'ambulanza 8
American americano 1
among tra, fra 1
analyze analizzare 11
ancestor l'antenato 12
ancient antico 2
angry arrabbiato 11;
   get angry arrabbiarsi 7
announcer l'annunciatore,
   l'annunciatrice, il presentatore,
   la presentatrice 11
annoy dare fastidio 12
answer rispondere (*p.p.* risposto) 2
antiques l'antiquariato; **antique
   dealer** l'antiquario 6
anything but! (*ironic*) altro che! 12
anyway comunque 9
apartment l'appartamento 3;
   apartment building
   il palazzo 3
aperitif l'aperitivo 5
appetite l'appetito 5
appetizer l'antipasto 5
applaud applaudire 10
apple la mela 4
April aprile (*m.*) 1
apron il grembiule 2
architect l'architetto (*m. or f.*) P, 8
architecture l'architettura (*f.*) 2
area code il prefisso telefonico P
arm il braccio (*pl. f.* le braccia) 7
armchair la poltrona 3
arrival l'arrivo 9; **be arriving**
   essere in arrivo 9

arrive arrivare 1
art l'arte (*f.*); **art history** la storia dell'arte 2
art gallery la galleria d'arte 6
art show l'esposizione (*f.*), la mostra 6
article l'articolo 11
artisan l'artigiano, l'artigiana 8
artist l'artista (*m. or f.*) 8
as come; **as for** per quanto riguarda 12; **as soon as** non appena 9
ascend salire 4
ask domandare 1; **ask (for)** chiedere (*p.p.* chiesto) 2, 6; **ask a question** fare una domanda
asleep: to fall asleep addormentarsi 7
assimilate integrarsi 12
at a (*frequently* ad *before a vowel*), da, in 1; **at any rate** comunque 9; **at last** finalmente 5
athlete l'atleta (*m. or f.*) 6
athletic atletico 2
attached in allegato 8
attend frequentare 2; **attend a concert** assistere ad un concerto 10
attention l'attenzione (*f.*); **pay attention** fare attenzione
attentive attento 2
audience il pubblico 10
August agosto 1
aunt la zia 1, 3
Australian australiano 2
author l'autore (*m.*), l'autrice (*f.*) 11
automobile l'auto (*f.*), l'automobile (*f.*) 1
autumn l'autunno 1
availability la disponibilità 9
average il medio 12
avoid evitare 8

baby il bambino, la bambina 3
back la schiena 7
backpack lo zaino 2
bad brutto 2; **not too bad** non c'è male P; **too bad!** che peccato! 2
badly male P
baked al forno 5
ball la palla, il pallone 6
banana la banana 4
band il complesso 10
bank la banca 3

bargain l'affare (*m.*) 4
bartender il/la barista 5
basketball la pallacanestro 6
bathing suit il costume da bagno 7
bathroom il bagno 3
be essere (*irr., p.p.* stato), stare (*p.p.* stato) 1, 2; **be broke** essere senza una lira 4; **be at the end of one's rope** avere l'acqua alla gola 9; **be nearby** essere a due passi 4; **be of ... origin** essere d'origine... 12; **be on the ball/smart** essere in gamba 11; **be pitiful** fare pena 6; **be sky-high** essere alle stelle 12; **be there** esserci 1; **be in trouble** star fresco 8; **be well, fine** stare bene P; **be worthwhile** convenire 9; **be ... years old** avere ... anni 1; **not be well** stare male P
beach la spiaggia 1
bear sopportare
beard la barba
beautiful bello 1
because perché 3
become diventare, divenire 4, 8
bed il letto 2
bedroom la camera da letto 3
beer la birra 5
begin cominciare P; **begin** (*to do something*) cominciare a (+ *inf.*)
behind dietro a 1
believe (in) credere (a, in) 4; **I believe it!** lo credo bene! 11
belt la cintura 7
best ottimo; **best-quality** di ottima qualità 4
better meglio, migliore 7
between tra, fra 1
bicycle la bicicletta, la bici 2, 8; andare in bicicletta 8
bicycle racing il ciclismo 6
big grande 2
bill (*check*) il conto 1; la bolletta 12; (*paper money*) la banconota 4
billion il miliardo 4
binoculars il binocolo 6
biology la biologia 2
birthday il compleanno 1; **happy birthday!** buon compleanno! 1
bit: a bit of po', un po' di 1
black nero 2
blackboard la lavagna 2
bless you! (*sneeze*) salute!
blond biondo 2

blouse la camicetta 7
blue blu (*inv.*) 2; **light blue** azzurro 2
board imbarcare 9
boarding pass la carta d'imbarco 9
boast (of) vantarsi (di) 12
boat la barca 2; **sailboat** la barca a vela
body il corpo 7
boil bollire 5
boiled bollito 5
book il libro 2
bookcase lo scaffale 2
bookstore la libreria 2, 11
boot lo stivale 1, 7
bored annoiato 2; **get bored** annoiarsi 7
boring noioso 2; **how boring!** che barba!, che noia! 6
born nato 1; **be born** nascere (*p.p.* nato) 4
boss il/la capo 8
both sia... che... 9
bother disturbare 2, dare fastidio 12; il fastidio 12
bowtie la cravatta a farfalla 7
boy il ragazzo 3
boyfriend il ragazzo 3
branch (of government), executive branch il potere esecutivo 12; **judicial branch** il potere giudiziario 12; **legislative branch** il potere legislativo 12
brand la marca 4
bread il pane 4
bread store la panetteria, il panificio 4
break rompere (*p.p.* rotto) 2; **break** (*a bone*) rompersi 7
breakfast la (prima) colazione 2; **breakfast pastry** la brioche 5, il cornetto 5; **have breakfast** fare colazione 3
bride la sposa 3
bridge il ponte 1
briefcase la cartella 2
bring portare 3, 5; **bring about** realizzare 12
brochure il dépliant 9
broth il brodo; **in broth** in brodo 5
brother il fratello 3
brother-in-law il cognato 3
brown marrone 2
brush one's hair spazzolarsi 7; **brush one's teeth** lavarsi i denti 7
bubblebath il bagnoschiuma 4

Vocabolario inglese-italiano

building l'edificio 3
burn bruciare 5; **burn a disk** masterizzare 2
bus l'autobus (*m.*) 8
bus stop la fermata dell'autobus 8
business il commercio 2; l'impresa 8
businessman l'uomo d'affari 8
businesswoman la donna d'affari 8
busybody il/la ficcanaso 3
butcher shop la macelleria 4
butterfly la farfalla
button il bottone 10
buy comprare 1
by da; **by the way** a proposito 8
bye ciao P

CV il curriculum 8
cable car la funivia 6
café il caffè, il bar 3, 5
cafeteria la mensa 2
call chiamare; **be called** chiamarsi P, 7
calm la calma
campground il campeggio 9
camping il campeggio; **go camping** andare in campeggio 6
can potere (*p.p.* potuto) 3
capital la capitale 1
car l'auto (*f.*), l'automobile (*f.*), la macchina 1, 8; **rental car** l'automobile a noleggio (*f.*) 9
carbonated frizzante, gasata 5
card il biglietto, la carta P; **business card** il biglietto da visita P; **credit card** la carta di credito 4; **identification card (ID)** la carta d'identità, il tesserino universitario P, 2; **playing card** la carta
care for curare 1
carefully prudentemente 5
career la carriera 8; **have a career** fare carriera 8
carpenter il falegname 8
carry-on bag il bagaglio a mano 9
carrot la carota 4
cash a check incassare 4
cash register la cassa 4
cashier il cassiere, la cassiera 4
casual sportivo 7
cathedral la cattedrale, il duomo 3
celebrate celebrare, festeggiare 9
cent il centesimo 4; **be without a cent** essere senza una lira 4
center il centro

century il secolo 11
chair la sedia 2; **lounge chair, deck chair** la sedia a sdraio 6
chalk il gesso 2
challenge la sfida P
change cambiare 1; (*coins*) il resto 4; **change majors** cambiare facoltà 2; **you'll never change** sei sempre il solito/la solita 8
channel il canale 11
chapter il capitolo 11
chat fare due chiacchiere 3
cheap conveniente 4, economico 9; **be cheap** (*person*) fare i tirchi 4
check il conto 1, 4, l'assegno 4
check-in (desk) l'accettazione (*f.*) 9
checkers la dama 6; **play checkers** giocare a dama 6
cheer tifare, fare il tifo 6
cheers! alla salute!
cheese il formaggio 4
chef il cuoco, la cuoca 5
chemistry la chimica 2
cherry la ciliegia 4
chess gli scacchi 6; **play chess** giocare a scacchi 6
chest il petto 7
chicken il pollo 4
child il bambino, la bambina; il bimbo, la bimba 3
Chinese cinese 2
chocolate, hot chocolate la cioccolata calda 5
choose scegliere (*p.p.* scelto) 4
Christmas il Natale; **Merry Christmas!** Buon Natale!
church la chiesa 1; **large church** il duomo 3
cinema il cinema, il cinematografo 1, 10
citizen il cittadino, la cittadina 12
citizenry il popolo 12
city la città 1
city hall il municipio 3; il comune 12
clarinet il clarinetto 10
class la classe, la lezione 2; **first class** la prima classe 9; **second class** la seconda classe 9
classics le lettere classiche 2
classroom l'aula 1
clean pulire 2
clear the table sparecchiare 5
clerk il commesso, la commessa 4
cliché la frase fatta 12
client il/la cliente 4

clientele la clientela 4
climb scalare 6
clock l'orologio (*m.*) 2; **alarm clock** la sveglia 9
close chiudere (*p.p.* chiuso) 2
closed chiuso 1
closet l'armadio 2
cloth la stoffa, il tessuto 7
clothes gli abiti 7; **designer clothes** gli abiti firmati, i vestiti firmati 7
clothing l'abbigliamento 7
cloud la nuvola 3
cloudy nuvoloso 3
club la discoteca 3
coach l'allenatore (*m.*), il mister 6
coat il cappotto 7
coffee il caffè 1; **coffee store** la torrefazione 4
coffee shop il caffè 3, 5; il bar 3, 5
coin la moneta 1; **coins** gli spiccioli 4
cold freddo; **be cold** avere freddo 1; **it's cold** fa freddo 3
cold (*illness*) il raffreddore 7
colleague il/la collega 8
collect collezionare 6
collection la collezione, la raccolta 6, 11
color il colore 2
colored colorato 7
colorful colorato 7
column la colonna 2, la rubrica (*newspaper*) 11
comb one's hair pettinarsi 7
come arrivare 1, venire 2; **come back** tornare 1, 4; **come in!** avanti! 3; **come on!** dai! 4, 6; su andiamo! 6
comedy la commedia 10
comfortable comodo 3; **make yourself comfortable!** si accomodi! 8
commission la commissione; **European Commission** la Commissione europea 12
commit oneself (to) impegnarsi (a) 12
community la zona 3
compact disc il CD (*pr.: cidi*) 10; **CD player** il lettore CD 10
company la ditta, l'impresa 8
comparable simile 12
compare paragonare 12
compared to in confronto a 9
comparison il paragone 12
competition la gara 6

Vocabolario inglese-italiano

complain lamentarsi 7; **don't complain so much!** non fare tante storie! 6
complimentary (*free*) in omaggio, in regalo 11
composer il compositore 10
computer il computer 2
computer science l'informatica
concert il concerto 10
conductor il direttore d'orchestra 10; **(train) conductor** il controllore 9
confuse confondersi 12
confusion la confusione 1
congratulations gli auguri 9
connection la coincidenza 9
conservatory il conservatorio 10
consider considerare 1; **consider it done** affare fatto 11
consist consistere 2
constitution la costituzione 12
consul il console 12
consulate il consolato 12
content: be content (with) accontentarsi (di) 12
continue on… proseguire per… 9
contrary: on the contrary anzi 4
contribute contribuire 12
conversation la conversazione P
cook cuocere (*p.p.* cotto) 5; **cooked** cotto 4; **cooked just right, not overdone** (*pasta*) al dente 5
cool (*weather*) fresco 3; **how cool!** che forte! 8
copy la copia 11
corner l'angolo 2
correct correggere (*p.p.* corretto) 2
cost costare 4
costly costoso 3
costume il costume 7
cotton il cotone 7
couch il divano 3
cough la tosse 7; **to cough** tossire 7
counter il banco 5
country il paese 1, la campagna 3
countryside il paesaggio 6
couple il paio, la coppia 1, 3; **a couple of…** un paio di… 9
course il corso, il percorso 2, 6; **first course** la minestra, il primo piatto 5; **second course** il secondo piatto 5; **take a course**
seguire un corso, seguire una lezione 2
courts la magistratura 12
cousin il cugino, la cugina 3
cover (*book*) la copertina; **hard cover** la copertina rigida 11; **softcover book** l'edizione tascabile (*f.*) 11
cover charge il coperto 5
crazy matto; **it's crazy** è pazzesco 5; **that's crazy!** roba da matti! 6; **to be crazy about…** andare matto per… 11
create creare 2
crisis la crisi 8
critic il critico 10
crowded affollato 9
cue lo spunto
cup la tazza 5; **coffee cup** la tazzina 5
curious curioso 1
current attuale 12
custom il costume 12
customs la dogana 9; **go through customs** passare la dogana 9
cut tagliare 5; **cut a class** saltare una lezione 2

daddy il babbo, il papà 3
daily quotidiano
dance ballare 1; il ballo 10; **slow dance** il lento 10; **dance floor** la pista da ballo 10
dancer il ballerino, la ballerina 10
dangerous pericoloso 10
dark il buio, lo scuro 7; **in the dark** al buio 4
darling l'amore (*m.*) 3, il tesoro 9
darn it! accidenti! 2, accipicchia! 4; che cavolo! 10
date la data 1; **what is the date?** qual è la data? 1
daughter la figlia 1, 3
daughter-in-law la nuora 3
day il giorno 1; **day before yesterday, the other day** l'altro ieri 1; **what a (great) day!** che (bella) giornata! 2
deaf sordo; **be tone-deaf** essere stonato come una campana 10
deal l'affare (*m.*) 4; **done deal** affare fatto (*m.*) 11; **deal with** affrontare 12
dear l'amore (*m.*) 3; caro
December dicembre 1
decide decidere (*p.p.* deciso) 2
degree la laurea 2; **have a degree** essere laureato 2
delay il ritardo 9
delicatessen la salumeria 4
delicious delizioso 5; **how delicious!** che buono! 4
deluxe di lusso 7
dentist il/la dentista 8
department store il magazzino, il grande magazzino 4
departure la partenza 9
descend scendere (*p.p.* sceso) 2
design il modello, la fantasia (*fabric*) 7
desire desiderare; il desiderio 1
desk il banco, la scrivania 2
despite nonostante 8
dessert il dolce 5
dessert plate il piattino 5
destination la destinazione 9
die morire (*p.p.* morto) 4
different diverso 2
difficult difficile 2
dinner la cena 5; **eat dinner** cenare 5
diplomacy la diplomazia 12
diplomatic diplomatico 12
direction la direzione 1
director il direttore, la direttrice; il/la regista 10
disadvantage lo svantaggio 2
disaster il disastro; **what a disaster!** che disastro! 6
discotheque la discoteca 3
discount lo sconto 4
discover scoprire (*p.p.* scoperto) 2
discuss discutere (*p.p.* discusso) 2
dish il piatto 5
dishwasher la lavastoviglie 3
diskette il dischetto 2
display window la vetrina 4
disposal la disposizione 9
disturb disturbare 2
divide dividere (*p.p.* diviso) 2
divorce divorziare 3
do fare (*p.p.* fatto) 3; **do aerobics** fare aerobica 6; **do errands** fare le commissioni 3; **have things to do** avere da fare 3; **do something in a slapdash way** fare qualcosa coi piedi 11; **do well/poorly** andare bene/male 2
doctor il dottore, la dottoressa P; **medical doctor** il medico P, 8

door la porta 2; **main door** il portone 3
dormitory il dormitorio, la casa dello studente 2
down there laggiù 6
download (a file) scaricare (un file) 2
downtown in centro 3
drama il dramma 10
draw disegnare 6
dream il sogno 12; sognare 12; **I wouldn't dream of it!, not at all!** nemmeno per sogno! neanche per sogno! 12
dress vestirsi 7
dress a salad condire 5
dressing room il camerino 7
drink bere (*p.p.* bevuto) 3; **after-dinner drink** l'amaro 5, il digestivo 5
drive guidare 8
driver l'autista (*m. or f.*) 8, 10
drugstore la farmacia 2
drugs la droga 12
drums la batteria 10
during durante

EU (European Union) l'UE (l'Unione europea) 12
e-mail la posta elettronica P
each ogni 2; **to each his own** a ciascuno il suo 7
ear l'orecchio 7
early presto, in anticipo 2; **be early** essere in anticipo 2
earn guadagnare 8; **not earn a penny** non guadagnare una lira 11
earring l'orecchino 7
east l'est (*m.*) 1
easy facile 10
eat mangiare 1
economic economico 4, 9
economics l'economia (*f.*) 2
economy l'economia (*f.*) 2
edited by a cura di 11
edition l'edizione (*f.*)
editor l'editore (*m.*) 11
education la formazione, le scienze della formazione 8
effect realizzare 12
egg l'uovo (*pl. f.* le uova) 4
eggplant la melanzana 4
elect eleggere 12
election l'elezione (*f.*) 12
elegant elegante 3

elevator l'ascensore (*m.*) 11
embassy l'ambasciata 12
emigrant l'emigrato 12
emigrate emigrare 12
employ impiegare 8
employee l'impiegato, l'impiegata 8
encyclopedia l'enciclopedia (*f.*) 11
end la fine; finire 2
engineer l'ingegnere (*m. or f.*) P, 8
engineering l'ingegneria 2
English inglese 2
enjoy godere 12; **enjoy (your meal)!** buon appetito! 5
enough: be enough bastare 1, 8; **enough!, enough already!** basta! 5
enroll iscriversi 2
enter entrare 4
entrepreneur l'imprenditore, l'imprenditrice 8
environment l'ambiente (*m.*) 8
equal uguale 12
errands le commissioni 3, 4; **do errands** fare le commissioni 3
essay il tema (*pl.* i temi) 1, 2
eternal eterno 1
euro l'euro (*inv.*) 4
evaluation il giudizio 2
even anche
evening la sera 1, la serata; **good evening** buonasera P
ever mai 4
every ogni 6
evil eye il malocchio; **give (someone) the evil eye** fare il malocchio (a qualcuno) 10
exactly esatto, esattamente 1
exaggerate esagerare 7
exam l'esame (*m.*) 2; **take an exam** dare un esame 2
example l'esempio P; **for example** per esempio
excellent eccellente 1
exchange cambiare 1
exclusive esclusivo 7
excursion la gita 2, 6
excuse scusare; **excuse me!** scusa! (*informal*) scusi! (*formal*) P, 3; **excuse me** permesso? 3
executive il/la dirigente 8
exercise fare ginnastica 6
exhibition la mostra 6
exit uscire 2, 4; l'uscita
expensive costoso 3, caro 4
exquisite squisito 5
extend prolungare 1
eye l'occhio 7

eyebrow il sopracciglio (*pl. f.* le sopracciglia) 7
eyeglasses gli occhiali 7
eyelash il ciglio (*pl. f.* le ciglia) 7

face la faccia, il viso 7
factory la fabbrica 8
fairy tale la favola 6
family la famiglia 3
famous famoso 2
fan l'appassionato, il tifoso; **be a fan** tifare, fare il tifo 6
far from lontano da 1
farewell addio P, 8
farm la fattoria 8
farmer il contadino, la contadina 8
fascinating affascinante 9
fashion la moda 7; **fashion show** la sfilata 7; **keep up with fashion** seguire la moda 7
fast veloce 2
fasten allacciare 9
fat grasso 2
father il padre 1, 3; il babbo, il papà 3
father-in-law il suocero 3
February febbraio 1
fed up stufo 10; **be fed up with** essere stufo di 10
feel sentire 2; **feel better** guarire 2; **feel like having** avere voglia di (+ *inf.*) 1
feminine femminile P
fencing la scherma 6
ferry il traghetto 8
festival la sagra 9
fever la febbre 4
fiancé(e) il fidanzato, la fidanzata 3
fiction la narrativa 11
field il campo 8; **playing field** il campo sportivo 2
fill up (the gas tank) fare il pieno 10
film il film; girare un film 10
finally finalmente 5
find trovare 1
find out informarsi 9
fine bene, va bene P, 1; (*penalty*) la multa 8
finger il dito (*pl. f.* le dita) 7
finish finire 2; **finished** finito P
fire (*dismiss*) licenziare 8
fireworks i fuochi d'artificio 9
firm l'azienda 3

first primo 1; **first course** il primo 5
first-rate coi fiocchi 12
fish il pesce 4
fish store la pescheria 4
fish vendor il pescivendolo 4
fishing la pesca 6
fit (*clothes*) stare bene a qualcuno 7
fitting room il camerino 7
flag la bandiera 2
flash drive la chiavetta, la penna USB 2
flight il volo 9; **nonstop flight** il volo diretto 9; **flight attendant** l'assistente di volo (*m. or f.*) 9
flip through sfogliare 11
floor il piano 3; **dance floor** la pista (da ballo) 10
flop il fiasco 10
flower il fiore 6
flu l'influenza 7
flute il flauto 10
fly volare 9
fog la nebbia 3; **it's foggy** c'è nebbia 3
follow seguire 2
fool lo scemo 4; **be a fool** essere scemo 4; **don't be a fool!** non fare lo scemo/la scema! 7
foot il piede 7; **on foot** a piedi 3
for per P
forecast la previsione; **weather forecast** le previsioni del tempo 3
foreign straniero 3
forest il bosco 6
forget dimenticare, dimenticarsi 1, 7; **forget (about) it!** lascia perdere 9
forgo rinunciare 12
fork la forchetta 5
fortune la fortuna
forward avanti
founded fondato 1
fountain la fontana 1
free libero 2; in omaggio, in regalo 11
French francese 2
fresh fresco 3
Friday venerdì 1
fried fritto 5
friend l'amico/a 2; **two friends of mine** due miei amici 2
frog la rana 6
from da, di 1; **be from** essere di P; **from there** da lì 1
frozen surgelato 4

fruit salad la macedonia 4
fruit vendor il fruttivendolo 4
fry friggere (*p.p.* fritto) 5
fun divertente 2; **have fun** divertirsi 7; **what fun!** che divertente! 11
function funzionare 2
functionary il funzionario 12
funny buffo; **how funny!** che buffo! 11
furniture i mobili 3; **piece of furniture** il mobile
future il futuro; **in the future** in futuro 12

gain weight ingrassare 7
game il gioco 1, 6, la partita 6
garden il giardino 3
garlic l'aglio 5
gas pump il distributore 10
gasoline la benzina 10; **fill up (the gas tank)** fare il pieno 10
gather raccogliere (*p.p.* raccolto) 6
generalize generalizzare 12
generation la generazione 12
generous generoso 2
genre il genere 10
gentleman il signore P
geography la geografia 1, 2
German tedesco 2
get: get around (*a city*) spostarsi 8; **get by** cavarsela; **I get by** me la cavo 1; **you get by just fine** te la cavi bene 1; **get lost** perdersi 7; **get off** scendere da 8; **get on** salire su 8; **get up** alzarsi 7
gift il regalo 4
gift-wrap fare un pacchetto regalo 4
girl la ragazza
girlfriend la ragazza
give dare (*p.p.* dato) 2, consegnare 9; **give a gift to** regalare a (qualcuno) 5; **give it one's all** mettercela tutta 12; **give someone a lift** accompagnare (qualcuno), dare un passaggio (a qualcuno) 8; **give up** rinunciare 12
glance at dare un'occhiata a 10
glass il bicchiere 5
glove il guanto 7
go andare 1, 2; **go around** girare 1; **go back** ritornare 1; **go by bicycle** andare in bicicletta 8; **go from bad to worse** andare di male in peggio 11; **go on** andare

avanti 6; **go out** uscire 2; **go smoothly** andare a gonfie vele 10; **go straight ahead** andare dritto 6; **go well** andare per il meglio 10
go! forza! 6
goal il gol 6, la meta 12
good bravo 1, buono 3; **be good!** stai bravo! 5; **it's good** è bene 8; **good for you!** complimenti! 8; **good heavens!** accipicchia! 11
good-bye arrivederci/arrivederLa P
goods la merce 4
gosh! mamma mia! 2; accidempoli! 11
govern governare 12
government il governo 12
grade il voto 2; **grade book** il libretto universitario 2
graduate laurearsi 2
graduated laureato 2
gram: one hundred grams l'etto 4
granddaughter la nipote (*also* la nipotina) 3
grandfather il nonno 3
grandmother la nonna 3
grandson il nipote (*also* il nipotino) 3
grape(s) l'uva (*f.*) 4
gray grigio 7
great ottimo 5
greedy goloso 5
green verde 2
greet salutare P; **greet each other** salutarsi 7
greeting il saluto P
grill la griglia; **grilled** alla griglia 5
groom lo sposo 3
grow crescere 2
guarantee garantire 12
guess indovinare
guest l'ospite (*m. or f.*) 9
guide la guida
guidebook la guida turistica 1
guitar la chitarra 6; **to play the guitar** suonare la chitarra 6
gym la palestra 2
gymnasium la palestra 6
gymnastics la ginnastica 6

habit il costume 12
hair i capelli 4, 7
half mezzo 2
ham il prosciutto 4

hand la mano (*pl. f.* le mani) 2
handbag la borsa 7
hand-made fatto a mano 7
hand over consegnare 9
handsome bello 1
happen capitare; **for everything (unpleasant) to happen to someone** capitare tutte a qualcuno 10; **whatever happened to …?** che fine ha fatto…? 12
happy contento 1, allegro 2
hard cover la copertina rigida 11
hardly mica 6
hat il cappello 7
hate (each other) odiarsi 7
have avere (*p.p.* avuto) 1; **have the bug, a mania for …** avere il pallino di… 10; **have a crush on** avere una cotta per 8; **have a good time** divertirsi 7; **have (a lot of) things to do** avere (molte cose) da fare 3; **have to** dovere 3
head la testa 7; **headache** il mal di testa 7; **I have a headache** mi fa male la testa 7; **off the top of (one's) head** su due piedi 12
headlines i titoli 11
headphones le cuffiette 2
heal guarire 2
health la salute 7
healthy sano 5
hear sentire 2
heart il cuore 1
heat il caldo 1
heavy pesante 7
heel il tacco 7; **with high heels** a tacco alto 7
hello pronto, salve P; **say hello** salutare P
helmet il casco 8
help aiutare 1; **may I help you?** desidera? 4, mi dica! 7; **help (each other)** aiutarsi 7; **help!** aiuto! 2
here is/are ecco P, 1; **here I am** eccomi 9
heritage il patrimonio 12
hi ciao P
high alto 2
highway l'autostrada 10
hill il colle, la collina 1
hint lo spunto
hire assumere, noleggiare 8, 9
history la storia 2
hit a sour note prendere una stecca 10

holiday la festa P, la vacanza 3, 9; festivo 9; **holidays** le ferie 8; **farm holiday** l'agriturismo 9
home la casa; **at home** a casa 1
homework il compito 2
honestly sul serio 6
honeymoon la luna di miele 9
hope sperare; **I hope so!** me lo auguro! 9
hospital l'ospedale (*m.*) 1
hostel l'ostello 9
hot caldo; (*spicy*) piccante 5; **be hot** (*weather*) fare caldo; **be/feel hot** avere caldo 1
hotel l'albergo 3; **(small)** la pensione 9
hour l'ora 2
house la casa
housewife la casalinga 8
how come 3; **how's it going? come va?** P; **and how! eccome!** 4; **how are you? come sta?/stai?** P; **how come? come mai?** 2; **how many? quanto** 3; **how much? quanto** 3
however però 3
hug (each other) abbracciarsi 7
hum canticchiare 10
humanities le lettere 2
humid umido 3
hungry: be hungry avere fame 1
hurry: be in a hurry avere fretta 1; **let's hurry up!** sbrighiamoci! 4
hurt oneself farsi male
husband il marito 2, 3

ice il ghiaccio
ice cream il gelato 4; **ice cream store** la gelateria 4
idea l'idea; **not have the faintest idea** non avere la più pallida idea 10
identification l'identificazione (*f.*) 1; **identification (ID) card** la carta d'identità P, il tesserino universitario 2
identify identificare
if se; **if I were you** se fossi in te 10; **if only …** magari
illustrated illustrato 11
illustration la vignetta 1
image l'immagine (*f.*) 1, 12

imagine immaginare; **I would imagine, I guess** m'immagino 12; **just imagine!** figurati! 2
immigrant l'immigrato 12
immigrate immigrare 12
impossible impossibile 7
impression: make a good/bad impression fare una bella/brutta figura 7
improve migliorare 8
in a, ad, fra, in, tra 1; **in a week/a month/a year** tra una settimana/un mese/un anno 6; **in front of** davanti a 1; **in the middle of** in mezzo a 6; **in order to** per P; **in the meantime** intanto 9
incorrect sbagliato
incredible incredibile 7, pazzesco; **it's incredible!** è pazzesco! 9
indeed infatti 2
individual l'individuo 12
industry l'industria 8
information le informazioni 9
ingredient l'ingrediente (*m.*) 5
instead invece 6
intelligent intelligente 2
instrument lo strumento 10
integrate integrarsi 12
integration l'integrazione (*f.*) 12
intend intendere (*p.p.* inteso)
interest l'interesse (*m.*) 12
interested interessato 2
intern lo/la stagista 8
Internet connection il collegamento Internet 2
internship lo stage 8
interview l'intervista 1, il colloquio 8; intervistare 3
introduce presentare; **let me introduce you to** ti presento 1
introduction l'introduzione (*f.*) 1, la presentazione P
invite invitare 3
iPod l'MP3 2
island l'isola 1
issue l'edizione (*f.*), il numero 11
Italian italiano P, 2
itinerary l'itinerario 6

jacket la giacca 7; **short jacket** il giubbotto 7
January gennaio 1
Japanese giapponese 2
jewel il gioiello 7

jewelry i gioielli 7; **costume jewelry** la bigiotteria, i bijoux 7
job il lavoro 1, il mestiere 8; **job announcement** l'annuncio di lavoro 8; **apply for a job** fare domanda di lavoro 8; **job interview** il colloquio di lavoro 8
jog fare footing 6
joke la barzelletta, lo scherzo 7, 11; scherzare; **you're joking!** ma scherzi! 1
journalist il/la giornalista 3, 8, 11
judge il giudice 12; giudicare 12
juice, freshly squeezed juice la spremuta 5
July luglio 1
June giugno 1

keep mantenere, tenere 2
keep in touch! fatti vivo! 8
key la chiave 1
kid: you must be kidding! capirai! 4
kill uccidere (*p.p.* ucciso) 4
kilo il chilo 4
kind gentile 1
kiss (each other) baciarsi 7
kitchen la cucina 3
kite l'aquilone (*m.*) 10
knee il ginocchio (*pl. f.* le ginocchia) 7
knife il coltello 5
knot il fiocco, il nodo
know sapere 2; **know a person or place** conoscere (*irr., p.p.* conosciuto) P, 2; **know each other** conoscersi P; **hardly know** sapere a mala pena 12; **know how to** sapere (+ *inf.*) 2; **I dunno** boh! 7; **I don't know** non lo so 3; **one never knows!** non si sa mai! 6; **you know how it is** sa/sai com'è 11

lace il pizzo 7
lady la signora
lake il lago 1
lamp la lampada 3
land atterrare 9
landing l'atterraggio 9
language la lingua 2

laptop (computer) il (computer) portatile 2
last ultimo 1, scorso 4
late in ritardo 2, tardi 3; **sorry I'm late** scusa/scusate il ritardo 5; **to stay up late** fare tardi 3
lateness il ritardo 9
later dopo, poi
laugh ridere (*p.p.* riso) 2; **split one's sides laughing** ridere a crepapelle 11
law la legge, la giurisprudenza 2
lawyer l'avvocato (*m. or f.*)
lazy pigro 2
learn imparare 1, 2
leather il cuoio, la pelle 7
leave lasciare 1, partire; **be leaving** essere in partenza 9
lecture la conferenza 3
left sinistra; **on the left, to the left** a sinistra 6
leg la gamba 7; **(of a journey)** la tappa 9
lemon il limone 4
lend prestare 4; **lend a hand** dare una mano
lesson la lezione 2
let yourself go scatenarsi 10
letter la lettera
lettuce la lattuga 4
liberty la libertà 12
library la biblioteca 2
license (driver's) la patente 8; **get a license** prendere la patente 8
lifeguard il bagnino 6
light leggero 7; **(color)** chiaro 7
like come 12; piacere 2; **like this** così P
likewise altrettanto
line la riga 2
linen il lino 7
lip il labbro (*pl. f.* le labbra) 7
list l'elenco (*m.*) 4
listen to ascoltare 1; **listen to this!** senti senti! 10
liter il litro 4
literature la letteratura 2
little piccolo 2; **little by little** man mano 8
live abitare 1, vivere (*p.p.* vissuto) 2; **long live ... !** viva... !; **live together** convivere 3
live (*television*) vivo, in diretta 11
living vivo
loan il prestito 4
look: look after curare 1; **look at** guardare 1; **look**

for cercare 1; **look who's here!** chi si vede! 4
lose perdere (*p.p.* perso) 6; **lose weight** dimagrire 7
lot: a lot of molto P
loud (full blast) a tutto volume 10
loudspeaker l'altoparlante (*m.*) 10
love l'amore (*m.*) 9; amare, voler bene 3; **fall in love (with someone)** innamorarsi (di qualcuno) 7, **love something** essere appassionato di... 10
low basso 2; **low volume** basso volume 10
lower abbassare 10
luck la fortuna; **good luck!** buona fortuna!, in bocca al lupo! 2; **lucky you!** beato te! 6; **it's good/bad luck** porta fortuna/sfortuna 3
luckily per fortuna 2
luggage il bagaglio 9; **hand luggage** il bagaglio a mano 9
lunch il pranzo 5; **eat lunch** pranzare 5
luxurious di lusso 7
lyrics il testo, le parole 10

mad matto (*insane*), arrabbiato (*angry*) 11
magazine la rivista 11
magistrate il magistrato 12
mail la posta; spedire 3
mail carrier il postino P
mailbox la buca delle lettere 3
maintain mantenere 8
major in laurearsi in, prendere la laurea in 2
majority la maggior parte 9, la maggioranza 12
make fare (*p.p.* fatto) 3
makeup il trucco; **put on makeup** truccarsi 7
mall il centro commerciale 4
man l'uomo (*pl.* gli uomini) 1, 3
manage cavarsela, riuscire a (+ *inf.*) 8
map la cartina, la piantina, la mappa 6
March marzo 1; **protest march** la manifestazione 12
market il mercato; **open-air market** il mercato all'aperto 4; **stock market** la borsa 8
married sposato 1, 3

marry sposare; **get married** sposarsi 3, 7
masculine maschile P
masterpiece il capolavoro 11
match l'incontro 1, la gara 6
math, mathematics la matematica 2
matter importare 7; **what's the matter?** cos'hai? 5, 7
May maggio 1
may potere (*p.p.* potuto) 3; **maybe** può darsi; **maybe so ...** sarà... 12
meal il pasto 5; (hotel) **with meals** con pensione completa 9
mean intendere (*p.p.* inteso), voler dire 3; **what do you mean?** cosa intendi? 3; (*agg.*) antipatico 2
means il mezzo; **means of transportation** il mezzo di trasporto 8
measure misurare; **to measure one's temperature** misurarsi la temperatura 7
meat la carne 4; **meat sauce** il ragú 5; **with meat sauce** al ragù 5
medicine la medicina 2
meet incontrare 1, trovarsi, conoscere (*p.p.* conosciuto) 2, incontrarsi 7; **meet each other** conoscersi P; **meet someone** conoscere (*p.p.* conosciuto) P
meeting l'incontro 1; **meeting place** il ritrovo 10
melon il melone 4
member of parliament il/la parlamentare 12
memory la memoria 1
menu il menù 5
merchandise la merce 4
mess: be in a fine mess star fresco 8
message il messaggio; **receive messages** ricevere messaggi 2; **send messages** inviare messaggi 2
middle: in the middle of in mezzo a
midnight la mezzanotte 2
milk il latte 4
million il milione 4
minister il ministro 12
mirror lo specchio 7
Miss signorina P
miss perdere; **miss the train** perdere il treno 9;

I wouldn't miss it for the world non me lo perderei per nulla al mondo 7
mistake lo sbaglio 2; **make a mistake** sbagliare 2
mixed misto 5
model il/la modello/a 7
mommy la mamma 3
Monday lunedì 1
money il denaro, i soldi; (*paper*) la banconota 4; **make money** guadagnare 8
moment l'attimo; **(wait, just) a moment** (aspettare) un attimo 11
month il mese 1
monthly mensile 11
monument il monumento 1
moon la luna
more più; **moreover** per di più 7
morning il mattino, la mattina 1; **good morning** buongiorno P; **this morning** stamattina 1
mother la madre 1, la mamma 3
mother-in-law la suocera 3
motorcycle la motocicletta, la moto 2
mountain la montagna 1, il monte
moustache i baffi 6
mouth la bocca 7; **have one's mouth water** avere l'acquolina in bocca 5
move cambiare casa, traslocare 3; **move away** allontanarsi
movie theater il cinema 1, 10
Mr. signore P
Mrs. signora P
much molto P, un sacco di 9; **so much** tanto P
muggy afoso 3
museum il museo 1
mushroom il fungo 2
music la musica 10; **classical music** la musica classica 10; **pop music** la musica leggera/pop 10; **sheet music** la partitura, lo spartito 10
musical musicale 10
musical note la nota 10
musician il/la musicista 8, 10
must dovere 3
myth il mito 12

name il nome P; **last name** il cognome P; **my name is** mi chiamo P; **what's your name?** come si chiama/ti chiami? P
napkin il tovagliolo 5

narrative la narrativa 11
nation la nazione 1
naturally! si capisce! 5
near vicino a 1; **nearby** lì/qui vicino 1
necessary necessario 7, 8
neck il collo 7
need avere bisogno di 1
neighbor il vicino di casa 3
neither ... nor né ... né 9
nephew il nipote 3
net la rete
network la rete televisiva 11
never mai, non... mai 4
new nuovo 2
news la notizia 3, 11; **sensational news** la notizia bomba 11
newscaster l'annunciatore, l'annunciatrice 11
newspaper il giornale 3, 11; **daily newspaper** il quotidiano
newspaper vendor il giornalaio 11
newsstand l'edicola 3, 11
next prossimo; **till next time!** alla prossima! P
nice bello, simpatico 1, 2; **how nice!** che bello! 2; **it would be nice!** magari! 2; **it's nice weather** fa bello 3
niece la nipote 3
night la notte 1; **good night** buonanotte P; **last night** ieri sera 4
nightspot il locale notturno 10
nightgown la camicia da notte 7
nobody non... nessuno 9
noise il rumore 2
noncarbonated non gasata, senza gas 5
noon il mezzogiorno 2
normally di solito 6
north il nord 1
nose il naso 7
nosy person il/la ficcanaso 3
not non 6; **not any** non... nessuno/a 9; **not anymore** non... più 9; **not at all** non... mica, non... affatto 9; **not even** non... neanche, neppure, nemmeno 9; **not ever** non... mai; **it's not necessarily the case** non è detto che... 12; **not really** mica tanto 9; **not yet** non... ancora 9; **it's not at all...** non è per niente... 3
notebook il quaderno 2; **take notes** prendere appunti 2
nothing niente; **it's nothing** fa niente! 5; **come to nothing** andare a monte 9

novel il romanzo 11
November novembre 1
now ora 1; **now this!** questa poi! 11
nowhere da nessuna parte 9
nuisance il fastidio 12
number il numero P
nurse l'infermiera, l'infermiere 8

oasis l'oasi (*f.*) 1
occupation il mestiere 8
occurrence la volta
October ottobre 1
of di 1; **of course!** si capisce! 5
off the top of (one's) head su due piedi 12
offend offendere 12
offensive offensivo 12
offer l'offerta; offrire (*p.p.* offerto) 2
office l'ufficio 8
often spesso 5
oil l'olio 5
okay va bene 1
old vecchio 2; **older** maggiore 3
on su 1; **on the air** in onda 11; **on the contrary** anzi 4; **on the other hand** invece 6
once in a while una volta tanto 10
one hundred cento 4
onion la cipolla 4
online collegato, in rete 11
only solo; **if only!** magari 2
open aperto 1; aprire (*p.p.* aperto) 2
opening night la prima 10
opera la lirica, l'opera lirica 10
operator (*telephone*) il/la centralinista
opinion il parere; **in my opinion** a mio parere 12; **in your opinion** secondo te 1
opportune opportuno 8
opposition l'opposizione (*f.*) 12
orange (*color*) arancione (*inv.*) 7; **orange** (*fruit*) l'arancia 2, 4
orchestra l'orchestra 10
order ordinare 1
origin l'origine (*f.*); **be of … origin** essere d'origine… 12
organic biologico 4
other altro

out of fuori; **out of the way** fuori mano 10; **out of print** esaurito 11
outside fuori
oven il forno 3, 5

pack a suitcase fare la valigia 9
package la confezione 4
paddle remare 6
page la pagina
pain il dolore 7
paint dipingere (*p.p.* dipinto) 6
painting il quadro 3
pair la coppia, il paio 1
pajamas il pigiama 7
palace il palazzo 3
pan la padella 5
pants i pantaloni 7
paper la carta; **piece of paper** il foglio di carta 2
paperback l'edizione tascabile (*f.*) 11
paragraph il paragrafo 10
park il parco, i giardini (*pl.*) 6; parcheggiare, posteggiare 8
parliament il parlamento 12
parliamentarian il/la parlamentare 12; il/la deputato/a 12
part la parte
particular particolare 10
partner il/la compagno/a 3
party la festa P, 9; **political party** il partito 12
pass la tessera
pass (*driving*) sorpassare 10
passage (short) il brano 10
passenger il/la passeggero/a 9
passing (*another car*) il sorpasso 10
pastry la pasta 5; **a type of breakfast pastry** la brioche, il cornetto 5
path il sentiero 6
pay for pagare 1; **pay cash** pagare in contanti 4
peace la pace; **in peace and quiet** in santa pace 12
peach la pesca
pear la pera 4
peas i piselli 4
pedestrian street l'isola pedonale 6
pen la penna 2
pencil la matita 2
peninsula la penisola 1
people il popolo 12
pepper il pepe 5; **hot red pepper** il peperoncino 5

percent per cento
performance la rappresentazione 10; **repeat performance** la replica 10
perfume il profumo 4; **perfume-and-soap shop** la profumeria 4
perhaps magari 2; forse
periodical periodico 11
permission il permesso; **with your permission** permesso? 3
person la persona P
personnel il personale 8
pharmacist il/la farmacista 4
pharmacy la farmacia 2, 3, 4
philosophy la filosofia 2
photograph la fotografia 1, 2, 6
phrase la frase
physics la fisica 2
piano il pianoforte, il piano
pineapple l'ananas (*m.*) 4
pink rosa (*inv.*) 2
place il luogo 1, il posto; **a nice little spot** un posticino 9; **at our place, at your place** da noi, da te 6
plain la pianura 1
plan il programma 1, 11
plate il piatto 5
play giocare 1; **play** (*a sport or game*) giocare (a + *n.*) 6; **play** (*an instrument*) suonare 6; **play cards** giocare a carte 6; **play checkers** giocare a dama 6; **play chess** giocare a scacchi 6; **play soccer** giocare a calcio 6; **play tennis** giocare a tennis
player il giocatore, la giocatrice 6; **CD, DVD player** il lettore CD, DVD 2
playwright il commediografo, il drammaturgo 10
please per piacere, prego P, 3; **pleased to meet you!** piacere! P; **very pleased to meet you** molto lieto P
pleasure il piacere; **with pleasure** volentieri, ben volentieri 3
plot la trama 11
plumber l'idraulico 8
pocketbook l'edizione tascabile (*f.*) 11
poem (*long*) il poema 11, (*short*) la poesia 11
poet il poeta, la poetessa 11
poetry la poesia 2, 11
politics la politica 12
polite gentile 1

Vocabolario inglese-italiano

pollution l'inquinamento 8, 11
poor povero 2; **poor thing!** poverino! 5
porter il facchino 6, 9
portrait il ritratto 1
possible possibile 8
post office l'ufficio postale 3
postcard la cartolina 1
pot la pentola 5
potato la patata 4
pour (*rain*) diluviare 6
power il potere 11, 12
practice l'allenamento 6
predict prevedere (*p.p.* previsto) 12
prefer preferire 2; **prefer a thousand times over** preferire mille volte di più 11
prejudice il pregiudizio 12
preliminary preliminare P
preparation la preparazione 5
prepare preparare 1; **prepare (oneself)** prepararsi 7
prepared preparato 2
present presentare P
preserve conservare 2
president il/la presidente, il/la Presidente della Repubblica 12
price il prezzo 4; **price list** il listino prezzi 5, la tariffa 9
pride l'orgoglio 12
prime minister il Presidente del Consiglio, il Primo ministro 12
princess la principessa 6
print stampare 11
printer la stampante 2
prize il premio 7
probable probabile 8
problem il problema 1; **no problem!** non c'è problema! 2
procession la processione 9
profession la professione 8
professional il/la professionista 8
professor il professore, la professoressa P, 2
program il programma 1, 9, 11
prohibit vietare; **it is prohibited** è vietato (+ *inf.*) 9
promise (*to do something*) promettere (di + *inf., p.p.* promesso) 4
prose la prosa 11
protagonist il/la protagonista 10
protest la protesta, la manifestazione 12; **to protest** scendere in piazza 12
proud orgoglioso 8
public transportation i mezzi pubblici 8

publish pubblicare 11
publisher l'editore (*m.*) 11
publishing house la casa editrice 11
punctual puntuale 2
purple viola (*inv.*) 2
purse la borsa 7
put mettere (*p.p.* messo) 2; **put on** (*clothes*) mettersi 7; **put together** abbinare 7

qualification la qualifica 8
quarter un quarto 2
question interrogare 2
quickly presto
quiet calmo, zitto; **be quiet!** zitto! 11; **keep quiet** stare zitto
quit smettere (*p.p.* smesso); **to quit** (*doing something*) smettere di (fare qualcosa) 11
quite abbastanza P

race la corsa 6
railway car la carozza, il vagone 9; **railway station** la stazione dei treni 3
rain la pioggia 2; piovere 3 dirotto 3; **rain cats and dogs** piovere a dirotto 3, 10
raincoat l'impermeabile (*m.*) 7
raise alzare 10; **raise the volume** alzare il volume 10
rate la tariffa 9
raw crudo 4
reach raggiungere 12
read leggere (*p.p.* letto) 2
reader il lettore, la lettrice 11
reading la lettura 1
ready pronto 3, 6; **the meal is ready** pronto in tavola 5; **ready, set, go!** pronti, via! 6
realize rendersi conto 7
really davvero 1, veramente 5
reasonably priced conveniente 4
receipt la ricevuta, lo scontrino 4
reception il ricevimento 3
recess l'intervallo 2
recipe la ricetta 5
recite recitare 10
recommend consigliare (di + *inf.*)
record il disco 10
recorded registrato 11
recover (*health*) guarire 2
red rosso 2
referee l'arbitro 6

region la regione 1
rehearsal la prova 10
relative il/la parente, (*pl.*) i parenti 3
relaxing rilassante 6
remain rimanere (*p.p.* rimasto) 2
remind: that reminds me a proposito 8
remember ricordare, ricordarsi 1, 7
remote control il telecomando 11
rent affittare 3, noleggiare 9
report card il libretto universitario, la pagella 2
representative il/la deputato/a 12
reprint ristampa, in ristampa 11
republic la repubblica 1, 12
requirement il requisito 8
reservation la prenotazione 9
reserve prenotare, fare una prenotazione 9
residence (*city*) la residenza P
rest il riposo 1; riposare 1
restaurant il ristorante 3, 5
résumé il curriculum 8
retired person il pensionato, la pensionata 8
return ritornare, tornare 1; **return (to someone)** restituire (a qualcuno) 10
review la recensione 10
ribbon il fiocco
rich ricco 2; **filthy rich** ricco sfondato 8
right destra; **be right** avere ragione 1; **on the right, to the right** a destra 6; **right away** subito 9
ring squillare, suonare 6
ripe maturo 4
river il fiume 1
road la via 1
rock la roccia 6
role la parte, il ruolo 10
room la camera, la sala, la stanza 3; **dining room** la sala da pranzo 3; **living room** il salotto, il soggiorno 3
root la radice 12
rose la rosa
route il percorso 6
row remare 6
rowing il canotaggio 6
ruin mandare a rotoli 11
ruins le rovine (*f. pl.*) 1
run correre (*p.p.* corso) 2, 6; **run away** scappare
rush off scappare
Russian russo 2
rustic rustico 3

Vocabolario inglese-italiano A-41

sack il sacco
sad triste 2
sail la vela; andare in barca a vela 6; **have smooth sailing** andare a gonfie vele 10
sailboat barca a vela 6
sailing la vela 6
salary lo stipendio 8
sales i saldi (*m. pl.*) 7; **on sale** in offerta 4
salesperson il commesso, la commessa 4
salt il sale 5
salty salato 5
same to you! altrettanto! 5
sand la sabbia 6
sandals i sandali (*m. pl.*) 7
sandwich il panino, il tramezzino 5
Santa Claus Babbo Natale 4
Saturday sabato 1
sauce il sugo 5
save conservare, risparmiare 2, 4
say dire (*p.p.* detto) 3; **as they say, as the saying goes** come si suol dire 12; **it must be said that…** c'è da dire che… 12; **say something seriously, honestly** dire sul serio 6; **what do you say to** (*doing something*)? che ne dici di… (+ *inf.*)?
saying il detto 1
scan scannerizzare 2
scarf la sciarpa, il foulard 7
scholastic scolastico 2
school la scuola 2; **nursery school** l'asilo (*m.*), la scuola materna 2; **elementary school** la scuola elementare 2; **middle school** la scuola media 2; **high school** il liceo 2
scooter il motorino 8
score il punteggio, segnare 6
screen lo schermo 10
sea il mare 1; **calm seas** mare calmo 6; **rough seas** mare mosso 6
season la stagione 1; **high season** l'alta stagione 9; **low season** la bassa stagione 9
seat il posto a sedere 9; **seatbelt** la cintura di sicurezza 9
second-hand di seconda mano 8
secretary il segretario, la segretaria 8
send spedire 2
see vedere (*p.p.* visto) 1, 2; **see each other** vedersi 7; **see you soon** a presto P

seem: it seems sembra, pare 8
self-employed person il/la libero professionista 8
selfish egoista 2
semester il semestre 2
senator il senatore, la senatrice 12
send mandare 3, spedire 2
sentence la frase
September settembre 1
series il programma a puntate 11
serious grave, serio 12
seriously sul serio 6
serve servire 2, 5
service il servizio 5; **at your service** a Sua (tua) disposizione 9
service road la tangenziale 10
set design la scenografia 10
set the table apparecchiare 5
setting la scena 1
settle for accontentarsi (di) 12
sew cucire 7
shake hands dare la mano
shame la vergogna 12; **shame on you!** vergognati! 5
shape la forma; **be in shape** essere in forma 1
shave radersi 7
sheet il foglio 2; **sheet of paper** il foglio di carta 2; **sheet music** la partitura, lo spartito 10
shellfish i frutti di mare (*pl.*) 5
shelter il rifugio 6
ship la nave 8
shirt la camicia, la camicetta 7
shoe la scarpa 7
shop la bottega 2, il negozio 3; **shop for clothes** fare acquisti 7; **shop for food** fare la spesa 4; **shop window** la vetrina 4
shopkeeper il/la negoziante 4
shopping la spesa
short basso 2; **short story** la novella, il racconto 11
shoulder la spalla 7
show lo spettacolo 10
shower la doccia 3
siblings i fratelli (*pl.*) 3
sick: feel sick stare male; **be sick of** essere stufo di 10; **get sick** ammalarsi 7
sickness la malattia 7
side dish il contorno 5
sign il cartello 1
silent zitto
silk la seta 7
silverware le posate (*f. pl.*) 5
similar simile 12

simply semplicemente 5
sin il peccato
sing cantare 1
singer il/la cantante 8; **singer-songwriter** il cantautore, la cantautrice 10
sister la sorella 3
sister-in-law la cognata 3
sit down sedersi 7
size la misura, la taglia 7
skating il pattinaggio; **ice skating** il pattinaggio sul ghiaccio 6
ski sciare 1, 6
skiing lo sci 6; **a traditional winter vacation week spent skiing** la settimana bianca 9
skin la pelle 7; **by the skin of one's teeth** per un pelo 9
skirt la gonna 7
sky il cielo 6; **to be sky-high** essere alle stelle 12
sleep dormire 2; **fall asleep** addormentarsi 7; **be sleepy** avere sonno 1
sleeping bag il sacco a pelo 9
slender slanciato 7
slim snello 7
slipper la pantofola 7
slow lento; **slow dance** il lento 10
slowly piano
small piccolo 2; **smaller** minore 7; **smallest** minimo 7
snack la merenda 5
sneakers le scarpe da ginnastica 7
snow la neve 3; nevicare 3
so tanto P; **so-so** così così P; **so many** tanto P; **so that** affinché, perché 8
soaked fradicio; **soaking wet** bagnato fradicio 9; **soaked with sweat** sudato fradicio 9
soap il sapone 4
soccer il calcio 6; **play soccer** giocare a calcio 6; **soccer ball** il pallone; **soccer field** il campo da calcio 6
sock la calza 7
soft soffice 7
softly piano
sold out esaurito 11
soloist il/la solista 10
some alcuni, qualche, un po' di 4
sometimes a volte 2; qualche volta 3
son il figlio 1, 3
son-in-law il genero 3
song la canzone 10

Vocabolario inglese-italiano

sorry: be sorry dispiacere; **I'm sorry** mi dispiace 2
soul l'anima; **there's not a living soul around** non c'è anima viva 10
soup la minestra, la zuppa 5
south il sud 1
spaceship l'astronave (*f.*) 11
Spanish spagnolo 2
sparkling wine lo spumante 5
speak parlare 1; **speak lines** recitare 10
speaking of which a proposito 8
special speciale P; particolare 10; **nothing special** niente di particolare 10
specialty la specialità 5
speechless: be speechless essere senza parole 5
speed la velocità 10; **speed limit** il limite di velocità
spend spendere (*p.p.* speso) 2, 4; **spend the night** pernottare 9
spicy piccante 5
spinach gli spinaci 4
spoon il cucchiaio 5
sport, sports lo sport; **to play a sport, sports** fare sport 6
spring la primavera 1
square la piazza 1
stadium lo stadio 3
stage il palcoscenico 10
staircase la scala 3
stamp il francobollo 3; **stamp/validate the ticket** timbrare il biglietto 9
stand sopportare; **I really can't stand him/her/it** non lo/la sopporto proprio 8; **standing** in piedi 3; **stand up** alzarsi
start cominciare P; **start** (*to do something*) cominciare a (+ *inf.*)
state lo stato 1; **head of state** il capo dello stato 12
station la stazione 1; **service station** la stazione di servizio 10; **train station** la stazione dei treni 3
stationery store la cartoleria 4
statue la statua 1, 3
stay stare (*p.p.* stato)
steak la bistecca 4
steering wheel il volante 10
step il passo
stereotype lo stereotipo 12
still ancora 1
stocked fornito 11
stomach lo stomaco 7; **stomachache** il mal di stomaco 7; **I have a stomachache** mi fa male lo stomaco 7
stop la fermata; smettere (*p.p.* smesso); **stop it!** piantala! piantatela! 10
stopover lo scalo 9
storm il temporale 3
story la storia 2
straight dritto; **go straight ahead** andare dritto 6
strange strano 3
strawberry la fragola 4
street la via, la strada 1; **street closed to traffic** l'isola pedonale 6
stress: cause someone stress stressare (qualcuno) 10
stressful stressante 6
strike fare sciopero 3, 8; lo sciopero 8
striped a righe 7
stroll, take a stroll fare un giro 3, fare due passi 4
strong forte
student lo studente, la studentessa 1, 2; (*elementary level*) l'alunno, l'alunna 2
studious studioso 2
study studiare 1, 2; (*office*) lo studio 8
stupid cretino 6
stylish alla/di moda 7
subject la materia 1, 2
subscribe abbonarsi 11
subscription l'abbonamento 11; **monthly, annual pass** l'abbonamento mensile, annuale 8
subway la metropolitana, il metrò 8
succeed riuscire a (+ *inf.*) 8
success il successo 10
successful: be successful realizzarsi 8
sugar lo zucchero 5
suggest suggerire 6
suit l'abito 7
suitcase la valigia 9; **pack a suitcase** fare la valigia 9
summer l'estate (*f.*) 1; **in the summer** d'estate, in estate 1
sun il sole 1
sunbathe prendere il sole 6
Sunday domenica 1
sunglasses gli occhiali da sole 7
sunny: it's sunny c'è il sole 3
suntanned abbronzato 6
supermarket il supermercato 4
supplemental charge for fast trains il supplemento rapido 9
support sopportare
surprise la sorpresa 2
surround circondare 1
survey l'indagine (*f.*) 12
sweater il maglione 7; **cardigan sweater** la maglia 7
sweatshirt la felpa 7
sweatsuit la tuta 7
sweet dolce 5; **have a sweet tooth** essere goloso 5
swim nuotare 6; **take a swim** fare il bagno 6
swimming il nuoto 6; **swimming pool** la piscina 6
symptom il sintomo 7
system il sistema 1

T-shirt la maglietta 7
table (dinner) la tavola, il tavolo 3; **café table** il tavolino 5; **(come) to the table!** a tavola! 5
tablecloth la tovaglia 5
take prendere (*p.p.* preso); **take a break** fare una pausa 8; **take care** stammi bene 8; **take a look! take it!** toh! 4; **take it easy!** con calma! 1; **take someone/something seriously** prendere qualcuno/qualcosa sul serio 10; **I can't take it anymore!** non ne posso più 6
takeoff il decollo, decollare 9
tall alto 2
taped (*recorded*) registrato 11
taste assaggiare; il gusto 4; **in good taste** di buon gusto 7
taxi il taxi 8
taxi driver il/la tassista 8
teach insegnare 1
teacher l'insegnante (*m. or f.*) 2; (*elementary school*) il maestro, la maestra 2
team la squadra 6
tease prendere in giro (qualcuno) 8
teaspoon il cucchiaino 5
telecast la trasmissione 11
telephone il telefono P; telefonare 5; **telephone each other** telefonarsi 7
television la televisione, la tivù 2, 11; **on television** alla televisione/alla TV; **turn on/turn**

off the TV accendere/spegnere la TV 11; **television network** la rete televisiva 11; **television news program** il telegiornale (Tg *pr.: tigì*) 2, 11; **made-for-TV movie** il telefilm 11; **cable TV, satellite TV, digital TV** TV via cavo, via satellite, digitale 11
tell: to tell the truth a dire il vero 8; **what can I tell you?** che ti devo dire? 11
temperature la febbre 4; **take one's temperature** misurare, misurarsi la febbre, la temperatura 7
tennis il tennis 6; **tennis court** il campo da tennis; **play tennis** giocare a tennis 6
tent la tenda 6
terrace il terrazzo 3
terrific benone P
terrifying: how terrifying! che fifa! 11
test la prova 10
thank ringraziare; **thank you** La/ti ringrazio 7
thank goodness meno male! 2
thank you grazie P
that (*pl.* **those**) quello 3
theater il teatro 10
then allora 1; dopo
there lì 3, ci 4; **there is/are** ci sono 1
therefore così P
thesis la tesi 2
thin magro 2
thing la cosa
think pensare
thirsty: be thirsty avere sete 1
this (*pl.* **these**) questo 3; **now this!** questa poi! 11
thought il pensiero; **give it a little thought** farci un pensierino 12
thousand mille (*pl.* mila) 4
throat la gola 7
through per P
throw buttare 1; **throw pasta into boiling water** buttare la pasta 5
Thursday giovedì 1
thus perciò 1; così P
ticket il biglietto 1; (*fine*) la multa 8; **buy a ticket** fare il biglietto 9; **one-way ticket** il biglietto di sola andata 9; **round-trip ticket** il biglietto di andata e ritorno 9; **stamp/validate the ticket** timbrare il biglietto 9; **ticket office** la biglietteria 9; **ticket window** lo sportello 9
tie (*score*) pareggiare 6; la cravatta 7
till fino a 4
time l'ora 1, il tempo 2; (*occurrence*) la volta; **at what time?** a che ora? 2; **be on time** essere in orario 9; **for the first time** per la prima volta 1; **free time** il tempo libero 2; **once upon a time** c'era una volta; **on time** puntuale 2; **what time is it?** che ora è/che ore sono? 2
timetable l'orario 1
tip la mancia 5
tired stanco 1, 2
title il titolo 11
to a, ad, in 1
toast brindare 5; **offer a toast** fare un brindisi 5
tobacco shop la tabaccheria 3, 4
today oggi 1
together insieme 3
toilet il WC 3
tomato il pomodoro 4
tomorrow domani 1; **day after tomorrow** dopodomani 1
ton, a ton of un mucchio di 11
tone-deaf stonato 10
tongue la lingua 7
tongue twister lo scioglilingua 10
tonight stasera 3
too anche; **me too** anch'io 1; **too many irons in the fire** troppa carne sul fuoco 8; **too much** troppo 5
tooth il dente 7
toothpaste il dentifricio 4
tourist il/la turista 1
toward verso 1
tower la torre 1
town (*small*) il paese 1
town hall il municipio 4
township il comune 12
(train) track il binario 9
traffic il traffico 8; **what traffic!** che traffico! 8
traffic cop il vigile urbano, la vigilessa urbana 8
tragedy la tragedia 10
train il treno 9; **direct train** il treno diretto 9; **express train** il treno espresso 9; **intercity train** il treno IC 9; **local train** il treno locale 9; **miss the train** perdere il treno 9; **rapid train** il treno rapido 9
trainer l'allenatore (*m.*), il mister 6
training l'allenamento 6; (*career*) la formazione 8
translation la traduzione; **in translation** in traduzione 11
translate tradurre (*p.p.* tradotto)
travel viaggiare 1
tray il vassoio 5
treasure il tesoro 9
treat: my treat offro io 3
tree l'albero 6
trend la tendenza 7
trip la gita 2, 6, il viaggio 9
trousers i pantaloni 7
true vero 1
trumpet la tromba 10
try assaggiare 4; **try on** provarsi 7
Tuesday martedì 1
tune intonare 10
tunnel la galleria
turkey il tacchino 10
turn girare 1; **turn right/left** girare a destra, a sinistra 6; **turn off** spegnere (*p.p.* spento) 4, 10; **turn on** accendere (*p.p.* acceso) 4, 10
tuxedo lo smoking 7
twin il gemello 1
typical solito

ugh! uffa! 10
ugly brutto
umbrella l'ombrello 7; **beach umbrella** l'ombrellone 6
uncle lo zio 3
understand capire 2; **not understand at all** non capire un tubo 10; **you understand about, you know a lot about** ti intendi di... 6
undress spogliarsi 7
unemployed person il disoccupato, la disoccupata 8
unemployment la disoccupazione 8
unfashionable fuori moda 7
unfortunately purtroppo 2
union il sindacato 8
university l'università P
unlikeable antipatico 2
until fino a 4, finché 8; **until next time** alla prossima! P
up there lassù 6

up-to-date aggiornato 11; **keep up to date on** tenersi aggiornato su 11
upon su 1
use: be used for servire a (+ *inf.*) 6; **use the familiar/formal form with each other** darsi del tu/del Lei 9
useful utile 3
usual solito
usually di solito 2

vacation la vacanza 3; **be on vacation** essere in vacanza 3; **go on vacation** andare in vacanza 6
valley la valle 6
value il valore 12
vegetable la verdura 4; **vegetable garden** l'orto 3; **vegetable soup** il minestrone 4
very molto P; **very pleased to meet you** molto lieto P
videocassette recorder (VCR) il videoregistratore 2, 11
view il panorama 1
vinegar l'aceto 5
violin il violino 10
visit visitare 1; **come to visit** venire a trovare 12
volcano il vulcano 1
volleyball la pallavolo 6
volume il volume 11; **high/low volume** alto/basso volume 10; **turn down the volume** abbassare il volume 10; **turn up the volume** alzare il volume 10
vote votare 12
voter l'elettore, l'elettrice 12

wait: wait for aspettare 1; **I can't wait to** non vedo l'ora di 1; **wait a second!** aspetta un attimo! 11
waiter il cameriere 5
waitress la cameriera 5
wake up svegliarsi 7
walk camminare 1; la passeggiata; **take a walk** passeggiare 6, fare una passeggiata 6, fare due (quattro) passi 4
wallet il portafoglio 4
want desidare 1, volere 3, avere voglia di (+ *inf.*) 1, 3
wash (oneself) lavarsi 7
washer, washing machine la lavatrice 3
watch stare attento a 5
water l'acqua; **mineral water** l'acqua minerale 1, 5; **make one's mouth water** avere l'acquolina in bocca 5
water polo la pallanuoto 6
wave l'onda 6
way il percorso 6
wear indossare 7
weather il tempo 1; **be good/bad weather** fare bello/brutto 3; **be hot/cold weather** fare caldo/freddo 3; **it's nice weather** fa bello 3; **the weather is bad** fa brutto 3; **what's the weather like?** che tempo fa? 3
wedding il matrimonio, le nozze 3
Wednesday mercoledì 1
week la settimana 1; **a week ago** una settimana fa 4
weekday feriale (*agg.*) 9
weekend il fine settimana 1; **weekend day** festivo (*agg.*) 9; **long weekend** il ponte 3
weekly settimanale 11
weight il peso 4
welcome benvenuto 1; **you're welcome** prego 1, di niente! 10
well bene P; **I'm not well** non sto bene P; **not be well** stare male P; **very well** benissimo, molto bene P; **well done** bravo 1
west l'ovest (*m.*) 1
what che, che cosa, cosa 3; **what a nuisance!** che scocciatura! 1; **what do you mean?** cosa intendi? 3; **what's ... got to do with it?** cosa c'entra..? 10; **what's the matter?** cos'hai? 3
when quando 3
where dove P, 3; **where is?** dov'è? P, 1; **where are you from?** di dove sei/dov'è Lei? P
which qual/quale P, che 3
while mentre 6
white bianco 2
who, whom chi 1; **he who, she who** chi; **who knows?** chissà? 6
whose? di chi? 3
why perché 3, come mai? 2; **why not?** perché no? 3
wife la moglie 2
win vincere (*p.p.* vinto) 4, 6
wind il vento 3
window la finestra 2; il finestrino (*car, train*) 9; la vetrina (*shop, store*) 4
windy ventoso 3
wine il vino 3, 5
wings (*stage*) le quinte 10
winter l'inverno 1
wish la voglia
with con 1
within tra, fra 1; **within (a week)** entro (una settimana) 9
without senza; **without a doubt** senz'altro 3
wolf il lupo
woman la donna 1, 3
woods il bosco 6
wool la lana 7
word la parola P
work il lavoro 1, 8; lavorare 1, funzionare 2; **work hard** lavorare sodo 8
worker (blue-collar) l'operaio, l'operaia 8
worry preoccuparsi 7; **don't worry** non ti preoccupare 5
worse peggio, peggiore 7
worst peggio, peggiore 7
worsen peggiorare 8
wow! mamma mia! 2, caspita! 6, che cavolo! 10, però! 9
write scrivere (*p.p.* scritto) 2; **write each other** scriversi 7
writer lo scrittore, la scrittrice 11
wrong: be wrong avere torto 1

year l'anno 1; **for years** da anni 6; **school year** l'anno scolastico 2
yellow giallo 2
yesterday ieri 1; **day before yesterday** l'altro ieri 1
yet ancora 5
young giovane 2; **younger** minore 3; **young lady** la signorina P

INDEX

a
   contractions with definite articles, 133–134
   vs. **in,** 39–40
   with infinitive, replaced by **ci,** 172–173
absolute superlative, 290–291
adjectives
   after **di,** 438
   agreement of, 82–83
   comparison of, 286–287, 290–291
   demonstrative, 118–119
   interrogative, 109–110
   position of, 83
   possessive, 85–86
   regular, 82
adverbs
   comparison of, 290–291
   formation of, 210–212
   interrogative, 109–110
   position of, 211
age, 37, 164
agreement of past participle
   with direct-object pronouns, 178
   with **ne,** 179
   in verbs conjugated with **essere,** 150–151, 372, 387, 389
airport, 391
alcuni / alcune, 162
alphabet, 9
andare, 90
-are verbs
   conditional of, 297
   congiuntivo imperfetto of, 380
   congiuntivo passato of, 387
   congiuntivo presente of, 328
   congiuntivo trapassato of, 389
   future tense of, 253
   imperative of, 303
   imperfetto of, 236
   like **studiare** and **sciare,** 46
   list of, 46
   passato prossimo of, 150
   passato remoto of, 453
   present tense of, 45–46
   tempo progressivo of, 244–245
   trapassato prossimo of, 371–372
   See also **-care** verbs; **-ciare** verbs; **-gare** verbs; **-giare** verbs
articles. *See* definite articles; indefinite articles; partitive
auxiliary verbs, 126
avere
   as auxiliary verb, 149–150, 372, 387, 389
   direct-object pronouns with, 178–179
   expressions with, 37
   present tense of, 37

bello, 117–118
bene, 210–211, 291
bere, 127–128
beverages, 188
body, parts of, 272
books, 457
buono, 117–118, 289–291
business and industry, 339

c'è, ci sono, 18, 30
café terms, 188
-care verbs
   future tense of, 253
   present subjunctive of, 328
   present tense of, 45
centuries, 462–463
che
   in exclamations, 469
   interrogative adjective and pronoun, 109, 468–469
   relative pronoun, 351–352
che cosa, 109
chi
   interrogative pronoun, 109
   with prepositions, 109
ci
   with imperative, 304
   with **mi, ti,** or **vi,** 204
   with **pensare** and **credere,** 173
   position of, 172–173
   to replace **a** and infinitive, 172
ci si, 278
-ciare verbs
   future tense of, 253
   present subjunctive of, 328
   present tense of, 46
ciò che (tutto ciò che), relative pronoun, 351–352
city terms, 25, 129–130

classical music, 419
classroom terms, 62
clothing, 281–282, 300
cognates
    scanning for, 51
colors, 84
come, 109
come mai, 110
commands. *See* imperative
comparisons
    of equality, 286–287
    of inequality, 286–287
    irregular, 290–291
    regular, 286–287
    See also superlative
conditional
    forms of, 297
    with *if* clauses, 416–417
    in sentences with two clauses, 416–417
    with subjunctive in same sentence, 424
    use of, 297
condizionale passato. *See* past conditional tense
congiuntivo imperfetto (imperfect subjunctive)
    forms of, 379–380
    in *if* clauses, 416
    use of, 379–380, 389, 416–417
congiuntivo passato (past subjunctive), 387–388
congiuntivo presente. *See* subjunctive
congiuntivo trapassato (past perfect subjunctive)
    forms of, 389
    in *if* clauses, 417
    use of, 389, 417
conoscere
    in **passato prossimo** and **imperfetto,** 247
    present tense of, 65
cooking terms, 214
cosa, 109
course names, 78
credere, with **ci,** 173
cui, relative pronoun, 351
cuisine, 214–215

da
    contractions with definite articles, 133
    followed by infinitive, 438
    in passive voice, 503
    preposition, 437–438
    with **di** + adjective, 438
    with time expressions, 437

dancing, 433
dare, 90
dates, 41, 164, 462
days of the week, 41
definite article
    contractions with prepositions, 133–134
    with courtesy and professional titles, 76
    in dates, 41
    omission of, 134
    in partitive expressions, 162
    with parts of the body and clothing, 278
    plural, 76
    with possessive adjectives, 85–86
    singular, 32
    with time expressions, 41
demonstrative adjectives (**questo** and **quello**), 118–119
di
    contractions with definite articles, 133, 162
    to express possession, 86
    expressions replaced by **ne,** 164
    with numbers, 154
    in partitive expressions, 162
    with time expressions, 41
dire, 127–128
direct-object pronouns
    agreement of past participle with, 178
    combined with indirect-object pronouns, 203–204
    elision of, 170
    forms of, 169–170
    in imperative, 304
    with infinitive, 170
    position of, 169–170
    with verbs that take preposition in English, 170
discorso indiretto, 475–476
discotheque terms, 433
double object pronouns
    combinations of, 203–204
    in imperative, 304
    in **passato prossimo,** 204
    position of, 203–204
dove
    interrogative adverb, 109
    relative pronoun, 352
dovere
    ci with, 172
    direct-object pronouns with, 170
    followed by infinitive and direct-object pronoun, 170
    present tense of, 126

drinks, 188
driving terms, 433

elision of direct-object pronouns, 170
-ere verbs
    conditional of, 297
    congiuntivo imperfetto of, 380
    congiuntivo passato of, 387
    congiuntivo presente of, 328
    congiuntivo trapassato of, 389
    ending in **-gere** and **-scere,** 65
    future tense of, 253
    imperative of, 303
    imperfetto of, 236
    like **rimanere** and **tenere,** 66
    list of, 66
    passato remoto of, 453
    past participle of, 151
    present tense of, 65–66
    tempo progressivo of, 244–245
    trapassato prossimo of, 371–372
essere
    as auxiliary verb, 150–151, 278, 280, 372, 387, 389
    in passive voice, 503
    with **si impersonale,** 219–220
    present tense of, 30

family vocabulary, 104–105
fare, 127–128
food and drink, 146, 174–175, 188, 214–215
furniture, 112–113
future tense
    in *if* clauses, 416–417
    of irregular verbs, 253–254
    of regular verbs, 253
    uses of, 253–254
    words and phrases to indicate, 254

-gare verbs
    future tense of, 253
    present subjunctive of, 328
    present tense of, 45
gender of nouns, 23–24
geographical terms, 18
gerunds, in past progressive tense, 244–245
-giare verbs
    future tense of, 253
    present subjunctive of, 328
    present tense of, 46

good-bye, expressions for saying, 8
government, 492
greetings, 2, 6–7

health and sickness, 273
hobbies, 230
holidays, 366
house, parts of, 112–113
hypothetical sentences, 416–417

-iare verbs, present subjunctive of, 328
if clauses, 416–417, 498
il quale (la quale/i quali/le quali), relative pronoun, 352
imperative, 303–305
imperfect subjunctive. *See* **congiuntivo imperfetto**
imperfect tense. *See* **imperfetto**
imperfetto
   of irregular verbs, 236–237
   vs. **passato prossimo,** 237
   in past progressive tense, 244–245
   of regular verbs, 236
   uses of, 236–237, 244–245
impersonal expressions, 325–326
   with subjunctive, 327
in, vs. **a,** 39–40
   contractions with definite articles, 133–134
   without definite article, 134
indefinite articles
   with numbers, 154
   singular, 23–24
indirect discourse, 475–476
indirect-object pronouns
   combined with direct-object pronouns, 203–204
   forms of, 92, 193–194
   in imperative, 304
   with infinitives, 194
   in **passato prossimo,** 194
   position of, 193–194
   verbs used with, 194
infinitive
   with **a,** replaced by **ci,** 172
   after auxiliary verb, 126
   ci with, 172
   after **da,** 438
   with direct-object pronouns, 170
   with impersonal expressions, 325
   with indirect-object pronoun, 194
   with **ne,** 164
   vs. subjunctive, 328
interrogative

   adjectives, 109–110
   adverbs, 109–110
   intonation, 110
   pronouns, 109–110
   word order, 110
   words, 109–110
intonation, interrogative, 110
intransitive verbs, 150
-ire verbs
   conditional of, 297
   congiuntivo imperfetto of, 380
   congiuntivo passato of, 387
   congiuntivo presente of, 328
   congiuntivo trapassato of, 389
   future tense of, 253
   imperative of, 303
   imperfetto of, 236
   list of, 66
   passato remoto of, 453
   past participle of, 150
   present tense of, 66
   tempo progressivo of, 244–245
   trapassato prossimo of, 371–372
Italian-Americans, 505
Italian cuisine, 214–215

job interview, 346

leisure time activities, 232
literature, 450

magazines, 464
male, 210–211
modal verbs, 126
   ci with, 172
   direct-object pronouns with, 170
molto, 212, 290
money, 156–157
months of the year, 33
movies and theater, 410
music
   classical, 419
   popular, 426

ne
   agreement of past participle with, 179
   in expressions of age, 164
   in expressions indicating the date, 164
   with expressions of quantity, 164

   with imperative, 304
   position of, 164
   to replace nouns introduced by **di,** 164
   with **si impersonale,** 220
   use of, 164, 179
negation: simple negation with **non,** 31, 92
negative
   expressions, 395–396
   followed by subjunctive, 344
nessuno
   pronoun and adjective, 396
   as subject, 396
newspapers, 464
niente, as subject, 396
non, simple negation with, 31, 92
nouns
   comparison of, 286–287
   gender of, 23
   irregular plural of, 76
   plural of, 76
   singular, 23–24
nulla, as subject, 396
numbers
   from 0 to 100, 11
   from 100 to 1,000,000,000, 154
   di with, 154
   indefinite article with, 154
   ordinal, 462–463
numeri ordinali, 462–463

occupations, 320
opera, 419
ordinal numbers, 462–463

partitive, 162–163
   in negative sentences, 163
passato prossimo
   agreement of past participle in, 150, 178–179
   common expressions with, 152
   forms of, 149–151
   vs. **imperfetto,** 237
   indirect-object pronouns with, 194
   of irregular verbs, 151
   ne with, 179
   of reciprocal verbs, 280
   of reflexive verbs, 278
   of regular verbs, 150
   use of, 149–152
passato remoto, 453–454
passive voice, 503
past actions, expressions to indicate, 152

past conditional tense (**condizionale passato**), with *if* clauses, 417
past participle
  agreement of, 150, 178–179, 278, 280, 372, 387, 389
  of irregular verbs, 151
  of regular verbs, 150
past perfect subjunctive. *See* **congiuntivo trapassato**
past perfect tense. *See* **trapassato prossimo**
past progressive tense, 244–245
past subjunctive. *See* **congiuntivo passato**
past tense in sentences with two clauses, 416–417
past tenses. *See* **imperfetto; passato prossimo; passato remoto; trapassato prossimo**
past tenses in *if* clauses, 416–417
pensare, with **ci,** 173
perché, 109–110
periodo ipotetico, 416–417
piacere
  with indirect object, 92
  with **non** to express dislike, 92
  preceding an infinitive, 126
plural
  of irregular nouns, 76
  of regular nouns, 76
politics, 492
popular music, 426
possession, with **di,** 86
possessive adjectives
  with nouns referring to relatives, 105
potere
  ci with, 172
  direct-object pronouns with, 170
  present tense of, 126
prepositional phrases, replaced by **ci,** 172
prepositions
  with **chi,** 109
  contractions with definite articles, 133–134
  da, 437–438
  simple, 39–40
preposizioni articolate, 133–134
present perfect tense. *See* **passato prossimo**
present progressive tense, 244–245
present subjunctive (**congiuntivo**). *See* subjunctive
present tense
  of **-are** verbs, 45–46
  with **da** and time expressions, 437
  of **-ere** verbs, 65–66
  in *if* clauses, 416

of **-ire** verbs, 66
of reflexive verbs, 277–278
in sentences with two clauses, 416–417
See also specific verbs
preterit. *See* **passato remoto**
progressive tenses, 244–245
pronomi tonici. *See* stressed pronouns
pronouns
  agreement of past participle with direct object, 178
  direct object, 169–170, 203–204, 304
  double-object, 203–204
  double-object, in imperative, 304
  elision of direct object, 170
  indirect object, 92, 193–194, 304–305
  interrogative, 109–110
  object, with **si impersonale,** 219
  position of direct object, 169–170
  reflexive, 277–278
  relative, 351–352
  stressed, 259–260
  subject, 29

qualche, 162
qual è, 468–469
quale, 109
quale / quali, interrogative adjective and pronoun, 468–469
quando, 109
quanto, 109–110
quello che / tutto quello che, relative pronoun, 351–352
questions. *See* interrogative
questo and **quello,** 118–119

reciprocal verbs, 280
reflexive verbs, 277–278
  imperative of, 304
  passato prossimo of, 278
  present tense of, 277
  si impersonale with, 278
relative clauses, 351–352
  subjunctive in, 328
relative pronouns, 351–352
relative superlative, 289
restaurant vocabulary, 197, 214–215

sapere
  in **passato prossimo** and **imperfetto,** 247
  present tense of, 90
scanning for cognates, 51

school terms, 62, 69, 78
se, clauses with, 416–417, 498
seasons, 34
shopping, 166, 292
shops, 174
si impersonale, 219–220
  in compound tenses, 219
  with object pronouns, 220
  with reflexive verbs, 278
sports, 239–240
stare
  present tense of, 90
  in **tempo progressivo,** 244–245
stores, 174
stressed pronouns, 259–260
student housing terms, 69
su, contractions with definite articles, 133–134
subject pronouns, 29
  omission of, 29
subjunctive
  with conditional in same sentence, 424
  conjunctions followed by, 379–380
  in *if* clauses, 416–417
  imperfect (**congiuntivo imperfetto**), 379–380
  with impersonal expressions, 327–328
  vs. infinitive, 328
  of irregular verbs, 336–337
  past (**congiuntivo passato**), 387–388
  past perfect (**congiuntivo trapassato**), 389
  of regular verbs, 327–328
  in relative clauses, 344
  in sentences with two clauses, 416–417, 497–498
  uses of, 327–328, 379–380, 416–417, 424
  verbs followed by, 327
suffixes, 430–432
superlative
  absolute, 290–291
  followed by subjunctive, 344
  irregular, 290–291
  relative, 290

taking a walk, 249
television, 470
tempo progressivo, 244–245
tense sequence in sentences with two clauses, 416–417
theater and movies, 410
time
  expressions with **da** and present tense, 437

expressions with definite article, 41
expressions with **di,** 41, 49
expressions, in the past, 237
telling, 48–49
titles, courtesy and professional, 7, 76
train travel, 374
transitive verbs, 150
transportation, 331
trapassato prossimo, 371–372
trattoria vocabulary, 197, 214–215
travel agency, 382
troppo, 212
tu vs. **Lei,** 3, 31

uscire, 90

vacations, 256–257
venire, 90
verbs
   auxiliary, 126
   conjugated with **essere,** 150–151
   comparison of, 286–287
   followed by subjunctive, 327
   intransitive, 150
   modal, 126, 170
   passive voice of, 503
   preceding an infinitive, 126
   reciprocal, 280
   reflexive, 277–278, 304
   reflexive and nonreflexive, 278
   taking direct-object pronouns, 169–170
   transitive, 151
   used with indirect-object pronouns, 194
   See also: **-are** verbs; **-ere** verbs; **-ire** verbs; *specific verbs and tenses*
vero?, non è vero?, 110
volere
   ci with, 172
   direct-object pronouns with, 170
   followed by infinitive and direct-object pronoun, 170
   present tense of, 126

weather expressions, 121

INDEX TO *LO SAPEVI CHE... ?* CULTURAL NOTES

Unità Preliminare: Per cominciare
Ways of greeting, 2
Using **Lei** and **tu**, 3
Where Italian is spoken, 5
Use of professional titles, 7
Borrowed words, 11
Use of cell phones, 14

Unità 1: Visitare. Siamo a Roma! (Lazio)
Identifying cognates, 18
Republic of San Marino and The Vatican, 20
Roma, città eterna, 28
Trenta giorni ha novembre..., 34
Buongiorno, buonasera, 42
Fellini's *La dolce vita*, 44

Unità 2: Studiare. Impariamo l'italiano! (Emilia-Romagna)
High schools in Italy, 63
Universities in Italy, 71
The Italian "campus," 72
Public and private universities, 73
ERASMUS program, 75
Facoltà, dipartimenti, istituti, 79
In bocca al lupo!, 80
Education reforms, 83
Taking exams, 91

Unità 3: Abitare. Andiamo a casa mia! (Sicilia)
Relatives, 105
Living at home, 106
Birthrates and **mammoni**, 108
Casa, villa, villette, 113
The ground floor, 114

Permesso and **avanti**, 116
Sicily, 120
Tempo, volta, ora, 121
Siciliano, someone from Sicily..., 125
Sicily in ancient times, 120

Unità 4: Comprare. Facciamo delle commissioni! (Umbria)
San Francesco d'Assisi, 152
The euro, 157
When stores are open, 159
Banks in Italy, 161
Musical festivals in Umbria, 169
Tabaccheria, 174
Weights and measures, 175
Breads, 178

Unità 5: Mangiare. Tutti a tavola! (Liguria)
Il bar italiano, 188
Uso di acqua minerale, 190
La Liguria, 195
I tre pasti, 196
Categorie di ristoranti, 197
Il coperto, 200
Il pesto, 201
L'osteria, 202
Vini italiani, 206
Cin-cin!, 207
Formaggi, 210
Il dialetto genovese, 211
Le Cinque Terre, 214
Piatti italiani famosi, 216
La Spezia, 217
Slow Food, 219

Unità 6: Rilassarsi. Cosa facciamo di bello? (Veneto)
Il tempo libero, 232
Espressioni nel mondo dello sport, 240
Il calcio, 241
Giornali sportivi, 242
Abbasso! e **evviva!**, 246
La passeggiata, 249
Cortina d'Ampezzo, 250

Unità 7: Vestirsi. Vestiamoci alla moda!
Espressioni con le parti del corpo, 277
Stilisti italiani, 282
Fare bella figura, 285
La Lombardia, 287
Essere alla moda, 296
Per dire è costosissimo, 297
Sant'Ambrogio e La Scala, 298
La moda sportiva, 299
Il Castello Sforzesco, 305

Unità 8: Lavorare. Lavoriamo insieme! (Piemonte)
Cosa fai di professione?, 321
Il concorso di lavoro, 324
Trovare un lavoro, 326
Torino, 330
L'industria delle automobili, 333
Il motorino, 334
Le autostrade, 335
La patente a punti, 338
La "tredicesima", 340
Le morti bianche, 343
I titoli, 346
I dipendenti, 347
La Festa della Donna, 348

Unità 9: Viaggiare. Andiamo in vacanza! (Sardegna)
Le feste nazionali, 366
Le feste del santo patrono, 368
Le ferie e Ferragosto, 370
Il treno, 374
Le Ferrovie dello Stato, 376
Timbrare il biglietto, 377
Categorie di alloggi, 382
La Sardegna, 384
Sardi, milanesi e altri, 394

Unità 10: Divertirsi. Usciamo stasera! (Campania)
Commedia dell'arte, 411
Il festival del cinema, 413
Termini della musica, 419
Teatri famosi in Italia, 420
Evviva, Verdi!, 422
La canzone napoletana, 426
Il Festival di San Remo, 427
"La febbre di sabato sera", 435

Unità 11: Leggere. Recitiamo una poesia! (Toscana)
Romanzo rosa, romanzo giallo, 450
Per ricordare dati importanti, 455
La biblioteca pubblica, 456
Case editrici, 459
I giornali, 467
La RAI, 470

Unità 12: Sognare, Immaginiamo il futuro! (L'Italia e L'Unione europea)
Una repubblica democratica, 492
Termini della politica, 493
Donne nella politica italiana, 496
L'Italia in pillole, 502
Gli Italo-americani, 508
Gli extracomunitari, 511

CREDITS

Photo Credits
Preliminary Unit *Page 1:* Scott Tysick/Masterfile. *Page 4:* David R. Frazier Photolibrary, Inc./Alamy. *Page 10:* ©Bahnmueller/Age Fotostock America, Inc. **Unit 1** *Page 17:* Graham French/Masterfile. *Page 22:* Simeone Huber/Stone/Getty Images, Inc. *Page 33:* Factoria Singular/Age Fotostock America, Inc. *Page 43:* Travelpix, Ltd./Stone/Getty Images, Inc. *Page 51 (left):* Murat Taner/Getty Images, Inc. *Page 51 (right):* Superstock/Age Fotostock America, Inc. **Unit 2** *Page 61:* Katja Kreder/Photolibrary Group Limited. *Page 71:* ©DEA/M BORCHI/Age Fotostock America, Inc. *Page 79:* Walter Zerla/Age Fotostock America, Inc. *Page 89:* Danilo Donadoni/Age Fotostock America, Inc. *Page 95:* Danilo Donadoni/Age Fotostock America, Inc. **Unit 3** *Page 103:* ©Tamm/Age Fotostock America, Inc. *Page 116:* Courtesy of Suzanne Branciforte. *Page 120:* Alvaro Leiva/Age Fotostock America, Inc. *Page 131:* Bartomeu Amengual/Age Fotostock America, Inc. *Page 137 (top):* Water Zerla/Age Fotostock America, Inc. *Page 137 (bottom):* Sylvain Gandadam/Age Fotostock America, Inc. **Unit 4** *Page 145:* Sabine Lubenow/Age Fotostock America, Inc. *Page 159:* ©Imago/Zuma Press. *Page 161:* Damien Meyer/AFP/Getty Images, Inc. *Page 174:* ©Vito Arcomano/Age Fotostock America, Inc. *Page 181 (top):* David R. Frazier/Danita Delimont. *Page 181 (center):* ©Giovanni Mereghetti/Age Fotostock America, Inc. *Page 181 (bottom):* ©Marco Becker/Age Fotostock America, Inc. **Unit 5** *Page 187:* Travel Pix/Age Fotostock America, Inc. *Page 188:* EIGHTFISH/Getty Images, Inc. *Page 190:* DELEU/Age Fotostock America, Inc. *Page 195:* Courtesy of Suzanne Branciforte. *Page 197:* Richard T. Nowitz/Age Fotostock America, Inc. *Page 201:* iStockphoto. *Page 204:* Courtesy of Suzanne Branciforte. *Page 211:* Courtesy of Suzanne Branciforte. *Page 214:* Jose Fuste Raga/Age Fotostock America, Inc. *Page 216:* A tavola con il re dei formaggi: Ricette di Giorgio Fini published by Tipolitografia Emiliana - Reggio Emilia, published by the Consorzio del Formaggio Parmigiano-Reggiano, Via Kennedy 18 42100 Reggio Emilia Italy. *Page 221:* Stefano Cellai/Age Fotostock America, Inc. *Page 223:* Elsing Food Photography/StockFood America. *Page 225:* Torta di ricotta e asparagi from Cucina Moderna n. 8, year 2000, page 71, Mondadori Publishing. **Unit 6** *Page 231:* Bryn Lennon/Getty Images, Inc. *Page 232:* New Press/Getty Images, Inc. *Page 233:* Javier Larrea/Age Fotostock America, Inc. *Page 241:* Alberto Pizzoli/AFP/Getty Images, Inc. *Page 246:* Courtesy of Marco Garbaccio. *Page 248:* Alessandro Villa/Age Fotostock America, Inc. *Page 249:* Bruce Yuan-Yue Bi/Age Fotostock America, Inc. *Page 261:* nevio doz/Age Fotostock America, Inc. *Page 262:* Courtesy of Suzanne Branciforte. *Page 263:* World Pictures/Age Fotostock America, Inc. *Page 264:* Superstock/Age Fotostock America, Inc. *Page 268:* Hidekazu Nishibata/Age Fotostock America, Inc. **Unit 7** *Page 271:* Yoko Aziz/Age Fotostock America, Inc. *Page 283 (left):* Jupiter Images/Getty Images, Inc. *Page 283 (right):* Jupiter Images/Getty Images, Inc. *Page 296:* David R. Frazier/Danita Delimont. *Page 307:* Courtesy of Suzanne Branciforte. *Page 309:* LOOK Die Bildagentur der Fotografen GmbH/Alamy. *Page 313:* Rosine Mazin/©Photolibrary. **Unit 8** *Page 319:* Alberto Ramella/Age Fotostock America, Inc. *Page 330:* Sheila Terry/Age Fotostock America, Inc. *Page 333:* Gian Mattia D'Alberto/Action Press/Zuma Press. *Page 334:* Philippe Michel/Age Fotostock America, Inc. *Page 335:* Courtesy of Marco Garbaccio. *Page 338:* Courtesy of Marco Garbaccio. *Page 348:* Lucyna Koch/iStockphoto. *Page 353:* DeA Picture Library/Getty Images, Inc. *Page 354:* GIUSEPPE CACACE/AFP/Getty Images, Inc. *Page 355:* Walter Zerla/Age Fotostock America, Inc. **Unit 9** *Page 365:* Tommaso di Girolamo/Age Fotostock America, Inc. *Page 369:* Konrad Wothe/Age Fotostock America, Inc. *Page 376:* Renato Bordoni/©Photolibrary. *Page 377:* Courtesy of Suzanne Branciforte. *Page 378:* Doug Pearson/Age Fotostock America, Inc. *Page 384:* Christian Handl/Age Fotostock America, Inc. *Page 391:* Age Stock Limited/Alamy. *Page 397:* Bruno Morandi/Age Fotostock America, Inc. *Page 398:* Roetting/Pollex/Age